westermann

Wirtschaft / Berufs- und Studienorientierung

Gymnasium SI Baden-Württemberg

WIRTSCHAFT &DU

Erarbeitet von
Dr. Gerhard Altmann
Gisela Boss
Ulrich Göser
Dr. Gideon Maier
Prof. Beate Thull
Franziska Wiedenmann-Petri

WIRTSCHAFT & DU

Wirtschaft/Berufs- und Studienorientierung

Erarbeitet von:
Dr. Gerhard Altmann, Gisela Boss,
Ulrich Göser, Dr. Gideon Maier,
Prof. Beate Thull, Franziska Wiedenmann-Petri

Zum Schülerband erscheinen:
Lehrermaterialien, ISBN 978-3-14-116436-7

BiBox – Digitale Unterrichtsmaterialien
Lehrer-Einzellizenz, WEB-14-116437
Lehrer-Einzellizenz (auf DVD-ROM), ISBN 978-3-14-116439-8
Lehrer-Kollegiumslizenz, WEB-14-116438
Schüler-Einzellizenz, WEB-14-101798
Nähere Informationen unter www.bibox.schule

westermann GRUPPE

Druck A[5] / Jahr 2019
Alle Drucke der Serie A sind im Unterricht parallel verwendbar.

Redaktion: Dr. Shida Kiani
Illustrationen: Jaroslaw Schwarzstein, Hannover
Layout: Janssen Kahlert Design & Kommunikation GmbH, Hannover / Druckreif! Sandra Grünberg, Braunschweig
Umschlagsgestaltung: Janssen Kahlert Design & Kommunikation GmbH, Hannover
Druck und Bindung: Westermann Druck GmbH, Braunschweig

ISBN 978-3-14-**116435**-0

I. VERBRAUCHER 18

ERWERBSTÄTIGER

II. BERUFSWÄHLER 86

III. ARBEITNEHMER 122

V. WIRTSCHAFTSBÜRGER 218

Liebe Schülerin, lieber Schüler,

„Wirtschaft und Du“? Ja, tatsächlich hast du eine Menge mit und in der Wirtschaft zu tun und sie mit dir. Aber der Reihe nach: Was heißt „Wirtschaft“ überhaupt? Wirtschaft bedeutet zunächst einmal „entscheiden“. Denn so gut wie nichts auf dieser Welt steht uns unbegrenzt zur Verfügung. So müssen wir alle ständig entscheiden, was wir wann wofür einsetzen, das heißt z. B. Zeit einteilen, Geld ausgeben und Güter benutzen.

Zudem besteht die Wirtschaft aus vielen „Du“s. Und jede Entscheidung, die ich treffe, hat Auswirkungen auf andere. Verzichte ich z. B. auf die Nutzung eines Autos, gibt es mehr Platz auf der Straße und frischere Luft für alle.

Schließlich merken wir auch, dass unsere Entscheidungen und Handlungen stark von Anreizen von außen bestimmt werden (z. B. Steuern auf Benzin, 30er-Zonen, Bau breiter Radwege). Jede Gesellschaft setzt nämlich je nach ihren Zielen bestimmt „Spielregeln“ für das Handeln in der Wirtschaft fest.

Diese drei Sichtweisen, die erst gemeinsam ein komplettes Bild von Wirtschaft ergeben, findest du auch in diesem Buch.

1. Drei Sichtweisen auf Wirtschaft

Hinter einigen Aufgaben findest du als Zeichen einen, zwei oder drei Balken. Du verstehst das Zeichen, wenn du das Einstiegskapitel bearbeitet hast. Es geht hier um die erwähnten drei Sichtweisen (Dimensionen) auf Wirtschaft: deine persönliche oder die anderer einzelner Menschen, die der anderen Akteure und die des Staates oder des Marktes. Das Zeichen zeigt dir, wo die Schwerpunkte bei der jeweiligen Frage liegen.

Beispiele aus dem Buch:

- Führe den Test „Welcher Käufertyp bin ich?“ durch. (Die erste Dimension steht im Mittelpunkt.)
- Bewerte das Ergebnis der Tarifverhandlungen in M 4 aus der Perspektive von Arbeitnehmern, Unternehmer und Bahnfahrern. (Die zweite Dimension steht im Mittelpunkt.)
- Der Eigentümer der Schokoladenfabrik trifft sich mit verschiedenen Führungspersonen des Unternehmens, um über die Gewinnverwendung zu diskutieren. Führt ein Rollenspiel durch, bei dem der Unternehmer am Ende eine begründete Entscheidung treffen muss. (Der Schwerpunkt liegt hier auf der ersten sowie auf der zweiten Dimension.)
- Erläutere ausgehend von der Abwrackprämie, ob der Staat in wirtschaftlichen Krisen eingreifen sollte. (Alle drei Dimensionen sind betroffen.)

2. Drei Lebenssituationen, mit denen du dich beschäftigst

Du wirst dieses Buch von Klasse 8 bis Klasse 10 benutzen. In der Regel steht in jedem Schuljahr eine andere Lebenssituation, die mit Wirtschaft zu tun hat, im Zentrum. Du erkennst die Unterschiede an den verschiedenen Farben:

VERBRAUCHER			
ERWERBSTÄTIGER	BERUFSWÄHLER	ARBEITNEHMER	UNTERNEHMER
WIRTSCHAFTSBÜRGER			

3. Fähigkeiten, die du schrittweise erlernst

Hinter einigen Arbeitsaufträgen findest du als Zeichen entweder eine kleine Lupe, eine Waage, ein Männchen in Bewegung oder einen Schraubenschlüssel. Mithilfe dieser Aufgaben werden über die drei Jahre hinweg deine Fähigkeiten ausgebaut. Diese Fähigkeiten helfen dir, Wirtschaft zu verstehen.

Sachverhalte aus der Wirtschaft analysieren (Analysekompetenz):
Beispiel: Erkläre mithilfe des Modells in M 5, warum der Mindestlohn den Arbeitsmarkt nach unten hin starr macht.

Sachverhalte aus der Wirtschaft beurteilen (Urteilskompetenz):
Beispiel: „Wir sind für die Zukunft gewappnet!“ Erörtere diese These und beziehe dich dabei auch auf die *Skills* (Fähigkeiten, Kompetenzen) aus M 4.

Innerhalb der Wirtschaft sinnvoll handeln oder zumindest darauf vorbereitet sein (Handlungskompetenz):
Beispiel: Begründe, ob du dich für oder gegen ein Freihandelsabkommen engagieren würdest (M 1).

Informationen aus der Wirtschaft beschaffen und mit diesen selbstständig arbeiten (Methodenkompetenz):
Beispiel: Führt selbst eine Betriebserkundung durch. Vielleicht hat eure Schule ja eine Bildungspartnerschaft mit einem Unternehmen aus eurer Region.

4. Verbindungen zwischen den verschiedenen Themen herstellen

Bei manchen Aufgaben oder Materialien findest du einen geschwungenen Pfeil, der dich auf andere Kapitel und Seiten des Buches hinweist, wo das gleiche Thema aus einer anderen Sicht behandelt wird (Querverweis). Dies kann dir helfen, dich an bereits Gelerntes zu erinnern oder es nochmal nachzuschlagen. Vielleicht werdet ihr auch zusammen vorblättern, um euch Informationen aus einem anderen Kapitel zu beschaffen.
Mindestlohn – mehr oder weniger Stabilität des Arbeitsmarktes?, Kap. V.2.7, S. 240–245

5. Methoden lernen und anwenden

Manche Methoden spielen gerade in der Wirtschaft eine wichtige Rolle. Deshalb bekommen sie einen besonderen Platz. Dazu gehören z. B. ein Kaufgespräch oder eine Betriebserkundung. Auf den Methodenseiten werden diese speziellen Methoden eingeführt und mit einer Übung dazu kannst du überprüfen, ob du sie anwenden kannst. Sie sind nicht auf eine Jahrgangsstufe beschränkt. Das heißt, es kann sein, dass du in Klasse 10 auf eine Methode, die in Klasse 8 eingeführt wurde, zurückgreifst.

METHODE VERBRAUCHER | METHODE BERUFSWÄHLER | METHODE ARBEITNEHMER | METHODE UNTERNEHMER | METHODE WIRTSCHAFTSBÜRGER

6. Von anderen Fächern lernen

Manchmal kommt es vor, dass verschiedene Fächer das gleiche Thema behandeln. Das ist keine Wiederholung, sondern gibt dir die Möglichkeit, deine Kenntnisse aus anderen Fächern bei der Lösung einer Aufgabe einzubringen. In diesem Buch sollen das Wissen und die Fähigkeiten anderer Fächer genutzt werden, um den wirtschaftlichen Blick zu erweitern. Anregungen findest du in Aufgaben, die mit den Worten „Fächergrenzen überwinden“ beginnen.

Beispiel: Fächergrenzen überwinden (Mathe): In Mathematik lernst du, eine Gerade mit der Gleichung $y = mx + c$ zu zeichnen. Stelle den *Break-Even-Point* dar, indem du die Umsatzfunktion und die Gesamtkostenfunktion abbildest. Verwende dazu das Beispiel in M 3.

7. Über alle Fächer hinaus die Augen öffnen (Leitperspektiven)

Es gibt in unserer Gesellschaft Herausforderungen, die nicht nur ein Fach betreffen. Dieses Buch signalisiert dir an einigen Stellen, dass du dich in dem jeweiligen Kapitel mit einer solchen Herausforderung auseinandersetzen kannst. Dabei geht um folgende Fragen:

Wie verantwortungsbewusst handeln die Menschen, damit auch zukünftige Generationen ein gutes Leben führen können? (Bildung für nachhaltige Entwicklung, BNE)
Beispiel:
2.6 Kommt nicht in die Tüte – wenn der Markt versagt

Wie wertschätzend gehen Menschen miteinander um? Respektieren sich Menschen gegenseitig auch dann, wenn sie aufgrund verschiedener Merkmale sehr unterschiedlich sind? (Bildung für Toleranz und Akzeptanz von Vielfalt, BTV)
Beispiel:
3.4 Bunte Belegschaft – ein Erfolgsrezept?

Achten Menschen auf sich selbst? Kennen sie Möglichkeiten, sich auch selbst zu schützen? (Prävention und Gesundheitsförderung, PG)
Beispiel:
2.6 Krankenversicherung – Gerechtigkeit durch Sozialpolitik?

Sind sich Menschen darüber bewusst, dass die berufliche Tätigkeit ihre Lebensqualität beeinflusst und sie deshalb genau überlegen müssen, welcher Beruf zu ihnen passt? (Berufliche Orientierung, BO)
Beispiel:
1. Meine Berufswahl: Was kann ich? Was will ich?

Gehen Menschen souverän, aber auch kritisch mit Medien um? Handeln sie selbst respektvoll, wenn sie sich in der Welt der Medien bewegen? (Medienbildung, MB)
Beispiel:
1.5 Selbstbestimmt oder fremdgesteuert?

Sind Menschen selbstbewusste und kenntnisreiche Verbraucher? Wissen sie, was für sie schädlich ist? (Verbraucherbildung, VB)
Beispiel:
2.3 Supermärkte – ist der Kunde König oder Opfer?

8. Wir lernen unterschiedlich (Differenzierung)

Das Fach Wirtschaft ist vielfältig: An einigen Stellen muss man rechnen, dann gibt es Themen, bei denen einige mehr Erfahrung haben als andere, manchmal wiederum ist sprachliche Genauigkeit gefordert. Jede/r hat ihre bzw. seine Stärken. Deshalb finden sich im Buch Aufgaben, die diese unterschiedlichen Voraussetzungen und Interessen berücksichtigen.
Beispiel: 6. Führt das Gruppenexperiment durch (M 5 bis M 7).

Wenn mal etwas Zeit übrig bleibt, bietet das Buch dir bzw. deiner Klasse außerdem zusätzliche Kapitel an.
Beispiel:
1.4 Erweiterung: Verzicht – der neue Luxus?

Wie kannst du mit dem Buch arbeiten?

Erste Gedanken machen

Sowohl die drei Hauptkapitel (Lebenssituationen), die den Schuljahren zugeordnet sind, als auch die jeweiligen Kapitel beginnen mit Aufgaben, die dir helfen sollen, einzuschätzen, was du zu einzelnen Themen schon weißt oder vermutest. Auch wenn dir zunächst wenig einfällt, ist das nicht weiter schlimm, im weiteren Verlauf wirst du dich ja mit den Sachverhalten auseinandersetzen.

Familie Wagner begleitet dich, wenn du möchtest

EINSTIEG

Das Buch und jede Lebenssituation beginnt mit Familie Wagner. Diese Familie symbolisiert wirtschaftliche Zusammenhänge und ist – wie auch du – täglich vor ökonomische Entscheidungen gestellt, die getroffen werden müssen. Wenn du möchtest, kannst du die Familie jedes Jahr als Ausgangspunkt des Schuljahres nehmen.

Materialien und Aufgaben fördern deine Urteilsfähigkeit

M 1

Das Buch arbeitet mit vielfältigen Materialien, die dir Wirtschaft nahebringen sollen.

Es gibt reine Sach- und Informationstexte, aber auch Reportagen und Berichte über Menschen aus der Wirtschaft. Natürlich dürfen auch Statistiken, Schaubilder und Grafiken nicht fehlen, denn diese bilden wirtschaftliche Zusammenhänge oftmals genau ab. Wichtig sind auch Materialien, die gegensätzliche Positionen vertreten. Dies ist deshalb von Bedeutung, weil es über richtiges wirtschaftliches Verhalten Streit gibt: Soll der Verbraucher beim Kauf auf die Produktionsbedingungen achten oder auf seine eigene wirtschaftliche Situation? Soll ein Unternehmen in Deutschland oder in Asien produzieren? Soll der Staat einen Mindestlohn gesetzlich vorschreiben oder nicht?

Aufgaben

Nachdem du mithilfe der Materialien möglichst viele Informationen erarbeitet hast, wirst du in der Regel in den jeweils letzten Aufgaben dazu aufgefordert, deine eigene Meinung, dein Urteil zu formulieren. Die Aufgaben sind also nach folgendem Prinzip aufgebaut:

erste spontane Meinung äußern → Erarbeitung von Informationen → eigenes Urteil formulieren

Wie in den anderen Fächern auch enthält jede Aufgabe ein bestimmtes Verb, das dir sagt, was du bei dieser Aufgabe tun sollst. Das sind die Operatoren. Auf S. 304–309 findest du Beispiele dazu, wie man bei bestimmten Operatoren, die besonders häufig vorkommen, vorgehen kann, sowie eine Liste aller Operatoren.

Kompetenzen checken

KOMPETENZCHECK VERBRAUCHER

Am Ende jedes Unterkapitels findest du einen Kompetenzcheck. Es geht hier weniger um eine Wissensabfrage als darum, zu überprüfen, ob du deine Fähigkeiten durch die Arbeit mit dem Kapitel weiterentwickelt hast. Du kannst also z. B. testen, ob du ein gutes Urteil zu einer Fragestellung formulieren kannst oder ob es dir möglich ist, eine Methode gut umzusetzen. Die Kompetenzchecks sind immer oben auf der Seite gekennzeichnet.

Fachbegriffe spielerisch lernen

FACHBEGRIFFE BERUFSWÄHLER

Auch im Fach Wirtschaft gibt es Fachbegriffe, wie du sie z. B. aus Chemie oder Geographie kennst. Damit du im Laufe der Zeit immer besser argumentieren kannst, ist es hilfreich, diese Begriffe zu kennen und anzuwenden. Das kann auf den ersten Blick langweilig wirken. Dieses Buch bietet dir aber eine spielerische Form an, die Begriffe zu lernen, damit sie länger als bis zur nächsten Klassenarbeit im Kopf bleiben. Auch hier siehst du oben auf den Seiten eine Kennzeichnung. Alle Begriffe findest du unter dem Webcode (s. u.) WES-116435-001.

Über Webcodes selbstständig (weiter-)trainieren

Webcode
WES-116435-101
Lösungen zum Kompetenzcheck

Um festzustellen, ob du richtig liegst, kannst du die Lösungen zu den Kompetenzchecks und den Fachbegriffen ansehen, wenn du den jeweils ganz unten auf der Seite abgebildeten Webcode unter *www.westermann.de/webcodes* in das Suchfeld eingibst. An einigen Stellen findest du zudem Webcodes für Erklärvideos zu besonders zentralen Themen des Faches, die dir helfen können, deine Kenntnisse aufzufrischen.

Louisa und das neue Fach Wirtschaft/Berufs- und Studienorientierung

Bei Familie Wagner findet in den Sommerferien seit Langem einmal wieder eine Familienfeier statt. Dabei ist auch die dreizehnjährige Louisa. Ihre Tante Sabrina fragt sie, was es denn Neues in der Schule gäbe. Louisa erzählt, dass sie ab September in der 8. Klasse das neue Fach Wirtschaft bekommen wird. Sie kann sich eigentlich gar nichts darunter vorstellen und befürchtet, dass es langweilig werden könnte.

Ihr Bruder Tim fällt ihr ins Wort: „Das Fach hat doch ganz viel mit dir zu tun. Du bettelst doch ständig um mehr Taschengeld, damit du dir irgendwelchen Schnickschnack kaufen kannst." Genervt erwidert Louisa: „Du kannst ganz ruhig sein, du willst ja nicht mal das Abitur machen, sondern nach der 10. Klasse von der Schule gehen." Tim meint daraufhin beleidigt, dass sie in zwei Jahren auch nicht viel schlauer sein wird.

Verbraucher

Erwerbstätiger „Berufswähler"

„Na vielleicht hilft dir das neue Fach sogar bei der Berufswahl", sagt daraufhin Tante Sabrina zu Louisa. Harry Wagner, der Vater von Louisa und Tim, sieht alles ganz gelassen, denn er geht davon aus, dass beide Kinder in das Familienunternehmen einsteigen werden. Seine Schwester Sabrina hat dazu eine ganz andere Meinung. Sie findet, dass die Kinder erstmal einen Beruf erlernen und in anderen Firmen arbeiten sollten. Diese Meinung vertritt auch Claudia Wagner, die Mutter von Tim und Louisa. Außerdem meint sie: „Ich hoffe, dass die Kinder im Fach Wirtschaft lernen, auch mal über den Tellerrand zu gucken. Wir leben ja schließlich nicht auf einer Insel."

Erwerbstätiger „Unternehmer"

Erwerbstätiger „Arbeitnehmer"

Louisa weiß gar nicht, wovon ihre Mutter da redet. Diese versucht daraufhin, mit einem Beispiel anschaulich zu erklären, was sie meint: „Wir haben für unser Fest heute zwei Kuchen gekauft. Die Frage ist doch jetzt, wer bekommt wie viel Stücke davon und wer entscheidet darüber. Irgendwie müssen wir das ja regeln, sonst würde Tim mit seiner Vorliebe für Süßes gleich fünf Stücke essen. Im Übrigen fällt der Kuchen ja auch nicht vom Himmel. Es täte uns allen ganz gut, darüber nachzudenken, wer ihn produziert hat, dass nämlich viel Arbeit dahintersteckt und die Zutaten ihren Wert haben. Deshalb bin ich durchaus bereit, auch mal mehr zu bezahlen."

Dimension I

Dimension II

Das sieht Louisa überhaupt nicht ein, denn sie achtet immer darauf, Schnäppchen zu machen und möglichst wenig zu zahlen. Die Mutter ist genervt: „So wie du denken viele Menschen. Und deshalb finde ich es gut, dass es Regeln gibt, die verhindern, dass Preise ins Bodenlose fallen oder Nahrungsmittel so schlecht sind, dass sie uns schädigen. Ich fände es übrigens gut, wenn ihr euch für solche Fragen interessieren und euch ein wenig engagieren würdet. Möglichkeiten gibt es genug."

Dimension III

Wirtschaftsbürger

„Jetzt lass sie doch erst mal das Fach Wirtschaft bekommen, dort werden die ganzen Probleme bestimmt angesprochen", sagt die Tante und holt sich ein Stück Kuchen.

Louisas Geschichte zeigt Aspekte auf, die im Fach Wirtschaft eine große Rolle spielen werden:

Menschen handeln in den **Lebenssituationen** des Verbrauchers (Menschen konsumieren), des Erwerbstätigen (Menschen arbeiten als Arbeitsnehmer oder Unternehmer oder sind auf der Suche nach Arbeit als Berufswähler) und des Wirtschaftsbürgers (Menschen sind Teil des Wirtschaftssystems, welches nach Regeln funktioniert, die sie beeinflussen können).

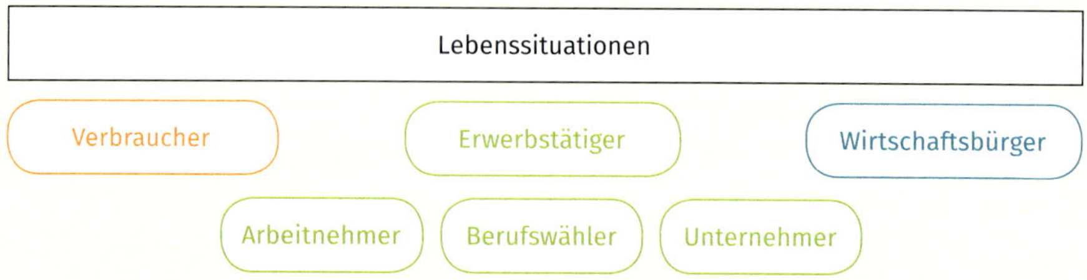

Darüber hinaus kann man aus drei Blickwinkeln auf Wirtschaft schauen, welche wirtschaftliches Handeln beeinflussen. Diese werden **Dimensionen** genannt.
Dimension I: Hierbei geht es um jeden Einzelnen, der tagtäglich wirtschaftliche Entscheidungen trifft: Esse ich noch ein fünftes Stück Kuchen oder wird es mir danach übel werden?
Dimension II: Hierbei geht es um die Frage, was andere Menschen mit meiner wirtschaftlichen Entscheidung zu tun haben: Bekommen die anderen Familienmitglieder auch noch ein Stück Kuchen? Bekommen die Bäcker einen angemessenen Lohn für ihre Arbeit?
Dimension III: Hierbei geht es um die Frage, wie ein wirtschaftliches System überhaupt funktioniert und welche Rolle der Staat dabei spielt: Wie kommt der Preis für den Kuchen zustande? Wer garantiert, dass nur Zutaten verwendet werden, die nicht gesundheitsschädlich sind?

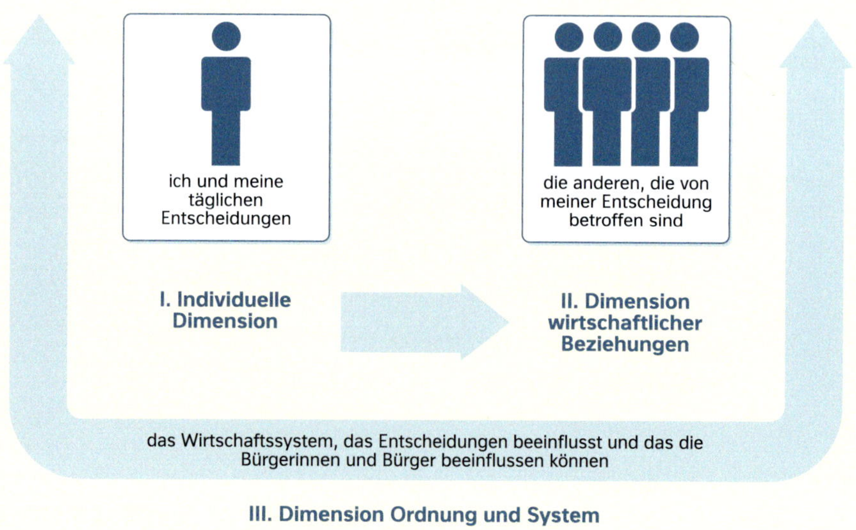

Nach: Günther Seeber/Thomas Retzmann u. a., Bildungsstandards der ökonomischen Allgemeinbildung. Kompetenzmodell – Aufgaben – Handlungsempfehlungen, Schwalbach/Ts.: Wochenschau Verlag, 2012 (verändert) 31983EX_1

M 1 **Erste Übung zum Denken im Fach Wirtschaft**

	Die Dimensionen einer möglichen Entscheidung:				
	ökonomische Entscheidungssituation	Lebenssituation: Die Person ist in der Situation eines/einer ...	Ich-Entscheidung: 1. Dimension	Beziehungen zu anderen Akteuren: 2. Dimension	Wirtschaftssystem: 3. Dimension
1	Soll Tante Sabrina an Weihnachten Erdbeeren kaufen, obwohl in Deutschland keine wachsen?	Verbraucherin/-s	?	Spanische Bauern ernten im Dezember Erdbeeren.	Der Preis für Erdbeeren hängt von Angebot und Nachfrage nach Erdbeeren ab.
2	Soll ein Gesetz den Verkauf von Zigaretten verbieten oder soll jeder selbst für seine Gesundheit verantwortlich sein?	Wirtschaftsbürgerin/-s	Nichtraucherin Gisela findet das Verbot gut.	Kettenraucherin Beate ist gegen das Verbot und demonstriert dagegen.	?
3	Soll Tom in den Ferien jobben?	Erwerbstätigen	Tom arbeitet in den Ferien.	?	Jugendliche dürfen nach dem Jugendschutzgesetz (JuSchG) nur 35 Stunden pro Woche arbeiten.
4	Soll Herr Wagner Auszubildende einstellen?	?	Herr Wagner stellt Auszubildende ein.	Schulabgänger bekommen einen Ausbildungsplatz.	Die Auszubildenden müssen die Berufsschule besuchen.
5	Soll Louisa einen Eistee oder eine Cola kaufen?	Verbraucherin/-s	Louisa kauft den Eistee.	Der Supermarkt verkauft Eistee.	?
6	Soll Herr Wagner seinen Hund anmelden und Hundesteuer bezahlen?	Wirtschaftsbürgerin/-s	Herr Wagner zahlt die Hundesteuer.	?	Die Gemeinde kontrolliert verstärkt Hundebesitzer.
7	?	?	?	?	?

Autorentext

Aufgaben

1. Die Tabelle M 1 zeigt sechs ökonomische Entscheidungssituationen, die in einer bestimmten Lebenssituation getroffen werden und die drei Dimensionen betreffen. Ergänze die fehlenden Lebenssituationen und Dimensionen durch mögliche Beispiele. Bei den Dimensionen gibt es nicht nur eine richtige Lösung.
2. Erweitere die Tabelle um zwei ökonomische Lebenssituationen aus deinem Umfeld.

M 2 Was hat das denn mit WIRTSCHAFT zu tun?

Wieder einmal streitet Tim mit seinen Eltern darüber, ob er die Schule nach der 10. Klasse verlässt oder Abitur macht.

In einer 5. Klasse werden vor einer Fußballmeisterschaft Panini-Sticker getauscht.

Richtig ärgerlich wird Louisa, wenn nach der 6. Stunde in der Schulkantine kein Salat mehr da ist.

Täglich gehen Schüler in der Mittagspause zu einem Bäcker neben der Schule und kaufen dort Butterbrezeln.

Sabrina schenkt ihrer Nichte zur Konfirmation 200 €.

Claudia Wagner ist eine sehr an Politik interessierte Bürgerin, und sie will unbedingt an der nächsten Wahl teilnehmen, weil sie sich über die letzte Steuererhöhung geärgert hat.

Harry Wagner ist seit Jahren der Chef eines Unternehmens, welches edle Schokolade herstellt.

Anil Serdal arbeitet als Vertriebschef der Firma von Herrn Wagner.

Frau Huber kauft am liebsten Biomilch, obwohl sie teuer ist.

Tante Sabrina verspricht ihrem Neffen Tim, den Führerschein zu bezahlen, wenn er das Abitur schafft.

Autorentext

M 3 Erste Prüfung: Lückentext

Menschen haben in der Wirtschaft in vielen Lebenssituationen eine Bedeutung: als Verbraucher, als Erwerbstätige und als Wirtschaftsbürger.

Als Erwerbstätiger verdient man Geld und kann dies entweder als ______ oder als ______ tun. Als Schüler/in kommt man in die Situation, ein ______ zu werden.

Gemeinsam ist allen wirtschaftlichen Situationen, dass ______ getroffen werden müssen. Dabei spielen ______ und ______ eine große Rolle.

Würden wir in einem Schlaraffenland leben, gäbe es keine ______. Da es aber kein Schlaraffenland gibt, müssen wir entweder auf ______ hoffen oder aber jemanden suchen, der sich auf einen ______ Geld gegen Güter einlässt. Meistens machen das Unternehmen, die in der Regel Gewinn erwirtschaften müssen und deshalb einen bestimmten Preis verlangen. Wenn also alles gut geht, haben alle einen ______ davon.

Autorentext

M 4 Erste Anwendung: Ansturm auf Primark und Snipes

Bei der Eröffnung des Stuttgarter Milaneos im Oktober 2014 herrscht großer Andrang bei Primark. Das über drei Etagen reichende Geschäft muss zeitweise gesperrrt werden. Zugleich kommt es auch zu Protesten gegen den Textildiscounter.

Stuttgart – Die ersten Kunden im neu eröffneten Stuttgarter Einkaufszentrum Milaneo hatten vor allem zwei Ziele. Schon nach wenigen Minuten hatten sich vor der Billig-Modekette Primark und dem Snipes-Store, wo es hauptsächlich Turnschuhe und Mützen gibt, zahllose Menschen (die meisten sind zwischen 15 und 25 Jahre alt) versammelt. Mit Öffnung der Ladentüren stürmten die Neugierigen und Kaufwütigen die Geschäfte und sorgten zeitweise für einen regelrechten Kundenstau. „Es ist gerammelt voll mit Menschen", sagte ein Sprecher des Betreibers am Donnerstag. Eine Zahl der Besucher konnte er zunächst nicht nennen. [...]

Im Milaneo selbst kam es übrigens direkt nach der Eröffnung zu ersten Protesten gegen Primark und im Allgemeinen auch gegen große Einkaufsketten.

Derweil breitete sich auf Twitter parallel zur Eröffnung der Spott der Nutzer aus. Spaßeshalber wurde ein Countdown bis zur Eröffnung gestartet und sich vor allem über die Kunden von Primark lustig gemacht. „Wie viele Girlies haben im Schlafsack in der Wolframstr. übernachtet?", fragte etwa Andrea S. Und Claudi ließ wissen: „Man sollte es nicht meinen, aber es pilgern tatsächlich Teenie-Grüppchen Richtung Milaneo."

Aus: Ansturm auf Primark und Snipes (mrz), in: Schwarzwälder Bote, www.schwarzwaelder-bote.de/inhalt.milaneo-eroeffnung-in-stuttgart-ansturm-auf-primark-und-snipes.65f8a715-b966-4110-8add-c2ee3909a6a0.html, 9.10.2014 (Zugriff: 20.10.2016)

Aufgaben

1. Die Aussagen in M 2 beschreiben Menschen in verschiedenen Lebenssituationen. Wähle die Situationen aus, bei denen du meinst, dass sie mit Wirtschaft zu tun haben, und erkläre warum.
2. Ordne folgende Begriffe den Situationen in M 2 zu: Präferenzen (= Vorlieben), Tausch, Geschenke, Arbeitnehmer, Entscheidungen, Knappheit, Nutzen, Verbraucher, Anreize, Wirtschaftsbürger, Berufswähler, Unternehmer.
3. Ergänze den Lückentext M 3 mit den Begriffen aus Aufgabe 2.
4. Ordne Lebenssituationen und Dimensionen dem Fall der Eröffnung eines Einkaufscenters zu (M 4).

I.

VERBRAUCHER

Sparfuchs
Der Preis spielt für dich die zentrale Rolle, du bist ein echter Sparfuchs. Du versuchst, mit dem dir zur Verfügung stehenden Geld möglichst viele Wünsche zu realisieren. Trends und Mode spielen keine so große Rolle. Du neigst zu Spontankäufen. Allerdings ist Einkaufen nicht dein größtes Hobby, da hast du noch Besseres zu tun. Dir ist wichtig, möglichst viel kaufen zu können.

Schnäppchenjäger
Du bist immer auf der Jagd nach dem besten Schnäppchen. Dabei ist dir wichtig, dass du die angesagten Trends auch mitmachen kannst, aber natürlich nicht zu jedem Preis. Oft wartest du ab, bevor du zuschlägst. Du vergleichst erst, wo du das Produkt für den kleinsten Preis ergattern kannst. Shoppen ist für dich eine wichtige Freizeitbeschäftigung.

Qualitätskäufer
Du willst dein Geld nur für das beste Produkt ausgeben, dafür investierst du viel Zeit in die Recherche. Es ärgert dich, wenn ein gekauftes Produkt bereits nach kurzer Zeit kaputtgeht. Erst wenn du alles weißt, gehst du einkaufen. Der Preis ist dir nicht so wichtig, da du weißt, dass du das beste Produkt bekommst. Es ist dir aber auch wichtig, die richtigen Marken zu besitzen.

Bewusster Käufer
Du weißt, dass du über deine Kaufentscheidung Einfluss hast, deshalb ist es dir wichtig, nachhaltig zu konsumieren und ganz bewusst zu fairen Produkten zu greifen, die gerecht gegenüber Mensch und Tier produziert werden. Dafür bist du auch bereit, tiefer in die Tasche zu greifen, denn Qualität hat ihren Preis. Gerne verzichtest du darauf, bestimmte Trends mitzumachen, denn du siehst Einkaufen als Notwendigkeit und nicht als Event.

Strategischer Käufer
Du planst deine Einkäufe und informierst dich rundum, bevor du dich entschließt, Geld auszugeben. Du schaust dir Produkttests an und informierst dich über Testberichte. Du gehst nicht ganz so gerne einkaufen. Teilweise wartest du auf besondere Sonderangebote, um dann zuzuschlagen. Trends interessieren dich nicht, das überlässt du anderen. Wie die Produkte hergestellt werden, ist dir nicht so wichtig.

Leidenschaftlicher Käufer
Du bist Shopping-Queen/King! Einkaufscenter und -passagen sind deine Welt, dort läufst du zu Höchstform auf. Du nutzt aber auch das Internet zum Einkaufen. Du kaufst spontan, dabei ist aber auch der eine oder andere Fehlkauf dabei, den du dann schnell wieder entsorgst oder verschenkst. Du bist über jeden Trend informiert und stets auf dem aktuellen Stand. Leider ist dein Hobby doch recht teuer.

Autorentext

Hybrider Konsument
Von hybriden Konsumenten spricht man, wenn der Käufer für unterschiedliche Güter jeweils eine andere Strategie wählt. So entscheidet sich ein hybrider Konsument bei Lebensmitteln sowohl für den Discounter, wo er seinen Grundbedarf deckt, als auch für einen Feinkostladen, wo er für das Wochenende oder eine Einladung einkauft.

Autorentext

Aufgaben

1. Führe den Test „Welcher Käufertyp bin ich" durch.
2. Führe den Test „Welcher Käufertyp bin ich" für unterschiedliche Kaufentscheidungen erneut durch:
   a) Kleidung,
   b) Unterhaltungselektronik (Handy, Tablet, Spielekonsole).
3. Vergleiche die jeweiligen Käufertypen bezogen auf folgende Merkmale: Trendbewusstsein, Qualität, Preis, Kaufentscheidung.
4. Überprüfe, inwieweit deine Kaufentscheidungen dem hybriden Konsumenten entsprechen.

Tim hat Geburtstag

Familie Wagner sitzt am Sonntagnachmittag gemeinsam am Kaffeetisch. Tim feiert seinen Geburtstag, bei dem auch seine Tante Sabrina eingeladen ist.

Tim: Da habt ihr mich aber reich beschenkt und euch tolle Überraschungen ausgedacht. Aber Papas Geschenk ist echt der Brüller, richtig originell!
Frau Wagner: War gar nicht so einfach, das Passende zu finden. Du hattest keine Wünsche geäußert und eigentlich hast du ja alles, was du brauchst.
Tante: Tja, wir haben auf jeden Fall kräftig die Wirtschaft angekurbelt. Mit jedem Kauf fließen Geld- und Warenströme, fast wie bei einem Blutkreislauf. Ihr wisst ja, dass ich gerne Vergleiche aus dem medizinischen Bereich wähle.
Louisa: Oh Tantchen, das war jetzt wie aus einem Schulbuch. Ich finde, die besten Geschenke sind die, die man sich sonst vielleicht selbst nicht gönnen würde. Ein klein wenig Luxus für den Alltag.
Herr Wagner: Dieses permanente Kaufen, dieses Mal wollte ich unbedingt etwas selbst machen. Beim Stöbern im Internet kam ich dann auf die Idee, meinen alten Wanderrucksack zu einer Skateboardtasche umzunähen. Ihr hättet mich mal an Omas alter Nähmaschine sehen sollen, war gar nicht so einfach.
Tante: Das war eine pfiffige Idee, aus deinem alten Rucksack etwas Neues zu machen. Meine Hochachtung! Die hält wahrscheinlich länger als eine gekaufte. Die Qualität vieler Sachen wird immer schlechter, damit man immer Neues kauft, und gleichzeitig wachsen die Müllberge. Also nachhaltig ist diese Art des Wegwerfkonsums nicht!
Frau Wagner: Da hast du Recht. Vor Kurzem ist uns kurz nach Ablauf der Garantie die Waschmaschine kaputt gegangen. Die Reparatur war dann sehr teuer, es hätte sich fast gelohnt, eine neue Waschmaschine zu kaufen. Beim Einkaufen verliert man manchmal wirklich den Überblick. Wo findet man das beste Produkt zum besten Preis? Was braucht man und welche Lebensmittel sind gesund? Das Angebot ist einfach riesig! Zusätzlich werden über die Werbung immer neue Produkte beworben. Da muss man schon aufpassen, dass am Ende vom Monat noch genug in der Haushaltskasse ist.
Tim: Also Papa, das war wirklich eine Überraschung und so eine Tasche hat sonst niemand. Aber manchmal möchte man einfach auch einen richtig coolen Hingucker, so ein Trendteil. Da kommt es schon auf Marken und Labels an. Allerdings hat das auch seinen Preis.
Louisa: Mein Taschengeld ist auch etwas mager. Alle Wünsche kann ich mir damit nicht erfüllen und alle anderen in meiner Klasse bekommen auch viel mehr. Ihr haltet uns ganz schön knapp.
Tim: Da muss ich Louisa ausnahmsweise einmal Recht geben, wie wäre es denn mit einer Taschengelderhöhung zu meinem Geburtstag?
Herr Wagner: So, jetzt hätte ich gerne ein Stück Kuchen. Taschengeldverhandlungen können wir dann morgen führen.

Aufgabe

1. Fächergrenzen überwinden (Bildende Kunst): Gegeben sei: Kugelschreiber mit Spirale, Europalette, PET-Flasche mit Verschluss, Ast einer Birke 40 cm, ein Lexikon, Spanngurt, Fahrradreifen, Holzbockleiter. Gestaltet in Teams Produktideen für die obigen Materialien und stellt sie der Klasse vor. Es muss nicht alles verwendet werden.
2. Beurteile das Verhalten von Herrn Wagner, aus alten Materialien neue Produkte zu erstellen (*upcyceln*).

1. Wünsche – Werbung – Wirtschaften: Jugendliche als Verbraucher

1.1 Bedürfnis(los) glücklich?

M 1 Was ist dir wichtig?

A *Später will ich unbedingt in einem Beruf arbeiten, der mir Spaß macht und der mich erfüllt.*

B *Ich bin froh, dass wir hier in Deutschland genug zu essen und zu trinken haben.*

C *Mir ist wichtig, dass ich mich in meiner Clique wohlfühle und respektiert werde.*

D *Für mich hat es eine große Bedeutung, dass ich später viel Geld verdiene, um mir z. B. ein großes Auto oder Haus leisten zu können.*

E *Für mich hat Priorität, dass meine Eltern einen sichereren Job haben, um das Familieneinkommen zu sichern.*

M 2 Die Bedürfnispyramide von Abraham Maslow (1908–1970)

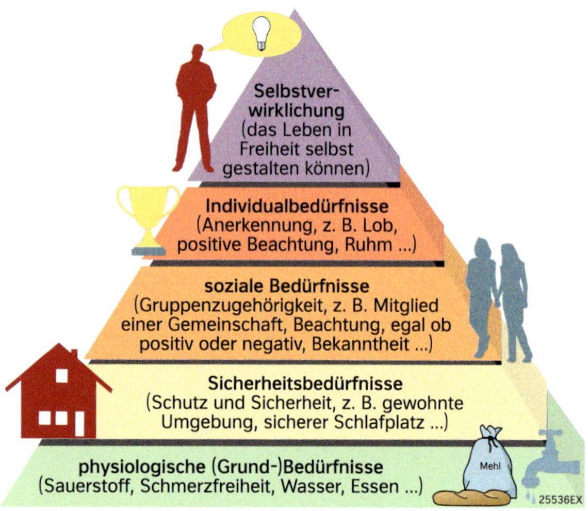

M 3 Bedürfnisse armer Kinder: die bittere Bilanz der Hartz-IV-Kinder

Rund 2,6 Millionen Kinder bundesweit müssen laut einer Studie wegen niedriger Einkommen ihrer Eltern mit riesigen Benachteiligungen leben. Bei manchen reicht es nicht mal für einen Internetanschluss. [...] Rund 54 Prozent der armutsgefährdeten Kinder können laut der Studie nicht mindestens einmal im Monat ins Kino, Theater oder Konzert gehen. 31 Prozent können nicht einmal im Monat Freunde zum Essen einladen. Bei Antworten auf die Frage, ob sie sich ab und zu neue Kleidung kaufen können, verneinten dies 29 Prozent. 14 Prozent haben kein Internet. Zehn Prozent besitzen keine ausreichende Winterkleidung. „Die staatliche Unterstützung für arme Familien orientiert sich zu wenig an den Bedürfnissen der Kinder und wird ihnen deshalb oftmals nicht gerecht", heißt es in der Studie.

Aus: Die bittere Bilanz der Hartz-IV-Kinder (dpa/KNA/fp), in: www.welt.de/politik/deutschland/article140721021/Die-bittere-Bilanz-der-Hartz-IV-Kinder.html, 9.5.2015 (Zugriff: 2.1.2017)

M 4 Wie viel sind dem Staat Grundbedürfnisse wert?

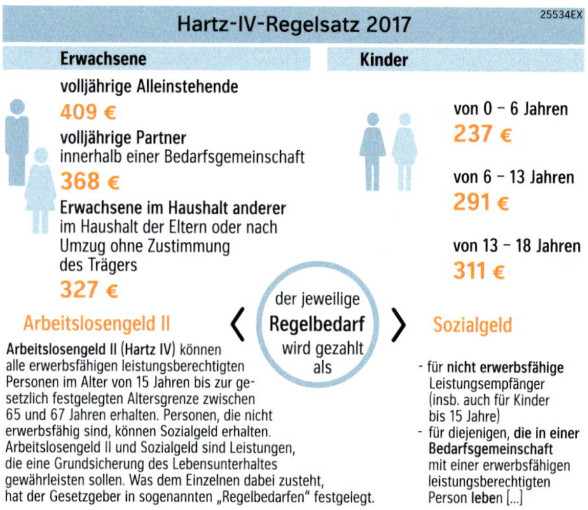

Quelle: Bundesagentur für Arbeit, 2017

→ Reicht das Geld zum Leben?, S. 129, M 6

M 5 Was braucht der Mensch zum Leben?

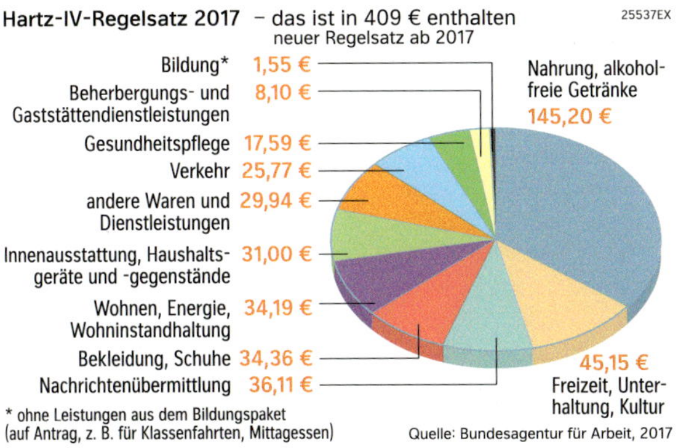

M 6 Hype um Turnschuh – fünf Tage Campen für ein Paar Schuhe

Wie soll man den Hype überleben? Mit einem Militärschlafsack? Der hält auch noch in der Arktis warm, sagt Robert. Also wird er für die Frankfurter Innenstadt reichen. Robert gehört zu dem Dutzend junger Männer, die seit Anfang der Woche vor dem Klamottenladen Uebervart am Kleinen Hirschgraben campieren. Manche fünf Tage und Nächte lang. Denn am Samstag, 11 Uhr, gibt es hier einen Schuh zu kaufen: den „Yeezy 750 Boost" von Adidas. 350 Euro wird er kosten, exakt zwölf Paare wird es geben. „Adidas will den Hype", sagt Robert. Und er will den Schuh. [...]
Den Yeezy wollen alle haben, weil er von Kanye West designt worden ist, dem amerikanischen Rapper und Superstar von Superformat. Adidas bringt den Schuh in streng limitierter Auflage auf den Markt. In Deutschland sollen ihn angeblich nur drei oder vier Läden verkaufen, die Sneakerheads in Frankfurt sprechen von bis zu sieben. Beim Hersteller heißt es, man könne den Schuh im Flagship-Store in Berlin und „über exklusive Sneaker-Boutiquen beziehen". So ist das bei einem Hype: Nicht nur das Produkt wird künstlich verknappt, auch die Informationen darüber bleiben vage. Im Internet sind sich die Auskenner längst sicher, dass es weitere Auflagen des Schuhs geben wird. Am Hirschgraben ist der Run schon vorbei. Auf der Liste, die am Uebervart hängt, stehen dreizehn Namen. Zwölf gehören den Campern, jeder von ihnen bekommt ein Paar. Auch die Größen, die verfügbar sein werden, sind schon verteilt. Der dreizehnte Name ist der eines Nachrückers, falls doch noch einer aufgibt. [...]
Die Camper in Frankfurt kommen aus Rüsselsheim, Hannover und Mainz. Die meisten sind Studenten. Robert hat gerade seine Bachelor-Arbeit fertig, er wird Architekt. Auch Benni studiert, hat sich freigenommen. Zu Hause hat er 130 Paar Schuhe. 14 stehen immer draußen. Ab und zu tauscht er durch, weil das Licht dem Material schadet. Er rechnet sich schon einmal seinen Stundenlohn aus und meint, dass er den Schuh wohl für mindestens 1300 Euro weiter verkaufen könnte. Das ist konservativ geschätzt: Bei Ebay sind schon Exemplare für knapp 2000 Euro weggegangen.

Aus: Denise Peikert, Fünf Tage Campen für ein Paar Schuhe, in: www.faz.net/aktuell/rhein-main/hype-um-turnschuh-fuenf-tage-campen-fuer-ein-paar-13452743.html, 27.2.2015 (Zugriff: 2.1.2017)

Aufgaben

1. Bringe die Aussagen aus M 1 in eine Reihenfolge (von am wichtigsten bis weniger wichtig) und begründe deine Entscheidung.
2. Erkläre, wie die Bedürfnispyramide M 2 aufgebaut ist.
3. Ordne die Bedürfnisse aus M 1 den jeweiligen Bedürfnissen aus M 2 zu.
4. Erläutere mithilfe von M 3 bis M 5, welche Bedürfnisse (M 2) mit der staatlichen Grundsicherung gegen Armut (Hartz IV) abgedeckt sind, und erkläre die Folgen für die Betroffenen.
5. Arbeite aus dem Text M 6 heraus, welche Bedürfnisse beim „Sneaker-Hype" eine Rolle spielen.
6. Analysiere die Maßnahmen, die Hersteller anwenden, um den Verkauf besonderer Sneaker zu steigern (M 6).
7. Sind 45,15 € für Freizeit und Kultur und 1,55 € für Bildung genug? Erörtere, ob soziale Bedürfnisse beim Hartz-IV-Regelsatz (M 5) ausreichend berücksichtigt wurden.

1.2 Was beeinflusst unser Kaufverhalten?

M 1 Wie wichtig sind dir Marken?

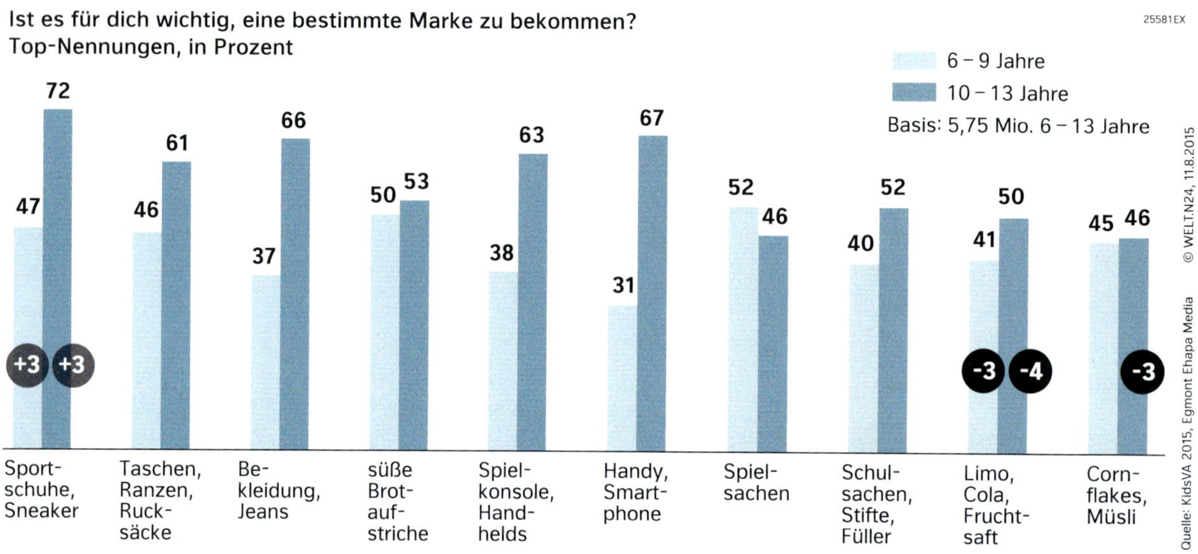

M 2 Eine Diskussion über Markenklamotten

Eine Diskussion mit Alex, Paula, Rebecca und Melina aus der 10. Klasse

Wie hoch schätzt ihr das Verführungspotenzial von Marken ein?

Alex, Rebecca: Sehr hoch! Hat man ein Markenprodukt neben einem No-Name-Produkt liegen, greift man eher zum Markenprodukt.

Melina: Sehr hoch! Viele sind aber eben nicht selbstbewusst genug, also brauchen sie neue Trends und Marken.

Bieten Marken Qualität und No-Name-Produkte sind Schrott?

Alle: Hm ... Marken sind meistens schon hochwertiger verarbeitet.

Paula (ergänzt): Das Design ist entscheidend, nicht die Marke. Auch No-Name-Produkte können verführerisch sein. Manchmal, finde ich, steht das No-Name-Produkt der Marke in nichts nach.

Achten Markenhersteller mehr auf die Kriterien Fairness und Nachhaltigkeit als No-Name-Hersteller?

Alle: Nein!

Paula: Der Verbraucher weiß heutzutage so wenig über die Produktion. Man weiß z. B. nicht, wie hoch der Anteil der Kinderarbeit ist oder was die Arbeiter verdienen.

Wollen Marken ein gutes Gefühl oder eher ein Statussymbol vermitteln?

Rebecca, Melina: Das Markenprodukt ist etwas Ähnliches wie Luxus. Man kann sich abheben. Außerdem fällt das Sparen leichter, weil man sich auf ein besonderes Bekleidungsstück freut.

Paula: Meiner Meinung nach ist es Einbildung, dass man sich mit einer Marke zu einer bestimmten Gruppe zugehörig fühlt.

Alex: Manche Produkte kann man nur von dieser Marke tragen. Andere Hersteller haben nicht so gute Designs. Das sieht und fühlt man!

Rebecca: Eine Marke kann auch Mainstream werden. Dann ist sie nichts Besonderes mehr, sondern nullachtfünfzehn. Wie die Longchamp-Taschen, die hat jetzt jedes Mädchen.

Paula: Durch eine teure Marke vermittle ich meinen Mitmenschen, dass ich finanziell stabil bin, und komme so in die entsprechende Peergroup.

Würde ohne Markenprodukte weniger konsumiert?

Paula: Nein. Man kauft sich so oder so immer neue Kleidung, mal für den Frühling, mal für den Winter. Der Konsum hat in diesem Sinn überhaupt nichts mit Marken zu tun.

Alle: Theoretisch wird durch die teuren Marken sogar weniger konsumiert, denn wenn man nur zu No-Name-Ware greift, kauft man z. B. drei T-Shirts statt einem.

Aus: Karoline Dotterweich/Leon Bornemann, Diskussion: Wie wichtig sind Markenklamotten? in: MitVerantwortung. Schülermagazin 2015: Kauf mit Köpfchen, S. 5, www.jugend-und-bildung.de/files/934/MitVerantwortung_2015_final_neu.pdf (Zugriff: 14.8.2017)

M 3 Warum wir kaufen, was wir kaufen

Aus: www.wirtschaftswerkstatt.de/Content/78/Themen/Konsum/Warum_wir_kaufen_was_wir_kaufen.html (Zugriff: 14.8.2017)

Aufgaben

1. Führt in der Klasse eine Umfrage zur Frage „Wie wichtig sind dir Marken?" durch und vergleicht sie mit den Ergebnissen von M 1.
2. Arbeite aus M 2 und M 3 heraus, welche Faktoren unsere Kaufentscheidungen beeinflussen.
3. Analysiere, welche Bedürfnisse bei den Faktoren (M 3) eine Rolle spielen.
4. Führt eine Pro-Kontra-Debatte zum Thema „Markenprodukte vs. No-Name-Produkte" durch.
   → METHODE Pro-Kontra-Debatte, S. 135

Eine Umfrage erstellen, durchführen und auswerten

Durch Meinungsumfragen kann man herausfinden, was Menschen zu bestimmten Themen denken. Man kann die Ergebnisse verschiedener Gruppen, z. B. Altersgruppen, vergleichen und danach Aussagen zu den Meinungen dieser Gruppen treffen. Es ist wichtig, die Umfrage im Vorfeld gründlich zu planen, dabei kannst du diesen Schritten folgen:

1. Eine Fragestellung entwickeln:

Bevor du einen Fragebogen zusammenstellst, solltest du genau überlegen, welche Art von Ergebnissen du später auswerten willst. Danach muss sich auch die Fragestellung richten. Dazu ist es hilfreich, Vermutungen oder Behauptungen, also Hypothesen *(z. B. Jungs legen weniger Wert auf Markenklamotten als Mädchen)* zum Befragungsgegenstand aufzustellen. Die Fragestellung sollte möglichst kurz, präzise und gut verständlich sein.

2. Einen Fragebogen zusammenstellen:

Man kann zwischen offenen und geschlossen Fragen unterscheiden:

- **Offene Fragen** *(z. B. Was ist dir beim Einkaufen wichtig?)* bieten sich an, um Kommentare zu einem Thema zu erhalten. Sie sind schwieriger auszuwerten, da man sie nicht automatisch auszählen kann.
- **Geschlossene Fragen** können dagegen leicht automatisch ausgewertet werden. Dabei gibt es verschiedene Möglichkeiten:
  - mehrere Antworten vorgeben *(z. B. a) Fahrrad, b) ÖPNV, c) Sonstiges)*,
  - nur eine Antwortmöglichkeit *(z. B. a) männlich, b) weiblich)*,
  - Antworten in eine Rangfolge bringen *(z. B. von sehr wichtig = 1 bis unwichtig = 6)*,
  - sich an Maßzahlen orientieren *(z. B. Alter, Jahre, Euro)*.

Der Fragebogen sollte übersichtlich und nicht zu umfangreich sein.

3. Die Befragung durchführen:

Lege die zu befragenden Personen fest (Anzahl, Altersgruppe, Geschlecht). Je größer die Stichprobe, desto höher ist die Aussagekraft der Umfrage. Achte darauf, dass der Personenkreis zur Fragestellung passt. Bedenke außerdem, dass die Art der Befragung *(z. B. Fragebogenaktion, Interview, Internetbefragung)* Einfluss auf die Ergebnisse hat. Plane genug Zeit für die Befragung ein und sorge dafür, dass die Anonymität der Befragten gewahrt ist.

4. Auswertung der Ergebnisse:

Es ist wichtig, sehr sorgfältig bei der Auswertung vorzugehen, damit die Ergebnisse nicht verfälscht werden. Es ist sinnvoll, die Fragebögen zu nummerieren, um Dopplungen auszuschließen. Arbeitet zu zweit (abwechselnd diktieren und kontrollieren). Ideal ist es, die Daten elektronisch zu erfassen und auszuwerten, z. B. mit dem Programm GrafStat. Für die Vorstellung der Ergebnisse in der Klasse eignet sich eine grafische Gestaltung in Form von Diagrammen, da diese die Daten anschaulich machen.

5. Interpretation der Ergebnisse:

Hierbei sollte überprüft werden, ob sich die Hypothesen zur Entwicklung der Fragestellung bestätigt haben. Zudem sollten weitere Fragestellungen bearbeitet werden:

- Welche Begründung für die Ergebnisse gibt es?
- Welche Erkenntnisse lassen sich aus den Daten gewinnen?
- Welche Fragen bleiben offen?

Grafische Auswertung von Umfrageergebnissen

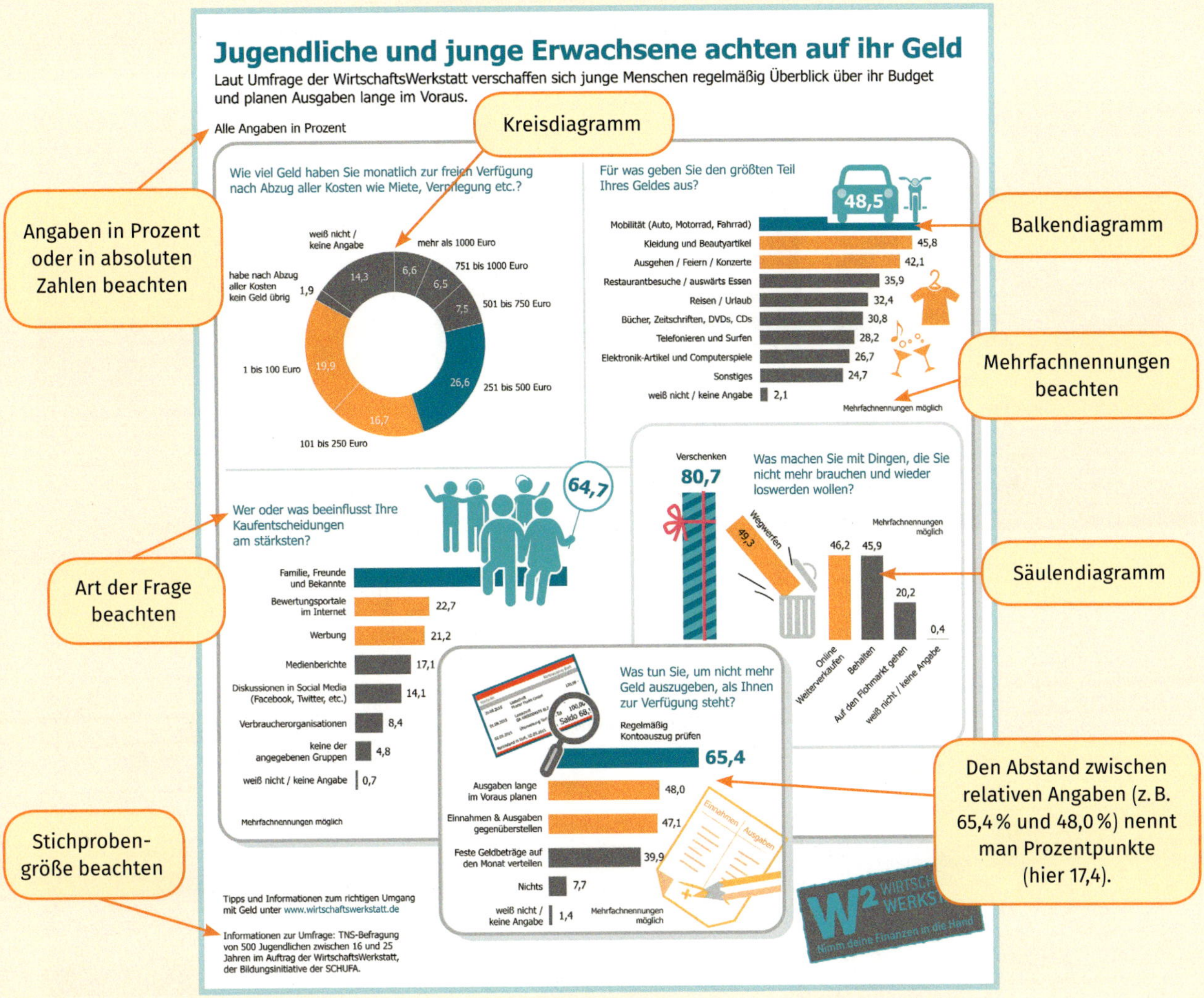

Grafik aus: www.wirtschaftswerkstatt.de/Content/198/Themen/Konsum/Einkaufen_und_Verkaufen.html (Zugriff: 14.8.2017)

Übung: Was stimmt hier nicht?

In den folgenden Beispielen zum Erstellen und Auswerten von Umfragen wurden die Tipps der Methode nicht berücksichtigt. Finde die jeweiligen Fehler und verbessere sie:

a) *Hypothese:* Jugendliche kaufen fast nur noch online ein. *Frage dazu:* Wo kaufst du am liebsten ein? a) auf dem Markt, b) im nächsten Supermarkt, c) online.

b) *Umfrage zum Thema „Wegwerfen alter Kleider“:* Was machst du mit Kleidern, die dir nicht mehr passen oder nicht mehr gefallen und die du nicht länger als 6 Monate getragen hast und die weniger als 100 Euro gekostet haben? a) wegwerfen, b) verschenken, c) bei eBay verkaufen, c) in den Altkleidersack werfen.

c) *Umfrage zum Thema „Wie wichtig sind Jungen und Mädchen Marken?“:* Alter: ___________ Klasse: ___________ Taschengeld/pro Monat: ___________

d) *Wie wichtig sind dir Markenkleider?* a) sehr wichtig, b) unwichtig.

e) *Auswertung von Daten:* Wieviel Geld haben sie monatlich zur freien Verfügung? 26,6 % der Befragten haben 251–500 Euro, fast 10 % weniger Menschen haben 101–250 Euro zur Verfügung.

1.3 Ist weniger mehr?

M 1 Luxus ist für mich …

M 2 Geiz ist nicht mehr geil

Das Geschäft der Luxusindustrie in Deutschland wächst rasant. Viele Unternehmen bauen ihr Sortiment um und die Kunden kaufen – nicht nur die Reichen.

Wer auf dem Berliner Ku'damm zwischen Leibniz- und Bleibtreustraße einkauft, der ist bereit, Geld auszugeben. Zum Beispiel in Hausnummer 190 bis 192 bei Porsche Design. Hinter Glas ticken dort Armbanduhren für 4 500, 6 500 und 9 900 Euro. Die teuerste Uhr kostet 165 000 Euro. Es gibt Blazer aus Lammleder für 1 450 Euro und Lederhüllen fürs iPad für 155 Euro. […]

Der Aussage „Ich leiste mir gern teure Sachen; Luxus macht das Leben schöner" stimmten 2010 noch 34 Prozent der befragten 21- bis 30-Jährigen zu. Im vergangenen Jahr waren es vier Prozent mehr. Bei den 51- bis 60-Jährigen wuchs der Anteil von 28 auf 33 Prozent.

Aber nicht nur die Mentalität hat sich gewandelt, sondern auch die Antwort auf die Frage, was Luxus überhaupt ist. Klaus Heine forscht an der TU Berlin zu Luxusmarken. Er sagt: „Früher waren Luxus und Nicht-Luxus relativ klar getrennt. Luxus waren teure Autos und Schampus." Heute gelten individuellere Definitionen. „Eine teure Studienreise kann zum Beispiel auch Luxus sein." Es geht eher darum, etwas zu erleben, sich etwas zu gönnen, als darum, anzugeben. Oft spielt auch die nachhaltige Herstellung der Produkte eine Rolle. „Der Markt ist sehr groß", sagt Heine. Genauso wie die Bandbreite der Kunden.

Heine sagt: „Außer denen, die extrem arm dran sind, kann heute jeder Luxuskonsument sein. Das sind schon längst

nicht mehr nur die oberen Zehntausend." Auch wer mittelmäßig verdient, kann auf etwas hinsparen, das ihm wichtig ist. Sei es ein Montblanc-Füller, eine Glashütte-Original-Uhr, ein Steinway-Flügel oder ein Urlaub im Fünfsternehotel. Der gleiche Konsument kann aber auch problemlos beim Discounter Lebensmittel kaufen. „Hybrides Konsumentenverhalten" nennt sich das. [...]
In der Porsche-Design-Filiale in Berlin zeigt die hübsche Verkäuferin gerade einem jungen Mann einen der 1450-Euro-Blazer, dunkelblau, komplett aus Lammleder. Der Blazer hat in diesem Jahr einen angesehenen Designpreis gewonnen. Den jungen Mann – kurze Hose, Armani-Sonnenbrille – überzeugt er nicht. Er will aber wegen der iPad-Hüllen wiederkommen. Er tritt hinaus auf den Ku'damm – und steuert den nächsten McDonald's an.

Aus: Anne-Sophie Lang, Geiz ist nicht mehr geil, in: www.zeit.de/wirtschaft/unternehmen/2012-04/luxuskonsum, 30.4.2012 (Zugriff: 3.11.2016)
Hybrider Konsument, S. 19

M 3 Was sagt das Netz? Die Social-Media-Luxus-Problematik

Leute. Eine Designertasche macht euch nicht glücklicher als ein Spaziergang durch den Park. Vor allem, wenn ihr erst 20 seid. Und wenn ihr doch so ein teures Taschenscheißerchen kauft, dann achtet zumindest darauf, dass es euer Herz mit echter Freude erfüllt, etwa, weil es für einen bestimmten Abschnitt in eurem Leben steht, einen großen Schritt, weil es euch aus welchen Gründen auch immer so richtig etwas bedeutet und dadurch zu einem bescheuerten, aber lieb gewonnenen Symbol heranwächst. Aber nicht nur wegen des Logos. Oder etlicher *Influencer*. Die meisten von ihnen müssen für diesen Luxus nämlich noch dazu einen (nicht in Geldscheinen abzählbaren) Preis bezahlen, den die allermeisten Menschen überhaupt nicht zahlen wollen würden. [...]
„In unserer Gesellschaft wird auf multiplen [vielfältigen] Kanälen suggeriert, dass wir Glück, Zufriedenheit, Erfolg, Image, Selbstwert, schlicht „das gute Leben", mit den richtigen Produkten erkaufen können. Jedes Lebensgefühl wird heutzutage konsumierbar gemacht [...].
Verliebt man sich z. B. in einen tollen, massiven, riesigen Esstisch, ist dabei meist nicht der Tisch an sich das wirkliche Objekt der Begierde (auch wenn er noch so ein toller Designklassiker ist, aus ganz fantastischem Material). Was man wirklich in ihm sieht, geht meist viel tiefer. Vielleicht tagträumt man schon davon, mit Familie und Freunden an diesem Tisch zu sitzen, sieht sich gemeinsam lachen, essen, tolle Gespräche führen. Hat man den Tisch dann aber gekauft, werden diese eigentlichen Bedürfnisse dadurch ja nicht erfüllt. Man sehnt sich weiterhin und sucht weiter nach Befriedigung im Konsum."
Mit Luxusgütern verhält es sich wohl sehr deckungsgleich. [...] Man darf andere Menschen, wenn es denn unbedingt sein muss, selbstverständlich für das Tragen von Designerfummeln verurteilen. Man kann andere Prioritäten setzen. Man darf auch selbst welchen tragen – zur richtigen Zeit. Vielleicht mit 20, vielleicht mit 40 oder erst mit 60, weil man es kann oder weil Sparen Spaß macht, weil man geerbt oder gearbeitet und meinetwegen auch, weil der Macker Mäuse hat.
Aber man sollte tunlichst Abstand davon nehmen, Besitztümer anderer auf die eigene Zufriedenheit Einfluss nehmen zu lassen. Andere Menschen, anderes Leben, andere Gründe, vielleicht auch nur andere Prioritäten, so simpel und schwer zugleich.
Und wenn all das Gerede nicht hilft, dann müssen wir vielleicht hin und wieder die Augen schließen und an den glückseligsten Menschen denken, den wir persönlich kennen. Ich denke da immer wieder an meine Oma Mia. Die hat Zeit ihres Lebens auf dem eigenen Acker geschuftet und besitzt statt funkelnder Handtaschen eine exorbitant große Sammlung an geblümten Gummistiefeln.

Nach: Nike Jane, Die Social-Media-Luxus-Problematik, in: www.thisisjanewayne.com/news/2016/11/29/brain-blah-social-media-luxus/, 29.11.2016 (Zugriff: 26.1.2017) (verändert)

Aufgaben

1. Beende den Satz „Luxus ist für mich ..." und vergleiche deine Aussage mit den Bildern in M 1.
2. Arbeite aus M 2 die Veränderung des Marktes für Luxusprodukte heraus.
3. Vergleiche deine eigene Definition von Luxus (Aufgabe 1) mit der des Textes M 2.
4. Arbeite aus M 3 heraus, wie die Bloggerin Luxus sieht und welche Gefahren sie für *Social-Media*-Nutzer erkennt.
5. Erörtere eine der folgenden Aussagen der Bloggerin (M 3):
   „Eine Designertasche macht euch nicht glücklicher als ein Spaziergang im Park." (Z. 1 f.)
   „Jedes Lebensgefühl wird heute konsumierbar gemacht." (Z. 18 f.)
   „Man darf andere Menschen [...] für das Tragen von Designerfummeln verurteilen."(Z. 32 ff.)

1.4 Nachhaltiger Konsum und Verzicht – das Beispiel Kleiderkonsum

M 1 Klassenumfrage

Wie viele T-Shirts befinden sich in deinem Kleiderschrank?

☐ bis 10 ☐ zwischen 10–30 ☐ mehr als 30

Wie häufig kaufst du neue Kleidung?

☐ jede Woche ☐ jeden Monat ☐ 1–2 mal im Jahr

Wie viele Kleidungsstücke, die du gekauft hast, wurden noch nie getragen?

☐ bis 10 ☐ zwischen 10–30 ☐ mehr als 30

Wie lange trägst du durchschnittlich ein T-Shirt?

☐ 1–3 Monate ☐ ungefähr ein Jahr
☐ länger als ein Jahr

Werden Kleider ausgebessert oder repariert?

☐ ja ☐ nein ☐ manchmal

Was machst du mit Kleidern, die du nicht mehr trägst?

☐ wegwerfen ☐ verkaufen ☐ verschenken

Wie viele T-Shirts braucht man?

☐ bis 10 ☐ zwischen 10–30 ☐ mehr als 30

Autorentext

M 2 Greenpeace-Umfrage

Kleidungsbestand in Deutschland bei 18–69-Jährigen

durchschnittlicher Bestand/Personen:		Bevölkerung 18–69 Jahre		Gesamtbestand
95,3 Kleidungsstücke	x	54,71 Mio.	≈	5,214 Mrd.

Anteil an Kleidung, der ... getragen wird

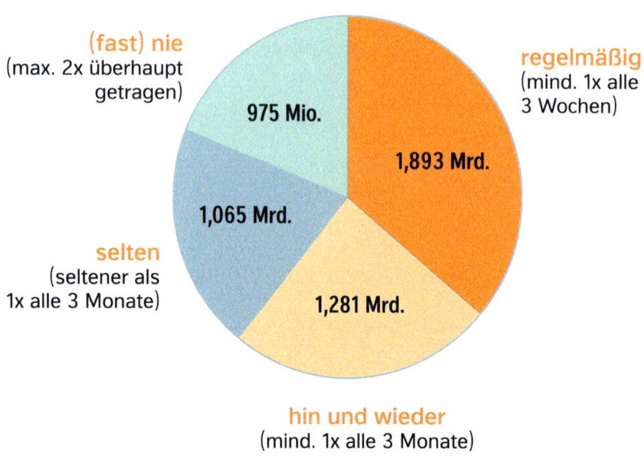

Quelle: Wegwerfware Kleidung. Repräsentative Greenpeace-Umfrage zu Kaufverhalten, Tragdauer und der Entsorgung von Mode, 11/2015, S. 3

25538EX

M 3 Wegwerfware Kleidung

Billig und viel kaufen, kurz oder nie tragen, schnell wegwerfen – so gehen die Deutschen im *Fast-Fashion*-Zeitalter mit Mode um. Angekurbelt wird dieses Verhalten von Textilgiganten wie H&M oder Zara, Aldi oder Lidl, die im Wochenrhythmus neue Billigkollektionen in die Läden bringen. Kleidung wird dabei immer mehr zur Wegwerfware, T-Shirts kaum länger getragen als Plastiktüten. [...] Im Durchschnitt besitzt jede erwachsene Person (18–69 Jahre) in Deutschland 95 Kleidungsstücke (ohne Unterwäsche und Socken). Das sind etwa 5,2 Milliarden Kleidungsstücke in Deutschland. Der Großteil der Kleidung besteht aus kurz- sowie langärmligen Oberteilen. [...] Jedes fünfte Kleidungsstück (19 Prozent) wird so gut wie nie getragen. Das summiert sich auf 1 Milliarde Kleidungsstücke, die ungenutzt im Schrank liegen. Eine weitere Milliarde Kleider wird nur „selten" (seltener als alle drei Monate) getragen. Zählt man diese hinzu, kommt man auf zwei Milliarden Kleidungsstücke (knapp 40 Prozent), die nahezu ungenutzt nur für den Schrank produziert wurde.

Aus: Greenpeace, Ergebnisbericht: Umfrage zum Umgang der Deutschen mit Mode, www.greenpeace.de/presse/publikationen/wegwerfware-kleidung, 23.11.2015, S. 1, 3 (Zugriff: 5.12.2016)

Aufgaben

1. a) Wie nachhaltig ist euer Kleiderkonsum? Führt die Umfrage in M 1 in der Klasse (bzw. in eurer Schule) durch.
   b) Vergleicht die Ergebnisse in der Klasse und mit M 2 und M 3.
   c) Erstellt eine repräsentative Umfrage in der Schule/Stufe und stellt die Ergebnisse grafisch dar.
   → METHODE Eine Umfrage erstellen, durchführen und auswerten, S. 26 f.
2. Ordne dich begründet einer Position aus M 4 zu.
3. Diskutiert ausgehend von M 5 in der Klasse die Aussage: „Verzicht ist der neue Luxus."
4. Erörtere den Lösungsansatz aus M 5.
5. Fächergrenzen überwinden (Ethik): Sammelt in der Klasse weitere Ideen, um den Kleiderkonsum zu senken.

M 4 Wie viel Klamotten braucht man eigentlich, ab wann sind es zu wenig?

himmelsläufer hat die Diskussion gestartet 18.6.13 18:44

Hallo!

Wie viel an Klamotten/Schuhen etc. braucht man und ab wann ist das zu wenig? Ich habe nicht viel, das Meiste ist schon alt, aber ich bin vollauf zufrieden. Allerdings habe ich den Eindruck, dass alle anderen tonnenweise mehr Klamotten haben. Daher stelle ich mir manchmal die Frage, ob ich auch mehr in Klamotten investieren sollte.

Ich habe nicht viel Geld zur Verfügung, lebe recht sparsam und gebe das Geld, was übrig bleibt, lieber für andere Dinge aus als die typischen Konsumgüter (Klamotten, DVDs, Elektronik etc.). Außerdem wohne ich in einem möblierten Zimmer (Student), aus dem ich mal irgendwann ausziehen werde. Das heißt, ich will jetzt nicht viel Krempel welcher Art auch immer anhäufen, den ich dann mit umziehen muss.

Wollte nur mal eure Meinung hören ...

Antworten

Mollienchen 18.6.13 18:58

Zu wenig ist meiner Meinung nach dann, wenn du ein paar Tage das Zimmer nicht verlassen kannst, weil gerade alle Klamotten in der Wäsche sind. ;-)

Happy Banana 18.6.13 18:59

Man kann nie genug Klamotten haben. Also ich habe auch nur wenig, aber nur, weil ich kaum Geld habe im Moment und ich zudem stark abgenommen habe. Aber ich finde an die 20 Hosen, 30–40 Pullis, ebenso viele T-Shirts, Tops, Blusen, Shirts, 20 Kleider (von schlicht bis Abendgarderobe), viele BHs, Tangas etc., Strumpfhosen ohne Ende, Leggings und 10–20 Paar Schuhe.

So hat man immer genug Abwechslung, hat nicht von Montag bis Sonntag die gleichen runtergerissenen Klamotten an.

Topfen20 18.6.13 19:08

[...] Soo viel hast du? Da komm ich ja, abgesehen von Unterwäsche und Schuhen, nie hin :-o

Aus: Wie viel Klamotten braucht man eigentlich, ab wann zu wenig?, in: www.med1.de/Forum/Schoenheit.Wohlfuehlen/656365/, 18.6.2013 (Zugriff: 6.2.2017)

M 5 Weg vom Haben, hin zum Sein

Mein ganzer Besitz passt in einen Koffer. Dieser Satz wird hierzulande wohl so gut wie niemandem über die Lippen kommen. Trotzdem: Immer mehr Menschen entscheiden sich bewusst gegen den Konsum – manche auf Zeit, andere sogar auf Dauer. Denn sie sind den Überfluss satt. Und sie haben genug davon, Spielball der Werbebranche zu sein. So setzen sie den undurchsichtigen Produktions- und Lieferketten und der Logik des Mehr und immer Neuen den simplen Verzicht entgegen. [...]

Genügsamkeit ist in der Regel nicht gerade unsere Stärke – wir ergötzen und berauschen uns am Neuen, sei es noch so überflüssig, wir suchen darin Glück und Trost. An PS-starken Symbolen oder dem teuren Smartphone machen wir unseren Status fest, jeder Trendklamotte rennen wir hinterher. Unsere Kleiderschränke quellen über und doch finden wir nicht das Richtige anzuziehen. So hat das Alte dem Neuen zu weichen und kommt in den Müll.

Im Schnitt besitzt jeder Deutsche rund 10 000 Dinge, nutzt aber nur einen Bruchteil davon. 617 kg Müll produziert er im Jahr, mehr als jeder andere Europäer. Damit hinterlassen wir, jeder Einzelne, im Schnitt einen ökologischen Fußabdruck von 5,1 Hektar Fläche. Zu viel für diese Erde.

Viele Menschen fühlen sich damit nicht mehr wohl und gar erdrückt von der Last ihres Riesenlatschens. Sie überdenken Lebensweise, Ess- und Konsumverhalten. Begriffe wie *Downshifting, Upcycling, Slow Food, Slow Fashion* oder *Slow Travel* sowie Veganismus stehen für die Postwachstumsbewegung. Sie haben vermutlich alle vom sogenannten *„Degrowth"* gehört – die Abkehr vom Wachstumsprinzip. Sie wollen sich nicht mehr an der Massentierhaltung beteiligen und dem irren Flächenverbrauch, der damit einhergeht, auch nicht an dem Abbau der knappen Ressourcen. Entkommerzialisierung und Entschleunigung heißt die Maxime.

Aus: Katharina Lübke, Konsumverzicht: weg vom Haben, hin zum Sein, in: www.erdbeerlounge.de/lifestyle/konsumverzicht-weg-vom-haben-hin-zum-sein/, 12.8.2016 (Zugriff: 5.12.2016)

1.5 Selbstbestimmt oder fremdgesteuert?

M 1 Werbung auf YouTube – das Bibi-Business

Die Jugend sieht YouTube statt fern. Jetzt berauschen sich Firmen und Werber daran, wie sie Kinder und Jugendliche über die Stars der Videoplattform erreichen. Was dabei alles möglich ist, zeigen YouTuberin Bibi und ihre Millionen Fans.

Es gibt neuerdings eine einfache Antwort auf schwierige Fragen: Wie macht man den angestaubten Gratis-Neckermann-Katalog so *fresh*, dass Teenies fragen, wo sie ihn kaufen können? Wie bringt man Mädchen dazu, für einen Duschschaum mit Donut-Duft den Drogeriemarkt zu stürmen? Die Antwort lautet: YouTube. Genauer: Bibi.

YouTuberin Bibi ist der Prototyp für den letzten Schrei in der Werbebranche, das sogenannte *Influencer*-Marketing. *Influencer* sind in diesem Kontext Menschen, die übers Netz direkt eine treue Fangemeinde für dies und jenes begeistern können. Bibi und andere YouTube-Stars erreichen eine Zielgruppe, die nicht mehr fernsieht, keine Zeitung liest, also auf den klassischen Werbekanälen nicht erreicht wird. Junge Leute, grob gesagt: von 12 bis 20 Jahren.

[...] *Influencer* sind supersympathisch, total authentisch und deshalb tolle Werbefiguren. Sie werben nur für Produkte, hinter denen sie „hundertprozentig stehen", wie sie selbst oft betonen. [...] Die ganzen Modelle gehen nur auf, weil die *Influencer* ihre sehr jungen Fans eben sehr stark beeinflussen. Bibis treueste Anhänger nennen sich *„bibinators"*. [...] Der WWF ließ bereits den einzigen YouTube-Star mit Dreadlocks, Simon Unge, mit Flussdelfinen im Amazonas baden. Die Folge: abgestürzte Server bei den Umweltschützern, 3,5 Millionen Abrufe der sieben Videos, Tausende neue *Follower*, die auch geblieben sind, als Unge wieder im kalten Deutschland saß.

Mit den Klicks, *Views*, *Followern* geht man hausieren. Ansonsten sind Zahlen das größte Geheimnis dieser neuen Teenager-Marketingindustrie. Die YouTuber selbst beantworten keine noch so vorsichtige Frage zu ihren Einnahmen, die Unternehmen sagen natürlich auch nichts.

Aus: Fabian Reinbold, Das Bibi-Business, in: www.spiegel.de/netzwelt/web/youtube-star-bibi-wirbt-junge-menschen-das-neue-werbe-business-a-1066678.html, 9.12.2015 (Zugriff: 3.1.2017)

M 2 Warum nutzen Firmen Social-Media-Werbung?

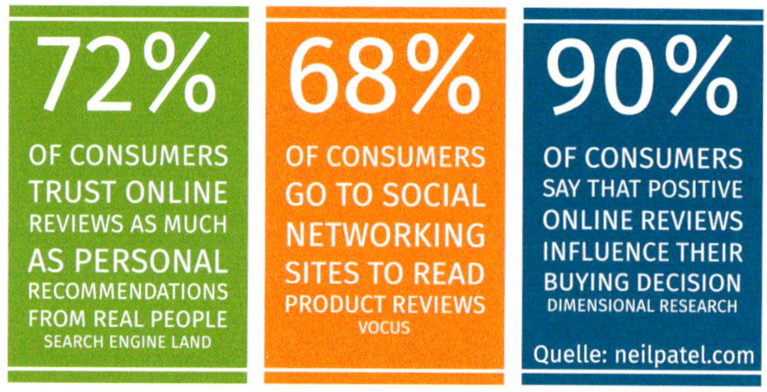

M 3 Wie erreicht man die Generation Z? Tipps fürs Firmenmarketing

Die Kinder der Generation X und Y, die unkreativerweise Generation Z genannt werden und um die Jahrtausendwende geboren wurden, sind *Digital Natives* durch und durch. An Smartphones haben sie sich nicht erst gewöhnt, sondern sind damit aufgewachsen. Heute stehen sie an der Schwelle zum Erwachsenwerden und bilden in wenigen Jahren eine zahlungskräftige Zielgruppe.

Tipps für euer *Content Marketing* [Werbung über Informationen, Wissen oder Unterhaltung]:

- Alles muss kurz und prägnant sein. Die neue Generation besteht aus *Social-Media*-Profis, die halten sich nicht lange mit langweiligen *Contents* auf!
- Smartphone, Tablet, Laptop und Desktop sind Standard in der neuen Generation. Es werden alle Screens genutzt, mitunter gleichzeitig. Profitiert davon durch *Second Screening* [parallel geschaltete Werbung auf mehreren Bildschirmen]!
- Ganze 8 Sekunden habt ihr im Schnitt Zeit, um die Generation Z mit eurem *Content Marketing* zu überzeugen. Ihr braucht visuellen *Content*!
- Von Snapchat bis WhatsApp sind praktisch alle Kurznachrichten-Apps als neue *Content-Marketing*-Plattformen zu sehen, denn die Teens legen ihre Smartphones nur selten aus der Hand!

Nach: http://tobesocial.de/blog/content-marketing-tipps-generation-z-infografik-social-media-marketing, 3.3.2015 (Zugriff: 18.3.2017) (verändert)

M 4 Wie Werbung arbeitet

- Welches Produkt wird beworben?
- Welche Bedürfnisse sollen angesprochen werden?
- Wie ist die Wirkung?
- An welche Zielgruppe richtet sich die Werbung?
- Wie wird es dargeboten (Motiv, Farbe, Schrift, Wortspiel, erzählte Geschichte, Gefühle, Werte)?

M 5 Die Bahn über ihre Kampagne

„Zeit ist heutzutage eines der wichtigsten Güter. Unsere Fahrgäste bekommen während ihrer Bahnfahrt genau das: Zeit für sich. Unsere Kampagne soll den Menschen wieder bewusst machen, was sie mit dem Kauf eines Bahntickets zusätzlich zur eigentlichen Fahrt erwerben: Mehr KennenlernZeit. Mehr LeseZeit. Mehr BusinessZeit ... Mehr Zeit für die Dinge, die man selbst während der Reise tun möchte“, beschreibt Oliver Schmidt, Leiter Marketingkommunikation und Marketingprojekte bei der Deutschen Bahn, das strategische Ziel der Kampagne.

Zitat von: Oliver Schmidt, Leiter Marketingkommunikation und Marketingprojekte bei der Deutschen Bahn AG, 21.11.2017

Aufgaben

1. Sammelt in der Klasse, welche Blogger ihr kennt und wofür sie werben (M 1).
2. Erläutere, wie laut M 1 *Influencer* auf YouTube in der Werbung benutzt werden, um speziell Jugendliche anzusprechen.
3. Analysiere mit M 2 und M 3, warum Firmen verstärkt durch *Social Media* werben.
4. Analysiere die Werbeanzeige M 4 mithilfe der vorgegebenen Fragen.
5. Überprüfe, ob die Anzeige M 4 mit den Aussagen der Bahn zu ihrer Kampagne M 5 übereinstimmt.
6. „Der Staat muss Jugendliche besser vor Werbemanipulation in *Social-Media*-Foren schützen!“ (M 1 und M 3) Bewerte diese Forderung, indem du die Wirksamkeit folgender Maßnahmen prüfst:
   a) Die *Influencer* müssen in ihrem Blog gut erkennbar offenlegen, ob und wie viel Geld sie von Firmen erhalten.
   b) Auf jeder Blogseite erscheint ein Banner mit dem Warnhinweis, dass es hier um Werbung geht.
   c) Das Verbraucherschutzministerium veröffentlicht regelmäßig eine Liste mit Bloggern, die von Firmen als *Influencer* bezahlt werden.
7. Fächergrenzen überwinden (Englisch): Im Fach Englisch wird der Bezug des Individuums im modernen Kontext thematisiert. Stelle grafisch dar, wie sich die modernen Medien auf das Leben eines Jugendlichen auswirken.

1.6 Wie weit darf Werbung gehen?

M 1 Gute Werbung – schlechte Werbung?

„Geiz ist geil!"

„Ich liebe es."

„Fast so schön wie eine Frau. Tickt aber richtig."

M 2 Heul doch! Wie Werbeagenturen mit Emotionen spielen

Der Edeka-Spot erzählt die Geschichte eines alten Mannes, der Weihnachten Jahr für Jahr allein feiern muss. Die erwachsenen Kinder sind, und das macht die Sache komplex, gar nicht unsympathisch, sondern nur ziemlich beschäftigt, so wie alle eben. Erst als sie die Nachricht vom Tod des Vaters erreicht, kommen sie nach Hause, in Tränen aufgelöst und voller Schuldgefühle – wo sie der alte Herr quicklebendig empfängt und sagt, er habe eben keinen anderen Weg mehr gewusst, um die Familie endlich mal zusammenzubringen.
Das ist emotional ziemlich schwerer Stoff, daran ändert auch die Schlusseinstellung vom fröhlichen Familienabendessen nichts mehr. Keine zwei Minuten dauert dieser Werbefilm, er rührt an Erinnerungen, die man nicht hervorholen will, er weckt Schuldgefühle, Verlustängste und Zweifel am eigenen Lebenskonzept. Zudem trifft all das die Betrachter unvorbereitet, weil es doch eigentlich nur Werbung ist: Man erwartet Informationen über ein Sonderangebot für Sauerkraut im Aromapack und bekommt stattdessen einen Stich ins Herz. [...]
Bis Freitagabend wurde das Video allein auf der Internetplattform YouTube mehr als 30 Millionen Mal angesehen, dazu kommen weitere 18 Millionen Aufrufe bei Facebook. Viele der Reaktionen sind enthusiastisch positiv, aber es gibt auch kritische Stimmen. Solche, die diesen Spot „geschmacklos" nennen oder finden, dass all das für eine Supermarktwerbung schlicht zu weit gehe.
Tatsächlich könnte man die Frage stellen, wo denn der Zusammenhang zwischen der Einsamkeit vieler älterer Menschen und dem Aromapack-Sauerkraut bei Edeka liegt. Das Kalkül geht so: In der Werbung sind zwei Faktoren mehr wert als alles andere. Der erste ist Aufmerksamkeit, die ist Edeka nun sicher. Und der zweite ist Emotion. [Der Entwickler des Werbespots Jens] Pfau sagt: „Natürlich ist Humor wesentlich leichter zu ertragen, aber ein lustiger Spot ist auch schneller wieder vergessen. Über diese Geschichte dagegen werden wir noch jahrelang reden."
Für Edeka sei dieser Spot die Möglichkeit, deutlich zu machen, wie man zu Weihnachten stehe, welche Werte das Unternehmen transportieren wolle. Im besten Fall, so kalkuliert die Werbeindustrie, macht diese geballte Emotion dann aus dem Unternehmen eine *„Lovebrand"*. So nennt die Branche so etwas, also eine Herzensmarke, der die Kunden nicht mehr rational begegnen, sondern der sie unkritisch und aus emotionaler Verbundenheit heraus die Treue halten.

Nach: Angelika Slavik/David Steinitz, Heul doch! Wie Werbeagenturen mit Emotionen spielen, in: www.sueddeutsche.de/wirtschaft/edeka-spot-heul-doch-wie-werbeagenturen-mit-emotionen-spielen-1.2767649, 5.12.2015 (Zugriff: 9.1.2017) (verändert)

M 3 Kommentare zum Werbespot

A Man könnte auch fragen „Wie weit dürfen Filme gehen?", „Wie weit dürfen Erzählungen gehen?" usw. Diese Dinge berühren uns oft genauso wie dieser Werbespot. Schimpfen wir deshalb auf den Autor, den Macher, weil er mit unseren Tränen sein Produkt (Film/Buch) verkaufen will? Wohl eher nicht. Unser Leben *ist* Emotion und wenn Werbung zu unserem Leben gehört, dann auch die Emotion in derselben. Ich denke, dass die Menschen, die sich jetzt so sehr über diese Spot aufregen, dies eigentlich nur tun, weil sie in ihrem tiefsten Inneren getroffen wurden. Schuldgefühle lösen oft solche Reaktionen aus.

B Werbung ist – schon immer – nur mit einem Zweck gemacht worden: Manipulation. Ob nun behauptet wird, dass in Schokoriegeln „das Beste aus Milch" drin ist und eben nicht nur Fett und Zucker, Rauchen dazu führt, Cowboy zu sein oder Dichter und Denker, oder, wie bei der Werbung vor der Tagesschau, nur schlank sein glücklich macht – und damit klar ganze Bevölkerungsschichten geschmäht werden –, ist dabei egal. Was mich bei solchen Spots immer wieder interessiert, ist, ob die „Kreativen" verstehen (können), was sie da tun, was sie da erzählen und welche Folgen (siehe „Geiz ist geil") das hat. Wie weit darf Werbung gehen? Interessante Frage: Es gibt keine Grenzen, Werbung darf theoretisch alles, was gesetzlich okay ist. [...] Die Frage ist daher falsch. Die korrekte Frage ist: Was muss man tun, um der Bevölkerung im Ganzen zu helfen, die Manipulation aufzudecken und für sich selbst als solche darzustellen.

Aus: holyowly (A) und Sierra Lime (B), in: Forum: Wie weit darf Werbung gehen?, www.sueddeutsche.de/wirtschaft/ihr-forum-wie-weit-darf-werbung-gehen-1.2769405, 6.12.2015 (Zugriff: 9.1.2017)

M 4 Verbot sexistischer Werbung?

Demonstration von Pinkstinks gegen Sexismus in der Werbung

Sex sells? Damit könnte bald Schluss sein. Bundesjustizminister Heiko Maas (SPD) prüft, ob ein Gesetz für ein Verbot geschlechterdiskriminierender Werbung gebraucht wird. Geht es nach den Befürwortern, könnten Plakate, Werbespots oder Anzeigen verboten werden, die Frauen oder Männer auf Sexualobjekte reduzieren.

Einen Vorschlag für eine solche Gesetzesnorm hat die feministische Nichtregierungsorganisation Pinkstinks erarbeitet. Sie will das Verbot von kommerzieller sexistischer Werbung in das Gesetz gegen unlauteren Wettbewerb einfügen. Nach Auffassung von Pinkstinks könnten eine Verbraucherschutzorganisation oder ein Mitbewerber dann eine richterliche Verfügung gegen sexistische Werbung einholen. Ein Gericht würde also entscheiden, ob TV-Werbung weiter gesendet werden darf oder Werbeplakate abgehängt werden müssen.

Beistand bekommt Pinkstinks von der Arbeitsgemeinschaft Sozialdemokratischer Frauen, der Frauenorganisation der SPD. Deren Vorsitzende Elke Ferner unterstützt den Gesetzesvorschlag: Bei sexistischer Werbung würden Frauen als Deko und als jederzeit verfügbar dargestellt sowie auf ihre Sexualität reduziert, kritisiert Ferner. [...]

Ein mögliches Verbot sexistischer Werbung kritisiert Julia Busse vom Deutschen Werberat: „Hier soll versucht werden, ein anderes Rollenbild in der Gesellschaft durchzusetzen. Ich finde, man kann über Rollenbilder streiten, aber es kann nicht sein, dass der Staat vorgibt, welches Rollenbild das richtige ist." Pinkstinks-Gründerin [Stevie] Schmiedel sieht das anders: Was Sexismus sei, sollten Spezialisten definieren und nicht die Gesellschaft.

Nach: Barbara Schmickler/Jörg Hilbert, Sexismus: Was darf Werbung?, in: www.daserste.de/information/wirtschaft-boerse/plusminus/sendung/werbung-104.html, 15.8.2016 (Zugriff: 9.1.2017) (verändert)

M 5 Was macht der Deutsche Werberat?

Als Selbstkontrollorgan der Werbeindustrie kümmert sich der Deutsche Werberat um problematische Werbung. Bei begründeten Beschwerden drängt er, dass die Werbung eingestellt oder geändert wird. Er kann auch eine öffentliche Rüge aussprechen. Der Werberat beruft sich dabei auf die Grundregeln der kommerziellen Kommunikation: Diese hat die allgemein anerkannten Grundwerte der Gesellschaft und die dort vorherrschenden Vorstellungen von Anstand und Moral zu beachten. Sie muss stets von Fairness im Wettbewerb und Verantwortung gegenüber der Gesellschaft getragen sein. Insbesondere darf Werbung

- das Vertrauen der Verbraucher nicht missbrauchen und mangelnde Erfahrung oder fehlendes Wissen nicht ausnutzen,
- Kindern und Jugendlichen weder körperlichen noch seelischen Schaden zufügen,
- keine Form der Diskriminierung anregen oder stillschweigend dulden, die auf Rasse, Abstammung, Religion, Geschlecht, Alter, Behinderung oder sexuelle Orientierung bzw. die Reduzierung auf ein sexuelles Objekt abzielt,
- keine Form gewalttätigen, aggressiven oder unsozialen Verhaltens anregen oder stillschweigend dulden,
- keine Angst erzeugen oder Unglück instrumentalisieren,
- keine die Sicherheit der Verbraucher gefährdenden Verhaltensweisen anregen oder stillschweigend dulden.

Nach: Deutscher Werberat, Grundregeln zur kommerziellen Kommunikation (Fassung von 2007), in: www.werberat.de/grundregeln (Zugriff: 6.2.2017) (verändert)

Aufgaben

1. Erkläre, für welche Produkte in M 1 geworben wird, und bewerte, ob die Slogans gelungen sind.
2. Arbeite aus M 2 heraus, wie die Werbeindustrie mit Emotionen spielt.
3. Vergleiche die Aussagen zur Werbung in den Kommentaren in M 3 und bewerte sie.
4. Analysiere die Argumente, die für und gegen ein Verbot sexistischer Werbung sprechen (M 4).
5. Beurteile, ob die Richtlinien des deutschen Werberats ausreichend sind (M 5).
6. „Ich finde, man kann über Rollenbilder streiten, aber es kann nicht sein, dass der Staat vorgibt, welches Rollenbild das richtige ist." (M 4, Z. 26 ff.) Erörtere diese Aussage.
7. Fächergrenzen überwinden (Deutsch): Im Unterricht habt ihr euch mit unterschiedlichen Medien und der Filmanalyse befasst. Gestaltet eine Werbeanzeige oder dreht einen Werbespot für ein Produkt eurer Wahl.

1.7 Der Homo oeconomicus geht einkaufen – ein Modell wird hinterfragt

M 1 Bist du ein Homo oeconomicus?

- ☐ Ich gehe mit Einkaufszettel einkaufen.
- ☐ Ich informiere mich immer, bevor ich größere Anschaffungen mache.
- ☐ Ich zähle immer jeden Cent nach und achte auf mein Kleingeld.
- ☐ Ich vergleiche Preise, bevor ich mich für einen Kauf entscheide.
- ☐ Ich kaufe ein Produkt nur, wenn ich absolut vom Nutzen überzeugt bin.

M 2 Ein Experiment

Dir und deinem Mitschüler werden 100 Euro geschenkt.

Spieler A:

Du darfst bestimmen, wie die Summe untereinander aufgeteilt wird. Du kannst:

- die gesamten 100 Euro für dich und für deinen Partner nichts,
- 90 Euro für dich und 10 Euro für deinen Partner
- oder jede andere Aufteilung vorsehen.

Schreibe deine Aufteilung auf einen Zettel (z. B. „ich 80 Euro – du 20 Euro“).

Spieler B:

Du entscheidest jetzt, ob du die Aufteilung auf dem Zettel annimmst.

Wenn Spieler B die Aufteilung ablehnt, bekommt ihr beide nichts.

Nach: Bundeszentrale für politische Bildung, Wirtschaft für Einsteiger, Bonn, Dezember 2011 (verändert)

M 3 Homo oeconomicus – oder Homer Simpson?

Gut möglich, dass es Wirtschaftswissenschaftler gibt, die nach Studium und jahrelanger Arbeit in ihrer Disziplin tatsächlich glauben, dass ihr typischer Mitmensch sich so verhält, wie es das Bild vom Homo oeconomicus suggeriert. Das wäre ein Mensch, der bei jedem Einkauf sorgsam Preis und Nutzen abwägt und seinen Nutzen maximiert, egal ob es um einen Fernseher oder ein Kaugummi geht. Er würde in Dutzenden Geschäften Preise vergleichen, bevor er zuschlägt. Und bei der Geldanlage würde er alle Märkte und Börsenkurse beobachten und alle Anlageentscheidungen nur auf der Grundlage dieser Informationen treffen.
Populärer ist es, Homer Simpson als den Prototyp des Menschen zu betrachten: Der vertrottelte, gelbhäutige Familienvater aus der Zeichentrickserie „Die Simpsons“ ist das genaue Gegenteil des Homo oeconomicus, er weiß wenig, widerspricht sich ständig und lässt sich ganz generell eher von seinem Bierdurst als von seinem Verstand leiten.

Nach: Tobias Kaiser, Homo oeconomicus – oder Homer Simpson?, in: www.welt.de/print/wams/wirtschaft/article13663050/Homo-oeconomicus-oder-Homer-Simpson.html, 16.10.2011 (Zugriff: 27.4.2017) (verändert)

Aufgaben

1. Mindestens viermal mit Ja geantwortet (M 1)? Dann bist du ein richtiger Homo oeconomicus. Erkläre das Modell mithilfe von M 3 und M 4.
2. Wertet das Ergebnis des Experiments M 2 in der Klasse aus und analysiert dabei, welche Aufteilung häufig, welche selten gewählt wurde und welche Gründe es für die Ergebnisse geben könnte.
3. Vergleiche die Ergebnisse aus eurem Experiment mit dem Modell des Homo oeconomicus (M 3).
4. Ordne zu, welche Argumente aus M 4 für und gegen das Modell des Homo oeconomicus sprechen.
5. Gedankenspiel – diskutiert in der Klasse: Wie sähe eure Klasse aus, wenn sich jeder wie ein Homo oeconomicus, also wie ein reiner Nutzenmaximierer, verhielte?
6. Homo oeconomicus ade? Diskutiert in der Klasse, welche anderen Faktoren bei wirtschaftlichen Entscheidungen eine Rolle spielen (M 5). Bezieht dabei die Erkenntnisse aus Kapitel I.1.1 und aus dem Klassenexperiment M 2 mit ein.

M 4 Was spricht für und gegen das Modell des Homo oeconomicus?

Ein Mensch könnte gar nicht leben wie der Homo oeconomicus, weil die Welt zu komplex ist.

Die Idee vom Homo oeconomicus ist die Grundlage vieler ökonomischer Modelle, die volkswirtschaftliche Zusammenhänge beschreiben.

So starr und unflexibel muss der Homo oeconomicus sein, damit Volkswirte überhaupt Vorhersagen machen können.

[D]ie Idee vom rational handelnden Menschen setzt gar nicht voraus, dass jeder Einzelne sich so benimmt, wie es die Modelle vorsehen. Es genügt, dass die Wirtschaft in ihrer Gesamtheit so reagiert, wie es das Konzept vorsieht. Es ist ein Modell für die Gesamtheit, nicht für den Einzelnen. Nicht jeder Verbraucher kauft weniger ein, wenn die Preise steigen, aber im Schnitt geben die Verbraucher weniger aus.

Das Konzept wurde von Psychologen stark kritisiert, die in den vergangenen Jahrzehnten nachgewiesen haben, dass Menschen schlicht anders handeln als von den Ökonomen angenommen.

Wenn ein Mensch versuchen würde, alle relevanten Informationen bei jeder seiner Entscheidungen zu berücksichtigen, würde er komplett zusammenbrechen, weil er sich nicht mehr entscheiden kann.

Schon der Nationalökonom Adam Smith schrieb im 18. Jahrhundert in seinem Buch „Der Wohlstand der Nationen", dass es das Eigeninteresse der Individuen sei, das den gesellschaftlichen Wohlstand steigere. Der Bäcker backe nicht aus Güte, sondern weil er eigene Interessen verfolge.

Nach: Tobias Kaiser, Homo oeconomicus – oder Homer Simpson?, in: www.welt.de/print/wams/wirtschaft/article13663050/Homo-oeconomicus-oder-Homer-Simpson.html, 16.10.2011 (Zugriff: 27.4.2017) (verändert)

M 5 Was treibt mich, wenn ich kaufe?

Werbung

Nutzen

Werte

Vorlieben, Präferenzen

Bedürfnisse

Anreize

Luxus und Verzicht

Social Media

Kosten

???

M 1 Online oder vor Ort?

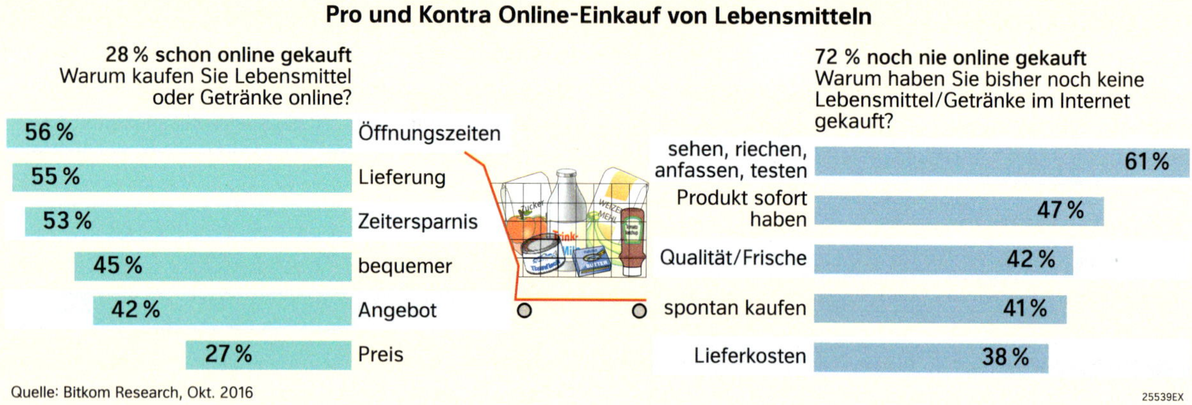

Quelle: Bitkom Research, Okt. 2016

M 2 Onlineshopping: die digitale Gefahr für den Einzelhandel

Rund um die Uhr vom heimischen Sofa aus: online einkaufen ist bequem. Da müssen sich Händler in den Einkaufsstraßen viel einfallen lassen, um die Kunden noch zu locken. Vielen Ladenbesitzern fällt das schwer.

Wer zum Einkaufen noch das Haus verlässt, ist ziemlich von gestern. Das macht Oliver Samwer glauben. „Geschäfte sind Mittelalter", stichelt der Investor, der den Onlinehändler Zalando groß gemacht hat. „Sie wurden gebaut, weil es kein Internet gab." Bei dieser Provokation zuckte die Branche vor einem Jahr zusammen. Inzwischen wird aber deutlich: Viele Kunden wollen immer noch im Laden einkaufen – die Geschäfte dürfen nur nicht nach Mittelalter aussehen. Lange weiße Regale, Neonlicht, möglichst viel Ware und wenige Verkäufer – solche Läden werden Kunden künftig seltener finden, meinen Fachleute. Der Handel müsse investieren. Der Druck ist gewaltig, wie der Kölner Handelsforscher Kai Hudetz berichtet. Jeder Fünfte komme seltener zum Einkaufen in die Innenstädte, weil er sich online eindecke [...].

Jeder zehnte Euro werde online ausgegeben, in wenigen Jahren kann es jeder vierte sein. „Da ist noch jede Menge Eisberg unter Wasser." Klingt, als seien die deutschen Einkaufsstraßen die Titanic. Doch der Chef des Instituts für Handelsforschung kann ein wenig beruhigen: „Samwer hat Unrecht." Der Kunde sei komplizierter.

Ein Beispiel sind die zunehmend genutzten Möglichkeiten, online bestellte Kleidung im Laden abzuholen. „Das ist eigentlich das Schlechteste aus zwei Welten", wundert sich Hudetz. Man probiert die neue Jacke nicht an, weil man online bestellt, und fährt dann doch in den Laden, um sie abzuholen.

Reine Onlineshopper gebe es nur wenige. Die Mehrzahl der Deutschen seien „selektive Onlineshopper". Ihre wichtigsten Wünsche: online prüfen, in welcher Filiale die begehrte Jeans oder der Fernseher vorrätig ist, und kostenfreies WLAN im Geschäft – da gilt Deutschland noch als Entwicklungsland. Zu groß die Sorge, dass die Kunden via Smartphone bei der Konkurrenz kaufen, wenn es dort billiger ist. Wie der Laden der Zukunft aussieht? Viele Inhaber und Designer scheinen verunsichert. Helle und großzügige Räume, weniger Ware in den Regalen, dafür besser ausgeleuchtet, immer neue Aktionsflächen – klar, diese Kniffe kennen Kunden schon lange. Unvermeidlich auch die Heilssuche in mehr „Info-Displays", die aber bitte nicht daher kommen wie das Fliesenschneider-Video im Baumarkt. Einer bringt es auf dem Punkt: „Aktuell stochern alle im Nebel."

Aus: Die digitale Gefahr für den Einzelhandel, in: www.handelsblatt.com/unternehmen/handel-konsumgueter/online-shopping-die-digitale-gefahr-fuer-den-einzelhandel/11780342.html, 15.5.2015 (Zugriff: 13.4.2017)

M 3 Umweltbilanz beim Einkaufen

Immer mehr Waren und Weihnachtsgeschenke werden im Internet gekauft und nach Hause geliefert. Praktisch, ja? Aber ist es umweltfreundlich? [...]

Das klingt doch zunächst einmal einleuchtend: Bequem zu Hause im Internet eine Jeans bestellen, womöglich auch noch eine Jeans mit Ökolabel. Dann warten, bis der große Transporter auch mein Paket (mit vielen anderen) ausliefert – anziehen, bezahlen, fertig. Das Kaufhaus oder auch der kleine Laden werden dagegen das ganze Jahr über aufwendig klimatisiert. Ware wird nicht nur gelagert, sondern auch entpackt und präsentiert. Dann wieder verpackt und womöglich fährt der Kunde auch noch mit dem Auto hin. [...]

Aber so einfach ist die Sachlage eben nicht. Für einen Vergleich müssen das eigene Einkaufsverhalten, die Anstrengungen des Handels und des Zulieferers und so weiter als ausschlaggebende Faktoren berücksichtigt werden. Die Verbraucher selbst machen mit einem Schlag alle theoretischen Umweltvorteile des Online-Einkaufs zunichte: Sie schicken nämlich ihre Pakete in Massen wieder zurück. Da nützt es auch wenig, wenn DHL herausstellt, dass jedes verschickte Paket über das Zustellsystem der Deutschen Post „nur" 500 Gramm CO_2-Emmissionen verursacht und der Verbraucher – im Vergleich mit dem eigenen Auto – dafür nicht über einen Einkaufsradius von knapp zwei Kilometern hinauskäme (schließlich muss er ja auch wieder nach Hause fahren). Laut aktuellen Zahlen geht im Onlinehandel aber mindestens jedes zweite Paket zurück an den Händler. Wer drei Paar Schuhe bestellt, davon aber zwei Paar wieder zurückgibt, muss sich also nicht wundern, wenn der Schadstoffausstoß für *ein* online gekauftes Paar Schuhe sich plötzlich verdoppelt, weil das gelieferte Paket wieder zurückgeht. [...]

Die Modehersteller können sich immerhin noch damit trösten, dass die neuen Shopping-Plattformen ihnen einen zusätzlichen Vertriebskanal zu jungen Kundengruppen eröffnen. Die mittelständischen Textil- und Schuhhändler, aber auch Mode-Kaufhäuser bangen dagegen um ihre Zukunft. Wenn der mit dem Internet aufgewachsene Shopping-Nachwuchs überhaupt noch in die Fußgängerzone zum Stöbern kommt, dann hat er sich vorher im Web schlaugemacht. Das bedeutet, sie fragen nach einem bestimmten Wunschprodukt, probieren es im Laden an, bestellen es aber dann vielfach dort im Netz, wo es laut Preisvergleichsportalen am günstigsten ist. [...]

Die Wirklichkeit sieht jedoch anders aus. Allein in Deutschland werden schätzungsweise eine Viertel Million Pakete zurückgeschickt. Das freut die Logistikunternehmen, die mit dem Onlinehandel mittlerweile 70 Prozent ihres Umsatzes machen. Weniger die Umwelt. Vor allem, wenn die Kunden vorher auch noch in den Laden gehen, um sich über Produkte zu informieren, oder Kleidung anprobieren und später online bestellen. Das ist nicht nur unfair, sondern auch schlecht für die Umweltbilanz. Außerdem: Nur weil der Kunde ein Paket bekommt, lässt er sein Auto ja nicht in der Garage.

Aus: Alexander Dallmus, Shopping im Netz oder im Laden?, in: www.br.de/radio/bayern1/inhalt/experten-tipps/umweltkommissar/umwelt-einkaufen-online-laden-100.html, 19.11.2013 (Zugriff: 13.4.2017)

M 4 Der Einzelhandel hat keine Zukunft

Zeichnung: Stephan Rürup

Aufgaben

1. Erstelle einen Fragebogen für eine Umfrage, mit der das Einkaufsverhalten eurer Klasse ermittelt werden soll (M 1). → METHODE Eine Umfrage erstellen, durchführen und auswerten, S. 26 f.
2. Analysiere, warum Verbraucher online Lebensmittel kaufen oder doch lieber in den Einzelhandel gehen (M 1).
3. Beurteile die Auswirkungen veränderten Kaufverhaltens auf den Handel und die Umwelt (M 2 und M 3).
4. „Der Einzelhandel hat keine Zukunft!" Erörtere die These ausgehend von der Karikatur M 4.
5. Gestalte grafisch (z. B. Mindmap), welche Folgen deine persönlichen Kaufentscheidungen für Unternehmen, Städte, Verkehr und Umwelt haben (M 1 bis M 4).

Webcode WES-116435-101 Lösungen zum Kompetenzcheck

2. Der Verbraucher – mächtig oder ohnmächtig?

2.1 Lebensmittelkennzeichnung – sinnvolle Hilfe beim Kauf?

M 1 Werbelüge

M 2 Die Verbraucher haben entschieden

Die Verbraucherorganisation Foodwatch hat dem Kindergetränk „Monte Drink“ der bayerischen Molkerei Zott eine Negativ-Auszeichnung für die dreisteste Werbelüge des Jahres verpasst. Bei einer Internetabstimmung mit rund 81500 Teilnehmern wurde das Produkt klar auf den unrühmlichen ersten Platz gewählt, wie Foodwatch am Freitag in Berlin und München mitteilte. Foodwatch rügte das Unternehmen für „seinen unverantwortlichen Versuch, eine Zuckerbombe wie eine gesunde ‚Zwischenmahlzeit‘ für Kinder zu bewerben“. Umgerechnet acht Stück Würfelzucker steckten in einem Fläschchen. Das Produkt enthalte damit mehr Zucker als Cola und doppelt so viele Kalorien wie Fanta […]. Es sei „nichts anderes als eine flüssige Süßigkeit“ und habe im Schulranzen von Kindern nichts verloren. […] Foodwatch will mit der Kampagne nach eigenen Angaben „die legalen Werbelügen der Lebensmittelhersteller anhand konkreter Beispiele“ entlarven. Zott nannte die Auszeichnung „nicht nachvollziehbar“, kündigte aber umgehend an, Rezeptur und Etikett anzupassen. Nährwerte wie Fett, Eiweiß, Kohlenhydrate und Zucker seien eindeutig auf der Verpackung deklariert, hieß es in einer Mitteilung. „Der Verbraucher kann sich umfänglich über diese Inhaltsstoffe informieren und sie in seine Kaufentscheidung einbeziehen.“ Mit Blick auf den Zuckergehalt des „Monte Drinks“ kündigte Zott „Anpassungen und Verbesserungen in der Darstellung gegenüber den Verbrauchern wie in der Rezeptur“ an.

Aus: „Monte Drink“ dreisteste Werbelüge 2010, in: www.bz-berlin.de/artikel-archiv/monte-drink-dreisteste-werbeluege-2010, 23.4.2010 (Zugriff: 18.5.2017)

M 3 Was ist drin in der Suppe?

Zutaten: Nudeln (Weizenmehl, Salz), Hühnerbrühe, Karotten, Glukosesirup, Aroma, Hühnerfleisch, Stärke, Lauch, Hühnerfett, Geschmacksverstärker (E621, E631, E627), Hefeextrakt, Sojasaucenpulver, Sellerieblätter, Petersilie, Curry, pflanzliche Fette, Farbstoff Carotin, Antioxidationsmittel (E311, E320), Fleischeinwaage: 0,9 g Hühnerfleisch, entspricht 4,5 g Frischfleisch.

Bei bestimmten Zutaten muss die Nennung des Namens der Klasse, gefolgt vom spezifischen Namen oder der E-Nummer erfolgen.
Im obigen Beispiel einer Tütensuppe ist dies beim Antioxidationsmittel (E311 = Octylgallat, E320 = Butylhydroxyanisol [ruft z. T. Allergien hervor; der Stoff reichert sich im menschlichen Fettgewebe an]) und dem Geschmacksverstärker (E621 = Natriumglutamat, E627 = Natriumguanylat, E631 = Natriuminosinat [Geschmacksverstärker können bei empfindlichen Menschen zum „China-Restaurant-Syndrom“, also Kopfschmerz, Steifheit im Nacken führen […]) der Fall.

Aus: Michael Kindt/Inform24.de, Lebensmittelrecht, Etikettenschwindel?, Die Zutatenliste, in: www.inform24.de/etikett/zutaten2.html (Zugriff: 1.8.2017)

M 4 Kennzeichnung von Lebensmitteln

Für Verpackungen von Lebensmitteln schreibt das Gesetz den Herstellern bestimmte Angaben vor. Diese Informationen müssen gut lesbar sein und mindestens in 1,2 Millimeter großer Schrift, bezogen auf das kleine „X“, gedruckt werden.
Zu den verlangten Angaben gehören:

- Bezeichnung des Lebensmittels
- Zutatenverzeichnis
- Allergene
- Nährwertangaben
- Mindesthaltbarkeitsdatum oder Verbrauchsdatum
- Nettofüllmenge
- Firmenname
- Preisangaben

Aus: Verbraucherzentrale.de, Kennzeichnung von Lebensmitteln, www.verbraucherzentrale.de/kennzeichnung-verpackter-lebensmittel-1, Stand: 13.12.2016 (Zugriff: 6.2.2017)

M 5 Curry Ketchup – was steckt in der Flasche?

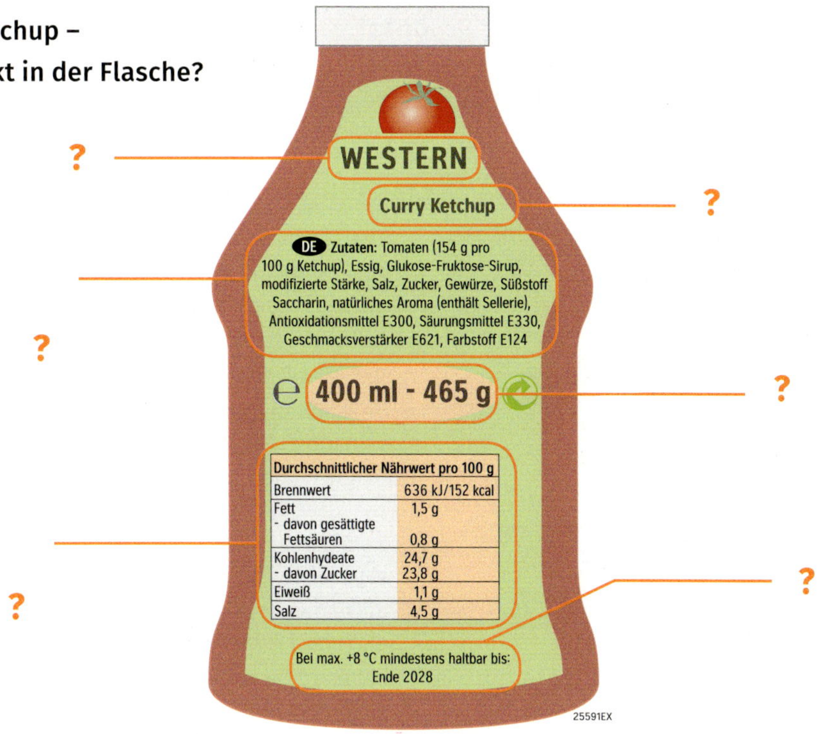

M 6 Die Lebensmittelampel

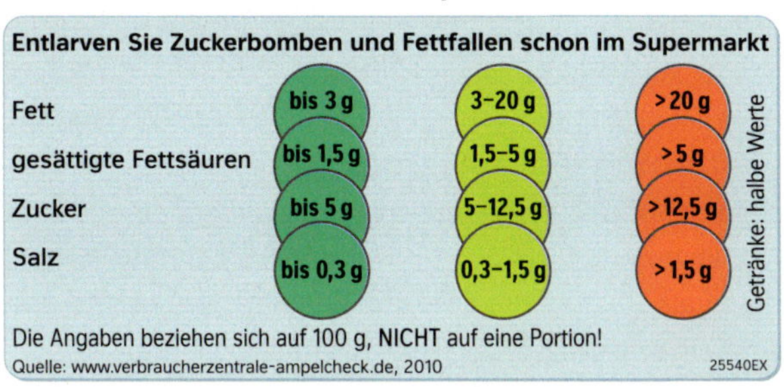

Durch die Lebensmittelampel soll für den Verbraucher leicht erkennbar werden, ob die Nahrung zu viel Salz, Fett oder Zucker enthält. Jeder Anteil von wichtigen Nährwerten, wie z. B. Fett, gesättigte Fettsäuren, Zucker oder Salz, wird dann farbig gekennzeichnet. Rot steht für zu viel Fett oder Zucker, grün ist günstig in diesem Bereich. 2008 lehnte der Bundestag die Einführung der Ampel ab.

Nach: Silke Schwartau, Lebensmittel-Ampel: Alle Details!, in: http://ausgelebtundweggeworfen.blogspot.de/2010/06/lebensmittel-ampel-alle-details.html (bearbeitet), 15.6.2010 (Zugriff: 6.2.2017) (verändert)

Aufgaben

1. Erläutere, was du unter einer Werbelüge verstehst (M 1).
2. Arbeite aus M 2 heraus, welche Vorwürfe die Verbraucherorganisation Foodwatch gegen Zott erhebt.
3. In M 3 wird die Zutatenliste einer Tütensuppe erläutert. Beurteilt in der Klasse, ob die Angaben für den Konsumenten hilfreich sind.
4. M 4 nennt die gesetzlich vorgeschriebene Kennzeichnung für Lebensmittel auf der Verpackung. Ordne in M 5 die entsprechenden Bezeichnungen zu.
5. Überprüft in der Klasse, ob die Angaben in M 5 für den Verbraucher hilfreich sind.
6. Bringe Verpackungen von zu Hause mit und überprüfe die Angaben auf Verständlichkeit und Klarheit für den Verbraucher. Auf dieser Internetseite findest du weitere Informationen: *www.zusatzstoffe-online.de*.
7. Beurteile, ob eine Lebensmittelkennzeichnung durch eine Lebensmittelampel (M 6) den Konsumenten bei ihrer Kaufentscheidung helfen könnte.
8. Die Verbraucherzentralen bieten unter *www.lebensmittelklarheit.de* die Möglichkeit, Produkttäuschungen oder Mogelpackungen zu melden. Überprüfe, inwieweit dies die Verbraucher schützen könnte.

2.2 Warentest – finde ich damit das beste Produkt?

M 1 Weg der Kaufentscheidung

1. Stufe der Kaufentscheidung	2. Stufe der Kaufentscheidung		3. Stufe der Kaufentscheidung
Point of Need	**Point of Decision**		**Point of Sale**
Hier werden Bedürfnise geweckt durch:	Hier wird a) entschieden, welches Produkt die Bedürfnisse am besten befriedigt. Dafür besucht der Kunde folgende Webseiten:	Hier wird b) entschieden, bei welchem Händler der Kunde kaufen will. Diese Entscheidung trifft der Kunde auf folgenden Webseiten:	Hier wird der Kauf getätigt:
- klassische Werbung, - TV, - Freunde, - Gesellschaft, - Zeitschriften, - Trends allgemein.	- Preisvergleich (um eine Vorabauswahl zu treffen und sich zu informieren), - Hersteller-Webseiten, - Händler-Webseiten, - Meinungsportale, - Fachportale.	- auf Preisvergleichen, - auf Händler-Webseiten, - auf Hersteller-Webseiten mit Händleranbindung.	- bei Online-händlern, - bei Offline-händlern (stationärer Handel).

Nach: Tim Stracke, Preisvergleich im E-Commerce, in: www.ecin.de/fachartikel/16439-preisvergleich-ecommerceindex.html, 9.2.2016 (Zugriff: 7.6.2017) (verändert) 25541EX

M 2 Über uns: Die Stiftung Warentest stellt sich vor

Die Stiftung Warentest wurde 1964 auf Beschluss des Deutschen Bundestages gegründet, um dem Verbraucher durch die vergleichenden Tests von Waren und Dienstleistungen eine unabhängige und objektive Unterstützung zu bieten.

- **Wir kaufen** – anonym im Handel, nehmen Dienstleistungen verdeckt in Anspruch.
- **Wir testen** – mit wissenschaftlichen Methoden in unabhängigen Instituten nach unseren Vorgaben.
- **Wir bewerten** – von „sehr gut“ bis „mangelhaft“, ausschließlich auf Basis der objektivierten Untersuchungsergebnisse.
- **Wir veröffentlichen** – anzeigenfrei in unseren Zeitschriften *test* und *Finanztest* und im Internet unter *www.test.de*.

Aus: Stiftung Warentest, Über uns: Die Stiftung Warentest stellt sich vor, in: www.test.de/unternehmen/ (Zugriff: 5.12.2016)

M 3 Für jeden ein gutes Produkt

Sechs Nuss-Nougat-Cremes im Test sind insgesamt gut. Fünf davon schneiden in puncto Geschmack gut ab, eine sogar sehr gut. Unter den sechs besten sind ein konventionelles Marken- und ein Bioprodukt sowie vier Cremes von Handelsmarken. Die Tester können also sowohl preisgünstige als auch teurere Produkte empfehlen.
In 16 von 21 Produkten waren Aflatoxine nachweisbar, die als krebserregend und erbgutverändernd gelten. Sie werden von Schimmelpilzen gebildet, die entstehen können, wenn Nüsse falsch gelagert oder nicht richtig getrocknet werden. Gut für die Hersteller: Da der Grenzwert für Aflatoxine vor einigen Jahren angehoben wurde, halten alle Produkte den aktuellen Grenzwert ein.
Die Stiftung Warentest prüfte nicht nur den Schadstoffgehalt der 21 Schokoaufstriche, sondern unter anderem auch Aussehen und Geschmack sowie die Verpackungen, die darauf zu findenden Angaben und Werbeaussagen. Neben Testsieger Nutella schnitten noch fünf weitere Nuss-Nougat-Aufstriche mit dem Gesamturteil „gut“ ab. Zwölf Cremes beurteilten die Tester als „befriedigend“, eine wurde als „ausreichend“ eingestuft.
Zwei Schokocremes erhielten das Gesamturteil „mangelhaft“. Die mit 1,74 Euro pro 100 Gramm teuerste Creme wurde laut Stiftung Warentest wegen Schadstoffen aus dem Fett abgewertet. Die andere war demnach auf der Verpackung als „laktose- und milchfrei“ deklariert worden. Sie enthielt aber Spuren von Laktose und Milcheiweiß.

Aus: Stiftung Warentest, Nuss-Nougat-Cremes: Schmeckt Nutella wirklich am besten?, in: www.test.de/Nuss-Nougat-Cremes-Schmeckt-Nutella-wirklich-am-besten-4993834-0/, 15.3.2016 (Zugriff: 5.12.2016)

Aufgaben

1. Vergleiche deinen Weg der Kaufentscheidung mit M 1.
2. Analysiere M 3 und M 4 zum Test Nuss-Nougat-Cremes und formuliere eine Empfehlung für den nächsten Einkauf einer gesundheitsbewussten Familie für eine Nuss-Nougat-Creme.
3. Arbeite anhand von M 2 bis M 4 heraus, wie die Stiftung Warentest ihre Warentests anlegt.
4. a) Führt in der Gruppe für ein Frühstücksprodukt eurer Wahl einen Warentest durch und stellt das Ergebnis der Klasse vor.
   b) Beurteilt, ob damit das beste Produkt gefunden wurde.

M 4 Nuss-Nougat-Cremes – die Testsieger

25580EX

Gewichtung		Creme 1	Creme 2 [2)]	Creme 3 [3)]
Palmöl enthalten		ja	ja	ja
Haselnussanteil laut Deklaration (%)		13	13	13
mittlerer Preis ca. (Euro) / Inhalt (g)		2,65 / 450 [1)]	4,80 / 400	1,25 / 400 [1)]
mittlerer Preis pro 100 Gramm ca. (Euro)		**0,59**	**1,20**	**0,31**
TEST-QUALITÄTSURTEIL	**100 %**	**GUT (1,9)**	**GUT (2,3)**	**GUT (2,3)**
SENSORISCHE BEURTEILUNG	**50 %**	**sehr gut** (1,0)	**gut** (2,0)	**gut** (2,0)
Allgemeine Beschreibung: gilt für alle Produkte, soweit nicht anders vermerkt.		In Geruch und Geschmack mit deutlicher Kakaonote, leichter Milchnote. Riecht und schmeckt nach gerösteten Haselnüssen. Schmeckt kräftig süß. Leicht stumpfes Mundgefühl.		
Besonderheiten in Aussehen, Geruch, Geschmack und Mundgefühl		Riecht und schmeckt aromatisch, kräftig nach frisch gerösteten Haselnüssen. Mit kräftiger Schokoladennote und deutlicher Milchnote. Im Geruch deutlich und im Geschmack leichte Vanillenote. Leicht kompakt-cremiges Mundgefühl.	Riecht und schmeckt kräftig-aromatisch nach gerösteten Haselnüssen. Mit deutlicher Schokoladennote, deutlicher Milchnote, leichter Vanillenote. Im Geschmack leichte Rohrzuckernote. Cremiges und leicht kühlendes Mundgefühl.	Ausgewogen mit deutlicher Schokoladennote. Leicht kompakt-cremiges Mundgefühl.
SCHADSTOFFE [4)]	**20 %**	**gut** (2,1)	**befriedigend** (2,8)	**befriedigend** (2,7)
ERNÄHRUNGSPHYSIOLOGISCHE QUALITÄT	**10 %**	**befriedigend** (3,5)	**befriedigend** (3,5)	**befriedigend** (2,8)
Brennwert, Fett, Zucker		(–)	(–)	(–)
ungesättigte Fettsäuren		( )	( )	+
VERPACKUNG	**5 %**	**gut** (1,7)	**gut** (1,7)	**gut** (1,7)
DEKLARATION	**15 %**	**befriedigend** (3,5)	**gut** (2,2)	**befriedigend** (2,7)
Ausgewählte Merkmale				
Brennwert pro 100 Gramm (kJ/kcal)		2 246 / 538	2 440 / 586	2 298 / 551
Fett pro 100 Gramm (g)		31,3	40,2	34,5
Zucker pro 100 Gramm (g)		53,3	47,2	49,1
MHD [5)] laut Deklaration		19.8.2016	16.9.2016	17.7.2016
MHD-Frist laut Anbieter (Monate)		12	15	13

Bewertungsschlüssel der Prüfergebnisse (bei gleichem Qualitätsurteil Reihenfolge nach Alphabet):
++ = sehr gut (0,5–1,5) + = gut (1,6–2,5) ( ) = befriedigend (2,6–3,5) (–) = ausreichend (3,6–4,5) – = mangelhaft (4,6–5,5)

[1)] auch andere Packungsgrößen erhältlich [2)] mit „Fair +“-Siegel [3)] mit Utz-Siegel [4)] Im Einzelnen getestet wurden: Aflatoxine-MCPD-Ester, Glycidyl-Ester, Kadmium, Polyzyklische aromatische Kohlenwasserstoffe (PAK), Mineralölbestandteile. [5)] Mindesthaltbarkeitsdatum

Nach: Stiftung Warentest, Test Nuss-Nougat-Cremes, in: test 04/2016 (verändert)

Methode

Durchführung eines Warentests

Es ist wichtig, dass ihr diese Prüfung durchführt, ohne zu wissen, welche Marke sich dahinter verbirgt.

1. Produktauswahl
- Festlegung des Produkts, das getestet werden soll
- Überblick über das Angebot des gewählten Produkts im Einzelhandel verschaffen

2. Einkaufsplanung: Wer kauft das Produkt wo ein?

3. Festlegung der Testkriterien
- Festlegung, was getestet werden soll (Inhaltsstoffe, Haltbarkeit, Preis …)
- Testraster anlegen, d. h. eine Tabelle mit allen Produkten und Testkriterien
- Festlegung der Gewichtung (Was wird wie stark beim Ergebnis berücksichtigt?)

4. Durchführung des Tests: mögliche Testfragen
- Welche Angaben sind auf der Packung zu finden?
- Sensorische Prüfung: Wie riecht und schmeckt das Produkt? Wie sieht es aus und wie fühlt es sich an?

5. Testauswertung: Stellt eure Einzelergebnisse fest und berechnet das Gesamtergebnis.

2.3 Supermärkte – ist der Kunde König oder Opfer?

M 1 Qual der Wahl

1965 bot ein Supermarkt durchschnittlich 3200 Produkte auf 400 m² an.

2015 werden 11600 Produkte auf 1300 m² angeboten.

Nach: Einzelhandelsverband HDE, EHI Retail Institute, 2016

M 2 Plan eines Supermarkts

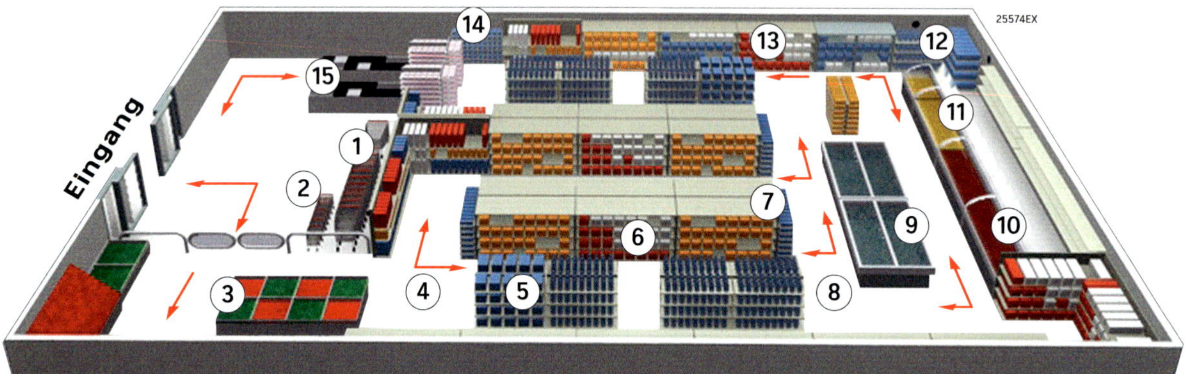

Quelle: genehmigte Nachillustrierung, Originalgrafik: Süddeutsche Zeitung Grafik, 17.5.2010

M 3 Verlockung im Supermarkt

Wir treffen unsere Kaufentscheidungen nur selten rational. 70 Prozent der Einkäufe werden nicht vom Einkaufszettel bestimmt, sondern spontan ausgewählt. Kauf ist Emotion. Kauf ist Manipulation! Der Supermarkt oder das Möbelhaus, in dem wir einkaufen, ist genauestens von Konsumforschern und Werbestrategen geplant und durchdacht. Das Ziel ist klar: Der Konsument soll kaufen und zwar mehr, als er eigentlich wollte, und möglichst das, was teuer beworben wurde. Um zu wissen, wie der Kunde „tickt“, würden die Verkaufsstrategen dem Kunden am liebsten in den Kopf sehen. Gedanken lesen. Dieser Traum – oder Alptraum – ist näher, als man denkt ...

[...] Die Manipulation beginnt schon am Eingang. Marketingprofis haben den Bereich so angelegt, dass man abgebremst wird. Der Backshop verführt mit Brötchenduft zum ersten Extrakauf. [...] Auch der Einkaufswagen ist genau durchdacht. Er ist so konzipiert, dass er auch nach einem Großeinkauf noch leer wirkt. Durch das Drehkreuz in die erste Abteilung: Obst und Gemüse. Wenn die Kunden die frische Auslage betrachten, verlangsamen sie automatisch das Lauftempo. Mit Licht und Spiegeln ist die Ware appetitlich inszeniert. In manchen Supermärkten werden sogar zusätzlich Duftsprays verströmt, die den Frischeeffekt verstärken. Um den Einkaufszettel abzuarbeiten, muss man kreuz und quer durch den Supermarkt laufen. [...] Teure Markenware ist auf Blickhöhe. Auch der Bodenbelag spielt eine Rolle. Der ist im Supermarkt meistens spiegelnd. Das signalisiert: Vorsicht! Glatt! Langsam gehen! Sonderangebote und rote Rabattzeichen wirken [...] wie ein Stoppsignal. [Man] greift zu – auch wenn das „Schnäppchen“ nicht auf dem Einkaufszettel steht. Der impulsive Rabattkauf ist typisch, so Hirnforscher Bernd Weber. [...] Die Wissenschaftler haben festgestellt, dass unsere Kaufentscheidungen hauptsächlich emotional motiviert sind. [...] Neu dabei: Es ist egal, ob wir den Verkaufstrick durchschauen oder nicht – das Gehirn reagiert emotional-unbewusst auf die Reize. Sind wir der Manipulation hilflos ausgeliefert? Kontrollieren Werbestrategen bald unser Denken? Nein, meint Bernd Weber. Das Neuromarketing erlaubt zwar eine Aussage darüber, welche Gehirnareale bei einer Werbung oder Kaufentscheidung aktiv sind, aber einen Kaufknopf im Gehirn gibt es nicht. Die rationale Kontrolle spielt nach wie vor eine große Rolle.

Nach: Andreas Kegel, Manipulation beim Einkauf, in: www.daserste.de/information/wissen-kultur/w-wie-wissen/sendung/einkauf-100.html, 18.6.2013 (Zugriff: 6.2.2017) (verändert)

Webcode WES-116435-102 Hier findest du als Hilfestellung die in den Supermarkt (M2) einzuordnenden Begriffe.

M 4 Verbraucherfalle Supermarkt

Trick 1: Bekommen wir im Supermarkt etwas geschenkt, fühlen wir uns geschmeichelt und verpflichtet, dem netten Verkäufer etwas zurückzugeben. […] Wir hätten ein schlechtes Gewissen, wenn wir unserem Gegenüber nicht auch etwas Gutes tun würden und kaufen der Dame oder dem Herrn am Probierstand eine Packung Kaffee, Käse oder eine Ananas ab.

Trick 2: Soßen und Wein neben den Nudeln und schon hat man mit ein paar Handgriffen ein ganzes Gericht beisammen. […] Wir greifen unbewusst zu und vergleichen nicht mehr, ob es woanders im Markt noch günstigere Soßen oder einen günstigeren Wein gibt. Die Regale sind nach einem einfachen System aufgebaut, die Markenprodukte und teureren Waren befinden sich auf Augenhöhe, für günstigere Angebote muss sich der Kunde bücken, diese sogenannte Bückware befindet sich im unteren Teil des Regals.

Trick 3: Die Mehrheit der Menschen hat einen Hang zum Linkskreisen. Die Laufwege vieler Supermärkte sind deshalb gegen den Uhrzeigersinn aufgebaut. Wir fühlen uns wohler und kaufen dadurch mehr. Waren, die weniger nachgefragt werden, sind in den Regalen auf der linken Seite platziert, da der Kunde eher nach links schaut. Im Kassenbereich warten dann Schokoriegel und Angebote für den kleinen Hunger, bei dieser sogenannten Quengelware greifen wir beim Warten gerne zu, besonders wenn wir hungrig zum Einkaufen gehen.

Trick 4: Ein blasses Lebensmittel erscheint uns fader als ein leuchtendes. Viele Supermärkte verwenden deshalb Farben und Licht, um bestimmte Waren besonders schmackhaft aussehen zu lassen. Käse wird gelblich angestrahlt, Fleisch mit rotem Licht und beim Fisch wird häufig bläuliches Licht benutzt. Das macht Appetit und Lust, die Produkte zu kaufen.

Trick 5: Die Hintergrundmusik im Supermarkt soll uns in eine angenehme Stimmung versetzten. Die optimale Musik hat 72 Taktschläge pro Minute. Dies entspricht unserem Ruhepuls und bewirkt, dass wir unsere Einkaufsgeschwindigkeit drosseln. Dadurch betrachten wir die Produkte länger und kaufen mehr. Der Kunde soll sich wohl fühlen und möglichst lange im Laden gehalten werden.

Trick 6: Bei gestapelter Ware haben wir Kunden das Gefühl, dass sie preisgünstig sein muss. Doch oft sind die Produkte gar nicht im Angebot. Auch bei Aktionswaren, die in gesonderten Körben oder Regalen liegen, kann es sich um ganz reguläre Ware handeln, wir gehen aber davon aus, dass es sich um ein günstiges Angebot handelt.

Trick 7: Wenn wir etwas vermeintlich Günstiges sehen, setzt unser Verstand aus. Je größer die Preisangabe, desto preisgünstiger empfinden wir ein Angebot. Auch mit der Farbe Rot verbinden wir einen besonders günstigen Preis. […] Der objektive Preis tritt in den Hintergrund.

Trick 8: Ein Einkaufswagen ist bequem, doch er verführt uns auch dazu, mehr zu kaufen. Ein leerer Einkaufswagen setzt uns unbewusst unter Kaufdruck. Wir haben immer das Gefühl, noch etwas vergessen zu haben, und sind animiert, den Wagen zu füllen. Auch der schräge Boden dient nicht nur dazu, dass sich die Einkaufswagen platzsparend ineinander schieben lassen. Die Waren rollen auf dem schrägen Boden in Richtung des Kunden und damit aus seinem Blickfeld.

Aus: Vorsicht Verbraucherfalle! Verkaufstricks im Supermarkt, in: www.daserste.de/information/ratgeber-service/vorsicht-verbraucherfalle/vorsicht-verbraucherfalle-2-110.html (Zugriff: 6.2.2017)

M 5 Konsumentensouveränität

Unter dem Begriff der Konsumentensouveränität versteht man das Leitbild eines Verbrauchers, der seine Entscheidungen informiert und rational trifft.
Durch seine Kaufentscheidung bestimmt er die Auswahl an Gütern und Dienstleistungen.

Autorentext

Aufgaben

1. Vergleiche die Einkaufssituation 1965 und heute aus der Sicht von Konsumenten (M 1).
2. M 2 stellt den Lageplan eines typischen Supermarkts dar. Beschreibe die Anordnung der Abteilungen.
3. Skizziere einen eigenen Plan und überprüfe Aufgabe 2 vor Ort in einem Supermarkt in deiner Umgebung.
4. In M 3 und M 4 werden verschiedene Verkaufsstrategien beschrieben.
   a) Arbeite diese Verkaufsstrategien heraus.
   b) Entwickle einen Einkaufsratgeber für den Einkauf im Supermarkt.
5. Erörtere unter Berücksichtigung von M 5, inwieweit der Supermarkt eine Verbraucherfalle darstellt.

2.4 Erweiterung: Elektronikgeräte mit immer kürzerer Lebenszeit?

M 1 Elektroschrott

M 2 Umfrage zur Haltbarkeit von Elektrogeräten

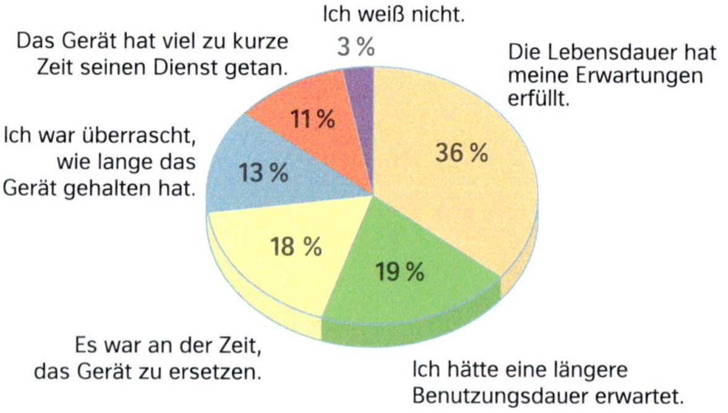

Quelle: Öko-Institut e. V./Universität Bonn im Auftrag des Umweltbundesamtes, 2016 25542EX

M 3 Elektrogeräte werden immer kürzer genutzt

Tatsächlich sind die Gründe für einen frühzeitigen Neukauf von Elektrogeräten vielfältig. Gerade im Bereich der Unterhaltungselektronik und Informationstechnik sind Technologiesprünge und der Wunsch nach einem neuen Gerät häufig Auslöser für den Neukauf. Selbst bei Haushaltsgroßgeräten wie Kühlschränken ist bei einem Drittel der Befragten der Wunsch nach einem besseren Gerät ausschlaggebend. Gleichzeitig stieg beispielsweise der Anteil der Haushaltsgroßgeräte, die aufgrund eines Defekts bereits innerhalb der ersten fünf Jahre ersetzt wurden, von 3,5 Prozent im Jahr 2004 auf 8,3 Prozent im Jahr 2013. Eine Verbraucherbefragung im Rahmen der Studie zeigt, dass rund ein Drittel der Befragten unzufrieden mit der Lebensdauer der Produkte waren.

Unter ökologischen Gesichtspunkten ist das nicht hinnehmbar. In allen untersuchten Produktgruppen, sei es der Fernseher, das Notebook oder die Waschmaschine, belasten die kurzlebigen Produkte unsere Umwelt deutlich stärker als Geräte mit langer Nutzungsdauer. Beispiel Waschmaschine: Im Vergleich liegen Energieaufwand und Treibhausgaspotenzial bezogen auf den gesamten Lebensweg bei einer fünfjährigen Maschine um rund 40 Prozent höher als bei einem 20-jährigen Gerät. Dabei ist eine mögliche bessere Energieeffizienz schon berücksichtigt.

Eine gezielte kurze Produktlebensdauer, die die Hersteller mittels eingebauter Mängel erzeugen – die sogenannte geplante Obsoleszenz –, kann in der aktuellen Studie nicht nachgewiesen werden. Vielmehr kalkulieren Hersteller mit einer bestimmten Produktlebensdauer, die sich auch nach Zielgruppen, Einsatzbereichen und Produktzyklen richtet. Im Bereich der Fernsehgeräte beispielsweise werden von den Verbraucherinnen und Verbrauchern innerhalb eines Jahres neue Entwicklungen erwartet. Dieser kurze Innovationszyklus kann zu Lasten der Qualität gehen – so werden manche Geräte nur noch auf bekannte Schwachstellen und nicht mehr umfassend getestet. Auf diese Weise lässt sich die Testzeit von mehreren Monaten auf wenige Wochen reduzieren.

„Problematisch ist die mangelnde Transparenz für die Verbraucherinnen und Verbraucher. Man sieht dem Produkt nicht an, für welche Lebensdauer es konzipiert wurde. Auch der Preis ist da nicht immer ein zuverlässiger Indikator. Im Sinne der Verbraucher und der Umwelt wäre eine Kennzeichnung, die beispielsweise die voraussichtliche Lebensdauer eines Geräts in Nutzungsstunden angibt", sagt [Umweltbundesamt-Präsidentin Maria] Krautzberger. Hier gibt es weiteren Forschungsbedarf, da die Lebensdauer nicht für alle Produktgruppen messbar und transparent darstellbar ist.

Stichwort Reparierbarkeit: Geräte müssen repariert werden können, um die Lebenszeit zu verlängern. Hierzu gehören zum Beispiel ein reparaturfreundliches Design und die Verfügbarkeit von Ersatzteilen, welche auch für nicht herstellergebundene Werkstätten zugänglich sein sollten. Und nicht zuletzt sind auch die Verbraucherinnen und Verbraucher selbst in der Verantwortung. Vom Smartphone über das Notebook bis zum Flachbildfernseher werden viele Geräte ersetzt, obwohl sie noch gut funktionieren. Initiativen und Plattformen zum Verschenken, Teilen, Tauschen und Verleihen gibt es bereits in vielen Städten. Auch die öffentliche Hand kann eine Vorreiterrolle einnehmen und beispielsweise in öffentlichen Verwaltungen eine Mindestnutzungsdauer von elektronischen Geräten vorschreiben.

Nach: Umweltbundesamt, Pressemitteilung Nr. 5/2016 vom 15.2.2016, in: www.umweltbundesamt.de/presse/presseinformationen/elektroge raete-werden-immer-kuerzer-genutzt (Zugriff: 13.7.2017) (verändert)

M 4 Prüfzeichen

Das HTV-Life®-Prüfzeichen wird auf Produkten angebracht, die keine Maßnahmen zur absichtlichen Verkürzung der Produktlebensdauer (geplante Obsoleszenz) enthalten und langlebig sind.

M 5 Umweltbundesamt will Mindestbetriebsdauer für Elektrogeräte

Das Umweltbundesamt arbeitet an Vorschlägen für eine Mindestbetriebsdauer-Kennzeichnung für Elektrogeräte, die sich gegen die gewollte Obsoleszenz (geplanter Verschleiß) richten. [...] Das Ziel: „Produkte müssen eine verlässliche Mindestlebensdauer haben, ohne dass in dieser Zeit Reparaturen anfallen."

Wie eine Kennzeichnung oder ein Label aussehen kann, ist noch offen, [Ines] Oehme [vom Bundesumweltamt] nannte aber Beispiele: „Man kann nicht immer nach Jahren messen, sondern in Leistungszyklen. Bei einer Waschmaschine die Zahl der Waschgänge, bei einer Lampe die Zahl der Brennstunden oder beim Motor die Zahl der Stunden." [...] „Wir haben eine Vielzahl von Beispielen für Produkte, die unserer Meinung nach eingebaute Sollbruchstellen enthalten: Besonders auffällig ist zum Beispiel die Verwendung besonders hitzeempfindlicher Bauteile in direkter Nähe zu Hitzequellen. Bei einer Vielzahl der unterschiedlichsten Bildschirme oder LCD-Fernseher befinden sich Elektrolytkondensatoren unmittelbar neben Leistungsbauteilen, die über 100 °C warm werden", sagte [der Technikchef beim Bensheimer Testhaus HTV Holger] Krumme. Die Betriebsdauer der Kondensatoren betrage dann nur noch wenige Tausend Stunden. „Nach zwei bis drei Jahren fallen diese aus, mit dem Resultat, dass der gesamte Bildschirm aufgrund zu hoher Reparaturkosten auf den Müll wandert." Die starke Alterung von Kondensatoren bei hoher Temperatur wird seiner Ansicht nach auch gezielt bei Computerplatinen renommierter Hersteller angewandt, bei denen sich diese Bauteile genau im Heißluftstrom der Prozessorkühlung befinden.

Nach: Umweltbundesamt will Mindestbetriebsdauer für Elektrogeräte, in: www.golem.de/news/geplante-obsoleszenz-umweltbundesamt-will-mindestbetriebsdauer-fuer-elektrogeraete-1506-114865.html, 25.6.2015 (Zugriff: 13.7.2017) (verändert)

M 6 Alles G/gut?

Erfahrungsgut: Die Qualität des Gutes kann beim bzw. kurz nach dem Kauf beurteilt werden (z. B. Restaurantbesuch).
Suchgut: Der Konsument kann ohne großen Aufwand die Güte des Produkts herausfinden (z. B. Zeitschrift).
Vertrauensgut: Die Qualität kann erst nach dem Konsum bzw. nach längerer Zeit beurteilt werden (z. B. Medikament).

Autorentext

M 7 Zitat von US-Entwicklungsingenieur Brooks Stevens, General Electric

Our whole economy is based on planned obsolescence.

Aufgaben

1. Nenne mögliche Gründe, weshalb immer mehr Elektrogeräte immer schneller weggeworfen werden (M 1).
2. Beschreibe ausgehend von M 2, wie Konsumenten die Haltbarkeit ihrer Elektrogeräte beurteilen.
3. Arbeite aus M 3 heraus, weshalb Elektrogeräte immer kürzer genutzt werden.
4. Beurteilt in der Klasse die Einführung einer Mindestbetriebsdauer-Kennzeichnung, wie sie vom Umweltbundesamt geplant ist (M 4 und M 5).
5. M 6 definiert verschiedene Güterarten. Erläutere mit eigenen Beispielen die drei unterschiedenen Kategorien.
6. Überprüfe, ob die Lebensdauer von Elektrogeräten etwas mit der Güterart (M 6) zu tun haben könnte.
7. Überprüfe die Behauptung von Brooks Stevens daraufhin, welche Konsequenzen sich daraus ergeben würden (M 7).

2.5 Macht der Markt den Pr-Eis?

M 1 Der Markt

Autorentext

M 2 Preisbildung

Im Modell kann man sich die Preisbildung wie eine Waage vorstellen. Auf der einen Seite befindet sich das Angebot, auf der anderen Seite die Nachfrage.
Sind Angebot und Nachfrage im Gleichgewicht, bildet sich ein sogenannter Gleichgewichtspreis.
Steigt die Nachfrage stark an, erhöht sich der Preis, bzw. sinkt die Nachfrage, fällt der Preis. Dies kann man, wie hier rechts zu sehen, in einem Preis-Mengen-Diagramm darstellen.

Autorentext

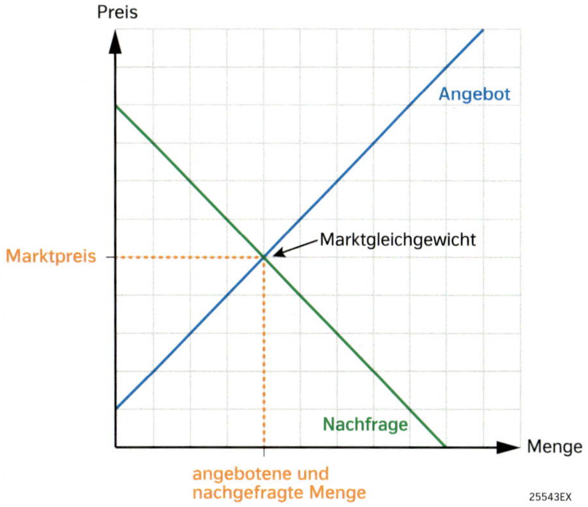

M 3 Angebot und Nachfrage

a) Nachfrage nach Speiseeis

Preis von Eis/Kugel	Nachfragemenge je Kugel Carmen	Nachfragemenge je Kugel Connie	Nachfragemenge am Markt
0,00	12	7	19
0,50	10	6	16
1,00	8	5	13
1,5	6	4	10
2,00	4	3	7
2,50	2	2	4
3,00	0	1	1

b) Angebot an Speiseeis

Preis von Eis/Kugel	Angebotsmenge je Kugel Eiscafé Capri	Angebotsmenge je Kugel Eiscafé Cortina	Angebotsmenge am Markt
0,00	0	0	0
0,50	0	0	0
1,00	1	0	1
1,5	2	2	4
2,00	3	4	7
2,50	4	6	10
3,00	5	8	13

Autorentext

M 4 Nachfrage nach Speiseeis bei ...

Haushalt 1

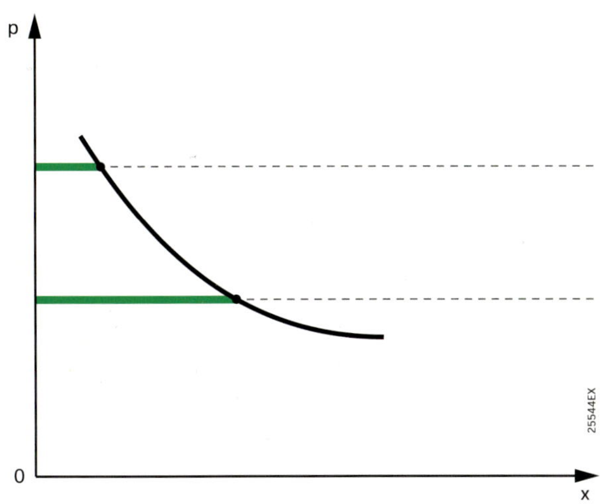

Haushalt 2

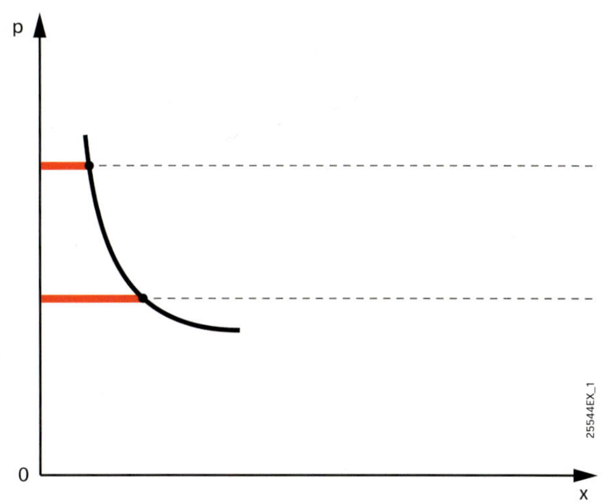

Webcode WES-116435-103 Erklärvideo: Das Marktmodell

M 5 Eis = Eis?

Das Eiscafé Capri liegt in der Innenstadt auf der Haupteinkaufsstraße. Besonders Vanilleeis ist jedes Jahr der Verkaufsschlager. Der Besitzer: „Unsere Kunden achten sehr auf den Preis, eine Preiserhöhung ist nur schwer durchsetzbar. Wir versuchen, unsere Kosten niedrig zu halten, und arbeiten zum Teil mit Aromen, die sind preiswerter. Auch das Sortiment an Eissorten ist nicht so groß.“ Leider ist das Mobiliar des Capri schon in die Jahre gekommen und teilweise muss man lange auf die Bedienung warten. Im Cortina im angesagten Stadtteil nutzt man für die Herstellung ausschließlich Biomilch und -sahne. Das Sortiment umfasst jedes Jahr neue Sorten. Dieses Jahr ist Basilikum und Lavendel der Hit. Die Kundschaft ist gerne bereit, für die Qualität und die kreativen Eissorten, die alle ohne künstliche Zusatzstoffe erstellt werden, auch etwas mehr zu bezahlen. Das Cortina ist der Geheimtipp, was vielleicht auch an der liebevollen Einrichtung und am freundlichen Personal liegt.

Autorentext

M 6 Vollkommener Markt als Mindmap

Vollkommener Markt

Homogene Güter: Es wird mit Gütern gleicher Qualität gehandelt.

Keine Differenzierung: Jeder kann alles zu jeder Zeit und an jedem beliebigen Ort kaufen.

Keine Präferenzen: Sympathien oder persönliche außerökonomische Vorlieben spielen keine Rolle.

Vollkommene Information: Sowohl Verkäufer als auch Käufer verfügen über alle wichtigen Informationen über das Gut. Es gibt keine Informationsasymmetrien, d. h. alle Marktteilnehmer haben den gleichen Kenntnisstand.

Autorentext

M 7 Marktformen

Ⓐ Bei vielen Anbietern am Markt, die miteinander um Kunden konkurrieren, spricht man von einem **Polypol**.

Ⓑ Ein **Monopol** ist ein Markt, der von nur einem Anbieter bestimmt wird. Es gibt keine Konkurrenz.

Ⓒ Ein **Oligopol** ist von einigen wenigen Anbietern am Markt geprägt. Es herrscht geringer Wettbewerb.

① In einem kleinen Dorf, das abseits einer größeren Stadt liegt, gibt es nur ein Eiscafé. Der Weg zum nächsten Eiscafé wäre über 10 km weit. Das Eis ist nicht besonders gut und die Kugel Eis kostet dieses Jahr 2 Euro.

② In einer Kleinstadt gibt es drei Eiscafés, die alle in der Hauptstraße liegen. Ihr Eis ist gut und die Lokale sind nett eingerichtet. Die Preise aller Cafés liegen zwischen 1,40 und 1,50 Euro

③ Die Kreisstadt verfügt über eine fast unüberschaubare Menge an Eiscafés mit reichhaltigem Angebot. Es werden die unterschiedlichsten Eissorten angeboten. Auch die Preise und die Kugelgrößen unterscheiden sich stark.

Autorentext

M 8 Eispreisabsprache: Kartellamt ermittelt

Drei Tübinger Eisdielenbesitzer haben gleichzeitig den Preis pro Kugel von 1,20 auf 1,50 Euro angehoben. Zwei sagten dem Tagblatt gegenüber, dass man sich dabei abgesprochen habe. Weil Preisabsprachen aber verboten sind, ermittelt nun das Wirtschaftsministerium in Stuttgart bezüglich einer möglichen „Eisabsprache" in Tübingen. […] Ermittelt werde auf Grundlage des Gesetzes gegen Wettbewerbsbeschränkungen [siehe M 9]. […]
Ebenfalls am Wochenende regte sich Tübingens OB Boris Palmer auf Facebook über die hohen Eispreise auf: […] „Liebe Eisdielenbesitzer, es ist unfair, die Kunden zu schröpfen durch Preisabsprachen. Nein, es ist verboten. Ich würde euch raten, das nochmal zu überdenken und die Preise auf das Niveau zu senken, das mit gestiegenen Kosten objektiv begründbar ist. Sonst macht es womöglich das Kartellamt und verhängt auch noch Strafen."

Nach: Kartellamt ermittelt gegen Eishersteller (VOR), in: www.tagblatt.de/Nachrichten/Kartellamt-ermittelt-gegen-Eishersteller-325948.html, 28.3.2017 (Zugriff: 28.4.2017) (verändert)

M 9 Gesetz gegen Wettbewerbsbeschränkungen (GWB)

§ 1 Vereinbarungen zwischen Unternehmen, Beschlüsse von Unternehmensvereinigungen und aufeinander abgestimmte Verhaltensweisen, die eine Verhinderung, Einschränkung oder Verfälschung des Wettbewerbs bezwecken oder bewirken, sind verboten.

M 10 Schlagzeilen

Schlechte Ernte: Vanillepreise schnellen in die Höhe
www.welt.de, 10.4.2016

Obstbauern befürchten Totalausfall der Ernte
www.br.de, 21.4.2017

Angebot wird knapp – geht uns der Kakao aus?
www.handelsblatt.com, 24.12.2013

M 11 Eis an der Börse

Klarer Marktführer für Eiscreme ist Unilever. Der Konzern hat einen weltweiten Marktanteil von fast 20 Prozent. Mit Magnum, Cornetto und Solero hat Unilever drei große Marken. Vor einigen Jahren übernahm man die amerikanische Kette Ben & Jerry's und befindet sich weiter auf Erfolgskurs, dies zeigt sich auch im Aktienkurs.

Autorentext

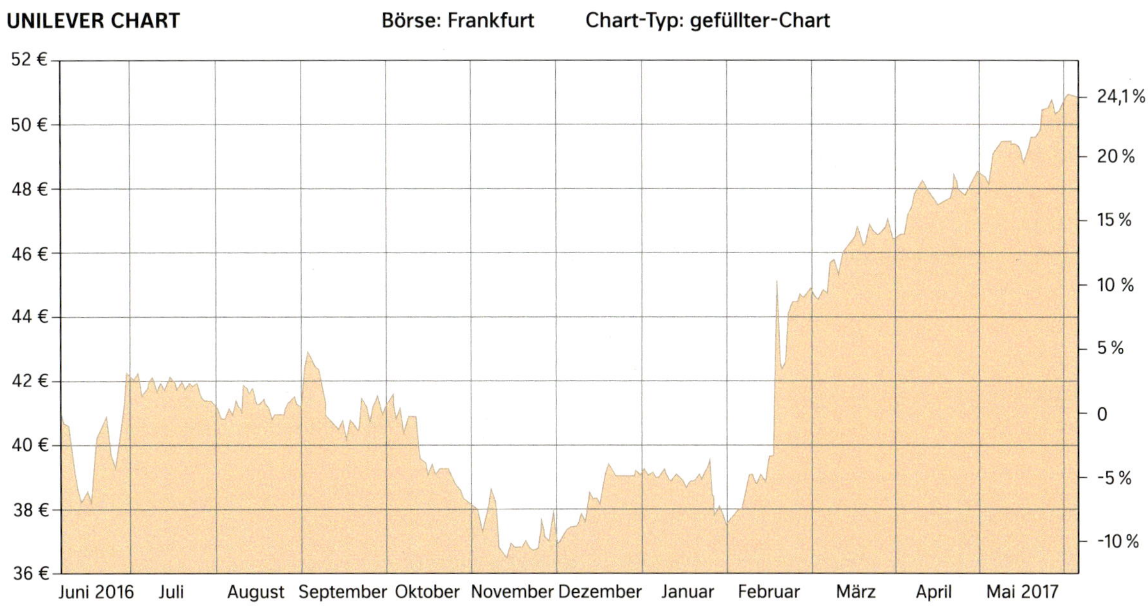

Quelle: www.finanzen.net/aktien/Unilever-Aktie, Stand: Mai 2017 (Zugriff: 7.6.2017)

25545EX

M 12 Minimal- und Maximalprinzip

Jeder Mensch hat viele Wünsche, die er sich erfüllen möchte, seine Bedürfnisse sind nahezu unbegrenzt. Demgegenüber sind aber seine Mittel und auch die Güter, die zur Verfügung stehen, begrenzt. Unbegrenzte Bedürfnisse stehen also begrenzten Gütern gegenüber. Daraus folgt, dass sowohl Unternehmer als auch Verbraucher wirtschaftlich handeln müssen.

Ökonomisches Prinzip	
Minimalprinzip	**Maximalprinzip**
Einkauf von Schlagsahne zur Eisherstellung	
Mario verbraucht in seiner Eisdiele monatlich 500 Liter Sahne. Er sucht das günstigste Angebot bei seinen Lieferanten.	Paolo will die leckerste und frischeste Sahne für sein Eis kaufen. Er hat 500 Euro zur Verfügung und sucht die beste Sahne.

Autorentext

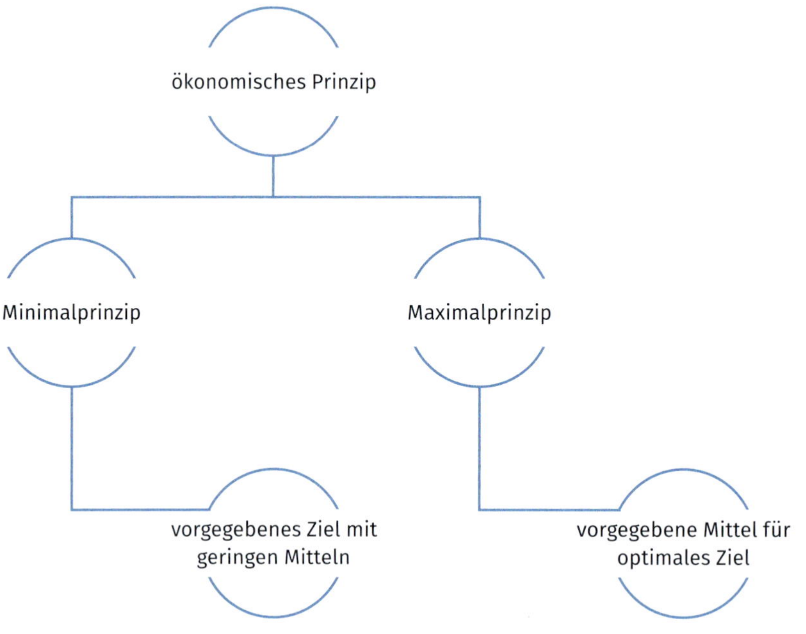

M 13a Wirtschaftskreislauf – Beispiele

Der Wirtschaftskreislauf ist ein Modell in der Volkswirtschaft. Bereits im Jahr 1758 entwickelte der Arzt und Ökonom François Quesnay diesen Begriff, der Güter- und Geldbewegungen in einer Art Blutkreislauf darstellt. Die beiden Ströme verlaufen entgegengesetzt und sollen somit die jeweiligen Tauschverhältnisse abbilden.

Die volkswirtschaftlichen Vorgänge zwischen den einzelnen Wirtschaftsakteuren –

- private Haushalte
- Unternehmen
- Banken
- Staat
- Ausland

– können damit schematisch und stark vereinfacht dargestellt werden. Ein Modell kann aber die Realität nur zum Teil erklären.

Beispiele

- Louisa kauft für 3 Euro Eis an der Eisdiele.
- Mario, der Besitzer der Eisdiele, bezahlt seiner Bedienung Patrizia 1 200 Euro Monatsgehalt.
- Von Patrizias Lohn ist bereits die Lohnsteuer abgeführt.
- Im Mai hat das Eiscafé Capri einen Rekordumsatz und bezahlt eine Umsatzsteuer von 5 000 Euro.
- Marios Eismaschine muss ersetzt werden, er geht zur Bank und nimmt einen Kredit von 10 000 Euro auf.
- Tim zahlt 20 Euro seines Taschengelds auf sein Sparbuch.
- Familie Wagner erhält für Tim und Louisa je 192 Euro Kindergeld.
- Mario bestellt die Eismaschine in Italien. Diese wird geliefert und er begleicht die Rechnung.

Autorentext

M 13b Modell des Wirtschaftskreislaufs

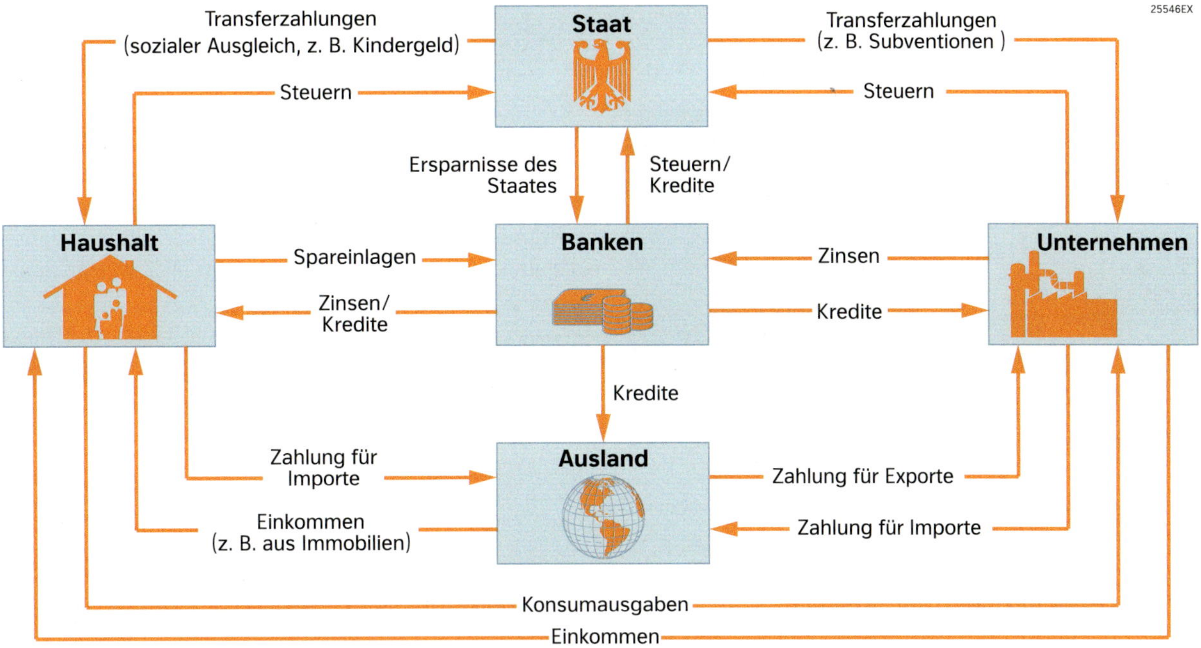

Aufgaben

1. Markt – ein Begriff, viele Bedeutungen. Erkläre die Aussagen in M 1.
2. Erläutere mithilfe einer skizzierten Waage, wie sich Angebot, Nachfrage und Preis zueinander verhalten (M 2).
3. Fächergrenzen überwinden (Mathe): Erstelle ein Preis-Mengen-Diagramm (PMD) zur jeweiligen Marktsituation in M 3 a und M 3 b für Angebot und Nachfrage (y-Achse = Preisachse, x-Achse = Mengenachse).
4. Erläutere folgende Fragen anhand des Preis-Mengen-Diagramms aus Aufgabe 3:
   a) Welche Regel kann man für Angebot und Nachfrage bezogen auf die Preisentwicklung erkennen?
   b) Welche Situation herrscht am Markt im Schnittpunkt des Angebots und der Nachfrage?
   c) Die sog. Sättigungsmenge liegt bei 19 Kugeln Eis (M 3 a). Weshalb steigt das Angebot nie auf diese Menge an?
   d) Welche Situation ist am Schnittpunkt der Preisachse mit der Nachfragekurve zu beobachten (dieser Preis wird auch Prohibitivpreis genannt)?
5. Vergleiche die Nachfrage der beiden Haushalte in M 4.
6. Stelle ausgehend von M 5 dar, welche Faktoren für die Nachfrage verantwortlich sind.
7. „Der vollkommene Markt ist eine Utopie!“ Erläutere mithilfe geeigneter Beispiele für die einzelnen Bedingungen des vollkommenen Marktes diese Aussage (M 6).
8. Hier ist etwas durcheinandergeraten. Ordne in M 7 die jeweiligen Marktformen den Situationen zu.
9. Vergleiche die Marktformen (M 7) bezüglich der Preisbildung, der Produktauswahl und der Stellung des Verbrauchers.
10. Überprüfe, inwieweit das GWB (M 9) in Tübingen (M 8) missachtet wurde.
11. Wie das Preismodell (M 2) sind auch der vollkommene Markt (M 6) und der Wirtschaftskreislauf (M 13 b) Modelle der Wirtschaftswissenschaft, die stark vereinfachen. Überprüfe, inwieweit die Realität vom Modell abweicht.
12. Erläutere mithilfe der Schlagzeilen in M 10, weshalb Knappheit ein Grundproblem der Wirtschaft darstellt.
13. Beschreibe die Entwicklung des Aktienkurses von Unilever (M 11).
14. Erläutere anhand eigener Beispiele das ökonomische Prinzip (M 12).
15. Ordne die ökonomischen Vorgänge in den Beispielen (M 13 a) dem Modell des Wirtschaftskreislaufs (M 13 b) zu und ergänze die Geldströme im Kreislauf um die gegenläufigen Güterströme.
16. Beurteile, wer im Wirtschaftskreislauf (M 13 b) über die größte Macht verfügt.

Webcode WES-116435-104 Erklärvideo: Der Wirtschaftskreislauf

2.6 Kommt nicht in die Tüte – wenn der Markt versagt

M 1 Unsere Ozeane versinken im Plastikmüll

Etwa 70 Prozent der Oberfläche der Erde sind von Wasser bedeckt. Doch heute schwimmen in jedem Quadratkilometer der Meere hunderttausende Teile Plastikmüll. Seevögel verenden qualvoll an Handyteilen in ihrem Magen, Schildkröten halten Plastiktüten für Quallen und Fische verwechseln winzige Plastikteilchen mit Plankton. [...]
Im Nordpazifik treibt seit Jahrzehnten ein Müllstrudel, der mittlerweile so groß ist wie Zentraleuropa. Strände unbewohnter Inseln versinken geradezu im Müll. Und auch direkt vor unserer Haustüre, in der Nordsee beispielsweise, sind Plastikabfälle eine allgegenwärtige Gefahr für Fische, Vögel und Meeressäuger. Nicht zuletzt können Mikropartikel und Plastikgiftstoffe über die Fische auch in die menschliche Nahrungskette gelangen.

Nach: Stephanie Probst, Das kann kein Meer mehr schlucken: Unsere Ozeane versinken im Plastikmüll, in: www.wwf.de/themen-projekte/meere-kuesten/unsere-ozeane-versinken-im-plastikmuell/ (Zugriff: 28.4.2017) (verändert)

M 2 Europäisches „Tütenbewusstsein"

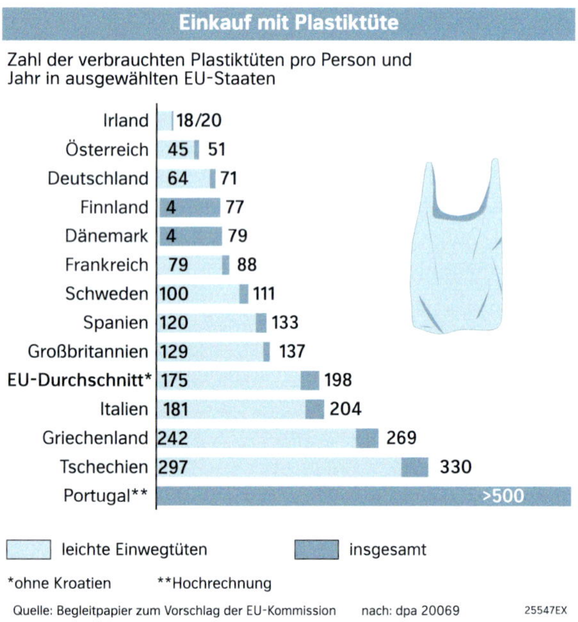

M 3 Warum versagt der Markt beim Umweltschutz?

Auch die größten Fans der Marktwirtschaft wissen: Der **Markt** kann **versagen** – zum Beispiel, wenn **Ressourcen** im Spiel sind, für die **keine Eigentumsrechte** definiert sind. Himmel, Flüsse, Meere gehören allen und keinem.
Jahrelang bliesen Unternehmen z. B. Schadstoffe und klimaschädliche Gase wie Kohlendioxid in die Luft, ohne dafür zahlen zu müssen. Dabei verursachten sie sehr wohl Schäden – bei anderen. Ökonomen sprechen von **„negativen externen Effekten"**.
Vorschläge, wie man diese **internalisieren** (also den Verursacher zur Kasse bitten) kann, füllen Bücher zur Umweltökonomie. Man kann die Verschmutzung unterbinden, also z. B. den Ausstoß von klimaschädlichen Gasen verbieten, ihn besteuern – oder in den Marktprozess einbeziehen, also z. B. Verschmutzungsrechte handeln [...].

Nach: Antje Höning, Die Ökonomin: Klimaschutz – wenn der Markt versagt, in: www.rp-online.de/wirtschaft/wirtschaftskolumnen/die-oekonomin/klimaschutz-wenn-der-markt-versagt-aid-1.3344087, 20.3.2014 (Zugriff: 14.4.2017) (verändert)

M 4 Sagt der Preis die Wahrheit?

So gut wie jedes Produkt verursacht während seiner Herstellung ökologische und soziale Kosten: Wasser wird verschmutzt, giftige Chemikalien werden frei oder die Produktionsbedingungen sind nicht menschenwürdig. Doch diese Kosten finden sich nicht in den Preisen.
Sogenannte negative externe Effekte erfassen ökologische und soziale Auswirkungen wirtschaftlicher Tätigkeit. Würde man sie in den Preis von Produkten und Dienstleistungen einrechnen, wären manche Dinge auf einmal viel teurer. Das geschieht aber nicht [...].

Aus: Patrick Bottermann, Wahre Kosten brauchen wahrhaftige Preise – warum billig oft ganz schön teuer ist, in: mainzer-manager.de/wahre-kosten-brauchen-wahrhaftige-preise-warum-billig-oft-ganz-schoen-teuer-ist/, 12.4.2015 (Zugriff: 20.4.2017)

M 5 In Zukunft tütenlos?

„Man muss nicht alles zehnmal einpacken. Kostenpflichtige Plastiktüten sind der absolut richtige Weg. Der Umgang mit Plastik muss ins Bewusstsein kommen."

Aus: Heidi Vonhoff, zitiert nach: Heidrun Gehrke, Eine Plastiktüte kommt nicht in die Tüte, in: www.bkz-online.de/node/950646, 2.4.2016 (Zugriff: 1.7.2017)

„Plastik ist eine Katastrophe für die Umwelt. Alles Geld sollte in Umweltprojekte fließen. Warum hat man das nicht organisiert? Wenn die Firmen selbst entscheiden, wird nichts dabei rauskommen."

Aus: Kommentar von Lori Molija, in: www.focus.de/finanzen/videos/tuetenbann-im-einzelhandel-was-passiert-mit-dem-geld-das-wir-jetzt-fuer-plastiktueten-zahlen-muessen_id_5478790.html, 29.4.2016 (Zugriff: 1.7.2017)

M 6 Werden Plastiktüten bald verboten?

Ein Verbot von Plastiktüten wie zum Beispiel in Kenia ist in Deutschland zunächst nicht zu erwarten.

Das Europäische Parlament hat in erster Lesung im April 2014 über den Gesetzentwurf abgestimmt, den Verbrauch der Tüten bis 2017 mindestens um die Hälfte zu verringern und um 80 Prozent bis 2019 (im Vergleich zu 2010). Die Mitgliedsländer können sich entscheiden, ob sie Steuern und Abgaben erheben oder auch Verbote aussprechen, um den Einzelhandel daran zu hindern, die Tüten umsonst abzugeben. Ausnahmen sind sehr leichte Tüten, die als Verpackung für Lebensmittel wie rohes Fleisch, Fisch und Milchprodukte verwendet werden. Die ebenfalls sehr leichten Plastiktüten, die als Verpackung für trockene, lose Lebensmittel wie Früchte, Gemüse und Zuckerwaren dienen, müssen schrittweise durch Tüten aus Recyclingpapier oder durch biologisch abbaubare und kompostierbare Kunststofftüten ersetzt werden.

Ein Verbot von Plastiktüten soll es in Deutschland zunächst nicht geben. Das Bundesumweltministerium setzt auf eine freiwillige Mitarbeit des Handels. Plastiktüten sollen an der Kasse nur noch gegen Geld erhältlich sein. Viele Unternehmen des Einzelhandels kommen dem schon nach. Die Gratis-Plastiktüte ist auf dem Rückzug. Sollte die Menge an abgegebenen Plastiktüten aber nicht auf die von der EU vorgegebenen Werte absinken, behält sich das Bundesumweltministerium vor, doch noch ein Gesetz zur Regelung zu erlassen. Das hiesige Umweltbundesamt hat zu einem Dialog geladen, um über geeignete Vorgehensweisen zu diskutieren, den Verbrauch von Plastiktüten zu verringern.

Aus: Verbraucherzentrale, Allgegenwärtiges Plastik: Antworten auf häufige Fragen, in: www.verbraucherzentrale.de/kunststoffe?i=5#gibteseingesetzdasvorzuvielplastikschuetzt, Stand: 31.3.2016 (Zugriff: 26.4.2017)

M 7 Was sagen die Verbraucher?

So kommt der Einkauf nach Hause

Wenn Sie einmal an einen typischen Einkauf im Supermarkt denken: Wie transportieren Sie Ihre Einkäufe in der Regel nach Hause?

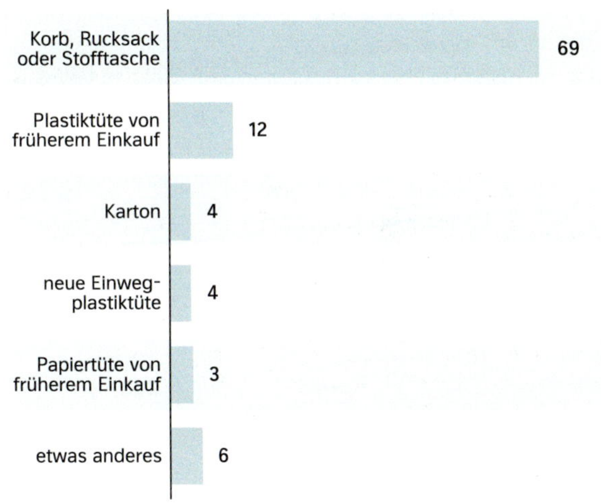

Tüten werden angenommen

In immer mehr Geschäften müssen die Kunden für Plastiktüten bezahlen. Wie finden Sie das?

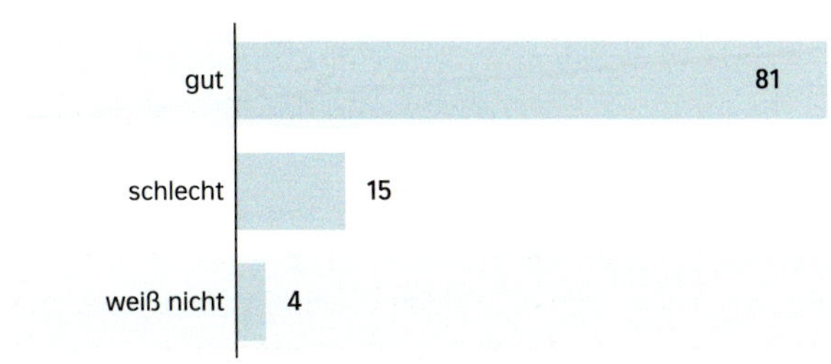

repräsentative Befragung von 1310 Personen vom 4. bis 8. März 2016

Quelle: YouGov, 12.3.2016 25548EX

M 8 Was sagen die Umweltschützer?

Plastiktüten: Vereinbarung greift zu kurz: Imbisse, Kioske und Wochenmärkte bleiben unberücksichtigt

Leider bleibt die Vereinbarung [...] auf halbem Weg stecken: Zu viele wichtige Branchen sind außen vor. Darunter einige, deren Plastiktüten häufig in der Landschaft und Gewässern landen, wie Imbisse, Bäckereien, Kioske oder Wochenmärkte. [...] Unzureichend ist außerdem, dass sich die Vereinbarung auf Plastiktüten beschränkt. Stattdessen hätten alle Einwegtüten, das heißt auch Papiertüten, kostenpflichtig werden sollen. Papiertüten sind nur selten eine umweltfreundlichere Lösung, da selbst braune Tüten nicht aus Altpapier hergestellt werden und viel Chemie in einer Tüte steckt. [...]
Damit künftig alle Branchen die Einwegtütenflut reduzieren, schlägt der NABU eine einheitliche gesetzliche Lösung vor, die erstens alle Händler in die Pflicht nimmt und zweitens eine Bezahlpflicht für alle Einwegtüten vorsieht – egal ob aus Plastik oder Papier. Die Regelung sollte auch den Umgang mit Gewinnen aus dem Tütenverkauf regeln. So könnten die Einnahmen künftig beispielsweise in Projekte zur Abfallvermeidung fließen. Nur durch eine einheitliche Regelung, bei der jede Tüte kostenpflichtig ist, akzeptieren die Kunden die neue Situation und gewöhnen sich zügig an sie. Ziel ist, dass Kunden möglichst eine eigene Tasche oder Tüte mit zum Einkauf nehmen, denn am umweltfreundlichsten ist die Variante, die am häufigsten wieder genutzt wird.

Aus: Naturschutzbund Deutschland e.V. (NABU), Plastiktüten: Vereinbarung greift zu kurz , in: www.nabu.de/news/2016/04/20619.html, 26.4.2016 (Zugriff: 26.4.2017)

M 9 Der Handel ist sich uneins

Pro Selbstverpflichtung

Eine freiwillige Vereinbarung stärkt nicht nur die unternehmerische Gestaltungsfreiheit, sie hat auch eine positive Imagewirkung für den gesamten Handel. Einnahmen aus dem Verkauf der Einkaufstüten bleiben zudem im Unternehmen und fließen nicht in den Bundeshaushalt.

Aus: Handelsverband Nordrhein-Westfalen. Krefeld – Kempen – Viersen, Unterstützen Sie die freiwillige Vereinbarung noch bis zum 8. Januar 2016!, in: http://verband-handel.org/plastiktueten-selbstverpflichtung-statt-gesetzlicher-abgabe/, 21.12.2015 (Zugriff: 20.4.2017)

Es gibt [...] nicht den geringsten Grund für ein Gesetz, wie es einige Umweltverbände fordern. Der Handel hat bereits erfolgreich unter Beweis gestellt, dass er aus eigener Kraft viel bewegen kann. Mit der Einführung des sogenannten Tütengroschens hat der Lebensmittelhandel schon vor langer Zeit seine Kunden für eine sparsame Nutzung von Tüten sensibilisiert. Drei von vier Verbrauchern verwenden ihre Tüten mehrfach wieder! Wir sind sicher, dass wir mit dem freiwilligen Tütenentgelt den Verbrauch noch einmal beträchtlich senken werden und dass wir so auch das EU-Einsparziel für 2025 (40 Tüten) erreichen können.

Aus: Handelsverband Deutschland (HDE), Handelsinitiative gegen Plastikmüll, in: www.einzelhandel.de/kunststofftuete/, 26.5.2015 (Zugriff: 20.4.2017)

Kontra Selbstverpflichtung

Andere Händler haben Bedenken. „Wenn jemand einen Herrenanzug für 499 Euro kauft, schaut er ziemlich entgeistert, wenn er dann für die Tüte zur Kasse gebeten werden soll", formuliert der Hauptgeschäftsführer des Bundesverbands des deutschen Textileinzelhandels (BTE), Jürgen Dax, die Bedenken. Zusammen mit anderen Handelsbranchen wie Juweliere oder Parfümerien stünden die Textilhändler bei dem Thema vor ganz anderen Problemen als etwa der Lebensmittelhandel. Textilien könne man eben nicht „in den Einkaufskorb stecken zwischen Zwiebeln und Kartoffeln". Zudem sei in der Regel keine Möglichkeit zum knitterfreien Transport vorhanden. „Wer geht schon mit einem Koffer in die Stadt?", fragt Dax. Zudem seien die bedruckten Tragetaschen für viele Händler ein wichtiges Marketinginstrument.

Aus: Der große Streit um die Plastiktüten-Gebühr (dpa/dgw), in: www.welt.de/wirtschaft/article145693708/Der-grosse-Streit-um-die-Plastiktueten-Gebuehr.html, 27.8.2015 (Zugriff: 20.4.2017)

M 10 Und was kann ich als Verbraucher tun?

Tipps der Verbraucherzentrale für nachhaltigen Konsum:

- Unverpackte Lebensmittel einkaufen.
- Immer den eigenen Korb, die Tasche oder den Beutel dabei haben!
- Auf Einweg-Kunststoffflaschen verzichten, Mehrwegflaschen nutzen.
- Trinkwasser aus dem Hahn spart nicht nur Kunststoffmüll, sondern auch Geld. Es ist zirka 100-mal günstiger als Mineralwasser aus der Flasche.
- Coffee-to-go nur im eigenen Mehrwegbecher abfüllen lassen.

Nach: Verbraucherzentrale, FAQ rund um die Plastiktüte, in: www.verbraucherzentrale.de/faq-plastiktueten#undwaskannichalsverbraucher tun, Stand: 4.10.2016 (Zugriff: 26.4.2017) (verändert)

M 11 Selbst aktiv werden: Bye, bye, Plastiktüten!

Weil sich der Staat nicht kümmert, versuchen Kinder in Indonesien, die massive Umweltverschmutzung einzudämmen. Benjamin Dikmans, 16, reiste in den Inselstaat, um ihnen zu helfen und ganz Bali von Plastiktüten zu befreien.

„Eigentlich war ich nur froh, endlich mal dem Matheunterricht zu entfliehen, keine Hausaufgaben zu haben: Endlich mal rauskommen und etwas lernen, mit dem ich im Leben wirklich etwas anfangen kann. An meiner Schule in Berlin haben wir in der 11. Klasse mehrere Monate Zeit, um ins Ausland zu gehen und uns dort sozial zu engagieren. Von meiner Mutter erfuhr ich, dass es in Indonesien eine Initiative gibt, die sich gegen die Müllverschmutzung auf Bali einsetzt. Vorher hatte ich davon noch nie etwas gehört, aber schließlich liegt Bali am anderen Ende der Welt – und das war ein weiterer Grund, mich für dieses Projekt zu engagieren.
Ich setzte mich also in den Flieger und schon 18 Stunden später, in Denpasar, bekam ich einen ersten Eindruck, warum diese Arbeit auf Bali so wichtig ist: In den Rinnsteinen liegen unzählige Plastikfetzen, Mülleimer sieht man kaum. Auf dem Weg zu meiner Gastfamilie düsten an mir die Mopedfahrer vorbei, einige transportierten ihre Einkäufe, andere ihren ganzen Hausstand – alles in Plastiktüten. Der Ort, in dem ich die kommenden vier Monate lebte, heißt Pantai Seseh. Ein kleines Dorf in der Nähe des berühmten Wassertempels Tanah Lot, 15 Kilometer nordwestlich der Hauptstadt Denpasar. Auch hier, auf dem Land, ist das Bild dasselbe: Verschmutzte Straßen, und in den Gräben kokelt schwarzes Plastik vor sich hin – so wird hier der Müll entsorgt.
Dann lernte ich Melati und Isabel Wijsen kennen, sie haben die Organisation „Bye Bye Plastic Bags Bali“ (BBPB) gegründet, da waren sie gerade mal zehn und zwölf Jahre alt. In der Schule hatten sie über berühmte Persönlichkeiten gesprochen, und beide haben den Traum, auch mal bedeutend zu sein. Also dachten sie sich: „Warum warten, bis wir groß sind?“ Das Müllproblem ist auf Bali an jeder Straßenecke offensichtlich, also beschlossen die Schwestern, sich dafür einzusetzen, dass Einmalplastiktüten verboten werden. Und weil sie Schüler sind, keine Politiker, aber Politik machen wollten, beschlossen sie, eine Million Unterschriften zu sammeln. Die Onlinepetition soll die Menschen für das Problem sensibilisieren und die Regierung zum Handeln bewegen. Außerdem haben sie eigene Merchandise-Artikel für ihre Organisation erarbeitet. Zum Beispiel Armbänder mit ihrem pink-türkisen Logo. Warum nicht gleich anfangen, etwas zu bewegen?“

Aus: Lisa Rokahr, Bye, bye, Plastiktüten!, in: www.sueddeutsche.de/wissen/umweltschutz-projekt-auf-bali-bye-bye-plastiktueten-1.2468972, 11.5.2015 (Zugriff: 26.4.2017)

Aufgaben

1. Beschreibe, welche Folgen Plastik für die Umwelt hat (M 1).
2. Analysiere mithilfe von M 2 den Tütenverbrauch Deutschlands im europäischen Vergleich.
3. Erkläre, warum man beim Thema Plastiktüten von Marktversagen sprechen kann, und erläutere, welche externen Effekte die Folge sind. Verwende dazu die fettgedruckten Begriffe aus M 3.
4. Was sind die wahren Kosten einer Plastiktüte? Prüfe, welche Faktoren bei der Kalkulation des Preises einer Plastiktüte berücksichtigt werden müssten (M 4).
5. Analysiere, welche Einstellungen deutsche Verbraucher zu Plastiktüten haben (M 5 und M 7).
6. Arbeite aus dem Text M 6 heraus, welche Maßnahmen von Politik und Handel getroffen werden.
7. Erörtere die Vor-und Nachteile der freiwilligen Selbstverpflichtung bei Plastiktüten aus Sicht von Umweltschützern und Handel (M 8 und M 9).
8. Tütengipfel! Diskutiert im Rollenspiel: Verbot von Plastiktüten – freiwillige Selbstverpflichtung des Handels – Ökosteuer auf Plastik – welche Maßnahmen sind sinnvoll? Nehmt dabei die Rollen von a) Verbrauchern, b) Umweltschützern, c) Handel und d) Staat ein (M 1 bis M 9).
9. „Bye bye Plastiktüte“ – was kann der Verbraucher konkret gegen die Plastikproblematik tun? Gestalte einen Projektvorschlag (z. B. Aktionstag: Nachhaltiger Konsum), der an deiner Schule umgesetzt werden könnte (M 10 und M 11).

Webcode WES-116435-105 Erklärvideo: Nachhaltigkeit

2.7 (Un-)Fairer Handel?

M 1 Alles Banane?!

ES BEGINNT MIT DIR | BANANA FAIRDAY 26.09.

www.banana-fairday.de

Mach keine Geschäfte auf Kosten anderer. Entscheide Dich bewusst für Bananen mit dem Siegel und engagier Dich mit eigenen Aktionen am 26.09.2014, damit gute Arbeit gerecht bezahlt wird.

Plakat Banana Fairday

M 2 Bananen in Deutschland

Fast 1,5 Millionen Tonnen Bananen wurden laut Statistischem Bundesamt im Jahr 2015 nach Deutschland eingeführt. Der Pro-Kopf-Verbrauch liegt bei gut 11,9 Kilo. Nach Äpfeln sind Bananen damit das beliebteste Obst hierzulande und gleichzeitig die wichtigste Importfrucht.
Wichtigste Herkunftsländer sind Ecuador, Kolumbien und Costa Rica, die über 80 Prozent der Bananen für den deutschen Markt produzieren.
Bananen gelten, wie z. B. auch Milch, als ein *Key Value Item*, das ist ein Produkt, dessen Preis so entscheidend für Konsumenten/-innen ist, dass es die Wahl des Supermarktes für den täglichen Einkauf entscheidend beeinflusst.

Autorentext

M 3 Rollenspiel „Banana-Split“

Rollenkarte: Plantagenarbeiter

Deine Arbeit: 12–14 Stunden körperlich anstrengende Arbeit bei extrem heißen tropischen Bedingungen; du musst Bananen pflücken, sortieren und waschen. Die Bananenbündel, die du auf deinem Rücken schleppst, wiegen bis zu 50 kg. Du arbeitest bereits seit deinem 10. Lebensjahr in der Plantage. Außerdem musst du Dünge- und Spritzmittel ausbringen, die teilweise sehr giftig und gesundheitlich belastend sind. Manchmal versprühen Flugzeuge die Pestizide und auch dein Dorf wird in Mitleidenschaft gezogen.
Deine Sorgen: Habe ich genug Geld, um meiner Familie Lebensmittel und Medikamente zu kaufen? Kann ich den Schulbesuch meiner Kinder bezahlen? Verliere ich meine Arbeit, wenn ich krank werde? Dir ist nicht erlaubt, dich mit anderen Plantagenarbeiter/innen zu organisieren, um deine Arbeitsbedingungen zu verbessern. Du darfst keiner Gewerkschaft beitreten.

Rollenkarte: Plantagenbesitzer/in

Betriebskosten: Du musst teure Dünge- und Spritzmittel kaufen sowie für den Treibstoff der Sprühflugzeuge, für Maschinen und Werkzeuge aufkommen. Häufig fallen Reparaturen an und du musst immer auf dem neuesten Stand sein, sonst macht die Konkurrenz das Geschäft.

Qualitätskontrolle: Deine Kunden verlangen perfekte Bananen. Sind sie fleckig, nicht richtig gekrümmt und entsprechen nicht den Qualitätsstandards, gehen sie nicht in den Export und verfaulen. Dadurch verlierst du Geld!

Bodenfruchtbarkeit: Je länger du Bananen pflanzt, desto ausgelaugter wird der Boden, die Erträge sinken. Entweder kaufst du teuren Dünger oder zusätzliches Land.

Rollenkarte: Spediteur/in

Hier fallen folgende Kosten an:

Schiffe: Große Frachtschiffe sind in der Anschaffung und im Unterhalt sehr teuer.

Treibstoff: Du musst den Treibstoff der Schiffe bezahlen. Eine Schiffsladung von Lateinamerika nach Europa braucht ca. 5 Wochen.

Versicherung: Wenn eine Fracht beschädigt oder unbrauchbar wird, ist es vielleicht deine Schuld und du musst für den Schaden aufkommen.

Kühlung: Die Bananen müssen auf den Frachtschiffen gekühlt werden, da sie sonst zu früh reifen. Bei unzureichender Kühlung verfault die Ware, bevor sie im Supermarkt ankommt.

Hafengebühr: Du musst für jedes deiner Schiffe am Beginn und am Ende seiner Reise Hafengebühren bezahlen.

Besatzung: Du trägst die Kosten für die Heuer der Schiffsbesatzung.

Rollenkarte: Importeur/in

Transport: Der Transport erfolgt mit dem Lkw von den großen europäischen Häfen zu den Reifungsanlagen und von dort zu den Supermärkten; unterwegs wird die Lkw-Maut fällig.

Verträge: Du verpflichtest dich gegenüber den Plantagenbesitzern, dass du wöchentlich eine festgelegte Menge an Bananen abnimmst. Du versprichst den Supermärkten, ihnen wöchentlich eine gewisse Menge an Bananen zu liefern. Was auch passiert, du musst deine vertraglichen Verpflichtungen einhalten.

Firmensitz: Du brauchst ein großes, modernes Bürogebäude, das ist schon wichtig für dein Image.

Reifungsgas: Ethylen ist ein Gas, das für die Reifung der Bananen verwendet wird. Du musst dieses bezahlen.

Neue Verpackung: Nachdem die Bananen mit dem Gas behandelt und gereift sind, müssen sie neu verpackt werden. Du musst das dafür nötige Material, Verpackungsmaschinen und das Personal bezahlen.

Rollenkarte: Supermarktleiter/in

Mitarbeiter/innen: Diese müssen von dir bezahlt werden.

Laufende Kosten: Beleuchtung, Heizung/Kühlung, Arbeitskleidung, Reinigung.

Konkurrenz: Du musst immer neue Ideen haben, die dich von anderen Supermärkten abheben. Du musst immer wieder die Einrichtung modernisieren. Dein Angebot sollte vielfältig sein.

Risiken: Bananen kommen bereits überreif bei dir im Laden an, das verärgert deine Kunden.

Werbung: Die Waren verkaufen sich nicht von alleine, dù musst deine Produkte bewerben. Bereits von der Straße aus soll man deinen Laden bemerken, du bringst große Schilder und Leuchtreklame an. Werbeprospekte werden verteilt.

Nach: Natali Gulan, Rollenspiel – Bananensplit, in: Fachdidaktik Hauswirtschaft: Leistungsnachweis Medien, S. 12–15, in: http://blogs.phsg.ch/hauswirtschaft_wah/files/2015/08/Bananen-Bingo_NataliGulan_2015.pdf (Zugriff: 28.4.2017) (verändert)

M 4 Wertschöpfungskette Banane

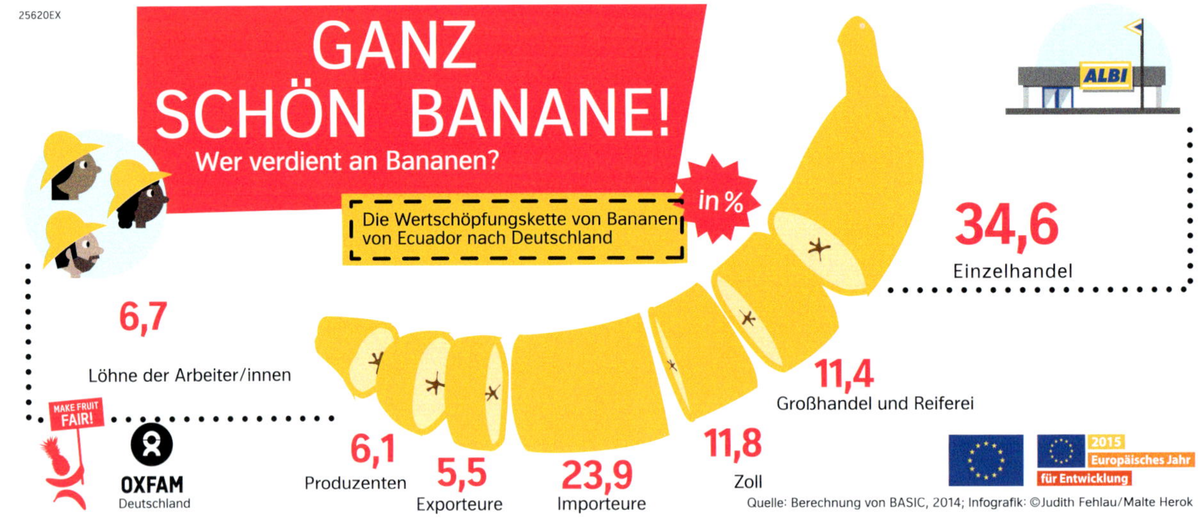

M 5 Bananenanbau in der Diskussion

Wenn die Gift-Flugzeuge herandröhnen, schicken die Lehrer die Kinder schnell ins Schulgebäude. Denn der Pestizidregen, gedacht für Bananenplantagen in Ecuador, geht nicht nur auf die Stauden nieder. Auch Anwohner, Piloten, Tankwarte und die Arbeiterinnen auf den Farmen treffen die Chemikalien. Eine Folge: Die Betroffenen verätzen sich die Haut, klagen über Kopfweh und Gliederschmerzen.
„Das sind verheerende Arbeitsbedingungen", sagt Marita Wiggerthale. Die Agrarexpertin arbeitet bei der Hilfsorganisation Oxfam in Deutschland. Jetzt hat Wiggerthale eine Studie über die Arbeitsbedingungen im konventionellen Früchteanbau Mittel- und Südamerikas vorgelegt. Ihre These lautet: An solchen Zuständen sei der deutsche Lebensmitteleinzelhandel mit schuld. [...]
In Costa Rica, wo mehr als die Hälfte der Ananas für den deutschen Markt angebaut werden, arbeiten demnach überwiegend rechtlose Saisonkräfte, meistens Frauen. Sie müssten zwölf Stunden und mehr täglich arbeiten, und das ohne ausreichende Pausen. Anbaubetriebe und Exporteure würden die gewerkschaftliche Organisation verhindern. Der tägliche Lohn betrage umgerechnet neun Euro am Tag – zu wenig zum menschenwürdigen Leben.
Die Bananenarbeiter in Ecuador leiden laut der Studie unter einer ähnlich schlechten Lage. Nur wenige verdienten den staatlich festgelegten Mindestlohn, das tägliche Einkommen liegt laut Wiggerthale zwischen umgerechnet knapp 1,90 und rund 5 Euro. Die Internationale Arbeitsorganisation ILO melde, dass rund 30 000 Beschäftigte noch Kinder sind. [...] Da die großen Lebensmittelhändler in Deutschland 70 Prozent der Märkte besitzen, geht Oxfam davon aus, dass sie den Lieferanten die Preise für Bananen diktieren. [...] Diesen Preisdruck gäben Lieferanten über Hungerlöhne an die Beschäftigten weiter. [...]
„Ein Anfang wäre allerdings gemacht, wenn die Verbraucher Biobananen und fair gehandelte Ananas einkaufen", sagt die Autorin der Studie. Waren aus dem kontrollierten biologischen Anbau sorgten dafür, dass die Arbeiterinnen nicht mehr jenen hohen Umweltbelastungen durch Pestizide ausgesetzt seien. Bestehende Gütezeichen wie das TransFair-Siegel zeigten dem Verbraucher beim Einkauf von Bananen an, dass die Früchte meist kleineren Produzenten zu Mindestpreisen abgekauft wurden.

Aus: Oliver Haustein-Teßmer, Hungerlöhne – Schwere Vorwürfe gegen Aldi und Co., in: www.welt.de/morgenpost/article1901472/Hungerloehne-Schwere-Vorwuerfe-gegen-Aldi-und-Co.html, 14.4.2008 (Zugriff: 28.4.2017)

M 6 Wann ist der Handel fair?

Produzenten und Händler dürfen ihre Ware mit dem Fairtrade-Siegel kennzeichnen, wenn sie die Standards des fairen Handels einhalten. Ziel dieser Standards ist es, die Lebens- und Arbeitsbedingungen der Kleinbauern und der Plantagenarbeiter in armen Ländern zu verbessern. Über feste Preise und langfristige Handelsbeziehungen sollen sie die Möglichkeit bekommen, ihre Organisationsstrukturen und damit auch die Qualität ihrer Produkte zu verbessern. Die Spielregeln legt Fairtrade International fest.

So müssen sich Kleinbauern zum Beispiel zu Kooperativen zusammenschließen, in denen Entscheidungen demokratisch getroffen werden. Plantagen verpflichten sich, für ihre Arbeiter Tarifverhandlungen, Versammlungsfreiheit, Sicherheit am Arbeitsplatz und Gesundheitsvorsorge sicherzustellen. Kinder- und Zwangsarbeit sind verboten.
Den Produzenten wird in der Regel ein Fairtrade-Mindestpreis garantiert und eine Fairtrade-Prämie gezahlt. Diese können sie in Projekte für die Gemeinschaft investieren. Liegt der Weltmarktpreis über dem ausgehandelten Fairtrade-Preis, bekommen die Produzenten den höheren Weltmarktpreis. Biologischer Anbau ist keine Pflicht, wird aber über höhere Preise und Prämien gefördert.

Aus: Birgit Amrehn/Christoph Teves, Fairer Handel, in: www.planet-wissen.de/gesellschaft/wirtschaft/fairer_handel/index.html, 16.1.2017 (Zugriff: 1.8.2017)
Erklärvideo Nahrungsmittelspekulation: www.weed-online.org/themen/finanzen/nahrungsmittelspekulation/index.html (Zugriff: 1.8.2017)

M 7 Brot für die Börse

Kaum ein Preis ist so wichtig wie der von Agrarrohstoffen. Preisspitzen [...] bei Getreide und Reis, aber auch anderen Rohstoffen wie Öl trugen maßgeblich dazu bei, dass die Zahl der Hungernden in Entwicklungsländern von 850 Millionen auf über eine Milliarde anstieg. Nach einem starken Preisverfall [...] schnellten die Preise für die wichtigsten Nahrungsmittel bis Anfang 2011 wieder hoch und verharrten bis Mitte 2011 auf hohem Niveau. 2010 sollen dadurch laut Weltbank 44 Millionen Menschen zusätzlich in Armut gefallen sein. Es sind Menschen, die mit weniger als 1,25 US-Dollar pro Tag auskommen müssen.
Entwicklungsländer sind von Preisanstiegen besonders negativ betroffen, denn rund zwei Drittel sind Nettonahrungsmittelimporteure, sodass sich Weltmarktpreise direkt auf die nationalen Märkte auswirken. Gleichzeitig geben die meisten Haushalte dort einen großen Teil ihres Einkommens für Nahrungsmittel aus (bis zu 70 Prozent und mehr). Deshalb führen hohe Preise für Grundnahrungsmittel häufig zum Verzicht auf höherwertige und gesündere Nahrung wie Obst, Gemüse oder Milch, zu Verschuldung oder zu geringeren Ausgaben für Gesundheit und Bildung, wodurch auch erhebliche langfristige Schäden bei den Menschen entstehen. Hohe Ölpreise wirken sich durch höhere Kosten für Transport, Dünger und anderes negativ auf Entwicklungsländer aus. Und schließlich ist nicht nur die Höhe, sondern auch das starke Schwanken der Preise problematisch. [...]
Auch steigt die Nachfrage aus Schwellen- und Entwicklungsländern schon seit Jahrzehnten, [...] und zumindest China ist bis heute bei Mais und Weizen Selbstversorger. Wegen der unzureichenden Erklärungskraft der Fundamentaldaten [dem physischen Angebot an Rohstoffen und der Nachfrage danach] wird die Rolle eines anderen Faktors immer offensichtlicher: Spekulation an den Warenterminbörsen [Börsen, an denen Waren zu gewissen, zukünftigen Terminen gehandelt werden]. Viele Rohstoffe, vor allem Getreide und Soja, werden auch in die Zukunft hinein an Terminbörsen [...] gehandelt.

Nach: Markus Henn, Brot für die Börse. Spekulation mit Rohstoffen und ihre fatale Wirkung auf Landwirtschaft und Ernährung, in: Kritischer Agrarbericht 2012, S. 75 f., www.kritischer-agrarbericht.de/fileadmin/Daten-KAB/KAB-2012/Henn.pdf (Zugriff: 14.8.2017) (verändert)

Aufgaben

1. Charakterisiere ausgehend von M 1 und M 2 die Bedeutung des Bananenkonsums in Deutschland.
2. Bananenkonferenz „Banana-Split“ (M 3): Bei Produktion und Vertrieb von Bananen sind viele Akteure beteiligt. Diese haben unterschiedlichen Anteil an der Wertschöpfung, also der durch die Produktion erbrachten Leistung. In der Konferenz soll geklärt werden, welcher Anteil jedem Akteur zusteht.
   a) Arbeite die Interessen deines Akteurs heraus.
   b) Beurteile, wie hoch ein gerechter Anteil für deinen Akteur bei einem Verkaufspreis von 30 Cent pro Banane sein sollte.
   c) Gestalte für deine Position eine Argumentationsstrategie, um sie in der Konferenz zu stützen.
   d) Bewerte, wie gerecht das Ergebnis der Konferenz ist.
3. Ordne deinen Akteur der Grafik M 4 zu und berechnet die realen Anteile an der Wertschöpfung.
4. Arbeite die Kritik gegenüber der Bananenproduktion in M 5 heraus.
5. Vergleiche die Produktionsmethoden im fairen Handel M 6 mit denen aus M 5.
6. Recherchiere z. B. unter *www.fairtrade-deutschland.de/produkte-de/bananen/hintergrund-fairtrade-bananen.html* die Hintergründe auf dem Bananenmarkt und stelle deine Ergebnisse der Klasse vor.
7. Überprüfe in einem Supermarkt, auf welchen weiteren Produkten sich das Fair-Trade-Siegel befindet.
8. Bewerte die Auswirkungen des Handels mit Agrarrohstoffen an der Börse (M 7) für alle beteiligten Akteure.

Milky-Mystery – geht uns die Milch aus?

Louisa trinkt für ihr Leben gerne Milch – auch im Latte Macchiato, Kakao oder im Müsli. Sie geht mit ihrer Mutter einkaufen und hilft ihr beim Verstauen der Einkäufe der Lebensmittel. Sie haben auch Milch gekauft, gleich 12 Packungen auf einmal, die Milch war ein Sonderangebot. Abends hört Louisa in den Nachrichten von der Milchkrise. Sie ist entsetzt, gibt es bald keine Milch mehr im Laden?

① Guangzhou ist dicht besiedelt. Es herrscht Bodenknappheit. Die Milchviehwirtschaft ist flächenintensiv und daher im Süden Chinas kaum möglich.

② Tim verträgt keine Lactose. Deshalb trinkt er keine Milch, sondern nur noch Ersatzprodukte wie Hafermilch oder Mandelmilch. Wenn Tim Milch trinkt, hat er oft schlimme Bauchschmerzen.

③ Die Moderatorin Barbara Schöneberger wirbt in einer Plakataktion für das Milchtrinken für die Agrarwirtschaft. Auch andere Promis wie Fußballer und Schauspieler sind vertreten.

④ Familie Wagner kauft die Milch beim Discounter, dort ist die Milch mit 70 Cent/Liter am günstigsten. Sie bevorraten sich am Anfang des Monats beim Großeinkauf.

⑤ Zwei Drittel des chinesischen Milchkonsums entfallen auf den Süden Chinas, hauptsächlich in Form von Milchpulver, Butter und Käse.

⑥ Vor zwei Jahren hat Michael Klein in einen neuen Stall und eine neue Molkereianlage investiert. Dafür hat er einen Kredit bei seiner Bank in Höhe von 350 000 Euro aufgenommen.

⑦ Kaffeekapselsystem Nespresso bietet jetzt Babymilch in Kapselform an. Babynes – so der Name des Produkts – ist Milchpulver in Plastikkapseln, das mit heißem Wasser in einer speziellen Maschine zubereitet wird.

⑧ Ein herkömmlicher Liter H-Milch kostet 68 Cent, ein Liter MinusL-Milch 1,39 Euro. Die laktosefreie Sprühsahne liegt bei 1,99 Euro – und ist damit doppelt so teuer wie die Eigenmarke normaler Sahne des Supermarkts.

⑨ In Deutschland ist in einigen Drogeriemärkten das Milchpulver für Kleinkinder knapp. In den Läden dürfen maximal zwei Packungen pro Kunde abgenommen werden.

⑩ Der Milchpreis ist im Keller. Herr Klein bekommt pro Liter Milch, den er an die Molkerei liefert, nur noch knapp 30 Cent.

⑪ Aus einem Tetrapack kann man mit wenigen Handgriffen einen Geldbeutel, einen Blumentopf oder auch eine Einkaufstasche herstellen.

⑫ Die Milchproduktion in Deutschland hat mit über 3 Millionen Tonnen Milch einen Rekord erreicht. Teilweise nehmen die Molkereien keine Milch mehr an.

⑬ MinusL hat eine eigene Facebook-Seite. Sogar Restaurants springen zunehmend auf den Zug auf. Der Berliner Starkoch Tim Raue zum Beispiel kocht in seinem neuen Restaurant nur noch gluten- und laktosefrei.

⑭ Die Milchpreise sind in den letzten Jahren durch die anziehende Nachfrage sehr stark gestiegen.

⑮ Louisa hat auf Facebook gelesen, dass Milch Pickel verursacht. Auf YouTube hat sie gesehen, dass viele Promis keine Milch mehr trinken.

⑯ Vegane Ernährung, der Verzicht auf tierische Produkte, also auch Milch, ist der neueste Ernährungstrend in Deutschland.

⑰ Im Jahr 2009 gab es in China einen Milchpulverskandal, 3 000 000 Babys erkrankten. Seither beziehen viele Mütter in Sorge um ihre Kleinkinder die Milch aus Europa.

⑱ Vor 30 Jahren gab es in Deutschland noch über 130 000 Milchbauern, aktuell sind es nur noch 30 000 Höfe. Das ist weniger als ein Viertel. Die Anzahl der Milchkühe hat sich halbiert.

⑲ Chinesische Studenten in Deutschland haben ein neues Geschäftsmodell entdeckt. Sie verkaufen in Onlineshops Milchpulver nach China.

⑳ Familie Wagner besteht aus vier Personen. Pro Woche verbrauchen sie sechs Liter Milch.

㉑ Michael Klein überlegt sich, ob er auf Biomilch umsteigt. Dafür würde er von seiner Molkerei einen höheren Preis erhalten, allerdings wären auch die Kosten höher.

㉒ Ein Großteil der Milchkühe befindet sich in Massentierhaltung. Die Kühe haben kaum Auslauf, der Platz in den Ställen ist auf ein Minimum reduziert. Tierschützer kritisieren die Zustände.

㉓ Balingen (Baden-Württemberg): Der Jungbauer Michael Klein bewirtschaftet einen kleinen Hof mit 50 Kühen. Einen Teil seiner Milch verkauft er auf seinem Hof, den Rest liefert er an die Molkerei.

㉔ Nings Bruder, Nian, studiert in Stuttgart Informatik. Regelmäßig schickt er Milchpulver an seine Schwester. Seiner kleinen Nichte soll es gut gehen.

㉕ Der größte Teil der Milch wird in Tetrapacks verkauft. Der Anteil an Milchflaschen geht weiter zurück. Bis ein Tetrapack verrottet ist, vergehen circa 100 Jahre.

㉖ Für einen Liter Milch liegen die Produktionskosten bei 30 – 35 Cent pro Liter. Kleine Milchhöfe haben teilweise noch höhere Kosten.

㉗ Fast 8 Millionen Deutsche verzichten auf tierische Lebensmittel. Es kommen immer mehr vegane Produkte in den Einzelhandel.

㉘ Ning, 24 Jahre alt, lebt in der chinesischen Provinzstadt Guangzhou im Süden Chinas. Die Bevölkerung hat die 12-Millionenmarke überschritten und die Luftverschmutzung ist hoch. Ning macht sich Sorgen um ihre Tochter, die erst drei Monate alt ist.

㉙ Die wachsende Nachfrage chinesischer Verbraucher nach Milchprodukten resultiert aus einer wachsenden Mittel-und Oberschicht mit steigenden Einkommen in den Ballungszentren, die ihre Ernährung stärker auf westliches Konsumverhalten ausrichten.

㉚ Die Bundesregierung will Milchbauern unter die Arme greifen. Denkbar wären demnach Bürgschaften, damit die Betriebe trotz Krise leichter Kredite bekommen können; zusätzliche Direkthilfen in einer Größenordnung von 60 bis 100 Millionen Euro sind im Gespräch.

Aufgabe

1. Erstelle mithilfe des Milky-Mystery ein Schaubild, das die Zusammenhänge auf dem Milchmarkt darstellt. Du musst nicht alle Kärtchen benutzen.

3. Darf ich kaufen, was ich will?

3.1 Alles was R(r)echt ist?

M 1 Immer Ärger mit dem Geld?

Zeichnung: Harm Bengen

M 2 Handykauf mit Hindernissen

Ein neues Smartphone muss her, findet der 14-jährige Florian. Völlig unnötig, finden seine Eltern. Trotzdem spart er jeden Monat sein Taschengeld und außerdem noch alle Geldgeschenke, die er über das Jahr von Oma, Onkel & Co bekommen hat.
Nach zwei Jahren hat er endlich den erforderlichen Betrag zusammen. Mit seinem Kumpel Sven geht's los zum Einkaufen. Die Eltern wissen nichts davon, denn geschenkt ist geschenkt, und mit dem Taschengeld kann er ja auch machen, was er will.
Im Elektronikladen ist das Wunschmodell schnell gefunden – es geht ab zur Kasse und da endet der Handykauf abrupt. Warum nur?

Autorentext

Methode

Rechtstexte verstehen

Um Fälle wie diesen lösen zu können, muss man sich mit den entsprechenden Gesetzen auskennen. Gesetze sind so aufgebaut, dass übergeordnete Abschnitte (Paragrafen) mit dem Paragrafenzeichen § eingeleitet werden. Das Bürgerlichen Gesetzbuch (BGB) regelt das Privatrecht, also Rechtsbeziehungen zwischen Privatpersonen. Wenn du als Privatperson etwas kaufst, verleihst, mietest, du dich scheiden lässt, etwas erbst, verschenkst, einen Verein gründest, fremdes Eigentum beschädigst usw., dann ist dies im BGB geregelt.
Rechtstexte sind oft schwer zu verstehen, deshalb bietet es sich an, nach folgender Methode vorzugehen:

- **Genaues Lesen:** Jedes Wort kann wichtig sein.
- **Fragestellung beachten:** Welche Fragestellung will ich mithilfe des Rechtstextes klären?
- **Inhalt des Rechtstextes mithilfe der W-Fragen klären:** Wer und was?
- **Rechtsbegriffe herausschreiben und Inhalt klären.**
- **Inhalt des Rechtstextes mit eigenen Worten wiedergeben.**

Fragestellung: Darf Florian das Handy kaufen?

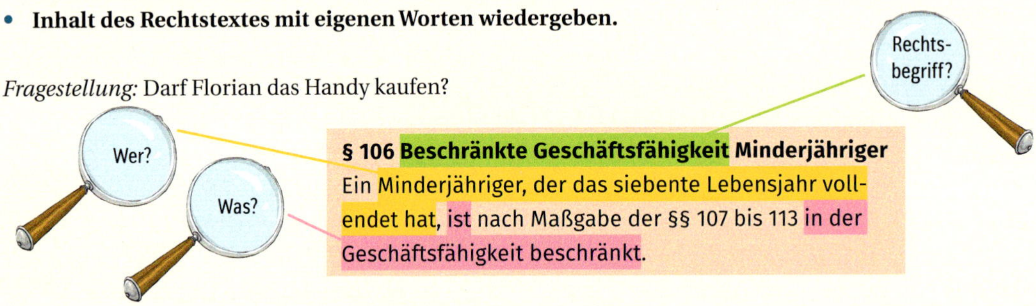

Beispiel: Kinder und Jugendliche zwischen 7 und 18 Jahren dürfen nicht alle Geschäfte tätigen.

M 3 Was heißt geschäftsfähig?

voll geschäftsfähig	beschränkt geschäftsfähig	geschäftsunfähig
Fähigkeit, Rechtsgeschäfte zu tätigen, z. B. Verträge zu schließen (ab 18 Jahre).	Kinder und Jugendliche zwischen 7 und 18 Jahren dürfen nur kleinere Taschengeldgeschäfte alleine, andere Geschäfte nur mit Zustimmung der Eltern abschließen.	Kinder unter 7 Jahren dürfen keine Geschäfte tätigen.

Autorentext

M 4 Was sagt das Gesetz noch?

§ 107 Einwilligung des gesetzlichen Vertreters
Der Minderjährige bedarf zu einer Willenserklärung, durch die er nicht lediglich einen rechtlichen Vorteil erlangt, der Einwilligung seines gesetzlichen Vertreters.

§ 108 Vertragsschluss ohne Einwilligung
(1) Schließt der Minderjährige einen Vertrag ohne die erforderliche Einwilligung des gesetzlichen Vertreters, so hängt die Wirksamkeit des Vertrags von der Genehmigung des Vertreters ab. [...]

§ 110 Bewirken der Leistung mit eigenen Mitteln
Ein von dem Minderjährigen ohne Zustimmung des gesetzlichen Vertreters geschlossener Vertrag gilt als von Anfang an wirksam, wenn der Minderjährige die vertragsmäßige Leistung mit Mitteln bewirkt, die ihm zu diesem Zweck oder zu freier Verfügung von dem Vertreter oder mit dessen Zustimmung von einem Dritten überlassen worden sind.

M 5 Ist das zulässig?

Fall 1:
Meral (18 Jahre) kauft gegen den Willen ihrer Eltern ein Auto. Muss sie das Auto zurückgeben?

Fall 2:
Die 6-jährige Sara schlachtet heimlich ihr Sparschwein und kauft auf einem Flohmarkt für 30 Euro ein Plastikmärchenschloss. Die Eltern sind empört. Muss der Verkäufer das Schloss zurücknehmen und ihr das Geld wiedergeben?

Fall 3:
Der 16-jährige Jan kauft von seinem gesparten Taschengeld einen Motorroller. Geht das?

Fall 4:
Der 15-jährige Marco schließt ohne die Einwilligung seiner Eltern einen Handyvertrag ab. Ist der Vertrag gültig?

Autorentext

Aufgaben

1. Erkläre die Karikatur M 1 und diskutiere davon ausgehend, mit welchen Argumenten Kinder und Eltern das Thema Taschengeld und Geldausgeben verhandeln.
2. Erläutere §§ 107 bis 110 BGB (M 4) nach der Methode Rechtstexte verstehen und gib sie in eigenen Worten wieder.
3. Überprüfe mithilfe der Methode sowie M 3 und M 4, ob Florian das Handy kaufen darf (M 2).
4. Löse die Fälle in M 5 mithilfe der mithilfe der Methode sowie M 3 und M 4.
5. Bewerte, dass der Staat Minderjährige in ihrer Freiheit als Konsumenten einschränkt.
6. Fächergrenzen überwinden (Gemeinschaftskunde): Im Fach Gemeinschaftskunde wird die Rechtsstellung von Kindern und Jugendlichen behandelt (Deliktfähigkeit, Strafmündigkeit, Jugendschutz). Erstelle eine Anzeige für eine Jugendzeitschrift, die alle rechtlichen Regelungen, die Jugendliche im Alltag betreffen, in Jugendsprache übersetzt.

M 6 Quiz: Kennst du deine Rechte?

1. Du hast einen preisreduzierten Föhn gekauft, zu Hause stellst du fest, dass er kaputt ist. Was nun?

a) Du kannst ihn gleich in den Müll werfen, weil reduzierte Ware nicht reklamiert werden kann.

b) Du kannst den Föhn im Laden sofort zurückgeben und den Kaufpreis zurück verlangen.

c) Du kannst zunächst gegenüber dem Verkäufer die Reparatur oder ein neues Produkt verlangen.

2. Welche Rechte stehen dir zu, wenn beim neuen Smartphone laufend das Display ausfällt?

a) Der Verkäufer muss die gekaufte Ware zurücknehmen und mir mein Geld auszahlen.

b) Du musst zunächst dem Verkäufer die Gelegenheit zur Reparatur oder zum Ersatz geben.

c) Du kannst zunächst vom Verkäufer eine Preisminderung verlangen.

3. Du hast als Käufer einen gesetzlichen Anspruch auf Mängelbeseitigung (Gewährleistung). Das bedeutet, dass der Händler verpflichtet ist, beispielsweise deine neuen Kopfhörer zu reparieren oder zu ersetzen. Wie lange kannst du die Mängel reklamieren?

a) 6 Monate ab Vertragsschluss.

b) Das kommt auf die Ware an.

c) 2 Jahre ab Erhalt der Ware.

4. Du willst deinen neuen Pullover reklamieren. Was ist bei Kleidungsstücken ein Mangel, den du erfolgreich reklamieren kannst?

a) Dir steht die Farbe nicht.

b) Der Pulli passt dir nicht.

c) Der Pulli ist trotz eingehaltener Pflegehinweise beim Waschen um eine Größe eingelaufen.

Nach: Verbraucherzentralen, Garantie – Gewährleistung – Umtausch: Blicken Sie durch?, www.verbraucherzentrale.de/gewaehrleistungsquiz, Stand: 19.8.2015 (Zugriff: 8.6.2017) (verändert)

M 7 Umtausch – Gewährleistung – Garantie?

Beim Einkauf im Supermarkt, bei der Anschaffung eines Gebrauchtwagens oder beim Haustürgeschäft: Überall kommt ein Kaufvertrag zustande. Dabei gibt es feste Regeln, an die sich Käufer und Verkäufer halten müssen.

Beim Kaufvertrag gibt es zwei Partner (Käufer und Verkäufer), die jeweils eine übereinstimmende Willenserklärung abgeben. Dies bedeutet, dass beide Personen bewusst eine rechtlich bindende Vereinbarung treffen. Der eine möchte ein Produkt verkaufen (Angebot), der andere erwerben (Nachfrage). Die Willenserklärung kann auch stillschweigend sein, d.h., die Partner müssen sich nicht unbedingt ausdrücklich (z.B. durch ein „Ja, ich will kaufen/verkaufen") äußern. Es reicht, wenn beide durch sogenanntes schlüssiges Handeln zeigen, dass sie mit dem Vertragsschluss einverstanden sind (z.B. durch Bezahlung auf Vertragsangebot, Warenversendung nach Bestellungseingang im Versandhandel).

Wird ein Kaufvertrag geschlossen, verpflichtet sich der Käufer, den vereinbarten Preis zu zahlen und die Ware abzunehmen. Keinesfalls darf eine Ware zum Zeitpunkt der Übergabe mit Mängeln behaftet oder ihre Tauglichkeit eingeschränkt sein. Neben den Rechten, die das Gesetz den Käufern gewährt, bieten Händler und Hersteller bisweilen auch freiwillige Leistungen. Dazu zählen etwa Umtauschmöglichkeiten und längerfristige Garantien. Missfallen dem Käufer im Nachhinein beispielsweise Farbe, Größe oder andere Eigenschaften einer Ware, hat er kein automatisches Recht auf Umtausch. Der Verkäufer kann die Umtauschmöglichkeit vor dem Kauf freiwillig einräumen oder nachträglich zugestehen. Der häufig zu sehende Hinweis „Reduzierte Ware ist vom Umtausch ausgeschlossen" gilt übrigens nicht, wenn das Schnäppchen einen Mangel hat. Auch Sonderangebote müssen in einem einwandfreien Zustand sein. Ist das nicht der Fall, hat der Kunde die üblichen Gewährleistungsrechte.

Grundsätzlich hat jeder Verbraucher das Recht, eine gekaufte Ware fehlerfrei ausgehändigt zu bekommen. Die Gewährleistung („Sachmängelhaftung") ist ein gesetzlich geregelter Anspruch des Verbrauchers gegenüber dem Verkäufer, wenn eine fehlerhafte Ware ausgeliefert wird. Dabei gilt: Der Verbraucher kann bei Mängeln an der Ware zunächst nur eine Ersatzlieferung verlangen oder eine Reparatur, wobei der Verkäufer in beiden Fällen sämtliche Kosten für Transport, Arbeitsleistung und Materialien tragen muss. Den Kaufpreis mindern oder vom Vertrag zurücktreten kann der Kunde in der Regel erst, wenn die Reparatur zweimal scheitert oder die Ersatzlieferung fehlschlägt. Die genannten Rechte stehen dem Käufer grundsätzlich innerhalb von zwei Jahren nach Übergabe oder Ablieferung der Sache (Erhalt des Produkts) zu.

Nach: Verbraucherzentralen, Regeln beim Abschluss eines Kaufvertrags, www.verbraucher.de/gewaehrleistung-des-haendlers, Stand: 21.10.2016 (Zugriff: 8.6.2017) (verändert)

Kaufgespräche erfolgreich führen

Für den Brezelkauf beim Schulbäcker oder für den Kauf eines Vokabelhefts im Schreibwarenladen braucht man keine Strategie für ein Kaufgespräch. Aber bei größeren Anschaffungen wie beispielsweise eines Handys sollte man doch Bescheid wissen, wie man ein Kaufgespräch führt, damit man mit dem richtigen Produkt den Laden verlässt. Denn auch Verkäufer haben Verkaufsstrategien, um nicht unbedingt das beste, sondern vielleicht das teuerste Produkt zu verkaufen.

Tipps für Verkäufer

- Sei freundlich und nimm dir Zeit für deine Kunden.
- Mache Komplimente, die hört jeder gerne (z.B. „Sie haben aber einen guten Geschmack"). Aber bitte nicht zu dick auftragen!
- Sei begeistert von deinem Produkt und vermittle deinem Kunden, dass er sich für das beste Produkt entscheidet.
- Wecke das Bedürfnis beim Kunden: „Das will ich haben!", also ein echtes *Must-have*-Gefühl sollte entstehen.
- Zeige, dass du dich auskennst. Streue Fachbegriffe ein. Aber nicht übertreiben!
- Beantworte die Frage nach dem Preis, indem du diesen zwischen positiven Produkteigenschaften versteckst.
- Lasse auch den Kunden zu Wort kommen und beantworte seine Fragen.
- Stelle das Produkt als Angebot dar, von dem es nur begrenzten Vorrat gibt. Weise darauf hin, dass das Angebot nur kurze Zeit gilt.

Tipps für Käufer

- Lege vorab fest, wie viel du höchstens ausgeben möchtest.
- Überlege dir vorab, welche Produkteigenschaften für dich besonders wichtig sind.
- Informiere dich vor deinem Kauf über das Angebot. Nutze auch Vergleichsportale und Testberichte.
- Erstelle eine Liste mit wichtigen Fragen.
- Achte beim Gespräch mit dem Verkäufer darauf, dass deine Fragen auch wirklich beantwortet werden.
- Wenn du etwas nicht verstehst, z.B. einen technischen Fachbegriff, dann frage nach.
- Lass dich nicht unter Druck setzen. Kaufe erst, wenn du dir sicher bist.
- Sei freundlich im Gespräch.
- Nimm einen Freund mit und berate dich vor deiner Entscheidung.
- Hat das Produkt einen kleinen Mangel, den du akzeptieren kannst, versuche, beim Preis zu handeln.
- Informiere dich auch über Gewährleistung (Garantie) und Service.

Autorentext

Aufgaben

1. Teste dein Wissen und führe das Quiz M 6 durch.
2. Arbeite aus dem Text M 7 heraus, was a) eine Willenserklärung und b) ein Kaufvertrag ist sowie was man unter c) Gewährleistung, d) Umtausch und e) Garantie versteht.
3. a) Bildet Dreiergruppen, jeweils bestehend aus Verkäufer, Käufer und Beobachter.
   b) Verkäufer und Käufer gestalten ein Kaufgespräch zu einem Produkt ihrer Wahl – Trekkingrucksack für eine 4-wöchige Wandertour in Schweden, Sportschuhe für einen Marathonlauf, hochwertiges Schreibset (Füller und Kugelschreiber) – und beziehen dabei die Begriffe a) bis e) aus Aufgabe 2 mit ein.
   c) Die Beobachter berichten in der Klasse und begründen, wessen Argumentation sie mehr überzeugt hat.

M 8 Was steckt dahinter?

M 9 Internetsicherheit: Abzocke im Internet – was tun?

Onlineabzocke läuft längst im großen Stil. Dabei ist die Masche immer ähnlich. Beim ahnungslosen Surfen im Netz lassen sich schnell dubiose Internetseiten mit verlockenden **Gratisangeboten** finden: Kostenlose SMS verschicken, Gedichte oder Rezepte gratis runterladen oder eine Route planen – doch statt tatsächlich kostenlosen Service zu bieten, will der Anbieter später eine **einmalige Nutzungsgebühr** für seine Dienste kassieren. Und die kann dann locker dreistellig sein. Andere Seitenbetreiber wollen euch mit einem Eintrag ins Anmeldeformular gleich ein zweijähriges **Abo** angedreht haben. Doch davon wisst ihr gar nichts. Eine andere Methode ist die Nachricht per SMS über ein angeblich abgeschlossenes Abo, nachdem man eine Werbung auf dem Smartphone angetippt hat. [...]

Zurück zur Falle mit den angeblichen **Gratisdiensten**: Nach der Rechnung folgt meist ziemlich schnell die **erste Mahnung**, manchmal auch ein Anwaltsschreiben mit **Zahlungsaufforderung** oder gar die Drohung mit einem Inkassounternehmen, das die Schulden bei euch eintreiben will. Spätestens dann kommt ihr mächtig ins Schwitzen. Um es gleich vorab zu sagen: Ihr seid nicht allein. Tausende Verbraucher werden so täglich im Internet reingelegt. Doch was ist da eigentlich schiefgelaufen? „Das ist ein ganz typisches Beispiel für Internetabzocke“, sagt Thomas Bradler, Jurist bei der Verbraucherzentrale NRW. Die Anbieter setzen nämlich darauf, dass der *User* den Preishinweis ganz schlecht findet, weil er zum Beispiel nur im **Kleingedruckten** steht.

Manchmal ist der Hinweis auf die **Folgekosten** auch farblich so getarnt, dass man ihn ganz leicht übersehen kann. Doch so geht es nicht, erklärt Bradler: „Der Anbieter muss darauf hinweisen, dass das Angebot kostenpflichtig ist, und zwar so, dass man es auch sofort findet. Der Preis muss unmittelbar vor Abgabe der Bestellung durch den Käufer auf der Internetseite hervorgehoben angegeben werden. Gleiches gilt für die Laufzeit des Vertrages sowie gegebenenfalls anfallende Versand- oder andere Zusatzkosten.“

Außerdem kommt ein wirksamer kostenpflichtiger Vertrag im Internet überhaupt nur dann zustande, wenn die Schaltfläche (der *Button*) zur Bestellung eindeutig und gut lesbar so beschriftet ist, dass der Nutzer weiß, dass ihn der Klick etwas kosten wird. Der *Button* darf daher mit nichts anderem beschriftet sein als mit den Worten „zahlungspflichtig bestellen“ oder einer entsprechend eindeutigen Formulierung. Ist auf dem *Button* nur von „Bestellen“ oder „Anmelden“ die Rede, kommt kein wirksamer Vertrag zustande und es muss auch nichts bezahlt werden! Diese **Button-Lösung** hat der Gesetzgeber 2014 eingeführt.

Und noch etwas muss der Onlineanbieter tun. Er muss euch darüber informieren, dass ihr innerhalb von zwei Wochen von einem so geschlossenen Vertrag zurücktreten könnt. Dieses so genannte **Widerrufsrecht** gilt für fast alle Internetgeschäfte. Allerdings hüllen sich auch hier die Internetabzocker gerne in Schweigen. Oft kommt die Rechnung erst, wenn die Zweiwochenfrist längst verstrichen ist. Trotzdem gilt: Hat euch der Anbieter nicht klar und verständlich auf der Internetseite oder z.B. per E-Mail über euer Recht auf Widerruf informiert, kann der Vertrag nach Abschluss sogar noch 1 Jahr und 14 Tage lang widerrufen werden. Dann kommt es also gar nicht mehr entscheidend darauf an, ob der **Vertrag** überhaupt jemals **wirksam geschlossen wurde**.

Somit gibt es also schon zwei gute Gründe, warum der Anbieter mit dieser linken Nummer nicht durchkommen dürfte. Was also ist zu tun, wenn euch unberechtigt eine Rechnung ins Haus flattert? Wem so etwas passiert, der sollte den Vertragsschluss in jedem Fall schriftlich bestreiten und den **Vertrag „hilfsweise widerrufen“ und „wegen arglistiger Täuschung“ anfechten**. [...] Es gibt nämlich noch einen triftigen Grund, warum ein Vertrag ungültig sein kann. Und zwar wenn der, der den Vertrag angeblich abgeschlossen hat, noch minderjährig ist. Grundsätzlich ist es so, dass Minderjährige nur im Rahmen ihres Taschengeldes wirksam eigene Verträge abschließen können. Kostenpflichtige Abos, wie zum Beispiel ein Jahresvertrag über Kochrezepte, müssten Eltern genehmigen. Ist so ein Vertrag **ohne Einwilligung der Eltern** zustande gekommen, sollten die Erziehungsberechtigten dem Anbieter mitteilen, dass der Vertrag nicht genehmigt wird.

Aus: Abzocke im Internet – was tun? (kat), www.checked4you.de/online abzocke, 19.8.2016 (Zugriff: 8.6.2017) (verändert: Hervorhebungen ergänzt)

M 10 Surftipps fürs Netz

- Genau hinschauen: Gratis ist nicht immer gratis. Immer auf die allgemeinen Geschäftsbedingungen (AGB) achten. Hier stehen Infos zu Kosten, Kündigungsfristen etc.
- Bei Bestellbuttons auf Hinweise wie „kostenpflichtig" oder „zahlungspflichtig bestellen" achten.
- *Screenshots* von Anmeldeseiten machen. Dies kann im Zweifel als Beweis dienen.
- Einen Blicks ins Impressum werfen. Hier stehen Namen und Adresse des verantwortlichen Anbieters. Liegt die Adresse im Ausland, kann es bei Reklamationen schwierig werden. Fehlen die Angaben, deutet dies auf einen unseriösen Anbieter hin.
- Vorsicht mit den eigenen Daten. Nicht leichtfertig Namen und Bankdaten angeben.
- Auch im Internet gilt das Urheberrecht. Wer leichtfertig bei Tauschbörsen oder Downloadportalen herunterlädt, begeht unter Umständen eine Urheberrechtsverletzung und muss mit einer Abmahnung rechnen.
- Informationen, Hilfen, Vorlagen z. B. für Widerrufsschreiben und Beratung in konkreten Fällen findet ihr bei den Verbraucherzentralen (z. B. *www.verbraucher zentrale.de*) oder speziellen Infoportalen für Jugendliche (z. B. *www.juuuport.de*).

Autorentext

M 11 Augen auf im Internet

a) In der Kostenfalle?

Emma (16 Jahre) möchte für die Party ihrer Freundin eine besondere Geburtstagstorte mitbringen. Auf der Suche nach dem perfekten Rezept sucht sie mit ihrem Smartphone im Internet und wird auf einer Seite fündig, bei der man sich gratis anmelden kann, um das Rezept zu bekommen. Emma gibt schnell ihre Daten ein und lädt das Rezept herunter. Danach erhält sie weitere Rezeptvorschläge. Nichtsahnend lädt sie auch diese herunter. Wenige Tage später stellt sie fest, dass ihr *Prepaid*-Guthaben fast leer ist.
Was kann Emma tun?

b) Beim Tauschen erwischt?

Bei den Eltern von Simon (14 Jahre) ist eine kostenpflichtige Abmahnung für das Anbieten eines Songs über eine Tauschbörse ins Haus geflattert. Heruntergeladen und damit zugleich zum *Upload* angeboten hat diesen ihr Sohn Simon.
Müssen die Eltern die Abmahngebühren zahlen?

c) Traumschuhe aus dem Internet?

Sandro (18 Jahre) will ganz bestimmte Sneaker im Internet kaufen. Er findet seine Traumschuhe in einem ihm bisher unbekannten Shop. Sandro soll für den Kauf seine persönlichen Daten und Bankverbindung angeben bzw. per Vorkasse bezahlen.
Was soll er tun?

Autorentext

Aufgaben

1. Erkläre, um was es im Bild M 8 vermutlich geht. Tauscht euch in der Klasse aus, ob ihr schon ähnliche Erfahrungen gemacht habt.
2. Arbeite aus dem Text M 9 heraus, welche Gefahren beim Surfen im Netz lauern, und stelle diesen die rechtlichen Regelungen gegenüber. Die fettgedruckten Begriffe können dabei helfen.
3. Erläutere, wie die Fälle in M 11 a bis c zu lösen sind.
4. Gestalte für Emmas, Simons oder Sandros Problem (M 11 a bis M 11 c) eine „To-do-Liste" mithilfe der Informationen aus M 9 und M 10.
5. Müssen Verbraucher vom Staat besser geschützt werden? Beurteile diese Frage mithilfe der Informationen aus M 9 und M 10.

3.2 Haushaltspläne – wie behalte ich den Überblick?

M 1 Let's talk about money!

Eine Familie sitzt gemeinsam am Tisch.
Es geht um neue Anschaffungen, Wünsche, Urlaub und das liebe Geld.

Sohn:
- Er möchte bald mit Fahrstunden beginnen.
- Urlaub ist ihm nicht so wichtig.
- Dafür würde er gern Mitglied in einem Sportstudio werden.

Mutter:
- Sie möchte ein eigenes Arbeitszimmer.
- Das Haus muss umgebaut werden; dafür will sie das Ersparte benutzen.
- Sie würde auf Urlaub verzichten.
- Stattdessen würde sie gern öfter mit ihrem Mann essen gehen.

Vater:
- Er ist reif für einen Urlaub.
- Er will nicht an die Ersparnisse gehen, denn diese sind für ein neues Auto reserviert.
- Stattdessen würde er die Putzhilfe einsparen.

Tochter:
- Sie möchte ein neues Smartphone.
- Urlaub ist ihr aber auch wichtig.
- Außerdem möchte sie gern ein Netflixabo.

M 2 Einen Haushaltsplan aufstellen

Mit einem Haushaltsplan kann man die eigenen Finanzen im Blick behalten. Man stellt dabei die eigenen Einnahmen den Ausgaben gegenüber. So lässt sich eine Übersicht über Soll und Haben ermitteln. Die Differenz nennt man **Saldo**. Ist dieser positiv, hat man einen **Überschuss**, ist dieser negativ, spricht man von einem **Fehlbetrag**.

Zu den **Einnahmen** gehört z. B. das Gehalt. Hier unterscheidet man den Bruttolohn (vor Abzug der Steuern und Abgaben) und den Nettolohn (nach Abzug der Steuern und Abgaben). Auch andere Einkommensquellen wie staatliche Zahlungen (z. B. Kindergeld oder Sozialhilfe), Zinsen aus Kapitalanlagen oder Urlaubsgeld gehören zu den Einnahmen dazu.

Bei den **Ausgaben** gibt es feste und veränderliche Posten. Die festen Ausgaben kommen regelmäßig vor, z. B. die monatliche Miete, Nebenkosten wie Strom und Wasser oder Fahrkosten. Dagegen handelt es sich bei den veränderlichen Ausgaben um Kosten, die nicht regelmäßig in der gleichen Höhe anfallen, z. B. für Lebensmittel, Kleidung, Urlaub oder die Anschaffung eines Autos.

M 3 Zwei Familien im Vergleich

Haushaltplan Familie A (Ehepaar mit zwei Kindern)

Einnahmen	Euro	Ausgaben fest	Euro
Lohn (brutto)	4 230	Steuern (Einkommen- und Kirchensteuer)	782
Kindergeld (für zwei Kinder)	388	Sozialversicherung (Arbeitslosen-, Renten-, Kranken-, Unfall- und Pflegeversicherung)	821
Sonderzahlungen (Urlaubs-und Weihnachtsgeld = 13. und 14. Gehalt, umgelegt auf einen Monat)	705	Wohnen, Energie, Nebenkosten (Strom, Wasser, Gas)	1 082
Einkommen aus Vermögen (vermietete Eigentumswohnung)	583	Auto, ÖPNV	521
		Versicherungen (Haftpflicht, Unfall, Hausrat, Berufsunfähigkeit)	190
		Telefon, Handy etc.	90
		Bildung (z. B. Nachhilfe, Musikschule)	67
		Gesundheit, Sportverein, Fitnessclub	90
		Haushaltsreinigung (Putzhilfe)	168
		Rücklagen für Anschaffungen	189
		Ausgaben veränderlich	
		Lebensmittel	500
		Gesundheitspflege, Kosmetik etc.	101
		Bekleidung, Schuhe	201
		Freizeit, Kultur, Unterhaltung	361
		Urlaub und Restaurantbesuche (Kosten umgelegt auf einen Monat)	396
		sonstige Ausgaben	143
	5 906		5 702

Haushaltplan Familie B (Alleinerziehende mit zwei Kindern)

Einnahmen	Euro	Ausgaben fest	Euro
Lohn (brutto)	1 310	Steuern (Einkommen- und Kirchensteuer)	186
Transferzahlungen vom Staat (Kindergeld für zwei Kinder und Wohngeld)	711	Sozialversicherung (Arbeitslosen-, Renten-, Kranken-, Unfall- und Pflegeversicherung)	266
Sonderzahlungen (Urlaubs- und Weihnachtsgeld = 13. und 14. Gehalt umgelegt auf einen Monat)	218	Wohnen, Energie, Nebenkosten (Strom, Wasser, Gas)	715
Unterhalt	312	Auto, ÖPNV	209
		Versicherungen (Haftpflicht, Unfall, Hausrat)	56
		Telefon, Handy etc.	68
		Bildung (z. B. Nachhilfe, Musikschule)	30
		Gesundheit, Sportverein, Fitnessclub	35
		Rücklagen für Anschaffungen	84
		Ausgaben veränderlich	
		Lebensmittel	301
		Gesundheitspflege, Kosmetik etc.	46
		Bekleidung, Schuhe	114
		Freizeit, Kultur, Unterhaltung	81
		Urlaub und Restaurantbesuche (Kosten umgelegt auf einen Monat)	125
		sonstige Ausgaben	88
	2 551		2 404

Autorentext

M 4 Haushaltsbuch: ein Euro hier, fünf Euro da

Wer Geld sparen will, sollte ein Haushaltsbuch führen. Wem das zu altmodisch ist, der kann seine Finanzen mit Apps kontrollieren.

Vor drei Tagen habe ich 50 Euro abgehoben. Gerade drücke ich dem Kassierer den letzten 5-Euro-Schein in die Hand. Wer sich häufiger fragt, wohin das Geld verschwindet, dem könnte ein Haushaltsbuch helfen: ein Notizbuch, in dem man alle Einnahmen und Ausgaben einträgt, um den Überblick zu behalten. Aber das bedarf sehr großer Disziplin. Alle Belege zu sammeln, sich am besten jeden Abend hinzusetzen und alles einzutragen, das Buch mit Kontoauszügen und anderen Abrechnungen abzugleichen – das ist mühsam. Nach drei Wochen gebe ich auf. Doch es existiert eine Alternative: Kleine Programme für internetfähige Telefone ersetzen die klassischen Haushaltsbücher aus Papier. Diese Apps sind immer greifbar, um auch kleine Einkäufe zu notieren, die man sonst vergisst. Kaffee: zwei Euro, Kuchen: fünf Euro, Eis: zwei Euro. Die Hemmschwelle, derlei Kleckerbeträge einzutragen, sinkt. Und man lernt schnell: Oft sind sie es, die sich summieren.

Nur 18 Prozent der Haushalte in Deutschland führen laut den Marktforschern der Gesellschaft für Konsumforschung Buch über Einnahmen und Ausgaben. Zugleich sind etwa zehn Prozent der Deutschen verschuldet. Es heißt, es fehle ihnen an Finanzkompetenz: Sie könnten nicht planen oder wüssten nicht, wie viel Geld ihnen nach Abzug der Fixkosten noch bleibe. Das weiß ich auch nicht. Meine Fixkosten sind mit rund 1100 Euro immer gleich hoch, die Einnahmen aber schwanken stark. In einem Monat landen 500 Euro auf meinem Konto, im nächsten 3000. Schulden habe ich nicht, aber besonders kompetent fühle ich mich auch nicht – und ich habe keinen Überblick, wie viel Geld ich jeden Monat für Einkäufe, Tanken und Bücher ausgebe.

Aus: Carola Sonnet, Haushaltsbuch: Ein Euro hier, fünf Euro da, in: www.zeit.de/2014/23/apps-haushaltsbuch/komplettansicht, 28.5.2014 (Zugriff: 3.7.2017)

M 5 Einnahmen und Ausgaben von Jugendlichen

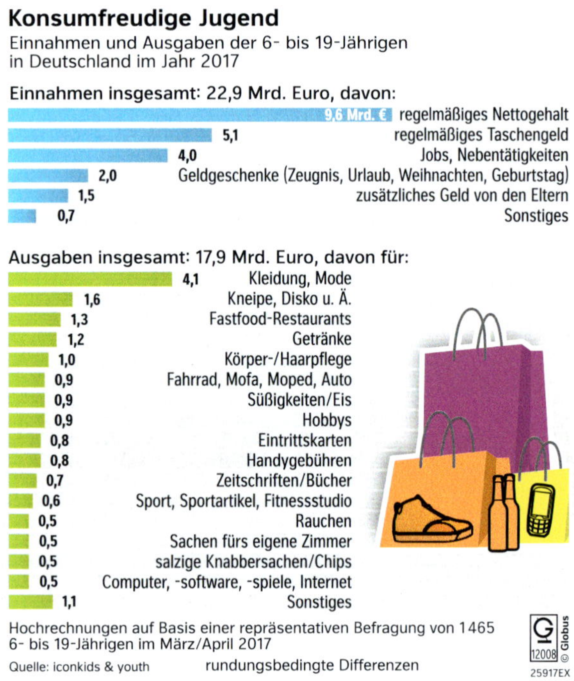

Aufgaben

1. a) Gestaltet einen Dialog mit verteilten Rollen, in dem jedes Mitglied der Familie aus M 1 mit möglichst guten Argumenten seine finanziellen Interessen vertritt.
   b) Arbeitet im Anschluss heraus, welche Konflikte sich ergeben haben, welche finanziellen Interessen sich ausschließen und welche Interessen aus eurer Sicht Vorrang haben sollten.
2. Erläutere mithilfe von M 2, welche Informationen man braucht, um die Familie aus M 1 finanziell zu beraten.
3. a) Vergleiche die beiden Familien aus M 3 hinsichtlich ihrer Einnahmen und Ausgaben.
   b) Beurteile, ob die Familien solide haushalten.
   c) Für beide Familien aus M 3 steht der Kauf eines neuen Autos an. Gestalte eine Vorschlagsliste mit Empfehlungen zu Einsparungen oder Änderungen des Konsumverhaltens.
4. Nenne Gründe, warum es sinnvoll sein kann, einen Haushaltplan zu erstellen bzw. eine Haushalts-App zu nutzen (M 2 bis M 4).
5. Erstelle mithilfe von M 2 einen Haushaltsplan über deine eigenen monatlichen Einnahmen und Ausgaben.
6. Führt in der Klasse eine Umfrage zum Thema „Wofür gebt ihr euer Geld aus?“ durch und vergleicht sie mit den Ergebnissen aus M 5. METHODE Eine Umfrage erstellen, durchführen und auswerten, S. 26 f.
7. Diskutiert, welche Gründe dazu führen, dass Familien nicht mit ihrem Haushaltseinkommen auskommen.

3.3 Erweiterung: Ginge es auch ohne Geld?

M 1 Wenn ich Königin/König von Deutschland wäre ...

M 2 Steinzeitökonomie – Naturalwirtschaft

Wir leben wieder in der Steinzeit. Die Menschen müssen sich auf den kommenden Winter vorbereiten, in dem die Jagd kaum mehr möglich ist. Von einem gelungenen Handel hängt das Überleben der jeweiligen Gruppe ab.

Spielanleitung:
1. Die jeweiligen Gruppen machen sich mit ihren Tauschgütern vertraut.
2. Legt jeweils fest, welchen Wert ihr euren Tauschgütern gebt.
3. Zeichnet jeweils auf einem Blatt Papier das Tauschgut auf.
4. Erstellt eine Liste der Tauschgüter, die ihr einhandeln wollt.
5. Zielsetzung ist, dass ihr euch möglichst gut für den kommenden Winter ausstattet.
6. Pro Handelsrunde kann nur ein Handel abgeschlossen werden.

Tauschgüter

Gruppe 1: 8 Kühe, 6 Pferde, 20 Hühner/Enten

Gruppe 2: 100 kg Weizen, 200 kg Mais, 30 kg Salz

Gruppe 3: diverse Krüge und Behälter (ca. 20–30), 20 Messer, 8-mal Feuer

Gruppe 4: 50 kg verschiedene Kräuter, 10 Äxte, 100 große Fische

Gruppe 5: 100 Muscheln, 20 gegerbte Tierhäute, 15 Einheiten Hartholz

Gruppe 6: 40 Feuersteine, 20 Bärenfelle, 50 Paar Fellschuhe

Gruppe 7: 50 kg Weizen, 10 Schafe, 40 Schmuckketten

Gruppe 8: 200 kleine Fische, 10 kg Salz, 50 Bogensehnen aus Tierdarm

Nach: Alfred Zahner, Steinzeitökonomie? Ein Simulationsspiel zum Tauschhandel für Schülerinnen und Schüler der Sekundarstufe I, in: www.sowi-online.de/praxis/methode/steinzeitoekonomie_ein_simulationsspiel_zum_tauschhandel_schuelerinnen_schueler_sekundarstufe_i.html (Zugriff: 26.5.2017) (verändert)

M 3 Funktionen des Geldes

Mit Geld wird es möglich, Güter vergleichbar zu machen, d. h. Zahnpasta und ein Holzbrett, ein Auto und einen Smaragd zu vergleichen und die Werte zu addieren. Mit der zunehmenden Arbeitsteilung und folglich auch mit dem zunehmenden Tausch von Gütern wurde der direkte Tausch von Waren immer problematischer, weil es hohe Kosten, insbesondere auch Zeitkosten verursachte, den richtigen Tauschpartner zu finden.

In arbeitsteiligen Volkswirtschaften wird Geld über seine Wertbemessungsfunktion als physisches Tauschmittel benötigt, das zwischen die Waren tritt. Das muss noch kein Münz- oder Notengeld sein (vgl. Zigarettenwährung in der Nachkriegszeit). Das Entscheidende ist, dass das verwendete Medium als Geld allgemein anerkannt und es gut teilbar ist. Indem das Geld zwischen die Waren tritt, fördert es den Güteraustausch, denn die wechselseitige Deckung der Bedürfnisse der Tauschpartner mithilfe von Waren ist dann keine zwingende Bedingung mehr für erfolgreichen Handel.

Schließlich kommt noch eine dritte, für unseren Zusammenhang sehr wichtige Funktion des Geldes hinzu. Geld ermöglicht es, den Konsum in eine spätere Periode zu verschieben. Die Bedürfnisse müssen zwischen den Tauschpartnern nicht mehr deckungsgleich sein und sie können sich auch hinsichtlich des Zeitpunkts unterscheiden, d. h., die Einnahmen, die ein Wirtschaftsakteur jetzt hat, müssen nicht sofort wieder ausgegeben werden. Es kann also auch das Geld gespart werden, wodurch zu einem späteren Zeitpunkt größere Anschaffungen, z. B. ein Auto, erst möglich werden.

Aus: Michael Koch u. a., Unterrichtseinheit Finanzielle Allgemeinbildung, Oldenburg: IÖB, 2011, S. 57, in: www.handelsblattmachtschule.de/fileadmin/PDF/UE_Finanz-Allgemein_2011_final-online.pdf (Zugriff: 26.5.2017)

M 4 Kleine Geschichte des Geldes

Das konkrete Erscheinungsbild des Geldes hat sich im Laufe der Geschichte geändert. Zunächst gab es nur Warengeld. In grauer Vorzeit wurden dabei die verschiedenen, meist knappen und daher besonders begehrten Güter verwendet: Kaurimuscheln, Salz, Fische, Felle oder Vieh.

Kaurimuscheln

Das lateinische Wort für Geld heißt *pecunia* und wurde aus dem Wort *pecus* = Vieh abgeleitet. Im Laufe der Zeit übernahmen ebenfalls heißbegehrte Edelmetalle wie Bronze, Silber und Gold diese Aufgabe. Sie hatten den Vorteil, dass sie sich wenig abnutzten. Außerdem waren sie leicht teilbar.

römische Münze

So entstanden die ersten Münzen vermutlich in der Mitte des 7. Jahrhunderts vor Christi Geburt im Königreich Lydien und in den griechischen Städten an der kleinasiatischen Westküste. Der Münzherr verlieh den Metallstücken einen gewissen garantierten Wert, indem er Gewicht und Feingehalt der „Münzen" durch Einprägen von Bildern und Schriftzeichen beglaubigte. Er bestimmte ferner, dass das so genormte allgemeine Tauschmittel als „gesetzliches Zahlungsmittel" angenommen werden musste. So entstand das erste eigentliche Geld.

Mit den vollwertigen Münzen, bei denen der aufgeprägte Nennwert dem Gewicht und dem Feingehalt der Münze entsprach, wurde gleichzeitig die letzte Stufe in der Entwicklung des Warengeldes erreicht. […]

chinesisches Papiergeld

Die ersten Formen von Papiergeld gab es [bereits im 10./11. Jahrhundert] bei den Chinesen. Allerdings dürfte der Ursprung unserer modernen Banknoten im England des 17. Jahrhunderts liegen. Damals nahmen Goldschmiede Edelmetalle und Münzen aus Gold und Silber in Verwahrung und stellten ihren Kunden darüber Quittungen […] aus. Diese Quittungen, die ursprünglich durch die hinterlegten Edelmetalle voll gedeckt waren, liefen nach einiger Zeit wie Geld um. […] Die ersten Banknoten waren ursprünglich also rein private Schuldversprechen. […]

Papiergeld ist nicht nur bequemer zu transportieren, sondern auch weniger kostspielig zu produzieren. Anstelle des teuren Geldstoffs konnte man nun andere und letztlich auch nützlichere Waren herstellen. […]

Neben dem Papiergeld hatte sich nahezu gleichzeitig in den großen Handelsstädten (in Norditalien, in Amsterdam, Hamburg oder Nürnberg) das Buchgeld herausgebildet. Geld also, das nur in den Büchern der Banken verzeichnet war. In diesen Handelszentren wurden sogenannte Girobanken gegründet, bei denen die Kaufleute Konten eröffneten, über die sie dann mittels Scheck oder Überweisung verfügen konnten.

Nach: Deutsche Bundesbank, Erscheinungsformen des Geldes im Wandel der Zeit, in: www.meudalismus.dr-wo.de/geld2_gesamt_-2007-.pdf, S. 13–16 (Zugriff: 17.10.2017) (verändert)

M 5 EU will das Bezahlen mit Bargeld einschränken

Die Experten haben sich auf Wunsch des Wirtschafts- und Finanzkomitees Gedanken über eine Bargeldbegrenzung gemacht [...]. Grund für die Überlegungen: Die EU-Kommission sieht Bargeldgeschäfte als Hauptfinanzquelle von kriminellen Organisationen und Terroristen. Die Begrenzung von Barzahlungen würde ihrer Meinung nach dazu beitragen, solche Geschäfte in der EU einzudämmen. Dabei sehen die Experten zwei Möglichkeiten:

- **Obergrenze für Bargeldgeschäfte:** Summen über einer gewissen Grenze müssen mit einem verfolgbaren Weg, etwa per Überweisung, vorgenommen werden.
- **Meldung von hohen Bargeldgeschäften:** Bargeldgeschäfte ab einer gewissen Summe müssen an eine Behörde gemeldet werden. [...]

Die Obergrenze ist in einigen EU-Mitgliedstaaten schon Realität: Die Limits liegen in Italien bei knapp 3000 Euro, in Frankreich bei 1000 Euro, in Griechenland bei 1500 Euro und in Spanien bei 2500 Euro. [...]

Aus: Philine Lietzmann, Brüssel macht Ernst: EU will das Bezahlen mit Bargeld einschränken, in: www.focus.de/finanzen/banken/abschaffen-begrenzen-oder-melden-lassen-bruessel-macht-ernst-eu-will-das-bargeld-einschraenken_id_6545503.html, 25.1.2017 (Zugriff: 15.6.2017)

M 6 Abschaffung der Cent-Münzen?

An den Supermarktkassen kramen einige Kunden oft lange in der Geldbörse, um die Rechnung auf den Cent genau zu begleichen. Doch zugleich murrt dahinter die Schlange der Wartenden, die immer länger wird. Und so ist es wohl kein Wunder, dass die Zahl derjenigen, die Ein- und Zwei-Cent-Münzen am liebsten ganz abschaffen würden, wächst. [...]

Doch die Realität ist eine andere. Nach Zahlen der Europäischen Zentralbank hat sich der Umlauf von Ein-Cent-Stücken seit der Euro-Bargeld-Einführung 2002 verfünffacht und von Zwei-Cent-Stücken vervierfacht. [...] Das Wachstum sei wohl darauf zurückzuführen, dass Ein- und Zwei-Cent-Stücke besonders oft verloren gehen oder zur Entlastung des Portemonnaies zurückgelegt oder gehortet werden [...]. Die Folge: Die Zentralbank muss immer wieder neue Münzen prägen [...].

Es sei fraglich, inwieweit Kleinmünzen überhaupt zum Bezahlen verwendet werden, schreiben die Bundesbank-Experten. Falls sie in erster Linie dazu dienten, exakt Wechselgeld herauszugeben, könne ein Verzicht auf diese Geldstücke den Zahlungsverkehr effizienter machen.

In einigen Euroländern wird das versucht. So haben Belgien, Irland, Finnland und die Niederlande Rundungsregeln eingeführt. Dabei kann an der Ladenkasse auf fünf Cent auf- oder abgerundet werden. Eine Pflicht dazu gibt es nicht.

Der deutsche Einzelhandel lehnt eine solche Handhabe ab. „Wenn es Auf- und Abrundungsregeln gibt, dann müssten die EU-weit gesetzlich vorgeschrieben sein und für alle gelten“, sagt Ulrich Binnebößel vom [Handelsverband Deutschland] HDE. Und zwar ausnahmslos: „Damit der Handel nicht in den Verdacht gerät, Produkte teurer zu machen.“

Lieber wäre es den Händlern ohnehin, alles beim Alten zu belassen. Sie brauchen die Ein- und Zwei-Cent-Münzen zur Preisdifferenzierung. Beim Kaufentscheid des Kunden sei wichtig, ob der Liter Milch 54 oder 59 Cent koste. [...]

Es gebe [...] die Sorge, dass ein Wegfall zum Aufrunden von Preisen führe und damit zu einer Verteuerung, sagt Finanzexperte Frank-Christian Pauli vom Verbraucherzentrale Bundesverband (vzbv): „Damit würde zwar den unsinnigen x,99-Euro-Preisen bei Einzelprodukten entgegengewirkt. Allerdings wirken sich auch Centbeträge in der Summe aus [...].“

In Irland wird diese Gefahr dadurch verringert, dass nur die Summe des gesamten Einkaufs ab- oder aufgerundet wird – nicht der Preis jedes einzelnen Artikels im Einkaufswagen. Und die Regel gilt nur bei Barzahlung, bei Kartenzahlung wird exakt abgerechnet.

Nach: Diese Länder arbeiten an Abschaffung der Cent-Münzen (dpa/dgw), in: www.welt.de/finanzen/article147409363/Diese-Laender-arbeiten-an-Abschaffung-der-Cent-Muenzen.html, 9.10.2015 (Zugriff: 28.6.2017) (verändert)

Aufgaben

1. Bildet im Klassenzimmer eine Positionslinie (siehe S. 98, M 1) zu der Forderung, das Geld abzuschaffen (M 1).
2. Führt das Spiel zur Steinzeitökonomie in der Klasse durch (M 2).
3. Erörtere die Vor- und Nachteile der Steinzeitökonomie (M 2).
4. Erläutere die in M 3 dargestellten Funktionen des Geldes.
5. Erstelle im Heft einen Zeitstrahl mit den einzelnen Etappen der Geldentwicklung (M 4).
6. Beurteile die Pläne der EU, den Bargeldverkehr einzuschränken (M 5).
7. Erörtere aus der Perspektive von Verbrauchern und Einzelhändlern die Abschaffung von 1- und 2-Cent-Münzen (M 6).

3.4 Girokonto – braucht man das?

M 1 Bankenwerbung

Ihr perfekter Reisebegleiter

Weltweit akzeptiert, bequem und sicher

Werbeslogan für die Visa-Karte

M 2 Welche Karte brauche ich?

Amara ist Krankenschwester in einer Klinik. Monatlich erhält sie ihr Gehalt von ihrem Arbeitnehmer überwiesen. Die Miete für ihre Wohnung und der Beitrag für das Sportstudio werden als Dauerauftrag von ihrem Konto abgebucht. Bei Einkäufen im Internet – Amara liebt Schuhe – überweist sie den Rechnungsbetrag als Überweisung. Am Ende des Monats ist ihr Konto teilweise überzogen, aber die Bank hat ihr einen Dispokredit (Überziehungskredit) in Höhe von zwei Monatsgehältern eingeräumt.

Rami ärgert sich immer über das dicke Portemonnaie in seiner Hosentasche, das ist völlig uncool. Lieber benutzt er die neue Karte von der Bank, auf der sein Vater sein Taschengeld auflädt. Er kann dann seinen Cheeseburger bequem zahlen oder auch einen kleinen Einkauf im Supermarkt. Die Karte kann er einfach in der Hülle seines Handys deponieren und muss sich nicht mit den vielen Münzen vom Wechselgeld rumärgern.

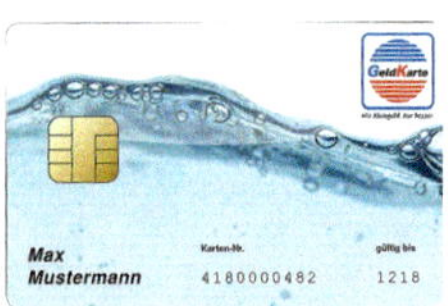

Die **Geldkarte** ist mit einem Micro-Chip, einem Miniaturcomputer, ausgestattet. Auf diesen Chip kann man Geld aufladen, das man dann in jedem Geschäft einlösen kann, damit verfügt man über eine elektronische Geldbörse. Der Höchstbetrag für ein Guthaben beträgt zumeist 200 Euro. Über eine Geheimzahl (PIN) oder Unterschrift weist man sich aus. Damit ist eine gewisse Sicherheit gegeben, falls die Karte einmal verloren gehen sollte. Die Karte ist nur in Deutschland nutzbar, die Nutzung ist oft kostenlos.

Die **Girocard** (EC-Karte) erhält man, wenn man bei einer Bank ein Girokonto eröffnet. Mit ihr kann man direkt auf sein Konto zugreifen und bezahlen. Die Beträge werden abgebucht. Jugendliche dürfen ihr Girokonto nicht überziehen, bei Kontobesitzern über 18 Jahren wird ein Dispositionskredit von der Bank festgelegt, d. h., man darf sein Girokonto überziehen, muss aber dafür an die Bank Zinsen bezahlen, die häufig sehr hoch sind. Mit der Girocard kann man auch im Internet bezahlen und seine Überweisungen auf Überweisungsträgern tätigen oder aber online.

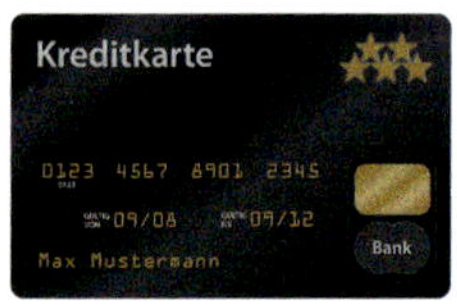

Mit der **Kreditkarte** räumt die Bank einen Kreditrahmen ein, d. h., die Bank gewährt für einen Monat Kredit, der am Ende des Monats vom jeweiligen Girokonto abgebucht wird. Man kann mit dieser Karte in Läden und Hotels bezahlen, Onlinekäufe tätigen und auch im Ausland bezahlen. Für die Nutzung werden von der Bank Gebühren erhoben.

Autorentext

M 3 Wozu ein Girokonto?

Um Bankgeschäfte durchführen und somit überhaupt im täglichen Leben seine Finanzen verwalten zu können, benötigt man ein Girokonto. Barauszahlungen, wie früher die sogenannte Lohntüte, sind heutzutage nicht mehr üblich. Die Mietzahlungen führt man nur noch bargeldlos durch, viele Rechnungen muss man ebenso per Überweisung begleichen oder per Lastschrift abbuchen lassen.
Eine weitere Möglichkeit sind die Daueraufträge, durch die man in regelmäßigen Abständen Geld überweisen kann. Bei immer wiederkehrenden Zahlungen braucht man dann also nicht mehr einzeln eine Überweisung auszufüllen, sondern die Bank übernimmt dank des Dauerauftrags diese Zahlungen vollautomatisch. An Geldautomaten kann man mit seiner Girocard rund um die Uhr Abhebungen tätigen. Der Einkauf, der mit der Girocard bezahlt wurde, wird direkt vom Girokonto abgebucht.

Autorentext

M 4 Onlinebanking

"You know, you can do this just as easily online."

Zeichnung: Peter C. Vey

M 5 Phishing – Gefahr bei Onlinebanking

Phishing [Zusammensetzung aus Password und *Fishing*] bezeichnet die Vortäuschung von falschen Namen, Internetseiten oder Adressen zum Zweck des Betrugs. [...] Das Schema ist fast immer gleich: Ein Angreifer verschickt massenweise E-Mails, die vermeintlich von einer Bank kommen. Diese E-Mails scheinen – zumindest auf den ersten Blick – echt zu sein. In den E-Mails wird der Empfänger mit drastischen Argumenten (z. B. „wenn Sie dieser Aufforderung nicht folgen, wird ihr Konto gesperrt") auf externe Webseiten gelockt. Diese externen Webseiten sehen denen der eigentlichen Bank meist verblüffend ähnlich, sie enthalten oft sogar deren Originalgrafiken. Dort wird der Anwender schließlich zur Eingabe bestimmter Authentisierungsdaten (PIN, TAN) aufgefordert – diese landen also unmittelbar in den Händen des Angreifers. Problematisch sind diese Angriffe per E-Mail letztlich auch, weil Banken selbst völlig legitime E-Mails an ihre Kunden verschicken, die manchmal schwer von *Phishing*-Mails zu unterscheiden sind.

Nach: Phishing, in: www.wikibanking.net/gefahren/gefahrphishing.html (Zugriff: 1.7.2017) (verändert)

M 6 Ein Konto für Jedermann

Jeder in Deutschland lebende Mensch kann künftig bei einer Bank ein Konto eröffnen. Das entsprechende Gesetz tritt im Juni in Kraft. Damit sind nahezu alle Banken in der Pflicht, solche Basiskonten auch für Erwerbs- oder Wohnungslose anzubieten. [...]

Die Schuldnerberatungsstelle der Diakonie in Berlin Kreuzberg. Der Berater Christian Herberg steht vor schwarz-weißen Porträtfotos. Abgebildet sind Menschen, die hier Rat gesucht haben, wie eben auch Ulrike B., die nach dem schweren Unfall in die Armut rutschte, weil sie ihren Beruf als Erzieherin nicht mehr ausüben konnte. Arme, Wohnungslose, Asylsuchende leiden oft unter Stigmatisierung und sozialer Ausgrenzung. Den Schwachen der Gesellschaft ist oft auch der Zugang zu einfachsten Finanzdienstleistungen verwehrt: Sie haben kein Girokonto. Sie haben entweder noch nie ein Girokonto bekommen oder eines verloren. Dazu zählen diverse Klienten, die der gelernte Banker Herberg in seiner 23-jährigen Beratungspraxis kennengelernt hat. „Negative Schufa [Überprüfung der Kreditwürdigkeit], Konto überzogen, dann kann es nicht mehr genutzt werden, dann kündigt die Bank das Konto auf und es wird schwierig, bei einer anderen Bank ein Konto zu finden."

Und damit wird der Alltag für den Betroffenen kompliziert. „Fängt mit dem Jobcenter an, die Überweisung des Jobcenters. Dann muss man darum kämpfen, einen Barscheck zu bekommen, geht über Lohn beim Arbeitgeber. Welcher Arbeitgeber zahlt schon gerne seinen Lohn heute noch in der Lohntüte aus [...]. Also grundsätzlich einfach Schwierigkeiten, sich in dieser Gesellschaft in irgendeiner Form zahlungstechnisch frei bewegen zu können."

Nach: Caspar Dohmen, Alle Banken sind jetzt in der Pflicht, in: www.deutschlandfunk.de/ein-konto-fuer-jedermann-alle-banken-sind-jetzt-in-der.724.de.html?dram:article_id=355031, 24.5.2016 (Zugriff: 15.6.2017) (verändert)

Aufgaben

1. Erläutere die Botschaft der Bankenwerbung (M 1).
2. Ordne die jeweiligen Bankkarten den Lebenssituationen Amaras und Ramis zu (M 2).
3. Vergleiche die Geldkarte mit der Girocard (M 2).
4. Arbeite heraus, welche Möglichkeiten ein Girokonto im bargeldlosen Zahlungsverkehr bietet (M 3).
5. Beurteile, wann ein Jugendlicher bzw. du ein Girokonto benötig(s)t.
6. Vergleiche neue und alte Möglichkeiten eines Bankeinbruchs (M 4).
7. Nenne mögliche Gefahren des Onlinebankings (M 5).
8. Erläutere die Funktionsweise eines *Phishing*-Angriffs auf ein Girokonto (M 5).
9. Die EU hat in einem Gesetz das Recht auf ein sogenanntes „Jedermannkonto" festgeschrieben. Bewerte dies aus Sicht der Banken und der Verbraucher (M 6).

Webcode WES-116435-108 Erklärvideo: Banken

3.5 Sparen – lohnt sich das?

M 1 Risiko

M 2 Die Grille und die Ameise

Die Grille, die den Sommer lang
zirpt' und sang,
litt, da nun der Winter droht',
harte Zeit und bittre Not:
Nicht das kleinste Würmchen nur,
und von Fliegen eine Spur!
Und vor Hunger weinend leise,
schlich sie zur Nachbarin Ameise,
und fleht' sie an in ihrer Not,
ihr zu leihn ein Stückchen Brot,
bis der Sommer wiederkehre.
„Hör'", sagt sie, „auf Grillenehre,
vor der Ernte noch bezahl'
Zins ich dir und Kapital."
Die Ameise, die wie manche lieben
Leut' ihr Geld nicht gern verleiht,
fragt' die Borgerin: „Zur Sommerzeit,
sag doch, was hast du da getrieben?"
„Tag und Nacht hab' ich ergötzt
durch mein Singen alle Leut'."
„Durch dein Singen? Sehr erfreut!
Weißt du was? Dann tanze jetzt!"

Aus: La Fontaine, Die Grille und die Ameise, zit. n.: http://gutenberg.spiegel.de/buch/jean-de-la-fontaine-fabeln-4576/36 (Zugriff: 15.6.2017)

M 3 Sparziele

Autorentext

M 4 Das magische Dreieck der Geldanlage

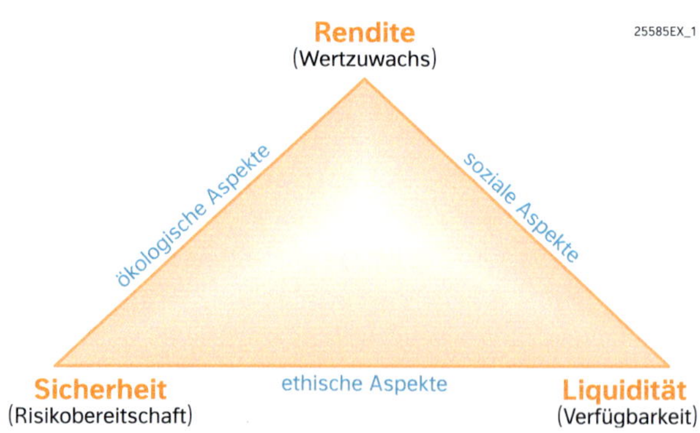

M 5 Geldanlagen

	Sparbuch	Die Bank führt ein Konto für dich. Du bekommst Zinsen auf dein eingezahltes Kapital, die im Verhältnis zu anderen Geldanlagen recht niedrig sind. Innerhalb eines Monats kann man meist bis zu 2 000 Euro abheben. Braucht man mehr Geld, muss man Gebühren bezahlen. Ansonsten ist das Sparbuch jedoch gebührenfrei. Dein Erspartes ist bis 100 000 Euro gesichert (gesetzliche Einlagensicherung durch die Bundesrepublik Deutschland).
	Girokonto	Dieses Konto ist für den Zahlungsverkehr gedacht. Meist erhält man keine Zinsen, kann aber jederzeit auf sein Kapital ohne Beschränkung zugreifen. Dein Erspartes ist bis 100 000 Euro gesichert. Die meisten Banken verlangen für die Verwaltung des Kontos Gebühren.
	Termingeld	Du schließt mit deiner Bank einen Vertrag auf Zeit ab. Darin wird festgelegt, wie hoch der Zins ist und ab wann du wieder über dein Kapital verfügen kannst. Während der Laufzeit kannst du nicht über dein eingezahltes Geld verfügen. Der Zinssatz bleibt fest und dein Erspartes als Einlage ist bis 100 000 Euro gesichert.
	Aktien	Mit Aktien erwirbt man einen Anteil an einem Unternehmen und ist am Unternehmenserfolg bzw. -misserfolg beteiligt. Je nach Unternehmensentwicklung steigt der Kurs deiner Aktie, es kann aber sein, dass beim Konkurs eines Unternehmens dein ganzes eingesetztes Kapital verloren ist. Auf Aktien können Dividenden (= Teilausschüttung des Gewinns) ausbezahlt werden, die sich nach der Entwicklung des Unternehmens richten. Aktien werden häufig an der Börse gehandelt und deine Bank verwaltet diese für dich, verlangt aber Gebühren dafür.
	Gold	Du kannst dir Goldbarren kaufen. Der Ausgabekurs liegt über dem Ankaufkurs auf der Bank. Der Goldpreis schwankt stark. Für die Verwahrung deines Golds auf der Bank in einem Schließfach verlangt die Bank Gebühren oder du verwahrst das Edelmetall in einem gesicherten Tresor zu Hause.

Autorentext

M 6 Die Börse – ein guter Ort für mein Geld?

Börsenhändler an der Wall Street in New York.

Die ersten Börsen entstanden zu Beginn des 15. Jahrhunderts. Die aus Brügge (Belgien) stammende Kaufmannsfamilie Beurse verdankt sie ihren Namen. An den heutigen Börsen werden unterschiedliche Wertpapiere gehandelt: Aktien, Schuldverschreibungen, aber auch Rohstoffe und Lebensmittel. Diese Wertpapiere versprechen den Anlegern hohe Gewinne, aber auch Totalverluste sind möglich. Der Preis des Wertpapiers, sogenannter Kurs, richtet sich nach Angebot und Nachfrage, aber auch nach politischen und wirtschaftlichen Einflüssen. Die Börsenkurse können sich ganz kurzfristig ändern. Die Anleger, z. B. die Aktionäre haben darauf keinen direkten Einfluss.
Als Aktionär verfügt man über einen Anteil an einem Unternehmen, einer sogenannten Aktiengesellschaft (AG), man wird somit Miteigentümer an dieser AG und erwirbt den Anspruch auf einen Teil des Gewinns (Dividende), den das Unternehmen erwirtschaftet.
Zwar sind Börsen Märkte, auf denen Angebot und Nachfrage aufeinandertreffen, allerdings findet kein direkter Kontakt zwischen Käufer und Verkäufer statt, Börsenmakler handeln an Börsen und führen die Aufträge von Banken und Geldanlegern aus. In Deutschland gibt es in Berlin, Bremen, Düsseldorf, Frankfurt am Main, Hamburg, Hannover, München und Stuttgart wichtige Börsen. Heute sind die Börsen stark vom Computerhandel bestimmt, die teilweise die Kaufaufträge automatisiert ausführen.

Autorentext

M 7 Nachhaltige Geldanlagen

Für Geldanlagen mit ökologischen, ethischen und sozialen Aspekten gibt es eine Vielzahl von Bezeichnungen: Grünes Geld, Social Investment, ethische Geldanlage. All das findet sich wieder unter dem Begriff Nachhaltigkeit. Dieser Begriff bedeutet, dass sowohl auf Aspekte der Umweltverträglichkeit (Ökologie) als auch der Wirtschaftlichkeit (Ökonomie) sowie auf soziale Belange geachtet wird.
Aktien oder andere Wertpapiere, die beispielsweise Investitionen in Rüstungsgüter, Existenz der Todesstrafe, Kinderarbeit in Unternehmen oder die Produktion gefährliche Chemie beinhalten, werden abgelehnt. Teilweise versucht man, soziale oder ökologische Projekte zu unterstützen.

Autorentext

M 8 Mikrokredite: Ich investiere in einen Saftladen

Heute habe ich in einen Saftladen investiert. Und das meine ich ganz ernst. 50 Dollar habe ich Rahab Njoki Kamau geliehen, damit sie an ihrem Fruchtsaft-Stand in Busia, Kenia, das Angebot vergrößern kann. Ein Mixer und ein Kühlschrank müssten angeschafft werden, dann könnte Rahab mehr Saft herstellen, aufbewahren – und verkaufen. Ich bin nicht die einzige, die Rahab Geld geliehen hat. Eine Handvoll anderer Privatleute haben der 27-Jährigen gelernten Köchin ebenfalls kleinere Beträge überlassen. Insgesamt haben wir Rahab einen Mikrokredit über 290 Dollar gewährt. Wenn Rahabs Geschäftsidee aufgeht, bekommen wir ab jetzt über sieben Monate nicht nur unser eingesetztes Kapital zurück, sondern auch zusammengenommen 10,40 Dollar an Zinsen. Das entspricht einem Jahreszins von 5,83 Prozent.

Rahabs Vorhaben war dabei nur eines von rund 130, in das wir hätten investieren können. Auch einen Catering-Service hätten wir unterstützen können, oder eine junge Frau, die Kochschürzen herstellt. Die Projekte finden sich allesamt auf der Internetseite Zidisha. Jungen Afrikanern wird hier eine Plattform geboten, ihre Projekte oder Geschäftsideen der breiten Masse vorzustellen. Mehr als 2,3 Millionen Dollar haben Geldgeber seit der Gründung 2009 bereits in gut 8100 Projekte gesteckt. Jeder, der einen Paypal-Account zur Verfügung hat oder eine Kreditkarte besitzt, kann investieren – von zu Hause aus, per Mausklick.

Zidisha, Suaheli für „wachsen“, war die erste Webseite ihrer Art, die versucht, die Finanzkraft der Masse für Mikrokreditprojekte zu bündeln. Mittlerweile haben auch andere Plattformen wie Bluebees aus Frankreich oder myc4 aus Dänemark das Prinzip *microfinance meets crowdfunding* für sich entdeckt.

Aus: Sara Zinnecker, Ich investiere in einen Saftladen, in: www.handelsblatt.com/finanzen/anlagestrategie/trends/mikrokredite-ich-investiere-in-einen-saftladen/10885622.html, 27.10.2014 (Zugriff: 28.3.2018)

Aufgaben

1. Nenne Gründe, die für das Sparen bzw. das Ausgeben des Preisgeldes sprechen (M 1).
2. Arbeite aus M 2 die Haltung der Ameise und der Grille gegenüber dem Thema Sparen heraus.
3. Erörtere die Vor- und Nachteile des Sparens (M 2).
4. Erläutere mithilfe geeigneter Beispiele die Sparziele aus M 3.
5. Fächergrenzen überwinden (Mathe): Du hast 200 Euro gespart.
   a) Berechne den Ertrag, den du bei einem Zinssatz von 2 % in 5 Jahren erzielst.
   b) Die Preise aller Güter steigen jährlich um 1 %. Berechne, was von deinem Sparertrag real übrig bleibt.
6. Charakterisiere dein eigenes Anlageverhalten, indem du dich in das Schaubild von M 4 einordnest.
7. Du hast dich entschieden, dein Preisgeld aus M 1 zu sparen. Beurteile die unterschiedlichen Geldanlagen (M 5) mithilfe des magischen Dreiecks (M 4).
8. Erläutere mögliche zusätzliche Kriterien, die das magische Dreieck M 4 erweitern könnten.
9. Nenne Zielkonflikte, die sich aus deinem erweiterten magischen Dreieck ergeben, und bewerte diese.
10. Der Staat hat die Banken seit 2014 verpflichtet, die Sparer stärker über ihre Geldanlagen zu informieren. Erörtere, inwieweit die Sparer stärker durch Gesetze geschützt werden sollten.
11. Auf dem Foto in M 6 sind Händler an einer Börse dargestellt. Erstelle eine Mindmap zum Thema Börse.
12. Gestalte ein Poster mit den wichtigsten Informationen aus dem Text in M 6. Zusätzlich kannst du dir das Erklärvideo: Börsenkurs einfach erklärt (*www.youtube.com/watch?v=9rtyf5XMVAk*) anschauen.
    METHODE Ein Poster gestalten, S. 146 f.
13. Bewerte, ob man sein Geld in nachhaltige Geldanlagen investieren sollte (M 7 und M 8).

3.6 Kein Entrinnen aus der Schuldenfalle?

M 1 Aussagen zum Thema Schulden

Ich würde mir nie Geld leihen, ich spare, bis ich mir die Sachen leisten kann.

Schulden ist nur andersrum, ich spare halt nach statt vor.

Natürlich habe ich mir schon einmal etwas geliehen, von Freunden oder meinen Eltern, aber das bekommen sie ja wieder zurück.

Autorentext

M 2 Laras Weg in die Schulden

Nach ihrer Ausbildung bei einer kleinen Firma für Klebestoffe wird Lara auch direkt als Industriekauffrau übernommen. Allerdings verdient sie als Berufseinsteigerin wenig, 1250 Euro netto im Monat.
Sie mietet sich eine kleine Wohnung für 350 Euro Warmmiete, zusätzlich schlägt die Monatskarte für den Bus mit 40 Euro zu Buche, mit dem Fahrrad möchte sie ungern den Weg zur Arbeit zurücklegen. Sie gönnt sich einige neue Möbel, die alten aus ihrem Kinderzimmer gefallen ihr nicht mehr, und zahlt dafür eine monatliche Rate von 250 Euro. Bleiben noch gut 600 Euro. Wenn sie davon die Kosten für Strom, Internet und Handy abzieht, schätzt sie, dass ihr noch 400 Euro zum Leben bleiben. Zusätzlich rechnet Lara damit, dass ihre Eltern und ihre Tante ihr zum Geburtstag und Weihnachten einen kleinen Geldbetrag schenken.
Zunächst erscheint ihr das viel, doch alles ist teurer als gedacht: besonders Lebensmittel und Kleidung. Neue Kleidung kauft Lara meist über das Internet, das findet sie bequemer. Auch die zusätzlichen Anschaffungen für ihre Wohnung hat sie nicht bedacht: Geschirr, eine Waschmaschine und vieles mehr. Für Freizeit hat sie nichts berechnet, aber ein Kinobesuch oder mit Freunden etwas trinken gehen, das will sie sich dann doch nicht nehmen lassen.
Schon bald übersteigen ihre Ausgaben ihre Einnahmen. Anfänglich leiht sie sich 500 Euro von ihren Eltern, die auch gerne bereit sind, ihr zu helfen. Sie überzieht zusätzlich ihr Girokonto und das Minus wird von Monat zu Monat größer. Auch bei einigen Freunden hat sie sich schon kleinere Beträge geliehen.
Dann kommt die erste Mahnung wegen der unbezahlten Rate für die neuen Möbel. Doch das ist nicht alles: Der Betrieb muss aufgrund der schlechten Auftragslage Mitarbeiter entlassen, auch Lara verliert ihren Job.
Zu diesem Zeitpunkt hat sie bereits fast 2000 Euro Schulden. Zwar hat Lara auf ihrem Sparbuch 1000 Euro gespart, aber das will sie für Notzeiten aufbewahren. Lara hat das Gefühl, dass sie den Überblick über ihre Finanzen verloren hat.

Autorentext

M 3 Verschuldet oder überschuldet?

Der Schuldenratgeber der Bundesregierung definiert **ÜBERschuldung** folgendermaßen: „Wenn das monatliche Einkommen dauerhaft nicht ausreicht, um die fixen Lebenshaltungskosten sowie fällige Raten und Rechnungen zu bezahlen, ist man überschuldet."
Als **VERschuldet** gilt bereits, wer sich Geld leiht. Dabei spielt es weder eine Rolle, von wem das Geld kommt, noch wie viel Geld geliehen wird oder ob und wann es voraussichtlich zurückgezahlt wird. Das heißt, schon wenn sich ein Grundschulkind Geld für einen Schokoriegel von einem Freund leiht, wird es bis zur Rückzahlung der Geldsumme als verschuldet betrachtet.

Aus: Schulden vermeiden: Tipps für Jugendliche und junge Erwachsene, in: www.schuldnerberatungen.org/2014/08/27/schulden-vermeiden-tipps-fuer-jugendliche-und-junge-erwachsene/ (Zugriff: 23.10.2017)

M 4 Folgen für die Betroffenen

Immer mehr Menschen haben mit finanziellen Problemen zu kämpfen. [...] Immer öfter können offene Forderungen nicht mal mehr in Raten abgestottert werden, weil viele Schuldner gerade einmal ihre Fixkosten decken können. Mahnungen im Briefkasten und Besuche von Gerichtsvollziehern gehören für viele Menschen in Deutschland schon längst zum Alltag, doch viele Menschen zerbrechen an dem Druck, der durch die Gläubiger gemacht wird, und machen häufig schwerwiegende Fehler.

Wenn sich Rechnungen und Mahnungen stapeln und das Konto dauerhaft im Minus ist, dann sehen viele Menschen keinen Ausweg mehr. Das Gefühl, den Schulden nicht mehr Herr werden zu können, lässt viele Schuldner resignieren. Durch Resignation werden Briefe nicht mehr geöffnet und so wissen viele Schuldner letztlich gar nicht mehr, in welcher Höhe sich ihre Schulden [...] mit Verzugszinsen belaufen. Alle Kosten, die dem Gläubiger durch Mahnungen und Vollstreckungen entstehen, muss [...] auch der Schuldner tragen und so wachsen häufig die Schuldenberge ins Unermessliche. Die psychische Belastung wächst häufig mit dem Schuldenberg und viele Schuldner isolieren sich von ihrem Umfeld und zum Teil distanziert sich auch das Umfeld, wenn es von den Schulden erfährt.

Immer häufiger haben Schuldner mit Ausgrenzung und Vereinsamung zu kämpfen. Zum einen begehen viele Schuldner den Fehler, sich selbst zurückzuziehen und nicht mehr am sozialen Leben teilzunehmen, und zum anderen fehlen häufig die finanziellen Mittel, um am sozialen Leben teilzunehmen. Wer sich zunehmend selbst von seinem Umfeld isoliert, neigt häufig auch zu Depressionen, und so zeigen sich häufig auch gesundheitliche Probleme in Folge von Schulden. Durch das Zurückziehen von Freunden und Familie wird die Situation meist noch schlimmer, denn vielen Schuldnern fehlen die moralische Unterstützung und die Möglichkeit, über die eigenen Probleme zu reden. Dass dies oft selbst verursacht wird, können viele in dieser Situation gar nicht mehr erkennen.

Aus Scham verschweigen viele ihre Probleme vor ihrem Umfeld und lehnen gemeinsame Unternehmungen ab, ohne dabei zuzugeben, dass dies finanzielle Ursachen hat. Häufig fühlen sich Freunde deshalb abgelehnt und distanzieren sich mit der Zeit. Dies würde sich in vielen Fällen durch Offenheit vermeiden lassen. Viele Menschen kennen selbst die Situation, aus den Schulden keinen Ausweg mehr zu sehen, denn in manchen Regionen ist jeder zweite Haushalt überschuldet, und es werden immer mehr Menschen, die am Existenzminimum leben. Wer offen damit umgeht, dass er finanzielle Probleme hat, wird sehr schnell feststellen, dass es viele Familien mit ähnlichen Problemen gibt, und kann sich austauschen.

Durch Eigenisolation und das Todschweigen der eigenen Probleme wird die psychische Belastung oft zu hoch. Jedem Schuldner muss klar sein, dass finanzielle Probleme nie unlösbar sind. Häufig ist letztlich die Privatinsolvenz die Lösung oder entsprechende Hilfe von Verwandten. Je früher nach Hilfe gesucht wird, etwa bei einer Beratungsstelle, umso leichter ist es meist, eine annehmbare Lösung zu finden, die den Schuldner entlastet und den psychischen Druck nimmt.

Nach: Tanja Tasci, Schulden treiben immer mehr Menschen in die Einsamkeit, in: www.paradisi.de/Freizeit_und_Erholung/Gesellschaft/Schulden/Artikel/2347.php, 18.2.2009 (Zugriff: 15.6.2017) (verändert)

M 5 Ursachen von Überschuldung

Diese Statistik zeigt die Ursachen von Überschuldung in Deutschland im Jahr 2016. Zum Zeitpunkt der Erhebung war eine unwirtschaftliche Haushaltsführung bei etwa 10,9 % der Betroffenen die Ursache für die Überschuldung.

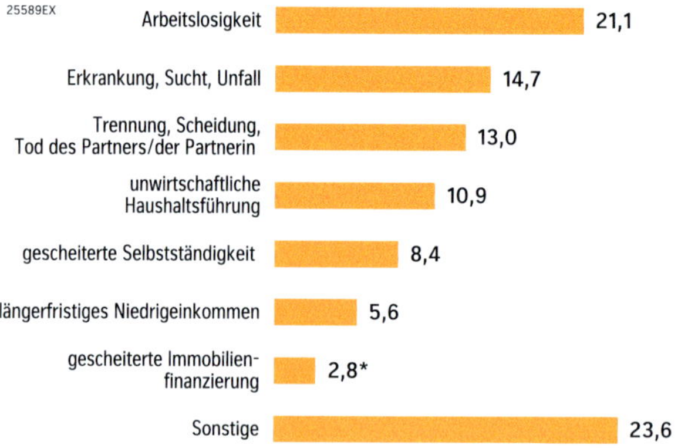

*Aussagewert eingeschränkt, da der Zahlenwert statistisch relativ unsicher ist

Quelle: Statistisches Bundesamt, Hauptauslöser für die Überschuldung in % für das Jahr 2016

M 6 Verbraucherinsolvenzverfahren

1. Außergerichtliche Einigung

Man kann versuchen, mit seinen Gläubigern eine Übereinkunft zu erzielen. Beispielsweise kann man eine Zahlungspause vereinbaren, Absenkung der Kreditzinsen oder auch den teilweisen Erlass der Schulden. Scheitert der Versuch der Einigung, muss man sich dies durch einen Rechtsanwalt oder eine andere geeignete Stelle, wie die Schuldnerberatung, bescheinigen lassen.

2. Schuldenbereinigungsplan

Ist die außergerichtliche Einigung gescheitert, kann der Schuldner beim zuständigen Insolvenzgericht das Verbraucherinsolvenzverfahren beantragen. Bevor jedoch das gerichtliche Insolvenzverfahren eröffnet wird, kann das Gericht einen zweiten Versuch einer einvernehmlichen Schuldenbereinigung unternehmen. Der Vorteil des Schuldners ist, dass jetzt nicht mehr alle, sondern nur noch die Mehrheit der Gläubiger zustimmen muss. Das Gericht kann dann unter bestimmten Voraussetzungen die Zustimmung der Gläubiger, die den Schuldnerplan ablehnen, ersetzen.

3. Wohlverhaltensphase

Nachdem im vereinfachten Insolvenzverfahren der Restschuldbefreiung zugestimmt wurde, kommt es im nächsten Schritt zur Wohlverhaltensphase. In dieser Phase muss der Schuldner eine Reihe von Auflagen erfüllen. So muss der Schuldner beispielsweise alle nötigen Anstrengungen unternehmen, um einer Erwerbstätigkeit nachzugehen. Auch die Auskunftspflicht ist ein wichtiger Bestandteil der Wohlverhaltensphase. Ein Wechsel des Arbeitgebers oder ein Umzug müssen umgehend sowohl an den Treuhänder als auch an das Insolvenzgericht gemeldet werden.

4. Restschuldbefreiung

Am Ende der Wohlverhaltensphase kommt es zur Restschuldbefreiung. Alle bis dahin noch offenen Forderungen der Gläubiger werden dem Schuldner zu diesem Zeitpunkt erlassen. Die Gläubiger haben also keinen Anspruch mehr auf die Forderungen aus der Vergangenheit. Der Schuldner ist somit wieder schuldenfrei. Außerdem darf der Schuldner nun wieder frei über sein gesamtes Einkommen verfügen.

Nach: Tino Richter (Schuldnerberatung München), Ablauf einer Privatinsolvenz, in: www.schuldnerberatung-richter.de/ablauf-einer-privatinsolvenz (Zugriff: 27.6.2017) (verändert)

Aufgaben

1. M 1 enthält drei Aussagen zum Thema Schulden. Entscheide dich für eine Aussage und erläutere deine Entscheidung.
2. Arbeite heraus, wie Lara in die Verschuldung geraten ist (M 2).
3. Erörtere, ob Lara ihre Situation selbst verschuldet hat (M 2).
4. Überprüfe mithilfe der Definitionen in M 3, ob Lara (M 2) verschuldet oder bereits überschuldet ist.
5. a) Arbeite die Folgen für die Betroffenen durch Schulden heraus (M 4).
   b) Erstelle ausgehend von M 4 eine Liste mit Ratschlägen für überschuldete Verbraucher.
6. Analysiere die Statistik zu den Ursachen von Überschuldung (M 5).
7. Im Jahr 1999 wurde das Verbraucherinsolvenzverfahren eingeführt, mit dem man sich bei den Gläubigern, denen man Geld schuldet, von seinen Schulden befreien kann. Erläutere die jeweiligen Phasen 1 bis 4 (M 6).
8. Bewerte den Vorwurf, dass das Verbraucherinsolvenzverfahren einen Anreiz zum Schuldenmachen setze.

M 1 Beschwerde!

Zeichnung: Ingmar Decker

M 2 Rollenspiel

Gestalte ein Kaufgespräch für die **Situation Fahrradkauf**, in dem du die folgenden Inhalte verwendest:

Käufer (18 Jahre, sieht jünger aus):

- möglichst geringer Preis
- weiß noch nicht genau, was er will
- Garantie? Umtausch?
- braucht sonst nichts

Verkäufer:

- will Auslaufmodell verkaufen
- möglichst kein Rabatt
- will Zusatzartikel, z. B. Fahrradschloss, verkaufen

Autorentext

M 3 Recht und Gesetz

Bürgerliches Gesetzbuch (BGB)

§ 433 Vertragstypische Pflichten beim Kaufvertrag

(1) Durch den Kaufvertrag wird der Verkäufer einer Sache verpflichtet, dem Käufer die Sache zu übergeben und das Eigentum an der Sache zu verschaffen. Der Verkäufer hat dem Käufer die Sache frei von Sach- und Rechtsmängeln zu verschaffen.

(2) Der Käufer ist verpflichtet, dem Verkäufer den vereinbarten Kaufpreis zu zahlen und die gekaufte Sache abzunehmen.

M 4 Alternativen zu Aktien & Co?

Zehn Cent bezahlte im Juni 1938 ein Mann aus West Virginia für eine Ausgabe der 200 000 Exemplare umfassenden Erstauflage des „Action Comic 1", einen **Comic** mit einem bis dato unbekannten Helden mit rotem Cape und einem großen S auf der Brust. 76 Jahre später, genauer gesagt am 25. August 2014, wechselte der Comic, in dem Superman das erste Mal in Erscheinung trat, für umgerechnet 2,4 Millionen Euro den Besitzer [...]. Das Beispiel zeigt, welche Wertsteigerungen alte und vor allem seltene Comics erzielen können. [...] Allgemein gilt hier die Regel: Was für Immobilien die Lage ist, ist für Comics der Zustand. Bereits ein kleiner Knick oder vergilbte Seiten können den Wert eines Comics senken.

Eine Anlagemöglichkeit, die nicht viele im Blickfeld haben, sind **Bonsai-Bäume**. Ein Bonsai-Baum ist ein kleiner Baum, der mittels verschiedener Schnitt- und Pflegetechniken durch Menschenhand gestaltet wird. [...] Dass Bonsais enorme Werte annehmen können, zeigte sich schon in den 1970er-Jahren, als es zu einem regelrechten Boom auf dem japanischen Markt kam. Bereits zu dieser Zeit wechselten einige der edlen Bäume im Miniaturformat für Millionenbeträge den Besitzer. [...] Im Unterschied zu Aktien, die man nur im Depot „lagern" muss, sollte bei Bonsais beachtet werden, dass diese nur durch konsequente und dauerhafte Pflege an Wert gewinnen.

Eine ansehnliche Rendite kann man auch mit Unterschriften berühmter Stars und Persönlichkeiten erzielen. Grundsätzlich gilt hier, wie auch bei vielen anderen Anlagemöglichkeiten: Je seltener, desto wertvoller. [...] Im Durchschnitt wiesen die 40 meistgehandelten **Autogramme** im Zeitraum von 2000 bis 2015 eine Wertentwicklung von 479,4 Prozent auf. Wer nun in den Handel mit seltenen Unterschriften einsteigen will, sollte sich jedoch der Risiken bewusst sein. So befinden sich leider zahlreiche dreiste Fälschungen im Umlauf.

Aus: Alternativen zu Aktien & Co: Diese ungewöhnlichen Geldanlagen machen Spaß, in: www.finanzen.net/nachricht/private-finanzen/Von-wegen-Aktien-Alternativen-zu-Aktien-Co-Diese-ungewoehnlichen-Geldanlagen-machen-Spass-4715106, 1.2.2016 (Zugriff: 13.6.2017)

Aufgaben

1. Analysiere mithilfe der Karikatur (M 1) die Macht oder Ohnmacht des Verbrauchers.
2. Gestalte das Rollenspiel als Dialog zwischen Verkäufer und Käufer (M 2).
3. Erläutere den Inhalt des § 433 (M 3).
4. Beurteile, für welche Sparer die ungewöhnlichen Geldanlagen geeignet sind (M 4). Berücksichtige dabei verschiedene Sparziele und das magische Anlagedreieck (S. 78 f., M 3 und M 4).

Kreuzworträtsel

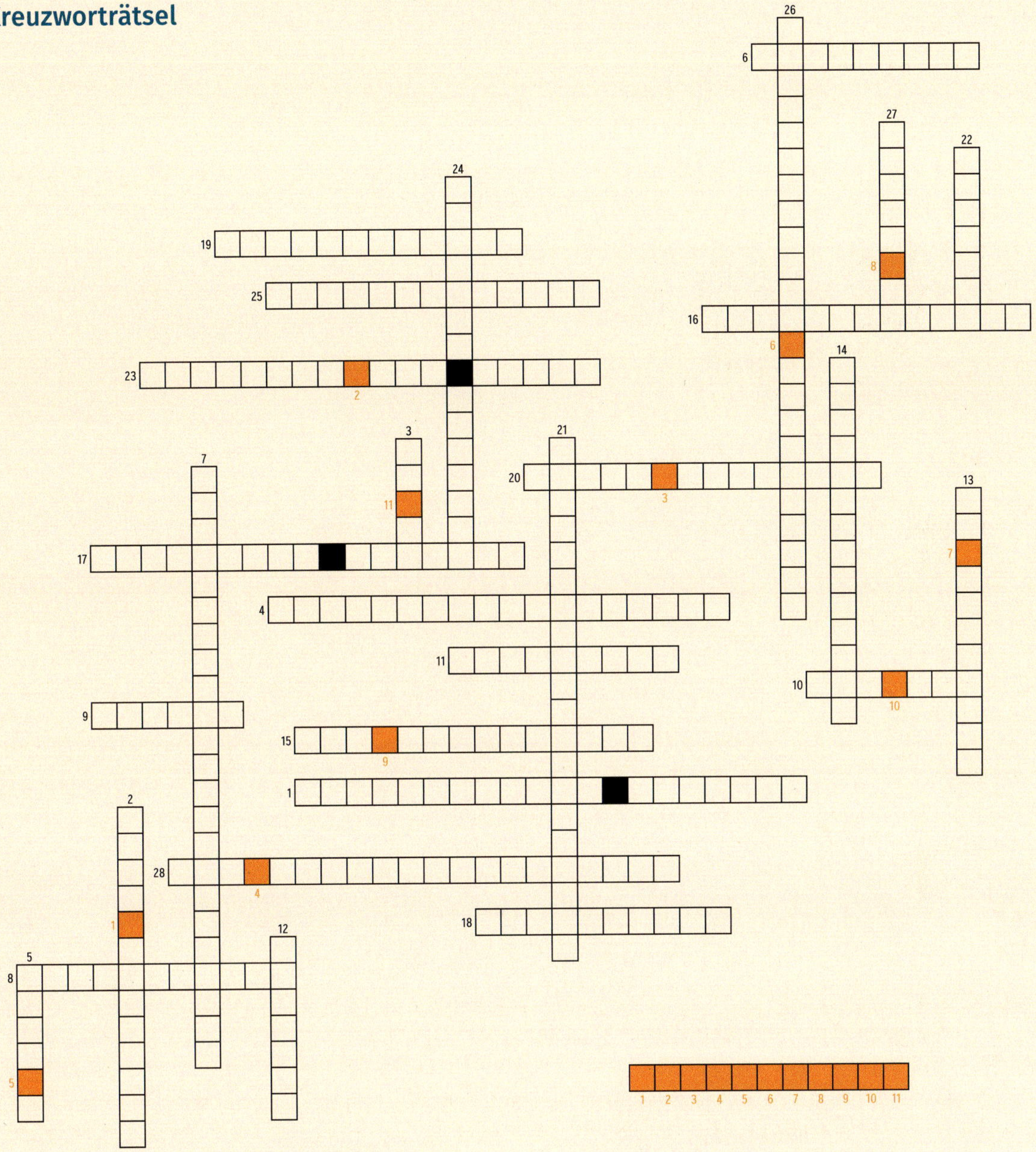

1. mit den gegebenen Mitteln ein optimales Ergebnis erzielen
2. Art und Weise, wie man seine Konsumentscheidung trifft
3. Markt, an dem Angebot und Nachfrage aufeinandertreffen
4. Recht, einen gültigen Kaufvertrag abzuschließen
5. Begriff für eine am Markt tatsächlich auftretende Nachfrage
6. Begrenztheit der Ressourcen
7. Macht des Verbrauchers
8. subjektiv empfundener Bedarf (Mehrzahl)
9. Fähigkeit eines Gutes, ein Bedürfnis zu stillen
10. wird durch Produzenten auf den Markt gestellt
11. wird durch das Angebot am Markt befriedigt
12. verkaufsfördernde Maßnahme
13. rechtliche Beziehung zwischen Anbieter und Nachfrager
14. gesetzliche Pflicht des Verkäufers, für Mängel zu haften
15. auf langfristige Nutzung, z. B. von Ressourcen, ausgerichtetes Verhalten
16. Gegenüberstellung von Ausgaben und Einnahmen
17. Ziele des Geldanlegens, die nicht gleichzeitig erreichbar sind
18. schnelle Verfügbarkeit von Geldmitteln
19. Gewinnmöglichkeiten durch Geldanlagen
20. Möglichkeit, einen Vertrag in einer bestimmten Frist aufzuheben
21. zeigt den Güter- und Geldfluss zwischen den wirtschaftlichen Akteuren im Modell
22. Vielzahl an Anbietern
23. idealtypisches Modell vom Aufeinandertreffen von Angebot und Nachfrage
24. Auswirkungen ökonomischen Handelns, die nicht vom Markt berücksichtigt werden
25. ein Nicht-Funktionieren des wirtschaftlichen Systems
26. uneinheitlicher Kenntnisstand der Marktteilnehmer
27. bewusste Entscheidung gegen Konsum
28. Zahlungsunfähigkeit von Privatpersonen

II.

BERUFSWÄHLER

Die Berufswelt als Zirkus

In einem Zirkusunternehmen gibt es verschiedene Rollen: Artistinnen und Artisten, Tierpflegerinnen und Tierpfleger, Musikerinnen und Musiker, Aufbauhelferinnen und Aufbauhelfer, Programmverkäuferinnen und Programmverkäufer, Beleuchterinnen und Beleuchter, Verkäuferinnen und Verkäufer für Süßigkeiten, Ansagerinnen und Ansager, Direktorinnen und Direktoren, Maskenbildnerinnen und Maskenbilder, Tänzerinnen und Tänzer, Publikum usw.
Alle diese Rollen beinhalten verschiedene Interessen und sie erfordern verschiedene Fähigkeiten.

In einem Zirkus gibt es auch viele unterschiedliche Räume: Manege, Zuschauerraum, Kassenhäuschen, Umkleidewagen, Toilettenwagen, Tierkäfige, Restaurant, Kleiderwagen usw.
Alle diese Räume stellen verschiedene Anforderungen an die Menschen, die dort arbeiten. So ist das bei allen Berufen.

Ein Zirkus hat auch immer verschiedene Herausforderungen zu meistern: Programmplanung, Werbung, Proben, Aufbau kurz vor der Vorstellung, Vorstellung, Abbau, Weiterreise usw.
Solche Herausforderungen findet man in der gesamten Berufswelt: Es gibt Phasen, in denen auf ein bestimmtes Ziel hingearbeitet wird, es gibt „heiße Phasen", die hohe zeitliche Belastung erfordern, und es gibt auch hin und wieder Zeiten, die entspannter sind.

Methode und Text nach: Günther Gugel, Methoden-Manuel I, 3. Aufl., Weinheim: Beltz, 1997, S. 70 f. (verändert); kursive Textpassagen: Autorentext

Aufgabe

1. Begib dich in die Fantasiewelt des Zirkus. Wähle einen der Berufe im Zirkus aus, mache dir seine Rolle (= Interessen / Fähigkeiten), seinen Raum (= Anforderungen) und seine Herausforderungen klar und versuche anschließend, daraus einen möglichen zukünftigen Beruf für dich in der realen Welt abzuleiten.

   Beispiel:
   Ich würde gerne einen Beruf haben, der wie der Beleuchter im Zirkus eine Verantwortung dafür hat, dass technisch alles gut läuft. Ohne einen Beleuchter würde ein Zirkus im Dunkeln stattfinden. Den Beleuchter sehen die Zuschauer aber nicht. Ich will also einen Beruf, der eher im Hintergrund stattfindet und trotzdem eine hohe Bedeutung für den Erfolg hat. Der Beleuchter ist wahrscheinlich bei der Planung und Durchführung besonders gefordert. Mir würde ein Beruf gefallen, bei dem ich Teil einer Gesamtplanung sein könnte. Was könnte das für ein Beruf außerhalb des Zirkus sein – vielleicht ein Anlagenbauer in einem Industriebetrieb?

Tim – noch unentschlossen

Tim Wagner ist gerade 18 Jahre alt geworden und steht kurz vor dem Abitur. Um sich darauf vorzubereiten, trifft er sich oft mit seinen Kumpels. Seine schulischen Leistungen sind recht gut. Vor allem im Fach NWT, das er seit der Mittelstufe belegt hat, ist er sehr erfolgreich. Die Noten in den Fremdsprachen können sich auch sehen lassen und eine Sportskanone ist er sowieso.

Während der Vorbereitungen schweifen seine Gedanken aber auch immer wieder in die Zukunft ab. Seit der 8. Klasse hat er sich bereits im Unterricht mit verschiedenen Berufsmöglichkeiten befasst. Doch was genau soll nach dem Abitur kommen? Eine Ausbildung im Betrieb der Eltern, was sein Vater gerne sähe? Gleich ein Studium beginnen? Aber welches? Sich für ein Duales Studium bewerben? Oder lieber ein Jahr aussetzen – immerhin ist er noch jung?

Einige Freunde, die im Jahr zuvor ihr Abitur gemacht haben, waren ein Jahr zum *„Work and travel"* in Australien, andere erzählen begeistert von ihrem BUFDI-Jahr (Bundesfreiwilligendienst), das sie im sozialen, ökologischen, politischen oder kulturellen Bereich absolviert haben. Oder sollte er sein sportliches Talent nutzen und erstmal zur Bundeswehr gehen?

Die Welt scheint voller Möglichkeiten, aber das Entscheiden fällt Tim schwer, weil jede Alternative, die ihm einfällt, positive und negative Seiten hat. Ob er mal versuchen sollte, seine Gedanken zu ordnen? In der Schule wurde angeregt, Entscheidungsmöglichkeiten mithilfe einer Matrix zu ordnen. Das wäre doch was, denkt Tim, und macht sich ans Werk …

Methode

Nutzwertanalyse

Die Nutzwertanalyse wird immer dann eingesetzt, wenn es alternative Möglichkeiten gibt, z. B. in Unternehmen bei der Entscheidung für neue Produkte, Zulieferer oder bei der Auswahl von Personal. Die Analyse stellt in einer Matrix die Alternativen und bestimmte Kriterien gegenüber. Die Kriterien werden zuvor von demjenigen, der die Entscheidung trifft, festgelegt und nach ihrer Bedeutung gewichtet. Jedes Kriterium wird dann anschließend bewertet, z. B. von 0–10 (0: schlechte Lösung, 10: sehr gute Lösung). Aus den Summen kann man dann die Rangfolge der Entscheidungsoptionen entnehmen.

		Entscheidungsoptionen					
		Ausbildung in der Firma des Vaters		Beginn eines Studiums		„Work and travel" in Australien	
Entscheidungskriterium	Gewichtung in %	Punkte	gewichtete Punkte	Punkte	gewichtete Punkte	Punkte	gewichtete Punkte
Finanzierung	20	7	140	2	40	1	20
Belastung	20	3	60	6	120	5	100
Erwartungen anderer erfüllen	10	8	80	5	50	2	20
Erfahrungen für das Leben	20	3	60	4	80	8	160
individuelle Freiheit	30	1	30	6	180	8	240
Summe			370		470		540
Rang			3.		2.		1.

Aufgabe

1. Gestalte eine Nutzwertanalyse für deine eigene Berufswahl. Die Entscheidungsmöglichkeiten und Kriterien suchst du selbst aus. Beachte, dass du die Gewichtung der Kriterien selbst vornehmen musst.

1. Meine Berufswahl: Was kann ich? Was will ich?

1.1 „Ich kann, weil ich will, was ich muss“ (Immanuel Kant, 1724–1804)

M 1a Können und Wollen

Ich will ..., weil ich kann ...

Ich kann ..., weil ich will ...

M 1b Wissen

Weiß ich, was ich will?

Weiß ich, was ich kann?

M 2a Weiß ich, was ich will? Mögliche Interessen

1. Ich mag Beschäftigungen, bei denen ich mit konkreten Objekten oder auch mit Daten arbeiten kann. Deshalb bin ich in der Tüftler-AG, die zurzeit mit Holz arbeitet. Auch messe ich dabei gerne die Maße aus und berechne die genauen Angaben. Am Ende bin ich stolz, wenn ich das fertige Produkt sehe.

2. Mir macht es Spaß, vor der Klasse zu stehen und eine GFS zu halten, besonders, wenn ich meine Mitschüler zum Diskutieren bringe. Auch bin ich immer gleich dabei, wenn es um den Kuchenverkauf in der Schule geht. Besonders groß ist die Freude beim Elternabend. Die Leute kaufen mir alles ab.

3. Wenn in Chemie oder Physik experimentiert wird, bin ich glücklich. Mir gefällt es, einem Problem nachzugehen und einen Versuch ganz genau zu planen. Ich mache auch bei Wettbewerben wie „Jugend forscht“ oder „Jugend gründet“ mit. Was Neues zu erfinden, ist eine coole Sache. Das Ganze braucht natürlich Zeit und Ausdauer. Ich bleibe aber gern am Ball.

4. Mein Ordner war schon immer der am besten geführte in der Klasse. Ich mache besonders sorgfältige Deckblätter. Auch schreibe ich ganz exakt meine Noten auf. So habe ich eine genaue Statistik darüber, wo ich mich verbessert oder verschlechtert habe. Auf meinen aufgeräumten Schreibtisch zu Hause ist sogar mein Vater neidisch.

5. Ohne mich wäre die Theater-AG nicht so erfolgreich. Ich bin in einer AG, die das Bühnenbild herstellt. Jedes Jahr freue ich mich darauf, mich gestalterisch austoben zu können. Letztes Jahr haben wir aus 100 alten Schirmen eine bunte Kulisse gestaltet. Im Jahr davor haben wir Gipsabdrücke aus Lehrerköpfen geformt, was eine tolle Szenerie für ein Theaterstück ergeben hat.

6. Zu mir kommen die Mädels zum Ausheulen. Ich habe anscheinend immer ein offenes Ohr. Ich bin halt an anderen Menschen interessiert und versuche immer wieder, ihnen zu helfen. Deshalb habe ich mich auch zum Streitschlichter ausbilden lassen, um noch professioneller zu werden. Seither habe ich noch mehr zu tun.

7. Seit der 5. Klasse bin ich in der Solar-AG. An unserer Schule gibt es eine Solaranlage auf dem Dach und wir haben sie in Zusammenarbeit mit einer Firma richtig mitgeplant. Dazu mussten wir Baupläne studieren und uns mit der Stromversorgung des Schulgebäudes beschäftigen. Ich freue mich jedes Mal, wenn wir unsere elektronischen Messungen durchführen und feststellen, dass die Anlage noch funktioniert.

8. Seit wir zum ersten Mal mit der Schule im Theater waren, bin ich von dieser Welt fasziniert. Ich habe zwar schon immer gern Bücher gelesen, aber im Theater werden die Figuren lebendig. Filme gefallen mir auch. Ich möchte mehr über die Animationstechniken beim Filmemachen wissen. Vielleicht sollte ich in die Film-AG gehen.

Autorentext

M 2b Interessen und wie man sie ordnen kann

a) Interesse am Ordnen und Verwalten
b) Interesse an Literatur, Kultur, Medien
c) Interesse an Wissenschaft und Forschung
d) Interesse am Umgang mit Dingen und Daten
e) Interesse an kreativen Tätigkeiten
f) Interesse am Umgang mit Menschen
g) Interesse am Umgang mit Technik
h) Interesse an sozialen Aufgaben

Autorentext

M 3 Welche Berufe passen zu bestimmten Interessen? Eine Auswahl

	Dinge und Daten	Umgang mit Menschen	Wissenschaft und Forschung	Ordnen und Verwalten	Kreative Tätigkeiten	Soziale Aufgaben	Umgang mit Technik
Umgang mit Menschen	Augenoptiker, Notar, Steuerberater						
Wissenschaft und Forschung	Ingenieur, Volkswirt, Informatiker	Arzt, Psychologe, Soziologe					
Ordnen und Verwalten	Archivar, Zahntechniker, Bauzeichner	Bankkauffrau/-mann, Sozialversicherungsfachangestellter	Werkstoffprüfer, Umweltschutzassistent				
Kreative Tätigkeiten	Architekt, Designer, Mediengestalter	Ergotherapeut, Musikerzieher, Museumspädagoge	Literaturwissenschaftler, Historiker, Archäologe	Raumausstatter, Goldschmid, Mediengestalter			
Soziale Aufgaben	Beamte, z. B. bei Jugendamt, Meinungsforscher	Zahnarzt, Lehrer, Polizist	Psychiater, Pharmakologe, Humangenetiker	Krankenpfleger, Erzieher, Altenpfleger	Berufsberater, Musiktherapeut, Sozialarbeiter		
Umgang mit Technik	Mechatroniker, Wirtschaftsingenieur, Verkehrsflugzeugführer	Radiologe, Hörgeräteakustiker, Chirurg	Ingenieur: Maschinenbau, Kernphysiker, Werkstoffwissenschaftler	Mechaniker, Werkzeugmacher, Technischer Beamter	Fotograf, Computergrafiker, Computerlinguist	Umweltschutzingenieur, Orthopädiemechaniker	
Kultur, Medien, Literatur	Fremdsprachenkorrespondent, Restaurator, Fachjournalist	Darstellender Künstler, Regisseur, Dolmetscher	Ethnologe, Sachbuchautor, Publizist	Bild- und Toncutter, Drucker, Buchhändler	Dramaturg, Lektor, Bildender Künstler	Theologe, Verleger, Filmemacher	Ingenieur: Medientechnik, Kameraassistent, Tonmeister

Nach: Bundesagentur für Arbeit/Regionaldirektion Baden-Württemberg (Hrsg.), BOGY-Kompass, Stuttgart 2016 (verändert)

M 4 Weiß ich, was ich kann? Der Kompetenzpropeller

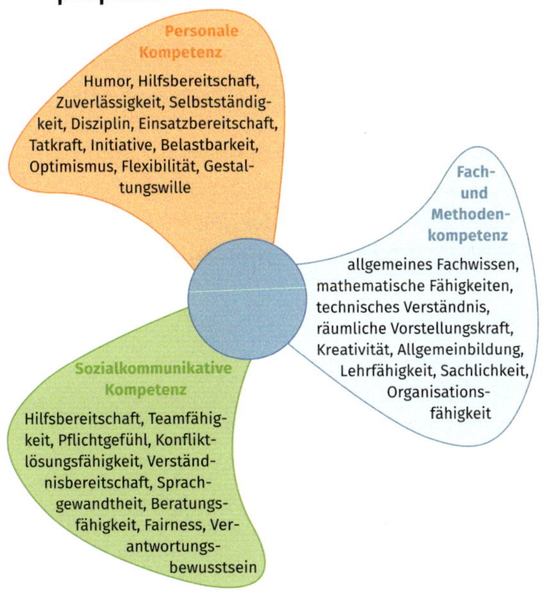

Unter Kompetenzen versteht man Fähigkeiten und Fertigkeiten eines Menschen.

Man unterscheidet drei Arten: Kompetenzen, die auf die eigene Person gerichtet sind (z. B. Disziplin), und solche, die sich auf andere Menschen beziehen (z. B. Teamfähigkeit). Die dritte Art umschreibt alle allgemeinen fachlichen Fähigkeiten und Fertigkeiten (z. B. technisches Verständnis) sowie die Fähigkeit, sich Wissen zu erarbeiten.

Alle drei Kompetenzen zusammen bringen den Menschen in seiner Entwicklung weiter, so wie ein Propeller ein Flugzeug oder ein Schiff voranbringt. Deshalb sprechen wir von einem Kompetenzpropeller.

Ein Beispiel: Max kann eigentlich nicht backen (fehlende Fachkompetenz), aber er will unbedingt einer kranken Freundin einen Kuchen bringen (soziale Kompetenz). Deshalb ist er diszipliniert (personale Kompetenz) und meistert mithilfe eines Backbuches und seiner Organisationsfähigkeit (Methodenkompetenz) die Aufgabe glänzend.

Autorentext

M 5 Überprüfen, was wir können – Materialien zum Bau eines Flugobjektes

M 6 Ablaufskizze des Experiments

- Die Klasse wird in Sechsergruppen eingeteilt: Vier Schüler/innen sind die Bastler, zwei Beobachter.
- Die Vierergruppe erhält den Auftrag, in 30 Minuten ein Flugobjekt mithilfe der Materialien aus M 5 zu erstellen. Dieses Objekt wird anschließend aus dem 1. Stock geworfen. Das Ei sollte dabei heil bleiben.
- Die Bastler entscheiden davor, welche Kompetenz dabei bewertet werden soll, indem sie für M 7 jeweils drei Kompetenzen aus M 4 auswählen.
- Die beiden Beobachter notieren sich die Wertungen in den Bögen.
- Am Ende diskutieren die Beobachter die Ergebnisse mit den Bastlern.

Autorentext

M 7 Beobachtungsbogen des Experiments

Kompetenzbewertungsbogen für Mitschüler/in	++	+	o	–	––
Personale Kompetenz					
Sozialkommunikative Kompetenz					
Fach- und Methodenkompetenz					

Aufgaben

1. „Ich kann, weil ich will, was ich muss". Erkläre das Zitat und beurteile, ob es für jeden Berufswähler zutrifft.
2. a) Ergänze die Sätze in M 1a. Beispiel: Ich will Dolmetscher werden, weil ich sprachbegabt bin.
   b) Weißt du, was du willst und was du kannst? Beantworte die Fragen aus M 1b mit Ja oder Nein. Analysiert danach das Klassenergebnis: Seid ihr schon auf einem guten Weg der Berufsorientierung?
3. a) Ordne die Interessen aus M 2b den Schülerbeispielen in M 2a zu.
   b) Erstelle eine persönliche Rangfolge deiner Interessen.
   c) Gestaltet mit den Ergebnissen ein Klassenprofil: Ist die Klasse eher an Technik oder an Kultur interessiert?
4. a) Erkläre in Partnerarbeit M 3.
   b) Ordne weitere mögliche Berufe in die Matrix ein.
5. a) Treffe eine Selbsteinschätzung: Beurteile deine Kompetenz mithilfe von M 7. Wähle dazu jeweils drei Kompetenzen aus M 4.
   b) Wie sehen dich andere? Vergleiche deine Ergebnisse mit denen deiner Eltern oder von Freunden.
6. Führt das Gruppenexperiment durch (M 5 bis M 7).

Ein Portfolio anlegen

Ein Portfolio ist eine Sammlung von Materialien sowie deren Reflexion. Für den Berufswahlprozess ist es empfehlenswert, alle Dokumente und Ergebnisse der Berufsorientierung zu sammeln. Dazu gehören die Materialien aus dem Unterricht, Testergebnisse, Bewerbungsunterlagen oder auch dein Praktikumsbericht.

In Baden-Württemberg gibt es dazu einen Ordner, den dir deine Lehrerin/dein Lehrer eventuell zur Verfügung stellt. Auch andere Bundesländer bieten mit dem Berufswahlpass eine Ordnungshilfe an. Jede/r kann sich natürlich auch selbst einen Ordner basteln.

Ein eigenes Portfolio mit Reflexionsfragen erstellen

Mögliche Gliederung durch Trennblätter:

1. Kompetenz ← Was kann ich überhaupt nicht gut? Wobei bin ich sehr motiviert? Möchte ich mich fachlich verbessern?
2. Testergebnisse → Welche Konsequenzen ziehe ich aus den Testergebnissen?
3. Informationen über Berufe ← Welche Adressen, Zeitschriften haben mir weitergeholfen, mich über Berufe zu informieren?
4. Bewerbungen → Warum war meine Bewerbung (nicht) erfolgreich? Was mache ich bei der nächsten anders?
5. Praktikumsberichte ← Wie haben im Praktikum andere Menschen auf mich und meine Arbeit reagiert? Hat mich das irritiert oder bestätigt? Warum war der Bericht gelungen/weniger gut gelungen?
6. Zeugnisse und Beurteilungen → Habe ich in bestimmten Fächern kontinuierlich gute Noten? Habe ich in bestimmten Fächern schlechtere Noten, obwohl ich mich für das Fach interessiere? Woran liegt das? Kann ich daran etwas ändern?
7. Sonstiges
   z. B. Nachweis für Ehrenamt, Girls'Day/Boys'Day ← Wäre ein untypischer Beruf etwas für mich?

1.2 Mädchen und Jungs – eine gemeinsame Berufswelt?

M 1 Erzieher und Bauingenieurin

cool

fremd

normal

unbedeutend

M 2 Studienwahl männlich – weiblich: eine Auswahl

Anzahl der Studierenden in Deutschland nach Studienfach und Geschlecht im Wintersemester 2015/16

	Deutsche			insgesamt		
Studienfach	**männlich**	**weiblich**	**insgesamt**	**männlich**	**weiblich**	**insgesamt**
Archivwesen	109	146	255	112	159	271
Augenoptik	206	532	738	239	556	795
Bauingenieurwesen/Ingenieurbau	33 030	13 065	46 095	39 117	15 672	54 789
Darstellende Kunst/Bühnenkunst/Regie	321	727	1 048	456	995	1 451
Edelstein- und Schmuckdesign	9	73	82	15	108	123
Mechatronik	13 470	1 034	14 504	16 405	1 417	17 822
Medientechnik	3 975	2 524	6 499	4 195	2 700	6 895
Physik	31 520	11 318	42 838	35 366	13 109	48 475
Psychologie	16 929	49 321	66 250	18 055	53 224	71 279
Soziale Arbeit	9 776	31 047	40 823	10 255	32 952	43 207
Umwelttechnik (einschließlich Recycling)	5 614	2 831	8 445	6 255	3 383	9 638

Daten aus: Statistisches Bundesamt, Studierende nach Nationalität, Geschlecht und Studienfach, in: www-genesis.destatis.de/genesis/online/logon?sequenz=tabelleErgebnis&selectionname=21311-0003, Stand: 31.3.2017 (Zugriff: 4.4.2017)

M 3 Es ist ein Junge!

Zeichnung: Jan Tomaschoff

M 4 Modell: Können – Dürfen – Wollen

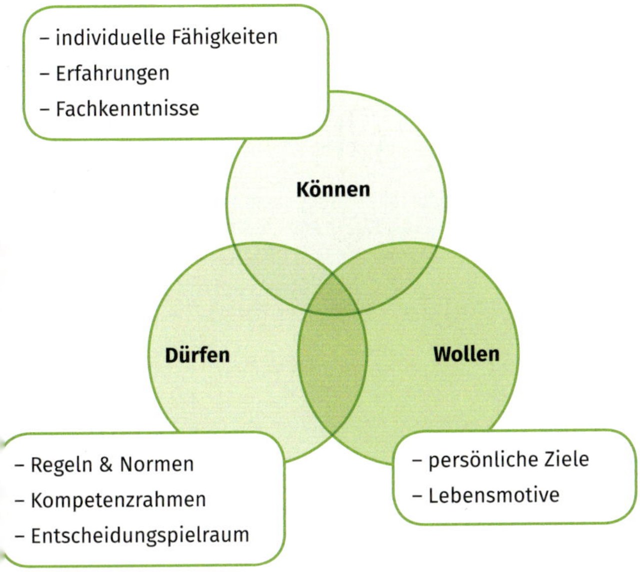

M 5 Rollenbilder in einer Gesellschaft

M 6 Mehr Mathe lockt Mädchen nicht in Technikberufe

Schülerinnen werden durch mehr Matheunterricht nicht in traditionell „männliche" Berufe gelockt. Eine Studie der Uni Tübingen belegt: Schülerinnen, die nach der Reform der gymnasialen Oberstufe in Baden-Württemberg Mathe auf Leistungskursniveau belegen müssen, zeigen kaum größeres Interesse an MINT-Berufen (Mathematik, Informatik, Naturwissenschaft, Technik). Für die Studie wurden Daten von 4700 jungen Erwachsenen ausgewertet.
Seit 2002 müssen Jugendliche im Land bis zum Abi vierstündig in den Matheunterricht. Die Forscher zeigen, dass sich die Leistungsunterschiede seither verringert haben, auch wenn die Jungen weiterhin besser abschneiden. Dennoch schätzen die Mädchen ihre Fähigkeiten schlechter ein als zuvor. Forscher Nicolas Hübner vermutet, dass das gestiegene Leistungsniveau Ursache für die niedrigere Selbsteinschätzung ist. Der verstärkte Matheunterricht zeige aber bei den Jungen Wirkung.

Aus: Mehr Mathe lockt Mädchen nicht in Technik-Berufe (epd), in: www.swp.de/ulm/nachrichten/suedwestumschau/mehr-mathe-lockt-maedchen-nicht-in-technik-berufe-14691224.html, 29.3.2017 (Zugriff: 4.4.2017)

M 7 Girls'Day und Boys'Day: hilfreiche Aktionstage?

Aufgaben

1. Ordne die Attribute den Bildern aus M 1 zu. Du kannst auch eigene Begriffe finden.
2. Analysiere M 2 und nenne mögliche Erklärungen für das Ergebnis mithilfe von M 4.
3. Analysiere die Karikatur M 3 mithilfe von M 4.
4. Erkläre, inwieweit Rollenbilder, wie sie in M 5 dargestellt sind, die Berufswahl von Jungen und Mädchen beeinflussen könnten. Berücksichtige hierbei auch M 4.
5. Fächergrenzen überwinden (Mathe): Erläutere mithilfe von M 4, woran es liegen könnte, dass mehr Mathematikunterricht keine Wirkung auf die Berufswahl der Mädchen hat (M 6).
6. Informiere dich über die Angebote von Girls'Day und Boys'Day (M 7) und beurteile, ob solche Aktionen die Berufswahl von Jungen und Mädchen beeinflussen können.

Webcode WES-116435-201 Erklärvideo: Gleichberechtigung

2. Anforderungen aus der Berufswelt: Was wollen andere von mir?

2.1 „Eierlegende Wollmilchsau“ – Kompetenzbeschreibungen in Stellenanzeigen

M 1 „Können Sie röhren?“

Zeichnung: Markus Grolik

M 2 Wer suchet, der findet – Stellenanzeigen

Stellenanzeige 1

Unsere Anforderungen

- erfolgreich abgeschlossene kaufmännische Ausbildung, idealerweise als Fremdsprachenkorrespondent/in
- einschlägige Berufserfahrung im Sekretariats- oder Assistenzbereich
- sicheres Beherrschen der MS-Office-Programme, insbesondere PowerPoint
- exzellente Deutsch- und Englischkenntnisse in Wort und Schrift
- Verantwortungsbewusstsein und überdurchschnittlicher Qualitätsanspruch
- Engagement sowie Koordinations- und Improvisationstalent
- ausgeprägte Kommunikations- und Teamfähigkeit; kompetentes und professionelles Verhalten gegenüber Kunden und Mitarbeitern
- selbstständige und strukturierte Arbeitsweise
- integrative Persönlichkeit und gutes Konfliktverhalten
- hohe Motivation, Flexibilität und Einsatzbereitschaft
- absolute Vertrauenswürdigkeit und Verschwiegenheit

Aus: Anzeige der BCG, The Boston Consulting Group GmbH, 10.3.2017

Stellenanzeige 2

Dein Profil

- Radfahren ist für dich eine Leidenschaft. Du bist fahrradaffin und kriegst nicht genug vom Biken.
- Du hast ein deutliches Talent fürs Schreiben.
- Digitale Medien sind genau dein Ding (insbesondere Social Media).
- Du besitzt einen starken Eigenantrieb, um Dinge voranzutreiben.
- Es macht dir Spaß, zu reisen und Neues zu entdecken.
- Du hast eine erfolgreich abgeschlossene Ausbildung oder ein abgeschlossenes Studium mit der Fachrichtung Marketing.
- Hohes Organisationstalent, Kreativität und Teamfähigkeit zählen zu deinen Stärken.
- Du hast bereits erste Erfahrung im Onlinemarketing sammeln können, z. B. im Rahmen von Praktika oder als Werksstudent.

Aus: Anzeige von bike-components

Stellenanzeige 3

Ihre Qualifikationen

- Abschluss zum staatlich geprüften Techniker oder Studienabschluss in den Bereichen Elektrotechnik, Elektronik, Nachrichtentechnik oder Ähnlichem
- Begeisterung für den Vertrieb
- Flexibilität und unternehmerisches Gespür
- gute Englischkenntnisse
- Ihre Stärken: Kommunikationsfreude, hohe Eigenmotivation und Selbstständigkeit

Aus: Anzeige der Wirth Elektronik Gruppe

Stellenanzeige 4

Ihr Profil

- Sie haben eine Ausbildung als staatlich anerkannte/r Erzieher/in oder ein abgeschlossenes Hoch-/Fachhochschulstudium der Sozialpädagogik.
- Sie sind kreativ, flexibel und teamfähig.
- Sie lieben die Arbeit mit Kindern und haben die Bereitschaft zu familienorientierter Arbeit.
- Kommunikations- und Konfliktfähigkeit zeichnen Sie aus.
- Erfahrung bzw. Offenheit für/in der religions- und gemeindepädagogischen Arbeit sind Ihnen wichtig.
- Sie gehören einer christlichen Kirche an.

Aus: Anzeige der Diakonie Düsseldorf

M 3 Was suchen die denn?

- Marketing Manager bike-components
- Sozialpädagogin/Sozialpädagoge
- Vertriebsmitarbeiter
- Assistent/in der Geschäftsleitung

M 4 Ich mach' was mit Medien: Grafikdesign

Flyer, Logo, Poster: Sabrina Krämer gestaltet alles. Vorausgesetzt, sie hat kein kreatives Loch. Die Grafikdesignerin arbeitet in einer Werbeagentur in Bremen. Und wenn ihr mal nichts einfällt, obwohl der Abgabetermin drängt, lässt sie ein Projekt kurz mal liegen. „Es ist nicht immer einfach, auf Knopfdruck eine gute Idee zu haben. Darum hilft es, sich kurz einer anderen Arbeit zu widmen. Dann plötzlich hat man einen guten Einfall für die eigentliche Aufgabe", verrät sie einen ihrer Kreativitätstipps. [...]
Grafikdesigner haben ein weites Aufgabenspektrum. Von Visitenkarten über Anzeigen, Briefpapier, Broschüren, Katalogen, Flyern, Kundenmagazinen bis hin zur kompletten Logo- und Markenentwicklung reichen die Aufträge. Der Arbeitsablauf ist zumeist gleich: Ein Kunde hat einen Wunsch und der Designer muss den genauen Umfang des Auftrags klären. Was wird benötigt? In welchem Stil soll es grafisch umgesetzt werden? Welche Vorgaben gibt es? Wer angestellt oder im Team arbeitet, bespricht sich häufig mit Kollegen. Ideen werden gesammelt, Konzepte ausformuliert [...]
Um in dem Beruf arbeiten zu können, muss zuvor ein Designstudium mit Schwerpunkt Grafikdesign abgeschlossen werden. Innerhalb des Studiums können sich die Studierenden dann auf verschiedene Bereiche wie Corporate-Design, Magazindesign, Illustration oder Typografie spezialisieren. Wie bearbeite ich Bilder? Wie retuschiere ich mit Bildbearbeitungsprogrammen? Wie arbeite ich mit Layout- und Vektorprogrammen? [...]
Schon vor dem Studium müssen aber ein Grundstock an Wissen vorhanden und einige Voraussetzungen erfüllt sein. Denn beworben wird sich in der Regel mit einer Mappe mit selbst gestalteten Werken, an den meisten Hochschulen gibt es auch noch eine Eignungsprüfung. Die notwendigen Bildbearbeitungs- und Gestaltungsprogramme sollte man daher schon vorab ein wenig beherrschen, wichtiger noch sind gestalterisches Talent, ein Gefühl und Auge für Design und natürlich viel Fantasie und Kreativität. [...] Die meisten arbeiten als Angestellte, einige sind auch freiberuflich tätig. Jobs gibt es in der Werbe- und Medienbranche sowie in den Designabteilungen in größeren Unternehmen.
Stress, schlechte Bezahlung bei gleichzeitigen Überstunden sind die Schattenseiten des Berufes. Und auch das Abschalten vom Berufsalltag ist oft nicht einfach. „Manche Aufträge lassen einen nicht los, da beschäftigt man sich die ganze Zeit mit. [...]"

- Gehalt: variiert regional, ab ca. 2200 Euro/brutto monatlich;
- Arbeitszeit: variiert, ca. 40 Stunden/Woche.

Aus: Markus Schleufe, Kreativität ist gefragt und wird mies bezahlt, in: www.zeit.de/karriere/beruf/2012-09/beruf-grafikdesigner/komplettansicht, 4.9.2012 (Zugriff: 2.4.2017)

Methode

Kopfstandmethode

- Ein Problem/eine Herausforderung wird „auf den Kopf" gestellt, z. B.: Wie bekomme ich garantiert keine Stelle als Englischlehrerin?
- Die Ideen zur Fragestellung werden gesammelt und geordnet, z. B.: Ich mag die Sprache nicht; ich kann Kinder nicht leiden; ich hasse es, früh aufzustehen ...
- Diese Ideen werden nun umgedreht und positiv formuliert, z. B.: Ich war ein Jahr in London und kann mich jetzt richtig gut auf Englisch unterhalten; ich habe ein Gespür dafür, wie Jugendliche ticken ...

Aufgaben

1. Analysiere die Karikatur M 1. METHODE Karikaturenanalyse, S. 263
2. Erkläre mithilfe von M 3, welche Berufe in M 2 gesucht sind.
3. Ordne die in den Stellenanzeigen (M 2) geforderten Kompetenzen dem Kompetenzpropeller (S. 91, M 4) zu.
4. Vergleiche die Anforderungen in den Stellenanzeigen (M 2) mit deinen eigenen Kompetenzen.
5. Überprüfe mithilfe der Kopfstandmethode, wer für den Beruf des Grafikdesigners (M 4) geeignet ist.
6. Gestalte eine Stellenanzeige für einen Beruf deiner Wahl.

2.2 Erweiterung: Arbeit 4.0 – ändern sich die Anforderungen?

M 1 Positionslinie: Wenn ich an die Arbeitswelt der Zukunft denke, bin ich ...

... eher optimistisch ⟷ ... eher pessimistisch

M 2 Produkte und Arbeit à la 4.0

a) Abgefahren

Mit dem Strati hat Harvard-Absolvent und Local-Motors-Gründer John Rogers vergangenes Jahr das erste Auto vorgestellt, dessen Karosserie weitgehend aus dem Drucker stammt. Noch dieses Jahr will der Pionier in Maryland und Tennessee zwei Werke eröffnen, in denen die futuristischen Fahrzeuge in Serie gehen. Darunter auch dieser Sportwagen, den ein Fan namens Kevin Lo bei einem Modellwettbewerb entworfen hat. Mit angeblichen Kaufpreisen zwischen umgerechnet 15 000 und 25 000 Euro wären die schnittigen Elektroautos ein Schnäppchen.

Aus: Kurioses aus dem Drucker, in: www.wiwo.de/technologie/cebit-spezial/3d-druck-kurioses-aus-dem-drucker/12078550.html?p=7&a=false&slp=false#image, 21.7.2015 (Zugriff: 28.3.2017)

b) I-Factory-Master im Jahr 2030

„Die wenigsten meiner Kollegen machen mittags eine Pause – das ist natürlich ein Vorteil, den die Roboter haben: Sie haben keinen Hunger. Ich arbeite als *i-Factory-Master* für einen großen Automobilhersteller, als einer der letzten menschlichen Mitarbeiter in der Karosserieproduktion. Die allermeisten Tätigkeiten und Arbeitsschritte werden bei uns von Maschinen ausgeführt. Die Fäden laufen bei mir und meinen Kollegen im Fabrik-Cockpit zusammen. Mein Job besteht vor allem im Problemlösen. Wenn es irgendwo hakt, dann teste, programmiere, justiere oder kalibriere ich, bis alles wieder rundläuft. Mir macht das Spaß, die Arbeit ist anspruchsvoll und immer wieder anders. Außerdem ist es gut zu wissen, dass die Maschinen doch noch nicht alles können und dass wir Menschen eben noch manchmal überlegen sind. Das wissen meine Chefs auch und bezahlen mich deswegen wirklich gut. Außerdem investieren sie viel Zeit und Geld in meine Weiterbildung. Im Unterschied zu vielen Bekannten habe ich sehr regelmäßige Arbeitszeiten."

Aus: Juliane Landmann/Stefan Heumann (Hrsg.), Auf dem Weg zum Arbeitsmarkt 4.0?, Berlin: Bertelsmann Stiftung, 2016, S. 19

M 3 Abwertung menschlicher Arbeit

Intelligente Software macht menschliche Arbeit in einigen Bereichen überflüssig oder wertet sie finanziell ab. Wir bestellen uns Kleidung im Internet, lernen Sprachen auf dem Smartphone oder nutzen Onlinebanking. Berufe wie der des Verkäufers, Texters, Sprachlehrers oder Bankangestellten verlieren an gesellschaftlicher und sozialer Bedeutung. So vermitteln Internetplattformen Dienstleister oder Handwerker mittlerweile zu Niedrigpreisen. [...]
In Zukunft vereinfacht die Digitalisierung Arbeitsabläufe aller Voraussicht nach noch weiter und löst den Menschen in vielen Bereichen als Arbeitskraft ab. Menschliche Arbeit konzentriert sich dann auf Bereiche, die menschliche Intelligenz und Kreativität erfordern. Die Digitalisierung der Arbeitswelt eröffnet zahlreiche Möglichkeiten, um Arbeit flexibler zu gestalten und Mitarbeitern eine angenehme Arbeitsatmosphäre zu schaffen. Arbeitgeber und Arbeitnehmer müssen allerdings auch lernen, mit den neuen Möglichkeiten und der Verantwortung sinnvoll umzugehen.

Aus: Jennifer Siebert, Arbeit digital – Chancen und Risiken, in: www.bildungsxperten.net/job-karriere/arbeit-im-digitalen-wandel-chancen-und-risiken/ (Zugriff: 7.4.2017)

M 4 Können wir das?

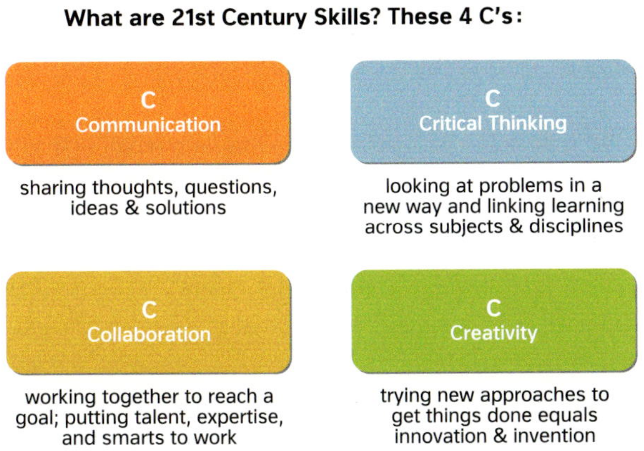

Quelle: West Yadkin Elementary, 21st Century Skills

M 5 Arbeit 1.0, 2.0, 3.0, 4.0 – wie ein Begriff entsteht

Das Zählen beginnt mit der **ersten industriellen Revolution** Ende des 18. Jahrhunderts, in der u.a. die Erfindung der Dampfmaschine dafür sorgte, dass menschliche Arbeitskraft z.B. an Webstühlen durch Maschinen ersetzt wurde. Arbeitsplätze entstanden in den Bereichen Schwerindustrie, Verkehr und Tuchherstellung.

Die **zweite industrielle Revolution** ermöglichte durch die Einführung von Elektrizität Ende des 19. Jahrhunderts arbeitsteilige Massenproduktion am Fließband.

In den 70er-Jahren des 20. Jahrhundert startete die **dritte industrielle Revolution**. Die Produktion wurde durch den Einsatz von Elektronik und Informationstechnologie weiter automatisiert. *Personal Computer* waren aus der Arbeitswelt und dem Privatleben nicht mehr wegzudenken.

Die **vierte industrielle Revolution** seit Ende des 20. Jahrhunderts setzt auf zunehmende Digitalisierung und die Vernetzung von Menschen, Maschinen, Logistik und Produkten. In der Entwicklung sind selbstfahrende Autos und mittels 3-D-Drucker selbst entworfene und selbst gefertigte Produkte.

All diese Revolutionen haben die Arbeitsbedingungen und die Produktionsweise stark verändert. Neue Arbeitsplätze entstanden, alte sind verschwunden. Politik und Gesellschaft hatten und haben die Aufgabe, die Arbeitsorganisation und die Arbeitsbedingungen zu gestalten.

Autorentext

Aufgaben

1. Markiere, wo du dich auf der Positionslinie (M 1) verortest, und formuliere eine Begründung dazu.
2. a) Stelle am Beispiel der Automobilindustrie dar, wie sich durch Arbeit 4.0 die Anforderungen an die Arbeitnehmer verändern (M 2 a und b).
   b) Beschreibe ausgehend von M 2 a und b sowie M 3 mögliche positive und negative Folgen der gewandelten Arbeit für Arbeitgeber und Arbeitnehmer.
3. „Wir sind für die Zukunft gewappnet!" Erörtere diese These und beziehe dich dabei auch auf die *Skills* (Fähigkeiten, Kompetenzen) aus M 4.
4. Positioniere dich erneut auf der Positionslinie (M 1) und begründe, warum deine Position gleichgeblieben ist oder sich verändert hat.
5. Fächergrenzen überwinden (Geschichte): Das Fach Geschichte setzt sich u.a. mit dem Alltag von Arbeitern am Ende des 19. Jahrhunderts auseinander. Vergleiche Arbeitszeiten, Arbeitsbedingungen und soziale Absicherung aus dieser Zeit mit den heutigen Bedingungen (M 5).

3. Die Berufswelt anderer Menschen – Vorbild für mich?

3.1 Der Apfel fällt nicht weit vom Stamm?

M 1 Schulabschluss – und dann?

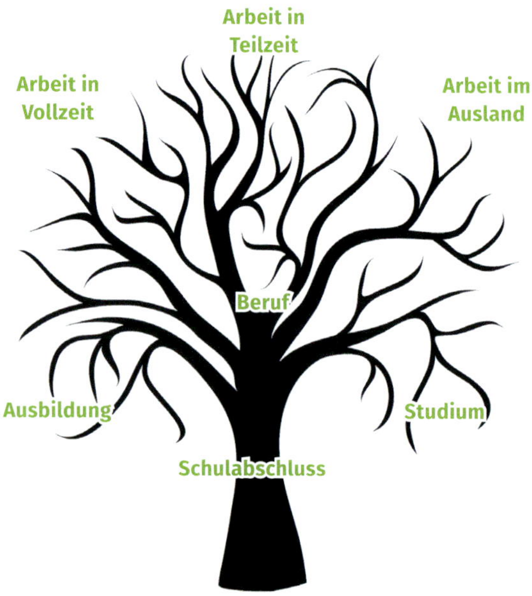

M 2 Vorbild Eltern?

„Mach doch zuerst eine Banklehre, dann bist du auf der sicheren Seite!“ Viele Klienten des Hamburger Coachs und Personalberaters Roger Hendrich haben diesen Satz von ihren Eltern in jungen Jahren gehört. Viele haben den Rat befolgt und sich entgegen ihrer Neigung für einen Vernunftberuf entschieden. Irgendwann kamen sie in ihrer Karriere in eine Sackgasse. Das Gefühl, sich nicht selbst verwirklichen zu können, wurde übergroß. Und wer ist schuld? Die Eltern. Die Erziehung hat erheblichen Einfluss auf die Berufswahl – und auch darauf, welches Karriereverhalten man an den Tag legt.

Eltern sind für die Berufswahl ihrer Kinder die wichtigsten Ratgeber. [...] Laut einer Forsa-Umfrage im Auftrag der Frauenzeitschrift „Brigitte“ ist für 50 Prozent der Jugendlichen der Vater das berufliche Vorbild. Nur 37 Prozent der Teenager orientieren sich an der Mutter. [...]

So war auch die Berufswahl der Ingenieurin Sibylle Bauer [Name von der Redaktion geändert] vorprogrammiert. Nach dem Abitur wusste die heute 37-Jährige nicht, welchen Beruf sie ergreifen sollte. Der Vater, ein erfolgreicher Techniker, verfügte über zahlreiche berufliche Kontakte. Sibylle Bauer hat die Kontakte ihres Vaters genutzt und begann eine Ausbildung zur Industriemechanikerin. Später studierte sie Maschinenbau. Obgleich sie heute in ihrem Beruf als Ingenieurin erfolgreich ist, betrachtet sie ihre Berufswahl skeptisch: „Ich nehme mich bis heute nicht ernst, weil ich die ganze Sache nicht ernst genommen habe“, sagt sie.

Vielleicht ist dies auch der Grund, weswegen sich die Ingenieurin keine Führungsposition zutraut. „Eine Teamleitung traue ich mir nicht zu, dazu fehlt mir die fachliche Kompetenz“, sagt die 37-Jährige. Sie bevorzugt es, wenn sie die ihr gestellten Aufgaben „in Ruhe abarbeiten“ kann.

„Kommunikationsstile, Streitkultur, Ehrgeiz und auch die Rolle im Team sind oftmals stärker durch unsere Eltern geprägt, als wir es selbst zugeben wollen“, erklärt Coach Hendrichs. Aber es geht auch anders herum. „Oft erkenne ich eine Orientierung am Gegenkonzept der Eltern“, sagt der Hamburger. Viele seiner Klienten wollten nicht in das Handlungsschema der Eltern verfallen und suchten Berufe, „die scheinbar weit weg davon sind“. Besonders oft entscheiden sich Kinder stark erfolgreicher Eltern für diesen Weg der Abgrenzung. Kinder wünschen sich die Anerkennung und den Stolz der Eltern. Ist aber die Karriere des Vaters oder der Mutter so groß und scheint nicht wiederholbar, müssen eigene Wege gegangen werden. [...]

In der Familie von Wiebke Mestermacher gibt es nur Akademiker. Doch die 34-jährige Garten- und Landschaftsgärtnerin mit Meistertitel entschied sich nach einem Freiwilligen Ökologischen Jahr bewusst gegen ein Studium und für eine betriebliche Lehre. „Wir haben viel draußen gearbeitet, das hat mir gefallen“, erzählt sie. Zwar seien ihre Eltern überrascht über den Berufswunsch der Tochter gewesen, jedoch haben sie diese darin unterstützt.

Später besuchte sie die Meisterschule und macht sich anschließend mit drei Kollegen selbstständig. Heute blickt Mestermacher zufrieden auf ihr kleines Unternehmen in Bremen. Die Eltern sind heute stolz auf die einzige Nichtakademikerin in der Familie. Wiebke Mestermacher ist froh darüber, ihren eigenen Weg gegangen zu sein. Schließlich kommt es für den beruflichen Erfolg vor allem darauf an, dass man seinen Beruf gerne ausübt.

Aus: Sabine Bomeier, In den Fußstapfen der Eltern, in: www.zeit.de/karriere/2009-09/eltern-einfluss-berufswahl, 22.9.2009 (Zugriff: 20.4.2017)

M 3 Rauf oder runter?

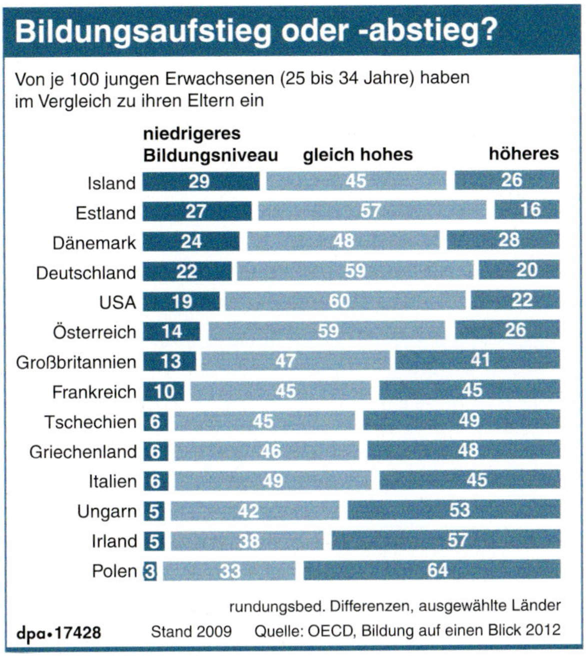

M 4 Neue Werte – neue Ansprüche?

Nicht nur Technologien verändern die Wirklichkeit, sondern auch **gewandelte gesellschaftliche Ansprüche und Werte**. Lebensentwürfe sind individueller und vielfältiger geworden. Klassische Rollenbilder sind längst aufgeweicht. Viele Frauen und Männer wollen gleichberechtigter arbeiten und sich stärker gemeinsam um die Familie kümmern. All dies verändert den Stellenwert der Arbeit im Verhältnis zum Privatleben sowie die Ansprüche an Arbeit und Arbeitsplätze und nicht zuletzt auch die Anforderungen an staatliches Handeln. Dies zeigt sich auch in der gestiegenen Erwerbsbeteiligung, insbesondere von Frauen, und schafft neue Erwerbsarbeit in den Sektoren Erziehung, Pflege, Hauswirtschaft, Hausgeräte, Nahrungsmittelindustrie und weiterer Dienstleistungen. So verändert sich nicht nur das Angebot an Arbeit, sondern auch die Struktur der Nachfrage nach Arbeitskräften.

Der Wunsch nach einer ausgewogeneren **Work-Life-Balance** nimmt zu – bei der jüngeren Generation Y [zwischen 1980 und 2000 geboren], die in die Arbeitswelt hineinwächst, genauso wie bei den 30- bis 50-Jährigen, die gleichzeitig beruflich erfolgreich, privat aktiv und in ihrer Familie als Eltern präsent sein wollen. [...] Die Beschäftigten wünschen sich in bestimmten Lebensphasen – vor allem während der Familiengründung, aber auch für die Pflege von Angehörigen oder für Phasen der Aus- und Weiterbildung – mehr selbstbestimmte zeitliche Flexibilität. [...]

Zwei Drittel der Bürgerinnen und Bürger sind der Meinung, dass die Vereinbarkeit von Beruf und Familie in Deutschland alles in allem eher „nicht so gut" gelingt. 41 Prozent der abhängig Beschäftigten geben an, dass sie selbst Vereinbarkeitsprobleme haben. Zwischen beruflichen Anforderungen, gesellschaftlichen Erwartungen und eigenen Ansprüchen fühlt sich insbesondere diese „gestresste Mitte" stark gefordert. Die zunehmende Zahl psychischer Belastungen kann auch hierin einen wichtigen Grund haben. Mit der Generation Y treten zunehmend junge Leute ins Berufsleben ein, denen in größerem Maße gerade die Balance zwischen Beruf und Privatleben wichtig ist. Unter „guter Arbeit" verstehen sie auch, dass Arbeitgeber Möglichkeiten der persönlichen Weiterentwicklung und Weiterbildung, flexible Arbeitszeiten, Arbeitszeitkonten, Elternzeit oder Sabbaticals bieten. Darauf stellen sich viele Arbeitgeber, die junge Fachkräfte suchen, bereits ein.

Nach: Bundesministerium für Arbeit und Soziales, Grünbuch Arbeiten 4.0, in: www.arbeitenviernull.de/dialogprozess/gruenbuch/arbeitsgesellschaft-im-wandel/gesellschaftliche-werte.html, Stand: April 2015 (Zugriff: 24.4.2017); Text im Original mit Fußnoten versehen (verändert)

Aufgaben

1. Beschreibe mithilfe von M 1 Ausbildung und Berufsweg mindestens eines Familienmitgliedes von dir. Du kannst dabei so weit wie möglich in die Familiengeschichte zurückgehen oder Onkel und Tanten einbeziehen.
2. „In meiner Familie gibt es ein/kein Vorbild für meine berufliche Entwicklung." Begründe, welche Aussage für dich zutrifft.
3. Analysiere die Statistik M 3.
4. Arbeite aus M 2 heraus, welche Bedeutung die Eltern bei der Berufswahl der Kinder haben.
5. Erläutere anhand von M 4, wie sich veränderte Wertvorstellungen auf die Berufswahl auswirken können.
6. Ergänze folgende Aussagen:
   „Ich muss mich an die Anforderungen der Arbeitswelt anpassen, weil ..."
   „Unternehmen müssen sich an die Wünsche der Arbeitnehmer anpassen, weil ..."
   „Der Staat muss Regeln schaffen, damit die *Work-Life-Balance* stimmt, weil ..."

3.2 Viele Wege führen zum Ziel

M 1 Hört das (Lernen) denn nie auf?

Jeder, der aufhört zu lernen, ist alt, mag er zwanzig oder achtzig Jahre zählen. Jeder, der weiter lernt, ist jung, mag er zwanzig oder achtzig Jahre alt sein. *(Henry Ford)*

M 2a Andrej K. und die Werkstoffe

Andrej K. hat nach dem Hauptschulabschluss eine dreijährige Lehre als Fernmeldehandwerker gemacht und danach drei Jahre in diesem Beruf gearbeitet. Er machte dann über den zweiten Bildungsweg an einem Abendgymnasium das Abitur. Dieser Abschluss ermöglichte das Studium der Physik, das Andrej nach fünf Jahren zum Diplom führte. Die Promotion im Bereich Analytische Elektronenmikroskopie schloss sich nach weiteren fünf Jahren an. Nach einem Jahr als *Postdoc* an einer amerikanischen Universität bekam Andrej eine Stelle an einem bekannten deutschen Forschungsinstitut und ist im Bereich der Werkstoffuntersuchungen tätig.

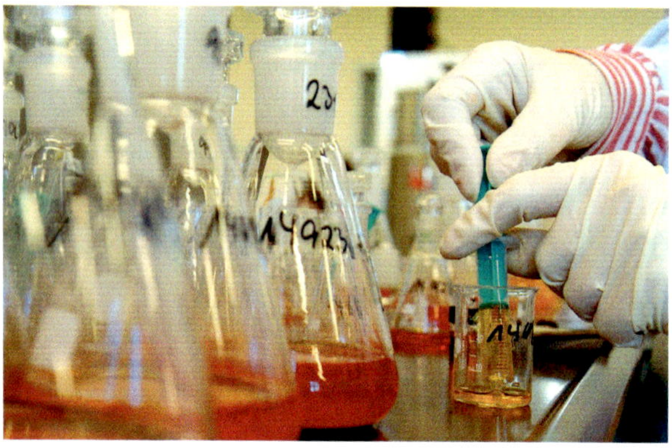

M 2b Anna G. und die Lebensmittel

Anna G. hat nach dem Abitur sofort ihr Duales Studium für Lebensmitteltechnik in Rheinland-Pfalz begonnen und nach viereinhalb Jahren mit dem *Bachelor of Science* abgeschlossen. Schnell fand sie im Anschluss an das Studium eine Stelle in einem internationalen Konzern in der Schweiz, wo sie seit mehreren Jahren eine leitende Stellung als Wissenschaftlerin im Bereich Lebensmitteltechnik hat.

M 2c Claire Z. und das Schreiben

Claire Z. hat nach der Mittleren Reife ihr Abitur an einem Wirtschaftsgymnasium gemacht. Sie studierte dann Literaturwissenschaft, Pädagogik und Betriebswirtschaft an einer Universität in Baden-Württemberg. Zusammen mit Freunden hat sie sich nach dem Studium selbstständig gemacht und eine Zeitung gegründet, die aber wegen ausbleibender Werbeeinnahmen nach einem Jahr wieder eingestellt werden musste. Der Schreiberei ist sie treu geblieben und hat nach einem zweijährigen Volontariat bei einer Regionalzeitung eine Festanstellung als Journalistin bei einer großen Tageszeitung in Baden-Württemberg bekommen.

M 2d Maike G. – unterwegs

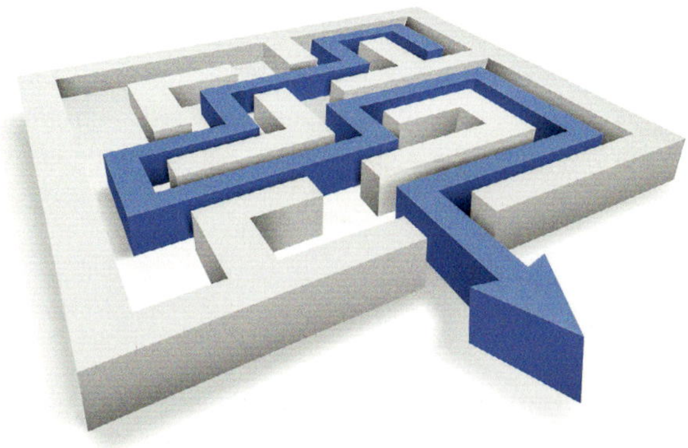

Maike G. hat nach dem Abitur Jura studiert und anschließend als Anwältin gearbeitet. In diesem Beruf fand sie keine Erfüllung und hat deshalb ein Praktikum bei einer Filmproduktionsfirma gemacht, wo sie u. a. an Drehbüchern für den Tatort mitarbeitete. Auch aus diesem Beruf stieg sie aus und nutzte die gewonnen Erfahrungen, um mit engagierten Freunden und Bekannten in einem sozialen Projekt zu arbeiten. Ihre neue Tätigkeit nennt sich *„Storytelling-Consultant"*: Maike entwickelt Kommunikationsstrategien für Projekte und politische Gruppen, in denen mithilfe ihrer erzählten Geschichten die Ideen und Ziele der Organisationen, für die sie arbeitet, verdeutlich werden. Maike glaubt nicht, dass sie bereits am Ende ihrer beruflichen Entwicklung ist.

M 2a – M 2c: Autorentext; M 2d zusammengesetzt aus: Angelika Finkenwirth, Berufswahl: Ein Beruf, den es nicht gibt, in: www.zeit.de/karriere/beruf/2015-11/berufswahl-berufe-portrait-ngo-storytelling-consultant, 26.11.2015 (Zugriff: 20.4.2017) (verändert)

M 3 Bildungswege in Baden-Württemberg

	Berufstätigkeit			
	Master			
	Bachelor			
Fortbildung an einer Fachschule zum Meister oder Hochschulreife über den 2. Bildungsweg (z. B. Abendgymnasium)	Hochschulstudium: Universitäten, Hochschulen für angewandte Wissenschaften, Duale Hochschulen, Pädagogische Hochschulen, Kunst- und Musikhochschulen, Hochschulen für den öffentlichen Dienst, Private Hochschulen			
Berufstätigkeit				
betriebliche Berufsausbildung	Hochschulreife			
	berufliches Gymnasium		Gemeinschaftsschule Sek II	allgemeinbildendes Gymnasium Sek II
	mittlerer Bildungsabschluss			
Hauptschulabschluss	Werkrealschule/ Hauptschule	Realschule	Gemeinschaftsschule Sek I	allgemeinbildendes Gymnasium Sek I
	Grundschule			

Autorentext, Stand: September 2017

Aufgaben

1. Erkläre das Zitat in M 1.
2. Beschreibe mithilfe von M 3 den beruflichen Werdegang von M 2 a bis M 2 c.
3. M 2 a, M 2 c und M 2 d sind „auf Umwegen" zu ihrem jetzigen Beruf gekommen. Stelle Vorteile und Nachteile dieser beruflichen Entwicklung dar.
4. Ordne deinen derzeitigen Ausbildungsstand sowie eine mögliche künftige Weiterentwicklung in M 3 ein.
5. Häufige Berufswechsel überfordern die Menschen! Erörtere diese These.

3.3 Nach alter Väter Sitte

M 1 Sekretärin der 1960er-Jahre

M 2 Ratgeber für Sekretärinnen von 1966

- Es kann durchaus vorkommen, dass Sie einen Chef bekommen, der seine Aschenbecher zehnmal am Tag geleert haben möchte. Die Sache ist dann für Sie ganz einfach: Leeren Sie die Aschenbecher zehnmal am Tag.
- Um erfolgreicher arbeiten zu können, sollten Sie sich Tricks für schnelleres Maschinenschreiben ausdenken. Ein Vorschlag: Die Schreibmaschine auf dem Tisch befestigen lassen – und genauestens die Gebrauchsanleitung lesen. In jedem Fall: Die Schreibmaschine immer schön sauber halten, am besten täglich, mit einer trockenen, steifborstigen Bürste.
- Auch der anmutigste, duftende Körper will schön verpackt sein – vor allem vor den Augen des Chefs. Wichtige Qualifikation für den Job der Sekretärin ist deshalb seit jeher ein Sinn für Mode. Kleine Muster und dezente Farben sind immer gut. Denken Sie bei der Wahl Ihrer Stoffe auch an die Kosten der Pflege und Instandhaltung. Wolle ist deshalb besonders empfehlenswert, weil man sie wenig zu bügeln braucht. Bedenken Sie, dass einige Seidenstoffe Wasserflecken annehmen und dass Baumwolle leicht knittert und knautscht.

Nach: Hauptsache, sie sieht gut aus, in: www.sueddeutsche.de/karriere/ratgeber-fuer-die-erfolgreiche-sekretaerin-hauptsache-sie-sieht-gut-aus-1.1028378-4, 29.11.2010 (Zugriff: 24.4.2017) (verändert)

M 3 Zeugnis von 1956

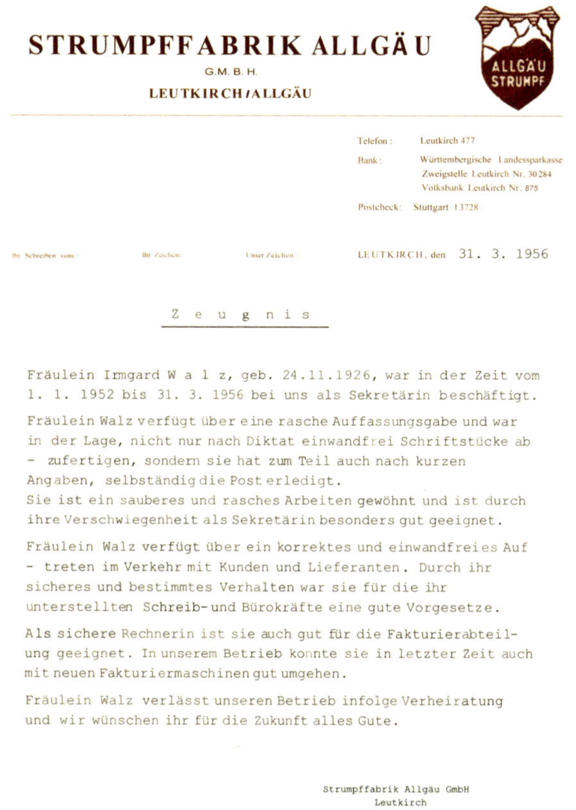

STRUMPFFABRIK ALLGÄU
G.M.B.H.
LEUTKIRCH/ALLGÄU

ALLGÄU STRUMPF

Telefon: Leutkirch 477
Bank: Württembergische Landessparkasse Zweigstelle Leutkirch Nr. 30284
Volksbank Leutkirch Nr. 875
Postcheck: Stuttgart 13728

Ihr Schreiben vom: Ihr Zeichen: Unser Zeichen: LEUTKIRCH, den 31. 3. 1956

Z e u g n i s

Fräulein Irmgard W a l z, geb. 24.11.1926, war in der Zeit vom 1. 1. 1952 bis 31. 3. 1956 bei uns als Sekretärin beschäftigt.

Fräulein Walz verfügt über eine rasche Auffassungsgabe und war in der Lage, nicht nur nach Diktat einwandfrei Schriftstücke ab - zufertigen, sondern sie hat zum Teil auch nach kurzen Angaben, selbständig die Post erledigt.
Sie ist ein sauberes und rasches Arbeiten gewöhnt und ist durch ihre Verschwiegenheit als Sekretärin besonders gut geeignet.

Fräulein Walz verfügt über ein korrektes und einwandfreies Auf - treten im Verkehr mit Kunden und Lieferanten. Durch ihr sicheres und bestimmtes Verhalten war sie für die ihr unterstellten Schreib- und Bürokräfte eine gute Vorgesetze.

Als sichere Rechnerin ist sie auch gut für die Fakturierabteil- ung geeignet. In unserem Betrieb konnte sie in letzter Zeit auch mit neuen Fakturiermaschinen gut umgehen.

Fräulein Walz verlässt unseren Betrieb infolge Verheiratung und wir wünschen ihr für die Zukunft alles Gute.

Strumpffabrik Allgäu GmbH
Leutkirch

Aufgaben

1. Nenne ausgehend vom Bild M 1 mögliche Kompetenzen, die eine Sekretärin haben sollte.
2. Beschreibe das Berufsbild der Sekretärin, wie es in dem Ratgeber von 1966 und im Zeugnis vorgestellt wird (M 2 und M 3).
3. Vergleiche die Anforderungen aus M 2 und M 3 mit den Kompetenzen aus Kapitel II.1.1, S. 91, M 4.
4. Am Beispiel des Sekretärs lässt sich der Wandel eines Berufsbildes gut darstellen. Während der Beruf bis Mitte des 19. Jahrhunderts hauptsächlich von Männern ausgeübt wurde, arbeiten heute fast nur Frauen in diesem Beruf. Auch die Bezeichnung hat sich geändert. Der Ausbildungsberuf lautet mittlerweile „Kaufmann/-frau für Büromanagement“. Gestalte einen modernen Ratgeber für diesen Ausbildungsberuf. Verwende dazu das BERUFENET (Kapitel II.4.1, S. 106 ff.; siehe außerdem S. 96, M 2, Anzeige 1).

3.4 Andere Länder – andere Sitten

M 1 Fremde Arbeitskulturen: Vergesst den Kultur-Knigge!

Ein flüchtiger Beobachter könnte meinen, ein arabischer, ein indischer und ein deutscher Manager, die im Flugzeug ihre Laptops aufklappen, unterschieden sich kaum. Sie kennen und verwenden die gleichen Businessvokabeln, die gleiche Präsentationssoftware, die gleichen Smartphones. Die Businesswelt scheint längst international.
Der Schein trügt. Es ist wie beim Eisberg: Das Wesentliche ist unter der Wasseroberfläche. Dort liegen Werte und Einstellungen, Ängste und Unsicherheiten, bislang erprobtes und bewährtes Erfahrungswissen, das unser Denken und Handeln steuert. [...] Vorbeugen kann man (Werte-)Kollisionen, wenn man sich früh genug intensiv mit der fremden Kultur beschäftigt und die eigenen Werte reflektiert. Wer möchte, dass Menschen unterschiedlicher Kulturen erfolgreich miteinander arbeiten, muss Eisberge „zum Tanzen“ bringen: [...] Und sie sollten bereit sein, den Rhythmus der Kollegen anderer Kulturen kennenzulernen und gelegentlich ein paar Takte mitzutanzen.

Die Franzosen: Allez, les philosophes!

Deutsche und Franzosen respektieren sich gegenseitig, lieben einander aber nicht unbedingt. Dabei sind beide Kulturen ein unschlagbares Team, wenn französische Kreativität mit deutscher Gründlichkeit kombiniert wird. Als Marketingleiterin eines österreichischen Haushaltsgeräteherstellers, der zu einem französischen Konzern gehörte, hat mich als Deutsche fasziniert, wie philosophisch-ausschweifend meine französischen Kollegen über Marktzahlen diskutieren konnten, unterbrochen durch lange Mittagessen und ein ebenso langes Mittagstief. Wer da ungeduldig auf Effizienz pochte, erntete Unverständnis. Kritik sollte durch die Blume erfolgen; in Frankreich regiert die vorsichtige Andeutung. Auch ein anderer Unterschied kann Sand ins multinationale Getriebe streuen: In Frankreich müssen sich die Manager Informationen selbst besorgen, in Deutschland wird von den Mitarbeitern erwartet, dass sie den Chef über Wichtiges auf dem Laufenden halten. [...]

Die Briten: Reden wir mal über Sport

Meine Erfahrung ist: Briten scheuen sich nicht, sich auf sympathische Weise selbst mal auf den Arm zu nehmen. In Verhandlungen schweifen sie gern kurz ab und reden über Sport und andere „Nebensächlichkeiten“. Während man in Deutschland vielfach lebt, um zu arbeiten, arbeiten die Briten, um zu leben. Ist eine Entscheidung einmal gefällt, erwarten britische Geschäftsleute, dass sie auch wie vereinbart umgesetzt wird. Verbindlichkeit ist wichtig, sich an die Regeln zu halten Ehrensache. [...] Auch die Zwischentöne sind wichtig: Briten wollen gefragt werden, nicht dirigiert. Die Neigung der Deutschen, Meinungen und Kritik unverblümt zu äußern, kann das Klima erheblich belasten. Ein klares Nein wird als Affront empfunden. Umgekehrt können sich Briten in einem Umfeld schwertun, in dem es eher hemdsärmelig zugeht. [...]

Die Chinesen: Die loyalen Jasager

China ist ein Riesenland im Aufbruch, mit vielen ehrgeizigen jungen Managern, die oft im Ausland studiert haben. Doch nach wie vor ist es wichtig, Geschäfte unter Freunden oder mit Familienangehörigen zu machen. Persönliche Beziehungen spielen eine große Rolle. Die kaiserliche Tradition und die konfuzianische Lehre haben den Sinn für Loyalität geprägt, damit auch für Familienstrukturen und Unternehmenshierarchien. Für Chinesen steht die Beziehung im Vordergrund, nicht ein Regelwerk von Verträgen und Vereinbarungen. Sie betrachten es als selbstverständlich, nachverhandeln zu können. Generell werden schriftliche Aufzeichnungen vermieden. Die Andeutung beherrscht die Kommunikation. Es gibt kein Nein; Europäer tun gut daran, zwischen den Zeilen zu lesen und aus dem Kontext annähernd richtige Schlüsse zu ziehen.

Aus: Barbara Wietasch, Vergesst den Kultur-Knigge!, in: www.spiegel.de/karriere/andere-laender-andere-sitten-vergesst-den-kultur-knigge-a-903110.html, 5.6.2013 (Zugriff: 21.4.2017)

Aufgaben

1. Traust du dir zu, später im Ausland zu arbeiten? (M 1) Erstellt ein Meinungsbild in der Klasse zu dieser Frage.
2. Beschreibe in Tabellenform die kulturellen Unterschiede zwischen den Beispielen in M 1.
3. Fächergrenzen überwinden: Wir sind durch den Unterricht (z. B. in Fremdsprachen, Geschichte) gut auf die Zusammenarbeit mit Menschen aus anderen Ländern vorbereitet. Erörtere diese These.

4. Wie komme ich weiter? Wir trainieren einen Bewerbungsprozess

4.1 BERUFENET: die Basis für meine Entscheidung

M 1 Auswahl aus den Berufsbezeichnungen

Um sich über Berufe zu informieren, kann man vor Ort zum Berufsinformationszentrum gehen (*www.arbeitsagentur.de/bildung/berufsinformationszentrum-biz*). Dies bietet online auch das BERUFENET an. Das BERUFENET *(berufenet.arbeitsagentur.de)* ist eine elektronische Plattform der Bundesagentur für Arbeit. Dort werden mehr als 3200 Berufsbezeichnungen ausführlich dargestellt. Es gibt Berufe, bei denen man studieren muss, bei anderen braucht man eine Duale Ausbildung. Es gibt aber auch Berufsbezeichnungen, die die Einsatzmöglichkeiten nach der Ausbildung meinen: So ist ein Richter die Bezeichnung eines Berufes nach einem Studium; um Richter werden zu können, muss man Rechtswissenschaft studieren.

Architekt/in	Bildhauer/in	Casting-Direktor/in	Dentalhygieniker/in	Energiemanager/in
Falkner/in	Gamedesigner/in	Holzwirt/in	Ingenieur/in Physik	Jugendberater/in
Kartograf/in	Luftschifffführer/in	Marktforscher/in	Notar/in	Ökonom/in
Philosoph/in	Qualitätsmanager/in	Rating-Analyst/in	Schauspieler/in	Textildesigner/in
Umweltinformatiker/in	Venture-Capitalist	Werbeleiter/in	Yogalehrer/in	Zahnarzt/-ärztin

M 2 Berufe suchen über Berufsfelder

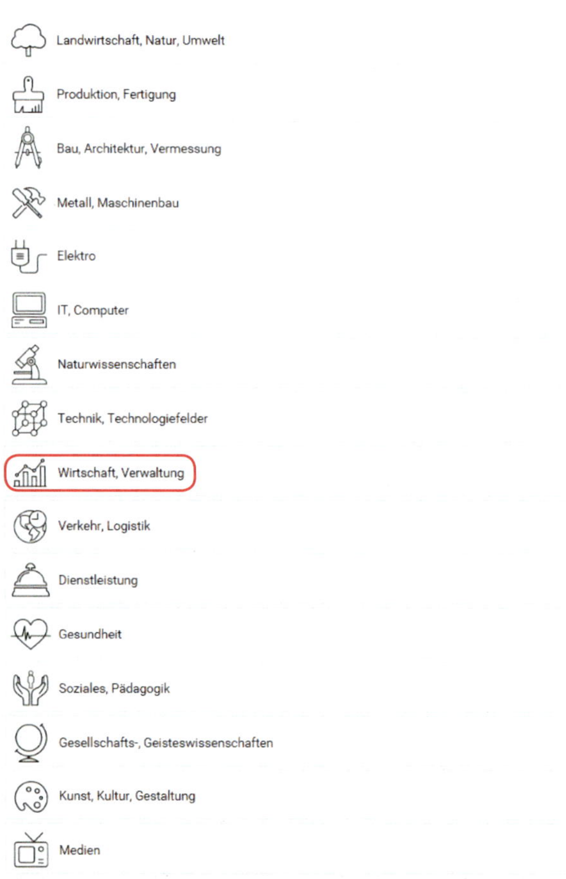

M 3 Berufsfeld Wirtschaft

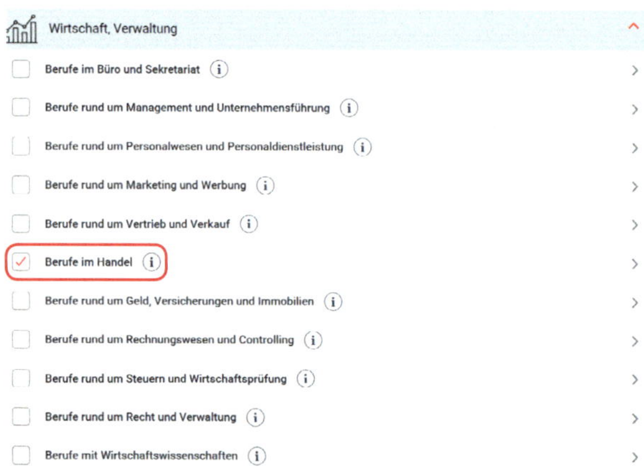

M 4 Berufe im Handel

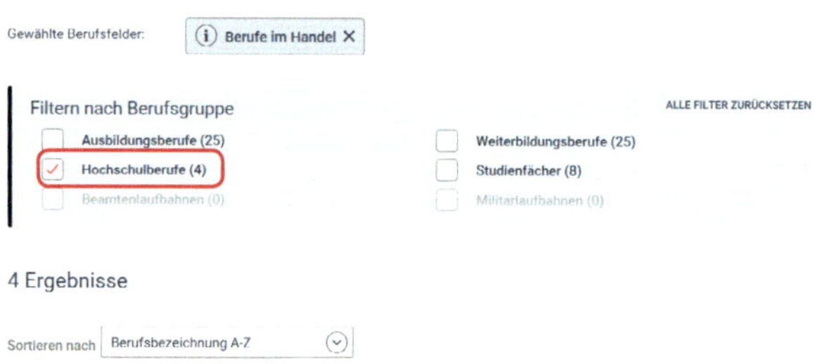

Berufsbezeichnung	Berufskundliche Gruppe
Betriebswirt/in (Hochschule)	Tätigkeit nach Studium
Betriebswirt/in (Hochschule) - Automobilwirtschaft	Tätigkeit nach Studium
Betriebswirt/in (Hochschule) - Handel	Tätigkeit nach Studium
Buchhändler/in (Hochschule)	Tätigkeit nach Studium

M 5 Detailrecherchen zum Buchhändler/zur Buchhändlerin

Zugangsvoraussetzungen:
Vorausgesetzt wird ein abgeschlossenes grundständiges Studium im Bereich Buchhandel, Verlagswirtschaft.

Tätigkeitsinhalte:
Worum es geht: Buchhändler/innen kaufen, verkaufen und präsentieren Bücher, Zeitschriften, elektronische und andere Medien. In der Verlagswirtschaft übernehmen sie Aufgaben im Vertrieb, in der Programmplanung oder in der Herstellung von Büchern und elektronischen Medien.

Verdienst/Einkommen:
beispielhafte tarifliche Bruttogrundvergütung (monatlich): 4 351 €

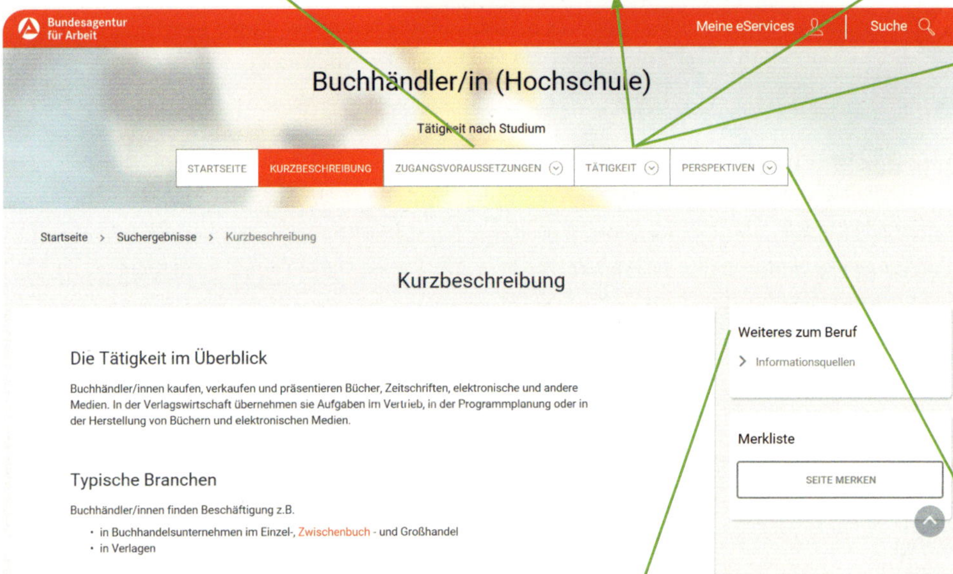

Arbeitsbedingungen:
Arbeitsorte: Buchhändler/innen arbeiten in erster Linie in Büroräumen, in Besprechungsräumen, in Verkaufsräumen und ggf. in Lagerräumen.
Arbeitsbedingungen im Einzelnen: Sie übernehmen Verantwortung für Personen- und Sachwerte, haben Kundenkontakt und arbeiten im Sitzen und vor dem Bildschirm.

Im Verkaufsraum die Präsentation der Bücher kontrollieren

Weitere Informationsquellen:
Medien:
z. B. Ausbildung in Buchhandel und Verlag:
www.ausbildung-buchhandel.de
Verbände und Organisationen:
z. B. Börsenverein des deutschen Buchhandels:
www.boersenverein.de

Nach: https://berufenet.arbeitsagentur.de/berufenet/faces/index?path=null/suchergebnisse/kurzbeschreibung&dkz=59239&such=buchhändler (Zugriff: 1.4.2017) (verändert)

Aufgaben

1. M 1 zeigt Beispiele aus dem BERUFENET für jeden Buchstaben. Nenne weitere dir bekannte Berufsbezeichnungen zum ersten Buchstaben deines Vor- und Nachnamens. Sammelt diese dann in der Klasse.
2. M 2 – M 5 zeigen am Beispiel des Buchhändlers (Hochschule), wie man das BERUFENET nutzen kann, um weitere Informationen zu erarbeiten. Den Buchhändler findest du im Übrigen auch als Ausbildungsberuf. Erstelle eine Recherche eines Berufes nach deinem Interesse mithilfe der Recherchevorlage M 6.

M 6 Recherchevorlage

Berufsbezeichnung

Zugangsvoraussetzung: Wird für den Beruf eine Ausbildung oder ein Hochschulstudium verlangt?
Anforderungen: Nenne jeweils 3 persönliche und fachliche Anforderungen, die zu dir passen.

Tätigkeit:
Tätigkeitsinhalte: Nenne 3 aus deiner Sicht bedeutsame Inhalte der Tätigkeit.
Verdienstmöglichkeit: Nenne den tariflichen Bruttogrundverdienst.
Arbeitsbedingungen: Nenne jeweils 2 Bedingungen, die zu deinen Interessen passen bzw. nicht passen.

Perspektiven:
Stellenangebote: Finde heraus, ob es in deiner Region momentan offene Stellen für diesen Beruf gibt. Eventuell erhältst du dadurch auch eine Adresse für einen Praktikumsplatz.
Informationsquellen: Nenne 2 Titel weiterer Informationsquellen zu diesem Beruf.

M 7 Berufe im Spiegel der Statistik

Auf der jeweiligen Berufsseite führt ein Verweis (Perspektiven – Beschäftigungsdaten) auf aktuelle Daten zu einem größeren Berufsfeld. Der Buchhändler gehört dabei zu den Berufen im Buch-, Kunst-, Antiquitäten- und Musikfachhandel.

Sozialversicherungspflichtig Beschäftigte im Buch-, Kunst-, Antiquitäten- und Musikfachhandel	2013	2014	2015
Sozialversicherungspflichtig Beschäftige (Anzahl)	12 645	12 352	12 185
Bestandsentwicklung Index (2013 = 100)	100	98	96
Beschäftigtengruppen (Anteile in Prozent)			
Frauen	79,9	79,8	80,0
Ausländer	2,0	2,0	2,2
unter 25 Jahre	4,1	3,6	3,7
25 bis unter 35 Jahre	22,9	22,2	21,5
35 bis unter 50 Jahre	40,6	39,8	38,9
Teilzeit	40,5	42,4	43,8
ohne abgeschlossene Berufsausbildung	4,3	4,3	4,5
Abschluss einer anerkannten Berufsausbildung	71,4	71,3	70,6
Meister-/Techniker- oder gleichwertiger Fachschulabschluss	1,2	1,2	1,2
Bachelor	0,9	1,1	1,6
Diplom/Magister/Master/Staatsexamen	9,6	10,2	11,0
Promotion	0,2	0,3	0,4
berufliche Ausbildung unbekannt	12,3	11,5	10,7
mittleres monatliches Bruttoarbeitsentgelt (in Euro)			
insgesamt	2 170	2 190	2 224
Männer	2 333	2 373	2 371
Frauen	2 120	2 143	2 184

Aus: Institut für Arbeitsmarkt und Berufsforschung (IAB), Berufe im Spiegel der Statistik, in: http://bisds.iab.de/Default.aspx?beruf=BG625 (Zugriff: 21.3.2017)

Aufgaben

1. Analysiere in M 7 die Struktur des vorgegebenen Berufsfeldes. Elemente der Analyse sind: Entwicklung der Beschäftigung, Geschlechterverteilung, Altersstruktur, Ausbildungsarten, Einkommensentwicklung.
2. Beurteile, ob Berufe im Buch-, Kunst-, Antiquitäten- und Musikfachhandel Berufe der Zukunft sind.
3. Erörtere, ob die Erkenntnisse aus Aufgabe 1 und 2 die Berufswahl eines buch- und kunstinteressierten Schülers beeinflussen sollten.

4.2 Einen Praktikumsplatz finden

M 1 Erfolgreiches Praktikum?

Zeichnung: Michael Hüter

M 2 Gelungene Praktikumsplatzsuche?

Meine Mutter/mein Vater sucht für mich nach einem Platz. Da mische ich mich nicht ein.

In meiner Stadt gibt es zwei große Betriebe, da finde ich bestimmt etwas. Mein Kumpel, der dort letztes Jahr war, kann bestimmt etwas vermitteln.

Im Betrieb meiner Mutter/meines Vaters kann ich ein Praktikum machen. Ich habe schon die Bestätigung.

Einmal im Jahr bekommen wir die „Gelben Seiten" ins Haus. Da sind Adressen von Firmen drin. Ich suche welche raus und maile mal ein paar an.

Meine Schule hat eine Liste mit Betrieben, da suche ich mir einen raus und rufe dann mal an.

Ich habe keinen Plan. Ich warte einfach mal ab; wenn ich keinen Platz finde, ist es auch egal.

Autorentext

M 3 Hilfe bei der Praktikumssuche

Jede/r von euch muss in der Schulzeit mindestens ein Praktikum machen. So kommt man mit der Arbeitswelt in Kontakt und kann ausprobieren, ob ein bestimmter Beruf den eigenen Vorstellungen entspricht. Auch besteht die Chance, Berufe kennenzulernen, die man vorher gar nicht kannte. Daher ist es wichtig, eine Firma, Behörde oder Organisation zu finden, die einem viele neue Erkenntnisse bietet.
Man muss sich allerdings im Klaren sein, dass für Unternehmen ein Praktikum auch eine Belastung ist. Die Praktikanten müssen beschäftigt werden, dafür muss Personal abgestellt werden usw. Das ist alles ein Kostenfaktor. Andererseits profitieren Unternehmen von Praktikanten, denn sie können zukünftige Arbeitnehmer sein. Gerade in Branchen mit Bewerbermangel halten Unternehmen gern Ausschau nach guten Leuten, ähnlich wie Scouts im Fußball.
Deshalb ist es wichtig, Unternehmen zu suchen, bei denen man ausprobieren kann, ob es dort Berufe gibt, die den eigenen Interessen entsprechen. Wenn man gerne kreativ arbeitet, sollte man nicht gerade ein Praktikum in einer Behörde anstreben, bei der es um das präzise Verwalten von Informationen geht. Je mehr Interesse die Praktikanten an den Tätigkeitsfeldern zeigen, desto eher ist der Gastbetrieb mit ihnen zufrieden. Praktikanten, die keine Fragen stellen oder schlecht gelaunt die Woche absitzen, werden für die Firmen zur Belastung. Wer mit Interesse, Engagement und Offenheit auftritt, wird es auch leichter haben, im Betrieb eigene kleine Aufgaben übernehmen zu dürfen.

Autorentext

M 4 Datenbanken mit möglichen Adressen

Es gibt keine reinen Praktikumsdatenbanken, aber indirekt findet man über folgende Links Adressen:

- *jobboerse.arbeitsagentur.de*
- *www.ihk-lehrstellenboerse.de*
- *www.freie-berufe-bw.de*
- *studienwahl.de/de/praktikumsboerse.htm*

Aufgaben

1. Erläutere, warum der Junge in M 1 unsicher sein könnte, ob er den richtigen Praktikumsplatz hat.
2. Beurteile die in M 2 dargestellten Möglichkeiten der Praktikumsplatzsuche.
3. Stelle mithilfe von M 3 die Interessen von Unternehmen und Praktikanten gegenüber.
4. Suche drei aktuelle Adressen zu einem Berufsfeld deiner Wahl mithilfe von M 4.

4.3 Erste Kontaktaufnahme: Kann beim Mailen oder Telefonieren etwas schiefgehen?

M 1 Eine erfolgreiche Kontaktaufnahme?

Bevor man eine aufwendige Bewerbung an ein Unternehmen schickt, bietet es sich an, vorab zu klären, ob überhaupt ein Praktikum angeboten wird. Eine E-Mail oder ein Telefongespräch kann dabei schnell helfen.

An: buchhandlungsschmittke@freiburg.de

Kopie

Blindkopie

Betreff: Praktikum

Von: Kai Schmaller – k.schmaller13@e-mail.de

Signatur: Ohne

Hallo!

wir müsen von der Schule aus ein Praktikum machen.
Weil ich gerne lese möchte ich bei Ihnen eine Woche reinschnubbern.

Ist das möglich?

MfG

Kai Schmaller

M 2 Merkmale einer gelungenen E-Mail: ein E-Mail-Knigge

Während zu Zeiten ihrer Erfindung die E-Mail eine moderne Kommunikationsform war, bei der sich die Nutzer oft an keine Regeln hielten, ersetzen mittlerweile unkonventionelle Formen aus dem Social-Media-Bereich die E-Mail. So wurde die E-Mail zu einer seriösen Form, bei der wie in einem Brief in Papierform Regeln einzuhalten sind, wenn man ernst genommen werden will. In der Geschäftswelt gibt es seit 2007 sogar gesetzliche Formvorschriften, damit eine E-Mail rechtlich bindend ist. Daraus kann man auch Regeln für einen allgemeinen seriösen E-Mail-Umgang ableiten.

E-Mail-Knigge:

- *Aussagekräftiger Betreff:* So weiß der Empfänger gleich, um was es geht.
- *Richtige Anrede:* Dazu muss man recherchieren, wie der Name der anzusprechenden Person lautet. Wenn man keinen Namen findet, kann allerdings die sehr seriös klingende anonyme Anrede: „Sehr geehrte Damen und Herren" benutzt werden. Mittlerweile wird auch „Guten Tag, Herr NN" akzeptiert. Doch auch dazu benötigt man einen Namen. „Hallo" und „Lieber" wirkt hingegen zu vertraut oder zu locker.
- *Korrekte Schriftsprache:* Fehler bei der Rechtschreibung und Zeichensetzung sind unbedingt zu vermeiden.
- *Umgangssprache vermeiden:* keine coolen oder flapsigen Formulierungen verwenden.
- *Verzicht auf Abkürzung:* z. B. nicht mfg, uawg, 4U.
- *Lange Texte vermeiden:* Aussagen knapp und präzise formulieren.
- *Seriöse Form:* Auf Farben und auffällige Schriftarten verzichten.
- Als *letzter Satz* sollte freundlich formuliert werden, dass man sich über eine Antwort freuen würde, z. B. durch eine Formulierung wie „Es wäre schön, wenn ..." oder „Ich würde mich darüber freuen, wenn ...".
- *Schlussformel verwenden:* Statt der seriösen Formel „Mit freundlichen Grüßen" kann auch „Freundliche Grüße" verwendet werden.
- *Absenderfeld korrekt:* Wichtig ist es, seine richtigen Kontaktdaten am Ende der E-Mail zu hinterlassen, dazu

gehören Name, postalische Adresse, Telefonnummer und E-Mail-Adresse.

- *E-Mail-Account kontrollieren:* Eventuell hat das Unternehmen nach Erhalt der E-Mail noch eine Frage oder möchte einen Termin vereinbaren. Deshalb ist es notwendig, täglich zu kontrollieren, ob man E-Mails erhalten hat. Eventuell befindet sich die Antwort auch im Spam-Ordner, deshalb sollte man auch diesen prüfen. Denn wenn man auf eine E-Mail nicht antwortet, dann wirkt das unhöflich.

Autorentext

M 3 Erfolgreich telefonieren

Merkliste

- Vorstellung zu Beginn des Gesprächs
- Konzentration auf das Gespräch
- Höflichkeit
- Klarheit der Aussagen
- Verständlichkeit
- Nachfragen, wenn man etwas nicht verstanden hat

M 4 Trockenübung

Buchhandlung Schmittke, Sie sprechen mit Frau Birke.

Eigentlich haben wir schlechte Erfahrungen gemacht und wollen kein Schülerpraktikum mehr durchführen.

Wie sind Sie denn auf unsere Buchhandlung gekommen?

Es genügt, wenn Sie Ihre Bewerbung und Ihren Lebenslauf als Anhang einer E-Mail schicken.

Wann soll das Praktikum denn stattfinden?

Nun, Sie können uns ja mal Ihre Bewerbung zukommen lassen.

Sie scheinen ja wirklich interessiert zu sein.

Autorentext

Aufgaben

1. Beurteile nach deinem ersten Eindruck, ob die E-Mail in M 1 gelungen ist.
2. Überprüfe die Angemessenheit der E-Mail anhand der Kriterien aus M 2.
3. Formuliere eine formgerechte neue E-Mail an Frau Birke von der Buchhandlung Schmittke (M 1).
4. a) Gestalte ein Telefongespräch mit einer Buchhandlung, bei der du ein Praktikum durchführen möchtest. Verwende dazu die möglichen Antworten deiner Gesprächspartnerin aus M 4.
   b) Führe mit dem geschriebenen Gespräch ein Rollenspiel durch. Ein Mitschüler/eine Mitschülerin spielt die Person aus der Buchhandlung.
   c) Beurteile mithilfe der Merkmale aus M 3, wie gut das Gespräch gelungen ist.

4.4 Bewerbung und Lebenslauf: Form vor Inhalt?

M 1 Bewerbungsfotos

M 2 Gute Begründungen für die Bewerbung?

Wie sie auf meinem Foto sehen, war ich schon immer eine Leseratte.

Bücher sind einfach was Cooles! Ich stelle es mir toll vor, immer die neuesten Romane zu bekommen.

In Buchhandlungen kommt man viel mit Menschen in Kontakt. Das ist mir das Wichtigste.

Autorentext

M 3 Bewerbungsverfahren: Vieles ist möglich

Die Bewerbungsverfahren werden mittlerweile ganz unterschiedlich gehandhabt. Dabei gibt es nicht nur Unterschiede zwischen verschiedenen Ländern, sondern auch zwischen Unternehmen. Während manche Firmen umfangreiche Bewerbungsmappen verlangen, sind andere dazu übergegangen, reine Onlinebewerbungen einzufordern. Auch beim Schülerpraktikum gibt es abweichende Verfahren: von einer umfassenden Bewerbung mit Anschreiben, Lebenslauf und Zeugnis bis zur einfachen telefonischen Absprache ist vieles möglich. Deshalb ist es wichtig, sich vorher darüber zu informieren, wie die Bewerbung auf ein Praktikum in einem Unternehmen, das man ausgesucht hat, verläuft. Umfassende Informationen mit Trainingsübungen und Vorlagen finden sich auf *www.planet-beruf.de*.

Autorentext

Aufgaben

1. Bewerte die Bewerbungsfotos (M 1). Welche findest du gelungen?
2. Ordne die Begründungen in M 2 den Bildern in M 1 zu.
3. Erläutere, warum die Begründungen in M 2 für eine Bewerbung nicht gelungen sind.
4. Nenne mögliche Gründe, warum es keine einheitlichen Bewerbungsverfahren gibt (M 3).
5. Ordne dem Beispiel eines Anschreibens die rechts daneben stehenden Merkmale zu (M 4).
6. Gestalte eine Bewerbung für einen Praktikumsplatz in einer Buchhandlung oder für deinen eigenen Praktikumsplatz.
7. a) Erläutere, warum es wichtig ist, zu wissen, dass Länder verschiedene Bewerbungsverfahren haben (M 5).
   b) Vergleiche die verschiedenen Beispiele in M 5 und bewerte sie.
8. Gestalte deinen Lebenslauf für eine Praktikumsbewerbung mithilfe der Vorlage M 6.
9. Sogenannte anonyme Bewerbungen ohne Fotos sowie ohne die Angabe von Namen, Alter, Geschlecht und Herkunft wären für alle Beteiligten besser. Erörtere diese These.

M 4 Beispiel eines Bewerbungsschreibens für einen Praktikumsplatz

Antje Fröhlich
Seminarstraße 18
78628 Rottweil
Tel.: 0171/XXXXXXX
E-Mail: a.fröhlich@email.de

Buchhandlung Schneider
Frau Roswitha May
Waldstraße 12
70222 Schwellingen

21.11.20XX

Bewerbung um ein Schülerpraktikum

Sehr geehrte Frau May,

vielen Dank für das freundliche Telefongespräch am 13.11.20XX. Wir hatten dabei verabredet, dass ich mich formell um einen Praktikumsplatz bewerbe.

Ich besuche die 10. Klasse des Ricarda-Huch-Gymnasiums in Schwellingen. Meine Interessen liegen ganz besonders in den sprachlichen und musischen Fächern, dort sind auch meine Leistungen am besten, wie Sie meinem Zeugnis aus der 9. Klasse entnehmen können. Seit einem Jahr haben wir in der Schule das Fach Wirtschaft und in der 9. Klasse beschäftigten wir uns mit vielen Fragen aus dem Bereich Unternehmen, was mich ebenfalls interessiert. Deshalb würden mich sowohl die kulturellen als auch die kaufmännischen Bereiche einer Buchhandlung interessieren.

In meiner Freizeit lese ich gerne, sowohl im normalen Buch als auch auf meinem E-Book-Reader. Mein besonderes Hobby ist die Astronomie, ab und zu helfe ich in der Sternwarte aus. So trifft es sich gut, dass Ihre Buchhandlung traditionell eine Abteilung mit astronomischen Büchern führt. Ich wäre gespannt, bei einem Praktikum zu erfahren, ob sich solch eine exotische Abteilung überhaupt lohnt.

Unsere Schule führt in der Woche vom 12.1.–17.1.20XX die Praktikumswoche durch. Ich könnte aber auch, wenn Sie dies wünschen, das Praktikum um die Winterferien verlängern.

Zu einem Vorstellungsgespräch bin ich gerne bereit.

Es wäre sehr schön, von Ihnen zu hören.

Freundliche Grüße

Anlagen
Lebenslauf mit Foto
Zeugnis Klasse 9

- Anschrift des Unternehmens und Ansprechpartner (falls vorhanden)
- persönliche Anrede
- Grund des Anschreibens
- Begründung der Wahl des Unternehmens
- Interesse, Motivation und Eignung begründen
- Interesse zeigen
- Grußformel
- Anlage
- Absender beginnt in der 5. Zeile und kann auch linksbündig stehen
- drei Zeilen bis zur Anschrift des Empfängers
- drei Zeilen bis zur Datumsangabe
- drei Zeilen frei lassen für die Unterschrift
- linker Rand 25 mm, rechter Rand 20 mm
- einheitliche Schriftart, in der Regel Größe 11–13

Autorentext

M 5 Lebensläufe: Andere Länder, andere Formen

Interessanterweise gibt es keine internationalen Standards für die Merkmale eines anerkannten Lebenslaufes. Während es in manchen Ländern sogar ausgeschlossen wird, ein Foto beizulegen, legen Unternehmen in anderen Ländern besonderen Wert auf Fotografien. Auch im Hinblick auf persönliche Informationen oder in Bezug auf Schriftgröße und Länge gibt es Unterschiede.

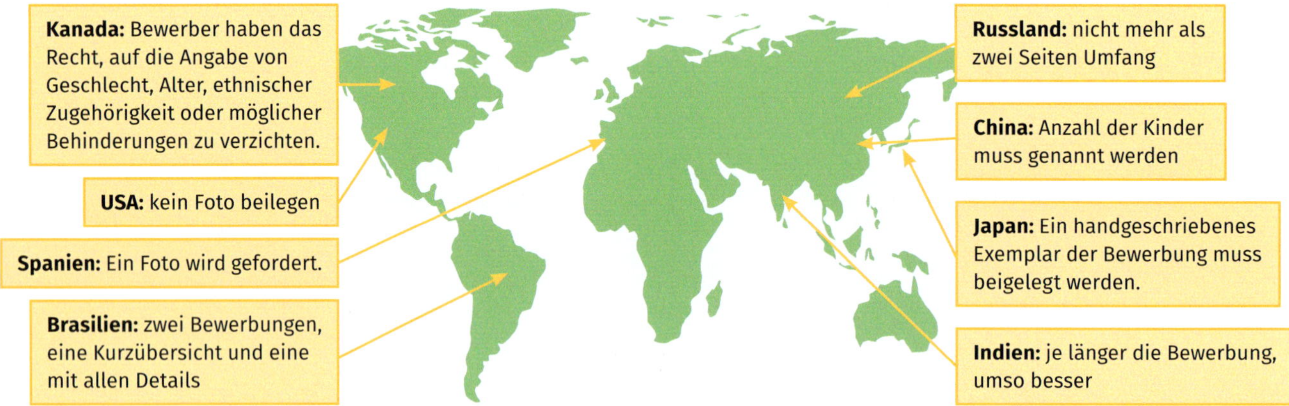

Vorspann: Autorentext; Textfelder nach: Business Punk Redaktion, Bewerbung: So unterschiedlich sehen Lebensläufe rund um den Globus aus, in: www.business-punk.com/2017/03/infografik-so-unterschiedlich-sehen-lebenslaeufe-rund-um-den-globus-aus/, 1.5.2017 (Zugriff: 9.5.2017) (eigene Übersetzung)

M 6 Formatvorlage für einen Lebenslauf als Schüler/in in Deutschland

Lebenslauf

Angaben zur Person

Name:

Anschrift/Kontaktdaten:

Geburtstag und -ort:

Eltern: Angaben zu Eltern sind freiwillig

Praktische Erfahrung

- Praktikum
- Ehrenamt

Schulbildung

Schulabschluss: Welchen? Wann erreicht?

- Gymnasium
- Grundschule

Persönliche Fähigkeiten und Kompetenzen

Computerkenntnisse:

Sprachkenntnisse:

Persönliche Stärken:

Hobbys:

Ort, Datum

Unterschrift

4.5 Bewerbungsgespräch: Ist Haltung alles?

M 1 Dreimal Sitzen

M 2 Körpersprache

Wie wichtig sind die Signale? Psychologischen Studien zufolge entfallen 55 Prozent des ersten persönlichen Eindrucks auf Körpersprache und Gestikulation. Weitere 38 Prozent werden dem Sprechen, etwa der Stimmlage und Artikulation, beigemessen. Der Inhalt des Gesagten hätte demnach nur einen Anteil von 7 Prozent. […] Es gilt also, ein paar Grundregeln zu beachten.

Die richtige Haltung: In den meisten Vorstellungsgesprächen sitzen Bewerber dem Personaler direkt gegenüber. Zentral ist hierbei, verkrampftes Sitzen zu vermeiden, da dies das Stressempfinden unnötig befördert. Idealerweise hält man den Körper aufrecht und locker, die Schultern gerade und das Kinn leicht erhoben. Die Hände liegen dabei entspannt auf den Sitzlehnen, die Beine sind im besten Fall locker in Richtung des Personalers übereinandergeschlagen. Beachten sollte man dabei zum einen, dass die Haltung nicht zu steif ausfällt, um nicht den Eindruck permanenter Anspannung zu erzeugen. Zum anderen sollte man es vermeiden, sich zu weit vorn auf den Stuhl zu setzen und die Lehnen mit den Händen zu umklammern. Diese Haltung wird sonst als übermäßige Nervosität oder Mangel an Selbstvertrauen interpretiert. Ein weiteres Tabu sind verschränkte Arme und eine breitbeinige, „lümmelnde" Haltung, da dies schnell als Überheblichkeit oder Ablehnung gedeutet werden kann. […] [Es empfiehlt sich auch nicht,] den Körperschwerpunkt zu sehr nach vorn zu verlagern oder sich gar auf den Tisch zu stützen und damit eventuell das „Revier" des Personalers zu verletzen.

Die richtige Gestik: Prinzipiell gilt: Es ist wichtig, öffnende und harmonische Gesten zu verwenden und hektische oder nervöse Bewegungen zu vermeiden. Mit den Fingern auf der Lehne zu trommeln, mit einem Gegenstand zu spielen oder die Fäuste zu ballen, ist ebenso unvorteilhaft, wie sich ständig die Haare zurückzustreichen oder an der Kleidung zu zupfen. […] Grundsätzlich vermieden werden sollten Bewegungen in Richtung oder gar Berührung der Gesichtspartien. Wer sich ständig an die Nase fasst oder die Brille hochschiebt, signalisiert Unsicherheit und Nervosität. Sich das Kinn zu streicheln kann als Selbstgefälligkeit ausgelegt werden, ein Griff zum Ohrläppchen bedeutet sogar Ablehnung und Geringschätzung. Natürlich kann jedem Menschen einmal die Nase jucken. Ist dies aber nicht der Fall, sollte man die Hände am besten einfach entspannt auf der Stuhllehne lassen.

Die richtige Mimik: Seit jeher senden die Augen die wichtigsten und vielsagendsten Signale. Ein freundlicher, offener Blick zeigt Interesse und Sympathie. Starrt man jedoch auf den Boden oder an seinem Gegenüber vorbei, wird dies im besten Fall als Unsicherheit, im schlimmsten Fall als mangelndes Interesse ausgelegt. Auch der Mund verrät einiges. Weder ein schiefes Lächeln noch heruntergezogene Mundwinkel wirken besonders glaubwürdig. Wird gar nur ein Mundwinkel hochgezogen, kann dies sogar als Zynismus oder Arroganz gedeutet werden. Am besten versucht man also, gar nicht erst zu schauspielern […]. Stattdessen lieber ehrlich Emotionen zu zeigen und auch mal zu lachen, wenn dies angebracht ist, führt wiederum nur selten zu negativen Konsequenzen.

Nach: Den Personaler „wortlos überzeugen", in: www.praktika.de/praktikumsfuehrer/?s=personaler, 23.6.2009 (Zugriff: 21.3.2017) (verändert)

Aufgaben

1. a) M 1 zeigt drei Jungen beim Vorstellungsgespräch für ein Praktikum bei einer Bank. Begründe, welche Sitzhaltung du angemessen findest.
   b) Begründe, ob bei Mädchen die Körperhaltung anders wäre.
2. a) Arbeite die Tipps für eine gute Körperhaltung aus M 2 heraus und schreibe sie auf DIN-A3-Blätter.
   b) Spielt Bewerbungen nach. In einer ersten Runde macht ihr genau das Gegenteil, was auf den Karten steht, in einer zweiten Runde macht ihr möglichst alles richtig. METHODE Kopfstandmethode, S. 97

Praktikum durchführen und Praktikumsbericht schreiben

Zeichnung: Bob

Das Praktikum

Das Praktikum soll keine lästige Pflichtveranstaltung sein, auch darf die Zeit nicht genutzt werden, um einfach nur zu jobben. Es ist sogar untersagt, beim Schülerpraktikum Geld zu verdienen, denn ihr werdet ja vom Pflichtunterricht freigestellt.

Ihr solltet deshalb möglichst viel lernen. Der Nutzen des Praktikums besteht darin, dass es ein Baustein ist, um zu klären, ob ein bestimmter Berufsweg bzw. ob bestimmte Bedingungen einer Arbeit überhaupt zu euch passen.

Deshalb sollten die Firmen euch auch nicht stupide einsetzen. Jeden Tag in einem Hotel ausschließlich die Betten zu beziehen und aufzuräumen, entspricht nicht der Idee eines Schülerpraktikums und in dem Fall solltet ihr auch schnell die Schule informieren.

Auf der anderen Seite steht ihr als Praktikantin/Praktikant in einem Arbeitsverhältnis, dessen spezifische Bedingungen man beachten muss. In manchen Betrieben gibt es sensible Daten, wie bei Banken, oder man wird mit persönlichen Schicksalen konfrontiert, wie in Krankenhäusern. Nicht immer kann man deshalb überall eingesetzt werden.

Ihr müsst euch an die Regeln der Firma halten und solltet auch alles daransetzen, einen guten Eindruck zu hinterlassen. Unpünktliches Erscheinen, schlechte Laune, patzige Antworten oder zur Schau gestelltes Desinteresse verärgern die Personen in den Betrieben. Außerdem seid ihr immer auch ein Vertreter eurer Schule: Euer Verhalten ist die Visitenkarte eures Gymnasiums.

Regeln beim Praktikum:

- ☞ Am ersten Tag pünktlich an dem Ort erscheinen, den man verabredet hat.
- ☞ Sofern keine Information am Anfang erfolgt, sollte man nachfragen, wie das Praktikum ablaufen wird.
- ☞ Motivation und Engagement zeigen, zum Beispiel danach fragen, ob man auch in andere Abteilungen „reinschnuppern" darf.
- ☞ Die Kleidung sollte zum Unternehmen passen: Zur Autowerkstatt passen keine Highheels und zur Bank keine Chucks.
- ☞ Auf Kaugummikauen und ständiges Handy-Checken verzichten.
- ☞ Am Ende sich bedanken und evtl. nach einer kleinen Beurteilung fragen.

Der Bericht:

Es gibt unterschiedliche Möglichkeiten, das Praktikum zu dokumentieren.

Eine rein chronologische Schilderung, was man an den Tagen gemacht hat, bringt jedoch wenig Nutzen: Wen interessiert schon, dass man um 10 Uhr zur Pause ein Käsebrot gegessen hat und um 14 Uhr zwei Löcher in ein Blech bohren durfte?

Mehr Nutzen erzeugt ein Bericht, der abgleicht, ob die persönlichen Neigungen, Eignungen und Erwartungen mit den Erfahrungen übereinstimmen.

Auch endet die Berufsorientierung nicht mit dem einmaligen Praktikum. Danach solltet ihr euch weiterhin über eure Zukunft Gedanken zu machen. Der Bericht über das Praktikum gehört darum in eurer persönliches Berufswahl-Portfolio.

→ Ein Portfolio anlegen, S. 93

Mögliche Kapitel:

Persönliche Neigung und Eignungen:
- Was kann ich, was mag ich?
- Warum habe ich mir innerhalb dieses Berufsfeldes eine Erkundungsstelle ausgesucht?

Erfahrungen bei der Suche nach der Erkundungsstelle:
- Habe ich zügig eine Stelle gefunden?
- Wie bin ich vorgegangen?
- Wo ergaben sich Schwierigkeiten?

Meine Berufserkundungsstelle:
- Grundinformationen über das Unternehmen: Rechtsform, Mitarbeiter, Aufgabenbereiche, evtl. Organigramm
- Tätigkeiten, die ich im Unternehmen machen durfte
- Erfahrungen, die ich im Unternehmen gemacht habe

Mein Zielberuf:
- Welchen Beruf mit gymnasialer Voraussetzung habe ich mir genauer angeschaut?
- Welche Voraussetzungen werden dafür verlangt?
- Wie erfolgt die Qualifikation für diesen Beruf?
- Ist dies ein Beruf der Zukunft?
- Wie sieht der Arbeitsmarkt in diesem Berufsfeld aus?

Dazu kann man im BERUFENET (Kap. II.4.1) eine vor- oder nachbereitende Recherche durchführen.

Resümee:
- Stimmen meine Erwartungen mit den Erfahrungen in diesem Berufsfeld nach der Erkundung überein?
- Welche Fragen sind offengeblieben?
- Was werden meine weiteren Schritte zur Berufsorientierung sein?

Umfang:
Mit Schriftgröße 12 entsteht ein Bericht von 4 bis 6 Seiten.

Beurteilungen zweier Berichte durch einen Lehrer:

„I. Dein Bericht macht einen oberflächlichen Eindruck. Er wirkt so, als ob du die Woche nicht wirklich bewusst zur Berufsorientierung genutzt hast. Über dich selbst erfährt man wenig, du kopierst die Infos über die Firma und den Beruf des Elektroingenieurs aus dem Netz. Was hast du in der Woche in Hinblick auf die Berufsorientierung wirklich dazu gelernt? Auch irritiert, dass du Elektriker (die Bezeichnung gibt es offiziell gar nicht = Elektroniker) und Elektrotechniker vermischst. Wenn ich Copy-Paste abziehe, bleiben wenig eigene Sätze übrig.
Note: 4,5“

„II. Du hast einen anschaulichen Bericht über dein Praktikum verfasst. Der Leser erfährt in einem fehlerlosen und auch grafisch anschaulich gestalteten Bericht die wichtigsten Informationen. Du hast dich sehr präzise mit dir selbst und deinen zukünftigen Berufsmöglichkeiten auseinandergesetzt. Die Informationen über das Unternehmen sind sehr gut zusammengestellt. Leider ist das Resümee etwas zu kurz geraten.
Note: 1,5“

M 1 Erklärvideo der Polizei Baden-Württemberg zum Bewerbungsverfahren

Aus: Polizei Baden-Württemberg, Medien, Bewerbungsverfahren, in: http://medienportal-polizei.land-bw.de/video/Bewerbungsverfahren/3da9489782bbbedca993609c494681c9 (Zugriff: 29.5.2017)

M 2 Erstellen eines Erklärvideos

25586EX

Schritt 1: → Thema auswählen

Schritt 2: → Gliederung für Drehbuch schreiben, dabei Anzahl der Schnitte festlegen

Schritt 3: → Informationen den einzelnen Sequenzen zuordnen

Schritt 4: → Erstellen des Storyboards (Bilder und Sprachtext)

Schritt 5: Produktion des Erklärvideos

M 3 Stellenanzeige für einen Ausbildungsplatz im Einzelhandel (Premiummarke)

Ihre Aufgaben:
- Leidenschaft für unsere Produkte
- zuverlässige und erstklassige Kundenberatung
- Ausbau unseres exklusiven Kundenstammes
- Verwaltung von Kassen- und Kundendaten

Ihr Profil:
- sehr guter Realschulabschluss, Fachoberschule oder Allgemeine Hochschulreife
- Motivation bei Beratung und Verkauf
- Kommunikationsstärke und Identifikation mit Produkten aus dem Luxussegment
- Zuverlässigkeit, zeitliche und räumliche Flexibilität
- freundliches, sympathisches Auftreten

Ihre Perspektiven:
- Arbeit in abwechslungsreichen Tätigkeitsfeldern
- vielfältige Weiterbildungsmöglichkeiten
- attraktive Entlohnung
- internationale Einsatzmöglichkeiten innerhalb des Konzerns

Wenn Sie sich persönlich angesprochen fühlen, möchten wir Sie kennenlernen.

Autorentext

M 4 Bewerbungen im Wandel der Zeit

1970er-Jahre: Der Lebenslauf wird handschriftlich und als Fließtext verfasst. Dieser sollte nicht länger als eine Seite sein. Studienabbrüche oder Ähnliches werden minuziös erklärt. Elternberufe und sogar der Mädchenname der Mutter sind relevant. [...]

1980er-Jahre: Die Schreibmaschine löst langsam, aber sicher die Handschrift ab. Auch die tabellarische Form des Lebenslaufs steht in den Startlöchern. [...] Bisherige Erfolge des Bewerbers gewinnen ebenfalls an Bedeutung.

1990er-Jahre: Neu ist: Lebensläufe dürfen bis zu drei Seiten lang sein. Deckblätter kommen in Mode. Alle Tätigkeiten, die man bisher ausübte, werden aufgelistet. Gegen Ende der 1990er spielen Fotos im Lebenslauf eine immer wichtigere Rolle. Und eben jenes Foto verwandelt sich vom Passfoto zum Portrait. Stellenanzeigen müssen mühevoll aus Zeitungen zusammengesucht werden.

2000er-Jahre: Die Onlinebewerbung setzt sich durch. Diesbezüglich gibt es große Umbrüche im Jahr 2002 und 2006. Ab 2002 akzeptieren große Unternehmen wie Siemens E-Mail, Onlineformular und Post als Bewerbung und behaupten, keine Form zu bevorzugen. 2006 wird es konkret – viele Konzerne akzeptieren nur noch ihr Onlineformular und setzen damit einen Meilenstein. Die E-Mail-Bewerbung mit einer angehängten PDF-Datei erfreut sich in Österreich und Deutschland großer Beliebtheit. In anderen europäischen Ländern werden Worddokumente bevorzugt.

Ca. ab 2005: Soziale Netzwerke wie Xing und Facebook revolutionieren das *Networking* und somit auch die Jobsuche. Xing tut es direkt und Facebook indirekt. Ein interessantes Profil bei Xing kann ausreichen, um von anderen Firmen abgeworben zu werden. Online-Jobbörsen betreten den Markt.

Ca. ab 2010: Infografiken verbreiten sich [...]. Der Trend geht Richtung Übersicht – Informationen werden detaillierter und spezifischer. [...] Des Weiteren wird die Vorauswahl der Bewerber inzwischen von immer mehr Unternehmen mithilfe eines „Online-Assessmentcenters" durchgeführt. Dieses beinhaltet, dass der Bewerber erst einige Tests über das Internet durchführen muss, bevor er zu einem abschließenden persönlichen Gespräch eingeladen wird.

Ab ca. 2012: Englische Bewerbungen nehmen zu. Lebensläufe auf Deutsch zu formulieren, wird immer obsoleter. Die Tabelle hat langsam ausgedient, stattdessen dürfen Kurzbeschreibungen den Bildschirm auffüllen. Hier finden sich wieder Parallelen zum angloamerikanischen Raum.

2015: Es gibt Apps, die Qualifikationen und Erfahrungen auswerten und anhand jener Informationen entsprechende Jobangebote raussuchen. *Social Recruiting* gewinnt fortschreitend an Bedeutung. Bewerbungscoaches verdienen heutzutage gutes Geld, indem sie Jobsuchende auf Vorstellungsgespräche vorbereiten.

2025: Möglicherweise beamt man sich in 10 Jahren zum Vorstellungsgespräch.

Aus: Andreas Danzer, Der Wandel im Überblick: Bewerbungen früher, Bewerbungen heute, in: www.derbrutkasten.com/a/der-wandel-im-ueberblick-bewerbungen-frueher-bewerbungen-heute/, 4.11.2015 (Zugriff: 29.5.2017)

Aufgaben

1. Schau dir das Erklärvideo zum Bewerbungsverfahren (M 1) der Polizei Baden-Württemberg an (siehe hierzu den Webcode unten auf S. 118).
   a) Nenne die im Erklärvideo formulierten Kompetenzen für den Polizeiberuf und überprüfe, ob sie zu deinen Kompetenzen passen würden.
   b) Nenne die im Video genannten Nachweise, die ein Portfolio ergänzen könnten.
   c) Nenne die im Video genannten Möglichkeiten, wie man an Informationen über den Polizeiberuf kommen kann.
   d) Begründe, ob du das Video gelungen findest. Benutze dazu die Kriterien Motivation und Informationsgehalt.
2. Erstelle ein Erklärvideo mithilfe von M 2. Du kannst dies mit Papier und Kamera machen oder ein System wie *„mysimpleshow"* verwenden. Themen des Erklärvideos können sein:
   - Wie bewerbe ich mich erfolgreich?
   - Was ist ein Portfolio?
   - Wer und was kann bei der Berufswahl helfen?
   - Abitur – was dann?
   - Warum ich für den Ausbildungsplatz (z. B. M 3) geeignet bin.
3. Gestalte ein Bewerbungsschreiben zu M 3. Verwende dazu nur die Interessen und Kompetenzen, die zu deinem Profil passen.
4. Beschreibe, welcher gesellschaftliche und technische Wandel die Bewerbungsverfahren beeinflusst hat (M 4).

Fachbegriffe benennen: Wie hieß das gleich nochmal?

1 Daniel weiß zwar, dass er auf jeden Fall etwas im Bereich der Medizin machen will, ihm ist aber nicht klar, ob es außer dem Arzt noch andere Berufe gibt. Er hat gehört, dass die Bundesagentur für Arbeit im Internet eine Rechercheseite anbietet. Die Seite heißt ...

2 Ole träumt immer noch von seiner Zeit in der Grundschule. Dort waren aber nur Lehrerinnen. Eigentlich hätte er Lust, einmal Grundschullehrer zu werden. Er möchte ausprobieren, ob er sich dort tatsächlich wohlfühlt. Dazu bietet die Schule den ... an.

3 Emily besucht den bilingualen Zug an ihrem Gymnasium. Sie findet den Einblick, den sie dadurch in andere Sprachen und Kulturen bekommt, toll. Sie ist froh, dass es neben z.B. naturwissenschaftlichem Lernen auch ... gibt.

4 Nico ist begeisterter NWT-Schüler und fasziniert vom Programmieren. Er träumt davon, als Berufstätiger im Rahmen von ... in einem gut vernetzten Team Lösungen für komplexe technische Probleme zu entwickeln und flexibel auf neue Herausforderungen zu reagieren.

5 Mascha verbringt einige Nächte vor dem Computer. Ihre Leidenschaft ist das Programmieren. Bei vergleichbaren Jungs sagt man, sie seien ein Nerd. Ob sie sich in dieser Welt wohlfühlt, möchte sie testen. Die Schule bietet dazu den ... an.

6 Anil geht in die 12. Klasse und hat Besuch von seinem Austauschpartner Bob aus den USA. Bob begleitet Anil zum Unterricht in die Schule, deren Organisation er nicht versteht. Anil erklärt ihm mühsam, welche Schulabschlüsse man bei uns machen kann und dass es unterschiedliche ... gibt.

7 Onur will nach dem Abitur Finanzbeamter werden. Dazu muss er eine Ausbildung in der Steuerverwaltung machen. Sein Bewerbungsschreiben hatte wohl überzeugt. Deshalb kommt er in die engere Auswahl und wird eingeladen. Dort erwartet ihn ein ...

8 Yvonne möchte das Gymnasium verlassen und nach der mittleren Reife eine Ausbildung in der pharmazeutischen Industrie machen. Sie nimmt eine Stellenanzeige eines örtlichen Großbetriebs zum Anlass, sich mit einem Brief zu bewerben. Dieser heißt ...

9 Kai, Ramona und Tai planen eine Überraschung für ihren gemeinsamen Freund. Sie wollen eine Floßfahrt auf einem selbst gemachten Boot organisieren. Ramona übernimmt die gesamte Planung, Kai ist der handwerklich Begabte und besorgt das Holz und Tai berechnet schon mal die Kosten. Alle drei verfügen über unterschiedliche ...

10 Marie möchte einen Beruf wählen, der im Bereich Musik, Theater, Kunst, Kultur oder auch Design ist. Tom stellt sich einen Beruf im erzieherischen Bereich vor, egal ob mit jungen oder älteren Leuten. Sie suchen also in verschiedenen Bereichen. Diese Bereiche nennt man ...

11 Sarah will unbedingt medizinisch-technische Assistentin werden. Deshalb sucht sie in Zeitungen und im Internet dazu passende ...

12 Julie hat ein völliges Chaos auf ihrem Schreibtisch: Da liegen eine Praktikumsbestätigung, die Ergebnisse eines Eignungstests und lauter Zettel aus dem Wirtschaftsunterricht zur Berufsorientierung. Sie sollte besser ein ... anlegen. Dann könnte sie auch darüber nachdenken, ob sie auf einem guten Weg bei ihrer Berufswegeplanung ist.

13 Die Zwillinge Lotte und Lasse sind vollkommen unterschiedlich, wenn man sie nach ihren Berufswünschen befragt. Sie will in den Bereich Landwirtschaft und Natur, er in das Feld Metall, Maschinenbau. Spätestens als sie eine Woche konkrete Erfahrungen gesammelt haben, gibt es daran keinen Zweifel. Sie haben nämlich ein ... gemacht.

Bewerbungsgespräch
Berufsfelder BERUFENET
Girls'Day Bewerbungsschreiben
Kompetenzen
Interkulturelles Lernen
Stellenanzeigen Praktikum
Boys'Day Berufswege
Portfolio Arbeit 4.0

Fachbegriff	Erklärung
a) Arbeit 4.0	Arbeitsformen und Arbeitsverhältnisse, die geprägt sind von zunehmender Vernetzung von Daten, einer hohen Flexibilität und der Digitalisierung von Arbeitsprozessen
b) BERUFENET	ein Angebot der Bundesagentur für Arbeit, auf dem Informationen zu mehr als 3 200 Berufen angeboten werden
c) Berufsfelder	zusammenfassende Bezeichnung inhaltlich ähnlicher Berufe wie „Elektro", „Gesundheit", „Medien"
d) Bewerbungsgespräch	Vorstellung eines Bewerbers/einer Bewerberin, um einen Ausbildungs- bzw. Arbeitsplatz zu bekommen
e) Bewerbungsschreiben	schriftliche Begründung für eine Bewerbung
f) Girls'Day	ein Angebot an Schülerinnen, um geschlechteruntypische Berufe zu erkunden
g) Boys'Day	ein Angebot an Schüler, um geschlechteruntypische Berufe zu erkunden
h) Interkulturelles Lernen	Aneignung von Wissen und Haltungen über fremde Sprachen, Kulturen und Denkweisen; Ziel ist die Erweiterung des Bewusstseins über die eigene Kultur, der Abbau von Vorurteilen anderen gegenüber und das Einüben von Toleranz
i) Kompetenzen	Fähigkeiten und Fertigkeiten eines Menschen; sie können unterschieden werden in personale Kompetenzen, sozial-kommunikative Kompetenzen sowie Fach- und Methodenkompetenzen.
j) Portfolio	Sammlung von Materialien; bei der Berufsorientierung sind das z. B. Zeugnisse und Testergebnisse.
k) Praktikum	Möglichkeit, Berufe oder Berufsfelder kennenzulernen, indem man probeweise arbeitet
l) Berufswege	Es gibt verschiedene Schulabschlüsse: Nach der 9. bzw. 10. Klasse bekommt man einen Hauptschul- oder einen Realschulabschluss, nach der 12. bzw. 13. Klasse das Abitur oder die Fachhochschulreife. Die Durchlässigkeit zwischen den verschiedenen Schularten ist gegeben. Die Abschlüsse qualifizieren für die weitere berufliche Entwicklung, die eine betriebliche Ausbildung, ein Duales Studium oder ein Studium sein kann.
m) Stellenanzeigen	Wenn ein Arbeitgeber neue Mitarbeiter braucht, so sucht er dieses Personal mithilfe einer Stellenanzeige, die möglichst klar vermitteln soll, was den Arbeitnehmer erwartet und was das Unternehmen vom Arbeitnehmer erwartet. Stellenanzeigen in gedruckten Zeitungen werden zunehmend von Onlineangeboten abgelöst.

Aufgabe

1. In den Situationen auf S. 120 sind Fachbegriffe verarbeitet, die im Unterricht eine Rolle spielten. Setze die richtigen Begriffe in die Leerstellen ein. Dazu kannst du auch die Liste mit den Definitionen zu Hilfe nehmen.

Webcode WES-116435-204 Lösungen zu den Fachbegriffen

III. ARBEITNEHMER

Zitateteppich

1 Persönlichkeiten werden nicht durch schöne Reden geformt, sondern durch Arbeit und eigene Leistung.
(Albert Einstein, 1879–1955, schwz.-am. Physiker)

2 Fronarbeit steht nicht in der Bibel.
(Sorbisches Sprichwort)

3 Es würde vielleicht gar keine soziale Frage geben, wenn jede menschliche Arbeit ihren angemessenen Wert erhielte.
(Unbekannt, 1893)

4 Früher machte man seine Arbeit fertig. Heute ist es oft umgekehrt.
(Olaf Dohmen, dt. Hobby-Aphoristiker)

5 Viele Arbeitsplätze ähneln mehr und mehr dem Paradies: Man kann täglich rausgeschmissen werden.
(Willy Meurer, geb. 1934, dt.-kanad. Kaufmann, Aphoristiker und Publizist)

6 Die Arbeit hält drei große Übel fern: die Langeweile, das Laster und die Not.
(Voltaire, 1694–1778, frz. Philosoph und Schriftsteller)

7 Die Gewerkschaften sind das stärkste, was die Schwachen haben.
(Michael Sommer, geb. 1952, Bundesvorsitzender des Deutschen Gewerkschaftsbundes 2002–2014)

8 Noch nie hatten so viele Menschen im vereinten Deutschland Arbeit. Noch nie konnten so wenig Menschen im vereinten Deutschland vom Lohn ihrer Arbeit vernünftig leben.
(Heinz Kerp, geb. 1963, dt. Journalist)

9 Das Einzige, was mich in dieser Firma hält, ist die Erdanziehung.
(Unbekannt)

10 Es ist ein köstlich Ding, arbeiten zu dürfen, was man will.
(Wilhelmine von Hillern, 1836–1916, dt. Romanschriftstellerin und Schauspielerin)

11 Die heutigen Menschen glauben, dass man die Arbeit so einrichten müsse, dass sie möglichst viel Ertrag abwerfe. Das ist ein falscher Glaube; man muss die Arbeit so einrichten, dass sie die Menschen beglückt.
(Paul Ernst, 1866–1933, dt. Schriftsteller und Journalist)

12 Arbeit ohne guten Lohn ist der schlimmste Hohn.
(Prof. Querulix, geb. 1946, dt. Aphoristiker und Satiriker)

13 Der Zweck der Arbeit soll das Gemeinwohl sein.
(Friedrich Alfred Krupp, 1854–1902, dt. Unternehmer)

14 Arbeit gibt es genug. Es gibt nur nicht genug bezahlbare Arbeit.
(Waltraud Puzicha, 1925–2013, dt. Aphoristikerin)

15 Arbeit um der Arbeit willen ist gegen die Natur.
(John Locke, 1632 – 1704, engl. Philosoph und Politiker)

16 Der Mensch ist zur Arbeit geboren wie der Vogel zum Fliegen.
(Martin Luther, 1483 – 1546, dt. Theologe und Reformator)

17 Wenn ein Mann erzählt, er sei durch harte Arbeit reich geworden, so frage ihn, durch wessen Arbeit.
(Donald Robert Perry Marquis, 1878 – 1937, amerikanischer Schriftsteller)

18 Der Mensch muss sich aber hüten, durch zu viel Arbeit sein Leben zu töten.
(Hildegard von Bingen, 1098 – 1179, dt. Dichterin, Komponisten und Heilige)

19 Ich zahle nicht gute Löhne, weil ich viel Geld habe, sondern ich habe viel Geld, weil ich gute Löhne bezahle.
(Robert Bosch, 1861 – 1942, dt. Industrieller, Ingenieur und Erfinder)

20 Solange mein Chef so tut, als würde er mir ein richtiges Gehalt zahlen, so lange tue ich so, als würde ich richtig arbeiten.
(Kalenderspruch)

21 Eigentlich wollen wir doch alle nur mit unserem Lieblingsmenschen am Meer sitzen, in die Ferne schauen und einfach nur glücklich sein.
(www.küstenkind.com)

22 Man soll die Lebensarbeitszeit so lange fortsetzen, wie man kann.
(Michel de Montaigne, 1533 – 1592, frz. Jurist, Politiker, Philosoph und Begründer der Essayistik)

23 Sechs Stunden sind genug für die Arbeit: Die anderen sagen zum Menschen: Lebe!
(Lukian von Samosata, ca. 120 – 180, griechischsprachiger Satiriker der Antike)

24 Alles lässt sich gerecht verteilen, bloß die Arbeit nicht.
(Wolfgang Mocker, 1954 – 2009, dt. Journalist und Autor)

Aufgaben

1. Die Zitate aus verschiedenen Epochen machen aus unterschiedlichen Perspektiven Aussagen zum Thema Arbeit. Erläutere das Zitat, das dir am besten oder am wenigsten gefällt, und begründe deine Entscheidung.
2. Ordne folgenden Fragestellungen mindestens je zwei Zitate zu:
   - Stellenwert der Arbeit für den Menschen: Was bedeutet Arbeit für den einzelnen Menschen?
   - Ausgestaltung von Arbeitsverhältnissen: Unter welchen Bedingungen wird gearbeitet? Wer schützt die Arbeitgeber und Arbeitnehmer?
   - Konfliktquellen zwischen verschiedenen Akteuren: Warum und worüber wird zwischen verschiedenen Akteuren gestritten?
3. „Arbeit ist schwer, oft genug ein freudloses und mühseliges Stochern; aber nicht arbeiten – das ist die Hölle.“ *(Thomas Mann)* Erörtere dieses Zitat.

Die engagierte Sabrina Wagner

Sabrina Wagner arbeitet seit Jahren in einem Krankenhaus als Physiotherapeutin. Ihr Engagement für diese Tätigkeit zeigt sich u. a. daran, dass sie zahlreiche Fortbildungen gemacht hat, um immer am Puls der Zeit zu sein. Dazu gehören Kurse in manueller Lymphdrainage und im Bereich Rückenschulung. All dies steigert ihre Qualifikationen und macht sie zur allseits geschätzten Mitarbeiterin. Bei ihrem Gehalt ist sie aufgrund ihrer hohen Qualifikationen und ihres Alters (40 Jahre) in der höchsten Entgeltgruppe 9b angelangt, im Monat verdient sie 3 737,60 € brutto bei einer Wochenarbeitszeit von 40 Stunden (nach Abzug von Steuern/Sozialabgaben: 2300 € netto). Dafür muss sie aber auch die schwierigsten Aufgaben übernehmen, z. B. Übungen nach Lungen- und Herz-OPs. Ihr Verdienst liegt weit über dem Durchschnittsgehalt für Physiotherapeuten von zurzeit 2 055 € brutto im Monat (ca. 11,46 € pro Stunde/24 660 € im Jahr).

Bereits seit dem Berufseinstieg engagiert sich Sabrina Wagner für bessere Arbeitsbedingungen. Es kann doch nicht sein, dachte sie, dass in immer kürzerer Zeit immer mehr Patienten behandelt werden müssen und dies zu Überforderung bei den Kollegen führt. Auch der Lohn stehe in keinem Verhältnis zu der anspruchsvollen Tätigkeit mit Patienten. So ließ sich Sabrina als Kandidatin für den Betriebsrat aufstellen und wurde bald darauf auch Mitglied in der Gewerkschaft ver.di. Bereut hat sie ihr Engagement nie, auch wenn es Zeit und Nerven kostet. So haben Sabrina und ihre Kollegen aus der Gewerkschaft sich dafür eingesetzt, dass das Schulgeld, das die Auszubildenden während der dreijährigen Ausbildung zum Physiotherapeuten an Universitätskliniken in Baden-Württemberg zahlen müssen (durchschnittlich zwischen 100 und 400 € pro Monat), abgeschafft wurde. Ihr Einsatz hat sich gelohnt, meint Sabrina Wagner, wenn auch einige Universitätskliniken dazu übergegangen sind, weniger Physiotherapeuten auszubilden. Sie ist der Ansicht, dass der Staat generell für kostenlose Ausbildung zu sorgen habe.

Methode

Mit dem Politikzyklus analysieren

Jeder Konflikt, ob in der Schule, in der Politik oder in der Arbeitswelt, kann mithilfe des Politikzyklus analysiert werden. Er umfasst in einfacher Form vier Schritte:

- **Problemdefinition:** Dabei kommt es darauf an, möglichst klar zu beschreiben, worum es im vorliegenden Konflikt eigentlich geht. **(Was ist?)**
- **Auseinandersetzung:** Hier sollen die Vorstellungen zur Lösung des Problems aufeinandertreffen und diskutiert werden. Alle Akteure müssen zur Sprache kommen und ihre Ideen einbringen. **(Was ist möglich?)**
- **Entscheidung:** Danach erfolgt eine Entscheidung, die möglichst viele Interessen berücksichtigt und für alle bindend ist. **(Was soll sein?)**
- **Reaktion und neues Problem:** Natürlich sind nie alle zufrieden, denn meist wurden die Entscheidungen aufgrund von Kompromissen getroffen. Also entstehen neue Probleme, die nach dem gleichen Muster analysiert werden können. Dieser ständige Prozess der Auseinandersetzung um Probleme führt hoffentlich dazu, dass die Situation immer ein wenig besser wird. **(Was ist?)**

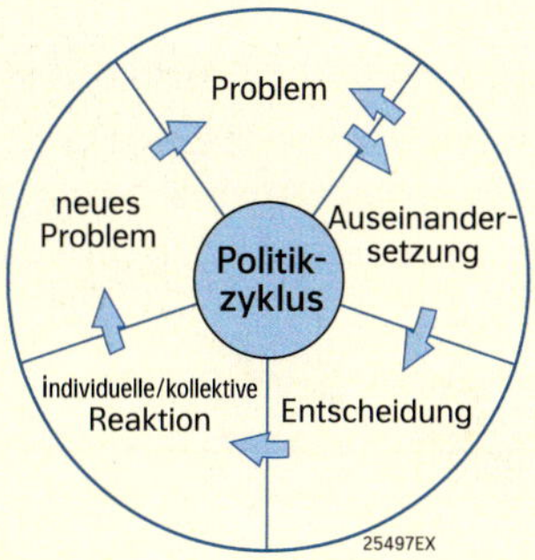

Aufgabe

1. Analysiere mithilfe des Politikzyklus das Problem des Personalmangels, dem Sabrina Wagner und ihre Kolleginnen und Kollegen im Klinikalltag unterliegen.

1. Was bedeutet uns Arbeit?

1.1 Arbeit – mehr als Broterwerb?

M 1 Was ist Arbeit?

Arbeit ist nicht nur ein Wort mit sechs Buchstaben.
Willy Meurer, deutsch-kanadischer Kaufmann, Aphoristiker und Publizist

M 2a Zwischen Gesundheitswesen und Lifestyle

Der Bereich E-Health beschäftigt sich mit der Digitalisierung im Gesundheitswesen. Hier gilt es, bei ständig neuen Projekten und Technologien am Ball zu bleiben. Das weiß auch Philipp Mähl. Der 29-Jährige ist als Projektmanager für ein Unternehmen tätig, das Partner aus dem Gesundheitswesen vernetzt und sie bei der Umsetzung ihrer Projekte unterstützt.
„Die Arbeit ist eine gute Mischung zwischen Büro und Kundenbetreuung vor Ort", berichtet der Projektmanager. Aktuell arbeitet er an einem kardiologischen telemedizinischen Dienst, bei dem ein Elektrokardiogramm (kurz: EKG) über eine App erstellt wird. Anschließend wertet ein Kardiologe das EKG aus. Der Patient muss für die Untersuchung nicht vor Ort sein. Philipp Mähl koordiniert als Gesamtverantwortlicher alle Abläufe [...].
Eine Herausforderung in Philipp Mähls Beruf ist es, immer auf dem neuesten Stand zu bleiben. „Das ist enorm wichtig, weil immer extrem viel Neues passiert", erklärt er.

Aus: www.abi.de/beruf-karriere/berufsreportagen/gsp/gesundheitsmanager013983.htm, 17.8.2016 (Zugriff: 29.11.2016)

M 2b Das Hier und Jetzt positiv gestalten

Muriel Singer (32) betreut zwei Jugendliche, die als minderjährige unbegleitete Flüchtlinge nach Deutschland gekommen sind. [...]
„Bei den Jugendlichen spielen die Vorgeschichte im Herkunftsland und die Flucht eine große Rolle. Es ist wichtig, gemeinsam Strategien zu entwickeln, wie sie im Alltag mit den Traumata umgehen können. Dabei werden bei Bedarf auch Psychotherapeuten eingebunden", gibt Muriel Singer einen Einblick. „Ich liebe meinen Beruf, weil er so vielfältig ist und einen hohen politischen Anspruch hat. Als Sozialarbeiterin verstehe ich mich als Sprachrohr für die Gruppen in unserer Gesellschaft, die keine oder nur eine sehr leise Stimme haben", sagt sie.

Aus: www.abi.de/beruf-karriere/berufsreportagen/gsp/sozialarbeiterin012591.htm, 17.8.2016 (Zugriff: 29.11.2016)

M 3 Das Glück sitzt im Büro

Nichts drückt die Stimmung mehr als Arbeitslosigkeit. Und für Zufriedenheit im Job zählen nette Kollegen mehr als Geld.
So viel zu tun, den Schreibtisch voll trotz Überstunden – was gäbe man für ein paar zusätzliche freie Tage in der Vorweihnachtszeit! Für alle, die sich im Dauerstress befinden, hält die jüngste Ausgabe des „Glücksatlas" eine tröstliche Nachricht bereit: Arbeit ist der Schlüssel zum Glück. Bereits zum fünften Mal haben Forscher der Universität Freiburg [...] die Zufriedenheit der Bundesbürger untersucht. [...] Zuallererst steht die Erkenntnis: Erwerbstätige sind deutlich zufriedener mit ihrem Leben als Menschen ohne Beschäftigung. Das gilt für alle, also auch für Ruheständler und solche, die sich bewusst – etwa aus Gründen der Kindererziehung – gegen eine Berufstätigkeit entschieden haben. Besonders hoch aber ist die Unzufriedenheit unter denen, die als arbeitsuchend gemeldet sind. [...]
Unter denen, die Arbeit haben, ist die Zufriedenheit mit 69 Prozent bei den meisten hoch. Einmal mehr zeigt sich an dieser Stelle ein Zusammenhang zwischen Arbeits- und Gesamtzufriedenheit. Sind die Befragten mit ihrer beruflichen Situation im Reinen, geben sie sich auch grundsätzlich mit dem Leben zufrieden (8,02 Punkte). Hadern sie dagegen mit ihrem Job, kommen sie nur auf 5,89 Punkte insgesamt. [...]
Wichtigster Faktor für Zufriedenheit im Job ist der Studie zufolge nicht etwa ein hohes Einkommen oder die Anerkennung der eigenen Leistung – sondern das Gegenüber. 67 Prozent aller Befragten sahen „nette Kollegen" als entscheidendes Wohlfühlmerkmal. Am nächsthäufigsten wurden die Sicherheit des Arbeitsplatzes (64 Prozent) und eine abwechslungsreiche Tätigkeit genannt.

Aus: Maris Hubschmid, Das Glück sitzt im Büro, in: www.tagesspiegel.de/wirtschaft/zufriedenheit-im-arbeitsleben-das-glueck-sitzt-im-buero/12640028.html, 25.11.2015 (Zugriff: 20.7.2017)

M 4 Wie sehen es die anderen?

Umfrage: Was ist wichtig für einen guten Arbeitsplatz?

Aussage	unwichtig	wichtig	sehr wichtig
Sicherheit des Arbeitsplatzes			
hoher Verdienst			
gute Karrieremöglichkeiten			
flexible Arbeitszeiten			
Eigenständigkeit und Selbstbestimmung			
gesellschaftliches Engagement des Unternehmens			
ruhige Beschäftigung ohne hohe Anforderungen			
international tätiges Unternehmen			

M 5 Arbeit – mehr als eine Einnahmequelle?

Mit anderen Menschen zusammen sein
Etwas Sinnvolles tun
Anerkennung erfahren
Zeigen, was man kann
Geld verdienen
Neues lernen
Belohnungen erhalten
Eigene Ideen einbringen
Freunde finden
Spaß haben
Mitentscheiden können
Verantwortung übernehmen

Autorentext

M 6 Ein anderer Blick auf die Wirklichkeit

Vom Job abschalten ist kaum mehr möglich

Zwei Drittel der Beschäftigten fühlen sich durch ständige Erreichbarkeit im Job belastet. Besonders leiden die Partner, zeigen neue Studien. Das vergrößert den Stress.

Aus: Tina Groll, Vom Job abschalten ist kaum mehr möglich, in: www.zeit.de/karriere/2016-07/staendige-erreichbarkeit-job-gesundheit-stress-krankheit-arbeitszeiten-studie-belastung, 26.7.2016 (Zugriff: 1.8.2017)

Jeder Zweite klagt über Zeitdruck bei der Arbeit

Keine Zeit für die Mittagspause – und selbst am Feierabend ist an Abschalten nicht zu denken: Für mehr als die Hälfte der Arbeitnehmer gehört laut einer DGB-Umfrage übermäßiger Druck zum Alltag.

Aus: Jeder Zweite klagt über Zeitdruck bei der Arbeit (fdi), in: www.spiegel.de/wirtschaft/soziales/arbeitswelt-jeder-zweite-klagt-laut-dgb-umfrage-ueber-zeitdruck-a-1065866.html, 3.12.2015 (Zugriff: 1.8.2017)

Burn-out – wenn Arbeit krank macht

Nichts geht mehr: Wenn der Druck im Job zu groß wird, Angestellte sich ihren Aufgaben nicht mehr gewachsen fühlen, unter Angstzuständen leiden, nicht mehr schlafen können und weniger leistungsfähig sind, folgt meist die Diagnose: Burn-out-Syndrom.

Aus: Burn-out, in: www.sueddeutsche.de/thema/Burn-out (Zugriff: 1.8.2017)

Aufgaben

1. Beschreibe ausgehend von M 1 deine Vorstellungen vom Begriff Arbeit.
2. Stelle dar, welcher Stellenwert der Arbeit in M 2 und M 3 beigemessen wird.
3. Führe mithilfe von M 4 eine Umfrage bei Verwandten durch. Stelle die Ergebnisse grafisch dar und präsentiere sie in der Klasse. Vergleiche deine eigene Umfrage mit dem Ergebnis der Bertelsmann Stiftung: *www.bertelsmann-stiftung.de/fileadmin/files/user_upload/Bedeutung_der_Arbeit_final_151002_korr.pdf* (S. 12).
4. a) Methode Ballonspiel: Stellt euch vor, ihr schwebt in einem Ballon. An Bord sind Aussagen über „gute Arbeit" (M 5). Leider verliert der Ballon an Höhe, sodass Aussagen abgeworfen werden müssen, damit der Ballon nicht weiter sinkt. Ihr müsst nun überlegen, was über Bord geworfen werden soll und was so wichtig ist, dass es unbedingt im Ballon bleiben muss. Spielt so lange, bis nur noch vier Aussagen übrig sind.
   b) Stellt die Ergebnisse eurer Entscheidungen vor und begründet sie.
5. Erläutere mögliche Auswirkungen der negativen Seiten der Arbeit auf Arbeitnehmer (M 6).

1.2 Keine Arbeit – kein Brot?

M 1 Arbeitslos = unglücklich?

M 2 Arbeitslos – ein vernichtendes Gefühl

Dass sie nach Studium und Zusatzausbildung einmal auf Hartz IV angewiesen sein würde, hätte sich auch Melitta Sauer nie vorstellen können. „Man gehört plötzlich zu einer Randgruppe, viele empfinden Scham“, sagt die Psychotherapeutin. Nach dem Studium in Konstanz ist sie durch ihren Freund nach Bayern gekommen. Zunächst arbeitete sie in einem Münchener Institut, haderte aber mit zu vielen unbezahlten Überstunden. Das änderte sich, als sie eine Anstellung in einer psychosomatischen Klinik am Starnberger See fand. Sieben Jahre lang erfüllte die sinnvolle Tätigkeit sie mit Freude. „Wir hatten einen sehr guten Patientenschlüssel und keine Massenabfertigung.“ Die Arbeitsbedingungen waren gut, die wirtschaftliche Situation war es nach einer Gesundheitsreform nicht mehr. Die kleine Klinik ging in Konkurs. „Ich wurde quasi unverschuldet arbeitslos.“

Das war bitter, die Krise hatte sich zwei Jahre lang abgezeichnet, die Angestellten hofften, bangten, „wir engagierten uns nach Kräften“. Geholfen hat das Melitta Sauer nicht. Übrig blieben drei Psychologen, sie als Jüngste und Kinderlose wurde als Erste entlassen – sie hatte zu wenig Sozialpunkte. Die Zeit hat die damals 41 Jahre alte Singlefrau in unguter Erinnerung. „Das war ein Oberstress und fast erleichternd, als endlich Klarheit herrschte.“ Unter dem Druck gab sie die Promotion auf, die sie in Psychoonkologie begonnen hatte. Plötzlich hatte sie finanzielle Probleme, verlor nicht nur an Selbstvertrauen, sondern auch an Status und bekam eine erste Ahnung davon, „dass der Kampf um die eigene Würde“ sie fortan begleiten würde. „Durch die Insolvenz des Arbeitgebers haben wir unsere Gehälter nicht mehr bekommen, das war schlimm.“ Sie fragte in ihrer Bank nach einem Kredit und musste sich dort anhören: Warum haben Sie keinen reichen Patienten geheiratet? Das Institut hat sie gewechselt, noch heute schüttelt sie den Kopf über den dummdreisten Kommentar.

In einer Klinik im Schwarzwald fand sie eine neue Stelle und arbeitete mit Traumapatienten. Der Besitzer verstand sich nicht mit dem Chefarzt, der Mediziner ging, der neue Chef brachte seine Psychologen mit. Abermals aus der Traum. Melitta Sauer glitt in eine Depression. „Das vernichtende Gefühl des Ausgeliefertseins an den Arbeitgeber, die Wirtschaft, das Schicksal wurde zentral. Obwohl ich mit Depressiven gearbeitet habe, hätte ich mir das nie so schlimm vorgestellt.“

Sie suchte medizinischen Rat und fand schließlich einen Weg aus der Krankheit. Geholfen habe ihr auch der Kontakt zum Pastoralreferenten Mike Galen. Der Neuseeländer ist Arbeitslosenseelsorger in München. Durch ihn entstand eine Selbsthilfegruppe arbeitsloser Akademiker. Melitta Sauer wurde Gründungsmitglied, bot psychologische Workshops an. Heute gibt es den Verein Nea, Netzwerk für Hochqualifizierte in prekärer Erwerbslage, der auf Hilfe zur Selbsthilfe setzt, um wieder an eine Festanstellung zu gelangen.

„Dort habe ich die Chance bekommen, mich selbst handelnd auszuprobieren“, formuliert die Psychologin. Das fatale Ich-kann-nichts-mehr-Gefühl treibe sie nicht mehr um. „Ich konnte meine Kompetenzen wieder aufbauen, wieder in Bewerbungsgespräche gehen.“ Was sie dort erlebt hat, hört sich teils unterirdisch an. So wurde sie gefragt: Können Sie denn wirklich wieder arbeiten, wo Sie so lange arbeitslos waren? „Das war vielleicht fürsorglich gemeint, ist aber ambivalent“, sagt die 54-Jährige, die sich täglich ehrenamtlich für Nea engagiert.

Sie ist auf Stellensuche. Dass das Jobcenter sie „bis in die Kontoauszüge hinein kontrolliert“, belastet sie. „Auf Dauer von Hartz IV zu leben, das kann ich schon wegen der Rente nicht machen“, sagt die freundliche, reflektiert wirkende Frau, die vielen anderen Patienten aus Krisen geholfen hat.

Aus: Ursula Kals, Ein vernichtendes Gefühl, in: www.faz.net/aktuell/beruf-chance/arbeitswelt/ploetzlich-arbeitslos-ein-vernichtendes-gefuehl-12835373.html?printPagedArticle=true#pageIndex_2, 17.3.2014 (Zugriff. 1.7.2017)

M 3 Mögliche Folgen von Arbeitslosigkeit

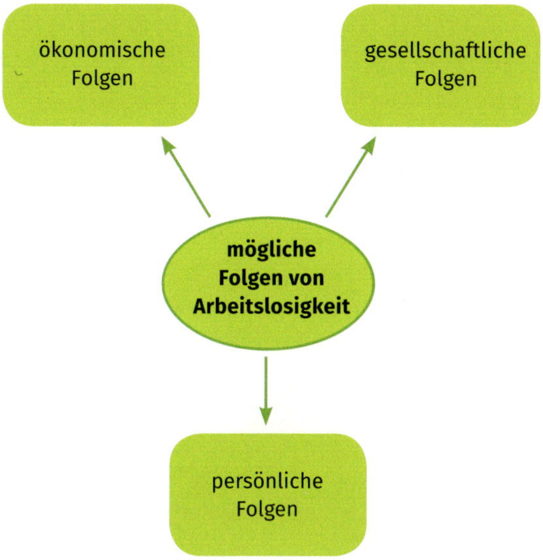

M 5 Wer ist besonders betroffen?

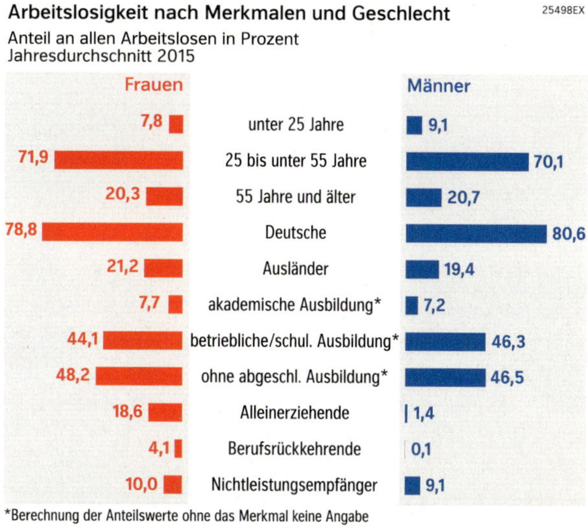

Quelle: Bundesagentur für Arbeit, Statistik Arbeitsmarktberichterstattung, Juni 2016, S. 16

M 4 Arbeitslosigkeit – ein Problem, das alle angeht?

Arbeitslosigkeit ist nicht nur ein ökonomisches Problem, dies ist eine gesellschaftspolitische Herausforderung allerersten Ranges, und sie geht jeden von uns an.

Rede von Helmut Kohl, 1930–2017, Bundeskanzler von 1982–1998, vor dem Bund Deutscher Industrie (BDI) in Bonn, 1986

M 6 Reicht das Geld zum Leben?

Das Arbeitslosengeld

25505EX

Angaben für Alleinstehende mit eigenem Haushalt pro Monat

Arbeitslosengeld I

Leistung für Personen, die in den vergangenen 2 Jahren vor der Arbeitslosigkeit mindestens **12 Monate versicherungspflichtig beschäftigt waren** (Regelanwartschaftszeit) und sich arbeitslos gemeldet haben

Dauer des Bezugs*
- für bis 49-Jährige: 6 bis 12 Monate
- für 50- bis 54-Jährige: 6 bis 15 Monate
- für 55- bis 57-Jährige: 6 bis 18 Monate
- für ab 58-Jährige: 6 bis 24 Monate

Höhe des Arbeitslosengeldes
- 60 % des errechneten letzten Nettogehalts**
- Eigenes Nebeneinkommen wird mit berücksichtigt***, eigenes Vermögen nicht.

zusätzliche Leistungen
- Keine; bei Bedarf kann zusätzlich ein Antrag auf Arbeitslosengeld II gestellt werden.

*je nach Dauer der Einzahlung in die Arbeitslosenversicherung in den vergangenen 5 Jahren
**Berücksichtigt werden Gehälter der letzten 12 Monate.
***Jeweils abzgl. eines bzw. mehrerer Freibeträge; beim ALG I ist eine Tätigkeit unter 15 Stunden wöchentlich erlaubt.

Arbeitslosengeld II („Hartz IV")

Grundsicherung für erwerbsfähige Personen im Alter von mindestens 15 Jahren bis zur gesetzlich festgelegten Altersgrenze (zwischen 65 u. 67 Jahren), die ihren **Lebensunterhalt nicht aus eigener Kraft und eigenen Mitteln** decken können

Höhe des Regelsatzes
- 404 Euro
- Eigenes Einkommen und Vermögen werden bei der Höhe der Leistung mit berücksichtigt.***

zusätzliche Leistungen
- Übernahme der Kosten für Unterkunft und Heizung soweit angemessen
- eventuell Einmalleistungen als Darlehen oder Geld-/Sachleistung für Wohnungs-, Bekleidungserstausstattung und/oder Kosten für medizinische/therapeutische Geräte

Quelle: Bundesagentur für Arbeit, Stand: 2016; nach Globus 10906

Aufgaben

1. Arbeitslos und trotzdem glücklich! Erörtere die These des T-Shirt-Motivs (M 1).
2. Beschreibe die individuellen Folgen der Arbeitslosigkeit aus dem Fallbeispiel in M 2 und ordne sie den Feldern von M 3 zu.
3. Bewerte die Position aus M 4 unter Einbeziehung von M 3 und der Daten zur Arbeitslosigkeit in M 5.
4. „Hartz IV ist Armut und Ausgrenzung per Gesetz. Der Regelsatz von 359 [inzwischen 409] Euro im Monat ist zu niedrig. Millionen Betroffene können damit nicht mehr am gesellschaftlichen und sozialen Leben teilhaben." *(www.die-linke.de/politik/aktionen/archiv/2011/hartz-iv-muss-weg/, Zugriff: 5.1.2017)* Erörtere diese These.

Haushaltspläne – wie behalte ich den Überblick?, Kap. I.3.2, S. 70 ff.

1.3 Minijobs, Leiharbeit, befristete Arbeitsverhältnisse – alles nur halb so schlimm?

M 1 Arm trotz Arbeit?

Mann auf einer Demonstration für den Mindestlohn.

M 2 Wie lebt man als Aufstocker?

Monika Veller [Name geändert] ist 46 Jahre alt. Sie muss aufstocken, weil das Geld, das sie in einer orthopädischen Praxis verdient, nicht zum Leben ausreicht. Das bedeutet, dass sie zusätzlich zu ihrem Gehalt noch Geld vom Jobcenter bekommt. Sie arbeitet nur Teilzeit, 20 Stunden die Woche, und sagt: „Immerhin, endlich habe ich einen Job gefunden!" Eine Arbeit, die sich die ausgebildete Krankenpflegerhelferin selbst ausgesucht hat, sie betont das. Es ist ihr wichtig, weil das Jobcenter sie nicht immer gut beraten habe.

Für Monika Veller ist die Arbeit ein Neustart, zuvor war sie vier Jahre lang arbeitslos. Jetzt werden 200 Euro vom Jobcenter zu ihrem Gehalt hinzugegeben. Wie viel Geld sie verdient, darüber spricht sie nicht. Wenn man davon ausgeht, dass sie nach dem in Berlin geltenden Pflegemindestlohn von 9,75 Euro pro Stunde bezahlt wird, dann würde sie monatlich 844 Euro verdienen. ...

Monika Veller lebt allein. „Ich gebe nicht viel Geld aus", sagt sie. Sparsam sein, bescheiden leben, keine großen Sprünge machen, über die Runden kommen, das sind Worte, die sie benutzt, wenn sie ihre jetzige Lebenssituation beschreibt. Sie klingt dabei nicht verbittert, sondern positiv, als sei es eine Phase, die irgendwann vorübergehe, ein erster Schritt, ein Anfang. Sie hofft, bald wieder voll arbeiten zu können und unabhängig vom Jobcenter zu sein.

In der Zeit, als sie arbeitslos war, hat sie anderen geholfen, bei der Berliner Tafel, ehrenamtlich. „Ich kann nicht nichts machen", sagt sie. Durch ihr Ehrenamt hat sie Freunde gefunden. „Das ist wichtiger als Geld", sagt sie. Man dürfe sich nicht vergraben, dann würde man Selbstzweifel und Komplexe entwickeln, die lähmten einen.

Zusätzlich zu den 200 Euro, die sie vom Amt bekommt, hat Veller Anspruch auf den Berlin-Pass und so die Möglichkeit, das Sozialticket für Busse und Bahnen für 36 Euro zu erwerben. Außerdem muss sie keine Rundfunkgebühren zahlen. Sie wird auch weiterhin für einen Euro bei der Berliner Tafel Gemüse, Obst und Brot beziehen. „Auch die Antibabypille kann über das Amt verrechnet werden", sagt sie. Sie betont das, denn nicht alle Betroffenen wüssten, welche Rechte sie haben und welche Ansprüche sie durchsetzen können. Man müsse sich selbst schlaumachen.

Aus: Aleksandar Zivanovic, Moderne Armut: Wie lebt man als Hartz-IV-Aufstocker?, in: www.berliner-zeitung.de/24149408, 1.6.2016 (Zugriff: 29.11.2016)

Aufstocker sind Personen, die arbeiten und ein Einkommen haben. Dieses ist allerdings so niedrig, dass sie davon ihren Lebensunterhalt nicht bestreiten können. Sie erhalten aufstockende Leistungen aus dem ALG II. → S. 129, M 6

M 3 Arbeitsverhältnisse in Bewegung

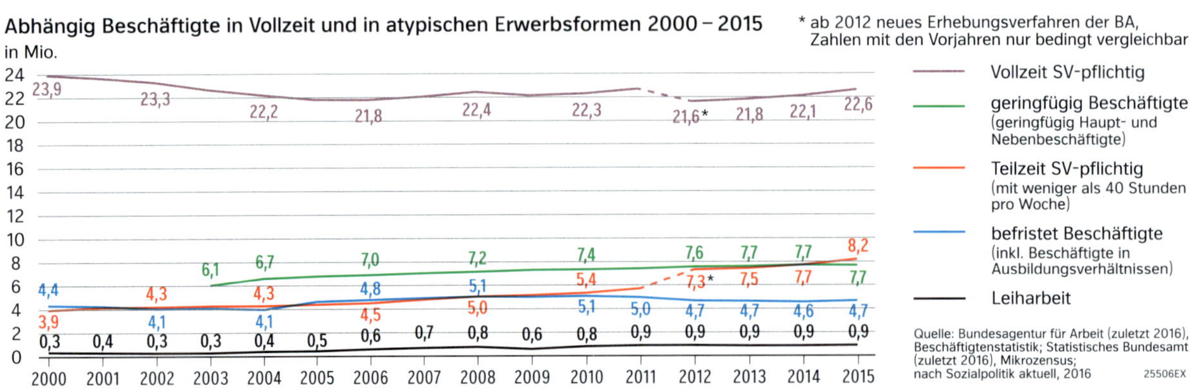

M 4 Definitionen von Arbeitsverhältnissen

a) Von einem **Normalarbeitsverhältnis** spricht man, wenn eine Person eine Vollzeitbeschäftigung (mehr als 21 Std. pro Woche) hat. Dieses Beschäftigungsverhältnis ist zeitlich nicht begrenzt, also unbefristet. Die Person ist in die Sozialversicherung eingegliedert, d. h., es werden Beiträge für Renten- und Arbeitslosenversicherung etc. gezahlt. Der Arbeitgeber, bei dem sie angestellt ist, muss sie selbst beschäftigen.

b) **Atypisch** ist ein Beschäftigungsverhältnis, wenn die Arbeitsstelle befristet ist, nur ein geringes Entgelt einbringt (Minijob: 450 Euro im Monat) und wenn ein Leiharbeitsverhältnis vorliegt, d. h., dass der Arbeitnehmer bei einer Leiharbeitsfirma beschäftigt ist, die die Person an andere Firmen „ausleiht".

c) Der **Niedriglohnsektor** umfasst alle Personen, deren Verdienst zwei Drittel unter dem mittleren Einkommen aller Arbeitnehmerinnen und Arbeitnehmer liegt, das waren im Jahr 2015 10,22 Euro Bruttoverdienst pro Stunde (Lohn ohne Abzüge von Steuern und Sozialversicherungsabgaben). 25,9 % der Personen, die nur einen Niedriglohn verdienen, hatten keine abgeschlossene Berufsausbildung.

a) und b) nach: Statistisches Bundesamt, Der Wandel der Erwerbsformen und seine Bedeutung für die Einkommenssituation Erwerbstätiger, 1.11.2009, S. 1081 (verändert); c) nach: IAQ-Report 6/2017, www.iaq.uni-due.de/iaq-report/2017/report2017-06.pdf (Zugriff: 17.8.2017) (verändert)

M 5 Wann ist ein Job prekär?

Prekäre Arbeitsverhältnisse liegen vor, wenn
- das Einkommen aus dem Haupterwerb nicht zum Leben ausreicht,
- die Absicherungen für die Arbeitnehmer eingeschränkt sind oder ganz entfallen (z. B. geregelte Arbeitszeit, Kündigungsschutz, Lohnfortzahlung im Krankheitsfall, geregelter Urlaub),
- die Arbeitsverträge zeitlich befristet sind und dadurch kaum Kontakte zu Kollegen aufgebaut werden können,
- der Arbeitsplatz so unsicher ist, dass Lebens- und Karriereplanung nicht möglich sind.

Autorentext

M 6 Und welche Jobs sind das?

Cappuccino-Worker, die zusätzlich zum Hauptarbeitsplatz, der grundlegende Bedürfnisse sichert und dem Kaffee entspricht, noch Nebenjobs ausüben, über die weitere Wünsche finanziert werden und die den Milchschaum repräsentieren;
Jobhopper, die freiwillig oder unfreiwillig von einer unbefristeten Arbeitsstelle zur anderen wechseln;
Praktikanten mit wenig oder keinem Einkommen;
Crowdworker: Sie übernehmen Aufträge von Unternehmen, die diese über das Internet vergeben. Allein auf den großen internationalen Plattformen wie beispielsweise „Freelancer", „Upwork" oder „99Designs" sind schon mehrere Tausend Crowdworker aus dem deutschsprachigen Raum registriert.

Z. 1–4: Autorentext; Z. 5–12: www.arbeitsratgeber.com (Zugriff: 26.9.2016)

M 7 Atypische Beschäftigungsverhältnisse – ein Argumentenpool

- Es droht Armut im Alter, weil zu wenig in die Rentenversicherungskassen eingezahlt werden kann.
- Flexible Beschäftigungsverhältnisse spiegeln den Wunsch vieler Menschen nach freier Gestaltung ihrer Zeit wider.
- Die Entlohnung reicht nicht zur Existenzsicherung aus.
- Leiharbeiter erhalten kaum die Chance zur Weiterbildung.
- Sozialer Aufstieg in eine höhere Schicht ist möglich.
- Die Abhängigkeit von staatlichen Transferzahlungen wie z. B. Kindergeld oder Wohngeld steigt.
- Firmen benötigen je nach Auftragslage mal mehr und mal weniger Arbeitskräfte, es ist also Flexibilität nötig.
- Frauen bevorzugen Teilzeitarbeit, weil sie dadurch Familie und Beruf besser miteinander vereinbaren können.
- Verschiedene Beschäftigungsverhältnisse in einem Betrieb treiben einen Keil zwischen die Belegschaft.
- Sozialer Aufstieg in eine bessere Schicht ist nicht möglich.
- Es besteht die Gefahr sozialer Ausgrenzung, atypisch Beschäftigte haben z. B. am Arbeitsplatz wenige Kontakte.
- Flexible Beschäftigungsverhältnisse sind eine Brücke in den normalen Arbeitsmarkt besonders für Arbeitslose.
- Es gibt Menschen, die keine Vollzeitstelle wollen.

Autorentext

Aufgaben

1. Beschreibe mögliche Reaktionen auf das Bild M 1.
2. Erläutere unter Berücksichtigung von M 2 die Lebens- und Arbeitssituation von Aufstockern.
3. Analysiere die Statistik M 3. Nimm dabei die Hinweise zur Methode (S. 132 f.) und M 4 zur Hilfe.
4. Arbeitgeber und Arbeitnehmer bewerten atypische Beschäftigungsverhältnisse teilweise unterschiedlich. Ordne die Argumente aus M 7 den beiden Positionen zu.

Webcode WES-116435-301 Erklärvideo: Arbeitsverhältnisse

Analysieren von Statistiken

Statistiken und Schaubilder sind aus der öffentlichen Diskussion nicht wegzudenken, in den Medien begegnen sie uns ständig. Daten aus Wirtschaft und Politik werden gesammelt, zusammengestellt und grafisch aufbereitet. Sie bilden eine Grundlage für wirtschaftliche und politische Entscheidungen sowie die Meinungsbildung von Bürgerinnen und Bürgern. Statistiken werden z. B. von Ministerien, Parteien oder Verbänden in Auftrag gegeben.

Eine Analyse von Statistiken setzt sehr genaues und kritisches Hinschauen voraus. Nicht umsonst gibt es die Aussage der Gründerin des Instituts für Demoskopie in Allensbach, Elisabeth Noelle-Neumann: „Statistik ist für mich das Informationsmittel der Mündigen. Wer mit ihr umgehen kann, kann weniger leicht manipuliert werden. Der Satz: ‚Mit Statistik kann man alles beweisen' gilt nur für die Bequemen, die keine Lust haben, genau hinzusehen."

So ist zu überprüfen, wer eine Statistik wann mit welchem Interesse in Auftrag gegeben hat oder wie die Statistik Daten präsentiert (Länge der Zeitreihen, Skalierung der Achsen, grafische Gestaltung). Folgende Schritte helfen bei der Analyse von Statistiken.

1. Allgemeine Angaben

- Welches Thema untersucht die Statistik?
- Welchen Zeitraum bildet die Statistik ab?
- Wer hat die Statistik wann verfasst?
- Welche Form liegt vor? → Grafische Auswertung von Umfrageergebnissen, S. 27
- Arbeitet die Statistik mit absoluten Zahlen oder mit Prozentwerten? (Beide müssen ggf. berechnet werden.)

2. Wichtige Begriffe zur Beschreibung einer Statistik

Begriff	Bedeutung	Beispiel
alternieren	wechseln	2, –2, 4, –4
Extremwerte	äußerste Werte	2, 3, 9, 3, 1: Der Extremwert liegt bei 9.
monoton (stetig)	gleichbleibend, nicht schwankend	2, 4, 6, 8 (monoton steigend/wachsend) 8, 6, 4, 2 (monoton fallend/schrumpfend)
Prozentpunkte	Bildet man einfach die Differenz der beiden Prozentsätze, so erhält man die Änderung in Prozentpunkten.	12 % 14 % Die Quote steigt um 2 Prozentpunkte, aber um 16,66 %.
signifikant	bedeutsame Veränderung	Eine signifikant hohe Jugendarbeitslosigkeit liegt z. Zt. in Griechenland mit 47,3 % vor.
stagnieren	stillstehen	2, 2, 2, 2
tendenziell	einer Richtung, einem Trend folgend	4, 6, 5, 8, 9 (Tendenz steigend trotz einer Ausnahme)
korrelieren	in einer wechselseitigen Beziehung stehen	Reihe 1: 2, 4, 6, 8 Reihe 2: 4, 6, 8, 10 Beide Reihen ändern sich jeweils um die Zahl 2 an den vergleichbaren Stellen.

Aus: Ulrich Göser/Beate Thull, Eine Dorade auf Reisen: Funktioniert der Welthandel? Unterrichtsmaterialien Wirtschaft/Recht, Freising: Stark Verlag, 2012, S. 45

3. Analyse der Statistik

- Welche Aussagen lassen sich aus der Statistik ablesen?
- Liegen Extremwerte vor? Wo gibt es Sprünge?
- Lassen sich Tendenzen ablesen?
- Daraus erfolgt eine Zusammenfassung der Ergebnisse.

Die Statistikanalyse verlangt keine Begründung für die festgestellten Entwicklungen.

Und so geht's:

Die Statistik „Arbeitslosigkeit in Deutschland" wurde von der Bundesagentur für Arbeit erstellt und als Globus-Grafik Nr. 11489 am 13.1.2017 veröffentlicht. Sie umfasst zwei Elemente: Die absoluten Zahlen zur Arbeitslosigkeit in Deutschland von 1991 bis 2015 werden in Zwei-Jahresschritten und von 2015 auf 2016 im Einjahresabstand in einem Liniendiagramm abgebildet; die unterschiedlichen Arbeitslosenquoten der 16 Bundesländer werden in einem Balkendiagramm in Prozentwerten angegeben.

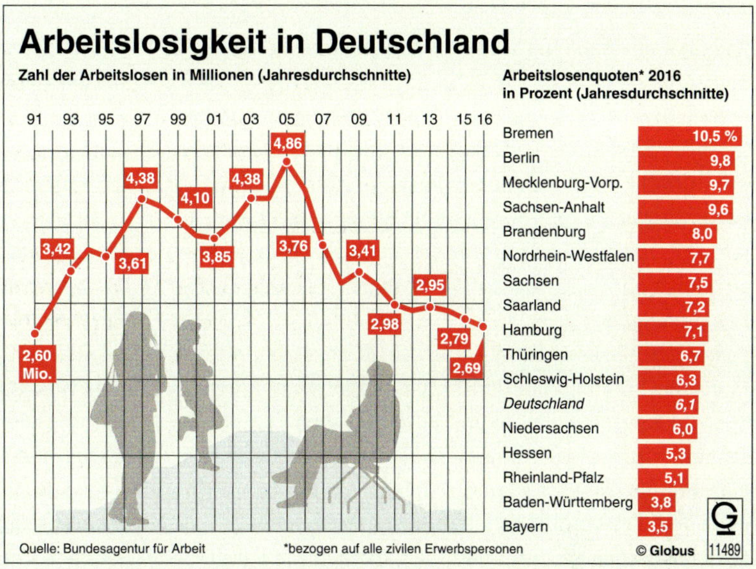

Im angegebenen Zeitraum hatte die Arbeitslosigkeit mit 4,86 Millionen Menschen im Jahr 2005 ihren **Extremwert** und im Jahr 1991 war sie mit 2,6 Mio. Menschen am geringsten. 2005 waren 2,26 Mio. Menschen mehr in der Arbeitslosigkeit als 1991 und 2016 waren 2,17 Mio. weniger Menschen arbeitslos als 2005. Waren im Jahresdurchschnitt 2015 noch 2,79 Mio. Männer und Frauen arbeitslos gemeldet, so waren es 2016 rund 100000 Personen weniger. **Prozentual** lag der stärkste Anstieg zwischen 1991 und 1993 (34 %), der stärkste Rückgang der Arbeitslosigkeit ist von 2005 bis 2007 mit 31,5 % zu verzeichnen. Seit 2005 sinkt die Arbeitslosigkeit **tendenziell**, seit 2009 fällt sie **monoton**. Die Entwicklung der Arbeitslosigkeit im Zeitraum von 1991 bis 2016 verläuft in unterschiedlich langen Zyklen.

Die unterschiedliche Arbeitslosigkeit in den Bundesländern wird in Prozentwerten angegeben. Die höchste Arbeitslosenquote hat im Jahr 2016 der Stadtstaat Bremen mit 10,5 % und die niedrigste Arbeitslosenquote findet man in diesem Zeitabschnitt in Bayern mit 3,5 %. Die Differenz zwischen der Quote in Bremen und Bayern beträgt 7 **Prozentpunkte**. Vier Bundesländer, darunter zwei aus Ostdeutschland, liegen nahe an der 10-%-Marke, während Bayern und Baden-Württemberg mit 3,5 % bzw. 3,8 % eine geringe Arbeitslosenquote aufweisen. Im Mittelfeld bewegen sich sowohl große Flächenstaaten wie Nordrhein-Westfalen mit 7,7 % als auch das kleine Saarland mit 7,2 %.

Auf die Frage, welche Bevölkerungsgruppen besonders von Arbeitslosigkeit betroffen sind, gibt diese Statistik keine Antworten: Sind die Arbeitslosen überwiegend Männer oder Frauen? Welche Staatsangehörigkeit besitzen sie? Sind sie alt oder jung? Welche Qualifikation oder welchen Berufsabschluss haben sie? Sind sie schon lange arbeitslos oder nur vorübergehend?

Ebenso muss berücksichtigt werden, dass bestimmte Personengruppen nicht in der Statistik erscheinen. Wer z. B. arbeitslos ist, sich aber bei der Arbeitsagentur nicht als arbeitsuchend meldet, ist nicht erfasst. Es fehlen auch die Personen, die sich in Fort- und Weiterbildungsmaßnahmen der Arbeitsagentur befinden oder die älter sind als 58 Jahre. Auch wer einen Ein-Euro-Job hat und Leistungen als Aufstocker erhält, gilt nicht als arbeitslos.

Die Kriterien, wer als arbeitslos gilt, werden politisch festgelegt und sind im Sozialgesetzbuch III zu finden. Über die Anzahl dieser nicht statistisch erfassten Personengruppen gibt es nur Schätzungen.

M 8 Crowdworking: die neuen Heimwerker

Ramona Herrmann hat schon für Audi, Philips, Henkel und Coca-Cola gearbeitet, für Media Markt, Villeroy & Boch, Continental und Greenpeace, sie hat Kampagnen entworfen für Transparency International und das Kinderhilfswerk UNICEF. Und doch, in all diesen Großorganisationen ist sie so gut wie unbekannt. Denn Ramona Herrmann, 40 Jahre alt, 20 Jahre Berufserfahrung, ist *Crowdworker*. Sie ist also Teil einer kaum bekannten Masse, einer *Crowd*, die für Firmen Aufgaben erledigt.

Bisher galt *Crowdworking* als Nische, in der Hilfskräfte zu Hause auf ihren Computern simple Aufgaben abarbeiten oder zwischen U-Bahnhof und Büro für einen Centbetrag schnell mal ein Plakat fotografieren. Die Arbeitsaufträge aus Internetbörsen galten als prekär, manchmal skurril und vor allem: gesamtwirtschaftlich unbedeutend.

Doch inzwischen ist die Nische groß geworden. *Crowdworker* schreiben nun Texte, liefern Chemikalien, testen Handys, entwerfen Verpackungen, planen Häuser, betreiben Marktforschung, entwickeln Software, gestalten Werbekampagnen oder entwickeln neue Produkte – und sie tun dies eben auch im Auftrag großer Konzerne. Ramona Herrmann hat zum Beispiel für Coca Cola Getränkekisten entworfen, für die Schweizer Firma Victorinox Taschenmesser gestaltet und für Greenpeace einen Slogan und eine Illustration zu einer Kampagne gegen *Genfood* bei McDonald's erfunden. *Crowdworker* tun heute fast alles, was auch normale Angestellte tun. Nur sind sie das eben nicht – normal angestellt. Mit der neuen Form des *Outsourcings* von Arbeit ändert sich die Machtbalance in der Arbeitswelt. Mindestlohn, Kündigungsschutz, Streikrecht, Urlaubsanspruch, Rente, Lohnfortzahlung im Krankheitsfall – für *Crowdworker* gilt all dies in der Regel nicht. Sie werden nicht wie Angestellte, sondern wie freie Dienstleister behandelt.

Das wissen inzwischen auch Konzernmanager zu schätzen. [...] Wenig bringt wenig – das gilt gerade dort, wo nur Miniaufgaben angeboten werden, für die man keine Vorkenntnisse braucht. Bei AppJobber etwa gibt es über das Handy Aufträge wie: „Finde defekte Leuchtreklamen" (3 Euro pro Stück). Oder: „Fotografiere den nächsten Sonderprospekt eines Supermarktes" (4 Euro). [...]

Der Wirtschaftsinformatiker Jan Marco Leimeister glaubt, dass der Trend überall Einzug halte: „So gut wie jedes Unternehmen, das ich kenne, hat schon mal auf einer *Crowdsourcing*-Plattform etwas ausgeschrieben." [...] Die Firmen könnten mithilfe einer *Crowd* viel schneller auf mehr oder weniger Aufträge reagieren, könnten Kunden in ihre Entwicklung einbeziehen und insgesamt aus einem größeren Talentpool schöpfen. Auch für die Arbeitnehmer habe es enorme Vorteile: „Ich kann selbst bestimmen, was ich arbeite, wann ich arbeite und wie. [...]" Eine Kehrseite gebe es allerdings auch: Auftraggeber könnten ihre stärkere Macht ausnutzen.

[...] Warum machen viele trotz unsicherer Bezahlung mit? Der Jovoto-Gründer Sebastian Unterberg sagt, viele schätzten die Möglichkeit, sich auf der Plattform mit anderen auszutauschen und Kontakte zu knüpfen. „Wer den ganzen Tag nur Prospekte für Rewe gestaltet, ist froh, wenn er einmal etwas anderes machen kann", sagt Unterberg. [...]

Gewerkschafter wie ver.di-Chef Frank Bsirske warnen vor „digitalem Prekariat" und „Tagelöhnern des schlimmsten Kalibers". Christiane Benner, Vizechefin der IG Metall, fürchtet die Rückkehr zu Verhältnissen „wie zum Beginn des Industriezeitalters".

Aus: Jana Gioia Baurmann/Kolja Rudzio, Die neuen Heimwerker, in: Die Zeit, Nr. 18/2016, 21.4.2016

Aufgaben

1. Stelle anhand von M 8 Vorteile und Nachteile des Crowdworking dar.
2. Gestalte ein Poster zum Thema „Atypische Beschäftigungsverhältnisse – Formen und Folgen."
   METHODE Ein Poster gestalten, S. 146 f.
3. „Jede Arbeit ist besser als keine Arbeit." Führe mithilfe der Materialien M 5 bis M 8 eine Pro-Kontra-Debatte zu dieser These durch.

Pro-Kontra-Debatte

Diese Methode hat zum Ziel, dass sich alle Diskutierenden intensiv mit einem Thema auseinandersetzen und das Thema so von verschiedenen Seiten beleuchten. Dadurch wird eine fundierte Urteilsbildung möglich.

Regeln

- Stellt in der gesamten Klasse ein Meinungsbild zu der Fragestellung her. Notiert das Ergebnis.
- Bildet eine Pro- und eine Kontra-Gruppe. Die Zuteilung kann über das Zufallsprinzip oder nach Neigung erfolgen. Jede Gruppe sammelt mithilfe der Materialien Argumente für ihre Position und überlegt bereits, wie die Argumente der Gegenseite entkräftet werden könnten.
- Wählt eine Diskussionsleitung aus. Diese hat die Aufgabe, eine Rednerliste zu erstellen, in die Diskussion einzuführen und für einen reibungslosen Verlauf der Diskussion zu sorgen.
- In der Diskussion werden Pro- und Kontra-Argumente abwechselnd vorgetragen.
- Wenn alle Argumente ausgetauscht sind, erfolgt die zweite Abstimmung.
- Die Ergebnisse der Abstimmungen werden verglichen und erläutert.

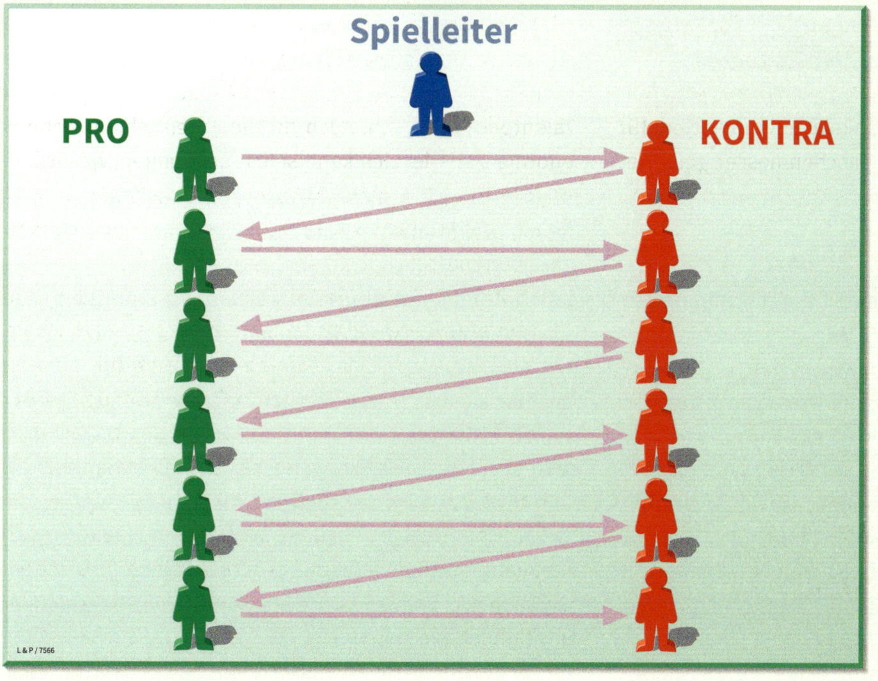

Aufgaben

4. In zehn Jahren wirst du die Schule abgeschlossen haben und eine Ausbildung oder ein Studium liegt hinter dir. Gestalte ein *Best-case-* und ein *Worst-case-*Szenario für dein Beschäftigungsverhältnis in der Zukunft unter der Fragestellung: Zu welchen Bedingungen möchte ich einmal arbeiten?
→ METHODE Szenariotechnik, S. 275

M 1 Was Arbeit uns bedeutet

M 2 Lebensentwürfe: Ich will nicht arbeiten!

Wir arbeiten zu viel, meint Leser Tobias Häfele. Dabei gebe es viel wichtigere Dinge als Karriere, Erfolg und Wettbewerb.

Ich bin 20 und ich will nicht arbeiten. Die meisten halten das für einen schlechten Scherz, für jugendlichen Übermut oder für asozial. Einige reagieren noch negativer. Die Aussage „Ich möchte nicht arbeiten" ist für viele nicht nur politisch inkorrekt, sondern schlichtweg asozial.

Arbeit war nie wichtiger als heute. Der Beruf definiert den sozialen Status, Menschen ziehen für Jobs um die halbe Welt, 80-Stunden-Wochen dienen als Beweis des eigenen Erfolgs und bei MTV werden Praktika verlost – Arbeiten als Hauptgewinn! Arbeit ist zentraler Dreh- und Angelpunkt unserer Gesellschaft; je mehr, desto besser.

Dabei ist Arbeit in ihrer jetzigen Form eine relativ moderne Erscheinung. Naturvölker arbeiten nicht mehr als drei bis vier Stunden täglich und Stämme wie die Nuer halten es sogar für ein böses Omen, an zwei aufeinanderfolgenden Tagen zu arbeiten. Noch im frühen Mittelalter und in den Hochkulturen der Antike war Arbeit im heutigen Sinne meist unbekannt oder von geringem Wert. Aristoteles war beispielsweise der Ansicht, Lohnarbeit mache das Denken unruhig und niedrig. Nietzsche konstatierte: „Wer von seinem Tag nicht zwei Drittel für sich selbst hat, ist ein Sklave."

Der Tag hat 24 Stunden. Idealerweise schlafen wir acht davon. Drei Stunden gehen für unvermeidliche Dinge wie Hausarbeit, Toilettengänge, Duschen und Nahrungsaufnahme drauf. Zählt man noch Arbeitszeit und Anfahrtswege dazu, sind mindestens 20 Stunden des Tages verschwunden. Es bleiben noch vier Stunden zum Leben!

Ich möchte, dass im Zentrum meines Lebens Dinge stehen, die ich gerne mache, die mich bewegen oder begeistern. Davon gibt es mehr als genug. Klavier spielen, kochen, Squash, Theater und Konzerte besuchen, Tanzen, Freunde treffen, lesen, schwimmen, auch mal gar nichts tun, mich bilden und persönlich weiterentwickeln – man könnte auch sagen: leben. Zeitlich betrachtet ist Arbeit aber wichtiger als alle Interessen meines Lebens zusammengenommen.

Ich verteufle Arbeit nicht per se und bin weder faul noch ein Leistungsverweigerer. Arbeit ist wichtig und viele Annehmlichkeiten unserer Zivilisation sind nur möglich, weil Arbeit geleistet wird. Was mich stört, ist der Umfang und der Stellenwert, den Arbeit in unserer Gesellschaft einnimmt. Wenn ich arbeiten muss, um zu leben, einverstanden. Aber leben, um zu arbeiten – nein danke!

Aus: Tobias Häfele, Ich will nicht arbeiten!, in: www.zeit.de/karriere/2012-10/leserartikel-zu-viel-arbeit, 10.10.2012 (Zugriff: 18.3.2017)

M 3 Wo wird gearbeitet?

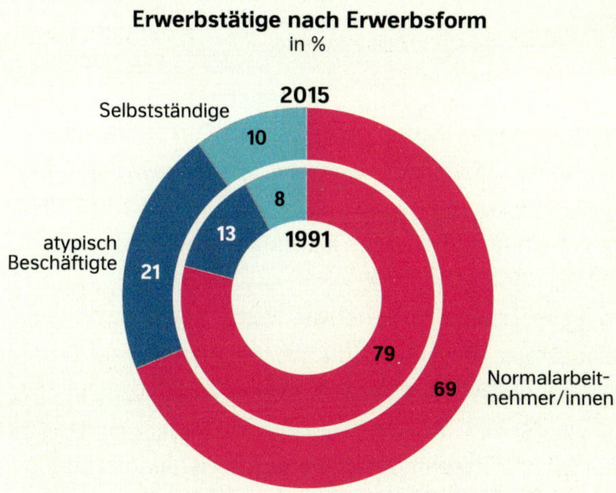

Ergebnisse des Mikrozensus; ohne mithelfende Familienangehörige

Quelle: Statistisches Bundesamt, Statistisches Jahrbuch 2016, S. 354, www.destatis.de/DE/Publikationen/StatistischesJahrbuch/StatistischesJahrbuch2016.pdf?__blob=publicationFile (Zugriff: 17.8.2017) 25549EX

M 4 Crowdworker – und was sie verdienen

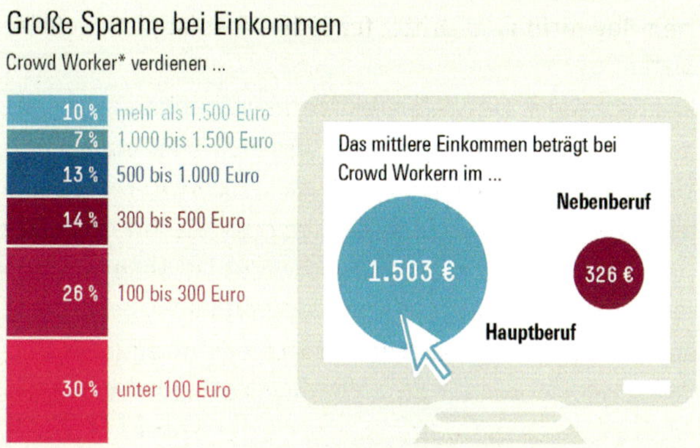

* im Haupt- und Nebenberuf, Arbeitspensum unterscheidet sich stark
Quelle: Leimeister u. a. 2016 **Grafik zum Download: bit.do/impuls0336**
Hans Böckler Stiftung

M 5 Und das sind sie – Crowdworker

- **Alter:** Der typische *Crowdworker* ist jung, das Durchschnittsalter der Befragten beträgt 29 Jahre. Die Hälfte ist zwischen 20 und 29 Jahre alt. Ältere sind deutlich unterrepräsentiert. So sind lediglich 0,3 Prozent der *Crowdworker* älter als 60, nur 2,8 Prozent befinden sich in der Altersgruppe der 50- bis 59-Jährigen.
- **Geschlecht:** *Crowdworker* sind überwiegend männlich. In der ZEW-Erhebung sind 65,3 Prozent der Mikroarbeiter Männer, 34,7 Prozent Frauen.
- **Familienstand:** Die meisten *Crowdworker* sind Singles. 75,7 Prozent der Befragten gaben als Familienstatus „ledig“ an, 21,4 Prozent sind verheiratet, 2,1 Prozent geschieden und 0,8 Prozent verwitwet. Und: 26,1 Prozent leben alleine.
- **Beschäftigung:** Wer Mikrojobs im Internet übernimmt, tut dies meist, um sich ein Zubrot zu verdienen. Rund 39 Prozent der *Crowdworker* gehen in erster Linie einer abhängigen Beschäftigung nach, ca. 31 Prozent befinden sich noch in der Ausbildung oder im Studium. Nur 8 Prozent von ihnen sind selbstständig. Und lediglich 7 Prozent der Befragten gaben an, arbeitslos zu sein. Weitere 2 Prozent befinden sich in Elternzeit, Mutterschutz, Rente oder Vorruhestand.
- **Schulabschluss:** Der Bildungsgrad der *Crowdworker* ist vergleichsweise hoch. 41 Prozent der Befragten können sich mit einem Hochschulabschluss schmücken. Über Lehre oder Facharbeiterabschluss verfügen 28 Prozent. Fast 95 Prozent haben mindestens einen mittleren Bildungsabschluss in der Tasche, davon 30 Prozent die mittlere Reife, 65 Prozent sogar Abitur. Nur 5 Prozent weisen einen Hauptschulabschluss auf bzw. streben diesen erst noch an.

Aus: Sebastian Wolking, Crowdworker: So viel verdienen sie wirklich, in: http://karrierebibel.de/crowdworker/, 8.8.2016 (Zugriff: 19.3.2017)

Aufgaben

1. Am Friedrich-Schiller-Gymnasium in Marbach gab es einen *„freaky friday“* mit dem Motto: Beruf – Traum. Schülerinnen und Schüler haben aus diesem Anlass ihre Assoziationen zum Thema Arbeit aufgeschrieben (M 1). Ordne die Begriffe den drei Dimensionen zu. Drei-Dimensionen-Modell, Einstieg, S. 14
2. Der Autor von M 2 sieht Arbeit kritisch, während viele Äußerungen in M 1 der Arbeit einen positiven Stellenwert beimessen. Erörtere mithilfe von M 1 und M 2 die Bedeutung von Arbeit für den Einzelnen und die Gesellschaft.
3. Analysiere die Grafik M 3.
4. Stelle aus verschiedenen Perspektiven Vorteile und Nachteile der in M 3 abgebildeten Erwerbsformen dar.
5. *Crowdworker* – ein Modell für mich? Erörtere diese Frage mithilfe von M 4 und M 5.

Webcode WES-116435-302 Lösungen zum Kompetenzcheck

2. Mehr Lohn, mehr Urlaub – wer entscheidet?

2.1 Bessere Arbeitsbedingungen durch Betriebsräte?

M 1 Typische Forderung auf einer Demonstration

M 2 Was Mitarbeiter sich wünschen

Mitarbeiter, die sich engagiert und langfristig für das Unternehmen einsetzen, wünschen sich viele Arbeitgeber. Doch Arbeitnehmer zufrieden zu stellen, zu motivieren und zu halten ist nicht immer einfach. Häufig klaffen die Wünsche von Unternehmern und ihren Angestellten auseinander.

Flexibilität: Kein gutes Zeugnis stellten die Befragten den Arbeitgebern zum Thema Arbeitszeit aus. Während 45 Prozent der Arbeitgeber von ihren Mitarbeitern Überstunden erwarteten, zeigten sie sich selbst weniger flexibel. Die Mehrheit der Arbeitnehmer (52 Prozent) gab an, die Arbeitszeit nicht frei gestalten zu dürfen, auch wenn die Wochenarbeitszeit erfüllt wird. Jeder Vierte (26 Prozent) sagte, dass der Arbeitgeber ihm nicht die Freiheit einräumt, auf private Umstände schnell und flexibel zu reagieren. Eine längere Auszeit in Form von Elternzeit, Sabbatical oder unbezahltem Urlaub zu nehmen, ist ein noch schwierigeres Thema. Nur die Hälfte derjenigen, die eine Auszeit nehmen wollten, konnte diese auch in voller Länge realisieren.
Fast jeder dritte Befragte beklagt zudem, dass sein Arbeitgeber die Vereinbarkeit von Familie und Beruf nicht unterstützt. Dieses Ergebnis der Xing-Studie steht im starken Kontrast zu der Forderung nach geleisteten Überstunden. In 40 Prozent der Fälle gibt es allerdings ein entsprechendes Entgegenkommen des Arbeitgebers.
Die gute Nachricht für Unternehmer: Starre Arbeitszeiten sind immer noch weit verbreitet. Wer seinem Team flexibles Kommen und Gehen ermöglicht, hat im Kampf um die besten Köpfe daher einen klaren Wettbewerbsvorteil.

Freizeit: Generell arbeitet die Hälfte aller Arbeitnehmer mindestens 40 Stunden die Woche, aber nur 29 Prozent sind damit zufrieden. Im Schnitt würden Arbeitnehmer sogar gerne fünf Stunden weniger arbeiten. Lösungen für flexible Arbeitszeitmodelle werden in vielen Unternehmen ausprobiert. [...]

Gehalt: Ein Ergebnis mit weitreichenden Folgen bietet die Studie zum Thema Gehalt: Weniger als 40 Prozent der Vollzeitarbeitnehmer im typischen Familienalter können von ihrem Gehalt alleine eine Familie ernähren. Die meisten Unternehmen müssen somit davon ausgehen, dass ihre Mitarbeiter zu Hause nicht komplett den Rücken frei haben, sondern auch selbst familiären Pflichten nachkommen müssen.
Überraschend: Für viele Arbeitnehmer scheint das Gehalt gar nicht so ausschlaggebend zu sein. Insbesondere die sogenannten Wissensarbeiter, das sind Angestellte mit akademischem Abschluss, sind weniger auf die Optimierung ihres Gehalts fokussiert. Sie legen eine höhere Priorität auf autonomes Arbeiten, Flexibilität und Arbeitsatmosphäre. Gehaltserhöhungen und Sicherheitsbedürfnis sind ihnen weniger wichtig als anderen Arbeitnehmern. [...]

Transparenz und Mitbestimmung: Hierarchisches Denken ist in der deutschen Arbeitswelt verbreitet. Aber die Hälfte der Arbeitnehmer wünscht sich eine stärkere Beteiligung der Beschäftigten an Entscheidungen. 66 Prozent sagten, dass der offizielle Weg zwingend eingehalten werden müsse, 46 Prozent wünschen sich mehr Zusammenarbeit über Abteilungsgrenzen hinweg.
Die innerbetriebliche Demokratie steckt ebenfalls in den Kinderschuhen. Mehr als jeder dritte Befragte (36 Prozent) sagt, dass er bei keinem der abgefragten Punkte mitentscheiden darf. Immerhin 9 Prozent geben hingegen an, dass sie beim Thema Gehalt mitentscheiden können.

Aus: Neue Studie: Was Mitarbeiter sich wünschen, in: www.impulse.de/management/neue-studie-was-mitarbeiter-sich-wuenschen/2059219.html, 6.5.2015 (Zugriff: 30.1.2017)

M 3 Und wenn es zum Konflikt kommt? Der Betriebsrat im Betriebsverfassungsgesetz (BetrVG)

§ 1 Errichtung von Betriebsräten
In Betrieben mit in der Regel mindestens fünf ständigen wahlberechtigten Arbeitnehmern, von denen drei wählbar sind, werden Betriebsräte gewählt.

§ 74 Grundsätze der Zusammenarbeit
(1) Arbeitgeber und Betriebsrat sollen mindestens einmal im Monat zu einer Besprechung zusammentreten. Sie haben über strittige Fragen mit dem ernsten Willen zur Einigung zu verhandeln und Vorschläge für die Beilegung von Meinungsverschiedenheiten zu machen.

§ 87 Mitbestimmungsrechte (Auszug)
(1) Der Betriebsrat hat, soweit eine gesetzliche oder tarifliche Regelung nicht besteht, in folgenden Angelegenheiten mitzubestimmen:
1. Fragen der Ordnung des Betriebs und des Verhaltens der Arbeitnehmer im Betrieb;
2. Beginn und Ende der täglichen Arbeitszeit einschließlich der Pausen sowie Verteilung der Arbeitszeit auf die einzelnen Wochentage;
3. vorübergehende Verkürzung oder Verlängerung der betriebsüblichen Arbeitszeit;
4. Zeit, Ort und Art der Auszahlung der Arbeitsentgelte;
5. Aufstellung allgemeiner Urlaubsgrundsätze und des Urlaubsplans sowie die Festsetzung der zeitlichen Lage des Urlaubs für einzelne Arbeitnehmer, wenn zwischen dem Arbeitgeber und den beteiligten Arbeitnehmern kein Einverständnis erzielt wird;
6. Einführung und Anwendung von technischen Einrichtungen, die dazu bestimmt sind, das Verhalten oder die Leistung der Arbeitnehmer zu überwachen;
10. Fragen der betrieblichen Lohngestaltung, insbesondere die Aufstellung von Entlohnungsgrundsätzen und die Einführung und Anwendung von neuen Entlohnungsmethoden sowie deren Änderung;
11. Festsetzung der Akkord- und Prämiensätze und vergleichbarer leistungsbezogener Entgelte, einschließlich der Geldfaktoren;

(2) Kommt eine Einigung über eine Angelegenheit nach Absatz 1 nicht zustande, so entscheidet die Einigungsstelle. Der Spruch der Einigungsstelle ersetzt die Einigung zwischen Arbeitgeber und Betriebsrat.

M 4 Grundsätzlich verboten – die Kinderarbeit

Die Beschäftigung von Kindern und vollzeitschulpflichtigen Jugendlichen ist in der Bundesrepublik verboten. Das Jugendarbeitsschutzgesetz und die Kinderarbeitsschutzverordnung [...] lassen Ausnahmen nur für kurzzeitige leichte und für Kinder geeignete Arbeiten zu.
Während der Schulferien dürfen vollzeitschulpflichtige Schülerinnen und Schüler ab 15 Jahre einen Ferienjob von höchstens 4 Wochen im Kalenderjahr ausüben. In diesem Fall gelten die allgemeinen Regeln des Gesetzes für Jugendliche. Bei öffentlichen Konzerten, beim Theater und bei ähnlichen Veranstaltungen dürfen Kinder nur aufgrund einer besonderen Ausnahmegenehmigung mitwirken.
Das Mindestalter für die Zulassung zur regulären Beschäftigung im Betrieb ist grundsätzlich 15 Jahre. Ist jemand bei der Schulentlassung noch nicht 15 Jahre alt, darf er oder sie im Rahmen eines Berufsausbildungsverhältnisses beschäftigt werden.

Aus: Bundesministerium für Arbeit und Soziales Referat Information, Monitoring, Bürgerservice, Bibliothek (Hrsg.), Klare Sache. Informationen zum Jugendarbeitsschutz und zur Kinderarbeitsschutzverordnung, Bonn, Stand: Januar 2017, S. 13

Aufgaben

1. Beschreibe aus deiner Sicht ausgehend von M 1 Beispiele für schlechte Arbeitsbedingungen in Deutschland.
2. Stelle die Informationen aus M 2 in einer Grafik dar. Nutze hierfür die Grafiktypen auf S. 27.
3. Stelle anhand von M 2 dar, in welchen Bereichen die Interessen von Arbeitnehmern und Arbeitgebern auseinanderklaffen.
4. Erkläre anhand von M 3 die Rolle von Betriebsräten in Unternehmen. Beachte dabei die Hilfestellung zum Umgang mit Rechtstexten. METHODE Rechtstexte verstehen, S. 64
5. Die Regelung zur Kinderarbeit (M 4) sollte gelockert werden. Erörtere diese These.

M 4 Wie würdest du entscheiden?

1. In einer Firma ist zeitlicher Druck für die Lieferung eines Produktes entstanden. Der Chef besteht auf Überstunden.

2. Ein Arbeitgeber verbietet seinen Mitarbeitern die Nutzung des privaten Handys am Arbeitsplatz.

3. Ein Unternehmen möchte den Arbeitnehmern eine einheitliche Kleiderordnung vorschreiben.

4. Die Unternehmensleitung will den täglichen Arbeitsbeginn auf 7.00 Uhr vorverlegen.

5. Ein Betrieb will mit einer neuen Urlaubsregel durchsetzen, dass alle Mitarbeiter gleichzeitig Betriebsferien nehmen.

Autorentext

M 5 Betriebsrat – muss das sein?

Zeichnung: Freimuth Woessner

M 6 Besser mit Betriebsrat?

Unternehmen mit Betriebsrat und Tarifbindung sind im Schnitt rund 40 Prozent produktiver als andere Firmen – und zwar in Ostdeutschland gleichermaßen wie in den alten Bundesländern. Zu diesem Schluss ist Dr. Steffen Müller vom Leibniz-Institut für Wirtschaftsforschung Halle (IWH) in einer Studie gekommen [...].

Aus: Heiko Weckbrodt, Unternehmen mit Betriebsrat sind 40 % produktiver, in: http://oiger.de/2015/04/28/unternehmen-mit-betriebsrat-sind-40-produktiver/87679#IWH-Volkswirt_Mueller_Effekt_fuer_Betriebe_in_Ost_wie_West_zu_sehen, 28.4.2015 (Zugriff: 30.1.2017)

M 7 Check: Welche Fähigkeiten sollte ein Betriebsrat haben?

Belastbarkeit
Anpassungsfähigkeit
Präsentationsfähigkeit
Selbstbewusstsein
Durchsetzungsvermögen
Führungsstärke
Einsatzbereitschaft
Teamfähigkeit
Kreativität
Menschenkenntnis
Kritikfähigkeit
Einfühlungsvermögen
Organisationsfähigkeit
Verhandlungsgeschick
Zuverlässigkeit
Konfliktfähigkeit

Autorentext

M 8 „Null Bock“ auf betriebliches Engagement?

Von 100 Beschäftigten in privatwirtschaftlichen Betrieben arbeiten mit Branchentarifvertrag und Betriebsrat* 25398EX

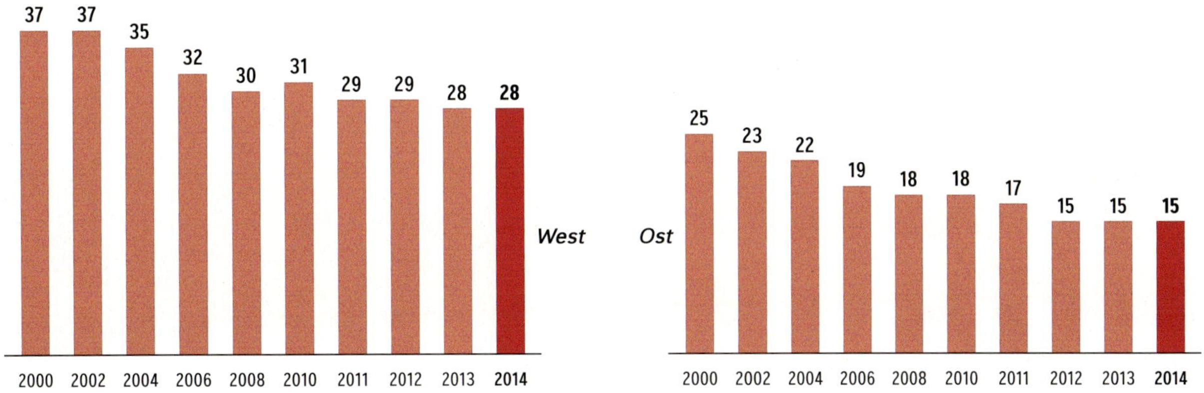

* Basis: Betriebe mit mindestens 5 Beschäftigten

Quelle: IAB-Betriebspanel 2000–2014; nach: Hans-Böckler-Stiftung, Böckler Impuls 10/2015, S. 5

M 9 „Stärkere Betriebsrätinnen und Betriebsräte braucht das Land“

Die Partei Bündnis 90/Die Grünen hat am 8.10.2014 einen Gesetzesvorschlag in den Deutschen Bundestag eingebracht, der die Rolle von Betriebsräten in Unternehmen stärken soll.

Die stellvertretende IG-BCE-Vorsitzende Edeltraud Glänzer eröffnete eine Tagung zur Mitbestimmung.

Seit Jahren sorgten die Betriebsräte erfolgreich für den Ausgleich der Interessen von Arbeitnehmern und Arbeitgebern und trügen so zur Stärkung von Teilhabe und Demokratie bei. Auch in Krisenzeiten wie der Finanzkrise von 2008/2009 hätten die Betriebsräte erfolgreich gearbeitet und mit dazu beigetragen, die Wettbewerbsfähigkeit deutscher Unternehmen zu erhalten.

Es zeige sich jedoch in den letzten Jahren eine Zunahme von „betriebsratsfreien Zonen“. Die Gründe dafür sieht die Partei z. B. in der steigenden Zahl von Leiharbeitern und befristeten atypischen Beschäftigungsverhältnissen. Der Abbau der Stammbelegschaft erschwere die Interessenvertretung der Arbeitnehmer. Zudem würden vermehrt Unternehmen versuchen, durch Einschüchterung oder Kündigung von Kandidaten die Arbeit von Betriebsräten zu verhindern oder zu erschweren („*Union Busting*“).

Bündnis 90/Die Grünen fordern deshalb die Bundesregierung dazu auf, durch ein Gesetz die Wahl neuer Betriebsräte zu erleichtern und die Mitglieder bestehender Betriebsräte zu stärken.

Autorentext

Aufgaben

1. Überprüfe mithilfe von M 3, ob der Betriebsrat in den Beispielen aus M 4 ein Mitwirkungsrecht hat.
2. M 5 und M 6 bewerten die Rolle von Betriebsräten unterschiedlich. Charakterisiere die unterschiedlichen Sichtweisen und ordne dich begründet einer der Positionen zu.
3. Erläutere die Bedeutung der Begriffe in M 7. Stelle eine Rangliste der Fähigkeiten auf, über die ein Betriebsrat verfügen sollte, und sortiere sie nach Wichtigkeit.
4. Beschreibe die Entwicklung, die in M 8 abgebildet ist.
5. Beurteile ausgehend von M 9, ob Betriebsräte in ihren Rechten gestärkt werden sollten.

2.2 Organisation macht stark – die Rolle von Gewerkschaften in Unternehmen

M 1 Wer und wie viele sind wo organisiert?

IG BCE: Industriegewerkschaft Bergbau, Chemie, Energie
IG Bau: Industriegewerkschaft Bauen-Agrar-Umwelt
EVG: Eisenbahn- und Verkehrsgewerkschaft
GEW: Gewerkschaft Erziehung und Wissenschaft
IGM: Industriegewerkschaft Metall
NGG: Gewerkschaft Nahrung-Genuss-Gaststätten
GdP: Gewerkschaft der Polizei
ver.di: Vereinte Dienstleistungsgewerkschaft

Mitgliederzahlen (2015):

2 038 638	2 273 743	651 181	280 678
176 930	203 857	273 392	197 094

Berufe:

Verkäuferin; Polizist; Forstwirt; Lehrer; Mechatroniker; Bank- und Versicherungskauffrau; Hotelfachangestellte; Dachdecker; Industriekeramiker; IT-Systemkauffrau; Lokführer; Schulsozialarbeiterin; Zugbegleiterin; Chemielaborant; Fachkraft für Süßwarentechnik

M 2 Was wird in einem Tarifvertrag geregelt?

Ein Tarifvertrag wird zwischen einer Gewerkschaft und dem jeweiligen Arbeitgeberverband geschlossen. Er gilt für einen fest vereinbarten Zeitraum und beide Parteien sind an die Inhalte des Vertrags gebunden.
Geregelt werden vor allem: Arbeitszeit, Lohn, Urlaub, Sozialleistungen wie Urlaubs- und Weihnachtsgeld sowie Fragen zu Kündigungsfristen und Entlassungen.

M 3 Die größten Unternehmen/Systeme der Gastronomie in Deutschland (2015)

	Unternehmen	Vertriebslinien	Umsatz (o. Mwst.) Mio. €	Zahl der Betriebe (inkl. FR)
1	McDonald's Deutschland Inc.	McDonald's, McCafé	3 080,0*	1478
2	Burger King Beteiligungs-GmbH	Burger King	865,0*	694
3	LSG Lufthansa Service Holding AG	LSG Sky Chefs	824,0	12
4	Autobahn Tank & Rast GmbH	T&R Raststätten	621,0*	400
5	Nordsee Holding GmbH	Nordsee	297,9	320
6	Yum! Restaurants International Ltd. & Co. KG	KFC, Pizza Hut	267,8	191
7	Subway GmbH	Subway	215,0*	610
8	Aral AG (BP Europa SE)	PetitBistro	212,1	1137
9	Ikea Deutschland GmbH & Co. KG	Ikea-Gastronomie	204,0	50

Aus: Gretel Weiß, food-service 4/2016
© Deutscher Fachverlag, Frankfurt a. M.
(* Schätzwert; FR: Fremdregie/Franchising)

M 4 Auszug aus dem Tarifvertrag in der Systemgastronomie (gültig für Westdeutschland bis zum 31.12.2016):

In diesem Wirtschaftszweig gibt es 12 Tarifgruppen:

Tarifgruppe	Bruttolohn pro Stunde
TG 1: einfache Tätigkeiten ohne Vorkenntnisse, z. B. in der Spülküche	8,60 €
TG 3: einfache Tätigkeiten mit weitergehenden Kenntnissen, z. B. Pizzazubereitung mit erhöhten Anforderungen	9,10 €
TG 5: Tätigkeiten, die eine abgeschlossene Berufsausbildung erfordern, z. B. Sekretärin	11,20 €
TG 12: Tätigkeiten mit hoher Selbstständigkeit und Personalverantwortung, z. B. Führungskraft oberhalb der Bezirksebene	19,28 €

Entgelt für Auszubildende

Ausbildungsjahr	Bruttomonatsentgelt in €
Azubi 1. Jahr	694
Azubi 2. Jahr	775
Azubi 3. Jahr	857

Urlaubsregeln

Die Höhe des Jahresurlaubs richtet sich nach der Betriebszugehörigkeit:

Betriebszugehörigkeit	Jahresurlaub
im 1. und 2. Jahr der Betriebszugehörigkeit	25 Arbeitstage
im 3. und 4. Jahr der Betriebszugehörigkeit	27 Arbeitstage
im 5. und 6. Jahr der Betriebszugehörigkeit	29 Arbeitstage
ab dem 7. Jahr der Betriebszugehörigkeit	30 Arbeitstage

Arbeitszeit

Die regelmäßige Arbeitszeit beträgt, ausschließlich der Pausen, 39 Stunden pro Woche bzw. 169 Stunden monatlich.

Sonntagsarbeit

Arbeitsleistung, die an Sonntagen erbracht wird, ist nicht zuschlagspflichtig. Mindestens zehn Sonntage im Kalenderjahr müssen beschäftigungsfrei bleiben.

Nach: www.bundesverband-systemgastronomie.de/tarifvertraege.html?file=tl_file (Zugriff: 8.12.2016) (verändert)

M 5 Tarifrunde Systemgastronomie

NGG fordert verhandelbares Angebot – „damit eine Neun vor dem Komma steht"

Schweinfurt – 25. November 2016 Vor der zweiten Verhandlung in der Tarifrunde zwischen der Gewerkschaft Nahrung-Genuss-Gaststätten (NGG) und dem Bundesverband der Systemgastronomie (BdS) für die rund 100 000 in der deutschen Systemgastronomie Beschäftigten hat Burkhard Siebert, stellvertretender NGG-Vorsitzender, am Freitag auf einer Veranstaltung seiner Organisation in Schweinfurt die Arbeitgeber aufgefordert, ein verhandelbares Angebot auf den Tisch zu legen.

„Wir erwarten ein Angebot, das in der untersten Tarifgruppe deutlich über dem ab Januar 2017 geltenden gesetzlichen Mindestlohn von 8,84 Euro pro Stunde liegt", hat Siebert betont.

Die Systemgastronomie werde künftig ihren Fachkräftebedarf nur decken können, wenn für die schwere Arbeit auch faire Löhne und Ausbildungsvergütungen gezahlt werden, ist sich Siebert sicher. Der NGG-Vize bekräftigte die Forderungen der Gewerkschaft NGG:

Erhöhung der Löhne um mindestens sechs Prozent, Erhöhung der Ausbildungsvergütungen auf 800 Euro im ersten, 900 im zweiten und 1000 Euro im dritten Ausbildungsjahr sowie eine überproportionale Anhebung der untersten Tarifgruppe, „damit eine Neun vor dem Komma steht".

Siebert erinnerte daran, dass die Beschäftigten in der Systemgastronomie vor zwei Jahren mit öffentlichen Aktionen ein deutliches Signal gesetzt hatten, um ihren Tarifforderungen Nachdruck zu verleihen. „Auch in dieser Tarifrunde ist richtig Dampf im Kessel", kündigte Siebert an.

Aus: Gewerkschaft Nahrung-Genuss-Gaststätten, Tarifrunde Systemgastronomie, Pressemitteilung vom 25.11.2016, in: www.ngg.net/pressemitteilungen/2016/4-quartal/25-11-bs/ (Zugriff: 8.12.2016)

M 6 Tarifverhandlungen – der (lange) Weg zu Verbesserungen in der Arbeitswelt

Bevor ein alter Tarifvertrag abläuft, bilden sich bei den Tarifpartnern (Gewerkschaften und Arbeitgeberverbände) Arbeitsgruppen, die aus ihrer jeweiligen Perspektive Forderungen und Angebote in Bezug auf z. B. Entlohnung oder Arbeitszeitregelungen formulieren. In diese Meinungsbildung gehen Überlegungen zur gesamtwirtschaftlichen Lage oder über die Entwicklung der Lebenshaltungskosten ein. Der Staat darf sich in diese Verhandlungen nicht einmischen, dies nennt man Tarifautonomie (vgl. Art. 9.3 GG).

In einer Tarifkommission wird über die Forderungen verhandelt.

Die Verhandlungsrunden gehen schnell zu Ende, wenn beide Seiten rasch einen Kompromiss finden, bei dem die Gewerkschaften auf Teile ihrer Forderungen verzichten und die Arbeitgeberverbände den Gewerkschaften viel oder wenig entgegenkommen. Ein neuer Tarifvertrag ist formuliert. Solange, wie dieser Vertrag gilt, darf in den Betrieben nicht gestreikt werden, d. h., es herrscht Friedenspflicht.

Oft sind aber auch mehrere Verhandlungsrunden nötig. Während der Verhandlungsrunden können die Arbeitnehmer ihre Bereitschaft zum Niederlegen der Arbeit signalisieren, wenn sie meinen, die Arbeitgeber würden nicht genug auf ihre Forderungen eingehen. Es kommt zu Warnstreiks. Wenn der Konflikt zwischen den Verhandlungspartnern so groß ist, dass sie sich nicht auf gemeinsame Regelungen einigen können, wird eine Schlichtung beantragt. Dazu wird ein neutraler Schlichter von außen herangezogen, dem beide Seiten vertrauen. Kommt es auch dann nicht zu einer Einigung, sind die Verhandlungen gescheitert. Die Gewerkschaften empfehlen eine Urabstimmung unter ihren Mitgliedern über Streikmaßnahmen. Dies ist ihre stärkste Waffe in den Tarifauseinandersetzungen. Die Arbeitgeber können darauf mit Aussperrung reagieren.

Ein Streik kommt nur zustande, wenn mindestens 75 % der Gewerkschaftsmitglieder zustimmen. Während des Streiks erhalten die Arbeitnehmer keinen Lohn vom Arbeitgeber. Gewerkschaftsmitglieder erhalten Lohnersatzleistungen von ihrer Gewerkschaft (i. d. R. 66 % ihres Bruttogehalts).

Führen die Streiks zu einem Verhandlungsergebnis, müssen 25 % der Gewerkschaftsmitglieder diesem Ergebnis zustimmen, ein neuer Tarifvertrag ist entstanden.

Arbeitnehmer, die nicht in einer Gewerkschaft organisiert sind, erhalten in einem tarifgebundenen Unternehmen in der Regel ebenfalls die vereinbarten Leistungen, weil kein Arbeitgeber sie durch schlechtere Arbeits- und Einkommensbedingungen zum Gewerkschaftsbeitritt veranlassen möchte. Sie profitieren damit als „Trittbrettfahrer“ von den Ergebnissen gewerkschaftlicher Tarifpolitik.

Autorentext

M 7 FAQs zu Tarifverhandlungen

Dürfen Arbeitnehmer einfach so einen Streik beginnen?
Meine Antwort: …

Bekommen auch die Beschäftigten, die nicht in einer Gewerkschaft organisiert sind, den Lohn, der in Tarifverhandlungen festgesetzt wurde?
Meine Antwort: …

Setzen sich die Arbeitgeber bei Tarifverhandlungen immer durch?
Meine Antwort: …

Welche Auswirkungen haben Lohnerhöhungen auf Arbeitnehmer und auf Arbeitgeber?
Meine Antwort: …

Kann ein Arbeitgeberverband alleine einen Schlichter benennen?
Meine Antwort: …

Kann die Gewerkschaftsleitung einen Streik anordnen?
Meine Antwort: …

Liegen die Forderungen von Arbeitgebern und Arbeitnehmern immer sehr weit auseinander?
Meine Antwort: …

Darf der Staat bei den Tarifverhandlungen mitmischen?
Meine Antwort: …

Autorentext

M 8 Warum dauert das so lange?

Beschäftigte kämpfen für faire Löhne bei McDonald's, Pizza Hut und Co.

Nachdem der Bundesverband der Systemgastronomie (BdS) auch in der dritten Tarifverhandlung kein ernstzunehmendes Angebot für die rund 100 000 Beschäftigten von McDonald's, Burger King, Pizza Hut, Nordsee, Autogrill und Co. vorgelegt hat, hat die NGG umgehend begonnen, den Druck zu erhöhen. Nur Stunden nach dem ergebnislosen Ende der Verhandlung fanden die ersten Warnstreiks und Aktionen statt. Für die kommenden Wochen sind viele weitere Warnstreiks und Aktionen geplant.

Kein Angebot, eine Provokation

Das „Angebot" der Arbeitgeber, wonach tausende Beschäftigte in der untersten Tarifgruppe künftig gerade einmal 5,07 Euro mehr pro Monat (!) erhalten sollen, als sie wegen des geltenden Mindestlohns ohnehin bekommen müssen, hatte der NGG-Verhandlungsführer Guido Zeitler als Provokation bezeichnet, welche „[...] die nicht vorhandene Wertschätzung der Arbeitgeber gegenüber den Arbeitnehmerinnen und Arbeitnehmern zeigt."

Aus: Systemgastronomie 2017: Deutschlandweite Warnstreiks und Aktionen, in: www.ngg.net/artikel/2017/1/das-ist-erst-der-anfang-warnstreiks-in-der-systemgastronomie/, 1.2.2017 (Zugriff: 15.3.2017)

M 9 Laufen alle weg?

a) Mitglieder im DGB

Jahr	Mitglieder
2012	6 151 184
2013	6 142 720
2014	6 104 851
2015	6 095 513
2016	6 097 503

Aus: www.dgb.de/uber-uns/dgb-heute/mitgliederzahlen/2010/?tab=tab_0_0#tabnav (Zugriff: 16.3.2017)

b) Mitglieder in der NGG

Jahr	Mitglieder
2012	206 203
2013	206 930
2014	205 908
2015	203 857
2016	201 623

Aus: www.dgb.de/uber-uns/dgb-heute/mitgliederzahlen/2010/?tab=tab_0_8#tabnav (Zugriff: 16.3.2017)

M 10 Anzahl der Beschäftigen im Gastgewerbe

Zwei Millionen Menschen arbeiten im Gastgewerbe. Diese starke Zahl umfasst alle Lohn- und Gehaltsempfänger, aber auch die tätigen Inhaber und deren mithelfende Familienangehörige. Die Mehrheit arbeitet in der speisengeprägten Gastronomie, sprich in Restaurants, Wirtshäusern, Cafés oder Bistros.

Betriebsart	Arbeitnehmer	Beschäftigte insgesamt*
Hotellerie	423 959	463 985
Beherbergungsgewerbe	471 611	525 620
- speisengeprägte Gastronomie	872 266	1 005 222
- getränkegeprägte Gastronomie	179 481	214 180
Gaststättengewerbe	1 051 747	1 219 403
- Caterer u. sonst. Verpflegungsdienstleistungen	216 486	229 217
Gastgewerbe insgesamt	1 739 844	1 974 240

*inkl. tätiger Inhaber, mithelfender Familienangehöriger etc.; eigene Berechnung auf Basis der Strukturerhebung im Gastgewerbe 2012 des Statistischen Bundesamts

Aus: DEHOGA Bundesverband (Hrsg.), Wirtschaftskraft und Jobmotor Gastronomie und Hotellerie 2016, Berlin 2016, S. 12, www.dehoga-bundesverband.de/fileadmin/Startseite/06_Presse/Publikationen/Wirtschaftskraft_160629.pdf (Zugriff 15.3.2017)

Aufgaben

1. In der Liste M 1 sind die acht Einzelgewerkschaften, die im DGB zusammengeschlossen sind, aufgelistet. Ordne die Mitgliederzahlen und Berufe den Gewerkschaften zu.
2. Stelle mithilfe von M 2 die Vorteile eines Tarifvertrages aus der Perspektive von Arbeitnehmern und Arbeitgebern dar.
3. Arbeite aus M 4 und M 5 die Forderungen heraus, mit denen die Gewerkschaft NGG in die Tarifverhandlungen geht.
4. Erkläre mithilfe von M 6 die FAQs aus M 7.
5. Beschreibe die Entwicklung der Mitgliederzahlen von DGB und NGG in M 9.
6. Erkläre mithilfe von M 5, M 8 und M 10, warum die Tarifverhandlungen noch nicht zu einem Ergebnis gekommen sind.
7. „Die NGG ist eine so kleine Gewerkschaft, die kann doch gar nichts durchsetzen." Erörtere diese These.

Webcode WES-116435-303 Erklärvideo: Tarifverhandlungen

Ein Poster gestalten

In der Wissenschaft sind Poster eine Möglichkeit, um zentrale Forschungsergebnisse in knapper Form einem größeren Fachpublikum vorzustellen. Ein Poster wird auch als „visuelles Kommunikationsmittel“ bezeichnet. Es wäre natürlich wenig hilfreich, z. B. einen ganzen Vortragstext auf ein Poster zu schreiben. Darum gibt es Empfehlungen, wie die wichtigsten Informationen gut aufbereitet werden können.

Auch in der Schule kann diese Form genutzt werden. Bei der GFS oder am Ende einer Projektarbeit kannst du statt einer elektronischen Präsentation oder schriftlichen Hausarbeit ein Poster gestalten. Folgende Empfehlungen können dir dabei helfen:

1. Konzeption des Posters

Zunächst musst du entscheiden, welche Informationen präsentiert werden sollen. Die möglichen Inhalte könnten in dieser Rangfolge vorsortiert werden: 1. Zwingend zu wissen 2. Gut zu wissen 3. Schön zu wissen. Wichtig ist, dass alle Ergebnisse, die eine problemorientierte Fragestellung beantworten, auf das Poster kommen.

2. Layout des Posters

Du musst ebenfalls Entscheidungen treffen in Bezug auf die Größe des Posters, Schriftart und -größen, Farbgebung, Informations- bzw. Leserichtung und den Anteil von eigenem Text und Fremdmaterialien. Das Poster muss Aufmerksamkeit erregen (z. B. durch „knackige Titel“, Grafiken oder Fotografien) und darf nicht verwirren. Vermeide Ablenkungen („*poster noise*“), z. B. durch irrelevante Informationen.

	DIN A0	DIN A4
Hauptüberschrift	100 pt	22 – 26 pt
Untertitel	50 pt	11 – 13 pt
Fließtext	25 pt	6 – 7 pt

a) Größe des Posters, Schriftart und -größen

DIN-A0-Formate sind professionelle Posterformate, dafür benötigst du aber einen speziellen Drucker. Leichter zu handhaben ist ein DIN-A4-Format, welches man am Kopierer auch auf DIN A3 vergrößern kann.

Eine handschriftliche Gestaltung ist nur denkbar, wenn die Schrift gleichmäßig und gut lesbar ist. Normalerweise werden die Informationen aber getippt. Dazu ist eine einheitliche Schriftart zu wählen, die ruhig wirkt und leicht lesbar ist (z. B. Arial). Die Schriftgröße sollte auch aus 1 – 3 m Entfernung gut erkennbar sein (siehe Randspalte).

Informationsfluss in Spalten

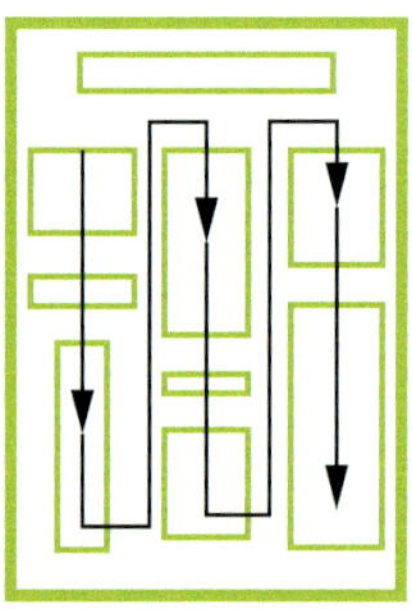

b) Farbgebung

Farbe spielt eine wichtige Rolle auf Postern. Sie sollten nicht zu bunt sein („Kinderpartyplakat“). Empfohlen wird eher eine einheitliche Farbgebung mit verschiedenen Farbvariationen. Von knalligen Farben wird in der Regel abgeraten.

c) Informationsrichtung im Poster

Der Informationsfluss kann in Zeilen- oder in Spaltenrichtung erfolgen. Möglich ist auch eine Nummerierung der einzelnen Segmente. Die Reihenfolge sollte sachlogisch sein.

Informationsfluss in Zeilen

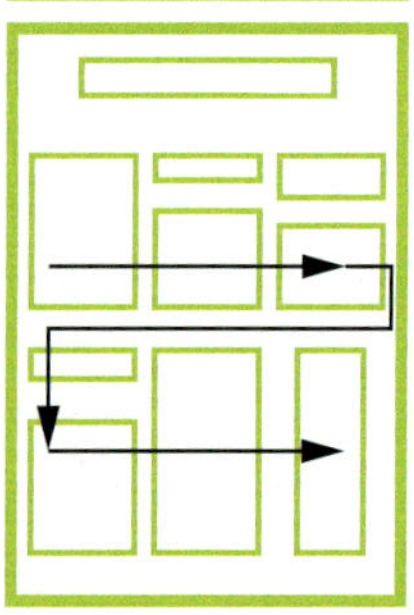

3. Was macht ein gutes Poster aus?

- Es ist verständlich: Achte auf einfache Sätze, die klare Informationen vermitteln.
- Es ist gut lesbar: Achte auf eine Schrift, die auch mit etwas Abstand zu erkennen ist.
- Es ist gut organisiert: Achte auf eine logische Reihenfolge der Informationen.
- Es ist motivierend: Achte darauf, dass der Adressat Lust bekommt, das Plakat zu lesen. Es darf deshalb nicht mit zu viel Information überfrachtet werden.

Nach: Lehrstuhl f. Internat. Bez./TU Braunschweig, Informationen zur Erstellung von wissenschaftlichen Postern, in: www.wissenschaftstagung.de/de/programm/anleitung_postergestaltung.pdf (Zugriff: 12.7.2017) (verändert)

25599EX

Werden schwerbehinderte Arbeitnehmer/ -innen angemessen vertreten?

Jana Köllermann / Klasse 9 b / Willy-Brandt-Gymnasium Karlsruhe

1. Problem

Die alle fünf Jahre erhobene Beschäftigungsstatistik schwerbehinderter Menschen (BsbM) der Bundesagentur für Arbeit für das Jahr 2015 wies 1 057 978 besetzte Arbeitsplätze für schwerbehinderte Menschen aus. Es stellt sich die Frage, ob diese Menschen mit ihren besonderen Interessen angemessen vertreten werden.

2. Gesetzliche Grundlagen

Sozialgesetzbuch (SGB), 9. Buch §§ 93 ff.
Der Betriebsrat fördert die Eingliederung schwerbehinderter Menschen.

3. Vertretungsorgan

Schwerbehindertenvertreter (SchwbV) bei 5 und mehr Schwerbehinderten in einem Betrieb.

4. Aufgaben der SchwbV

SGB/IX: § 95
- Förderung der Eingliederung in den Betrieb
- Interessenvertretung
- Beratung und Hilfe

5. Verhältnis zum Betriebsrat

SchwbV ist eine eigene Institution und kein Teil des Betriebsrates, allerdings sollten beide eng zusammenarbeiten.

6. Wahlaufruf

7. Wahlverfahren

Wer darf wählen?
Alle schwerbehinderten Arbeitnehmer des Betriebs.
Wer darf gewählt werden?
Alle Arbeitsnehmer des Betriebs, mit Ausnahme der leitenden Angestellten.
Wie oft wird gewählt?
Alle 4 Jahre.

8. Kündigungsschutz

Besonderer Kündigungsschutz:
Nur bei Zustimmung der SchwbV und des Integrationsamts.

9. Management

Betriebliches Eingliederungsmanagement (BEM)

In unserem Betrieb ...		
existiert bereits ein BEM.	22	12,09 %
ist ein BEM in Vorbereitung.	52	28,57 %
sperrt sich der BR/PR.	18	9,89 %
sperrt sich der Arbeitgeber.	34	18,68 %
wollen wir das Thema nicht anpacken.	15	8,24 %
ist bis jetzt (noch) keine/r aktiv geworden.	41	22,53 %
Gesamtbeteiligung:	182	

Quelle: www.schwbv.de/umfrage.html (Zugriff: 17.7.2017) 25601EX

10. Betreuungsquote

Umfrage	Wie viele schwerbehinderte und gleichgestellte Menschen betreuen Sie?	
unter 5	18	7,47 %
6 - 25	64	26,56 %
26 - 49	58	24,07 %
50 - 100	43	17,74 %
101 - 200	32	13,28 %
201 - 300	15	6,22 %
über 300	11	4,56 %
Gesamtbeteiligung:	241	

Quelle: www.schwbv.de/umfrage.html (Zugriff: 17.7.2017) 25600EX

11. Schlussfolgerung

Zwar rechtliche Sonderstellung, aber kein umfassendes betriebliches Eingliederungsmanagement in allen betroffenen Unternehmen sowie hohe Betreuungsquoten.

12. Quellen

Feldes, Werner u. a.: Praxis der Schwerbehindertenvertretung von A bis Z, 6. Aufl., Frankfurt a. M.: Bund Verlag 2015

Internetquellen (Zugriff: 4.7.2017):
www.integrationsaemter.de
www.schwbv.de/umfrage.html
www.sbv-wahl.de
https://statistik.arbeitsagentur.de
(Statistik schwerbehinderter Menschen)

2.3 Erweiterung: Legen die jetzt alles lahm? Spartengewerkschaften in der Diskussion

M 1 Dauerzustand Streik?

Zeichnung: Klaus Stuttmann

M 2 „Streikrepublik Deutschland"?

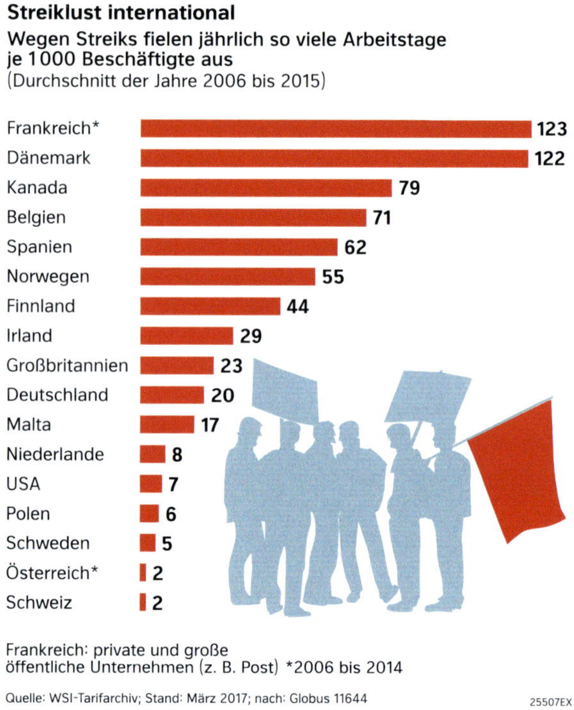

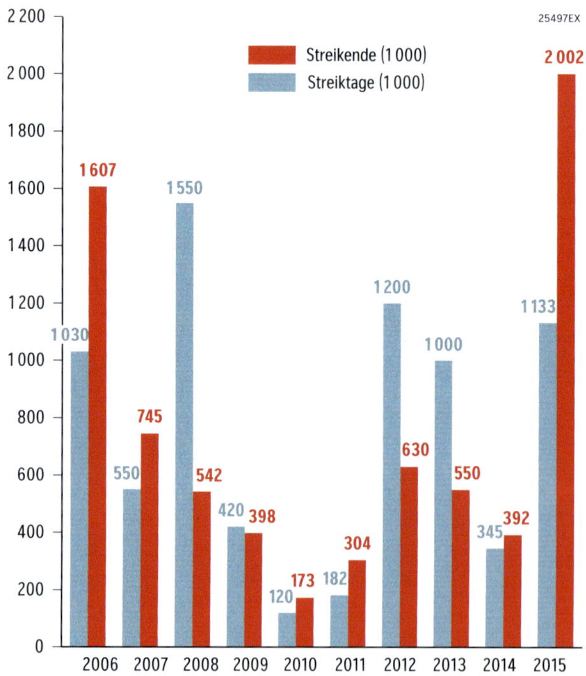

Quelle: WSI – Wirtschafts- und Sozialwissenschaftliches Institut der Hans-Böckler-Stiftung, Pressedienst, 3.3.2016

M 3 Spartengewerkschaften – was ist das?

Wer hat sich in den letzten Jahren nicht schon über streikende Lokführer, Piloten oder Flugbegleiter geärgert, die dafür verantwortlich gemacht werden, dass Flüge und Zugfahrten ausfallen oder verschoben werden und gefühlte Dauerstreiks entstehen? Was steckt dahinter?

Neben den acht großen Einzelgewerkschaften, die Tarifverträge für ganze Branchen mit allen ihren Beschäftigten aushandeln, gibt es auch noch einige Gewerkschaften, in denen nicht ganze Branchen, sondern bestimmte Berufe organisiert sind. Diese nennt man Spartengewerkschaften. Sie sind weitgehend im Dienstleistungssektor zu finden. Die bekanntesten darunter sind die Vereinigung Cockpit, CV (zurzeit 9 600 Piloten), UFO, die unabhängige Flugbegleiterorganisation (ungefähr 10 000 Mitglieder), oder die Gewerkschaft der Lokführer (GDL), die etwa 34 000 Mitglieder zählt. Es kann also vorkommen, dass in einem Betrieb verschiedene Tarifverträge nebeneinander existieren (Tarifpluralität).

Spartengewerkschaften können besonders schlagkräftig sein, weil die darin organisierten Arbeitnehmer gleiche Interessen haben (Homogenität), nicht leicht durch andere Arbeitskräfte zu ersetzen sind (Komplementarität) und weil, falls es in ihrem Bereich zu Streiks kommt, das öffentliche Leben beeinträchtigt werden kann (Konfliktfähigkeit).

Autorentext

M 4 Tarifeinheitsgesetz

Mit den Stimmen der Koalitionsfraktionen hat der Bundestag das umstrittene Tarifeinheitsgesetz beschlossen. Gegenstimmen kamen allerdings auch aus den Reihen von Union und SPD. [...]
Das nun verabschiedete Gesetz sieht vor, dass künftig für eine Berufsgruppe in einem Betrieb nur ein Tarifvertrag gültig sein kann. Die Gewerkschaften sollen durch Absprachen, Aufteilung der Zuständigkeiten untereinander etc. verhindern, dass es zu einer Tarifkollision, also zwei unterschiedlichen Tarifverträgen für die gleiche Berufsgruppe, kommt.
Gelingt ihnen das nicht, dann greift das neu beschlossene Gesetz der Tarifeinheit und damit das betriebsbezogene Mehrheitsprinzip: Es gilt dann allein der Tarifvertrag der größeren Gewerkschaft im Betrieb.

Wie haben die Abgeordneten des Deutschen Bundestages abgestimmt?

Tarifeinheitsgesetz: 3.7.2015

Partei	zugestimmt	dagegen gestimmt	enthalten	nicht beteiligt
CDU	85,10 %	6,27 %	2,35 %	6,27 %
CSU	91,07 %	1,79 %	3,57 %	3,57 %
B90/Die Grünen	–	82,54 %	7,94 %	9,52 %
SPD	90,67 %	0,52 %	1,55 %	7,25 %
Die Linke	–	89,06 %	–	10,94 %

Nach: www.abgeordnetenwatch.de/bundestag/abstimmungen/tarifeinheitsgesetz (Zugriff: 18.8.2017) (verändert)

M 5 Entsolidarisierung?

Zeichnung: Klaus Stuttmann

M 6 Kritik am Tarifeinheitsgesetz

Artikel 9 Absatz 3 Grundgesetz lautet: „Das Recht, zur Wahrung und Förderung der Arbeits- und Wirtschaftsbedingungen Vereinigungen zu bilden, ist für jedermann und für alle Berufe gewährleistet. Abreden, die dieses Recht einschränken oder zu behindern suchen, sind nichtig, hierauf gerichtete Maßnahmen sind rechtswidrig."
„Wenn jedoch nur noch die größere Gewerkschaft im Betrieb Tarifverträge schließen darf, dann ist die kleinere – und selbst wenn sie 100 Prozent ihres Berufsstandes organisiert hat – zum kollektiven Betteln verdammt. Das Tarifeinheitsgesetz zielt nicht nur auf den sehr guten Organisationsgrad von uns Berufsgewerkschaften ab, sie greift sogar unsere Existenz an", so das Fazit des Bundesvorsitzenden der Gewerkschaft Deutscher Lokomotivführer (GDL) Claus Weselsky [...].

Aus: Fatale Wirkung des Tarifeinheitsgesetzes, GDL-Pressemitteilung, www.gdl.de/Aktuell-2017/Pressemitteilung-1485448888, 26.1.2017 (Zugriff: 3.3.2017)

Aufgaben

1. Analysiere die Karikatur M 1. METHODE Karikaturenanalyse, S. 263
2. Ermittelt die Anzahl von Schülerinnen und Schülern in der Klasse, die schon einmal direkt oder indirekt von einem Streik betroffen war.
3. In den Medien ist oft von der „Streikrepublik Deutschland" die Rede. Überprüfe diese Aussage mithilfe von M 2.
4. Stelle mögliche Probleme dar, die in einem Unternehmen auftreten können, falls zwei verschiedene Gewerkschaften dort Tarifverträge aushandeln (M 3).
5. Überprüfe – z. B. mithilfe von *www.abgeordnetenwatch.de/tarifeinheitsgesetz-1105-730.html* –, wie der Abgeordnete deines Wahlkreises bei der Abstimmung zum Tarifeinheitsgesetz (M 4) abgestimmt hat.
6. Gestalte einen Kommentar im Chatroom auf der Homepage deines Abgeordneten, in dem du seinem Abstimmungsverhalten beim Tarifeinheitsgesetz zustimmst oder es ablehnst. METHODE Kommentar, S. 246
7. Solidarität bedeutet, dass man in einer Gruppe ähnliche Ziele und Werte verfolgt und füreinander eintritt. Erörtere die These in der Karikatur M 5, Spartengewerkschaften führten zur Entsolidarisierung in Betrieben.

M 1 Was soll in den Tarifverhandlungen erreicht werden?

Verkürzung der Wochenarbeitszeit

Übernahmegarantie für die Auszubildenden

kurze Laufzeit des Tarifvertrags

Erhöhung des Urlaubsgeldes

mehr Urlaubstage

lange Laufzeit des Tarifvertrages

prozentuale Erhöhung des Arbeitslohnes

Autorentext

M 2 Beispiel Tarifverhandlung

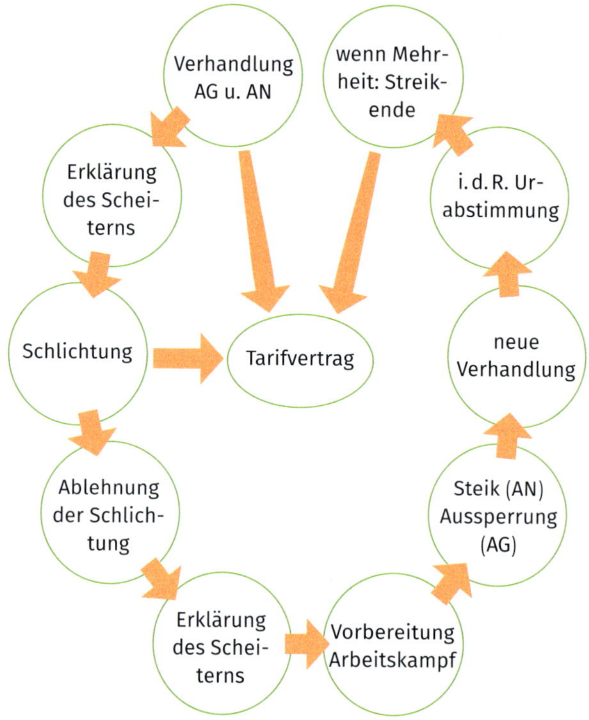

M 3 Durcheinander bei den Tarifverhandlungen

A Nach Durchführung einer Mitgliederbefragung beschloss die Tarifkommission Forderungen im Gesamtvolumen von 7,0 %.

B Laut EVG wurde kein verhandlungsfähiges Angebot vorgelegt.

C Die Gewerkschaft konnte ein Ergebnis erzielen: 550 € Pauschale für die Monate Oktober 2016 bis März 2017, 2,5 % ab April des nächsten Jahres.

D In diesem Monat ist der Tarifvertrag ausgelaufen.

E Eine Entgelterhöhung im Volumen von 1,5 % bei einer Laufzeit von 27 Monaten wies die Gewerkschaft jedoch zurück.

F In der Auftaktverhandlung legten beide Seiten ihre Positionen dar.

G Auch die 4. Verhandlungsrunde wurde von Protesten mehrerer hundert Gewerkschafter für die Forderung nach einem einheitlichen Tarifabschluss begleitet.

H In der 2. Verhandlungsrunde erwarteten die Vertreter der Arbeitnehmer von der Arbeitgeberseite konkrete Vorschläge.

Zus.gestellt aus: Tarifpolitischer Monatsbericht Dezember 2016, www.boeckler.de/wsi-tarifarchiv_62033.htm#cont_66622 (Zugriff: 17.3.2017) (verändert)

Aufgaben

1. Erstelle aus den möglichen Gewerkschaftsforderungen eine Rangliste: Was wäre dir am wichtigsten? Begründe die Reihenfolge.
2. Ordne die durcheinandergeratenen Phasen einer Tarifverhandlung aus M 3 den Phasen aus M 2 zu.
3. Das Aushandeln des Tarifvertrages in M 4 hat knapp drei Monate gedauert. Erkläre diese Dauer der Verhandlungen.
4. Bewerte das Ergebnis der Tarifverhandlungen in M 4 aus der Perspektive von Arbeitnehmern, Unternehmer und Bahnfahrern.
5. Erörtere die Aussage aus M 6 und beziehe dabei die Grafik M 5 in die Argumentation ein.
6. Gestalte eine Rede vor Auszubildenden im Bereich der Systemgastronomie, in der du zum Engagement in der NGG oder im Betriebsrat des Unternehmens aufforderst. METHODE Eine Rede halten, S. 187

M 4 Bahn-Tarifrunde: Handschlag im fahrenden ICE

Bahnfahren verbindet. Liebende mit ihrer Fernbeziehung. Berufspendler mit ihrem Arbeitsplatz. Urlauber mit ihrem Reiseziel. Und manchmal auch Kontrahenten, bei denen man sonst gern den Eindruck hat, dass sie sich am liebsten mit dem Rücken ansehen. So etwa im Fall von Deutschlands oberstem Lokführer Claus Weselsky und dem Personalvorstand der Deutschen Bahn.

Doch auf den letzten Metern im ICE von Frankfurt nach Berlin – zwischen Spandau und dem Hauptbahnhof – gelang am Internationalen Frauentag etwas, was viele in den Wochen zuvor kaum für möglich gehalten hatten. Weselsky und Bahn-Managerin Sigrid Heudorf, die für Personalvorstand Ulrich Weber eingesprungen war, besiegelten per Handschlag den Tarifabschluss zwischen der Lokführergewerkschaft GDL und dem Konzern. Ganz ohne die Schlichter Bodo Ramelow und Matthias Platzeck. Aber der Ministerpräsident aus Thüringen und der Ex-Regierungschef aus Brandenburg hatten zuvor nach sechs erfolglosen Verhandlungsrunden zwischen den Tarifparteien in acht intensiven Schlichtungswochen die Grundlage für den am Ende erfolgreichen Handschlag gelegt. […]

Leicht ist die Einigung nicht gefallen: „Einen derart komplexen Tarifvertrag hatte ich noch nie in meinen Händen“, sagte ein sichtlich erfreuter und gelöster Ramelow […].

Erreicht haben Arbeitgeber, Gewerkschaft und Schlichter nun – wie in Tarifverhandlungen üblich – einen Kompromiss. Die mit der EVG [Eisenbahn- und Verkehrsgewerkschaft] vereinbarte Einmalzahlung von 550 Euro für die Monate Oktober 2016 bis März 2017 ist bereits an alle Beschäftigten ausgezahlt worden. Der GDL-Abschluss sieht nun vor, dass das Entgelt für das Zugpersonal ab April um 2,5 Prozent angehoben wird. Eine zweite Stufe von 2,6 Prozent folgt im Januar 2018. Lokführer, Zugbegleiter oder Bordgastronomen können dann aber wählen, ob sie lieber das Geld, eine von 39 auf 38 Stunden abgesenkte Wochenarbeitszeit oder sechs Tage mehr Urlaub haben. Bis hierhin ist der Abschluss weitgehend identisch mit dem bereits mit der EVG erzielten Ergebnis. Die Bahn legt großen Wert darauf, nur „widerspruchsfreie“ Tarifverträge im Konzern zu haben, also gleiche Regeln für Lokführer oder Zugbegleiter – egal, ob sie bei der GDL, der EVG oder gar nicht organisiert sind.

Nach: Frank Specht, Handschlag im fahrenden ICE, in: www.handelsblatt.com/politik/deutschland/bahn-tarifrunde-handschlag-im-fahrenden-ice/19500660.html, 10.3.2017 (Zugriff: 17.3.2017) (verändert)

M 5 Anzahl von Gewerkschaftsmitgliedern

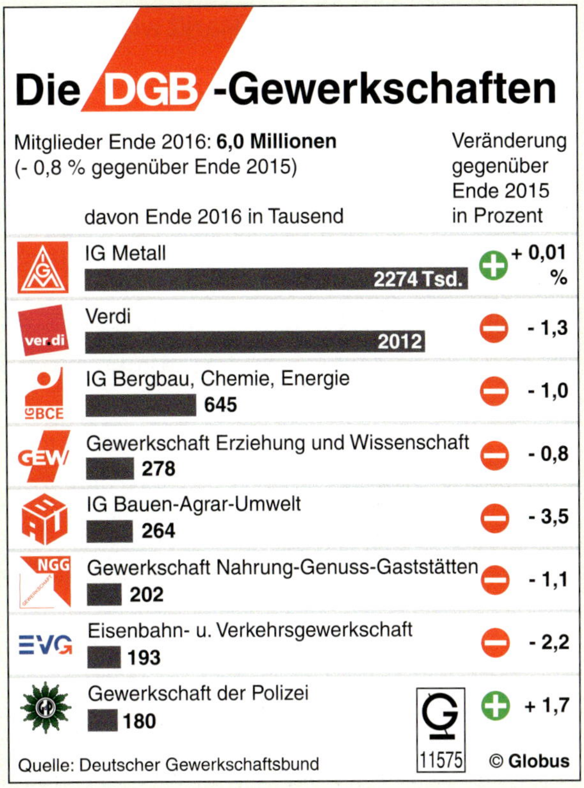

M 6 Zitat aus einem Urteil

„Ein Arbeitnehmer ist auf die Mitgliedschaft in der Gewerkschaft angewiesen, wenn er im sozialen Bereich angemessen und schlagkräftig repräsentiert sein will.“

Aus einem Urteil des Bundesgerichtshofs von 1984

M 7 Organisieren, nein danke?

In vielen Branchen ist die Zahl der Arbeitnehmerinnen und Arbeitnehmer, die durch einen Betriebsrat vertreten oder in einer Gewerkschaft organisiert sind, rückläufig. Arbeitsbedingungen und Entgelte verbessern sich in der Regel aber nicht von selbst, sondern ihre Verbesserung hängt ab vom Engagement der Beschäftigten. Ein höherer Organisationsgrad in den Vertretungen der Arbeitnehmer wäre hilfreich, damit sich die Situation am Arbeitsmarkt in eine gute Richtung entwickelt.

Nach: Gerd Pohl, Tariflose Zustände und Tariferosion – Erfahrungen aus dem Gastgewerbe, in: Gewerkschaft NGG, WSI-Tariftagung 26./27.9.2006, www.boeckler.de/pdf/v_2006_09_26_pohl.ppt (Zugriff: 17.3.2017) (verändert)

3. Lohnbildung – flexibel oder starr?

3.1 Der Arbeitsmarkt – ein Markt wie jeder andere?

M 1 Was verrät uns der Preis?

Artischocken

M 2 Arbeiter sind keine Artischocken

Arbeiter sind nicht anders als Artischocken. Oder Autos. Oder Brötchen. Sie sind eine Ware. Auch sie unterliegen den Marktkräften. Auch für sie gilt das Gesetz von Angebot und Nachfrage. So oder so ähnlich argumentiert die Mehrzahl der deutschen Wirtschaftswissenschaftler. Klingt ja auch logisch: Wenn es auf dem Gemüsemarkt zu viele Artischocken gibt, muss der Preis sinken, dann verschwindet das Überangebot. Wenn auf dem Arbeitsmarkt ein Überangebot besteht, muss der Lohn sinken. Dann verschwindet die Arbeitslosigkeit. [...]

Diese Theorie entspricht durchaus der Realität. Allerdings nur, wenn es um Artischocken oder Brötchen geht. Denn Gemüse hat keinen Stolz. Es will sich nicht selbst verwirklichen. Es muss auch keine Familie ernähren. Auf dem Arbeitsmarkt aber spielen solche Dinge eine wichtige Rolle. Vor allem, wenn es um die Frage geht, wie viele Leute eine Arbeit suchen.

Noch 1970 strebten in Deutschland lediglich 48 von 100 Frauen im Alter zwischen 25 und 55 Jahren auf den Arbeitsmarkt. Heute sind es 80. Gemäß der ökonomischen Theorie kann dies nur einen Grund haben: Die Löhne sind so stark gestiegen, dass es sich nun auch für Frauen lohnt, eine Arbeit aufzunehmen. In Wahrheit stagnieren die Löhne inflationsbereinigt seit mehr als zehn Jahren. Trotzdem drängen mehr und mehr Frauen auf den Arbeitsmarkt. Den meisten geht es nicht so sehr ums Geld. Anders als früher haben sie keine Lust auf ein Leben als Hausfrau. Sie wollen, was ihre Männer auch wollen: einen Beruf. Die Folge: Das Arbeitsangebot nimmt nicht ab, sondern zu. [...]

Arbeit ist eben anders als alle anderen Waren, und das simple Drehen an der Lohnschraube hilft nicht weiter, auch wenn viele hiesige Ökonomen das nicht wahrhaben wollen. Vielleicht sollten sie auf einen ihrer amerikanischen Kollegen hören: den Nobelpreisträger Robert Solow. Der forderte schon vor fünfzehn Jahren, die Wirtschaftswissenschaftler müssten endlich ihren Horizont erweitern. Er drückte es so aus: „Arbeiter sind keine Artischocken."

Aus: Wolfgang Uchatius, Arbeiter sind keine Artischocken, in: Die Zeit, Nr. 2/2006, 5.1.2006

M 3 Besonderheiten des Arbeitsmarktes

Der Arbeitsmarkt ist „der Markt, auf dem private Haushalte als Anbieter und private Unternehmen und öffentliche Haushalte als Nachfrager [...] zusammentreffen. Arbeitsleistungen sind [...] die Grundlage einzel- und gesamtwirtschaftlicher Produktion und Wertschöpfung. Arbeit ist für die meisten Menschen Hauptquelle von Einkommen, Status und Selbstwertgefühl; sie ist nicht von der Person des Arbeitenden zu trennen. Hieraus ergibt sich eine gewisse Sonderstellung des Arbeitsmarktes [...].

Das **Arbeitsangebot** wird bestimmt von der Bevölkerungsentwicklung, der Erwerbsbeteiligung, dem Arbeitsentgelt (Lohnsatz) und den Präferenzen für Freizeit und Arbeitszeit (gewünschte Arbeitszeit). [...]

Bestimmungsgründe der **Arbeitsnachfrage** sind v.a. die gesamtwirtschaftliche Nachfrage nach Waren und Dienstleistungen, das Arbeitsentgelt, die Produktionsbedingungen [...], Zukunftserwartungen der Unternehmen und Rahmenbedingungen (z.B. Arbeitsrecht, Lohnnebenkosten, Mitbestimmung). [...]

Ein wesentlicher Grund für die Sonderstellung des Arbeitsmarktes liegt z.B. darin, dass sich der Lohn als Preis für den Faktor Arbeit nicht frei nach Angebot und Nachfrage bildet, sondern meist von Tarifvertragsparteien in Verhandlungen festgesetzt wird.

Aus: Duden Wirtschaft von A bis Z: Grundlagenwissen für Schule und Studium, Beruf und Alltag, Lizenzausg., Bonn: bpb, 2016

M 4 Angebot und Nachfrage auf dem Arbeitsmarkt (2015)

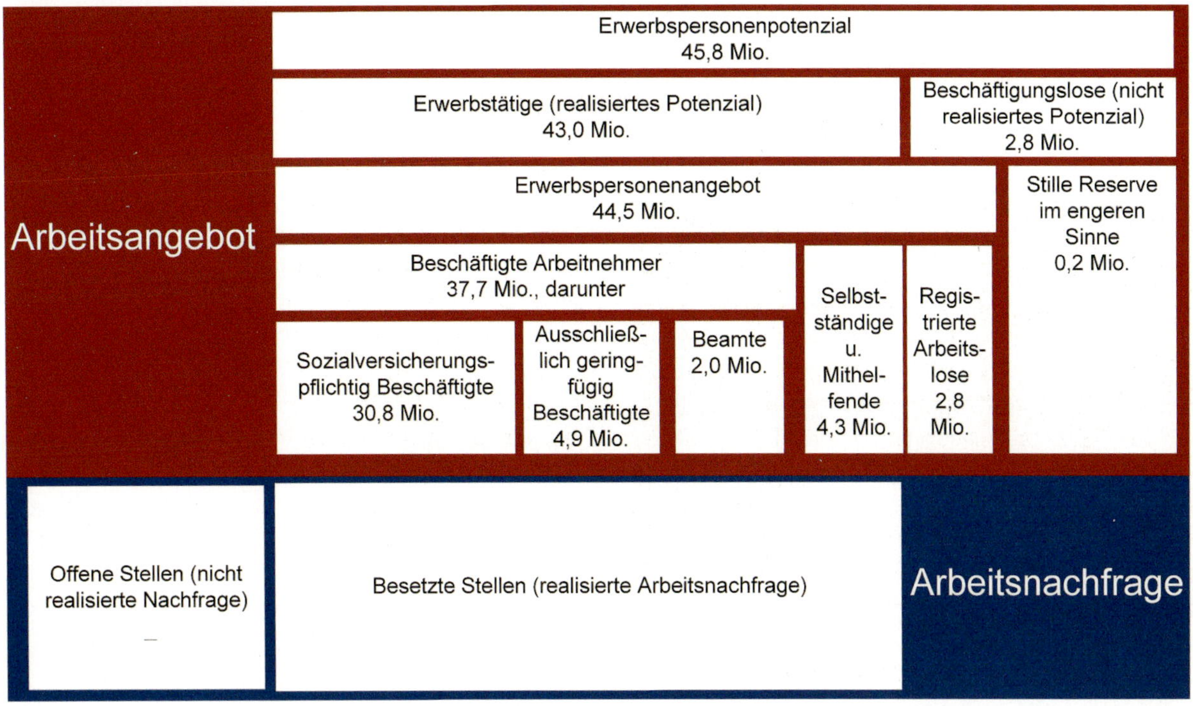

Methodische Hinweise

Die Abbildung gibt einen schematischen Überblick. Die grafischen Proportionen entsprechen nicht den quantitativen Größenordnungen der einzelnen Gruppen, auch ist eine rechnerische Summenbildung nur eingeschränkt möglich. Die Daten sind unterschiedlichen Quellen entnommen. Sie entstammen in erster Linie aus der Beschäftigten- und Arbeitslosenstatisik der Bundesagentur für Arbeit.

Lesehilfe: Erwerbspersonenpotenzial: alle Menschen, die dem Arbeitsmarkt zur Verfügung stehen könnten; Erwerbstätige: alle Menschen, die einer Erwerbstätigkeit nachgehen; stille Reserve: Personen, die nicht bei der Agentur für Arbeit gemeldet sind

Nach: www.sozialpolitik-aktuell.de/tl_files/sozialpolitik-aktuell/_Politikfelder/Arbeitsmarkt/Datensammlung/PDF-Dateien/abbIV1.pdf (verändert)

M 5 Schlagzeilen vom Arbeitsmarkt

Zuwanderer und Flüchtlinge auf Arbeitsmarkt vorbereitet
Schwäbisches Tagblatt, 16.2.2016

Thüringen bietet Lehrern Beamtenstatus an
MDR, 28.2.2017

Demografischer Wandel verändert Arbeitsmarkt tief greifend
Pressemitteilung der Bertelsmann Stiftung, 1.6.2010

Noch weniger Arbeitslose in Deutschland
Frankfurter Allgemeine Zeitung, 1.3.2017

Schwarzarbeit geht laut Prognose 2017 weiter zurück
Berliner Morgenpost, 7.2.2107

DIW-Studie: Frauen erobern den Arbeitsmarkt
Spiegel online, 28.1.2015

Aufgaben

1. Beschreibe, wie Preise auf Gütermärkten, z. B. für Gemüse (M 1), zustande kommen. Berücksichtige dabei Entwicklungen auf der Angebots- und der Nachfrageseite. Macht der Markt den Pr-Eis?, S. 48 f.
2. Erkläre mithilfe des Textes M 2, wie sich der Arbeitsmarkt von anderen Märkten unterscheidet.
3. Stelle anhand von M 3 und M 4 die Faktoren dar, die Angebot und Nachfrage auf dem Arbeitsmarkt bestimmen.
4. Ordne die Aussagen aus den Schlagzeilen in M 5 dem Schaubild M 4 zu und beschreibe die Auswirkungen.
5. Stelle aktuelle Meldungen zum Arbeitsmarkt zusammen und erläutere, ob sie das Angebot oder die Nachfrage auf dem Arbeitsmarkt beeinflussen.
6. Der Arbeitsmarkt ist kein Markt wie jeder andere. Erörtere diese Aussage.

3.2 Lohnentwicklung: zu viel – zu wenig – gerade recht?

M 1 Fabian G. und sein Entgelt

Fabian G. hat sich schon immer für Computer interessiert. Nach dem Abitur hat er ein dreijähriges Studium an einer Dualen Hochschule in Stuttgart absolviert und ist dort zum Informatiker ausgebildet worden. Zwei Jahre nach dem Studium arbeitete er zusammen mit Kumpels in Start-ups aus der Branche und sammelte dort Erfahrungen in seinem Arbeitsbereich, dem Umgang mit Kunden und Kolleginnen und Kollegen. Seit einem halben Jahr ist er bei einem Stuttgarter Autobauer zuständig für die Softwareentwicklung. Mit den Arbeitsbedingungen, dem Verdienst und den 30 Urlaubstagen ist er sehr zufrieden. Er ist 28 Jahre alt, ledig und hat keine Kinder. Zurzeit verdient er brutto 5397 €, wovon nach Abzug von Lohnsteuer, Solidaritätsbeitrag, Beiträgen zu den Sozialversicherungen und einem Anteil für das Essen in der Kantine 3047 € netto bleiben.

Autorentext

M 2 Der Lohn und was davon übrig bleibt

Der Nominallohn ist das monatliche Bruttoeinkommen eines Arbeitnehmers. Dieses steigt in regelmäßigen Abständen an. So richtig freuen kann sich der Arbeitnehmer darüber aber nur dann, wenn die Steigerung des Preisniveaus niedriger ist als seine Lohnsteigerung.
Ein Beispiel: Ein Arbeitnehmer verdient 2000 € netto monatlich. Bei einer Inflationsrate von 3 % bleiben ihm davon real aber nur 1941 € (2000/1.03).

Autorentext

M 3 Die Lohn-Illusion

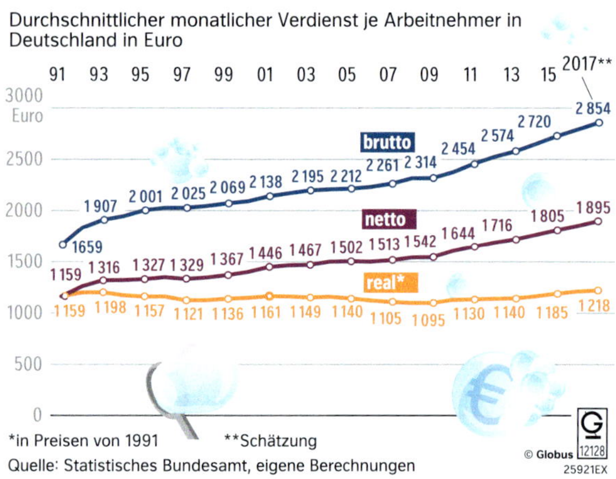

M 4 Wovon hängt die Lohnentwicklung ab?

Autorengrafik

M 5 Starrheit nach unten – der Mindestlohn

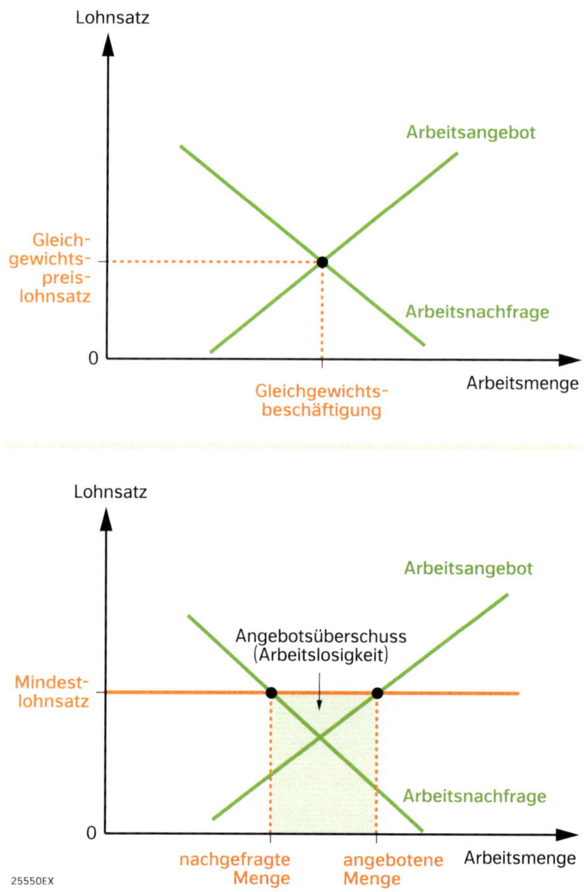

Preisbildung, S. 49, M 2

M 6 Mindestlohn konkret

Der gesetzliche Mindestlohn wurde am 1.1.2015 eingeführt und beträgt seit 1.1.2017 8,84 € pro Stunde. Ausgenommen vom Mindestlohn sind Jugendliche unter 18 Jahren ohne Berufsabschluss, Praktikanten in Ausbildung, Langzeitarbeitslose (diese bekommen innerhalb der ersten sechs Monate, nachdem sie einen neuen Job gefunden haben, keinen Mindestlohn) sowie ehrenamtlich tätige Menschen. Eine Kommission, bestehend aus je drei Vertretern von Arbeitnehmern, Arbeitgebern, zwei Wissenschaftlern und einem Vorsitzenden, berät alle zwei Jahre über die Höhe des Mindestlohns. Das nächste Mal wird 2018 entschieden. Die Kommission berücksichtigt dabei die Auswirkungen des Mindestlohns auf Arbeitnehmer und Arbeitgeber und die aktuellen Tarifentwicklungen.

Autorentext

Mindestlohn – mehr oder weniger Stabilität des Arbeitsmarktes?, Kap. V.2.7, S. 140–145

M 7 Löhne und Gerechtigkeit

Leistungsgerechtigkeit

Teilhabegerechtigkeit

Bedarfsgerechtigkeit

Autorentext

Vorstellungen von **Leistungsgerechtigkeit** fordern, dass Menschen so viel erhalten sollen (Lohn, Schulnoten, Lob etc.), wie ihr persönlicher Beitrag und/oder ihr Aufwand für die jeweilige Gesellschaft ausmachen. Konzepte der Leistungsgerechtigkeit sehen also ungleiche Belohnungen vor, um die Menschen für ungleiche Bemühungen und ungleiche Effektivität zu belohnen, sie zur weiteren Anstrengung zu motivieren und so für alle Menschen bessere Lebensbedingungen zu erreichen. [...]
Als **bedarfsgerecht** gelten Verteilungen, die dem „objektiven“ Bedarf von Menschen entsprechen, insbesondere ihren Mindestbedarf berücksichtigen. [...] Hinter diesem Konzept steht die Einsicht, dass Chancen- und Leistungsgerechtigkeit nicht in der Lage sind, dem jeweiligen Bedarf der nicht Leistungsfähigen, das heißt der Kranken, Alten, Kinder etc., gerecht zu werden. [...]
Teilhabegerechtigkeit gilt als erreicht, wenn Menschen jeder gesellschaftlichen Gruppierung (zum Beispiel Behinderte und nicht Behinderte) die Chance haben, an Aktivitäten aller relevanten gesellschaftlichen Bereiche teilzunehmen und ihre Anliegen in den Prozess der politischen und gesellschaftlichen Willensbildung einzubringen.

Aus: Stefan Hradil, Soziale Ungleichheit, in: Ders. (Hrsg.), Deutsche Verhältnisse, Bonn: bpb, 2012, S. 181–185

Gerechtigkeit – was ist das?, S. 226, M 2

Aufgaben

1. Stelle dar, welche Faktoren auf den Bruttolohn von Fabian G. (M 1) Einfluss haben könnten.
2. Fächergrenzen überwinden (Mathe): Berechne ausgehend von seinem Nettolohn den Reallohn von Fabian G. bei einer angenommenen Preissteigerungsrate von 1 %. Nimm dazu M 2 zur Hilfe.
3. Beschreibe die Bruttolohnentwicklung, wie sie in M 3 dargestellt ist.
4. Erläutere, wie sich die in M 4 genannten Faktoren auf die Lohnentwicklung auswirken.
5. Erkläre mithilfe des Modells in M 5, warum der Mindestlohn den Arbeitsmarkt nach unten hin starr macht.
6. Beurteile mithilfe von M 5 und M 6 die Einführung des gesetzlichen Mindestlohns aus der Perspektive von Arbeitnehmern und Arbeitgebern.
7. Bewerte mithilfe der Gerechtigkeitsbegriffe (M 7) die Einführung eines gesetzlichen Mindestlohns.

3.3 Bedingungsloses Grundeinkommen – ein Modell für die Zukunft?

M 1 Geld ohne Arbeit – geht das?

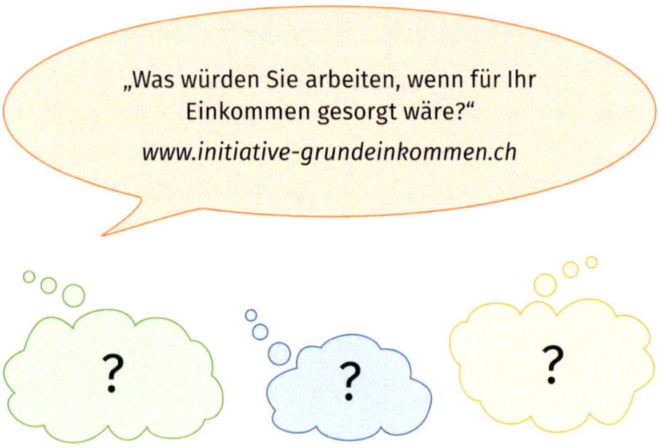

M 2 Bedingungsloses Grundeinkommen

Das Grundeinkommen erhält jede und jeder ohne Bedingungen, ohne dass ein Bedarf besteht und ohne dass eine Gegenleistung erbracht werden muss. Es wird überwiesen ohne Überprüfung der eigenen Einkommensverhältnisse oder sonstige Nachweise von Aktivitäten. [...] Auch Kinder und alte Menschen erhalten es, genauso wie Reiche. Das Grundeinkommen soll so hoch sein, dass der Lebensunterhalt gesichert [...] ist.

Aus: Ute Fischer, Das Bedingungslose Grundeinkommen – Drei Modelle, in: www.bpb.de/dialog/netzdebatte/223286/das-bedingungslose-grund einkommen-drei-modelle, 22.3.2016 (Zugriff: 9.3.2017)

M 3 Für ein bedingungsloses Grundeinkommen: ein Frage-Antwort-Mix

Fragen		Antworten
a) Wie sieht es mit dem Anreiz zur Erwerbsarbeit aus, wenn das Grundeinkommen eingeführt ist? Würde dann noch jemand arbeiten gehen?		**1)** Der konkrete Betrag für Existenzsicherung und Teilhabe am gesellschaftlichen Leben muss sich nach dem jeweiligen nationalen Standard richten. Das derzeitige Niveau der sozialen Grundsicherungen in der Bundesrepublik Deutschland kann zwar das bloße Überleben, nicht aber eine menschenwürdige Existenz sicherstellen. Das Niveau des Grundeinkommens für Deutschland muss demnach bedeutend höher sein als das jetzige Grundsicherungsniveau.
b) Ist es gerecht, wenn eine Millionärin oder ein Millionär ein Grundeinkommen erhält?		**2)** Arbeiten, die niemand gerne tut, die aber für unsere Gesellschaft wichtig sind, müssen besser bezahlt oder attraktiver gemacht werden. Erwerbsarbeit in einer Grundeinkommensgesellschaft wird von beiden Seiten (Arbeitskraftanbieter und Kapitalanleger) im Hinblick auf den Sinn der Tätigkeit und die Arbeitsbedingungen sorgfältiger ausgehandelt werden, als es bisher – unter dem Diktat der Not – geschah. Die Menschen werden in höherem Maße das tun, was sie tun wollen. Das kann die Effizienz der Erwerbsarbeit steigern ...
c) Muss man nicht befürchten, dass bei vielen Jugendlichen der Anreiz abnimmt, sich für Bildung und Ausbildung anzustrengen?		**3)** Es ist nicht ungerecht, dass auch eine Millionärin oder ein Millionär diesen Anspruch hat, denn das Grundeinkommen ist ein Grundrecht eines jeden Menschen, wie es ein Grundrecht auf den Besuch einer öffentlichen Schule oder auf die Benutzung eines öffentlichen Weges oder ein aktives und ein passives Wahlrecht für jede und jeden gibt – egal ob arm oder reich, ob faul oder fleißig.
d) Wie hoch soll das Grundeinkommen sein?		**4)** Auch mit Grundeinkommen ist die Motivation für Jugendliche, einen Beruf zu erlernen, ausreichend hoch. Sie besteht darin, dauerhaft ein höheres Einkommen zu erzielen, ganz abgesehen von den Nebenwirkungen eines guten Berufs. Den Beruf nicht nur zu lernen, sondern ihn auszuüben und auch im Berufsleben mit Menschen zusammenzukommen, die mit gleichem Ziel arbeiten, ist ein wesentlicher Aspekt der Motivation. Auch das Interesse am Gegenstand und der Drang, sich selbst zu bewähren und eigene Fähigkeiten unter Beweis zu stellen, sind ein starker Antrieb für erfolgreiches Lernen und werden das auch bleiben.

Nach: Netzwerk Grundeinkommen, Die Idee, in: www.grundeinkommen.de/die-idee (Zugriff: 9.3.2017) (verändert)

M 4 Gegen ein bedingungsloses Grundeinkommen: Eine abstruse Idee mit massiven Fehlanreizen

Der gravierendste Fehlanreiz bestünde darin, dass die Motivation der Individuen, ihre Arbeitskraft der Volkswirtschaft zur Verfügung zu stellen, schwindet. Warum abends noch Kunden beim Einkauf beraten? Warum als Lastwagenfahrer Güter transportieren? Warum sollte überhaupt noch jemand arbeiten?

Realistischerweise ist davon auszugehen, dass die Präferenzen der Menschen in Bezug auf Arbeit und Freizeit unterschiedlich sind. Gruppen wie die Aussteiger, die der Freizeit eine größere Bedeutung beimessen, würden sich mit dem Grundeinkommen voll zufrieden geben und die Arbeit einstellen. Die Arbeitsmoral würde zerrüttet, die Grundlagen der Arbeitsethik, die die Bevölkerung in Sätzen wie „Nach getaner Arbeit ist gut ruhn" oder „Wo Arbeit das Haus bewacht, kann Armut nicht hinein" ausgedrückt hat, würden zerstört. Das Arbeitsangebot würde markant zurückgehen, die Produktion müsste schrumpfen – eine seltsame Empfehlung für das Szenario einer alternden Gesellschaft. [...]

Der Vorschlag ist zudem ökonomisch naiv, weil er total ausblendet, dass das Volkseinkommen Jahr für Jahr neu geschaffen werden muss. Da Deutschland nicht wie die Ölscheichs vom Erdöl leben kann, müssen Arbeit, Kapital, Energie und andere Produktionsfaktoren immer wieder neu zusammenwirken, damit Werte zustande kommen. Stattdessen wird so getan, als ob das Volkseinkommen wie Manna vom Himmel fällt – eine merkwürdige Vorstellung. [...]

Ein bedingungsloses Grundeinkommen wäre außerdem ein herrlicher Anreiz, in die Schattenwirtschaft abzuwandern. Wenn man schon einmal ein Grundeinkommen hat, kann man sich leicht hier und da noch etwas dazu verdienen. Die Schattenwirtschaft würde also kräftig expandieren. [...]

Schließlich würden sich die gesellschaftlichen Einstellungen ändern. Der Einzelne würde darin bestärkt, dass er einen Anspruch an den Staat hat. Das Anspruchsdenken würde [...] verfestigt. Die Menschen würden ein Stück weit zur Unselbstständigkeit erzogen und am Ende ihrer Freiheit beraubt.

Aus: Horst Siebert, Gegen ein bedingungsloses Grundeinkommen. Eine abstruse Idee mit massiven Fehlanreizen, in: Frankfurter Allgemeine Zeitung, 27.6.2007

M 5 Eine Werbekampagne

Aufgaben

1. Beantworte die Frage in M 1 für dich. Nimm dabei die Definition aus M 2 zur Hilfe.
2. Ordne den Fragen a bis d die Antworten 1 bis 4 zu (M 3).
3. Arbeite aus M 4 die sechs Argumente gegen das bedingungslose Grundeinkommen heraus.
4. Zahlreiche Initiativen für das bedingungslose Grundeinkommen machen Werbung für die Idee. Welche Karikatur aus M 5 soll auf das Werbeplakat? Begründe deinen Vorschlag.
5. Erörtere die Forderung, ein bedingungsloses Grundeinkommen einzuführen. Beziehe dabei die Argumente aus M 4 mit ein.

M 1 Magere Lohntüte

Zeichnung: Martin Guhl

M 2 Entwicklung der Reallöhne in der Bundesrepublik Deutschland vom 1. Quartal 2014 bis zum 3. Quartal 2016

Jahr	Quartal	Veränderung in % gg. Vq*
2014	1. Quartal	1,5
	2. Quartal	1,5
	3. Quartal	1,8
	4. Quartal	2,2
2015	1. Quartal	2,5
	2. Quartal	2,7
	3. Quartal	2,4
	4. Quartal	2,2
2016	1. Quartal	2,7
	2. Quartal	1,9
	3. Quartal	1,8

***Lesehilfe:** Im dritten Quartal 2016 stiegen die Reallöhne um 1,8 % im Vergleich zum Vorjahresquartal.

Nach: Statistisches Bundesamt, Pressemitteilung, Nr. 211, 21.6.2016, in: www.destatis.de/DE/PresseService/Presse/Pressemitteilungen/2016/06/PD16_211_622.html (Zugriff: 13.3.2017) (verändert)

M 3 Viele gute Gründe für ein Plus in der Lohntüte

a) Seit einem halben Jahr leitet die Physiotherapeutin Sophia im Krankenhaus eine eigene Abteilung. Sie muss jetzt z. B. die Dienstpläne für die Kolleginnen und Kollegen zusammenstellen, Urlaubspläne erstellen und dafür sorgen, dass alle Patienten ausreichend versorgt sind.

b) Giuseppe ist Grafikdesigner bei einer Agentur, die zurzeit sehr viele Aufträge zu bearbeiten hat. Diese können nur fristgerecht abgearbeitet werden, wenn Giuseppe Überstunden macht. Im letzten Monat sind zehn angefallen.

c) Sarah ist Sekretärin bei einem international tätigen Unternehmen. Sie hat ihre Englischkenntnisse verbessert, indem sie einen Kurs in Businessenglisch besucht hat.

d) Ben verdient als Softwareentwickler nicht schlecht, aber die Miete für seine Wohnung ist wieder erhöht worden und zudem träumt er von einem neuen Auto. Er hofft auf eine Lohnerhöhung.

e) Das Geschäft brummt beim Autozulieferer Mustermann., Umsätze und Gewinne steigen. Deshalb wird die Belegschaft mit einer Einmalzahlung von 1000 Euro belohnt.

f) Die Gewerkschaft Nahrung-Genuss-Gaststätten (NGG) hat sich mit dem Getränkehersteller Coca-Cola auf eine Gehaltserhöhung von 2,2 Prozent für das kommende Jahr geeinigt.

M 4 Ein Parlament hat entschieden: Finnland startet Grundeinkommen

Ab Januar 2017 erhalten 2000 Arbeitslose in Finnland zwei Jahre lang ein monatliches Grundeinkommen von 560 €. Das Grundeinkommen wird auch dann weiter gezahlt, wenn die Bezieher in dem Zeitraum eine Arbeit annehmen.

Autorentext

Aufgaben

1. Analysiere die Karikatur M 1.
2. Beschreibe die Lohnentwicklung, wie sie in M 2 abgebildet ist.
3. Erläutere die in M 3 a bis f dargestellten Faktoren, die eine Lohnerhöhung rechtfertigen.
4. Gestalte eine Rede des Arbeitnehmers aus M 1 an seine Kolleginnen und Kollegen, in welcher er eine angemessene Lohnerhöhung fordert. Beziehe Argumente aus M 3 in die Rede ein.
   → METHODE Eine Rede halten, S. 187
5. Beurteile die Wirkungen von Lohnerhöhungen aus der Perspektive von Arbeitnehmern, Unternehmern und Staat.
6. Bewerte die Idee des bedingungslosen Grundeinkommens aus einer selbst gewählten Perspektive.

Wer wird „Held der Arbeit“?

1. Der Mindestlohn
a) ist immer höher als der Durchschnittslohn.
b) wird alle zwei Jahre neu berechnet.
c) ist für Schülerinnen und Schüler während eines Praktikums gedacht.
d) liegt zurzeit bei 15,62 € pro Stunde in Deutschland.

2. Lohnbildung
a) erfolgt willkürlich.
b) hängt u.a. von der Preisentwicklung ab.
c) spielt für mein Leben keine Rolle.
d) wird vom Bundeskanzler gesteuert.

3. Arbeitsnachfrage
a) schwankt je nach Auftragslage der Unternehmen.
b) wird allein von Unternehmen bestimmt.
c) spielt für die Löhne keine Rolle.
d) steigt durch den Einsatz von Maschinen.

4. Gewerkschaften
a) sind die Organisationen der Arbeitgeber.
b) sind die Organisationen der Arbeitnehmer.
c) treffen sich einmal alle zwei Jahre.
d) haben in Deutschland ca. 15 Millionen Mitglieder.

5. Streik
a) kommt dauernd vor.
b) ist nicht erlaubt.
c) findet nur nach festen Regeln statt.
d) ist zusätzlicher Urlaub für die Arbeitnehmer.

6. Arbeitsangebot
a) ist zu hoch.
b) schwankt je nach Bevölkerungsentwicklung.
c) ist immer konstant.
d) ist in allen EU-Staaten gleich.

7. Tarifvertrag
a) wird geschlossen zwischen Staat und Arbeitgebern.
b) wird geschlossen zwischen Arbeitnehmern und Arbeitgebern.
c) gilt immer fünf Jahre.
d) kann dauernd gekündigt werden.

8. Prekäre Beschäftigung
a) ist für Arbeitnehmer belastend.
b) gibt es nicht in Deutschland.
c) ist erstrebenswert.
d) sichert Aufstiegschancen.

9. Tarifverhandlungen
a) sind eine gemütliche Veranstaltung für Arbeitgeber und Arbeitnehmer.
b) enden ohne Ergebnis.
c) sind entscheidend für die Lohnentwicklung.
d) finden immer in Berlin statt.

10. Betriebsrat
a) gibt es in jedem Betrieb.
b) entscheidet über Lohnhöhe.
c) ist für Betriebe ab fünf Mitarbeitern vorgesehen.
d) besteht nur aus Mitarbeitern mit Abitur.

11. Arbeitslosigkeit
a) ist abhängig von der Zahl der Schülerinnen und Schüler.
b) ändert sich ein Mal pro Jahr.
c) hängt von Angebot und Nachfrage auf dem Arbeitsmarkt ab.
d) betrifft nur ältere Menschen.

12. Tarifautonomie
a) ist geregelt in der Hausordnung des Deutschen Bundestages.
b) ist im Grundgesetz verankert.
c) gilt nur für Beamte.
d) wird von Parteien bekämpft.

Erklärungen

- **Arbeitsangebot:** Jeder Mensch muss seinen Lebensunterhalt verdienen. Das geschieht bei den meisten dadurch, dass sie ihre Arbeitskraft auf dem Arbeitsmarkt anbieten. Wie viele Menschen auf dem Arbeitsmarkt vertreten sind, hängt ab von der Bevölkerungsentwicklung, den Löhnen und der Bereitschaft, viel oder wenig zu arbeiten.
- **Arbeitslosigkeit:** besteht, wenn die Nachfrage nach Arbeitsplätzen größer ist als das Angebot an Arbeitsplätzen; statistisch arbeitslos sind Menschen ab 15 Jahren, die bei der Agentur für Arbeit als arbeitsuchend gemeldet sind und eine Beschäftigung (mehr als 15 Stunden pro Woche) anstreben.
- **Arbeitsnachfrage:** Unternehmen fragen Arbeitskraft nach. Der Umfang ihrer Nachfrage hängt von der Nachfrage nach Waren und Dienstleistungen, der Lohnhöhe und der allgemeinen technischen Entwicklung ab.
- **Betriebsrat:** Das Betriebsverfassungsgesetz regelt, dass die Arbeitnehmer in Unternehmen ab fünf Beschäftigten einen Betriebsrat wählen können, der ihre Interessen gegenüber den Arbeitgebern vertritt. Der Betriebsrat hat im Unternehmen Mitbestimmungs-, Beratungs- und Informationspflichten.
- **Gewerkschaften:** Vereinigungen von Arbeitnehmern, die das Ziel haben, deren Interessen gegenüber den Arbeitgebern zu vertreten; dabei geht es vor allem um Entlohnung, Arbeits- und Urlaubszeiten sowie die Ausgestaltung der Arbeitsbedingungen. Gewerkschaften sind laut Art. 9 Abs. 3 GG vorgesehen, um die Arbeits- und Wirtschaftsbedingungen zu fördern. Zurzeit sind ca. 6 Mio. Menschen in Gewerkschaften organisiert.
- **Lohnbildung:** Die Höhe der Löhne wird laut Art. 9 Abs. 3 GG ohne Einfluss des Staates von Arbeitgeber- und Arbeitnehmervertretern verhandelt. Dabei spielen die Preis-, die Umsatz- und Gewinnentwicklung, die Produktivität und die Durchsetzungskraft von Gewerkschaften eine wichtige Rolle.
- **Mindestlohn:** Gesetzlich festgelegte Lohnuntergrenze, um die Existenz der Arbeitnehmer zu sichern; sie wird alle zwei Jahre von einer Kommission überprüft und an die aktuelle wirtschaftliche Entwicklung angepasst.
- **Prekäre Beschäftigung:** Beschäftigungsverhältnisse, die nicht auf Dauer angelegt sind; die Löhne reichen kaum aus, um die Lebensgrundlagen zu sichern; oft fehlt die Einbindung in die Sozialversicherungen. Das Leben der Beschäftigten ist von Unsicherheit geprägt, es gibt kaum Aufstiegschancen.
- **Streik:** ist die schärfste Waffe der Arbeitnehmer im Arbeitskampf; er wird von einer Gewerkschaft organisiert. Die Arbeitnehmer legen ihre Arbeit nieder, um den Druck auf die Arbeitgeber zu erhöhen. Ein Streik kann nur stattfinden, wenn die Tarifverhandlungen gescheitert sind und 75 % der betroffenen Gewerkschafter in einer Urabstimmung (Abstimmung aller Mitglieder) dafür gestimmt haben. Der Arbeitgeber zahlt in der Regel während des Streiks keinen Lohn. Die gewerkschaftlich organisierten Arbeitnehmer bekommen von der Gewerkschaft einen Lohnersatz, die anderen gehen u. U. leer aus.
- **Tarifautonomie:** Art. 9 Abs. 3 GG gewährleistet, dass Arbeitgeber und Arbeitnehmer ohne Einfluss des Staates über Löhne, Urlaubszeiten und Arbeitsbedingungen verhandeln.
- **Tarifverhandlungen:** Wenn die Laufzeit eines Tarifvertrages zu Ende ist, beginnen regional neue Tarifverhandlungen. Falls sich die Tarifpartner nicht einigen und auch ein Schlichter keine Lösung findet, gelten sie als gescheitert. Erst danach kann es zu einem Arbeitskampf kommen.
- **Tarifvertrag:** Darin regeln Arbeitgeber (vertreten durch Arbeitgeberverbände) und Arbeitnehmer (vertreten durch ihre Gewerkschaft), was die Arbeitnehmer verdienen, wie viele Stunden in der Woche sie arbeiten und wie viel Urlaub es gibt. Der Tarifvertrag hat eine festgesetzte Laufzeit. In dieser Zeit müssen sich beide Vertragsparteien an die Abmachungen halten.

Aufgabe

1. Nenne die richtige Antwort und begründe. Nur jeweils eine Lösung ist richtig.

IV.

UNTERNEHMER

Prof. Dr. h. c. mult. Reinhold Würth,
Vorsitzender des Stiftungsaufsichtsrats der Würth-Gruppe

Reinhold Würth (*1935 in Öhringen) entwickelte die 1945 von seinen Eltern gegründete Schraubengroßhandlung Adolf Würth GmbH & Co. KG zu einem weltweit tätigen Großunternehmen im Handel mit Montage und Befestigungsmaterial, das 2016 einen Umsatz von 11,8 Mrd. Euro erwirtschaftete. Die spezifische Form von Unternehmertum, bei der Ideen immer wieder kreativ zu Geschäftsmodellen weiterentwickelt werden, nennt man auch Entrepreneurship.

Aysel Osmanoglu,
designiertes Mitglied im Vorstand (zuständig für Infrastruktur/IT) und in der erweiterten Geschäftsleitung der Gemeinschaftsbank für Leihen und Schenken (GLS Bank)

Unternehmen, die nicht einzelnen Personen gehören, sondern z. B. als Aktien- oder andere Gesellschaften organisiert sind, benötigen einen oder mehrere Vorstände, die unternehmerische Entscheidungen treffen. Aysel Osmanoglu ist Vorständin bei der GLS Bank. Auch sie ist unternehmerisch tätig, aber ihr gehört die Bank nicht alleine. Sie hat zusammen mit den anderen Vorstandsmitgliedern die Leitung des Unternehmens inne. Sie hat Volks- und Betriebswirtschaft u. a. an der Uni Heidelberg studiert.

Typische Unternehmer/innen, typische Unternehmen: Gibt es sie?

Max Finne und Manuel Grossmann,
Gründer des Unternehmens Knusperreich

Max Finne und Manuel Grossmann hatten während einer Gruppenarbeit als Studenten der Zeppelin Universität Friedrichshafen Lust auf leckere Kekse. Dies war der Beginn einer Unternehmensidee. Sie gründeten die Firma Knusperreich, die mittlerweile in Berlin beheimatet ist. Firmen mit innovativen Ideen, die schnell erfolgreich sein wollen, nennt man in der Anfangsphase „Start-up-Unternehmen".

Angelika und Peter Zimmermann,
Geschäftsführer der ZIM Flugsitze

Angelika und Peter Zimmermann leiten in Markdorf am Bodensee ein Unternehmen, das auf die Produktion von Flugzeugsitzen spezialisiert ist. Aufgrund der Aufträge weltweit agierender Fluggesellschaften eröffnen sie 2017 einen zweiten Produktionsstandort in Schwerin. ZIM-Flugsitze ist ein typisches KMU-Unternehmen (kleine und mittlere Unternehmen: 10–250 Mitarbeiter laut Definition der EU-Kommission), wovon es in Baden-Württemberg über 44 000 gibt.

J	H	U	S	T	A	N	D	O	R	T	F	A	K	T	O	R	E	N	O	L	R	S	T	A	K	E	H	O	L	D	E	R	H	I	K	A
G	Z	Q	C	N	M	U	I	I	M	Z	R	Z	C	E	I	V	R	H	I	L	L	M	G	S	O	S	C	R	Z	H	J	M	L	U	M	F
T	E	X	H	A	S	C	V	I	B	N	K	L	O	S	E	V	F	M	M	T	T	D	F	V	N	L	M	B	N	M	K	M	K	M	B	H
S	J	R	U	J	K	L	I	L	I	M	O	K	B	I	Z	D	O	M	L	T	B	M	Y	V	F	L	Z	H	R	B	N	M	K	O	E	P
A	K	L	T	Z	U	I	G	R	V	T	G	B	N	J	F	H	L	M	L	O	K	R	R	D	L	N	M	B	H	M	M	H	G	R	Z	U
R	L	A	Z	U	L	I	E	F	E	R	E	R	M	L	L	O	G	L	O	B	A	L	A	S	I	M	L	M	O	R	D	S	X	V	B	O
B	K	U	R	M	K	L	S	Q	R	Z	R	T	U	I	O	P	L	D	J	F	D	D	R	D	K	W	M	A	G	K	S	F	G	C	B	S
E	O	T	E	K	L	L	E	Y	L	O	P	K	G	F	D	V	G	G	H	B	Z	U	B	F	T	E	N	R	B	W	D	G	H	V	D	S
I	P	P	C	V	V	X	L	B	U	N	T	E	R	N	E	H	M	E	N	S	Z	I	E	L	E	D	Z	E	B	K	H	K	J	B	E	T
T	B	K	H	E	V	N	L	N	S	A	E	M	K	I	P	R	D	W	D	V	M	S	I	A	W	R	T	G	R	U	E	N	D	U	N	G
G	M	A	T	V	O	K	S	M	T	E	L	G	D	Z	T	P	S	I	I	R	T	U	T	W	F	R	H	I	E	H	N	Z	J	M	G	W
E	N	B	E	N	T	E	C	K	W	I	L	H	G	Z	G	O	B	N	K	G	H	J	N	S	G	F	K	O	D	G	T	H	W	S	J	D
B	L	L	U	P	I	W	H	O	E	G	N	J	K	O	S	T	E	N	G	S	C	H	E	I	T	E	R	N	H	F	R	N	S	A	K	V
E	X	C	V	B	J	U	A	P	C	E	Q	K	U	J	G	P	S	F	F	V	U	P	H	W	J	F	C	A	J	R	E	G	X	T	L	B
R	T	P	I	Y	L	L	F	W	N	N	A	L	N	K	G	K	C	G	U	S	S	K	M	S	I	F	B	L	Z	F	P	B	C	Z	S	N
D	I	V	E	R	S	I	T	Y	M	T	S	O	D	L	D	N	H	H	M	A	A	H	E	F	O	S	M	F	G	O	R	F	H	U	D	U
L	W	U	M	R	P	M	E	Q	K	U	E	R	E	G	U	M	A	B	S	A	T	Z	R	W	L	D	P	H	H	G	E	G	J	Z	F	R
V	E	N	J	G	X	K	D	R	I	E	L	F	G	G	K	Z	F	K	T	K	Z	G	V	L	J	C	P	K	K	H	N	H	K	T	G	S
F	M	K	O	I	Z	U	O	T	P	M	L	D	Z	H	I	T	F	K	Z	J	E	T	W	J	F	Z	U	W	L	O	E	J	K	Q	H	T
G	E	U	E	Q	E	A	P	V	L	E	L	D	P	R	O	D	U	K	T	I	O	N	G	D	E	H	T	K	E	L	U	U	U	E	E	Z
R	W	X	P	E	K	J	U	P	F	R	O	B	U	Q	G	I	N	N	Z	B	H	D	V	E	R	A	N	T	W	O	R	T	U	N	G	D
B	N	O	E	R	Z	U	B	V	Z	V	G	H	K	L	T	K	G	Z	U	I	W	Q	A	S	V	N	S	D	I	F	L	A	C	S	W	Z

Aufgaben

1. Führe ein Brainstorming zu den Begriffen Unternehmer/in und Unternehmen durch.
2. Ordne deine Begriffe den Beispielen auf S. 162 zu.
3. Erstellt mit allen Begriffen der Klasse eine Wortwolke (z. B. mit *www.wortwolken.com*). Im Laufe der Unterrichtseinheit könnt ihr dann immer abgleichen, ob eure Begriffe auftauchen.
4. Im Buchstabenfeld oben haben sich 28 Begriffe versteckt, die in Beziehung zum Unternehmen stehen. Nenne diese. (Hinweise: Teilweise handelt es sich um englische Begriffe; Umlaute werden aufgelöst, z. B. ü = ue.)
5. Hast du Wörter gefunden, die du nicht erklären kannst? Definiere mithilfe eines Wörterbuchs die Bedeutung der Begriffe.
6. a) Formuliere mit einzelnen oder mehreren Begriffen Schlagzeilen, die in Medien erscheinen könnten.
   Beispiel: Seit drei Jahren macht Firma Schneider **Verluste**: Verlieren bald **Arbeitnehmer** ihren Job?
   b) Überprüft in Partnerarbeit, wie realistisch eure Schlagzeilen sind.

Webcode WES-116435-401 Hier findest du als Hilfestellung die in das Buchstabenfeld einzuordnenden Begriffe.

Harry Wagners Schokoladenfabrik auf Erfolgskurs?

Harry Wagner ist der Eigentümer eines Schokoladen-Unternehmens, das sein Urgroßvater Sigmund Wagner 1890 gegründet hatte. Schon dieser legte Wert auf die Qualität der Schokoladenprodukte. Tolteken-Schokolade steht bis heute für etwas Besonderes. Das zeigt sich auch in einer starken Verbundenheit der Mitarbeiter zur Firma. Bei Tolteken zu arbeiten, verbindet Familiengenerationen.

Das teure Produkt ist auch nicht in jedem Supermarkt zu finden. Der Vater von Herrn Wagner hatte in den 1970-Jahren versucht, aus der Schokolade ein Massenprodukt zu machen, doch das ging schief, sodass sich sein Sohn bei der Übernahme des Unternehmens im Jahr 1980 wieder darauf konzentrierte, edle Schokolade zu produzieren. So ist die Tafel Vollmilchschokolade nicht unter 2 € zu erhalten.

Trotzdem schreibt das Unternehmen in den letzten Jahren Verluste. Die Kosten für Rohkakao oder Zutaten wie Nüsse sind abhängig von saisonalen Bedingungen. Im letzten Jahr war zum Beispiel die Haselnussernte in der Türkei so gering, dass die Preise fast um das Doppelte stiegen. Zwar profitierte das Unternehmen von einem Trend zu Luxusprodukten, doch auch dieser Markt scheint gesättigt zu sein. Außerdem haben andere mittelständische Unternehmen den Trend ebenfalls erkannt und treten als starke Konkurrenten auf – nicht immer mit fairen Mitteln: Bestimmte Sortenideen, wie die Weihnachtsedition mit gebrannten Mandeln, wurden von zwei Mitbewerbern einfach kopiert.

Bisher verkauft das Unternehmen die Schokolade hauptsächlich in Deutschland und den angrenzenden Ländern der Europäischen Union. Außerhalb Europas ist die Schokolade nicht zu finden. Herr Wagner überlegt sich deshalb, ob er es wagen soll, seine Produkte auf dem chinesischen Markt mit seinen 1,4 Mrd. Einwohnern zu verkaufen. Dort kannte man nämlich bis vor wenigen Jahren gar keine Schokolade; mittlerweile ist es aber ein westliches Lifestyle-Produkt, das immer mehr nachgefragt wird.

Die Entscheidung bereitet ihm schlaflose Nächte. Soll er nur das Produkt exportieren, oder soll er gleich eine Produktionsstätte in Vietnam eröffnen? Auf alle Fälle benötigt er, um im neuen Markt zu investieren, frisches Kapital. Das könnte schiefgehen. Die Banken sind von seiner Idee jedenfalls nicht begeistert. Vielleicht sollte er gleich einen chinesischen Investor mit ins Boot nehmen? Überhaupt weiß er mittlerweile nicht mehr, ob das Unternehmen als Familienunternehmen weiterhin Bestand haben wird. Louisa und Tim scheinen andere Pläne zu haben.

Methode

1. Erstelle mit den Informationen des Textes eine SWOT-Analyse für die Schokoladenfabrik Tolteken nach nebenstehendem Muster.
2. Wie kann Herr Wagner sein Unternehmen auf Erfolgskurs bringen? Entwickle ausgehend von der SWOT-Analyse eine Strategie, die die Erfolgsaussichten des Unternehmens verbessern könnte. Dabei werden die vier Felder gekoppelt:
   - Welche Chancen, die gut zu den Stärken passen, sollten genutzt werden?
   - Welche Schwächen kann das Unternehmen vermeiden, um neue Chancen zu nutzen?
   - Welche Stärken kann das Unternehmen nutzen, um Risiken abzuwehren?
   - Welche Schwächen sollen abgebaut werden, um Risiken zu reduzieren?

SWOT-Analyse

Merkmale innerhalb des Unternehmens	
Stärken *(Strenghts)*	**Schwächen** *(Weaknesses)*
z. B. Familientradition	z. B. Nachfolgeproblem
Merkmale außerhalb des Unternehmens	
Chancen *(Opportunities)*	**Risiken** *(Threats)*
z. B. Expansion auf neue Märkte	z. B. Rohstoffpreise

1. Mut zum Erfolg, Angst vor dem Risiko? Menschen gründen ein Unternehmen

1.1 Handeln wie die Großen? Schüler gründen ein Unternehmen

M 1 Das Markenzeichen

Das Markenzeichen von Sinnet

SINNET, eine Schülerfirma am Ferdinand-Porsche-Gymnasium Stuttgart im Schuljahr 2015/2016

Im Rahmen des Wirtschaftsunterrichtes haben in diesem Fall 15 Schülerinnen über ein Jahr lang eine Schülerfirma geführt. Bei der Ideenfindung wurde zunächst gesammelt, welche besonderen Fähigkeiten die Schülerinnen mitbringen: Ist jemand handwerklich geschickt, besonders sprachbegabt oder hat gar schon eine App entwickelt? Auch wurde überlegt, ob es Kontakte gibt, die für das Unternehmen hilfreich sein könnten, beispielsweise zu einer Werbeagentur oder einem Unternehmen, mit dessen Abfallprodukten man eine Idee umsetzen könnte.
Das Schülerprojekt wurde im Rahmen eines JUNIOR-Programms durchgeführt. JUNIOR achtet darauf, dass die Schülerfirma ähnlich wie ein richtiges Unternehmen arbeitet: So muss die Schülerfirma Löhne (50 Cent pro Stunde), Steuern (20 %) und Lohnnebenkosten (10 % des Stundenlohns) bezahlen, auch ist am Ende eine Steuer auf den Gewinn fällig (15 %), sollte es einen geben. Es wird darauf geachtet, dass die Daten zu den Aufwendungen und Erlösen in einer Gewinn- und Verlustrechnung richtig dokumentiert werden.

Autorentext

M 2 Das Produkt

Gebrauchte Tennisbälle wurden zu nützlichen Haushalthelfern umgestaltet. Mithilfe eines Saugknopfes am Hinterkopf lässt sich der Ball an jeder glatten Fläche befestigen.

M 3 Die Eigentümer des Unternehmens

Wie kamen die Schüler überhaupt an Kapital? Grundidee des JUNIOR-Projektes ist es, Anteilsscheine über 10 € zu verkaufen. SINNET ist es gelungen, 80 Aktionäre an Land zu ziehen, sie hatten also ein Grundkapital (Eigenkapital) von 800 €.

Autorentext

Aufgaben

1. Erkläre mithilfe von M 1 den Firmennamen SINNET und beurteile, wie gelungen du ihn findest. Gestalte zur Firmenidee alternative Namensvorschläge und begründe die Wahl.
2. M 2 zeigt das Produkt. Beschreibe mögliche Kosten für dieses Produkt.
3. Wirtschaften heißt rechnen: Berechne mithilfe der Daten von M 3 und M 5:
   a) die Materialkosten pro Ball. Im Durchschnitt war der Verkaufspreis eines SINNET-Balls 5 €.
   b) den Wert jeder Aktie am Jahresende.
   c) die Rendite. (Der Erfolg einer Aktie zeigt sich in der Rendite, also dem Wertzuwachs pro Jahr in Prozent.)
4. Begründe mögliche Ursachen für die Entwicklungen im Geschäftsjahr (M 4).

M 4 Der Verlauf im Geschäftsjahr

Jahresübersicht, GuV und Bilanz zum 05.08.2016

Hinweis: Bei der Abschlussbilanz dürfen keine Verbindlichkeiten mehr gegenüber Lieferanten und JUNIOR bestehen

Berichtszeitraum	Lohnkosten (brutto)	Sozialversicherung (AG-Anteil)	Einnahmen ohne Ust.	Umsatzsteuer (Ust.)	Ausgaben ohne Vst.	Vorsteuer	Grundkapital aus Anteilsscheinen
31.10.2015	37,50	3,75	0,00	0,00	0,00	0,00	0,00
30.11.2015	29,00	2,90	0,00	0,00	42,02	7,98	790,00
31.12.2015	26,00	2,60	270,59	51,41	84,83	16,12	0,00
31.01.2016	102,5	10,25	28,57	5,43	0,00	0,00	0,00
20.02.2016	101,00	10,10	176,28	33,50	25,21	4,79	0,00
31.03.2016	30,00	3,00	176,47	33,53	0,00	0,00	0,00
30.04.2016	23,00	2,30	113,45	21,55	5,87	1,12	0,00
31.05.2016	19,00	1,90	63,03	11,97	0,00	0,00	0,00
30.06.2016	31,50	3,15	107,56	20,44	0,00	0,00	10,00
Summe	**399,50**	**39,95**	**935,95**	**177,83**	**157,93**	**30,01**	**800,00**

M 5 Das Endergebnis

Umsatzerlöse sind die Einnahmen durch den Verkauf. Bei einem Produkt mit einem einheitlichen Preis ist U = P x M (Umsatzerlös = Preis x (Absatz-)Menge)

Eine Bilanz zeigt, welchen Wert ein Unternehmen hat. Die Aktiva-Seite zeigt das Vermögen des Unternehmens, die Passiva-Seite, wodurch dieses Vermögen finanziert ist.

Das Grundkapital, auch Eigenkapital genannt, ist das von den Eigentümern zur Verfügung gestellte Geld, in unserem Fall jeweils 10 € von 80 Aktionären.

Alle Bälle sind verkauft worden. Das Lager ist leer, deshalb ist der Warenbestand 0.

Gewinn- und Verlustrechnung

Umsatzerlöse	935,95
Personalaufwand	
– Löhne (netto)	279,65
– Lohnsteuer + Sozialabgaben	159,80
Materialaufwand oder sonstige betriebliche Aufwendungen	
– Ausgaben (netto)	157,93
– Verbindlichkeiten/Lieferanten (netto)	0,00
+ Warenbestand	0,00
= Erfolg (Gewinn/Verlust)	**338,57**
+ Körperschaftssteuer (15,0 %)	50,79
= Jahresüberschuss/-fehlbetrag	**287,78**

Bilanz

Aktiva		Passiva	
Warenbestand	0,00	Grundkapital	800,00
Forderungen/JUNIOR	0,00	Jahresüberschuss/-fehlbetrag	287,78
Forderungen/Kunden	0,00	Rückstellung Körperschaftssteuer	50,79
Bank + Kasse	1138,57	Verbindlichkeiten/JUNIOR	0,00
		Verbindlichkeiten/Lieferanten	0,00
Summe	**1138,57**	**Summe**	**1138,57**

Der endgültige Gewinn bzw. Verlust eines Unternehmens: Er erhöht bzw. verringert das Grundkapital zum Jahresbeginn. Da die Schülerfirma nach 1 Jahr endet, wird der Überschuss an die Aktionäre ausgeschüttet.

Körperschaftssteuer ist die Steuer auf den Gewinn. Bei der JUNIOR-Schülerfirma geht sie am Ende des Jahres an JUNIOR.

Auf der Bank bzw. in der Kasse befindet sich das Kapital, welches direkt zur Verfügung stand, man spricht deshalb auch von liquiden (= flüssigen) Mitteln.

Die Steuer ist noch nicht überwiesen worden, deshalb wird sie als Rückstellung ausgewiesen. Am Ende werden sich die liquiden Mittel um diesen Betrag verringern.

M 6 Interview mit der SINNET-Vorstandsvorsitzenden Regina Maucher

Insgesamt habt ihr das Geschäftsjahr mit einem Gewinn von fast 300 € erfolgreich beendet. Was war das Geheimnis eures Erfolgs?

Wir hatten von Anfang an schon genau ausgerechnet, welche Anzahl unseres Produktes wir verkaufen müssten, um Gewinn zu machen. Darauf haben wir dann das Jahr über hingearbeitet. So hatten wir immer ein klares Ziel vor Augen, das wir erreichen mussten/wollten. Dementsprechend haben wir sowohl unsere Produktion als auch unseren Verkauf ausgerichtet.

Ein weiterer wichtiger Punkt war, dass wir mit unserem Produkt eine relativ hohe Marge (Gewinnspanne) hatten und das Produkt eher im Niedrigpreissegment lag, sodass für Kunden die Hemmschwelle, unser Produkt zu kaufen, nicht zu hoch lag. So konnten wir theoretisch viel verkaufen und gleichzeitig einen hohen Gewinn machen. Im Laufe des Jahres zeigte sich allerdings, dass, obwohl unser Verkaufspreis [mit durchschnittlich 5 Euro] nur ca. die Hälfte des Verkaufspreises von vergleichbaren Produkten betrug, er von vielen als zu hoch eingeschätzt wurde.

Unser Ziel haben wir, wie man sieht, aber trotzdem erreicht. Ich glaube, wenn man nicht aufgibt, sondern immer weiter daran arbeitet und alles gut durchkalkuliert hat, dann hat man auch eine reelle Chance, am Ende mit einem Gewinn dazustehen.

Wie seid ihr überhaupt auf eure Geschäftsidee gekommen?

Angefangen haben wir in verschiedenen Gruppen, die gemeinsam diskutiert haben und alle ihre Ideen, Fähigkeiten und Kontakte aufgeschrieben haben. Unsere Ideen haben sich teilweise mit Problemlösungen wie Aufwickeltaschen für Kopfhörer, Handy-Ladehalterungen und mobilen Innentaschen für Jacken oder Hosen, aber auch mit einfacheren Ideen, wie zum Beispiel bedruckte Beutel/Klamotten oder Armbänder, beschäftigt. Das Spektrum war also weit gefächert.

Die Ideen haben wir dann aufgeteilt, sodass jeder sich mit einer Idee intensiver beschäftigen und auch eine Machbarkeitsstudie durchführen konnte. Viele unserer Ideen fielen dabei durch, da sie nicht umsetzbar waren, zu wenig Unterstützung fanden oder uns die hohen Materialkosten abschreckten. Wir waren auf der Suche nach einem Produkt, das relativ einfach herzustellen ist, dabei niedrige Materialkosten hat und am besten noch Spielraum für unterschiedliche Designs und Produktlinien lässt. Mit unseren umgestalteten Tennisbällen haben wir dann genau das richtige Produkt gefunden. Sie waren zwar etwas schwerer zu produzieren als gedacht und unsere Abteilung für Produktdesign hat lange daran gearbeitet, bis wir ein marktreifes Produkt hatten, aber die Grundidee hat uns alle überzeugt.

Welche Ziele habt ihr mit eurem Unternehmen verfolgt?

Unser Ziel als Unternehmen war es, ein Produkt gewinnbringend zu verkaufen, das jedem Haushalt den Alltag auf lustige und praktische Art und Weise verschönert.

Außerdem wollten wir als Schülerfirma natürlich gerne am Schluss auf ein erfolgreiches Jahr zurückblicken können, in dem wir nicht nur Geld verdient haben, sondern auch Probleme überwunden und erfolgreich zusammen in diesem Unternehmen gearbeitet haben.

Was waren die größten Schwierigkeiten im Verlauf des Jahres?

Für mich persönlich war es besonders schwer, dass es keine festen Zeiten für die Schülerfirma gab, ich war sozusagen rund um die Uhr dafür verantwortlich, was oft zu Problemen in meinem Zeitplan geführt hat. Ein allgemeines Problem war die Kommunikation im Unternehmen. An sich hat das zwar gut funktioniert, aber dadurch, dass wir 15 Mitarbeiterinnen waren, fühlten sich manche nicht gebraucht und die gerechte Aufgabenverteilung führte zu Konflikten, da manche Abteilungen und auch einzelne Personen mehr gearbeitet haben als andere. Letztendlich haben wir aber auch diese Probleme bewältigt und wir verstehen uns immer noch genauso gut, wenn nicht sogar besser als vor der Schülerfirma, schließlich können wir jetzt stolz sagen, dass es zwar nicht immer einfach war, wir es aber trotzdem geschafft haben.

Wie waren die Aufgaben im Unternehmen verteilt?

Insgesamt hatten wir vier Abteilungen: Verwaltung, Produktion, Marketing und Finanzen. Aufgeteilt hatten wir uns nach Arbeitsaufwand und Fähigkeiten, so waren in der Finanzabteilung zwei Mitarbeiterinnen zuständig für Überweisungen, Buchungen und die Auszahlung von Löhnen, in der Verwaltung drei für das Eintragen der Stunden ins Lohnbuch und die Protokolle. In der Produktion waren drei Leute für die Produktentwicklung und das Design sowie für die Produktion zuständig, allerdings haben wir hierbei immer alle geholfen, genauso wie bei den Verkäufen. Und als letztes gab es noch die Marketingabteilung mit den meisten Mitarbeiterinnen (5), sie war zuständig für alle marketingrelevanten Aufgaben, wie das Einrichten unseres Facebook-Profils, die Organisation von Verkäufen, Werbung und außerdem hat sie zum Beispiel unser Logo entworfen. Rückblickend waren wir ganz schön überrascht, wie viel Aufgaben die Marketingabteilung hatte (auch wenn man sie teilweise sicher hätte anders verteilen können).

Was habt ihr mit eurem Gewinn gemacht?

Erstmal haben wir den Gewinn natürlich an unsere Aktionäre ausgezahlt, haben sie aber gefragt, ob sie ihren Gewinn für unsere Abiturkasse spenden wollen, mit der wir unter anderem unseren Abiball unterstützen wollen. Viele haben ihren Gewinn gespendet, manche sogar ihr gesamtes Kapital, dadurch haben wir insgesamt 220 € gesammelt, worüber wir uns natürlich sehr gefreut haben.

Meinst du, dass das Projekt Einfluss auf die Berufswahl haben könnte?

Auf jeden Fall, selbst wenn es nicht unbedingt die berufliche Richtung beeinflussen muss, so haben wir doch alle die Funktionsweise eines Unternehmens näher kennengelernt. Ich denke, wir denken alle inzwischen ein bisschen anders als vor der Schülerfirma über unsere Zukunft. So habe ich persönlich zum Beispiel gemerkt, wie schwierig es ist, ein Unternehmen zu leiten und dabei immer alle Mitarbeiter mit einzubeziehen und bei Problemen (ob persönlich oder mit der Firma) eine Lösung zu finden, die für alle akzeptabel ist.

Insgesamt werden wir auf jeden Fall alle in unsere Berufswahl unsere Erfahrungen mit einbeziehen und die eine oder andere wird vielleicht sogar etwas aus dem Bereich anstreben, in dem sie jetzt tätig war.

Interview der Autoren mit Regina Maucher am 23.10.2016

M 7 Wie sehen die Schülerinnen die Aktion im Nachhinein?

Umfrage im Juli 2016 zum Projekt: Schülerfirma „SINNET“
Gib zu folgenden Aussagen einen Wert von 0 – 10 an.

1. Ich fand die Idee unserer Schülerfirma ...

	10	9	8	7	6	5	4	3	2	1	0		
brillant	1	1	4		7	1						für'n Papierkorb	Durchschnittswert: 7,0

2. Das betriebswirtschaftliche Ergebnis der Firma hat mich ...

	10	9	8	7	6	5	4	3	2	1	0		
beglückt	7	5	2									erschüttert	Durchschnittswert: 9,35

3. Den Verlauf des Firmenjahres empfand ich als ...

	10	9	8	7	6	5	4	3	2	1	0		
stets erfreulich und motivierend		2	7	4					1			belastend	Durchschnittswert: 7,42

4. Innerhalb der Firma verliefen die Kommunikation und die Abläufe ...

	10	9	8	7	6	5	4	3	2	1	0		
wie am Schnürchen	2	4	4	2	2							gestört	Durchschnittswert: 8,1

5. Im Rückblick würde ich sagen:

	10	9	8	7	6	5	4	3	2	1	0		
Gleich nochmal!	1	3	3	3		3			1			Never ever!	Durchschnittswert: 7,07

14 der 15 an der Firma beteiligten Schülerinnen und Schüler nahmen an der Umfrage teil.

Aufgabe

1. Überprüfe, ob sich die Aussagen der Vorstandsvorsitzenden (M 6) mit der Einschätzung ihrer Mitarbeiterinnen (M 7) decken.

M 8 Aufgaben im Unternehmen

1

2

3

4

5

Absatz

Finanzierung

Werbung

Produktion

Beschaffung

M 9 Tipps an künftige Schülerfirmen

Die Idee für das Produkt sollte gut durchdacht sein und jeder Mitarbeiter sollte sich damit identifizieren können.

Achtet darauf, dass die Arbeit gut verteilt ist.

Bildet kleine Arbeitsgruppen, denn dadurch könnt ihr euch besser absprechen und seid euch schneller einig.

Man sollte sich immer an Termine und Regeln der Firma halten, da alle wichtig für den Erfolg sind.

Früh genug planen!

Motivation, Organisation und Überzeugung für das Produkt sind am wichtigsten!

Wenn man vorher durchkalkuliert hat, wie viel man verkaufen muss, um Gewinn zu machen, weiß man, wo man steht, und kann auch feststellen, ob die Geschäftsidee passt.

So gut planen, dass man auf alle Fälle das lukrative Weihnachtsgeschäft nicht verpasst.

Aus den Antworten der in der Umfrage M 7 befragten Schüler/innen

Aufgaben

1. Ordne die Bilder in M 8 den Aufgaben eines Unternehmens (siehe grüne Begriffe) zu.
2. Stelle mithilfe von M 6 und M 9 die Chancen und Herausforderungen einer Schülerfirma tabellarisch dar.
3. Beurteile die Erfolgsgeschichte von SINNET und berücksichtige dabei z. B. die Produktidee, die Unternehmensorganisation und den betriebswirtschaftlichen Gewinn.

Eine eigene Schülerfirma gründen

Verschiedene Organisationen helfen euch beim Planen und Durchführen einer Schülerfirma.

Mögliche Kooperationsorganisationen

JUNIOR Wirtschaft erleben

www.junior-progamme.de
Bei den JUNIOR-Programmen gründet ihr unter bestimmten Vorgaben ein konkretes Unternehmen. Der direkte Praxisbezug und der Kompetenzerwerb für das spätere Berufsleben stehen hier im Vordergrund. Das Projekt kann wahlweise auf ein Schuljahr oder auch zeitlich unbefristet durchgeführt werden.

www.Jugend gründet.de

www.jugend-gruendet.de
„Jugend gründet“ ist ein Wettbewerb, bei dem ihr virtuell ein Unternehmen gründen sollt. Der Schwerpunkt liegt darauf, eine möglichst innovative Idee auf den Markt zu bringen. An dem Programm können auch einzelne Schülerinnen und Schüler oder Teams bis 6 Personen teilnehmen.

eSG Schülergenossenschaften nachhaltig wirtschaften – solidarisch handeln

www.schuelergeno.de
Gemeinsam mit echten Genossenschaften werden Schülerinnen und Schüler darin unterstützt, ein reales Schülerunternehmen zu gründen. Das Projekt ist nicht zeitlich beschränkt, kann also für einen längeren Zeitraum über Schuljahre hinweg organisiert werden.

Kampagne Fairtrade Schools FAIRTRADE

www.fairtrade-schools.de
Bei diesem Projekt sollte die Schülerfirma mit Produkten handeln, die den Fair-Trade-Gedanken verfolgen.

ifex Initiative für Existenzgründungen und Unternehmensnachfolge

Ifex: Die Initiative für Existenzgründungen und Unternehmensnachfolge im Wirtschaftsministerium Baden-Württemberg befasst sich ebenfalls mit Schülerfirmen. Informationen gibt es unter: *www.gruendung-bw.de/themen/schule-und-selbstaendigkeit/schueler-und-juniorenfirmen/*.

Checkliste Gründungsvorbereitung

- ☐ Gründungsteam von fünf bis acht Schülerinnen und Schülern beisammen?
- ☐ Gemeinsame Geschäftsidee gefunden?
- ☐ Lehrkraft überzeugt und als begleitenden Coach gewonnen? (Hilfestellung, Aufsichtspflicht, Gewährleistung des gesetzlichen Unfallschutzes)
- ☐ Schriftliche Zustimmung der Eltern liegt vor?
- ☐ Alle Teammitglieder über die private Haftpflichtversicherung der Eltern mitversichert?
- ☐ Geschäftsvorhaben als Schulprojekt eingestuft und anerkannt?
- ☐ Kontakt zu lokalen Unternehmen aufgenommen?
- ☐ Räumlichkeiten von der Schule zur Verfügung gestellt bekommen?
- ☐ Grundausstattung (Stühle, Schreibtische ...) von der Schule zur Verfügung gestellt bekommen? Gesamte Ausstattung über Schule/Förderverein versichert?

- ☐ Über Einbettung von Aspekten der Firmentätigkeit im Unterricht nachgedacht?
- ☐ Kooperationsvereinbarung mit der Schule/dem Schulförderverein geschlossen?
- ☐ Abteilungen eingerichtet und Arbeitsteilung organisiert?
- ☐ Geklärt, ob zusätzliche Versicherungen notwendig sind?
- ☐ Jährliche Obergrenzen für Umsatz (35 000 €) und Gewinn (5 000 €) bedacht? (steuerfrei)
- ☐ Ordnungsgemäße Buchführung gewährleistet? (Einnahmen-Ausgaben-Rechnung)
- ☐ Bankkonto für Schülerfirma eingerichtet?
- ☐ Rechtsform gewählt?
- ☐ Schülerfirmenstatus eindeutig zum Ausdruck gebracht? (Zusatz „Schüler“-AG/GmbH/KG auf Briefpapier, Visitenkarten, Werbematerial ...)

Aus: Schüler- und Juniorfirmen-Beratungsstelle der IHK Schwarzwald-Baar-Heuberg, Checkliste, Gründungsvorbereitung, www.sjf-beratungsstelle.de/fileadmin/user_upload/Downloads/Gruendungscheck.pdf (Zugriff: 20.2.2017)

1.2 Jeder fängt mal klein – immer mit Erfolg?

M 1 Steckt in jedem die Fähigkeit, ein Unternehmen zu gründen?

Plakate der Initiative „Die Neue Gründerzeit" des Bundesministeriums für Wirtschaft und Energie, die mehr Menschen für den Weg in die unternehmerische Selbstständigkeit motivieren möchte

M 2 Steckt in dir ein Unternehmertyp?

In der Unternehmerwelt gibt es eine altbekannte und ewige Debatte, für die es scheinbar keine Lösung gibt. Wird man als Unternehmer geboren oder mit der Zeit zu einem gemacht? Viele unserer Experten sind der Meinung, dass die richtige Ausbildung und die Lust, ein eigenes Start-up zu gründen, aus jedermann einen Unternehmer machen können; andere behaupten, dass man etwas Bestimmtes in sich drin haben muss, etwas, dass die Unternehmer zu etwas Besonderem macht. Wir von FACE haben nachgeforscht und tatsächlich 7 Zeichen gefunden, an denen du erkennst, dass du ein Unternehmer bist. Schauen wir uns das einmal genauer an.

- **Du bist neugierig:** Alles weckt deine Aufmerksamkeit und du schnüffelst neugierig in der Welt herum, wobei du Informationen aufschnappst und dir Fragen stellst, die sich andere nicht stellen würden.
- **Du bist waghalsig:** Natürlich hast auch du Zweifel und Ängste, aber du traust dich, ihnen die Stirn zu bieten und schaffst es deshalb so weit, wie es sich andere niemals trauen würden.
- **Du bist ehrgeizig:** Mit dem Durchschnittlichen gibst du dich nicht zufrieden. „Normal" bedeutet nichts für dich, was nicht heißt, dass du mehr hast, sondern dass du berufliche Wege erkundest, die dir bisher noch unbekannt sind.
- **Du bist unruhig:** Du langweilst dich schnell, wenn du über einen längeren Zeitraum das Gleiche tust? Es scheint dir unmöglich, täglich von 8 bis 5 auf ein und demselben Stuhl zu sitzen und immer die gleiche, repetitive Arbeit zu erledigen? Dann bist du von Natur aus eine unruhige Person und kannst es deshalb nicht lassen, verschiedene Dinge auszuprobieren.
- **Du bist einfallsreich:** Du bist neugierig, erinnerst du dich? Und als neugieriger Mensch, wie du es nun mal bist, denkst du dir einfallsreiche Lösungen zu den Problemen, die dich umgeben, aus. Eventuell sind sie weder effizient noch rentabel, aber niemand kann dir vorwerfen, sie seien nicht originell.
- **Du bist optimistisch:** Alles wird gut gehen, aber das weißt du bereits. Und zwar weil es egal ist, ob dein erstes, zweites oder drittes Start-up scheitert, was zählt, ist der Weg dorthin und die Erfahrungen, die du dabei sammelst.
- **Du bist lustig:** Die Arbeit darf niemals langweilig sein! Wenn du dir vorstellen kannst, wie ein Honigkuchenpferd grinsend zur Arbeit zu gehen, steckt ein Unternehmer in dir. Tatsächlich gibt es für viele der von FACE Entrepreneurship interviewten Unternehmer keinen Unterschied zwischen Arbeit und Freizeit. Und genau so sollte es auch sein!

Aus: IKT- und Unternehmerblog, 7 Zeichen dafür, dass tief in dir drin ein Unternehmer steckt, www.face-entrepreneurship.eu/de/blog/articulos/7-zeichen-dafuer-dass-tief-in-dir-drin-ein-unternehmer-steckt (Zugriff: 13.2.2017)

M 3 Morphologischer Kasten für Unternehmensgründungen

Unternehmensgründungen unterscheiden sich in vielfältiger Hinsicht. Befragungen zeigen, dass bei der Motivation zur Unternehmensgründung eher Gründe wie „der eigene Chef/die eigene Chefin sein" oder „sich einen langersehnten Traum erfüllen" eine Rolle spielen, als dass Gründer einen Arbeitsplatz suchen oder überhaupt erwerbstätig werden wollen. Mithilfe des morphologischen Kastens (siehe Methode auf S. 175) lassen sich durch die Kombination von Motivation, Branche, Finanzierung und Geschäftsmodell vielfältige Gründerbiografien entwickeln.

Das Beispiel zeigt folgende Biografie: Lena Roser hatte seit Kindheit ein Händchen für Stoffe und ein Gespür für Farben. Sie suchte einen Beruf, bei dem sie diese Qualifikation einsetzen konnte. Aufgrund einer Erbschaft von einer verstorbenen Großtante war für sie der Schritt relativ eindeutig: Sie eröffnete in Freiburg ein kleines Schneidereigeschäft. Dort bietet sie maßgefertigte Kreationen für Mädchen an.

Herausforderung: Gründung eines Unternehmens					
Teilproblem	**Teillösungen/-antworten**				
Motivation für die Gründung	unternehmerisch tätig sein	Zusatzverdienst wahrnehmen	eigener Qualifikation gerecht werden	Abwechslung im Alltag	langersehnter Traum
Branche	Nahrungsmittel	Bekleidung	Technik	Games	Gastronomie
Finanzierung	eigene Mittel, z. B. Erbschaft	Kredit	Übernahme des Familienunternehmens	Mischfinanzierung	Crowdfunding
Geschäftsmodell	Produktion	Verkauf eines fertigen Produktes	Dienstleistung	Vermittlung	Beratung

Autorentext

M 4 Start-ups – unverzichtbar in der modernen Wirtschaft

Viel Arbeit, wenig Freizeit, dafür finanzielle Risiken: Ein Start-up zu gründen, ist herausfordernd, anstrengend aber oft auch lohnend. So individuell die Gründerinnen und Gründer ihre Motive für die Selbstständigkeit sehen, so wichtig sind sie für die Volkswirtschaft. Gründungen sind notwendig zur Verjüngung des Unternehmensbestandes, sie bringen frische Ideen in bestehende, traditionelle Branchen, sie sind unerlässlich für das Entstehen neuer Wirtschaftszweige. Deshalb gilt es, mit den richtigen Hilfen den Gründern gute Rahmenbedingungen zu schaffen.

Start-up-Unternehmen sind noch nicht auf dem Markt etabliert, sie haben eine innovative Geschäftsidee mit einem darauf aufbauenden, skalierbaren Geschäftsmodell [ein Geschäftsmodell, bei dem man den Umsatz steigern kann, ohne ständig investieren zu müssen], sie haben Wachstumspotenzial – Start-ups sind somit keine Vertreter der „einfachen" Existenzgründung.

Je innovativer das Unternehmen, je stärker technologiebasiert, desto höher die Anzahl der Mitarbeiter. Bei Gründungen in der Industrie gab es im Schnitt 2,3-mal so viele zusätzliche Arbeitsplätze als bei herkömmlichen, einfacheren Gründungen. Erfreulicherweise gibt es immer mehr dieser Gründungen in der Region Stuttgart. […]

Die Anstrengungen der Wirtschaft zur Verbesserung des Gründungsklimas müssen durch geeignete Rahmenbedingungen der Wirtschaftspolitik unterstützt werden, insbesondere im Bereich der Finanzierung. Denn: Innovative Start-ups zu finanzieren, ist riskant. Nicht jede vielversprechende Idee wird sich am Markt durchsetzen, Totalausfälle sind vorprogrammiert. Angemessene Sicherheiten? Häufig schwierig. Wer Start-ups fördern will, muss ins Risiko gehen. Auch die Wirtschaftspolitik sollte sich dieser Herausforderung stellen.

Aus: Hans-Jürgen Reichardt, Editoral, in: Magazin Wirtschaft, Zeitschrift der IHK Stuttgart, 1.12.2016, S. 3

M 5 Gründe für das Scheitern von Start-ups und mögliche Vorkehrungen

Machen Sie sich ausführlich Gedanken über Faktoren wie Konkurrenzsituation und Zielgruppen. (a)

Mangelnde Flexibilität:
Oft entwickeln hoch motivierte Neugründer eine Art Betriebsblindheit für die Schwachstellen im eigenen Unternehmen. Es gilt, Fehler und Fehlentwicklungen zu erkennen und zu beseitigen. (2)

Beachten Sie, dass häufig in der Anfangszeit der Gründung kostenintensive Investitionen nötig sind. Dazu kommt, dass das Unternehmen wahrscheinlich nicht von Beginn an Gewinne abwerfen wird. (b)

Unterschätzte Kosten:
Mit der falschen Einschätzung der laufenden Kosten gefährden sie die mittel- und langfristige Liquidität des Unternehmens. Am Ende droht Insolvenz. Doch nicht nur die Kosten [...] werden von den Gründern häufig unterschätzt, auch wird vergessen, dass auch noch der eigene Lebensunterhalt zu bestreiten ist. (4)

Bleiben Sie gegenüber Ihren eigenen Stärken und Schwächen realistisch. Suchen Sie sich professionelle Beratung für Bereiche, in denen Ihnen das nötige Wissen fehlt. (c)

Selbstüberschätzung:
Oft übersehen Neugründer vor lauter Begeisterung ihr eigenes mangelndes Fachwissen. Auch das kaufmännische Wissen stößt bei vielen schnell an die Grenzen. (6)

Sorgen Sie – trotz allem Gründerstress – von Anfang an für private Freiräume, um Kräfte zu schonen bzw. neue zu tanken. (d)

Unzulänglicher Businessplan:
Oft ist der Plan, welcher beschreibt, was die Ziele des Unternehmens sind und wie man diese erreichen möchte, mangelhaft oder fehlt komplett. Ein guter Businessplan ist aber mehr als ein Mittel, um an Geldgeber zu kommen. (1)

Sorgen Sie dafür, dass wichtige Dokumente wie Vollmachten, Vertretungspläne, Passwörter u. Ä. leicht zugänglich, übersichtlich und auf dem neuesten Stand sind. (e)

Mangelnde Unterstützung:
Auch Einflüsse aus dem Privatleben sind für Neugründer nicht zu unterschätzen. Familie und Freunde haben oft Schwierigkeiten, den anstrengenden Alltag eines Neuunternehmens mitzutragen. (3)

Eine gründliche Evaluation und darauffolgend eine eventuelle Richtungsänderung dienen Ihrem eigenen Wohl und damit dem Ihres Unternehmens. (f)

Fehleinschätzung von Markt und Konkurrenz:
Die Fehler beginnen häufig schon bei der Auswahl des Marktsegmentes, in dem gegründet werden soll. Sie sind auch nicht in der Lage, das Besondere Ihres Angebots – das sogenannte Alleinstellungsmerkmal – gegenüber dem Angebot der Konkurrenz zu erläutern. (5)

Investieren Sie in Ihren Businessplan. Er ist Visitenkarte für ihre Geldgeber und ein unverzichtbares Instrument für ihre eigene Planung und Kontrolle. (g)

Keine Notfallplanung:
Im Überschwang der Gründung wird viel zu häufig vergessen, auch für den Fall der Fälle (plötzliche Ereignisse wie Unfall oder Tod des Geschäftsführers) vorzusorgen. (7)

Nach: Annika Schall. Die 7 größten Stolperfallen und die besten Ausweichmanöver, in: starting up 2/2016 (Juni/Juli/August 2016), S. 76f. (verändert)

Morphologischer Kasten

In einem morphologischen Kasten werden Aspekte einer Herausforderung oder eines Problems aufgelistet. Durch die unterschiedliche Kombination der einzelnen Aspekte entstehen alternative Wege.

Im folgenden Fall (Planung eines Klassenausfluges) haben sich die vier Varianten (orange, lila, hellrot, hellblau) ergeben. Die Nummerierungen zeigen, welche Varianten die Klasse bevorzugt. Am beliebtesten ist Variante 1 (lila), also ein Ausflug in eine Kleinstadt mit dem Fahrrad. Dort will die Klasse Eis essen und sich als Straßenmusikanten versuchen. Finanziert werden die Kosten des Ausflugs mit Kuchenverkauf.

Andere Kombinationen wären möglich, bestimmte Wege sind unrealistisch, zum Beispiel, wenn es in der Stadt keinen Freizeitpark gibt oder der Eintritt ins Kino teurer ist als das Budget.

Herausforderung: Planung eines Klassenausfluges				
Teilproblem	Teillösungen			
Ort	Stadt (Schulstandort)	Kleinstadt	Land	Großstadt
Kosten	< 5 €	5 – 10 €	10 – 15 €	>15 €
Finanzierung	Klassenkasse	Kuchenverkauf	Finanzierung durch Eltern	Mischfinanzierung
Transportmittel	zu Fuß	Bus	Fahrrad	Zug
Aktivität	Museumsbesuch	Grillen	Schwimmen am Baggersee	Eis essen
Highlight	Straßenmusik machen	Freizeitpark	Tauchkurs	Besuch eines Fernsehstudios
Lösungsvarianten	1	2	3	4

Idee nach: Roman Capaul/Daniel Steinbruber, Betriebswirtschaft verstehen, Oberentfelden: Verlag Sauerländer, 2010, S. 554

Aufgaben

1. a) Stelle mögliche Antworten auf die Frage in der Überschrift von M 1 dar.
   b) Beurteile mithilfe von M 2, ob in dir ein Unternehmertyp steckt.
   c) Überprüfe die Liste in M 2 daraufhin, ob du dir andere Eigenschaften vorstellen kannst, die für einen Unternehmertyp wichtig wären.
2. a) Beschreibe eine weitere Gründungsgeschichte mit einem anderen Weg im morphologischen Kasten (M 3).
   b) Beschreibe einen Weg, der zu dir passen könnte.
3. In den Kästen von M 5 werden Ursachen für das Scheitern von Start-ups genannt sowie Möglichkeiten, dem Scheitern vorzubeugen. Ordne die Vorkehrungen den Gründen für das Scheitern zu.
4. a) Arbeite aus M 4 heraus, welche Schwierigkeiten der Autor für Start-ups sieht und welche Rolle der Staat übernehmen sollte, um Start-ups zu helfen.
   b) Erörtere, ob der Staat Start-ups fördern sollte.

M 1 Schülerfirmen im Wettbewerb

Im Schuljahr 2016/2017 bewarben sich bei einem bundesweiten Wettbewerb von Schülerfirmen (www.bundes-schueler firmen-contest.de) u. a. auch folgende drei Firmen aus Baden-Württemberg:

Firma 1: „Green Flame" vom Richard-Wagner-Gymnasium Baden-Baden

Aus einer alten Waschmaschine, die ansonsten von niemandem mehr gebraucht werden könnte, lässt die Firma einen exklusiven Feuerkorb entstehen. Besonders wichtig ist ihnen hierbei das Recycling der anderen Bestandteile der Waschmaschine. Sie wollen aus unbrauchbaren und hässlich erscheinenden Dingen schöne, preiswerte und nützliche Produkte gestalten und dadurch gleichzeitig Ressourcen sparen.

Unsere Feuerkörbe sind ein Highlight für jede Party, das Licht in die Dunkelheit bringt und die Aufmerksamkeit aller auf sich zieht.

Aus: Green Flame, Was verkaufen wir?, in: www.green-flame.de/%C3%BCber-uns/ (Zugriff: 2.3.2017)

Firma 2: „Samurai-Games" vom Johanna-Geissmar-Gymnasium Mannheim

Die Schülerfirma entwickelt, gestaltet und produziert Brett- und Kartenspiele für den realen Markt. Neben dem selbst erfundenen Kartenspiel „31er" haben die Schüler auch ein Fußball-Quartett kreiert. Da der SV Waldhof Mannheim – immerhin ein ehemaliger Bundesligist – noch kein Quartett seines Vereins hatte, hatte die Schülerfirma das Spielkonzept „Legenden des SV Waldhof" entwickelt und beim Verein angefragt. Sie wurde daraufhin mit der Festlegung der Kartenwerte, der Recherche der Spielerdaten und dem Designentwurf für die Spielkarten beauftragt. Nach der Recherche von 480 Datensätzen war die Arbeit getan, jetzt musste nur noch der SV Waldhof die Spielproduktion beginnen! Die Schülerfirma ist mit einer Stückzahl an der Druckauflage beteiligt, die sie selbst vermarkten kann. Zudem arbeitet sie an einem Quartett für den Eishockey-Bundesligisten Adler Mannheim und dem eigenen Strategie-Spiel „Samurai Wars". Der Vertrieb der eigenen Spiele erfolgt über Spielegeschäfte, bekannte Brettspiel-YouTuber und Amazon. Überdies besteht bezüglich Werbung und Vertrieb eine Zusammenarbeit mit dem Heidelberger Spieleverlag.

Das Spiel stellt die „Legenden des SV Waldhof dar", zu denen u. a. Maurizio Gaudino, Jürgen Kohler und der Nationalmannschaftstrainer Sepp Herberger gehören.

Nach: Samurei-Games, Fußball-Quartett, in: http://samurai-games.de/fussball-quartett (Zugriff: 2.3.2017) (verändert)

Firma 3: „Aus dem Häuschen" vom Gymnasium Schönau

Die Firma stellt Vogelhäuschen her, bei denen der Kunde das Design, insbesondere die Bemalung, individuell wählen kann: Das Haus kann in Natur oder bemalt gestaltet werden. Eine besondere Variante ist ein Vogelhaus, welches sich beim Aufklappen der Vorderseite in eine Minibar verwandelt. Die Gläser können zudem mit bunter LED beleuchtet werden. Der Kamin ist dazu da, die Minibar zu verschließen.

Individualität ist uns wichtig, daher sind wir in der Umsetzung flexibel.

Nach: Aus dem Häuschen, Produkte, in: https://aus-dem-haeuschen.tk/features-typo-basic.html (Zugriff: 2.3.2017) (verändert)

M 2 Die Gründungsgeschichte von Hüttenpalast

Als Silke Lorenzen ihr Wohnwagenhotel „Hüttenpalast“ gründete, hatte sie keine Ahnung von Bauverordnungen und Liquidität – und legte trotzdem einfach los. Was wurde aus der Idee? Berlin-Neukölln ist ein schwieriges Pflaster für Unternehmen, weil es fast alles schon gibt. „Was hier fehlt“, sagte sich Eventmanagerin Silke Lorenzen, „ist ein gutes Hotel.“ Zusammen mit ihrer Partnerin Sarah Vollmer eröffnete sie deshalb 2011 den „Hüttenpalast“, wo Gäste in Wohnwagen und Holzhütten übernachten.

Frau Lorenzen, als Sie der IHK Berlin Ihren ersten Businessplan vorgelegt haben, wurden Sie wieder nach Hause geschickt. Was war da los?

Silke Lorenzen: Ich wusste nicht, wie ein Businessplan aussieht, und hatte einfach drauflos geschrieben. Rentabilitätsplan, Bauverordnungen, Liquidität? Das war alles neu für mich. Die IHK-Berater haben mir dann eine Vorlage gegeben und gesagt: Versuchen Sie es bitte noch einmal.

Haben Sie sich Hilfe von außen geholt?

Das wollte ich zuerst. Aber wer von Banken einen Kredit bekommen will, muss jede Zahl im Businessplan selbst kennen und erklären können. Ich hatte in Neukölln schon die perfekte Immobilie gefunden: zwei alte Fabrikhallen mit Ladentheke. Allerdings musste noch alles renoviert und umgebaut werden. Wir haben uns dafür von der Berliner Investitionsbank 360 000 Euro geliehen und einfach losgelegt.

Wie lief der Start?

Erst einmal schleppend. Es hat Monate gedauert, bis wir endlich die Baugenehmigung hatten. In ganz Neukölln gibt es dafür nämlich nur fünf Beamte. Im Mai 2011 haben wir dann eröffnet. Weil das Konzept neu war, haben viele Medien über uns berichtet. So wurden wir schnell bekannt, ohne viel Geld für Werbung auszugeben. Nach nur sechs Monaten waren wir im Schnitt zu 70 Prozent ausgebucht – eine gute Quote. Trotzdem mussten wir auch Lehrgeld zahlen.

Was ist schiefgelaufen?

Wir wollten, dass sich jeder eine Übernachtung bei uns leisten kann, und haben die Preise anfangs viel zu niedrig angesetzt. Am meisten haben wir Strom- und Wasserkosten unterschätzt. Früher haben wir 40 Euro pro Nacht verlangt, heute sind es 70. Einige Stammgäste hat das geärgert, aber die meisten hatten zum Glück Verständnis.

Ihr Hotel war von Anfang an gut ausgelastet. War es auch gleich profitabel?

Nein, aber es lag nicht an den Übernachtungen. Wir hatten ein Café, um unsere Gäste mit Berlinern zusammenzubringen. Das war mir wichtig. Nur hat das Café alle Gewinne, die das Hotel einbrachte, wieder verbrannt. Es gibt wohl zu viele Cafés für zu wenig Laufkundschaft in Neukölln.

Haben Sie das Café inzwischen dichtgemacht?

Ja. Vor zwei Jahren. Das war hart für mich, aber seitdem schreiben wir schwarze Zahlen.

Konzentrieren Sie sich nun mehr auf Ihre Stärke, den Hotelbetrieb?

Ja. Wir haben inzwischen eine dritte Halle angemietet, wo eine weitere Hütte und fünf Wohnwagen stehen. Dieses Jahr wollen wir den Webauftritt neugestalten, einen zweiten Hofgarten bepflanzen und eine Sauna bauen. Ich bekomme zudem immer wieder Anfragen, ob ich nicht expandieren möchte. Ideen dafür hätte ich genug, aber das sind eher langfristige Überlegungen.

Aus: „Ich wusste nicht, wie ein Businessplan aussieht“, Interview von Katja Scherer, in: www.impulse.de/gruendung/geschaeftsideen/huetten palast/3536933.html, 13.11.2016 (Zugriff: 2.3.2017)

Aufgaben

1. a) Beschreibe mögliche Kosten der Unternehmensideen in M 1.
   b) Beurteile die Erfolgsaussichten der drei Ideen.
   c) Begründe, welche Idee du für eine eigene Schülerfirma am ehesten gewählt hättest.
2. a) Arbeite aus M 2 heraus, warum das Unternehmen hätte scheitern können.
   b) Erläutere, wie man den Gründungsprozess in M 2 effizienter hätte gestalten können.
   c) Beurteile die Rolle des Staates in dieser Gründungsgeschichte.
3. Gründet selbst eine Schülerfirma. Je nach Zeit und Projektform könnt ihr dies theoretisch planen oder mithilfe eines Kooperationspartners (siehe S. 171) durchführen.

2. Nur maximalen Gewinn im Sinn?

2.1 Diskussion von Unternehmenszielen: Wie passen sie zusammen?

M 1 Ziele von Unternehmen

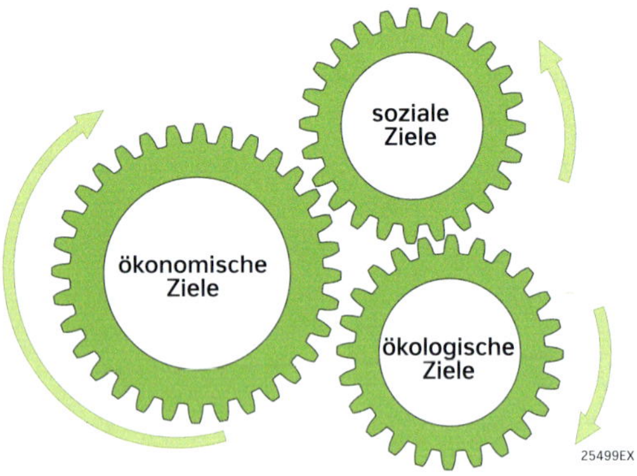

M 2 Verantwortungspyramide

Philanthropische Verantwortung:
Engagiere dich für die Gesellschaft!

Ethische Verantwortung:
Verhalte dich sittlich richtig!

Rechtliche Verantwortung:
Befolge das Gesetz!

Wirtschaftliche Verantwortung:
Sei profitabel!

Aus: James Bruton, Unternehmensstrategie und Verantwortung: Wie ethisches Handeln Wettbewerbsvorteile schafft, Berlin: Erich Schmidt Verlag, 2011, S. 39

M 3 Beispiele

1 Im Produktionswerk von Unternehmen A wird seit Jahren gegen die Brandschutzbestimmungen verstoßen, da entsprechende Maßnahmen Investitionskosten verursachen würden.

2 An den Standorten des Unternehmens B wird der Erhalt von Fußballplätzen für Jugendliche finanziell unterstützt. Dafür werden 15 % des Gewinns verwendet.

3 Unternehmen A macht seit 5 Jahren steigende Gewinne.

4 Unternehmen B erhöht den Preis für eine Packung mit 200 g Erdnüssen um 20 %. Der Verbraucher merkt zunächst nichts davon, denn die Verpackung ist die gleiche. Allerdings befinden sich darin nur noch 160 g.

Autorentext

M 4 Sind alle Mitarbeiter gleich?

Massagen, Tischkicker und Frühstück für alle Angestellten: In Rostock hat ein Unternehmer eine Vorzeigefirma aufgebaut. Fairness und Transparenz stünden an oberster Stelle, sagt er. Für seine Arbeiter in Indien scheint das nicht zu gelten

Die Gründungsgeschichte von Gusti Leder ist eine, die man gerne weitererzählt. Der Legende nach geht sie so: Im Jahr 2007 fliegt Christian Pietsch, 22 Jahre alt, VWL-Student, mit dem Rucksack nach Indien. Er besucht Gerbereien und sieht, wie die Arbeiter einem alten Handwerk nachgehen und hochwertige Lederwaren fertigen. Er kauft ein paar Taschen und nimmt sie mit nach Hause. Sein Gedanke: Daraus müsste man doch mehr machen.

Neun Jahre später, eine ehemalige Fabrik in einem Gewerbegebiet von Rostock. Pietsch ist inzwischen 31, und aus seiner Idee ist eine Firma mit 85 Angestellten geworden. [...] Im Bundesstaat Rajasthan im Nordwesten Indiens sind inzwischen 15 Familienbetriebe für ihn tätig. Sie hatten zuvor keine Abnehmer in westlichen Ländern, jetzt fertigen sie die „Nature"-Linie von Gusti Leder. Dafür nutzen sie Häute von Ziegen aus Freilandhaltung und gerben diese in einem natürlichen Verfahren, mit Blättern des heimischen *Bambool Tree*. [...]

Stutzig machen nur die niedrigen Preise der fairen Produkte. [...] Kann das sein? Passt das zusammen? Gerade auch, weil kein Beleg für die Behauptungen zu finden ist, von einem unabhängigen Prüfer etwa. Besucht man Gusti Leder in Rostock, fällt zunächst auf, dass der Gründer es offenbar gut meint mit seinen Mitarbeitern. [...] Umso irritierender ist es, dass es mit der versprochenen Transparenz nicht so weit her ist, wie Christian Pietsch es gerne darstellt. Angeblich aus Angst, dass ihm Konkurrenten die Produzenten streitig machen, will er weder die Namen der Familienbetriebe noch die Stadt veröffentlichen, in der sie arbeiten. Auch wenn er von seinen Wachstumschancen spricht, ist Nachhaltigkeit kein Thema mehr. Neben der „Nature"-Kollektion gibt es nämlich noch die konventionelle „Studio"-Linie, die 30 Prozent des Umsatzes ausmacht. Sie wird von zwei Fabriken in Südindien und Marokko hergestellt, mit chemischer Gerbung und in automatisierten Prozessen. Und eben hier sieht er größeres Potenzial. „Die Studio-Produkte sind leichter zu kontrollieren", erklärt er. „Bei noch mehr Familienbetrieben einzeln vorbeizufahren, Kontakt zu halten, immer wieder zu prüfen, ob nicht doch irgendwo ein Kind beschäftigt wird – das ist mit noch mehr Akteuren nicht möglich."

Aus: Anke Lübbert, Sind alle Mitarbeiter gleich?, in: Enorm-Magazin 5–6/2016, http://enorm-magazin.de/sind-alle-mitarbeiter-gleich (Zugriff: 31.1.2017)

M 5 „Fairness in erster Linie": Interview mit Gusti Leder

Ihr betont, Nachhaltigkeit bei der Produktion sowie Fairness bei der Bezahlung der Mitarbeiter vor Ort wären für euch maßgeblich. Wie sieht das in der Umsetzung aus?
Zum Beispiel haben unsere Produzenten erst kürzlich gesagt, dass sie die Preise anziehen müssen, wenn sie weiter auf gleiche Weise produzieren sollen. Das war natürlich für uns ein riesiger Schreck! Und unseren Produzenten das zu verweigern, war ebenfalls keine Option. So haben wir uns entschlossen, dieses Thema in die Gusti *Community* zu bringen und haben Feedback von unseren 21500 Facebook-Fans eingeholt. Ich war baff, als ich die vielen Antworten gelesen habe: Durch die Bank weg gab es wohlwollendes und positives Feedback – wen sollte eine Preiserhöhung mehr stören als die Kunden? Wie schön, wenn die Kommunikation zwischen Produzent und Kunde so gut läuft und wir guten Gewissens arbeiten können! Das war so ein Beispiel dafür. Und wir verfahren so, dass unsere Produzenten ihr Gehalt selbst bestimmen können.
Nicht zuletzt versprecht ihr Transparenz für die Kunden. Vor allem, was die Produktionsbedingungen und die Tierhaltung angeht. Woher weiß ich, wie meine Tasche zur Tasche wurde?
Jedem einzelnen Interessenten zu zeigen, wie jede einzelne Tasche produziert wird – das wär' so mein Traum! Aus diesem Grund bin ich auch ständig unzufrieden mit unserer Seite, nur die Umsetzung ist echt schwierig. Wir haben sogar schon darüber nachgedacht, einfach Videos in den Produktionsstätten laufen zu lassen, um sie unseren Kunden live zeigen zu können. Recht schnell war uns aber klar, dass das keine Option ist – wer hat schon Lust, permanent bei der Arbeit gefilmt zu werden? Ich nicht. Manchmal tun mir unsere Produzenten echt leid ... Aber wir haben das ja nicht gemacht, nur drüber nachgedacht! Bisher lässt sich auf unserer Seite aber einsehen, unter welchen Bedingungen die Taschen wo hergestellt wurden, auf welche Weise gegerbt wurde und wie viel Geld der Produzent in etwa prozentual an dieser Tasche verdient. Wir arbeiten daran, noch mehr Infos zu veröffentlichen.
Die meisten großen Reisetaschen kosten bei euch weniger als 100 Euro. Das ist unfassbar preiswert für ein gutes Lederprodukt. Wie ist das möglich? Vor allem angesichts von Nachhaltigkeit und Fairness bei der Produktion.
[...] Da wir direkt zwischen Produzenten und Kunden vermitteln und keine Zwischenhändler riesige Margen einfordern, können wir die Preise so halten. Wir machen vieles selbst. Das spart, macht aber viel Arbeit – so fahren wir ja auch selbst zu unseren Produzenten, um direkt Arbeitsbedingungen zu prüfen und alle Wünsche und Anliegen in Indien und Marokko aufnehmen zu können. Lustig ist, dass wir täglich darüber diskutieren müssen, dass wir auch wirklich keine Kinderarbeit betreiben und es wirklich echtes Leder ist. Letztlich ist es aber eigentlich nur total gut, dass Leute sich offensichtlich kritisch mit der Welt auseinandersetzen.

Aus: Gusti-Leder-CEO Christian Pietsch: „Fairness in erster Linie", Interview von Philipp Pander, in: http://zeitjung.de/gusti-leder-interview-christian-pietsch-taschen/ (Zugriff: 8.2.2017)

Aufgaben

1. Das Schaubild M 1 symbolisiert Zusammenhänge von Unternehmenszielen. Erläutere mögliche Zielharmonien (Ziele fördern einander) und Zielkonflikte (Ziele behindern sich); evtl. stören sich die Ziele auch nicht (Zielneutralität).
2. Ordne die Beispiele aus M 3 den Verantwortungsebenen in M 2 zu und nenne die Verstöße.
3. M 1 beschreibt allgemeine Ziele von Unternehmen. Erläutere am Beispiel „ökologische Ziele" die Ebenen der Verantwortung aus M 2.
4. Erläutere mögliche Konflikte zwischen den Bereichen in M 2
5. Analysiere den Fall in den Darstellungen von M 4 und M 5 mithilfe von M 1 und M 2.
6. Bewerte den Fall aus der Sicht von Kunden und Produzenten.

2.2 Wir klauen einfach eine Idee! Unternehmerische Ziele und ihre Grenzen

M 1 Ideenklau als Erfolgsrezept?

„Gute Künstler kopieren, großartige Künstler stehlen. Und wir haben immer schamlos gute Ideen geklaut."

Steve Jobs, 1955–2011, Gründer von Apple

M 2 Kein Erfolg ohne Erfindungen und Patente

„Wer nicht erfindet, verschwindet. Wer nicht patentiert, verliert."

Erich Otto Häußer, 1930–1999, Präsident des deutschen Patentamtes 1976–1995

M 3a Ein Eierbecher gleicht dem anderen

links das Original und rechts das Plagiat des Eierbechers „McEgg", der bei der Plagiarius-Verleihung 2013 eine „Auszeichnung" erhielt

M 3b Negativpreis

Bereits seit 1977 vergibt die Aktion Plagiarius e.V. jährlich den Negativpreis „Plagiarius" an Hersteller und Händler besonders auffälliger Nachahmungen.
Ihr Ziel ist es, die unlauteren Geschäftspraktiken sowohl von Markenfälschern als auch von Plagiatoren, die geistiges Eigentum anderer klauen und als eigene kreative Leistung ausgeben, ins öffentliche Licht zu rücken.
Darüber hinaus wollen sie sowohl Industrie als auch Politik und Verbraucher praxisnah für das Problem der Produkt- und Markenpiraterie sensibilisieren.

Nach: Aktion Plagiarius – Innovation statt Imitation, www.plagiarius.de/index.php?ID=39 (Zugriff: 16.3.2017) (verändert)

M 4 Überblick über Schutzrechte

	Schutzrechte Ein Schutzrecht ermöglicht seinem Besitzer, eine Idee allein zu verwenden (Eigentum im Sinne des Art. 14 Grundgesetz).		
Definition	**Urheberrecht** ausschließliches Recht von Personen an ihrem Werk	**Gewerblicher Rechtsschutz** innerhalb des Wirtschaftsrechts der Schutz an immateriellen Gütern (z. B. technische Erfindungen und Marken), die beim Patentamt eingetragen werden Weniger aufwendig ist der Schutz von Gebrauchs- und Geschmacksmustern (z. B. Design). Die Eintragung erfolgt schneller und ohne Prüfung der sachlichen Voraussetzungen.	
Arten	**Urheberrecht**	**Patentrecht**	**Markenrecht**
Was wird geschützt?	geistiges Werk	technische Erfindung	Kennzeichen: Marken, Firmennamen, Werkstitel
Gesetz	Urheberrechtsgesetz (UrhG)	Patentgesetz (PatG)	Markengesetz (MarkenG)
Voraussetzung für Schutz	persönliche geistige Schöpfung (nötige „Schöpfungshöhe")	Erfindung: Neuheit; erfinderische Tätigkeit ging voraus; gewerblich anwendbar	Kennzeichen hat nötige Unterscheidungskraft. Wenn eine Marke mit einem Unternehmen in Verbindung gebracht wird, ist diese auch geschützt, wenn sie nicht eingetragen ist („Schutz durch Verkehrsgeltung").
Funktion	Schutz der Person des Urhebers; Anerkennung/Bezahlung des Urhebers; Kulturförderung	Ansporn und Belohnung des Erfinders; Gegenleistung für Offenlegung	schützt Verbraucher vor Irreführung und Anbieter vor unlauteren Konkurrenten
Übertragbarkeit	im Gesamten nicht möglich, nur ausschließliche Nutzungsrechte	unbegrenzt	unbegrenzt
Schutzdauer	70 Jahre nach Tod des Urhebers; nach Tod geht Recht auf Erben über	20 Jahre	unbegrenzt; alle 10 Jahre Verlängerung nötig

Nach: Bundeszentrale für politische Bildung, Geistiges Eigentum: Urheberrechte, Patente, Marken im deutschen Rechtssystem (Grafik), Bonn 2007 (verändert)

M 5 Dürfen die das?

Fall 1: Schutz von kreativem Design

Die Kreativabteilung eines Mannheimer Unternehmens A entwickelt zur Sommerkollektion 2016 ein auffälliges Rautenmuster, das sehr erfolgreich ist und deshalb auch in der Winterbekleidung verwendet wird. Sie entdeckt dann allerdings, dass der Heidelberger Konkurrent B ein ähnliches Muster entwickelt hat. Designer Y war dort auf eine ähnliche Gestaltungsidee gekommen, ohne von A zu wissen. Allerdings hat Y seine Idee ins Geschmacksmusterregister eintragen lassen. Könnten die Konkurrenten den Vertrieb ihrer Kleidung mit demselben Muster verbieten lassen?

Fall 2: Wappen als Marke

Ein Stuttgarter Handballverein e. V. ist seit Jahrzehnten aktiv und erfolgreich. Das Vereinslogo ist eine Schneeeule, die gut sichtbar auf vielen Fanartikeln abgedruckt ist. Ein T-Shirt-Shop nimmt die Idee auf und bedruckt eine Kollektion ebenfalls mit einer Eule. Das Vereinswappen ist nicht völlig identisch kopiert, aber die wesentlichen Konturen, Formen und Farben des Vereinslogos sind identifizierbar. Nachdem im Vereinsheim die originalen T-Shirts zu Ladenhütern werden, verlangt der Verein vom T-Shirt-Shop, den weiteren Vertrieb zu unterlassen. Wird er erfolgreich sein?

Fall 3: Urheber von Musik

Mehr oder weniger erfolgreich spielt Franz B. aus Lauda auf Festivitäten Schlager aus der 2. Hälfte des 20. Jahrhunderts. Manchmal komponiert er auch selbst Lieder. Auf einer Hochzeit trägt er das selbst komponierte Lied „Rote Liebe“ vor, was bei den Besuchern allerdings nicht so gut ankommt. Einer der Gäste ist zufälligerweise der Schlagersänger Ronaldo, der Franz B. vorschlägt, ihm die Rechte am dem Lied zu übertragen, da er selbst Musik produziere. Für 500 € schlägt Franz B. in das Geschäft ein und tritt die ausschließlichen Nutzungsrechte an Ronaldo ab. Nach der Jahrtausendwende geschieht plötzlich ein Wandel im Musikgeschmack. Junge Leute feiern Schlagerpartys und auch „Rote Liebe“ wird ein Hit. Am Erfolg ist Franz B. zwar beteiligt, denn der Vertrag mit Ronaldo sichert ihm 20 % der Einnahmen zu. Trotzdem ist er verärgert, denn der Song spielt insgesamt mehr als eine halbe Million Gewinn ein. Franz B. singt den Hit weiterhin auf Hochzeiten. Dies allerdings missfällt Ronaldo, denn Franz B. ist nicht der beste Sänger. Er fordert deshalb Franz B. auf, weitere Aufführungen des Schlagers zu unterlassen. Muss Franz B. das?

Fälle in Anlehnung an: Olaf Sosnitza, Fälle zum Gewerblichen Rechtsschutz und zum Urheberrecht, 3. Aufl., München: Beck 2012 (verändert)

M 6 Nutzen von Schutzrechten

VC Magazin: *Neben dem Schutz innovativer Produkte und Verfahren vor unerwünschten Nachahmungen helfen Patente, eine Geschäftsstrategie langfristig abzusichern. Warum sollten sich auch Start-ups mit diesem Thema auseinandersetzen?*

Harrison: [...] Das Patent sichert dem Inhaber quasi ein Monopol auf seine Innovation. Es gibt aber keine Garantie für den Erfolg eines Start-ups – das Produkt oder die Dienstleistung müssen auch verkauft oder vermarktet werden! Darüber hinaus sind Patente bei der Suche nach Investoren von Bedeutung. Jeder Investor will das Risiko einer Investition vermindern. Ein Portfolio von Schutzrechten um ein patentiertes Produkt verhindert nicht nur dessen Kopie, sondern auch die Entwicklung ähnlicher Produkte. Und sollte ein Start-up nicht erfolgreich sein, können die Schutzrechte verkauft werden. Wir haben in den letzten Monaten mehrere Projekte betreut, bei denen die Schutzrechte den wertvollsten Teil bei der Auflösung des Unternehmens bildeten. *Last, but not least* deuten Patentrechte auf die Innovationskraft des Unternehmens hin. Ein Hightech-Unternehmen ohne einen Patentbestand ist nur schwer vorstellbar.

Aus: Interview mit Dr. Robert Harrison, Managing Partner, 24IP Law Group, in: www.vc-magazin.de/allgemein/interview-mit-dr-robert-harrison-managing-partner-24ip-law-grou, 5.4.2013 (Zugriff: 16.3.2017)

Aufgaben

1. Bewerte die Aussage in M 1.
2. Erläutere den Zusammenhang von M 1 und M 2.
3. In M 3 a ist auf der linken Seite das Original der Firma WMF aus Geislingen abgebildet. Erörtere, ob die Firma das Recht haben sollte, die Nachahmung zu verbieten.
4. Begründe mithilfe der Informationen aus M 4, wie du die Fälle in M 5 lösen würdest.
5. a) M 4 stellt dar, welche Schutzrechte der Gesetzgeber für geistiges Eigentum vorsieht. Erläutere aus Unternehmer- und aus Kundensicht den Nutzen dieser Rechte.
   b) Arbeite aus M 6 den speziellen Nutzen von Schutzrechten für Jungunternehmen heraus.
6. Beurteile, ob ein Preis wie „Plagiarius“ (M 3 b) mehr bewirkt als eine staatliche Regelung.

2.3 Kunde – Arbeitnehmer – Eigentümer: Sollten alle an einem Strang ziehen?

M 1 Alarmsignale für das Management eines Unternehmens?

Situation / Bedeutsamkeit	sehr bedeutsam	mittlere Bedeutsamkeit	wenig bedeutsam
Ein Automobilunternehmen ordnet aufgrund der guten Auftragslage eine Urlaubssperre an. Die **Mitarbeiter** sind mit der Entscheidung sehr unzufrieden.			
Die **Eigentümer** der Aktiengesellschaft fordern auf der Hauptversammlung unternehmerische Maßnahmen, damit der Aktienkurs steigt, sowie eine höhere Dividende, also Beteiligung am Gewinn.			
Das Automobilunternehmen kündigt zwei **Zulieferern** weitere Aufträge. Daraufhin weigern sich diese, die bestehenden Aufträge auszuführen. Die Produktion kommt deshalb zum Stillstand.			
Seit Wochen beklagen sich **Kunden** bei den Autohändlern über Probleme mit der Sitzheizung im Auto.			
Das **Gesundheitsamt** (staatliche Behörde) kündigt eine Untersuchung der Hygienebedingungen in der Kantine des Unternehmens an.			
Eine **Menschenrechtsorganisation** berichtet auf einer Pressekonferenz über die negativen Folgen beim Abbau von Eisenerzen für Umwelt und Menschen in Brasilien. Die Automobilindustrie benötigt diesen Rohstoff.			

Autorentext

M 2 Was sind Stakeholder?

„Stakeholder, auch Anspruchsgruppen genannt, sind alle Gruppierungen oder Individuen, die das Unternehmen beeinflussen können oder von der Erreichung der Unternehmensziele beeinflusst werden." (R. Edward Freeman, Strategic Management. A Stakeholder Approach, Boston 1984) So sind es Mitarbeiter, Lieferanten, Kunden, Geldgeber, der Standort oder weitere Stakeholder, die von den Wirkungen eines Unternehmens betroffen sind. Die Produktqualität lässt sich häufig im Austausch zwischen Kunden, Mitarbeitern und Lieferanten bearbeiten. Von Maßnahmen zur Vereinbarkeit von Arbeit mit anderen Lebensbereichen profitieren oder leiden unter deren Fehler vor allem die Mitarbeiter. [...] Im Gegenzug beeinflussen Anspruchsgruppen auch die soziale Leistung eines Unternehmens, zum Beispiel [...] Mitarbeiter, die zu einer bestimmten Unternehmenskultur beitragen.

Aus: Herbert Winistörfer u.a., Management der sozialen Verantwortung im Unternehmen, München: Carl Hanser Verlag, 2012, S. 17

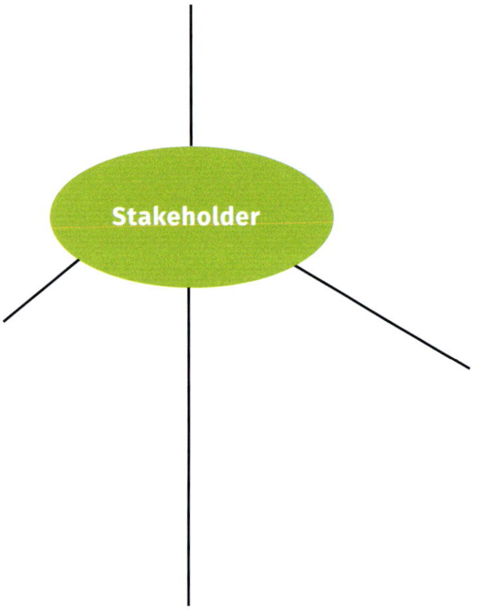

M 3 Wer ist wichtiger – Kriterien für die Bedeutsamkeit von Stakeholdern

Dringlichkeit: Ist das Anliegen zeitlich dringend? Wird es in Zukunft an Bedeutung gewinnen?
Macht: Beeinflusst der Stakeholder stark unsere Leistung? Hat der Stakeholder Macht? Kann der Stakeholder sich mit anderen verbünden (Koalitionen schmieden)?

Legitimität: Ist das Anliegen des Stakeholders berechtigt? Hat das Unternehmen dem Stakeholder gegenüber eine besondere Verantwortung?

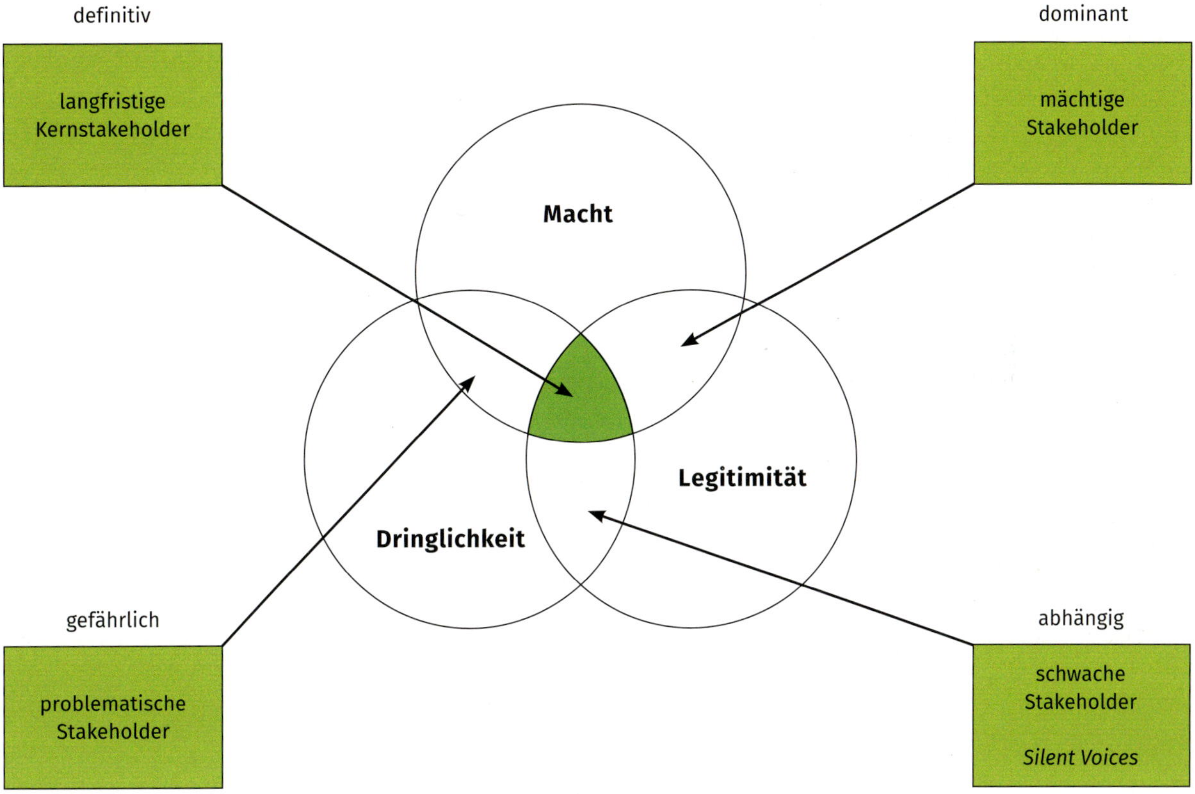

Text und Grafik aus: Herbert Winistörfer u. a., Management der sozialen Verantwortung im Unternehmen, München: Carl Hanser Verlag, 2012, S. 204

Aufgaben

1. In M 1 werden verschiedene Situationen beschrieben, mit denen das Management eines Unternehmens konfrontiert ist. Versetze dich in die Lage eines Managers und entscheide, wie bedeutsam die Meldung für das Unternehmen ist.
2. M 2 definiert den Begriff Stakeholder. Erstelle nach dem Muster ein Schaubild, das die Stakeholder aus M 1 abbildet. Je länger die Linie, desto weniger bedeutsam ist deiner Ansicht nach der Stakeholder für das Unternehmen.
3. M 3 stellt in einem Modell die unterschiedliche Bedeutung von Stakeholdern für ein Unternehmen dar. Erläutere das Schaubild.
4. Ordne die Fälle aus M 1 in das Schaubild ein.
5. Überprüfe dein Schaubild aus Aufgabe 2 mithilfe deiner Ergebnisse aus Aufgabe 4.
6. Ordne die Kriterien für Stakeholder im Fallbeispiel „Gusti Leder" (S. 178 f., M 4–M 5) ein.
7. Nenne aktuelle Meldungen oder gestalte eigene Meldungen, welche die unterschiedliche Bedeutung von Stakeholdern darstellen.
8. Beurteile, ob staatliche Behörden die höchste Bedeutsamkeit haben, also langfristige Kernstakeholder sind.

2.4 Ist Firma XY ein „gutes Unternehmen“? Eine aspektorientierte Betriebserkundung

M 1 Vorbereitung einer Betriebserkundung

Die Klasse 9 eines Offenburger Gymnasiums bereitet eine Betriebserkundung vor. Dabei wird der Betrieb nicht einfach besichtigt, sondern die Schülerinnen und Schüler bekommen den Auftrag, den Betrieb unter einer bestimmten Perspektive zu erkunden. In den allermeisten Fällen ist es zwar nicht möglich, sich auf eigene Faust in einer Firma zu bewegen. Aber selbst bei einer Führung ist es einfacher, wenn man sich auf einen bestimmten Aspekt konzentrieren kann. Dabei wäre Verschiedenes möglich: z. B. mit dem NWT-Lehrer einer technischen Fragestellung oder mit der Umwelt-AG dem Aspekt der ökologischen Nachhaltigkeit nachzugehen. Die Klasse entscheidet sich dafür, das Unternehmen aus der Sicht verschiedener beteiligter Akteure (Stakeholder) zu erkunden.

Autorentext

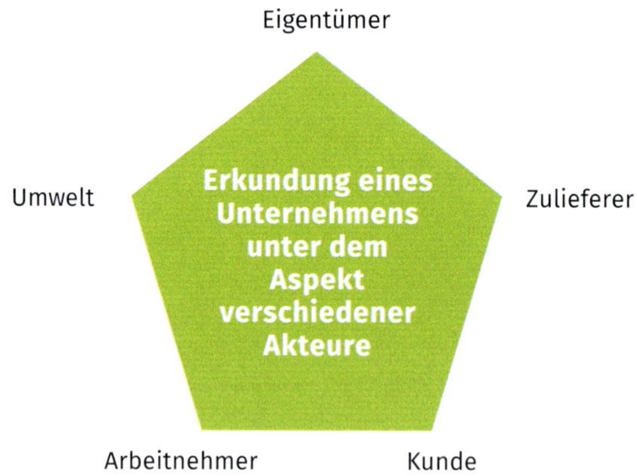

M 2 Nach der Betriebserkundung: Ist Firma XY ein „gutes Unternehmen“?

I. Fachbegriffe zur Hilfe:
Arbeitsbedingungen – Gewinn – Umsatz – Nachhaltigkeit – Preis-Leistungs-Verhältnis – Löhne – Aktienkurs – Dividende – Gewinnbeteiligung – Preise – Qualität – Betriebsklima – Zulieferer

II. Kategorien
Konflikt – Macht – Interesse – staatliche Ordnung

Autorentext

M 3 Meldungen zum Unternehmen

Nicht alles, was für die Beurteilung der Frage, ob ein Unternehmen ein gutes Unternehmen ist, wichtig ist, kann durch eine Betriebserkundung erfahren werden. Deshalb wurde im Internet nach weiteren Meldungen zum Unternehmen recherchiert. Folgende Meldungen wurden gefunden:

Die Firma XY erhält den Umweltpreis vom Ministerium für Umwelt, Klima und Energiewirtschaft Baden-Württemberg.

Der Aktienkurs der Firma XY ist in den letzten 2 Jahren um 10 % gestiegen.

Mehrere Zulieferer der Firma XY beschweren sich über unfaire Lieferkonditionen.

Nach Medienberichten hat die Firma XY eine Rückrufaktion durchgeführt. Eine bestimmte Produktreihe hatte Schäden, die einen Kabelbrand auslösen könnten.

Die Arbeitnehmerinnen und Arbeitnehmer der Firma XY erhalten als Einmalzahlung ein ganzes Monatsgehalt.

Methode

Speed-Dating

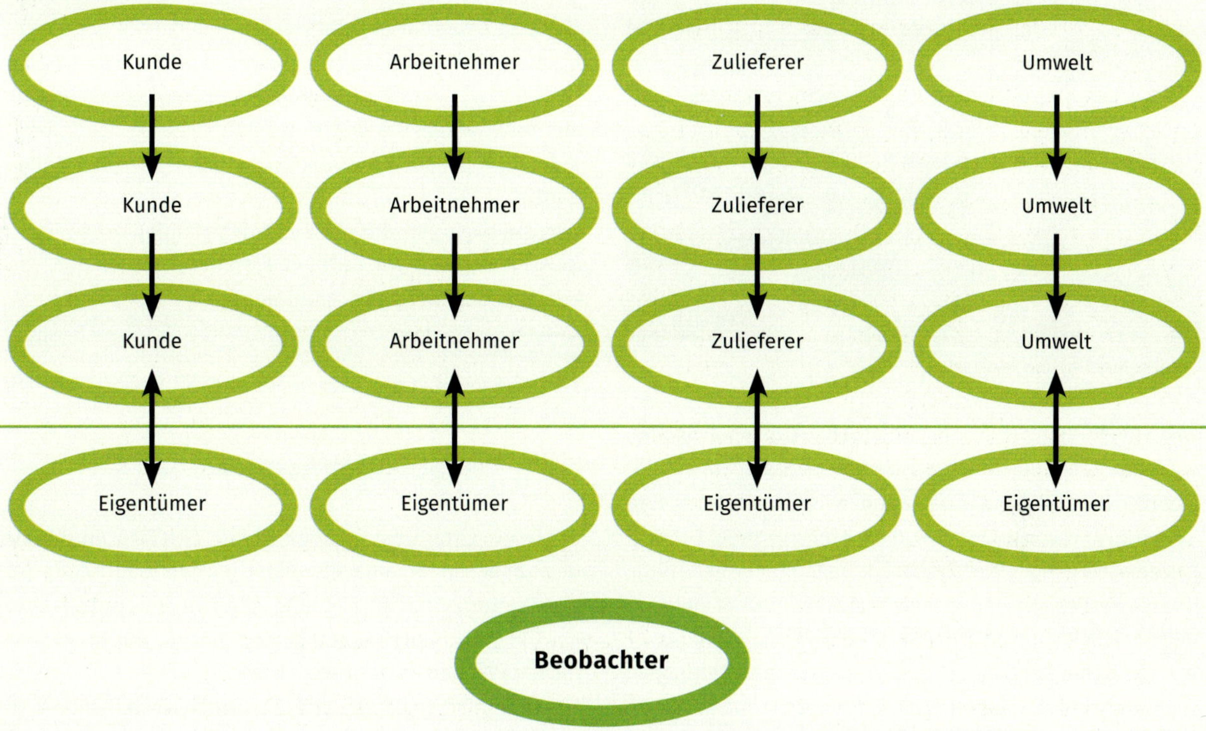

Aufgaben

1. Formuliert in den einzelnen Akteursgruppen Beobachtungsaufträge für die jeweiligen Akteure (M 1).
   - Beispiel aus der Perspektive Arbeitnehmer/innen: Wirken die Mitarbeiter gestresst?
   - Beispiel aus der Perspektive Zulieferer: Wie häufig werden Einzelteile geliefert?
2. Die Klasse sammelt nach ihrer Betriebserkundung ihre Eindrücke aus der Perspektive der einzelnen Akteure und ordnet diese mithilfe der Fachbegriffe aus M 2.
   a) Nenne mögliche Beobachtungen, die zu den Fachbegriffen passen könnten.
   b) Erstelle mithilfe der Fachbegriffe und der Kategorien aus M 2 ein Schaubild, welches die Merkmale eines „guten Unternehmens" darstellt.
3. Die Meldungen aus M 3 ergänzen die Betriebserkundung. Ordne sie in dein Schaubild (Aufgabe 2 b) ein.
4. Beurteile, ob das Unternehmen XY nach Kenntnis der Meldungen aus M 3 ein „gutes Unternehmen" ist.
5. Mithilfe eines Speed-Datings soll die Konfrontation einzelner Akteure mit den Unternehmenseigentümern simuliert werden. Aus der Perspektive von Kunde, Arbeitnehmer, Zulieferer und Umwelt werden zwei Aussagen getroffen:
   - „Ich fordere von Ihnen …".
   - „Wenn Sie das nicht machen, dann …".

   Führt ein Speed-Dating durch. Die kurze Forderung mit jeweiliger Antwort durch die Eigentümer dauert jeweils 2 Minuten, die Eigentümer bleiben jeweils an ihrer Stelle. Je nach Klassengröße werden die Rollen zugeordnet und gleichmäßig verteilt. Beurteilt am Ende des Spiels:
   - Welche Interessen führten zu Konflikten?
   - Wie ist die Macht zwischen den Akteuren verteilt?
   - Wann ist ein Unternehmen ein „gutes Unternehmen"?
6. Führt selbst eine Betriebserkundung durch. Vielleicht hat eure Schule ja eine Bildungspartnerschaft mit einem Unternehmen aus eurer Region.

M 1 Nähen für eine bessere Welt

Unternehmerin Sina Trinkwalder

Wer sie ist: Eine [39-jährige] Unternehmerin aus Augsburg, die im April 2010 die ökosoziale Kleidermanufaktur manomama (mano + mama = aus den Händen der Mütter) gründete – ohne Businessplan. Eine Idee, die Aufsehen erregte: So zeigt RTL eine vierteilige „*Real-Life*-Doku" über ihren Arbeitsalltag und die Hürden, die man mit einem solchen Konzept meistern muss. Die Reihe „*Made in Germany*" startete am 6. Januar.

Wie sie dahin kam: Mit 13 fing sie an, für eine Zeitung zu schreiben und zu fotografieren. Mit 15 zog sie von zu Hause aus, mit 20 bildete sie in ihrer eigenen Werbeagentur Menschen aus. Ihr Politik- und BWL-Studium brach sie ab. Und ihren gut bezahlten Job als Werberin und Unternehmensberaterin gab sie auf, um sich in der Textilwirtschaft – der „Drecksaubranche", wie sie es nennt – für mehr Nachhaltigkeit einzusetzen. Ihr Mann hält ihr den Rücken dafür frei: Er kümmert sich um den gemeinsamen achtjährigen Sohn und führt die Werbeagentur weiter.

Was sie tut: Früher schmiss sie im Auftrag anderer Leute raus, heute stellt sie Leute ein – und zwar die, die sonst keiner will: Langzeitarbeitslose, Aussortierte. Vor allem Frauen, von denen viele eine lange Leidensgeschichte haben. Manomama ist das einzige *Social Business* in der Textilbranche in Deutschland. In ihrer Fabrik, die mitten in Augsburg zwischen einem Einkaufscenter und einem Fastfood-Restaurant liegt, gehört Sina Trinkwalder zu den Jüngsten. Rund 100 Näherinnen produzieren dort ökologisch einwandfreie, aus der Region stammende Textilien unter transparenten und fairen Bedingungen. Statt viel Geld in Werbung und Einzelhandel zu stecken, beschränkt sich die Sozialunternehmerin lieber auf den Onlineverkauf und bezahlt ihre Mitarbeiter über Tarif – plus Bonus, wenn sie mehr als ihr Mindestsoll schaffen. Der Gewinn von manomama wird in neue Arbeitsplätze investiert.

Ihre größten Hürden: Sie bekam keinen Kredit von der Bank und keine Fördermittel vom Staat, denn ihr Konzept ist für den Wirtschaftsfonds zu sozial und für den Sozialfonds zu ökonomisch. Stattdessen finanzieren über Facebook und Twitter rekrutierte Maschinenpaten die 87 Industrienähmaschinen. Außerdem stecken der gesamte Gewinn aus Trinkwalders Werbeagentur und das Erbe des Schwiegervaters in dem Unternehmen – mehr als eine Million Euro.

Was sie sagt: „Produzieren, mit den Händen arbeiten, da müssen wir hin. Wir müssen die Leute mitnehmen. Wir können doch nicht alle rumhirnen."

Nach: Sina Trinkwalder: Nähen für eine bessere Welt, in: www.brigitte.de/aktuell/gesellschaft/unternehmen--sina-trinkwalder--naehen-fuer-eine-bessere-welt-10145492.html, 23.7.2013 (Zugriff: 31.1.2017) (verändert)

M 2 Wirbel um Stofftaschen

Es war ein guter Deal für beide Seiten. Seit 2012 produziert das Label manomama Pfandtaschen aus Baumwolle für dm. Die Drogeriemarktkette bot die Taschen für zwei Euro an. Ging ein Beutel kaputt oder brauchte ein Kunde ihn nicht mehr, gab es das Geld zurück.

Für manomama war es der große Durchbruch. Seitdem ist die kleine Näherei zum Modehersteller mit mehr als 100 Mitarbeitern aufgestiegen. Die Drogeriemarktkette dm konnte sich als fortschrittlich und nachhaltigkeitsbewusst präsentieren und die Etiketten am Baumwollbeutel mit den Worten „sozial, 100 % bio und aus der Region" schmücken. Und auch bei den Kunden selbst kam die Tasche gut an. [...]

Doch jetzt fühlen sich manche Kunden verraten: Eine Bloggerin machte öffentlich, dass die dm-Taschen nicht mehr nur von manomama in Augsburg hergestellt werden. Sondern offenbar auch von einem Hersteller aus Indien. In den sozialen Netzwerken sorgt der Fall für Aufregung. Was die Kunden am meisten ärgert: Die Taschen aus Indien sind von den Produkten aus Augsburg auf den ersten Blick kaum zu unterscheiden. [...]

[Laut dm] seien – neben der Schaffung von Arbeitsplätzen in Deutschland – weitere Aspekte zu berücksichtigen. Dm will auch den Standort Indien stärken und bei der Entwicklung helfen. „Es ist uns ein Anliegen, den Menschen in Indien nicht nur den Auftrag zu geben, Baumwolle zu pflücken, sondern auch in Eigenregie die Fertigung der Waren durchzuführen, die hier in Europa benötigt werden", heißt es im Statement.

Nach: Kunden werfen dm-Drogeriemarkt Täuschung vor (sha), in: www.wiwo.de/unternehmen/handel/wirbel-um-stofftaschen-kunden-werfen-dm-drogeriemarkt-taeuschung-vor/10977354.html, 13.11.2014 (Zugriff: 9.8.2017) (verändert)

Methode

Eine Rede halten: Wann ist sie gelungen?

Zu welchem Anlass wird die Rede gehalten?

- *Festrede:* z. B. zur Verleihung eines Preises für Ökonomie
- *Wahlrede:* z. B. eines Politikers, um für sein wirtschaftliches Programm zu werben
- *Wissenschaftlicher Vortrag:* z. B. vor Studenten der Volkswirtschaftslehre
- *Gedenkrede:* z. B. zum Tode eines bemerkenswerten Wirtschaftswissenschaftlers

Was möchte der Redner erreichen?

- *Informieren:* z. B. über neue Erkenntnisse des Stakeholder-Managements
- *Belehren:* z. B. über das richtige Verhalten gegenüber Arbeitnehmern
- *Erfreuen:* z. B. den Seniorchef zu seinem 90. Geburtstag mit besonders kunstvollem Reden
- *Rühren oder gar erschüttern:* z. B. mithilfe von Berichten über das Verhalten bestimmter Personen im Betrieb

Wie ist eine gute Rede aufgebaut?

1. Einleitung:
Mögliche Elemente: Anrede – Nennung des Themas – Ziel der Rede
Auf alle Fälle: Stimmungsauflockerung z. B. durch Zitate
Beispiele aus der Wirtschaft:

- Der Mann mit einer neuen Idee ist ein Spinner, bis diese sich als erfolgreich erweist. *(Mark Twain, 1835–1910, amerikanischer Schriftsteller und Humorist)*
- Ein Unternehmen, welches sich engagiert dem Kundenservice zuwendet, wird nur eine Sorge bezüglich seiner Gewinne haben. Sie werden peinlich groß sein. *(Henry Ford, 1863–1947, Gründer des Automobilherstellers Ford)*
- Das Geheimnis eines Business ist, etwas zu wissen, was sonst niemand weiß. *(Aristotle Socrates Onassis, 1906–1975, griechisch-argentinischer Schiffsmagnat)*

Zitate lassen sich im Internet leicht finden, z. B. auf *www.wirtschaftszitate.de*.

2. Hauptteil:

- *Schilderung des Sachverhaltes:* mit Beispielen darstellen, warum z. B. die Firmenchefin eine geehrte Frau war oder das Unternehmen einen Preis bekommt
- *Argumente für und gegen eine bestimmte Situation:* argumentieren, z. B. was für eine unternehmerische Entscheidung spricht, aber auch alternative Möglichkeiten bedenken

3. Schluss:
Zusammenfassung in einem einprägsamen Satz – *Aufforderung* an das Publikum, sich z. B. im Sinne der Idee der Rede zu verhalten – *Dank* an das Publikum

Aufgaben

1. Die Unternehmerin Sina Trinkwalder (M 1) bekam 2015 den deutschen Fairnesspreis der Stiftung Fairness *(www.fairness-stiftung.de)*. Gestalte die Festrede zur Verleihung des Preises, in welche du die Ziele und Verantwortungsebenen von Unternehmen einbaust.
2. Offensichtlich hat der Drogeriemarkt die Taschen von zwei unterschiedlichen Unternehmen produzieren lassen (M 2). Für den Käufer waren sie auf den ersten Blick nicht zu unterscheiden.
   a) Erläutere mögliche Interessenskonflikte des Drogeriemarkts, der Taschenproduzenten und der Käufer.
   b) Beurteile, ob Schutzrechte das Verhalten des Drogeriemarktes hätten beeinflussen können.

3. Erfolg oder Scheitern von Unternehmen – ist dies planbar?

3.1 Umsatz = Gewinn?

M 1 Wertschöpfung in der Schokoladenfabrik Tolteken

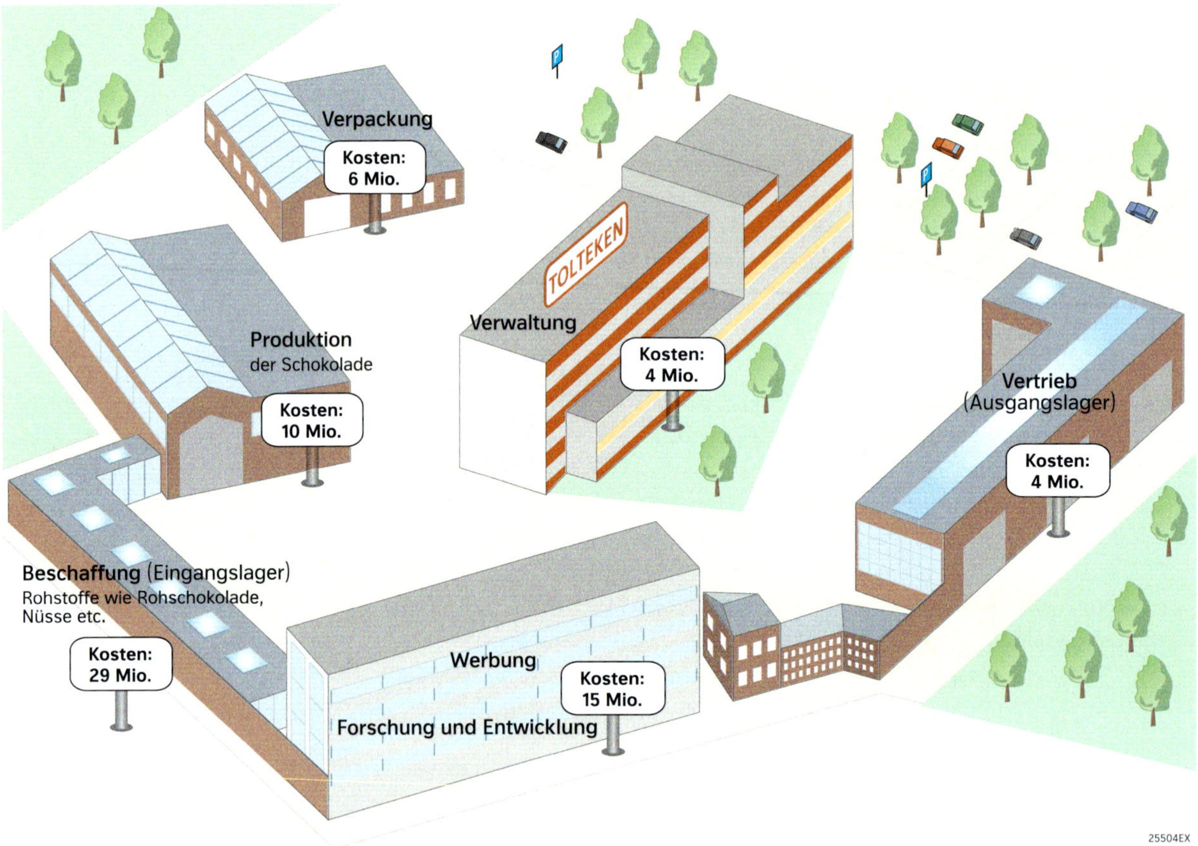

25504EX

M 2 Unterscheidung von Kosten

	Lassen sich die Kosten dem einzelnen Produkt zuordnen?		Wie verändern sich Kosten bei unterschiedlicher Auslastung?		Warum und wo entstehen Kosten?	
Kostenbegriffe	Einzelkosten direkte Kosten	Gemeinkosten indirekte Kosten	fixe Kosten	variable Kosten	Kostenartenrechnung	Kostenstellenrechnung
Erklärung	alle Kosten, die sich direkt dem Produkt zuordnen lassen	alle Kosten, die sich nicht einem bestimmten Produkt zuordnen lassen	Diese Kosten fallen unabhängig von der Produktion an.	Diese Kosten hängen von der produzierten Menge ab.	Unterscheidung der Kosten nach der Ursache ihrer Entstehung	Unterscheidung der Kosten nach dem Ort ihrer Entstehung
Beispiel Schokoladenfabrik	die Kosten für die Rohstoffe, die für die Produktion der Schokolade benötigt werden	Mietkosten, z. B. für das Gebäude, in dem die Verwaltung sitzt	Mietkosten oder Stromkosten in der Verwaltung	Produktionskosten, die bei jeder produzierten Tafel Schokolade entstehen	Personalkosten für die Mitarbeiter, Materialkosten für die Rohstoffe	Kosten für den Vertrieb der Schokolade

Autorentext

M 3 Gewinnzone erreicht?

Ein Unternehmen macht Gewinn, wenn der Umsatz, also der gesamte Wert, der durch den Verkauf des Produktes erzielt wurde, größer ist als die gesamten Kosten, die im Verlauf der Leistungserstellung entstehen. Mathematisch lässt sich der Beginn der Gewinnzone in der Gegenüberstellung von Umsatz und Gesamtkosten berechnen.

Umsatz (U) = Verkaufspreis (P) x Verkaufsmenge (M)

Gesamtkosten (K^{ges}) = variable Kosten (K^{var}) + fixe Kosten (K^{fix})

Beginn der Gewinnschwelle: U = K^{ges}
Dieser Wert wird *Break-Even-Point* genannt.

Beispiel:
Die Schokoladenfabrik erhält vom Händler 50 Cent pro Tafel. Für jede Tafel Schokolade entstehen variable Kosten in der Höhe von 30 Cent, die fixen Kosten im Unternehmen betragen 20 Mio. €.
Wie viele Tafeln Schokolade muss das Unternehmen an den Handel verkaufen, um die Gewinnzone zu erreichen?

$0{,}5\,x = 0{,}3\,x + 20\,000\,000$
$0{,}2\,x = 20\,000\,000$
$x = 100\,000\,000$ Tafeln Schokolade

M 4 Gewinn- und Verlustrechnung

Die Gewinn- und Verlustrechnung zeigt alle Einnahmen und Ausgaben in einem bestimmten Zeitraum. In der Gegenüberstellung wird deutlich, ob ein Unternehmen erfolgreich war.

Gewinn- und Verlustrechnung Firma Tolteken			Jahr 1 in Mio. €	Jahr 2 in Mio. €
Umsatzerlöse		+	71	
Materialaufwand		–	35	
für Rohstoffe	29			
für Herstellung	2			
für Verpackung	4			
Personalaufwand		–	26	
in der Produktion	8			
für FuE/Werbung	15			
für Verpackung	2			
im Vertrieb	1			
Bruttoergebnis		=	10	
Gemeinkosten		–	7	
Gewinn/Verlust vor Steuern		=	3	
Ertragssteuer (33 %)		–	1	
Gewinn/Verlust nach Steuern		=	2	

Autorentext

Aufgaben

1. Umsatz = Gewinn? Erläutere, ob deiner Auffassung nach die Gleichung richtig ist.
2. Die Kostenstruktur von verschiedenen Unternehmen unterscheidet sich. Begründe diese Aussage mithilfe von M 1 und M 2 an folgenden Beispielen: Schokoladenfabrik, Stahlwerk, Webdesignunternehmen.
3. Ordne folgende Kosten den Kostenbegriffen in M 2 zu: Strom in der Produktionshalle, Zinsen für einen Kredit für ein neu gebautes Verwaltungsgebäude, Personalkosten für die Verpackung.
4. a) Nach einer Studie zum Schokoladenverbrauch (*www.kaufda.de/info/schokoladenkonsum/*, Zugriff: 1.9.2017) werden in Deutschland pro Kopf im Jahr 116 Tafeln Schokolade konsumiert. Überprüfe mit dieser Information die Gewinnschwelle aus dem Beispiel M 3.
   b) Berechne die Gewinnschwelle bei einem Verkaufspreis von 60 Cent, variablen Kosten von 40 Cent und fixen Kosten von 18 Mio. €.
5. a) Im Jahr 2 (siehe M 4) sank der Umsatz auf 69 Mio. €, die Kosten für die Rohstoffe erhöhten sich auf 31 Mio. €, die Personalkosten in der Produktion um 1 Mio. €. Erstelle hierzu die Gewinn- und Verlustrechnung.
   b) Beurteile das neue Ergebnis.
6. Fächergrenzen überwinden (Mathe): In Mathematik lernst du, eine Gerade mit der Gleichung y = mx + c zu zeichnen. Stelle den *Break-Even-Point* dar, indem du die Umsatzfunktion und die Gesamtkostenfunktion abbildest. Verwende dazu das Beispiel in M 3

3.2 Rote Zahlen – was nun? Schwarze Zahlen – was tun?

M 1 Maßnahmen gegen den Verlust

Das Schokoladenunternehmen hat im Jahr 2 einen Verlust von 2 Mio. € verbucht. Das Management muss nun überlegen, wie das Unternehmen in die Gewinnzone gebracht werden kann. Folgende Maßnahmen werden diskutiert:

- Erhöhung des Verkaufspreises
- Entwicklung neuer Produkte, um den Absatz zu erhöhen
- Aushandlung neuer Verträge mit den Händlern für Kakao und andere Rohstoffe
- Auslagerung der Verpackungsabteilung nach Rumänien, wo die Personalkosten geringer sind
- Abbau von Arbeitsplätzen in der Verwaltung, um die Gemeinkosten zu senken
- Verlagerung des Firmensitzes in die Schweiz, wo Gewinne geringer besteuert werden

Autorentext

M 2 Kostenanteile an einer Tafel Vollmilchschokolade aus der Sicht des Verbrauchers

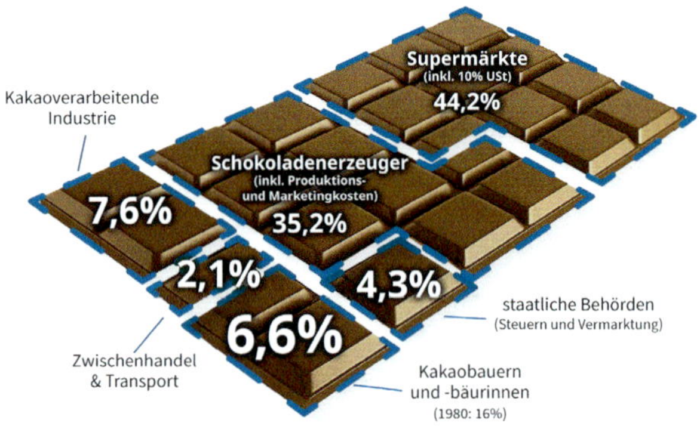

Verteilung der Wertschöpfung in der Schokoladeproduktion

Aus: Trotz Zuwachs bei zertifizierter Schokolade: Kakaobauern und ihre Familien leben weiter in extremer Armut, in: www.eco-world.de/scripts/basics/econews/basics.prg?session=42f94024559a17e3_940&a_no=30165, 24.6.2015 (Zugriff: 26.1.2017)

M 3 Möglichkeiten der Gewinnverwendung

Methode

Gewinnverwendung aus der Sicht unterschiedlicher Beteiligter: ein Rollenspiel

Rollenkarte 1
Betriebsrat: Als Vertreter der Mitarbeiter/innen forderst du, dass ein großer Teil des Gewinns an die Mitarbeiter/innen ausgeschüttet werden soll. In den Zeiten der Krise hätten sie freiwillig auf eine Lohnerhöhung verzichtet. Jetzt käme der gerechte Ausgleich. Außerdem wäre eine Sonderausschüttung ein Anreiz für noch bessere Leistungen. Die Motivation würde steigen.

Rollenkarte 2
Abteilungsleitung Verwaltung: Du weist darauf hin, dass bereits 600 Personen Anspruch auf eine Betriebsrente hätten. In den nächsten Jahren würden aufgrund der Altersstruktur im Betrieb nochmals weitere Rentner hinzukommen. Die Betriebsrenten seien vertraglich versprochen, insofern müsse der Betrieb diese immer bezahlen und sie deshalb als Rückstellungen im Betrieb behalten. Er habe rechtlich gar keine andere Wahl.

Rollenkarte 3
Abteilungsleitung Finanzen: Du weist darauf hin, dass in den letzten Jahren häufig Verluste geschrieben wurden und man bei einem Jahr in der Gewinnzone nicht gleich euphorisch werden sollte. Du plädierst dafür, den Gewinn als Rücklagen auf der Bank anzulegen, um für schwierige Zeiten ein Finanzpolster zu haben.

Rollenkarte 4
Abteilungsleitung Produktion: Du verweist darauf, dass im letzten Jahr an drei Tagen die Produktionsbänder stillstanden, weil die Anlage defekt war. Reparatur und Produktionsausfall würden hohe Kosten erzeugen. Es sei mittlerweile dringend notwendig, in eine neue Anlage zu investieren, auch um neue Produkte wie individuelle Schokoladenfiguren zu erstellen, die andere Konkurrenten schon längst auf dem Markt anbieten würden.

Rollenkarte 5
Eigentümer: Du gibst zu bedenken, dass du als Eigentümer in den letzten Jahren keinen Gewinnanteil erhalten hättest. Für deine Kinder sei es nicht motivierend, die Firma eines Tages zu übernehmen, wenn sie mitbekämen, dass der 16-Stunden-Tag am Ende wenig Finanzielles einbringe. Wer Risiko und Verantwortung trage, müsse auch entsprechende Vergütungen erhalten.

Aufgaben

1. Nenne mögliche Gründe, warum Verluste auch „rote Zahlen" genannt werden.
2. Überprüfe, wie erfolgversprechend die Maßnahmen in M 1 sind. Erstelle dazu eine Liste wie folgende, in der die betroffenen Stakeholder (Kap. IV.2.3, S. 182 f.) und die Grenzen der Maßnahmen genannt werden.

Maßnahme	Stakeholder	Grenzen der Maßnahme	Erfolgversprechende Maßnahme? ☺ ☺ ☹
Erhöhung des Verkaufspreises	Händler, Kunde	Wenn der Preis zu hoch wird, geht der Absatz zurück.	☺
...			

3. Beurteile die Möglichkeiten und Grenzen der Maßnahmen aus M 1 mithilfe von M 2.
4. Begründe aus deiner Sicht, wie du den Gewinn eines Unternehmens verwenden würdest (M 3).
5. a) Der Eigentümer der Schokoladenfabrik trifft sich mit verschiedenen Führungspersonen des Unternehmens, um über die Gewinnverwendung zu diskutieren. Führt ein Rollenspiel durch, bei dem der Unternehmer am Ende eine begründete Entscheidung treffen muss.
   b) Beurteilt, welcher der Akteure die besten Argumente besaß.

3.3. Fehler in Betriebsabläufen – wer ist verantwortlich?

M 1 Probleme in der Schokoladenfabrik

Schlechte Nachrichten für das Management. Seit zwei Wochen beschweren sich Kunden über den Zustand der Schokolade. Die Tafeln der Sorte Kokosnuss sind mit einem grauen Schimmer überzogen. Noch schlimmer ist, dass erste Fälle von ärztlich dokumentierter Übelkeit bekannt werden. Lokale Medien berichten über die Fälle. Das Management muss schnell handeln, ansonsten könnte der Imageschaden für die Firma groß werden. Doch wo ist der Fehler zu suchen?

Autorentext

M 2 Betriebliche Abläufe in einem Produktionsunternehmen am Beispiel einer Schokoladenfabrik

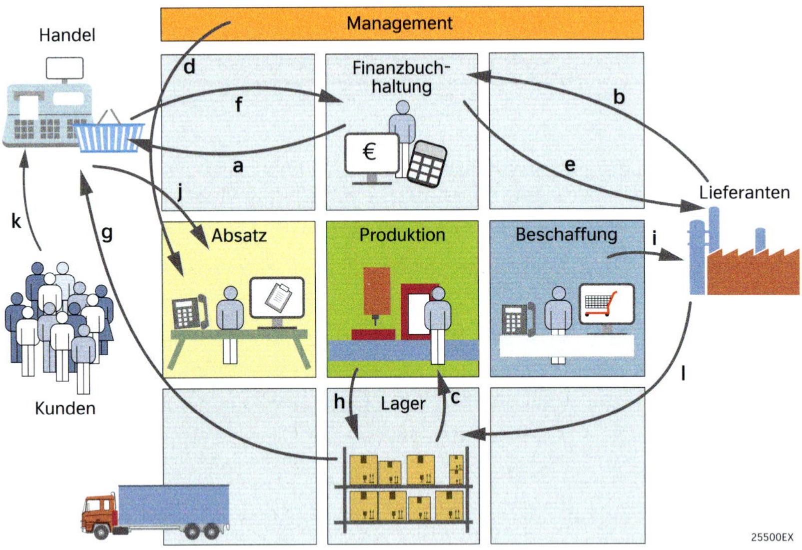

1. gibt Umsatzziele vor
2. bestellt Kakao
3. liefern Kakao
4. stellen Rechnung für Kakao
5. bezahlt Rechnung für Kakao
6. stellt Kakao zur Verfügung
7. stellt Schokolade ins Lager
8. bestellt Schokolade
9. liefert Schokolade
10. stellt Rechnung für Schokolade
11. bezahlt Rechnung für Schokolade
12. kaufen Schokolade im Einzelhandel und bezahlen direkt

M 3 Die Bedeutung betrieblicher Funktionen in einem Produktionsunternehmen

Management:
Im Management werden die Grundentscheidungen aller betrieblichen Funktionen geplant und organisiert. Davor werden unternehmerische Ziele bestimmt. Beim Management liegt am Ende auch die Verantwortung für Misserfolg.

Beschaffung:	Produktion:	Absatz:
Für die Produktion werden Rohstoffe erworben. Es werden aber auch halbfertige Erzeugnisse sowie Betriebsmittel wie Maschinen, die für die Produktion benötigt werden, bei Lieferanten beschafft.	Hier werden die Rohstoffe bzw. Vorprodukte durch die Mitarbeiter/innen und/oder Maschinen zu einem Produkt fertiggestellt. Das fertige Gut wird im Lager zwischengelagert.	Der Absatz sorgt dafür, dass die Güter den Kunden erreichen. Dazu gehört der Versand der Produkte, aber auch die grundsätzliche Überlegung, wie die Güter zum Kunden gelangen. Zwischen Produzent und Endkunde ist oft der Handel geschaltet.

Aufgaben

1. Erläutere, wie du als Manager/in auf die Probleme in M 1 reagieren würdest.
2. Beschreibe die Zusammenhänge betrieblicher Abläufe in einem Unternehmen, indem du die Pfeile in M 2 bezeichnest. *Beispiel:* Das Management gibt dem Absatz Umsatzziele vor (1 d) ...
3. Analysiere mögliche Ursachen des in M 1 beschriebenen Problems mithilfe der Ishikawa-Methode.
4. Die Vermeidung von Fehlern wird in der Betriebswirtschaftslehre Fehlermanagement genannt. Beurteile, welche Bedeutung die Vermeidung von Fehlern für die einzelnen Betriebsfunktionen (M 3) hat.
5. Gestalte eine Pro-Kontra-Debatte, bei der ihr diskutiert, ob der einzelne Mitarbeiter oder das Management für Fehler verantwortlich ist. METHODE Pro-Kontra-Debatte, S. 135

Ishikawa-Diagramm (Fischgrätendiagramm)

Das Ishikawa-Diagramm, das wegen seines Aussehens auch Fischgrätendiagramm genannt wird, verwenden Unternehmen, um Fehlern auf die Spur zu kommen und so die Abläufe im Unternehmen zu verbessern. Dabei werden alle möglichen Ursachen eines Problems im Team gesammelt, das Hauptproblem wird identifiziert und dann werden entsprechende Gegenmaßnahmen eingeleitet.

Darstellung

Vom Hauptpfad gehen Ursachen 1. Ordnung ab. Diese können vorgegeben werden. Die Äste, die von den Nebengräten weggehen, sind die Ursachen der Ursachen.

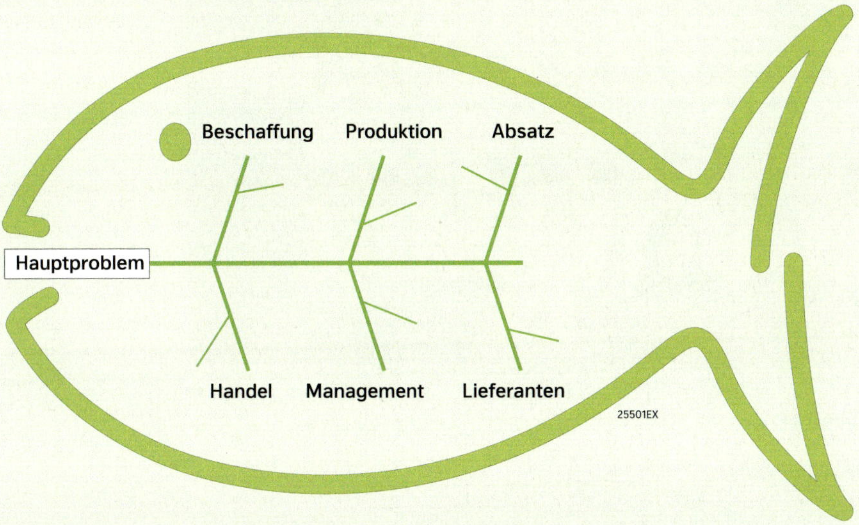

Beispiel für ein individuelles Diagramm

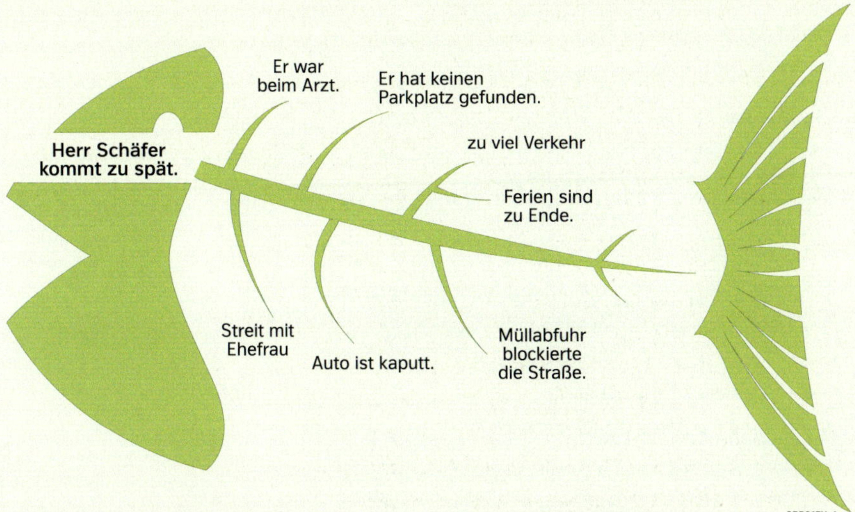

Quelle: Claudia Blum, Die 5-Why-Methode - Wie Sie mit 5 Fragen Licht ins Dunkel bringen, www.management-circle.de, 2016

3.4 Bunte Belegschaft – ein Erfolgsrezept?

M 1 Die Qual der Wahl

M 2 Dimensionen von Diversität

Diversity Management nutzt die Verschiedenheit unter den Beschäftigten, um das Unternehmen erfolgreich zu machen.

Nach: www.diversity.uni-freiburg.de/GDManagement (Zugriff: 22.2.2017) (verändert)

M 3 Gründe für *Diversity Management*

- **Steigert den Umsatz:** Migrantinnen und Migranten bringen wertvolle Sprachkenntnisse mit, um neue Kundengruppen anzusprechen.
- **Verbessert das Image:** Die Öffentlichkeit honoriert Unternehmen, die sich für Vielfalt engagieren.
- **Erleichtert die Rekrutierung geeigneter Mitarbeiterinnen und Mitarbeiter:** Unternehmen, die Vielfalt schätzen, werden von Bekannten empfohlen.
- **Bindet Beschäftigte an den Betrieb:** *Diversity-Management*-Unternehmen haben eine geringere Fluktuationsrate, weil Mitarbeiter sich verstanden und „zu Hause" fühlen.
- **Nutzt vorhandene Potenziale von Mitarbeiterinnen und Mitarbeitern:** *Diversity Management* erhöht die Kreativität im Betrieb, verringert Reibungsverluste und steigert damit die Leistung.
- **Hilft bei der Expansion:** Mitarbeiterinnen und Mitarbeiter aus anderen Kulturen haben ein tiefes Verständnis ihrer Herkunftsmärkte – Unternehmen können Vorteile im Einkauf und Verkauf erzielen.
- **Senkt Risiken:** Klagen wegen Verstößen gegen das AGG (Allgemeine Gleichbehandlungsgesetz) sind weniger wahrscheinlich.

Aus: Die Beauftragte der Bundesregierung für Migration, Flüchtlinge und Integration (Hrsg.), Charta der Vielfalt, Berlin 2008, S. 25, in: www.charta-der-vielfalt.de/fileadmin/user_upload/beispieldateien/Downloads/Publikation-Vielfalt_als_Chance.pdf (Zugriff: 21.8.2017)

M 4 „Frauen wollen führen, nicht herrschen"

Der renommierte Jurist Brun Hagen Hennerkes im Interview:

[W]ie erleben Sie Töchter in Familienunternehmen?

Frauen sind ein Gewinn für jedes Unternehmen, weil sie Qualität mitbringen. Ich habe ausgesprochen gern mit ihnen zu tun. Aber in meiner Anfangsphase gab es die Möglichkeit dazu gar nicht.

Für Töchter war kein Platz in der Firma?

Früher galt das Kronprinzenprinzip: Der älteste Sohn hatte die Firma zu übernehmen und dann das alleinige Sagen. Dafür hat der Patriarch gesorgt, der seine Macht ja auch nicht geteilt hat. Der Kronprinz bekam dafür die Mehrheit der Anteile am Unternehmen, um sicherzugehen, dass ihn keiner überstimmen kann. Er war also doppelt privilegiert: Er hatte die Macht und das Vermögen geerbt. Dabei hat man nicht unbedingt auf die Qualität und Eignung geachtet. [...] Das ist alles vorbei. Die Töchter sind meistens fleißiger und tüchtiger als ihre Männer, können besser mit dem Personal umgehen. Sie entwickeln ihren eigenen Stil, sind selbstsicher, meist erfolgreich. Und absolut akzeptiert von der Belegschaft.

Ändern Töchter die Führung?

[...] Frauen haben einen anderen Managementstil, den sehe ich als positiver an: Sie wollen führen, aber nicht herrschen. [...] Ein Beispiel: Wenn es vor der Firma einen Parkplatz gibt, der nur für den Chef da ist, dann stellt sich der Sohn am ersten Tag, an dem er Chef ist, genau da hin. Das Mädchen sagt: Nee, ich bin schlauer, ich fahr mal hinten auf den Parkplatz.

Nach: Helene Endres, Frauen wollen führen, nicht herrschen, in: Harvard Business Manager 2/2016, S. 14 (verändert)

Aufgaben

1. a) Versetze dich in die Lage des Personalplaners eines Unternehmens, das z. B. Sportbekleidung herstellt (M 1). Du musst in nächster Zeit fünf Stellen im Bereich Entwicklung neuer Produkte besetzen. Du hast nur die Bilder der Bewerber/innen vorliegen und weißt ansonsten nichts über sie (z. B. Herkunft, Nationalität, Geschlecht). Alle sind aus dem Bewerberpool ausgesucht worden, weil sie ähnliche Qualifikationen haben. Nach welchen Kriterien würdest du die fünf offenen Stellen besetzen?
   b) Vergleiche deine Auswahl mit den Kriterien aus M 2.
2. M 3 beschreibt wichtige Gründe, warum Unternehmen *Diversity Management* betreiben sollten. Erläutere die Gründe mithilfe geeigneter Beispiele. Ordne die Beispiele den drei Dimensionen zu.
3. Erläutere mögliche Konflikte, die sich in einer „bunten Belegschaft" ergeben könnten.
4. a) Arbeite aus M 4 heraus, warum der Interviewte der Auffassung ist, dass Frauen Führungspositionen in Unternehmen übernehmen sollten.
   b) Erläutere den Unterschied zwischen „führen" und „herrschen" (M 4). Beschreibe mögliche Auswirkungen der beiden Führungsstile für den Unternehmenserfolg.
5. Der Staat soll Unternehmen gesetzlich dazu verpflichten, mithilfe von festgesetzten Quoten *Diversity Management* zu betreiben! Erörtere diese These.

3.5 Mut für den Weltmarkt? Chancen und Risiken globaler Perspektiven

M 1 Informationen über die Firma Bürkert

Die Schokoladenfirma Tolteken hat beschlossen, ihren Gewinn in eine innovative Produktionsanlage zu investieren. Es stellte sich die Frage, wer dazu die geeigneten Anlagenkomponenten anbietet. Auf der Industriemesse in Hannover wurde man fündig. Das Unternehmen Bürkert aus Baden-Württemberg entwickelt kundenspezifische Systemlösungen, die die qualitativ hochwertige Schokolade präzise portionieren.

Bürkert Fluid Control Systems hat seinen Stammsitz in Ingelfingen, einer Kleinstadt im Hohenlohekreis mit nur 5 500 Einwohnern. Das internationale Unternehmen ist spezialisiert auf hochspezifische Systeme für die Mess-, Steuer- und Regelungstechnik, wie sie in Produktionsfirmen sowie im Forschungs- und Entwicklungsbereich benötigt werden. So entwickelt die Firma z. B. Lösungen für Abfüllsysteme für Getränkeunternehmen, die möglichst schnell Flüssigkeit in Flaschen pumpen müssen. Das Unternehmen hat über 2 600 Mitarbeiter, davon ca. 1 600 in Deutschland. Weltweit verfügt es über 36 Niederlassungen. 73 % aller hergestellten Güter exportiert die Firma ins Ausland. Solche typisch mittelständischen Firmen sind in der Öffentlichkeit weniger bekannt, weil es sich um B2B-Geschäftsbeziehungen handelt (*Business to Business*). Für die Wertschöpfung in Deutschland haben sie aber eine hohe Bedeutung.

Autorentext; Informationen aus: www.buerkert.de/de/Unternehmen-Karriere/Unternehmen/Ueber-Buerkert/Weltweit-fuehrend-im-Bereich-von-Fluid-Control-Systems/Zahlen-und-Fakten (Zugriff: 26.1.2017)

M 2 Wachstumsdelle bei Bürkert

Obwohl die Geschäfte in Europa und den USA gut gelaufen sind, konnten die Ingelfinger ihren Umsatz nur leicht steigern. Geschäftsführer Heribert Rohrbeck hält dennoch an seinen Zielen fest.

Die Vorfreude auf große Bauprojekte – neben dem neuen Produktions- und Logistikzentrum im Kochertal für 30 Millionen Euro investiert Bürkert auch in den USA in einen großen Neubau – prägte beim Ingelfinger Ventilspezialisten das vergangene Geschäftsjahr. Aber auch eine kräftige Wachstumsdelle in Asien.

Obwohl die Geschäfte in Deutschland, in den USA und auch im europäischen Ausland gut gelaufen seien, trat das Familienunternehmen beim Umsatz auf der Stelle: 412,4 Millionen Euro setzte Bürkert im vergangenen Jahr [2014] um. Das war kaum mehr als 2013 und deutlich weniger als der Plan, wie Geschäftsführer Heribert Rohrbeck sagt. Aber immerhin: Das Ergebnis sei nach wie vor „zufriedenstellend". [...]

Die Hohenloher stecken angesichts der Lage in Asien den Kopf aber nicht in den Sand: Die Bauprojekte bleiben – und auch das Umsatzziel für 2015. Nur ist der Sprung zu den für das laufende Jahr [2015] geplanten 440 Millionen Euro größer als gedacht. Auf die Schwierigkeiten im Fernen Osten hat das Unternehmen reagiert – mit organisatorischen und personellen Änderungen im Vertrieb. „Das neue Jahr ist gut angelaufen", sagt Heribert Rohrbeck zuversichtlich. „Trotz der Seitwärtsbewegung ist die Mannschaft motiviert und leistungsbereit", spricht der Geschäftsführer seiner Belegschaft Dank und Anerkennung aus.

Aber nicht nur in Asien schärft das Unternehmen seine Geschäftsprozesse, die Rohrbeck „noch konsequenter als bisher auf den Kunden ausgerichtet" sehen möchte. Entsprechend setzt er weiter auf die Dezentralisierung [...]. Denn: „Wir haben unseren Umsatz in den letzten zehn Jahren verdoppelt", betont der Chef. [...] Wachstumschancen sieht Rohrbeck in allen Segmenten. Als Beispiele nennt er die industrielle Wasseraufbereitung: „Das wird immer interessanter, weil die Umweltauflagen auch in Ländern wie China steigen", aber auch sterile Verpackungsmodule für flüssige Lebensmittel: „Das läuft ordentlich mit entsprechenden Zuwachsraten".

Nach: Manfred Stockburger, Wachstumsdelle bei Bürkert, in: Heilbronner Stimme, 31.3.2015, S. 10 (verändert)

M 3 Standorte der Firma Bürkert

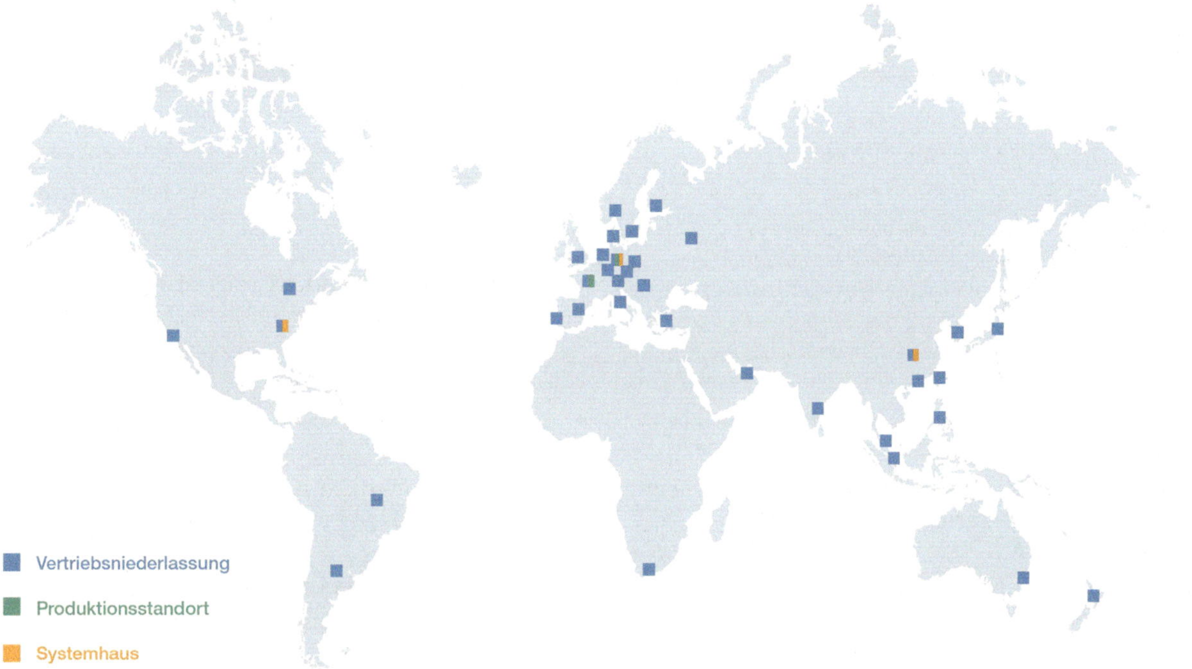

Quelle: Bürkert Fluid Control Systems

M 4 Das Jobwunder von Hohenlohe

Dem Strukturwandel und der Flexibilität der Menschen an Main, Neckar, Tauber, Kocher und Jagst ist es zu verdanken, dass in den letzten 30 Jahren jeder zweite Industriearbeitsplatz neu entstanden ist. Dieser enorme Zuwachs an Wohlstand und Wirtschaftskraft wäre ohne die Globalisierung nicht möglich gewesen. Die Unternehmen der Region sind im Durchschnitt in 70 Ländern aktiv, selbst kleinere Unternehmen unterhalten Vertriebsbüros in aller Welt. Der direkte Kontakt mit den internationalen Kunden sichert nicht nur verlässlichen Service, er ist auch eine unerlässliche Quelle für Innovation. [...]

Die existenzielle Abhängigkeit von der Globalisierung betrifft die meisten Weltmarktführer der Region, denn sie besetzen relativ enge Marktnischen. Ohne den Zugang zum Weltmarkt wäre das Absatzvolumen zu gering, um rentabel zu sein, zumal die Produktionskosten für die meist hochspezialisierten Hightech-Produkte nicht gerade gering sind. Wer weltweit die besten Technologien und den besten Service anbieten will, braucht dafür zwingend die besten Maschinen, die beste Forschung und Entwicklung sowie die besten Mitarbeiter.

Aus diesem Grund investieren die Unternehmen der Wirtschaftsregion Heilbronn-Franken viel Geld in Wissenskapital. In der Regel fließen fünf bis zehn Prozent des Umsatzes in Forschung und Entwicklung, eine Aufwendung, die den branchenüblichen Durchschnitt von etwas mehr als drei Prozent deutlich übertrifft.

Aus: Manfred Wittenstein, Geschäftsmodell Deutschland, Hamburg: Murmann-Verlag, 2010, S. 58 ff.

M 5 Zwei Meldungen

Deutsche Unternehmen verlagern Investitionen ins Ausland

Vor allem die Nähe zu anderen Absatzmärkten drängt deutsche Unternehmer vermehrt ins Ausland. Aber auch die Produktionskosten im Inland sind vielen zu hoch.

Aus: Dietrich Creutzburg, Deutsche Unternehmen verlagern Investitionen ins Ausland, in: Frankfurter Allgemeine Zeitung, 13.4.2015

Hersteller produzieren wieder in Deutschland

Viele deutsche Firmen produzierten lange Zeit in Niedriglohnländern wie China. Dieser Trend ist vorbei. Immer mehr Unternehmen bringen die Herstellung zurück. Das hat mehrere Gründe – und zum Teil weitreichende Folgen für Firmen, Kunden und Beschäftigte.

Aus: Ines Burkhardt, Hersteller produzieren wieder in Deutschland, in: www.deutschlandfunk.de/made-in-germany-hersteller-produzieren-wieder-indeutschland.724.de.html?dram:article_id=372173, 23.11.2016 (Zugriff: 18.7.2017)

M 6 Motive für die Verlagerung wirtschaftlicher Aktivitäten

- Die Lohnkosten sind geringer.
- Die Firmen erhalten Zugang zu neuen Absatzmärkten.
- Andere Kosten, z. B. Transportkosten entfallen.
- Steueranreize, z. B. Gewinne werden geringer besteuert.
- Strategische Vorgaben, z. B. Produkte sollen auf dem amerikanischen Kontinent verkauft werden.
- Geringere Regulierung, z. B. ist es einfacher, die Genehmigung für den Bau einer Produktionshalle zu erhalten.
- Produktentwicklung, weil z. B. in dem Land mehr qualifizierte Ingenieure auf dem Arbeitsmarkt zu finden sind.

Nach: www.bpb.de/nachschlagen/zahlen-und-fakten/globalisierung/52851/verlagerungsmotive, 25.1.2010 (Zugriff: 27.1.2017) (verändert)

M 7 Probleme bei Auslandsstandorten

- Sprachbarrieren der Mitarbeiter, z. B. in Asien
- Unzuverlässigkeit bei Zulieferern
- kulturelle Unterschiede sowie Bildungsniveau, was Auswirkungen auf die Arbeitsproduktivität oder die Qualität der Produkte haben kann
- fehlende Rechtssicherheit, wenn z. B. Kopieren von Produkten nicht geahndet wird
- Wirtschaftssysteme, die z. B. den Gewinn nicht außer Landes lassen
- politische Instabilität, z. B. Gefahr von Unruhen

Autorentext

M 8 Rückverlagerung

Nach einer Studie des Fraunhofer Instituts ISI revidiert jedes vierte Unternehmen im Zeitraum von drei bis fünf Jahren seine Entscheidung und kehrt nach Deutschland zurück. Als Hauptgründe für die Rückkehr werden mangelnde Flexibilität und Qualitätsmängel im Ausland genannt.
Es wird prognostiziert, dass der Trend zur Individualisierung und Digitalisierung den Standort Deutschland wieder attraktiver macht, da im Inland oder zumindest in der europäischen Union schneller auf Kundenwünsche reagiert werden kann. So könnten z. B. in Zukunft 3-D-Drucker die Produktion im Ausland überflüssig machen, weil Personalkosten keine so große Rolle mehr spielen und schnell auf Kundenwünsche reagiert werden kann.

Autorentext

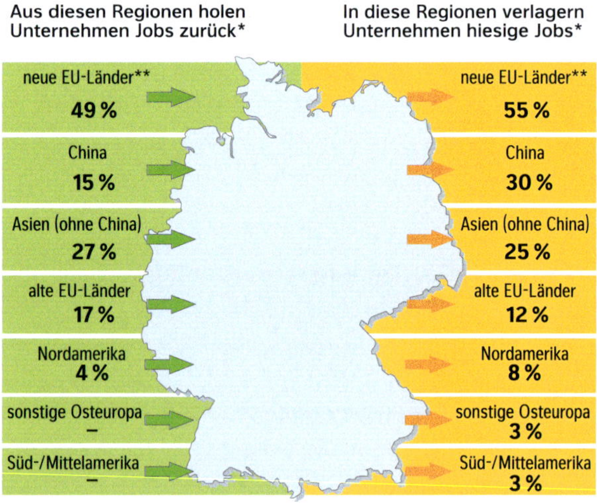

* jeweils Anteil der befragten 1 600 Unternehmen, Mehrfachnennungen möglich
** beigetreten nach April 2004
Quelle: Fraunhofer ISI/Hochschule Karlsruhe, 2012 25502EX

Aufgaben

1. Erläutere folgende Standortfaktoren aus dem unteren Schaubild auf S. 199: Arbeitskosten, Wirtschaftsfreundlichkeit, Umweltqualität.
2. Analysiere mithilfe von M 1 bis M 3, welche Standortfaktoren das Unternehmen beeinflusst haben könnten, im Ausland zu investieren.
3. Erläutere mithilfe von M 4, warum Investitionen im Ausland zu Jobs im Inland führen können.
4. a) Vergleiche die beiden Meldungen in M 5.
   b) Begründe mithilfe von M 6 bis M 8, was Motive für die unterschiedlichen Entwicklungen (M 5) sein können.
5. *Projekt:* Harry Wagner (Familiengeschichte, S. 165) hatte überlegt, einen Standort in Vietnam zu eröffnen. Nun stieß er auf die erfolgreiche Chocolatiergeschichte der Firma Marou, die in Vietnam Schokolade in Zusammenarbeit mit lokalen Bauern produziert *(www.xocoatl.de/chocolatiers/marou/*, Zugriff: 1.9.2017). Bildet Expertengruppen, die sich über Vietnam informieren und eine Entscheidungshilfe anhand der Kriterien in M 6 und M 7 erstellen. Gestaltet dazu ein Poster. METHODE Ein Poster gestalten, S. 146 f.
6. Viele Unternehmen haben Standorte im Ausland. Erörtere Chancen und Risiken dieser Unternehmenspolitik.

Lesen eines Matrixdiagramms

Ein Matrixdiagramm ist die grafische Darstellung mindestens zweier Merkmale, die miteinander in Beziehung stehen.

Die einfachste Form ist die L-Matrix mit zwei Merkmalen:

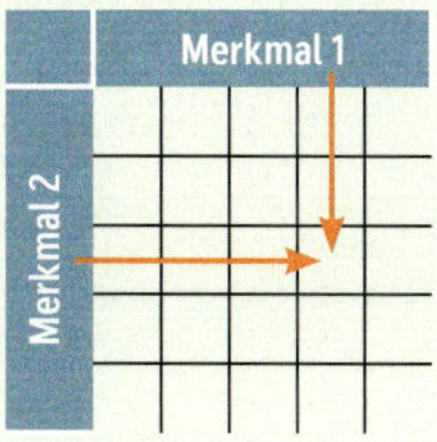

Beispiel für einen Notenspiegel in einer Klasse:

Noten		schriftlich					
		1	2	3	4	5	6
mündlich	1	Jonas					
	2			Aishe			
	3	Bea	Tai		Yannik		
	4			Olaf*		Aiken	
	5					Yannis	
	6						

* Olaf hat mündlich eine 4 und schriftlich eine 3.

Beispiel zu den Standortfaktoren

In diesem Matrix-Schaubild werden die Werte der vertikalen Ebene mit den Werten der horizontalen Ebene in Beziehung gesetzt. Deshalb ist es zunächst wichtig, zu verstehen, was auf diesen Ebenen dargestellt wird.

Auf der y-Achse wird abgebildet, wie gut oder schlecht die Standortfaktoren messbar sind.

Auf der x-Achse wird abgebildet, wie wichtig oder weniger wichtig der Standortfaktor für die Entscheidung ist.

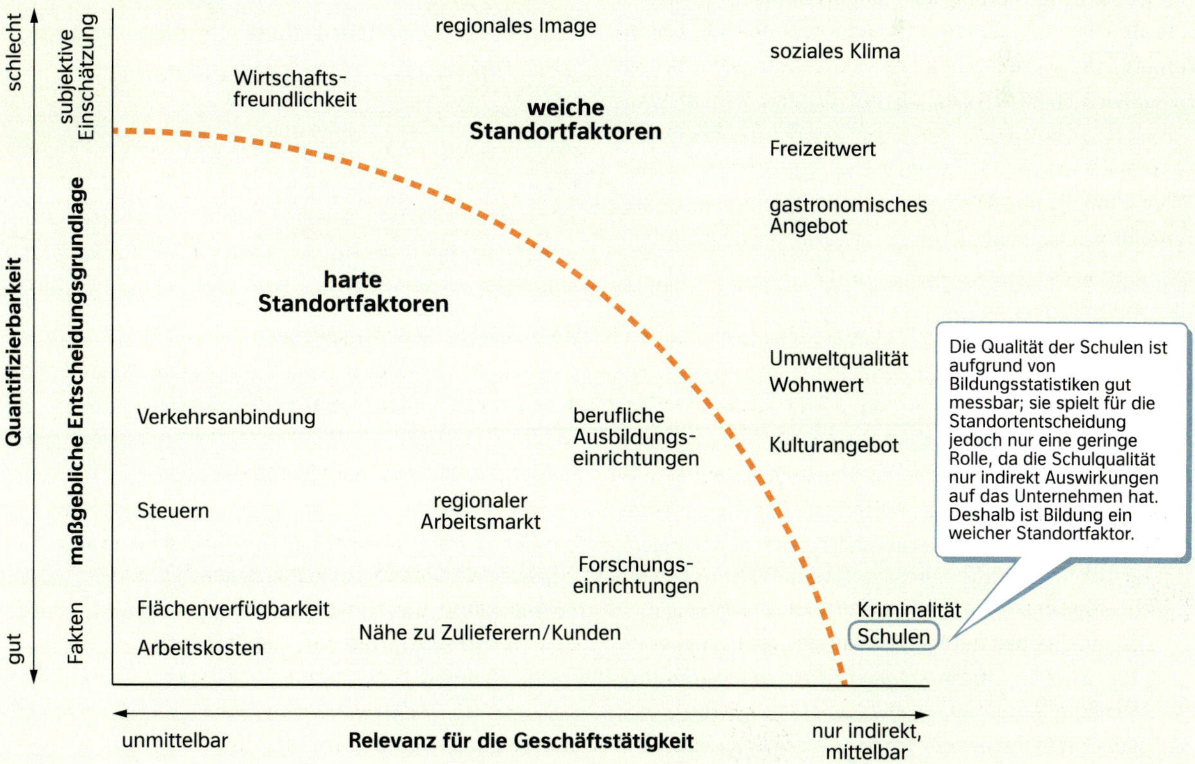

Quelle: Simon Martin Neumair u. a., Internationale Wirtschaft, München: Oldenbourg Wissenschaftsverlag, 2012, S. 234

25503EX

M 1 Kein frohes Fest für Hachez

Hachez-Produkt Bären & Märchen Chocoladen

Weihnachten ist nicht nur für Kinder ein Fest der Freude, sondern auch für Süßwarenhersteller. Normalerweise. Doch beim Bremer Schokoladen- und Pralinenhersteller Hachez herrscht eher Krisen- als Adventsstimmung. Denn der 124 Jahre alte Traditionsbetrieb ist in die roten Zahlen geraten und plant einen massiven Personalabbau. Die Gewerkschaft Nahrung-Genuss-Gaststätten (NGG) befürchtet, dass im ersten Halbjahr 2016 bis zu 99 Stellen gestrichen werden, also mehr als ein Viertel der derzeit 360 Arbeitsplätze. Ob es bei dieser Zahl bleibt, soll jetzt in Verhandlungen zwischen Geschäftsleitung und Betriebsrat geklärt werden.

Dabei schien bis 2012 die Edelschokoladenwelt an der Weser noch einigermaßen in Ordnung zu sein. Die damaligen Eigentümer, Hasso Nauck und Wolf Krupp-Büttner, hatten als Qualitätshersteller zwar mit Billigkonkurrenz und anderen widrigen Marktverhältnissen zu kämpfen; deshalb verzichtete die Belegschaft nach Angaben der Gewerkschaft NGG zum Beispiel auf das Weihnachtsgeld. Aber unterm Strich sollen schwarze Zahlen gestanden haben.

Kurz nach Ostern 2012 verkündeten Nauck und Kropp-Büttner überraschend, dass sie Hachez und die Schwesterfirma Feodora rückwirkend zum 1. Januar an den Toms-Konzern verkauft hätten, den größten dänischen Süßwarenhersteller. [...] Anscheinend war das nötiger, als es seinerzeit den Anschein hatte. „Das Unternehmen hatte seit Langem Schwierigkeiten positive operative Ergebnisse zu erzielen", so die heutige Sicht einer Hachez-Sprecherin. „Steigende Konkurrenz und Erhöhung der Rohstoffpreise machen es nicht einfacher." [...] Dem Vernehmen nach soll der Verlust bei 2,5 Millionen Euro liegen, bei einem Jahresumsatz von angeblich 50 Millionen Euro. Das Unternehmen äußert sich dazu nicht. [...] Erste Sparmaßnahmen wurden bereits 2014 eingeleitet. Damals beschloss das Unternehmen, einen Teil der Verpackungsarbeiten nach Polen zu verlagern. 71 Beschäftigte, vor allem Frauen, sollten ihre Stelle in Bremen verlieren, nach Verhandlungen mit den Belegschaftsvertretern traf es am Ende nach Angaben des Unternehmens 33 Mitarbeiter. Drohen jetzt weitere Verlagerungen ins kostengünstigere Ausland? Die Antwort der Unternehmenssprecherin klingt nicht unbedingt beruhigend: „Es werden derzeit keine Erwägungen angestellt, den Standort Bremen direkt zu verlassen."

Aus: Eckhard Stengel, Kein frohes Fest für Hachez, in: www.stuttgarter-zeitung.de/inhalt.personalabbau-beim-schokoladenhersteller-kein-frohes-fest-fuer-hachez.e404e532-63ef-4f04-8a4d-b67319448c5b.html, 26.11.2015 (Zugriff: 18.7.2017)

M 2 Gewinn- und Verlustrechnung

Umsatz: 50 Millionen

Verlust: 2,5 Millionen

Kosten: x Millionen

M 3 „Es ist bekannt, dass wir mit Schwulen und Lesben kein Problem haben"

Brigitte Kasztan ist Diversity Managerin beim Automobilhersteller Ford in Köln. Im Interview erklärt sie, dass Vielfalt auch im Verkauf selbstverständlich dazugehört und wie und warum Ford unterschiedliche Kundengruppen anspricht.

Frau Kasztan, seit wann ist Diversity ein Thema für Ford?
Das reicht relativ weit zurück. Zum einen gehörte Ford Deutschland zu den ersten Unternehmen, die in den 1950er-Jahren ausländische Gastarbeiter aufgenommen haben. Zum anderen sind wir Teil eines US-amerikanischen Konzerns, und *Diversity* stand in den USA schon relativ früh auf der Agenda. Deshalb hat Ford Deutschland schon im Jahr 1996 mit einem systematischen *Diversity Management* begonnen – und dabei festgestellt, dass wir bereits damals mehr als 50 Nationalitäten in unserer Belegschaft hatten.

Also hat man sich zunächst um ethnische und kulturelle Vielfalt gekümmert?
Einer der ersten Bereiche, dem wir uns gewidmet haben,

war das Thema „Frauen". Für ein technisches Unternehmen wie einen Automobilhersteller ist es nicht selbstverständlich, viele weibliche Bewerber zu haben. Da haben wir beispielsweise mit einer speziellen Ansprache in Schulen und Universitäten begonnen. Aber wir haben schnell auch andere Gruppen in den Blick genommen, etwa Migranten oder auch Homosexuelle.

Seit dem Jahr 2000 ist Ford mit einem eigenen Wagen beim Christopher Street Day (CSD) in Köln dabei – der jährlichen Parade, bei der für die Rechte Homosexueller geworben wird. Warum?

Weil es uns wichtig ist, zu zeigen, dass sich bei uns niemand verstecken muss. In der homosexuellen *Community* ist bekannt und geschätzt, dass wir mit Schwulen und Lesben keine Probleme haben. Im Gegenteil: Seit 2003 bietet Ford als eines der ersten Großunternehmen überhaupt eine Betriebsrente für die Hinterbliebenen von Beschäftigten, die in gleichgeschlechtlichen Lebensgemeinschaften leben. Im Netzwerk *„Ford Gay, Lesbian and Bisexual Employees"* (GLOBE) sind weltweit homosexuelle und bisexuelle Mitarbeiter organisiert.

Sie haben einmal gesagt „Diversity verkauft Autos". Setzen Sie auch homosexuelle Verkäufer ein, um Schwule zum Autokauf zu bewegen?

(lacht) Nein, so funktioniert das nicht. Es geht eher um indirekte Effekte. Es geht darum, dass wir uns im Vertrieb gut auf verschiedene Zielgruppen einstellen können. Und das geht zum einen besser, je unterschiedlicher die Teams zusammengesetzt sind, und zum anderen, wenn man *Diversity* selbst lebt und offen für Unterschiede ist.

Das heißt, Sie achten nicht darauf, dass der Vertrieb selbst „divers" zusammengesetzt ist? Mit Angehörigen aller Zielgruppen?

Wir achten bereits beim Bewerbungsverfahren darauf, dass unsere Beschäftigten offen mit ihrem Umfeld, beispielsweise in Bezug auf Religion, Herkunft oder eben auch sexuelle Orientierung, umgehen. Sprich: Wir würden niemanden einstellen, der die *Diversity*-Werte des Unternehmens nicht teilt. Das gilt natürlich gleichermaßen für die Verkäuferinnen und Verkäufer in den Händlerbetrieben vor Ort. Und sollten wir mitbekommen, dass einer der Händler sich nicht an unsere Werte hält, dann hätte das sicherlich Konsequenzen.

Aus: „Es ist bekannt, dass wir mit Schwulen und Lesben kein Problem haben", Interview von Klara Walk, in: www.vertriebsmanager.de/ressort/es-ist-bekannt-dass-wir-mit-schwulen-und-lesben-kein-problem-haben-3653/, 3.7.2015 (Zugriff: 28.1.2017)

M 4 Umgang mit Diversity Management

Zeichnung: cartoonsbyroth

Aufgaben

1. Analysiere das Problem „Verlust" des Unternehmens Hachez (M 1) mithilfe der Ishikawa-Methode (S. 193).
2. Berechne die Kosten des Unternehmens (M 2).
3. Das Unternehmen beschließt, einen Teil der Verpackungsarbeiten nach Polen zu verlagern (M 1). Nenne die Motive und beschreibe mögliche Probleme der Verlagerung.
4. Beurteile die Lösungsvorschläge des Unternehmens (M 1) im Hinblick auf die Folgen für die unterschiedlichen Akteure mithilfe der Kategorien Effizienz und Gerechtigkeit.
5. Ein Unternehmen der Schokoladenbranche hat sich bisher noch keine Gedanken über *Diversity Management* gemacht. Einige Mitarbeiter halten dies auch für überflüssig (siehe M 4). Gestalte mithilfe von M 3 eine Rede des führenden Managers, die *Diversity Management* verteidigt.
   METHODE Eine Rede halten, S. 187

Webcode WES-116435-406 Lösungen zum Kompetenzcheck

4. Unternehmen und ihr Umfeld – ein Abhängigkeitsverhältnis?

4.1 Wie auf Wandel reagieren?

M 1 Anlässe für Blumenkäufe

M 2 Ein Blumenladen verschwindet

Einen Überfall mit Waffe und einen Einbruch hat Ingeborg Bumann weggesteckt. Aber die Billigblumen vom Discounter machen ihrem Floristengeschäft endgültig den Garaus.

S-West – Die Tür steht immer offen. Obwohl im vergangenen Jahr mal jemand mit einer Waffe hereinmarschierte und die Kasse verlangte – ausgerechnet im 25. Jubiläumsjahr von Ingeborg Bumanns Blumenladen. Und obwohl im Juni dieses Jahres nachts eingebrochen wurde. Seither sind die Gitterstäbe vor dem Fenster in der Werkstatt auseinandergebogen. Da war er durchgeschlüpft. „Was glauben die alle, was es in einem Blumenladen zu holen gibt?", fragt Ingeborg Bumann kopfschüttelnd. Viel weggekommen sei nicht. Aber die Eindringlinge haben bei der zierlichen Frau eine quälende Angst hinterlassen. Es hat Bumann viel Kraft gekostet, sie abzutragen. Von Anfang an verweigerte sie sich dem Opfermodus: „Ich wusste, ich darf da jetzt keine Schwäche zeigen und mich nicht behüten lassen vor lauter Angst." Unerbittlich zog sie ihre therapeutische Rosskur durch. Und so blieb die Ladentür an der Rotebühlstraße 145 weiterhin offen – bis der Winter allzu garstig wurde.

In Ampelphasen wogt der Lärm in Bumans Laden und den Werkstattraum, der daran anschließt. Bumann hat das Unternehmen vor 26 Jahren von ihrer Mutter übernommen. Ein Holzofen bollert, das Radio quengelt, während sie ein Gebinde aus Hagebuttenzweigen und Gerbera zurechtzupft, gelegentlich an ihrer Zigarette zieht, am Kaffee nippt. Die Floristin scheint so ganz bei sich sein, und doch ist sie jedem sofort zugewandt, der reinkommt – den Kunden, dem Paketboten, der Pakete hinterlegt, den Nachbarn, die ihre Pakete abholen. Kleine Gefälligkeiten sind ihr nicht lästig. „Ich bin ja sowie immer da", sagt die Floristin. Aber nicht mehr lange. Dafür hat die 59-Jährige ihre arithmetischen Gründe. Auf der rationalen Ebene ist die Ladenschließung alternativlos: „Bei Aldi kostet eine Orchidee zwischen fünf und sieben Euro samt Übertopf. Für das Geld kriege ich die Pflanze nicht mal im Einkauf. In meinem Laden muss ich sie für 25 Euro verkaufen." Die großen Blumengeschäfte, sagt die Floristin, kämen gerade noch dagegen an, aber für die kleinen seien Discounterblumen der Tod. Hinzukommen veränderte Konsumgewohnheiten: Der klassische Wochenendstrauß sei aus der Mode geraten, und einschlägige Feiertage wie Muttertag, Ostern oder Totensonntag seien keine Garanten mehr für guten Umsatz. „Es gibt keine verlässlichen Termine mehr."

Auch das Umfeld in der Rotebühlstraße hat sich verändert, seit Bumanns Mutter vor 32 Jahren das Geschäft eröffnete. Sie hatte aus ihrem alten Laden in der Rotenwaldstraße ausziehen müssen und führte den neuen mit ihrer Tochter als Angestellte. Sie hatten beim Einzug nicht viel renovieren müssen: Der Laden war auch in den gut 60 Jahren davor schon ein Blumengeschäft gewesen. Der Dielenboden in der Werkstatt und die Wandschränke sind fast 100 Jahre alt, ebenso der Solnhofener Plattenboden samt Schaufensterpodest im Ladenlokal. Gleich in der Eröffnungswoche war die Hölle los, erinnert sich Inge Bumann. Die Straße war belebt. „Es gab einen Plattenladen, eine Bäckerei, Kurzwaren, einen Polsterladen und gegenüber die Firma Bleyle

mit ihrem Hausverkauf – *‚Outlet'* würde man heute sagen. Da war schon was los." Inzwischen sind die meisten Geschäfte verschwunden und mit ihnen die Laufkundschaft. Exaltierte Blumenexzesse hat Bumann auch schon lange nicht mehr erlebt, zuletzt vor 15 Jahren. Für die Dekoration einer Hochzeit im Naturfreundehaus verarbeitete sie seinerzeit 1 000 weiße Rosen – die leider die Unverbrüchlichkeit des Bundes am Ende nicht gewährleisteten. Einen Diven-Strauß gab es auch schon lange nicht mehr. Bumann erinnert sich an ein monströses Gebinde als Entschuldigung für eine gekränkte Primadonna. 3 000 Mark hatte der Kunde dafür hingeblättert. Die Floristin ist damit zum Theater gefahren. „Und dann hat sie das Trum nicht mal angenommen! Sie war halt noch beleidigt." Solch goldene Zeiten sind vorüber. „Am 12. Dezember fällt der Vorhang." Das Weihnachtsgeschäft wolle sie nicht mehr mitnehmen. „Heiligabend kamen nach dem Mittag immer Freunde in den Laden und wir haben ein bisschen gefeiert, bis alle zum Familienfest nach Hause gingen." Das letzte Mal würde nur wehtun. Im Grunde, sagt Bumann, „hätte ich direkt nach dem Überfall letztes Jahr schließen sollen." Dass danach plötzlich auch die Katze nicht mehr kam, die sich so gern an den Ofen kringelte, hätte ihr Warnung sein müssen. Ihre Mutter, sagt Bumann, konnte nicht loslassen, als sie der Tochter den Laden überließ. Sie will es cooler angehen. „Ich suche mir eine Arbeit, vielleicht gehe ich endlich mal auf Reisen. Mit dem Laden ging das ja nie so." Ob sie es wohl aushält ohne die Kunden, die Nachbarn, den Paketboten, all die kleinen Gespräche? Ingeborg Bumann ist selbst gespannt: „Man kennt sich selber ja nicht so."

Aus: Kathrin Wesely, Ein Blumenladen verschwindet, in: www.stuttgarter-zeitung.de/inhalt.fachgeschaeft-in-stuttgart-schliesst-ein-blumen-laden-verschwindet.d05b58c6-a570-4e50-8e7b-13016da00f13.html, 26.11.2015 (Zugriff: 18.7.2017)

M 3 Kauforte für Pflanzen

Wo haben Sie persönlich in den letzten zwölf Monaten Pflanzen und Gartenbedarf gekauft?	
Baumarkt	22,7
Gartencenter	23,2
Supermarkt/Discounter	15,7
Gärtnerei	14,1
Blumenfachgeschäft	17,2
Wochenmarkt	12,7
anderswo	3,9
keine Pflanzen und Gartenbedarf gekauft	35,7

Aus: Arbeitsgemeinschaft Verbrauchs- und Medienanalyse (Hrsg.), Was konsumierst du?, VuMA 2015, S. 11, www.vuma.de/fileadmin/user_upload/PDF/berichtsbaende/VuMA_2015_Berichtsband.pdf (Zugriff: 21.8.2017)

M 4a Zentrale Einflussbereiche auf Unternehmen

Unternehmen unterliegen vielfältigen Bedingungen, welche ihren Erfolg beeinflussen. Diese Einflussgrößen unterliegen einem ständigen Wandel, sodass sich Unternehmen fortwährend mit deren Bedeutung für ihre Firma auseinandersetzen müssen.

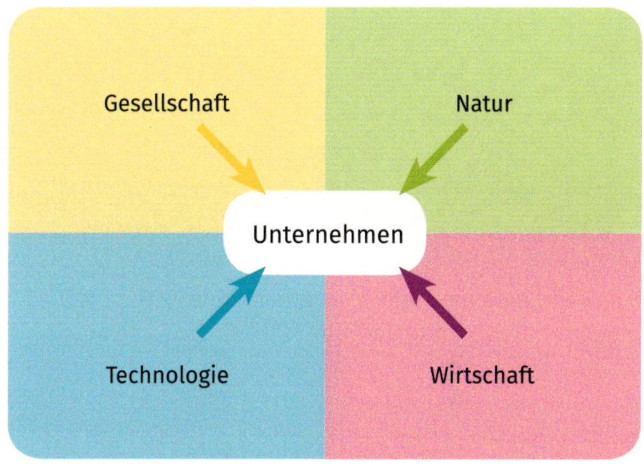

Autorentext

M 4b Beispiele für Einflussgrößen

- Der Anteil älterer Menschen an der Gesamtgesellschaft nimmt zu.
- Die Abholzung von Regenwäldern beeinflusst das Klima.
- Die Wirtschaftsentwicklung hat Phasen eines Abschwungs (Rezession).
- Immer mehr Frauen absolvieren eine höhere Berufsausbildung.
- Der Wechselkurs zwischen € und $ verändert sich so, dass der Dollar teurer wird. Ein europäisches Unternehmen benötigt Waren, die in Dollar bezahlt werden.
- Elektromotoren werden entwickelt und immer kostengünstiger.
- In Konsumgesellschaften sind Menschen übersättigt, sie verlangen deshalb immer nach Neuem.
- Untersuchungen weisen auf die Belastungen durch Feinstaub hin.
- Mit der Entwicklung der Smartphones entstand ein Markt für Apps.
- Menschen folgen dem Trend zum Zeitsparen.
- Auf dem Tankstellenmarkt gibt es nur wenige verschiedene Anbieter.

Autorentext

M 5 Beispiel Waschmaschine – Wechselwirkungen zwischen den Einflussbereichen

Eine neue Technologie kann wie einstmals die Waschmaschine eine ganze Gesellschaft grundlegend verändern.
Durch die Erfindung der Waschmaschine (technologischer Einfluss) wurden damals die Frauen (und heute auch die Männer) ungemein entlastet und konnten dadurch ihren Tagesablauf ganz neu strukturieren (gesellschaftlicher Einfluss).
Solche Veränderungen im gesellschaftlichen Bereich haben meist ökonomische Auswirkungen und allenfalls auch ökologische. Da den Frauen theoretisch mehr Zeit blieb, konnten einige von ihnen einer bezahlten Arbeit nachgehen, was Veränderungen auf dem Arbeitsmarkt (ökonomischer Einfluss) zur Folge hatte.
Durch die Verbreitung der Waschmaschine wurde auch die ökologische Umwelt tangiert. Die Automatisierung hatte ein verändertes Waschverhalten mit zunehmender Bedeutung für Wasser (ökologischer Einfluss) zur Folge. Dank der technologischen Entwicklung war es dann möglich, immer schadstoffärmere Waschmittel und immer energiesparendere Waschmaschinen zu produzieren.

Aus: Roman Capaul/Daniel Steingruber, Betriebswirtschaft verstehen, Oberentfelden: Cornelsen Verlag, 2010 (Hervorhebungen ergänzt)

M 6 Fließdiagramm

Ein Fließdiagramm stellt Zusammenhänge, z. B. Ursachen und Folgen, übersichtlich dar.

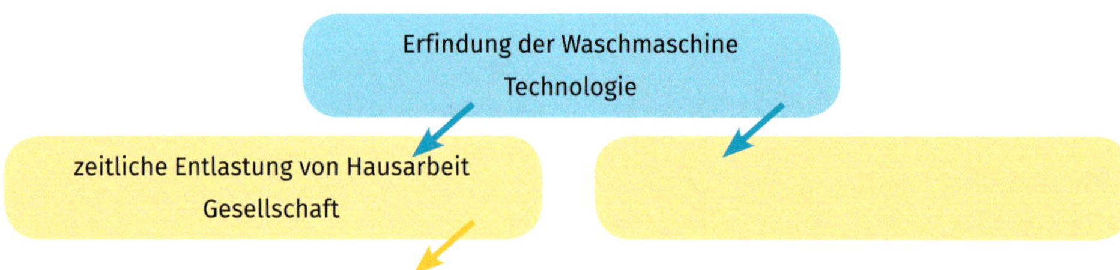

M 7 Die Geschichte von Bloomon

Patrick liebt es, mit Kreativen und Techies zusammen zu arbeiten, und eins und eins zusammenzählen.

Bart ist unser Guru was die Lieferkette betrifft. Er kann Fehler nicht ausstehen. Zufriedene Kunden hingegen machen ihn unglaublich glücklich.

Koen ist unser Zahlenakrobat. Er kennt alle Excel Tastenkombinationen (und Blumen) auswendig.

Wie alles begann: Patrick kommt aus einer Familie, die bereits im Blumengeschäft tätig ist. Er wuchs in der Welt leidenschaftlicher Züchter auf, die einige der schönsten Blumen der Welt anbauten. Bedauernswerterweise endeten diese nur allzu oft in einem jämmerlichen Gebinde, das als Blumenstrauß verkauft werden sollte.
Die Blumenverkäufer an der Straßenecke verschwanden bald aus dem Stadtbild, als Supermärkte und Tankstellen anfingen, billige Blumensträuße zu verkaufen, lieblos zusammengebunden und ohne jedwede Fantasie. Das persönliche Etwas war futsch. Und ganz ehrlich: Die Blumen waren auch nicht so frisch, wie sie es hätten sein können. Oder sein sollen. Achtlos aus dem Boden gerissen, ruppig transportiert auf der Ladefläche eines Lastwagens und beim Händler ewig darauf wartend, bis sich ein Kunde ihrer erbarmte – und zwar hoffentlich, bevor sie verblüht waren. Die Freude an Blumen war verschwunden. Sie wurden nicht mehr geehrt, wie sie es verdient hatten. [...]
Das Revolutionieren einer ganzen Industrie: Patrick und seine Freunde Bart und Koen beschlossen, etwas dagegen zu tun. So trafen sie sich auf einen Kaffee (und ziemlich leckere Kekse) im Herzen von Amsterdam. Sie nahmen sich Papier und Stift und stampften einen komplett neuen Liefer- und Produktionsprozess aus dem Boden. Mit anderen Worten: Für die Blumen der schnellstmögliche Weg – direkt vom Feld bis vor Deine Haustür. Die Drei trafen sich mit den besten Züchtern der Niederlande und ersuchten sie, gemeinsam mit ihnen die Blumenindustrie zu revolutionieren. Die ließen sich nicht zweimal bitten. Und Bloomon war geboren.
Mehr als nur Blumen: Es ging aber nicht nur darum, die Blumen so schnell wie möglich zu Dir zu bekommen, oder sicherzustellen, dass sie die frischesten sind. Es ging eben-

so um das Erlebnis. Also luden wir Floristen ein, die für uns die verschiedensten Bouquets kreieren sollten [...]. Denn das Wesen der „Überraschung“ ist neben dem Aspekt Design etwas, das wir überaus schätzen. Aus diesem Grund haben wir auch ein hochkreatives Team beauftragt, ein maßgeschneidertes Einschlagpapier zu designen, und um Dir informative Geschichten zu den Blumen in Deinem Bouquet zu erzählen. [...]

Glück verbreiten: [...] Schon bald blühte das Business auf (Tschuldigung für das Wortspiel). Gleich nach Amsterdam eröffneten wir ein Büro in Berlin. Und bis zum heutigen Tag ist es unser unbedingter Wille, Glück in die Welt zu bringen – mit Blumen.

Aus: www.bloomon.de/our-story (Zugriff: 1.12.2016)

M 8 Zwei Meinungen zum Konzept

A Es war jedes Mal eine tolle Überraschung, wie der Strauß in dieser Woche aussehen würde. Dieser Überraschungsmoment war besonders und erinnerte mich immer an ein Geschenk. Das ist schließlich das Konzept, man kann sich selbst beschenken, und genau das finde ich toll.

B Entweder hatte ich Pech oder das Konzept mit frischen Blumen funktioniert nicht so ganz. Meine erste Lieferung war jedenfalls eine große Enttäuschung: abgebrochene & abgefallene Blüten. Die erste Blume hat bereits am Folgetag den Kopf hängen lassen. Das ist mir noch nie passiert!

Aus: Review von Julia (A), 31.1.2016 und Kommentar von ÖzVar (B), 1.4.2016, in: http://des-belles-choses.com/2016/01/30/blumen-nach-hause-liefern-lassen-meine-bloomon-review/ (Zugriff: 18.8.2017)

M 9 Bloomon: Blumenladen der Zukunft

So funktiniert unser Blumen-Abonnement

Ein handliches Sträußchen auch als Mitbringsel? Ein volles Bouquet für begeisternde Freude? Oder ein üppiges Farbspektakel mit umwerfenden Düften? Du wählst die Größe, den Rest machen wir ...

1. Größe wählen.

2. Wählen wie oft.

3. Direkt zu Dir nach Hause.

1. Größe wählen.

Small und nur für Dich? Medium für noch mehr Glanz im Raum? Oder Large, damit's ganze Haus erstrahlt?

2. Wählen wie oft.

Wöchentlich? Alle 2 Wochen? Oder monatlich? Entscheide Du! Gerade im Urlaub? Klick einfach auf „Pause“. Stell alles so ein, wie Du es brauchst. Du kannst Deine Bestellung jederzeit ändern, pausieren oder kündigen.

3. Direkt zu Dir nach Hause.

Deine frischen Blumen gelangen ohne Umwege aus Holland direkt zu Dir nach Hause. Gib ihnen nach der kurzen Reise einen frischen Anschnitt, klares Wasser und lass Dein Zuhause aufblühen.

Aus: www.bloomon.de/how-it-works (Zugriff: 1.12.2016)

Aufgaben

1. *„Happy Valentines Day“* an der Schule, Abschlussball beim Tanzkurs oder Geburtstagsüberraschung für die Freundin oder den Freund (M 1). Nenne Orte, an denen du für diesen Anlass Blumen kaufen würdest. Vergleicht das Klassenergebnis mit M 3.
2. Klassische Blumenläden finden sich immer weniger. Arbeite aus M 2 Ursachen für die Schließung des Blumengeschäfts heraus und bewerte die Folgen aus Sicht der Kunden.
3. a) Ordne die Beispiele aus 4 b den jeweiligen Einflussbereichen im Schaubild M 4 a zu.
   b) Erläutere an möglichen konkreten Fällen, wie Unternehmen auf die Entwicklungen in 4 b reagieren könnten. Beispiel: Menschen folgen dem Trend des Zeitsparens → Einzelhandelsgeschäfte wie Rewe bieten Onlineshopping an.
4. Stelle die Wechselwirkungen der Einflussbereiche (M 5) in einem Fließdiagramm (M 6) dar.
5. a) Vergleiche die Geschäftsidee von Bloomon (M 7 bis M 9) mit dem traditionellen Blumenladen (M 2).
   b) Erläutere, welche Einflussbereiche (M 4 a) ihre unternehmerische Entscheidung gesteuert haben.
6. a) Arbeite aus M 7 die Motive für die Gründung von Bloomon heraus.
   b) M 7 ist eine Selbstdarstellung von Bloomon. Erläutere, wie diese auf mögliche Kunden wirken könnte.
   c) Beurteile ausgehend von M 7 bis M 9 die Erfolgschancen von Bloomon.

4.2 Erweiterung: Unternehmen, Gesellschaft und Wirtschaft – wer profitiert von Innovationen?

M 1 Ideen, die die Welt veränderten

1859: Philipp Reis erfindet das Telefon. Dem Lehrer für Mathematik und Physik gelingt es, Töne in elektrischen Strom zu wandeln und ihn andernorts als Schall wiederzugeben. „Das Pferd frisst keinen Gurkensalat", lautet der erste über 100 Meter telefonisch übermittelte Satz. Kurz vor seinem Tod 1874 prognostiziert Philipp Reis, der Welt eine große Erfindung zu hinterlassen. Allerdings ist es der Amerikaner Graham Bell, der seine Weiterentwicklung des Telefons 1875 zum Patent anmeldet.

1907: Ottomar Heinsius von Mayenburg erfindet die Zahnpasta. Die Innovation erfreut sich bald weltweiter Nachfrage. Sie ermöglicht einen schnellen und intensiven Putzeffekt.

1922: Hans Riegel erfindet das Goldbärchen. Kaiser Wilhelm II [bezeichnete aus dem Exil ironisch] die Nascherei aus Gelatine, Zucker und Fruchtauszügen [als] „das Glanzstück der Weimarer Republik". Ein Verkaufsschlager waren die Gummibärchen auch später. [Das Unternehmen Haribo erwirtschaftet heute weltweit einen jährlichen Umsatz von über 2 Mrd. €.]

1953: Adolf Dassler erfindet den Stollenschuh. Schon 1920 fabrizierte er die ersten Rennschuhe. Später hat er die Idee, die hohen Fußballstiefel durch knöchelfreie Schuhe zu ersetzen. Statt der vierfach genagelten Stollen geben nun Schraubstollen aus Nylon den Spielern Halt. Das Ergebnis: Während die Ungarn beim WM-Endspiel 1954 im Morast versinken, laufen die Deutschen dank dem richtigen Schuhwerk zur Höchstform auf. [Heute sind zwei deutsche Sportartikelhersteller Weltmarktführer.]

1997: Die Otto Bock GmbH erfindet das C-Leg. Das erste vollständig mikroprozessorgesteuerte Kniegelenk ermöglicht Trägern von Beinprothesen die größtmögliche Annäherung an das natürliche Gehen. 50 Mal pro Sekunde werden über Sensoren und einen Mikroprozessor die zur Fortbewegung wichtigen Daten überprüft.

Nach: 50 Erfindungen, die die Welt veränderten, in: www.welt.de/wirtschaft/karriere/leadership/gallery12202607/50-Erfindungen-die-die-Welt-veraenderten.html, 2016 (Zugriff: 1.12.2016) (verändert)

Aufgaben

1. Ordne die Ideen aus M 1 nach der Reihenfolge, wie stark sie die Welt beeinflusst haben.
2. Erkläre mithilfe von M 2 den Weg von der Idee zu einem Produkt innerhalb eines Unternehmens. Wähle dazu ein Beispiel aus M 1.
3. Stelle den Zusammenhang der unterlegten Begriffe in einem Schaubild mit dem Thema „Innovation" dar (M 3).
4. Erläutere die Bedeutung von Innovation für Unternehmen mithilfe von M 3.
5. Analysiere das Schaubild M 4 und erläutere den Zusammenhang zwischen Innovation und Einkommen in einzelnen Ländern.
6. Beurteile, welche Akteure von Innovation profitieren könnten.

M 2 Von der Idee zum Produkt

Innovation wird durch unterschiedliche Impulse angeregt. Damit sich etwas tut, müssen die Menschen vor allem in einer förderlichen Umgebung arbeiten, in der ihre Ideen aufgegriffen und umgesetzt werden, also tatsächlich etwas verändern können.

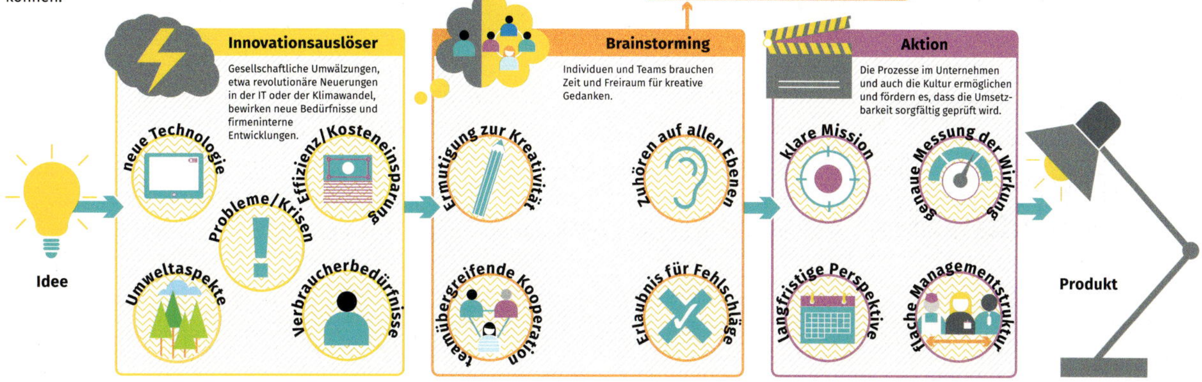

Aus: BWL kompakt, München: Dorling Kindersley 2016, S. 304

M 3 Innovation

Unternehmen müssen ihre **Marktposition** immer wieder neu erkämpfen, da sich die Einflussbereiche ständig verändern und Wettbewerber mit neuen oder ähnlichen Produkten in den Markt eintreten. Diese Umstände zwingen die Unternehmen zur Vornahme kleinerer und größerer Veränderungen. Kleinere Veränderungen nennt man **Optimierung**, größere **Innovation**. Innovationen lösen in der Regel größere **Investitionen** (Kapital wird für die Sachgüter benötigt) aus und haben Einfluss auf das Unternehmen. Gleichzeitig beeinflussen die Innovationen wiederum die Gesellschaft einzelner Länder, manchmal sogar der ganzen Welt.

Aus: Roman Capaul/Daniel Steingruber, Betriebswirtschaft verstehen, Oberentfelden: Cornelsen Verlag, 2010, S. 534 (Hervorhebungen ergänzt)

Innovation ist nur in einer **Kultur** möglich, in der Menschen ermutigt werden, fantasievoll zu sein und neue Ideen hervorzubringen. Sie erfordert **Prozesse**, um Vorschläge aufzugreifen und weiterzuentwickeln. Innovation umfasst keine schrittweisen, sondern **revolutionäre Veränderungen**, etwa eine radikal neue Lösung für ein Problem oder das Erkennen eines zuvor unbekannten Problems samt Lösung.

Aus: BWL kompakt, München: Dorling Kindersley 2016, S. 304

M 4 Innovative Länder

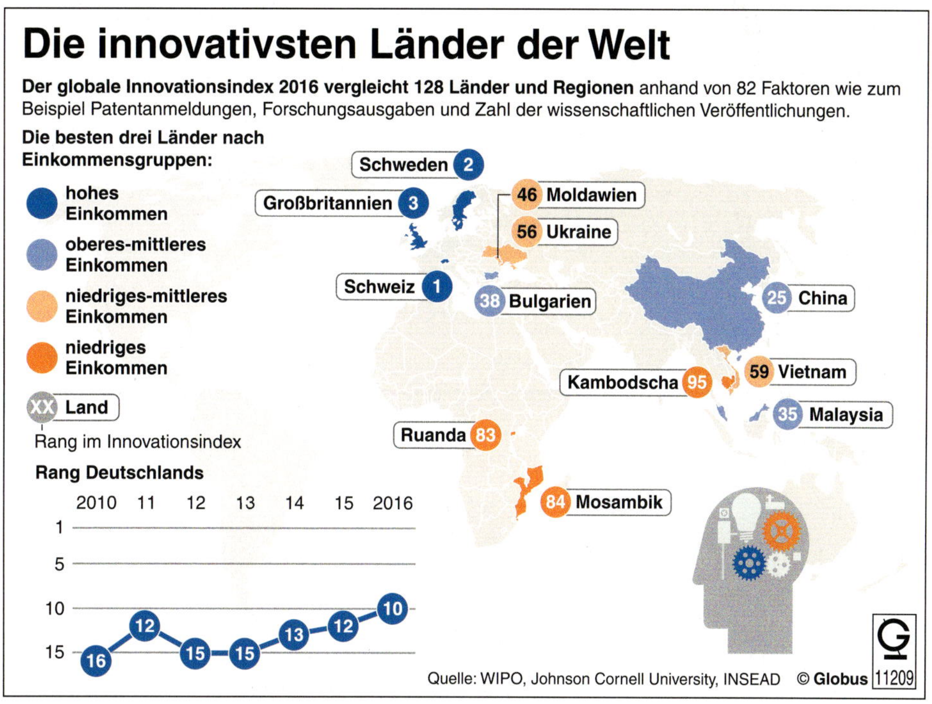

4.3 Regionale Standortbedingungen – inwiefern sind sie für Unternehmen bedeutsam?

M 1 Cluster in Baden-Württemberg

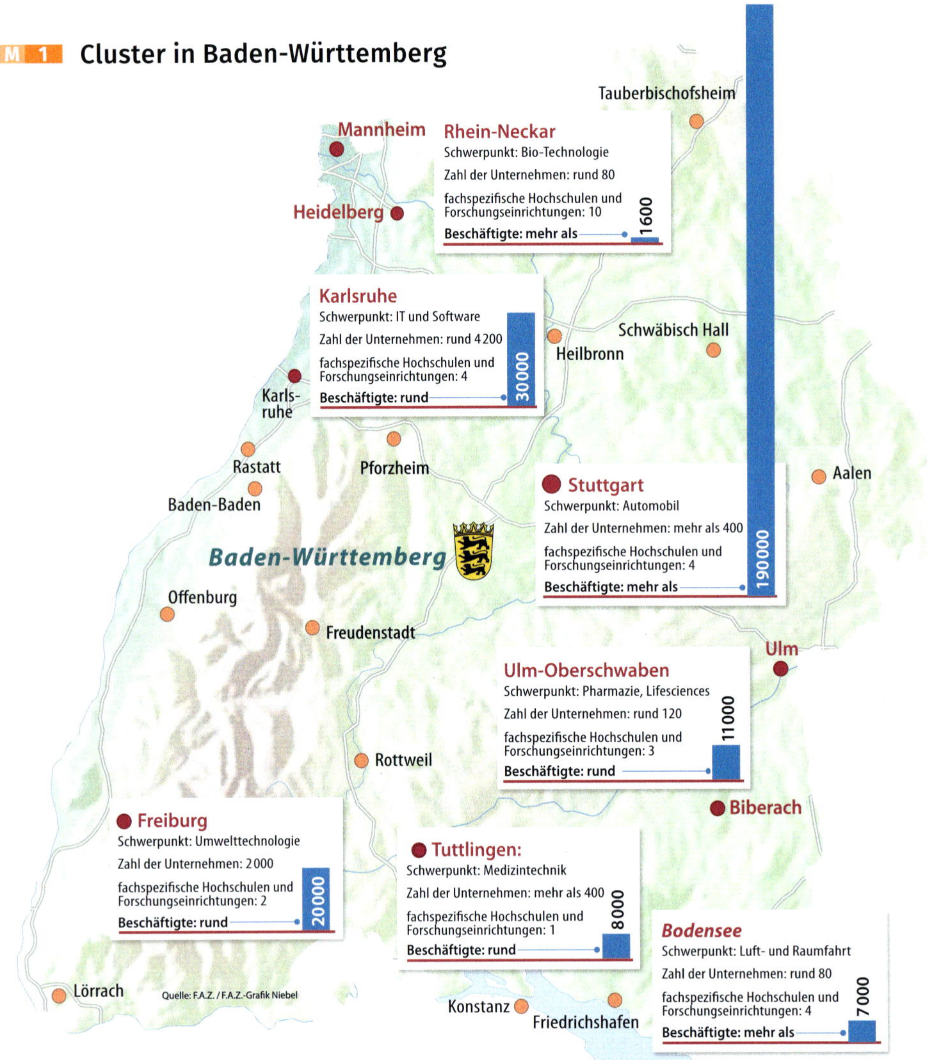

Aus: www.faz.net/aktuell/beruf-chance/arbeitswelt/industriestandort-baden-wuerttemberg-13479926.html, März 2015 (Zugriff: 21.2.2017)

M 2 Tüftlerstandort Baden-Württemberg: Willkommen im Cluster-Ländle

Der Südwesten rühmt sich als Land der Tüftler. Viele Industriezweige haben dort lange Tradition. Und auch heute noch hat das „Ländle" eine hohe Innovationskraft.

Laut seines Statistischen Landesamts weist der Südwesten unter 87 europäischen Regionen tatsächlich die höchste Innovationskraft auf. Nirgends sonst werde ein höherer Anteil der Wirtschaftsleistung in Forschung und Entwicklung investiert, nirgendwo sei der Anteil der Erwerbstätigen in forschungsintensiven Industriezweigen höher, heißt es. Und was die Badener und Württemberger am meisten freuen dürfte: Der Abstand zum Ranglistenzweiten Bayern ist dabei ganz erheblich.

Die größten Wettbewerber der Firmen in Baden-Württemberg sitzen also direkt um die Ecke. Das sollte einen Unternehmer eigentlich nervös machen. Ist doch die Gefahr groß, dass etwa die besten Mitarbeiter plötzlich abgeworben werden, ohne dass sie ihren Wohnsitz verlassen müssen. Tatsächlich jedoch lieben die Mittelständler im Südwesten ihre Cluster (gesprochen: „Klaschter"). Meistens jedenfalls. Zum einen befruchte das enge Geflecht aus

Zulieferern, Wettbewerbern und Ideengebern das eigene Geschäft, heißt es. Zum anderen gehört zu einem richtigen Cluster auch die eine oder andere Hochschule, die sich den Ausbildungswünschen der Unternehmen vor Ort öffnet. [...] Manche Cluster haben eine lange historische Tradition wie etwa die Medizintechnik in Tuttlingen oder die Feinwerktechnik rund um Villingen-Schwenningen, andere sind noch jung wie die Biotechnologie in Heidelberg. Doch manchmal platzt den Unternehmern auch der Kragen über das Verhalten im Cluster. Denn abgekupfert wird auch im Ländle gern – vor allem vom erfolgreichen Nachbarn am anderen Ende der Straße.

Aus: Holger Paul, Willkommen im Cluster-Ländle, in: www.faz.net/aktuell/beruf-chance/arbeitswelt/industriestandort-baden-wuerttemberg-13479926.html, 18.3.2015 (Zugriff: 1.12.2016)

M 3 Personalmangel in ländlichen Gebieten?

Flucht ins Ausland: Oberschwabens stark wachsende Biotechunternehmen können ihren Personalbedarf immer schwerer decken. Die Rentschler GmbH baut jetzt erstmals in Österreich.

Als Perle der baden-württembergischen Wirtschaft wird die Biotechregion Ulm und Oberschwaben immer wieder bezeichnet. Zum Verbund gehören zwölf Unternehmen mit aktuell rund 12 500 Beschäftigten. [...] Nun wird das Wachstum zunehmend durch den Mangel an Fachkräften bedroht, und das in einer Phase, in der mehrere Unternehmen millionenschwere Investitionen angeschoben haben. Bei Teva in Ulm beispielsweise laufen die Vorbereitungen zum Bau einer neuen, 300 Millionen teuren Biotechanlage. [...] Woher das Fachpersonal kommen soll, ist derzeit unklar. Ein Teva-Sprecher kündigt eine Erweiterung der Ausbildungsplätze an. [...] Der existierende Stellenmarkt wird als weitgehend erschöpft betrachtet. Rentschler in Laupheim geht – auch wegen des schwierig werdenden Stellenmarkts – erstmals den Schritt ins Ausland. [...] Die Zahl der eingehenden Bewerbungen bei Stellenausschreibungen gehe kontinuierlich zurück. [...] In der gesamten Region suche die Branche nach Personal (im biologisch-technischen und chemisch-technischen Bereich). [...] Rentschler-Chef Mathias sagt, sein Unternehmen präsentiere sich mittlerweile an Hochschulen von München über Karlsruhe bis Magdeburg. Die Personalsituation drohe zum limitierenden Faktor der Unternehmensplanung zu werden, denn der Boom der Biotechmedizin stehe erst am Anfang.

Aus: Rüdiger Bäßler, Wettbewerb um Mitarbeiter, in: www.stuttgarter-nachrichten.de/inhalt.biopharma-wettbewerb-um-mitarbeiter.8be57548-add4-4f8a-9a68-630185d44c21.html, 26.9.2016 (Zugriff: 18.7.2017)

M 4 Zusammen schwach – ein Kommentar

Industrielle Cluster, also regionale Ansammlungen aus branchengleichen Unternehmen, sind Gebilde zum Selbstruhm der Politik, sofern das Netzwerken der Firmen nicht zur Vermehrung von Aufträgen führt. [...] In Baden-Württemberg existieren [...] ruhmreiche Beispiele, wie ein Cluster allen Beteiligten nützen kann, zum Beispiel im *Medical Valley* von Tuttlingen. Dort produzieren unter anderem kleinere Spezialisten Nischenprodukte im Auftrag der großen Medizingerätehersteller [...]. Dass jetzt [...] der Laupheimer Mittelständler Rentschler ein Werk in Österreich baut, ist auch als Zeichen des Misstrauens gegenüber einem regionalen Arbeitsmarkt zu verstehen, in dem der Bewerbermangel zum limitierenden Faktor für weiteres Wachstum zu werden beginnt.
Für die Politik wird es Zeit, weniger zu rühmen und die Fachkräfteausbildung noch stärker zu fördern. Wenn das nicht gelingt, wird man zusehen müssen, wie bald schwäbische Biotechfirmen ihren Aufschwung ins Ausland verlagern. Das wäre eine Niederlage für den ganzen südwestdeutschen Industriestandort.

Aus: Rüdiger Bäßler, Zusammen schwach, in: Stuttgarter Zeitung, 26.9.2016

Aufgaben

1. Nenne Firmen aus deiner Region, die für den dortigen Cluster typisch sind (M 1).
2. Erkläre anhand von M 2 den Begriff Cluster.
3. Erläutere Chancen und Risiken von Clustern für Unternehmen (M 2).
4. a) M 3 und M 4 beschreiben aktuelle Probleme insbesondere in ländlichen Regionen. Stelle mögliche Maßnahmen von Unternehmen und Politik dar, die dich als zukünftigen Arbeitnehmer überzeugen würden, in der Region zu arbeiten. Hierzu könnten auch die Standortfaktoren auf S. 199 Hinweise geben.
   b) Beurteile deine Macht, auf die Gestaltung der Rahmenbedingungen Einfluss zu nehmen.
5. Untersuche auf *www.clusterportal-bw.de/regionen* die Besonderheit der Region, in der du lebst.
6. Beurteile die Bedeutsamkeit von regionalen Standortbedingungen.

4.4 Staat und Unternehmen – wie eng soll das Verhältnis sein?

M 1 Politik trifft Wirtschaft: die Bundeskanzlerin und eine Unternehmerin im Gespräch

Angela Merkel ist Bundeskanzlerin seit 2005; bei der Wahl 2017 trat sie erneut an.

Nicola Leibinger-Kammüller ist Vorsitzende der Geschäftsführung der Trumpf GmbH & Co. KG, einer Werkzeugmaschinenfabrik mit Sitz in Ditzingen bei Stuttgart.

Zitate aus: Wirtschaftswoche, 40/26.9.2016

Frau Bundeskanzlerin, Frau Leibinger-Kammüller, wann sind Sie sich beide eigentlich zuletzt begegnet?

Merkel: Ich glaube, das war bei einem Abendessen mit Unternehmerinnen und Unternehmern.

Leibinger-Kammüller: Genau. Und aus der Ferne haben wir uns noch beim letzten Wirtschaftsgipfel der Tageszeitung „Die Welt" in Berlin gesehen. Wir haben uns jedenfalls zugelächelt. Und bei der Hannover-Messe.

Das klingt nach sehr repräsentativen Treffen. Gibt es auch mal Treffen im kleinen Kreis, wo Sie richtig streiten?

Merkel: Ich bekomme es schon mit, wenn es in bestimmten Sachfragen hakt. Frau Leibinger-Kammüller ist ja eine Größe in Baden-Württemberg, und die baden-württembergischen Politiker erzählen mir, wenn der Haussegen schief hängt.

Sie waren ja auch beim Verband der Familienunternehmen im Juni. Da ist der Verbandsvorsitzende Brun-Hagen Hennerkes sehr fordernd aufgetreten und hat das damit begründet, dass die Familienunternehmen für eine Dreiviertelmillion Arbeitsplätze stehen. Sie haben erwidert, Deutschland habe insgesamt 43 Millionen Arbeitsplätze.

Merkel: Dass ich dort eine Rede gehalten habe und was ich in dieser Rede gesagt habe, hat klar ausgedrückt, dass ich die Familienunternehmen und ihre Anliegen sehr ernst nehme. Aber ich muss natürlich auch ab und an darauf hinweisen, dass die Bundesregierung ebenso andere Interessen zu berücksichtigen hat, die für Familienunternehmen oder einen Wirtschaftsverband nicht im Vordergrund stehen.

Frau Merkel, haben Sie denn je mit dem Gedanken gespielt, Unternehmerin zu werden?

Merkel: Ehrlich gesagt: nein. Mir ist höchstens, und das ist lange Zeit her, mal die Frage durch den Kopf gegangen, ein Café oder Restaurant zu betreiben.

Hat Frau Merkel das Zeug zu einer Unternehmerin?

Leibinger-Kammüller: Ja [...]. Weil sie entscheidungsstark ist. Weil sie mit unliebsamen Entscheidungen leben kann, die andere anfechten. Und weil sie enorm fleißig ist.

Bleibt die Frage, ob Frau Leibinger-Kammüller in die Politik passen würde.

Leibinger-Kammüller: Ich wäre wahrscheinlich längst im Gefängnis. Weil ich nicht die Contenance hätte, die man in der Politik haben muss, wenn man angefeindet wird. Das Wunderbare am Unternehmertum ist, dass man ab einem gewissen Punkt einfach entscheiden kann. Da gibt es natürlich gesetzliche Barrieren, es gibt bürokratische Hindernisse, den Betriebsrat. Aber wenn ich etwas will und die Idee stimmt, dann kann ich es durchsetzen. Das ist in der Politik ganz anders. Sie müssen viel mehr abstimmen. Und sie haben wenig Zeit zum Nachdenken.

Aus: „Da muss man Flagge zeigen", Interview von Miriam Meckel, in: Wirtschaftswoche, 26.9.2016, S. 14 ff.

M 2 Politik vor Ort

Ditzingen – Bundeskanzlerin Angela Merkel (CDU) hat Datenspionage durch den US-Geheimdienst verurteilt. Für die Wirtschaft müsse es verlässliche Rahmenbedingungen geben, und dazu gehöre, „dass man nicht ausspioniert wird – egal von wem", sagte die Regierungschefin am Dienstag beim Besuch des Maschinenbauers Trumpf in Ditzingen (Kreis Ludwigsburg). Die Unternehmen müssten ihr Know-how und ihr geistiges Eigentum schützen können, sagte sie nach einem Rundgang durch die Produktion des Unternehmens, das nach eigenen Angaben Weltmarktführer für Lasermaschinen und industrielle Laseranwendungen ist. Merkel lobte das innovative Familienunternehmen als „starkes Stück Deutschland". Der Maschinenbauer mit seinen etwa 10 000 Mitarbeitern steche mit einem reibungslosen Miteinander zwischen Beschäftigten und Unternehmensführung hervor. Die Physikerin ließ sich die unterschiedlichen Maschinen unter anderem von der Vorsitzenden der Geschäftsführung, Nicola Leibinger-Kammüller, präsentieren.

Mit Blick auf die wachsende Konkurrenz für Trumpf vor allem in Asien lobte Merkel den Erfindergeist des Herstellers von Werkzeugmaschinen, Lasern, Elektronik und Medizintechnik, der im Geschäftsjahr 2011/12 (30. Juni) 2,3 Milliarden Euro umsetzte. „Stillstand würde den Verlust der Position auf den Weltmärkten bedeuten." Auch hochqualifizierte Mitarbeiter wie die von Trumpf dürften nie ausschließlich auf ihre Erstausbildung vertrauen. „Das geht lebenslang immer weiter."

Merkel erhielt von einer jungen Industriemechanikerin als Gastgeschenk eine mit Laser beschriftete „Bundesvesperbox" mit süßem Inhalt für „Energie bei Wandern, Wagner und Wahlkampf". Die Kanzlerin war bereits 2001, damals in ihrer Funktion als CDU-Bundesvorsitzende, in dem Ditzinger Unternehmen zu Besuch. Anfang Juni dieses Jahres hatte auch der niederländische König Willem Alexander die Firma besichtigt.

Aus: Angela Merkel verurteilt Datenspionage (dpa/lsw), in: www.stuttgarter-zeitung.de/inhalt.besuch-bei-trumpf-in-ditzingen-angela-merkel-verurteilt-datenspionage.099c44cb-91d8-4af4-94b8-4606fdde51b1.html, 2.7.2013 (Zugriff: 1.12.2016)

Bundeskanzlerin Merkel beim Besuch des Maschinenbauers Trumpf in Ditzingen, links: Nicola Leibinger-Kammüller

M 3 Der Staat, das sind wir alle

Unternehmen drücken sich davor, eine politische Haltung zu entwickeln. Das ist unehrlich und falsch. Denn sie könnten, wenn sie sich richtig einmischten, unsere Demokratie stärken. [...] Unternehmen sind [...] politische Akteure – mittelbar und unmittelbar: Als Arbeitgeber und Innovatoren beeinflussen sie die Strukturen der Gemeinschaften, in denen sie operieren und deren Mitglieder sie sind. Vor allem gestalten sie massiv den Gesetzgebungsprozess mit. Sie tun dies durch die wachsende Zahl von Verbänden und Repräsentanzen oder ihre direkten Kontakte. Es wäre daher ehrlicher, das Kind beim Namen zu nennen und von *Corporate Political Responsibility*, kurz CPR, zu sprechen.

Noch aber gibt es erhebliche Abwehrreflexe. Unternehmer und Manager betrachten Politik als unansehnliches und schwer zu verstehendes Hauptstadtgeschäft und delegieren es an Verbandsfunktionäre oder Lobbyisten. Diese sind sehr aktiv. Aber die Firmen, in deren Auftrag sie handeln, verstecken sich im Hintergrund. Zu wenige Unternehmerpersönlichkeiten, die authentisch die legitimen Anliegen der Wirtschaft und die realen Verhältnisse in den Betrieben darstellen könnten, wagen sich aus der Deckung; sie fürchten einen Reputationsschaden.

Wie konnte das geschehen? Über viele Jahrzehnte war es eingeübt und bequem, Politik als Parteipolitik zu definieren, mit der man nichts zu tun hat – vor allem solange die Geschäfte gut laufen. Schließlich verlangten die Unternehmen selbst möglichst wenig Einflussnahme vonseiten der Politik. Und wenn sie doch mal ein politisches Anliegen hatten, dann verbannten sie Gespräche darüber ins Hinterzimmer.

Unternehmensvertreter fühlen sich von Politik, Medien und Teilen der Bevölkerung bis heute unverstanden. Die Klage lautet, dass diese die fruchtbare Rolle der Wirtschaft nicht anerkennen. Und tatsächlich existiert noch immer ein ideologisch geprägter, antikapitalistischer Reflex, der Unternehmen verunsichert. [...]

Vor allem aber haben Unternehmensvertreter Probleme, politisch zu denken und eine klare, konsistente Haltung zu vertreten und diese zu kommunizieren. Sie erkennen die Chance einer stärkeren gesellschaftspolitischen Verankerung nicht und unterschätzen, dass Rechtsstaatlichkeit, Sicherheit, ein funktionierendes Gemeinwesen und gut ausgebildete Menschen das Fundament sind, auf dem sie Geschäfte machen. Auch bleibt ihnen der Konsument als politisches Wesen fremd, das sich im Internetzeitalter zunehmend besser informiert und emanzipiert. [...]

Unternehmen verfügen über vielfältige Ressourcen, die sie sowohl für die eigenen Interessen als auch für das Gemeinwohl verantwortungsbewusst einsetzen können. Einzelne Unternehmen tun dies bereits: Microsoft arbeitet mit der US-Regierung daran, illegale Botnetze aufzudecken; automatisierte Computerprogramme, mit denen Hacker die Rechner von nichts ahnenden Nutzern kapern. Microsoft kümmert sich so um seinen Marktplatz. Aber eben auch ums Gemeinwohl.

Von diesem Spagat hängt der Erfolg eines CPR-Konzepts entscheidend ab. Unternehmen müssen die Balance zwischen Unternehmens- und Gesellschaftsinteressen finden. Hierzu sollten Kriterien entwickelt werden, zu denen vor allem der Respekt vor dem Staatsmonopol zählt; Kernbereiche wie innere und äußere Sicherheit und Bildung obliegen dem Staat und können nur mit dessen Erlaubnis an private Unternehmen übertragen werden. Ein weiteres Kriterium müsste die Offenheit regeln: Wenn ein Unternehmen politische Interessen hat, sollte es diese im Sinne eines verantwortungsvollen Lobbyings transparent darlegen. [...] Richtig verstanden, würde *Corporate Political Responsibility* auch zur Stärkung der Demokratie und damit der Politik insgesamt beitragen. Bürger sind gleichzeitig Konsumenten und Wähler, haben aber den Eindruck, dass die Politik der Wirtschaft nur noch hinterherhechelt. Diese Wahrnehmung mag schief sein. Doch sie gefährdet die Glaubwürdigkeit unserer Demokratie. Umso wichtiger sind eine aktive politische Haltung und konkrete gesellschaftliche Beiträge von Unternehmen. Getreu dem Motto: Der Staat, das sind wir alle!

Aus: Johannes Bohnen, Der Staat, das sind wir alle, in: Enorm Magazin, 2/15, S. 62 ff. (Hervorhebungen ergänzt)

M 4 Alternative Textarbeit: durch Entschlüsselung zentraler Begriffe zur Zusammenfassung

Arbeitgeber – Innovatoren – Verbände – Repräsentanzen – Corporate Political Responsibility – Verbandsfunktionäre – Lobbyisten – Unternehmenspersönlichkeiten – legitime Anliegen – Reputationsschaden – konsistente Haltung – gesellschaftspolitische Verankerung – Rechtsstaatlichkeit – Sicherheit – funktionierendes Gemeinwesen – Konsument – Gemeinwohl – Unternehmensinteressen – Gesellschaftsinteressen – Staatsmonopol – verantwortungsvolles Lobbying – transparent

M 5 Analysestern zum Verhältnis Staat – Unternehmen

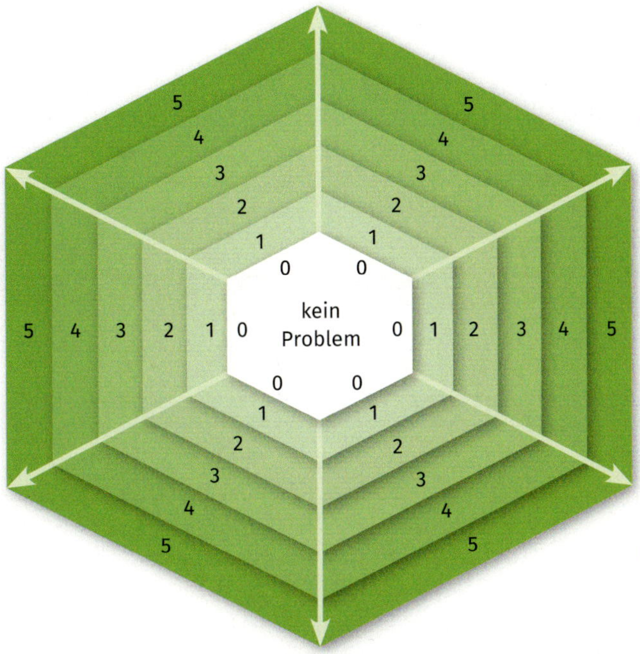

Aufgaben

1. Beschrifte die Sprechblasen in M 1 alternativ: Was könnte die Unternehmerin von der Bundeskanzlerin erwarten, was könnte die Bundeskanzlerin von der Unternehmerin erwarten?
2. Stell dir vor, du wärst in deiner Zukunft vor die Wahl gestellt, ein Unternehmen zu führen oder ein bedeutsames politisches Amt auszuüben. Begründe, wofür du dich entscheiden würdest. Verwende dazu die Begriffe Macht, Einfluss und Interesse.
3. Charakterisiere das Verhältnis von Staat und Wirtschaft, das sich in dem Gespräch M 1 und im Bericht M 2 darstellt.
4. Erkläre die Begriffe aus der Liste M 4 mithilfe eines Wörterbuchs und gestalte anschließend eine Zusammenfassung von M 3.
5. a) Begründe in den Fällen von M 5, ob Staat und Unternehmen kooperieren sollten.
   Das Schaubild ist wie folgt zu lesen: 0 = Kooperation ist problemlos.
   5 = Kooperation geht zu weit.

   b) Erörtere, ob Unternehmen und der Staat eng kooperieren sollten.

M 1 Geschichte des Fahrrads

1818
Draisine
Karl von Drais
Deutschland

1830
zweirädriges Veloziped
Thomas McCall
Schottland

1860
Kurbelveloziped
Pierre Michaux
Frankreich

1870
Hochrad
James Starley
Frankreich

1885
„safety bicycle" (Sicherheitsrad)
John Kemp Starley

1960er
Rennrad
–
USA

Mitte der 1970er
Mountainbike
–
USA

M 2 Fahrradrenaissance

Die Geschichte des Fahrrads ist von einem stetigen Bedeutungswandel geprägt. Motorisierung und das Wirtschaftswunder nach dem Zweiten Weltkrieg drängten es ins Abseits, viele Fahrradfabriken mussten schließen. Zur Existenzsicherung setzte die Fahrradindustrie auf die Produktion von Klapprädern oder Kinder- und Jugendfahrrädern wie dem „Bonanzarad". Die Ölpreiskrise 1973 führte jedoch eine Wende herbei: Angesichts der Erkenntnis, dass fossile Brennstoffe endlich sind und den Städten Verkehrsinfarkte drohen, gründeten sich die neue soziale und politische Bewegung wie die Partei „Die Grünen". Die Fitnessbewegung aus den USA erreichte in den 1980er-Jahren Europa und das Fahrrad wurde wieder zum beliebten Fortbewegungsmittel. Zudem erfreut es sich heute hoher Wertschätzung als modisches Accessoire und Ausdrucksmittel eines individuellen Lebensstils. Zugleich steht es im Fokus von Städteplanern und Ökologen bei der Suche nach einer Lösung für das hohe Verkehrsaufkommen in urbanen Zeiten.

Aus: Landesmuseum für Technik und Arbeit Mannheim. 2 Räder – 200 Jahre Freiherr von Drais und die Geschichte des Fahrrads, Mannheim/ Darmstadt: Technoseum, Theiss Verlag, 2016, S. 298

M 3 Urban Bike

M 4 E-Bike

M 5 RadKULTUR Baden-Württemberg

Die Initiative RadKULTUR des Ministeriums für Verkehr Baden-Württemberg macht die Begeisterung des Radfahrens vor Ort erlebbar, fördert den Spaß am Fahren und motiviert die Menschen, in ihrem Alltag ganz selbstverständlich aufs Rad zu steigen.

Sie zeigt den Bürgerinnen und Bürgern die Vorteile des Fahrrads als unkompliziertem Verkehrsmittel im Alltag auf und möchte so zur dauerhaften Veränderung des Mobilitätsverhaltens beitragen. Damit soll der Anteil des Radverkehrs am Gesamtverkehr im Land langfristig gesteigert werden – ein wichtiger Schritt für Baden-Württemberg. Denn das Land soll zum Wegbereiter einer modernen und nachhaltigen Mobilität der Zukunft werden.

Die Initiative lädt zum Mitmachen und direkten Erleben ein: Gemeinsam mit den vom Land geförderten RadKULTUR-Kommunen und weiteren Partnern bietet sie ein vielfältiges Programm. Wettbewerbe, Veranstaltungen, Mitmach-Aktionen und nützliche Service-Angebote in ganz Baden-Württemberg machen den Spaß am Fahren und den Nutzen des Radfahrens erlebbar. Hier erfahren Sie mehr über aktuelle Aktionen und Angebote der Initiative RadKULTUR.

Aus: Initiative RadKULTUR des Ministeriums für Verkehr Baden-Württemberg, Einfach fahren!, www.radkultur-bw.de/die-initiative (Zugriff: 1.12.2016)

Aufgaben

1. Erläutere mithilfe von Fachbegriffen, warum die Erfindung des Fahrrads (M 1) eine Innovation war.
2. Beschreibe mithilfe von M 2, welche Entwicklungen die Unternehmen der Fahrradproduktion beeinflusst haben.
3 Erkläre am Beispiel eines Urban-Bikes (M 3) oder eines E-Bikes (M 4), wie der Weg von der Idee zum Produkt erfolgt sein könnte. Gestalte dies in einem Schaubild.
4. a) Untersuche mithilfe einer Internetrecherche (z. B. *www.fahrradhersteller-verzeichnis.de*), wo Fahrradproduzenten in Baden-Württemberg zu finden sind. Erstelle dazu eine regionale Landkarte.
   b) Erkläre, welche regionalen Standortbedingungen für Fahrradproduzenten bedeutsam sein könnten.
5. a) Erkläre, welchen Einfluss eine staatliche Initiative wie die in M 5 auf die Produktion von Fahrrädern haben kann.
   b) Beurteile, ob Politiker aktiv werden sollten, um den Standort Baden-Württemberg für Produzenten von Fahrrädern attraktiv zu machen.

Webcode WES-116435-407 Vorlage einer Karte von Baden-Württemberg (zu Aufgabe 4 a) Webcode WES-116435-408 Lösungen zum Kompetenzcheck

Unternehmen, ärgere dich nicht!

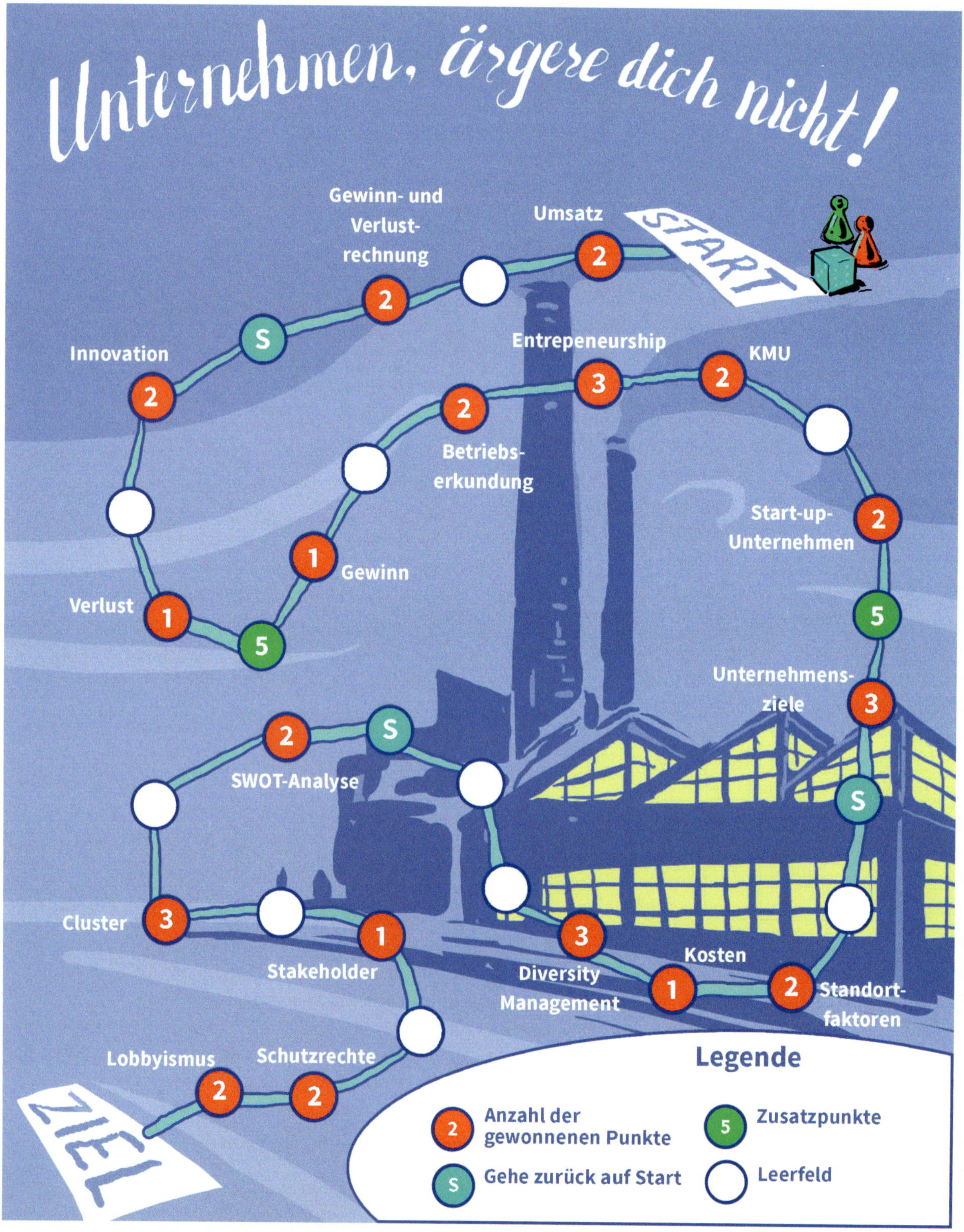

Erklärungen

❶ Bezeichnung von Unternehmen, die nach bestimmten Merkmalen unterschieden werden: Mittlere Unternehmen haben nach einer Definition der EU höchstens 250 Mitarbeiter und erwirtschaften weniger als 50 Mio. € Umsatz im Jahr, kleine Unternehmen haben maximal 50 Beschäftigte und erwirtschaften maximal 10 Mio. € im Jahr.
❷ eine spezifische Form von Unternehmen, bei der kreativ Marktnischen entdeckt und dazu Ideen für ein neues Geschäftsmodell entwickelt werden
❸ Analyse eines Unternehmens nach Stärken, Schwächen, Chancen und Risiken
❹ junge Unternehmen, die versuchen, mit einer innovativen Idee einen besonders großen Erfolg zu erzielen
❺ Die allgemeinen Ziele eines Unternehmens, die seiner Geschäftstätigkeit zugrunde liegen; ein Unternehmen kann ökonomische, soziale und ökologische Ziele haben.
❻ Der Besitzer eines Schutzrechtes hat die Möglichkeit, seine Produkt- oder Verfahrensidee allein zu vermarkten. Es gibt unterschiedliche Schutzrechte wie Patente oder Gebrauchsmuster.
❼ Alle Gruppen, die von den Tätigkeiten eines Unternehmens betroffen sind: Zu den Anspruchsgruppen gehören z. B. Eigentümer, Arbeitnehmer, Zulieferer, Kunden und der Staat.
❽ Unternehmen öffnen ihren Betrieb für interessierte Kunden oder Bürger, die sich gezielt über die Abläufe im Unternehmen informieren möchten.
❾ der Wert, den man durch den Verkauf eines Produktes oder einer Dienstleistung erlöst
❿ positive Differenz zwischen Umsatz und Kosten
⓫ negative Differenz zwischen Umsatz und Kosten
⓬ eine Personalpolitik, die die Vielfalt und Unterschiedlichkeit von Menschen produktiv nutzt
⓭ Merkmale, die entscheidend dafür sind, wo ein Unternehmen Produktionsstätten oder einzelne Unternehmensteile ansiedelt
⓮ Einsatz von Werten, um eine Leistung zu erstellen; es werden verschiedene Kostenarten unterschieden, wie etwa fixe Kosten und variable Kosten.
⓯ neue Produkte, Dienstleistungen oder Verfahren, die aufgrund von Veränderungen in Gesellschaft, Technik oder Wissenschaft von Unternehmen entwickelt werden
⓰ Unternehmen und Stakeholder bilden Netzwerke, um die wirtschaftliche Situation in einer Region zu verbessern.
⓱ Einflussnahme von Unternehmen oder organisierten Interessengruppen auf politische Entscheidungen
⓲ die Darstellung von Umsätzen und Aufwänden, um den Gewinn bzw. den Verlust zu berechnen

Anleitung

Du hast mehrere Möglichkeiten, die Fachbegriffe spielerisch zu wiederholen. Dazu benötigst du einen Würfel und Spielfiguren.

Variante 1: Spiel allein. Ordne einem Begriff jeweils die richtige Erklärung zu. Spielst du mehrere Runden, erreichst du mit Glück immer höhere Werte.

Variante 2: Spielt zu zweit, dritt oder viert.
a) *Niedrigerer Schwierigkeitsgrad:* Deckt die Erklärungen nicht ab. Wenn du auf ein Fragefeld kommst, ordne den jeweiligen Begriff der richtigen Erklärung zu.
b) *Höherer Schwierigkeitsgrad:* Deckt die Erklärungen ab. Wenn du auf ein Fragefeld kommst, musst du den Begriff sinngemäß kennen.
Gewonnen hat in beiden Varianten, wer am meisten Punkte erreicht hat.
Die Mitspieler/innen kontrollieren jeweils die richtige Antwort.

Variante 3: Wenn ihr möchtet, könnt ihr die Begriffe auch traditionell lernen. Gebt dazu den unten stehenden Webcode unter *www.westermann.de/webcodes* ein. Dort findet ihr auch die Lösungen für Variante 1 und 2.

Webcode WES-116435-409 Lösungen zu den Fachbegriffen

V.

WIRTSCHAFTSBÜRGER

„Ökono-Muh!“ – Wirtschafts- und Gesellschaftsformen im kuh-mödiantischen Überblick

Sozialismus:
Du besitzt zwei Kühe. Dein Nachbar besitzt keine. Die Regierung beschlagnahmt beide Kühe und verkauft dir die Milch. Du stehst stundenlang für die Milch an. Sie ist sauer.

Sozialdemokratie:
Du besitzt zwei Kühe. Dein Nachbar besitzt keine. Du fühlst dich schuldig, weil du erfolgreich arbeitest. Du wählst Leute in die Regierung, die deine Kühe besteuern. Das zwingt dich, eine Kuh zu verkaufen, um die Steuern bezahlen zu können. Die Leute, die du gewählt hast, nehmen dieses Geld, kaufen eine Kuh und geben diese deinem Nachbarn. Du fühlst dich rechtschaffen. Udo Lindenberg singt für dich.

Liberalismus:
Du besitzt zwei Kühe. Dein Nachbar besitzt keine. Na und?

Kapitalismus:
Du besitzt zwei Kühe. Du verkaufst eine und kaufst einen Bullen, um eine Herde zu züchten.

Europäische Marktwirtschaft/Bürokratie:
Du besitzt zwei Kühe. Im ersten Jahr erhältst du eine Subvention, um dir eine dritte Kuh zu kaufen. Im zweiten Jahr werden Milchquoten festgelegt und du bezahlst ein Bußgeld wegen Überproduktion. Im dritten Jahr bezahlt man dir eine Prämie, wenn du die dritte Kuh schlachtest.

Postkapitalismus:
Du besitzt zwei Kühe, die du aber entlassen musst. Milch bekommst du jetzt aus dem Ausland.

Umweltökonomie:
Du besitzt zwei Kühe. Die Regierung verbietet dir, sie zu melken oder zu töten.

Gutmenschentum:
Du besitzt zwei Kühe, dein Nachbar hat keine. Ab und zu schenkst du deinem Nachbarn ein Glas Milch. Du beschwerst dich, dass niemand deinem Nachbarn eine Kuh schenkt.

Kapitalgesellschaft:
Du besitzt zwei Kühe. Du verkaufst eine und least sie zurück. Du gründest eine Aktiengesellschaft. Du zwingst die beiden Kühe, das Vierfache an Milch zu geben. Du wunderst dich, als eine tot umfällt. Du gibst eine Presseerklärung heraus, in der du erklärst, du hättest deine Kosten um 50 % gesenkt. Deine Aktien steigen.

Methode

Cleavage-Modell

Dieser Ansatz geht davon aus, dass in einer Gesellschaft bestimmte, grundlegende Konfliktlinien (engl.: *cleavage* = Kluft) vorliegen, anhand derer sich Willensbildung vollzieht. Unterschiedliche Positionen werden in einem Koordinatensystem entlang dieser grundsätzlichen, auf gesellschaftlichen Interessens- bzw. Wertekonflikten basierenden Konfliktlinien verortet.

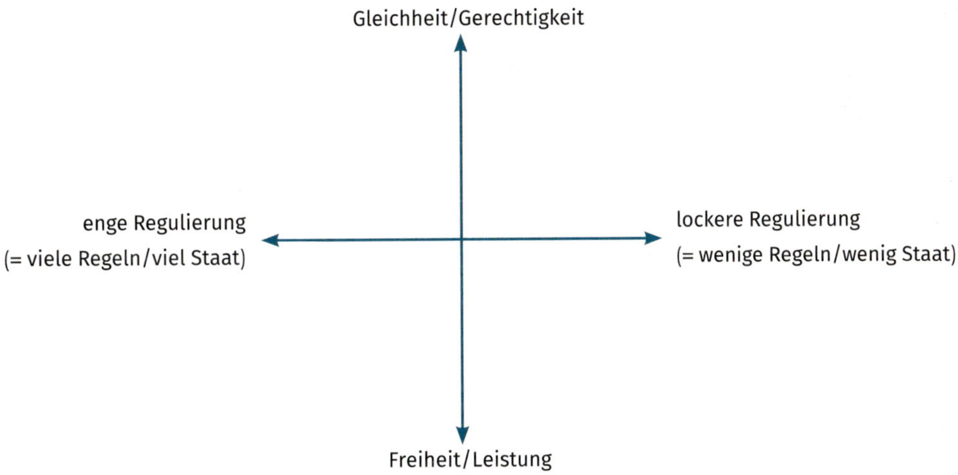

Aufgaben

1. Suche dir die Wirtschafts- und Gesellschaftsform aus, die dich am ehesten anspricht, und begründe deine Auswahl.
2. Ordne die als Kühe dargestellten Wirtschaftsordnungen hinsichtlich ihrer unterschiedlichen Ziele und Regeln in das Cleavage-Modell ein.
3. a) Gestaltet in Partnerarbeit selber einen „Ökono-Muh"-Eintrag zu eurer idealen Wirtschaftsordnung.
   b) Ordnet eure ideale Wirtschaftsordnung in das Cleavage-Modell ein.

STOPPT
FREIHANDELSABKOMMEN!

Claudia Wagner geht zur Demonstration

Familie Wagner sitzt Samstagmorgen am Frühstückstisch. Mutter Claudia kündigt an, heute Mittag auf die Anti-Freihandels-Demonstration nach Stuttgart zu fahren.

Frau Wagner: Wir protestieren gegen das Freihandelsabkommen ZeroZoll – sonst bestimmen hier bald nur noch die Großkonzerne, wie wir arbeiten, wie viel wir verdienen – und was wir zum Frühstück essen!
Herr Wagner: Wie kannst du nur?! Denk doch mal an unsere eigene Firma TOLTEKEN! Wie wir davon profitieren, wenn wir noch mehr Kunden gewinnen oder billiger für unsere Produktion einkaufen können.
Louisa: Hä, was haben Freihandelsabkommen mit deiner Firma zu tun? Und was, bitte schön, bringen Mamas Demonstrationen?!
Tim: Beides 'ne ganze Menge!
Herr Wagner: Also ich versteh die ganze Aufregung nicht. Was kann an freiem Handel mit ausländischen Firmen und auch an wirtschaftlicher Zusammenarbeit zwischen Staaten denn so schlecht sein? Lasst doch uns Unternehmer einfach in Ruhe und Freiheit unsere Geschäfte und Gewinne machen – dann könnt ihr Mädels auch viel billiger einkaufen und habt eine größere Auswahl.
Tim: Na ja, Papa, es ist schon wichtig, gerade auch die Lage der Schwächeren zu berücksichtigen. Und deshalb braucht es Regeln. Es ist doch eindeutig, wie durch Regeln wie den Mindestlohn oder Ökostrom-Prämien das Handeln bestimmt wird.
Louisa: Keine Ahnung! Aber, Mama, gibt's denn nicht auch noch coolere Möglichkeiten, deine Meinung zu äußern, außer Demos?
Tim: Ja, genau, denn wenn du gegen den Freihandel demonstrierst, dann läufst du ja gemeinsam mit denen, die Deutschland vom Rest der Welt abschotten wollen und am liebsten nur noch deutsche Waren auf den Märkten sehen möchten!
Frau Wagner: Liebe Leute, ihr könnt gerne weiter diskutieren, aber ich geh jetzt mal die Welt retten!

Aufgaben

1. Formuliere in eigenen Worten, welche Themen und Fragen der Frühstücksdiskussion zugrunde liegen, und stelle grafisch dar, welche Positionen zu dieser Frage hier deutlich werden.
2. Stelle dar, welche Auswirkungen von Freihandelsabkommen auf welche Akteure hier behauptet werden. III
3. Ordne die unterschiedlichen Positionen der Frühstücksrunde in das Cleavage-Modell auf S. 219 ein.

1. Welche Wirtschaft wollen wir?

„Stunde Null" – ein Gedankenexperiment

a) Ausgangssituation

In einem Dorf existieren nach dem Zusammenbruch des bisherigen Wirtschaftssystems und der staatlichen Ordnung fünf Bauernhaushalte. Aufgrund der dramatischen Krise ist ihre wirtschaftliche Lage sehr schlecht.

Jeder Bauernhaushalt hat nur noch für vier Tage Lebensmittel. Auch ist es an der Zeit, die Felder zu bestellen, die Bauernhaushalte haben jedoch keine Ackergeräte und Werkzeuge, kein Saatgut, kein Jungvieh und auch keine Hühner mehr …

Zur Überwindung der Notlage wurde jedem Haushalt über die ferne Notregierung ein Startkapital von 100 Währungseinheiten übermittelt.

Kurz nach der Währungsausgabe findet an einem Mittwoch ein Spontanmarkt statt, auf dem einige fahrende Händler (je nach Größe der Klasse vier bis fünf) jeweils eine Auswahl an Waren anbieten. Der nächste Markt wird frühestens wieder in vier Wochen stattfinden, sodass die Anbieter auf ein gutes Geschäft hoffen. Einheitliche feste Preise sind nicht vorgegeben. Die Händler wollen „sehen, was drin ist".

b) Ablauf des Planspiels

1. Vorbereitung

Teilt die Rollen auf. Außerdem werden ein bis zwei von euch zu Marktbeobachtern ernannt, die den Spielverlauf dokumentieren, und ein/e Spielleiter/in (in der Regel Lehrer/in) bestimmt, die/der den Ablauf des Spiels strukturiert und unterstützt.

Lest eure Rollenkarte jeweils sorgfältig durch und nehmt dann eure Plätze auf dem Markt ein: die Händler so, dass sie einander nicht sehen können, z. B. in den vier Ecken des Klassenraumes mit dem Rücken zur Mitte, die Bauern anfangs z. B. in der Mitte des Raumes. Zwischen den Händlern besteht während des Spiels außerdem Kontaktverbot, nicht aber zwischen den Bauernhaushalten.

2. Handel auf dem Markt

Nun haben die Bauern ein bestimmtes Zeitfenster (z. B. 10 oder 15 Minuten) zur Verfügung, in dem sie versuchen, bei den Händlern möglichst günstig einzukaufen, während die Händler probieren, den für sie besten Preis herauszuholen.

Das Spielgeschehen wird durch die Marktbeobachter erkundet und in seinen wesentlichen Abläufen und Ereignissen festgehalten. Spielprobleme und Spielende werden durch den Spielleiter nach Rücksprache mit den Marktbeobachtern entschieden.

3. Auswertung

In der Reflexionsphase berichten zunächst die Marktbeobachter über ihre Ergebnisse. Sie leiten auch die weitere Auswertung, in der die Bauernhaushalte mittels ihrer „Einkaufslisten" und die Händler mittels ihrer „Inventur" zu diesen Fragen reflektieren: Wer erreichte was? Welche Schwierigkeiten und Möglichkeiten bot dieser Markt? Welche Regeln könnten zu einem besseren/idealen Ergebnis führen?

Mögliche Spielvarianten

A. Es erfolgt eine ungleiche Verteilung des Geldes unter den Bauernhaushalten.

B. Staatliche Eingriffe:
- Es werden Höchstpreise für bestimmte Waren festgelegt.
- Es erfolgt eine Rationierung der Waren pro Haushalt.
- Es wird mehr Geld verteilt.

c) Rollenkarten

Händler A

- Der Händler besteht aus 1 bis 2 Personen.
- Ihr bietet folgende Waren zum Verkauf an: 6 Hacken, 4 Sensen, 5 Äxte, 100 Nägel, 15 Meter Kleiderstoff, 100 Meter Zwirn.
- Überlegt euch für jede eurer Waren einen Preis, z. B. pro Stück, pro Meter, pro Kilo oder Gramm.
- Es ist euch erlaubt, mit den Bauern über die Preise zu verhandeln.
- Im Anschluss an den Markt führt ihr eine Inventur durch: Was konnte verkauft und eingenommen werden und was nicht? Welche Schwierigkeiten bot dieser Markt?

Händler B

- Der Händler besteht aus 1 bis 2 Personen.
- Ihr bietet folgende Waren zum Verkauf an: 10 Kilo Mehl, 8 Kilo Dörrfleisch, 100 Kilo Speisekartoffeln, 4 Kilo Speisefett, 500 Gramm Pfeifentabak, 5 Tafeln Schokolade.
- Überlegt euch für jede eurer Waren einen Preis, z. B. pro Stück, pro Meter, pro Kilo oder Gramm.
- Es ist euch erlaubt, mit den Bauern über die Preise zu verhandeln.
- Im Anschluss an den Markt führt ihr eine Inventur durch: Was konnte verkauft und eingenommen werden und was nicht? Welche Schwierigkeiten bot dieser Markt?

Händler C

- Der Händler besteht aus 1 bis 2 Personen.
- Ihr bietet folgende Waren zum Verkauf an: 4 Jungschweine, 7 legefähige Hühner, 10 Kilo Saatgetreide, 20 Kilo Rübensetzlinge, 40 Kilo Salatkartoffeln.
- Überlegt euch für jede eurer Waren einen Preis, z. B. pro Stück, pro Meter, pro Kilo oder Gramm.
- Es ist euch erlaubt, mit den Bauern über die Preise zu verhandeln.
- Im Anschluss an den Markt führt ihr eine Inventur durch: Was konnte verkauft und eingenommen werden und was nicht? Welche Schwierigkeiten bot dieser Markt?

Händler D

- Der Händler besteht aus 1 bis 2 Personen.
- Ihr bietet folgende Waren zum Verkauf an: 10 Kilo Mehl, 8 Kilo Dörrfleisch, 100 Kilo Speisekartoffeln, 4 Kilo Speisefett, 500 Gramm Pfeifentabak, 5 Tafeln Schokolade.
- Überlegt euch für jede eurer Waren einen Preis, z. B. pro Stück, pro Meter, pro Kilo oder Gramm.
- Es ist euch erlaubt, mit den Bauern über die Preise zu verhandeln.
- Im Anschluss an den Markt führt ihr eine Inventur durch: Was konnte verkauft und eingenommen werden und was nicht? Welche Schwierigkeiten bot dieser Markt?

Händler E (nur bei Bedarf)

- Der Händler besteht aus 1 bis 2 Personen.
- Ihr bietet folgende Waren zum Verkauf an: 4 Jungschweine, 7 legefähige Hühner, 10 Kilo Saatgetreide, 20 Kilo Rübensetzlinge, 40 Kilo Salatkartoffeln.
- Überlegt euch für jede eurer Waren einen Preis, z. B. pro Stück, pro Meter, pro Kilo oder Gramm.
- Es ist euch erlaubt, mit den Bauern über die Preise zu verhandeln.
- Im Anschluss an den Markt führt ihr eine Inventur durch: Was konnte verkauft und eingenommen werden und was nicht? Welche Schwierigkeiten bot dieser Markt?

Bauernhaushalte (insgesamt ca. 5)

- Jeder Bauernhaushalt besteht aus einer Gruppe von 1 bis 3 Personen.
- Euer Ziel ist es, auf dem Markt möglichst günstig einzukaufen. Überlegt euch bereits im Vorfeld, welche Arten von Waren ihr am dringendsten benötigt. Bedenkt, dass ihr nur 100 Währungseinheiten zur Verfügung habt.
- Wenn ihr auf dem Markt seid, verschafft euch einen Überblick über das vorhandene Angebot. Es ist euch erlaubt, mit den Händlern über den Preis zu verhandeln.
- Erstellt im Anschluss an den Markt einen Einkaufsplan: Was konnte zu welchen Preisen erworben werden und was nicht? Welche Schwierigkeiten bot dieser Markt?

Nach: Rolf Prim, Freie Marktwirtschaft im Klassenzimmer – Ein exploratives Simulationsspiel, in: Informationen zu Arbeit, Wirtschaft, Technik (AWT-Info), 13. Jahrgang (1994), Heft 1, S. 21–31, © 1994 Rolf Prim, Schlier; zitiert nach: www.sowi-online.de/praxis/methode/freie_marktwirtschaft_klassenzimmer_ein_exploratives_simulationsspiel.html (Zugriff: 3.7.2018) (verändert)

d) Zum Vergleich: die Wirtschaftsordnung in der DDR zwischen 1949 und 1989

Die Deutsche Demokratische Republik wurde im Jahr 1949 gegründet und war in den 41 Jahren ihres Bestehens ein sozialistischer Staat, welcher seine Wirtschaft nach den Prinzipien der Zentralverwaltungswirtschaft ausrichtete. Auf der Basis des gesamtgesellschaftlichen Eigentums an den Produktionsmitteln kam dem Staat die Funktion zu, den gesamten Wirtschaftsprozess zentral zu planen, zu steuern und zu kontrollieren.
Es gibt in der Zentralverwaltungswirtschaft keinen freien Wettbewerb auf den Warenmärkten, sondern Angebot und Nachfrage werden mit solchen Mitteln wie zentral festgelegten Preisen, Kontingentierung von Mangelware [z. B.Pkw] und zentral festgelegten Löhnen geregelt.

Nach: Zentralverwaltungswirtschaft am Beispiel der ehemaligen DDR, in: www.lernhelfer.de/schuelerlexikon/geografie/artikel/zentralverwaltungswirtschaft-am-beispiel-der-ehemaligen-ddr (Zugriff: 24.8.2017) (verändert)

Aufgaben

1. Führt das Rollenspiel mit verteilten Rollen durch.
2. Analysiert das Kauf- und Verkaufsverhalten anhand der Einkaufs- bzw. der Inventurlisten im Hinblick darauf, ob die jeweiligen Ergebnisse auf lange Sicht nachhaltig und erfolgreich waren. Nutzt für diese Analyse auch die Kenntnisse, die ihr zu Anbieter und Nachfrager erworben habt.
3. Vergleicht die jeweiligen Interessen von Anbietern und Nachfragern und überprüft, inwiefern dieser Handel vom Staat gesteuert oder gelenkt werden sollte.
4. „Welche Wirtschaft wollen wir?": Erstellt in Gruppen von jeweils vier Personen eine von den Erfahrungen dieser Simulation ausgehende Wirtschaftsordnung nach folgenden Kriterien:

Beispiele / Kriterien/ Möglichkeiten	Bundesrepublik Deutschland	Deutsche Demokratische Republik (DDR)	mögliche Varianten
Eigentumsformen („Eigentum und Verfügung")	Privateigentum	Gemeinschaftsbesitz	
Preisbildung („Planung und Lenkung")	durch das freie Spiel von Angebot und Nachfrage; Preise werden ausgezeichnet.	Preise werden vom Staat festgelegt.	Preisabsprachen von Verkäufern (Kartell)
Wettbewerb („Motivation und Anreiz")	(staatlich geförderter und gesicherter) freier Wettbewerb	(Staats-)Monopole	
Umgang mit ökonomisch Schwachen	z. B. Ausgleich zugunsten von Schwachen	Ziel einer möglichst gleichen Einkommensverteilung	keine besondere Rücksicht auf Schwächere

5. Fächergrenzen überwinden (Geschichte): Überprüft mithilfe eurer Kenntnisse aus dem Geschichtsunterricht, zu welchen Ergebnissen die unter d) charakterisierte Wirtschaftsordnung in der Realität geführt hat.

2. Soziale Marktwirtschaft – zwischen Gerechtigkeit und Effizienz

2.1 Wie gerecht geht es in Deutschland zu?

M 1 Wer bekommt das größte Stück?

Du bist auf dem Geburtstag deines jüngeren Cousins eingeladen und hast die Aufgabe, den leckeren, aber etwas klein geratenen Geburtstagskuchen zu verteilen. Er hat vier Freunde eingeladen, zusammen mit dem Geburtstagskind sind es also fünf Kinder. Alle Kinder haben unbegrenzt viel Appetit auf diesen Kuchen. Was würdest du tun?

Autorentext

M 2 Gerechtigkeit – was ist das?

Der Begriff Gerechtigkeit wird häufig in ethischen und politischen Debatten benutzt, um Fakten einzuordnen und Forderungen zu formulieren. Dabei lassen sich u. a. folgende vieldeutige Gesichtspunkte von Gerechtigkeit unterscheiden:

- Chancengerechtigkeit („jedem dieselben Ausgangsvoraussetzungen")
- Leistungsgerechtigkeit („jedem nach seiner Leistung")
- Bedarfsgerechtigkeit („jedem nach seinen Bedürfnissen")
- Ergebnisgerechtigkeit („jedem das Gleiche")
- Generationengerechtigkeit („keine Vorteile auf Kosten einer anderen Generation")

Autorentext → Löhne und Gerechtigkeit, S. 155, M 7

M 3 Gelegenheit macht Liebe

Als Ursula vor mehr als 30 Jahren Ferdinand kennenlernte, da war sie Kindergärtnerin und er Großverdiener. Sie wurde zunächst Gouvernante im Haushalt von Ferdinand, kümmerte sich um seine Kinder. Nicht einmal drei Jahre später heirateten beide.
Antje und Sven haben sich vor einigen Jahren im Zahnmedizinstudium kennengelernt, beide sind erfolgreich, wurden Doktoren, fanden gute Jobs. Beide verdienen gut und leben in einer großen Mietwohnung in einem schicken Hamburger Stadtteil.
Der eine heiratet das Kindermädchen, der andere kommt mit seiner Kommilitonin zusammen. Ursula und Ferdinand, Antje und Sven – diese beiden Beispiele zeigen eine Entwicklung: Menschen heiraten in westlichen Gesellschaften immer öfter Menschen mit gleichem Bildungshintergrund

oder ähnlichem Verdienst. Der Arzt heiratet nicht mehr die Krankenschwester – er heiratet eine Ärztin.

Diese Entwicklung hat einen Nebeneffekt: Der soziale Aufstieg durch Heirat wird immer schwieriger – und das verringert die Aufstiegschancen generell. Sogar die steigende Einkommensungleichheit in westlichen Gesellschaften lässt sich zum Teil mit dem veränderten Heiratsverhalten erklären. Eine Untersuchung von Hunderttausenden US-Paaren zwischen 1960 und 2005 brachte die Erkenntnis, dass die soziale Mobilität durch sogenannte homosoziale Ehen in der Gesellschaft ab- sowie die Ungleichheit der Haushalte in Sachen Einkommen zunimmt. [...]

In Deutschland gibt es Studien, die folgende Entwicklung nahelegen: „Der Anteil der aufwärtsheiratenden Frauen hat über die Generationen hinweg deutlich abgenommen", schreiben etwa die Soziologen Hans-Peter Blossfeld und Andreas Timm. Es gibt jedoch auch eine Untersuchung der Soziologen Hans-Jürgen Andreß und Martin Spitzenpfeil, die auf Deutschland bezogen zu einem anderen Ergebnis kommt: Demnach sei der Anteil der homogamen Haushalte über dreißig Jahre hinweg relativ konstant geblieben [Homogamie: Gleichartigkeit der Gatten bei der Partnerwahl (z. B. in Bezug auf Alter, Klasse, Konfession)].

Fakt ist, dass es vor 50 Jahren für Männer noch extrem schwierig war, Partnerinnen mit demselben Bildungshintergrund zu finden. In den Universitäten gab es nur wenige Frauen. Die Studenten waren also gezwungen, ihre Partnerinnen in anderen Umgebungen zu suchen. Etwa in der Kneipe oder bei Tanzveranstaltungen.

Das hat sich geändert: Der Anteil von gebildeten Frauen in westlichen Gesellschaften ist in den vergangenen Jahrzehnten rapide gestiegen, das Verhältnis bei Abiturienten und Studienanfängern ist heute ausgeglichen. Es greift nun, was Soziologen als „Gelegenheitsstruktur" bezeichnen: Es ist eben einfacher, als Student auf eine Studentin zu treffen als auf eine Fabrikarbeiterin. Und Gelegenheit macht Liebe. „Menschen fällt es leichter, sich in andere Personen zu verlieben, die einen ähnlichen Habitus haben, ähnlich denken und fühlen, gleiche Werte teilen, denselben Geschmack haben", sagt Kultursoziologe Günter Burkart.

Aufgrund dieses Trends konzentrieren sich die höheren Gehälter, die Akademiker oftmals beziehen, in einzelnen Haushalten. Auch in Deutschland haben die Einkommensunterschiede in den vergangenen Jahren extrem zugenommen. Das oberste Zehntel der Bevölkerung verdient achtmal so viel wie das unterste. Doch nicht die gesamte Entwicklung zu mehr Ungleichheit kann dem Heiratsverhalten angelastet werden: Forscher kommen zu dem Ergebnis, dass ein US-Paar mit zwei Hochschulabschlüssen 1960 76 Prozent mehr als der nationale Durchschnittshaushalt verdiente, 2005 waren es bereits 119 Prozent. Der Abstand von Akademiker- zu Normalverdiener-Gehältern wächst also rapide. [...]

Ursula, die Kindergärtnerin, die vor mehr als 30 Jahren Ferdinand geheiratet hat, machte später noch Karriere in der Firma, für die auch ihr Mann arbeitet. Seit 2012 ist sie dort Mitglied im Aufsichtsrat. Ihr voller Name: Ursula Piëch. Der Name der Firma: Volkswagen.

Nach: Benjamin Knaack, Sozialer Aufstieg durch Heirat wird schwieriger, in: www.spiegel.de/wirtschaft/soziales/heiratsmarkt-hoehergebildete-frauen-und-maenner-heiraten-untereinander-a-1016268.html, 3.2.2015 (Zugriff: 7.4.2017) (verändert)

M 4 „Was wohl mal aus mir wird?"

Zeichnung: Thomas Plaßmann

Aufgaben

1. a) Begründe, wie du den Kuchen (M 1) verteilen würdest.
   b) Überprüfe deine Entscheidung mithilfe von M 2.
2. a) Erläutere den Zusammenhang zwischen Einkommen und Heiratsverhalten (M 3).
   b) Bewerte, welche der Entwicklungen in M 3 du als gerecht und welche du als ungerecht empfindest.
3. Der Autor von M 3 thematisiert auch „soziale Mobilität" (Z. 25). Erläutere deren Bedeutung für eine Gesellschaft und eine Volkswirtschaft.
4. Analysiere die Karikatur M 4 mithilfe der Begriffe aus M 2.
5. Erörtere, ob es in Deutschland gerecht zugeht.

2.2 Soll der Staat in die Wirtschaft eingreifen?

M 1 Schlagzeilen

Linken-Chef Riexinger fordert Verstaatlichung von Deutscher Bank und Commerzbank
Aus: www.zeit.de, 30.9.2016

Tarifkonflikt: Bei Eurowings droht der nächste Streiktag
Aus: www.zeit.de, 30.10.2016

Mindestlohn steigt 2017 auf 8,84 Euro je Stunde
www.myheimat.de, 26.10.2016

Neue Regeln für Firmenerben: Bundesrat billigt Reform der Erbschaftssteuer
Aus: www.n-tv.de, 14.10.2016

Hochwasserschutz: Enteignung schneller möglich
Aus: www.volksstimme.de, 15.10.2014

Die Deutschen wollen mehr Sozialstaat – aber kaum dafür zahlen
Aus: www.spiegel.de, 4.7.2016

Industrie 4.0: Arbeitsschutz fit machen für die Zukunft
Aus: www.dgb.de, 5.8.2016

Girls' und Boys'Day: Geschlechterrollen aufbrechen
Aus: www.bo.de, 23.4.2015

M 2 Die Wirtschaftsordnung und das Grundgesetz

Das Grundgesetz der Bundesrepublik Deutschland formuliert zwar keine detaillierten Bestimmungen über die Wirtschaftsordnung, folgende Artikel stecken jedoch einen gewissen Rahmen ab:

Art. 2 Abs. 1:
Jeder hat das Recht auf die freie Entfaltung seiner Persönlichkeit, soweit er nicht die Rechte anderer verletzt und nicht gegen die verfassungsmäßige Ordnung oder das Sittengesetz verstößt.

Art. 9:
Alle Deutschen haben das Recht, Vereine und Gesellschaften zu bilden.

Art. 11:
Alle Deutschen genießen Freizügigkeit im ganzen Bundesgebiet.

Art. 12 Abs. 1:
Alle Deutschen haben das Recht, Beruf, Arbeitsplatz und Ausbildungsstätte frei zu wählen.

Art. 14:
(1) Das Eigentum und das Erbrecht werden gewährleistet. Inhalt und Schranken werden durch die Gesetze bestimmt.
(2) Eigentum verpflichtet. Sein Gebrauch soll zugleich dem Wohle der Allgemeinheit dienen.
(3) Eine Enteignung ist nur zum Wohle der Allgemeinheit zulässig. Sie darf nur durch Gesetz oder auf Grund eines Gesetzes erfolgen, das Art und Ausmaß der Entschädigung regelt. Die Entschädigung ist unter gerechter Abwägung der Interessen der Allgemeinheit und der Beteiligten zu bestimmen. Wegen der Höhe der Entschädigung steht im Streitfalle der Rechtsweg vor den ordentlichen Gerichten offen.

Art. 15:
Grund und Boden, Naturschätze und Produktionsmittel können zum Zwecke der Vergesellschaftung durch ein Gesetz, das Art und Ausmaß der Entschädigung regelt, in Gemeineigentum oder in andere Formen der Gemeinwirtschaft überführt werden.

Art. 20 Abs. 1:
Die Bundesrepublik Deutschland ist ein demokratischer und sozialer Bundesstaat.

M 3 Adam Smith: Der Wohlstand der Nationen

Adam Smith (1723–1790),
Begründer der klassischen Nationalökonomie

Wenn [jemand] es vorzieht, die nationale Wirtschaft anstatt die ausländische zu unterstützen, denkt er eigentlich nur an die eigene Sicherheit, und wenn er dadurch die Erwerbstätigkeit so fördert, dass ihr Ertrag den höchsten Wert erzielen kann, strebt er lediglich nach eigenem Gewinn. Und er wird in diesem wie auch in vielen anderen Fällen von einer unsichtbaren Hand geleitet, um einen Zweck zu fördern, den zu erfüllen er in keiner Weise beabsichtigt hat.
Auch für das Land selbst ist es keineswegs immer das schlechteste, dass der Einzelne ein solches Ziel nicht bewusst anstrebt, ja, gerade dadurch, dass er das eigene Interesse verfolgt, fördert er häufig das der Gesellschaft nachhaltiger, als wenn er wirklich beabsichtigt, es zu tun. Alle, die jemals vorgaben, ihre Geschäfte dienten dem Wohl der Allgemeinheit, haben meines Wissens niemals etwas Gutes getan. Und tatsächlich ist es lediglich eine Heuchelei, die unter Kaufleuten nicht weit verbreitet ist, und es genügen schon wenige Worte, um sie davon abzubringen.
Der Einzelne vermag ganz offensichtlich aus seiner Kenntnis der örtlichen Verhältnisse weit besser zu beurteilen, als es irgendein Staatsmann oder Gesetzgeber für ihn tun kann, welcher Erwerbszweig im Lande für den Einsatz seines Kapitals geeignet ist und welcher einen Ertrag abwirft, der den höchsten Wertzuwachs verspricht.

Nach: Adam Smith, Der Wohlstand der Nationen, München: dtv, 1996, S. 371

M 4 Joachim Gauck: Es gibt keinen planbaren Idealzustand der Wirtschaft

Joachim Gauck (geb. 1940),
2012–2017 deutscher Bundespräsident

Was aus Mangel an politischem und gesellschaftlichem Willen nicht geschieht, das sollten wir nicht der Marktwirtschaft ankreiden, sondern unserem eigenen Unvermögen, zu ordnen, was geordnet werden muss und auch geordnet werden kann. Wir sollten übrigens nicht hoffen, ein für alle Mal den richtigen Rahmen setzen zu können.
Es gibt doch keinen Idealzustand, der staatlich planbar oder herbeizureformieren wäre. Auch lassen sich nicht alle Risiken aus einer Marktwirtschaft beseitigen. Wer das glaubt, der wird permanent enttäuscht. Und wer das behauptet, der wird permanent enttäuschen. [...]
Ökonomen sollten Politik und Gesellschaft eine „Sehhilfe" sein. [...] Am Ende aber ist es an der Politik – und damit an uns allen –, die Verantwortung für die Ordnung zu übernehmen, in der wir leben und leben wollen.

Aus: Joachim Gauck, Rede bei der Festveranstaltung zum 60. Jubiläum des Walter Eucken Instituts, www.bundespraesident.de/SharedDocs/Reden/DE/Joachim-Gauck/Reden/2014/01/140116-Walter-Eucken_Institut.html, 16.1.2014 (Zugriff: 10.4.2017)

M 5 Ökonomische Freiheit (2016)

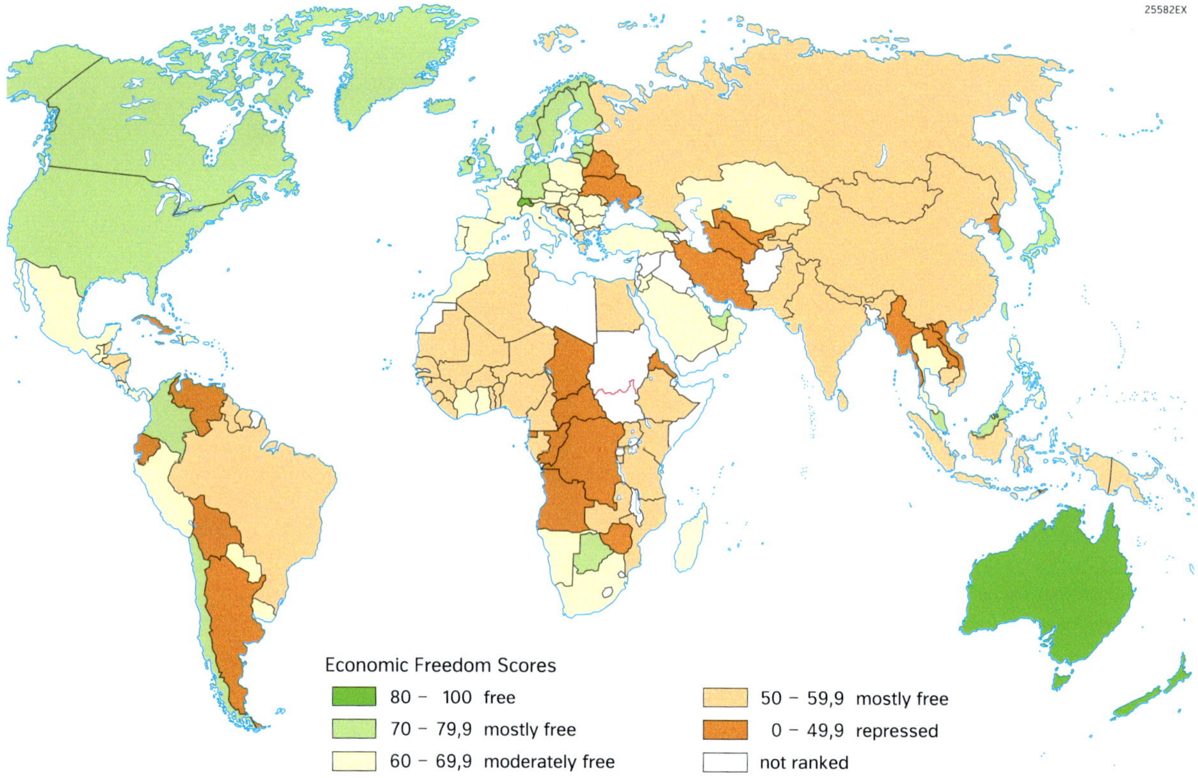

Quelle: Terry Miller/Anthony B. Kim, 2016 Index of Economic Freedom, Washington, DC: The Heritage Foundation and Dow Jones & Company, Inc., 2016, www.heritage.org/index (Zugriff: 14.7.2017)

Jedes Jahr veröffentlicht die Denkfabrik *Heritage Foundation* zusammen mit dem *Wall Street Journal* den *Index of Economic Freedom*, der die wirtschaftliche Lage und Entwicklung fast aller Länder der Erde beurteilt. Zu den zehn Kriterien, die die Bewertungsbasis bilden, zählen z. B. der Schutz von Eigentumsrechten, das Ausmaß von Korruption, die Höhe der Staatsausgaben und der Grad der Gewerbefreiheit. Jedes dieser Kriterien wird mit einem Wert zwischen 0 und 100 versehen, wobei 100 den Bestwert, also maximale ökonomische Freiheit, markiert. Die Abbildung oben zeigt das Gesamtergebnis für 2016.

Autorentext

Aufgaben

1. Denkt euch eine Linie quer durch das Klassenzimmer. Die Mitte dieser Positionslinie wird markiert. Sie stellt die Position „unentschieden" dar. Das eine Ende der Linie ist die „Ja-Position", der entgegengesetzte Endpunkt die „Nein-Position". Die Streitfrage lautet: Soll der Staat in die Wirtschaft eingreifen? Die Positionslinie, S. 98, M 1
2. Ordne die Schlagzeilen in M 1 den Grundgesetzartikeln in M 2 zu.
3. Erläutere, wo das Grundgesetz (M 2) auf der Positionslinie einzuordnen ist.
4. Arbeite aus M 3 und M 4 heraus, wie die Autoren Marktwirtschaft begreifen. Beachte dabei das Menschenbild und die Rolle des Staates.
5. a) Entwickle Hypothesen nach dem Muster „Je freier ein Land ökonomisch ist, desto ..." (M 5).
   b) Erläutere ausgehend von M 5 das Spannungsverhältnis zwischen Freiheit und Gleichheit.
6. Stell dich zum Abschluss nochmals auf der Positionslinie (Aufg. 1) auf und begründe deine Position.

2.3 Die Soziale Marktwirtschaft – Erfolgsrezept gegen Marktversagen?

M 1 Soziale Marktwirtschaft – ein Widerspruch?

Zeichnung: Gerhard Mester

Ludwig Erhard (1897–1977), 1949–1963 Bundeswirtschaftsminister, gilt als einer der „Väter der sozialen Marktwirtschaft" in Deutschland

M 2 Wohlstand für alle

Die Gefahr einer Beeinträchtigung des Wettbewerbs droht sozusagen ständig und von den verschiedensten Seiten her. Es ist darum eine der wichtigsten Aufgaben des auf einer freiheitlichen Gesellschaftsordnung beruhenden Staates, die Erhaltung des freien Wettbewerbs sicherzustellen. Es bedeutet wirklich keine Übertreibung, wenn ich behaupte, dass ein auf Verbot gegründetes Kartellgesetz als das unentbehrliche „wirtschaftliche Grundgesetz" zu gelten hat. Versagt der Staat auf diesem Felde, dann ist es auch bald um die „Soziale Marktwirtschaft" geschehen.
Dieses hier verkündete Prinzip zwingt dazu, keinem Staatsbürger die Macht einzuräumen, die individuelle Freiheit unterdrücken oder sie namens einer falsch verstandenen Freiheit einschränken zu dürfen. *„Wohlstand für alle" und „Wohlstand durch Wettbewerb" gehören untrennbar zusammen*; das erste Postulat kennzeichnet das Ziel, das zweite den Weg, der zu diesem Ziel führt. [...]
Diese Überlegung macht wohl auch deutlich, wie ungleich nützlicher es mir erscheint, die Wohlstandsmehrung durch die Expansion zu vollziehen, als Wohlstand aus einem unfruchtbaren Streit über eine andere Verteilung des Sozialprodukts erhoffen zu wollen. [...]
Es ist sehr viel leichter, jedem Einzelnen aus einem immer größer werdenden Kuchen ein größeres Stück zu gewähren, als einen Gewinn aus einer Auseinandersetzung um die Verteilung eines kleinen Kuchens ziehen zu wollen, weil auf solche Weise jeder Vorteil mit einem Nachteil bezahlt werden muss. [...]
Die Soziale Marktwirtschaft kann nicht gedeihen, wenn die ihr zugrunde liegende geistige Haltung, d. h. also die Bereitschaft, für das eigene Schicksal Verantwortung zu tragen und aus dem Streben nach Leistungssteigerung an einem ehrlichen freien Wettbewerb teilzunehmen, durch vermeintliche soziale Maßnahmen auf benachbarten Gebieten zum Absterben verurteilt wird. [...]
Eine freiheitliche Wirtschaftsordnung kann auf die Dauer nur dann bestehen, wenn und solange auch im sozialen Leben der Nation ein Höchstmaß an Freiheit, an privater Initiative und Selbstvorsorge gewährleistet ist.

Aus: Ludwig Erhard, Wohlstand für alle, Düsseldorf: Econ, 1957, S. 9 f., 245

M 3 Funktionsmängel und politische Lösungsansätze in der Marktwirtschaft

Funktionsmängel in der Marktwirtschaft

Ineffizienz	Inhumanität	Instabilität
z. B. Bildung von Monopolen und Kartellen	z. B. Armut, Arbeitslosigkeit, Machtungleichgewicht in Betrieben	z. B. Finanz- oder Wirtschaftskrisen, nicht zukunftsfähige Wirtschaftsstrukturen
↓	↓	↓
Wettbewerbspolitik	**Sozialpolitik**	**Stabilisierungspolitik**

Nach: Detlef Beeker, Wirtschaftspolitik, Stuttgart: Verlag W. Kohlhammer, 2011, S. 15 (verändert/Grafik stark reduziert)

M 4 Prinzipien der Sozialen Marktwirtschaft

Konstituierende Prinzipien einer Wettbewerbsordnung (Ordnungspolitik):					
Privateigentum an Produktionsmitteln (Boden, Arbeit und Kapital in Besitz von Unternehmen) und freie Preisbildung mittels Angebot und Nachfrage	Vertragsfreiheit	Herstellung einer Wettbewerbsordnung und Sicherung des Wettbewerbs durch Vermeidung von Monopolbildung und Machtmissbrauch, z. B. durch Kartellgesetz Gesetz gegen unlauteren Wettbewerb	Außenhandelsfreiheit, freier Währungsaustausch	Politik des stabilen Geldwertes, u. a. durch unabhängige Notenbank	Konstanz und Verlässlichkeit der Wirtschaftspolitik
Regulierende Prinzipien (Prozesspolitik zur Korrektur von Marktergebnissen, z. B. durch staatliche Transferzahlungen)					
Wettbewerbs- und Strukturpolitik		Finanz-, Steuer- und Sozialpolitik		Arbeitsmarkt-, Beschäftigungs- und Bildungspolitik	

Nach: Dominik H. Enste, Soziale Marktwirtschaft aus ordnungspolitischer Sicht in Anlehnung an Walter Euckens „Grundsätze der Wirtschaftspolitik“, in: Roman Herzog Institut (Hrsg.), Diskussion, Nr. 1, München 2006, S. 2, 5ff. (verändert)

M 5 Die Prinzipien der Sozialen Marktwirtschaft in der Praxis

a) Bundesregierung beschließt Soforthilfen für Milchbauern
b) Studierende erhalten ab kommendem Wintersemester mehr Geld im Rahmen des Bundesausbildungsförderungsgesetzes (BaföG)
c) Kommune enteignet verkaufsunwillige Grundstückseigner entlang einer geplanten U-Bahn-Linie, Betroffene erhalten Entschädigung
d) Senkung der Einkommensteuer nach der Bundestagswahl angekündigt
e) Koalition diskutiert Maßnahmen zur Steigerung der Erwerbstätigkeit von Frauen
f) Deutsche Wirtschaft profitiert vom EU-Binnenmarkt
g) Bundestag erhöht Hartz-IV-Regelsatz
h) Industrieverbände kritisieren: höhere Strompreise gefährden Planungssicherheit für Investitionen
i) Bundeswirtschaftsministerium plant strengere Spielregeln für digitale Wirtschaft
j) Unternehmen verlängert freiwillig die Gewährleistungspflicht für seine Kunden
k) Bundeshaushalt kommt erneut ohne Neuverschuldung aus
l) Reform der Pflegeversicherung verabschiedet
m) Erfolgreiche Klage gegen Unternehmen, das fälschlicherweise behauptete, dass ein Produkt nur noch einen Tag lang zu haben sei
n) Europäische Zentralbank versucht, Schwankungen des Euro gering zu halten

Autorentext

M 6 Was tun bei Marktversagen?

a) Industrieller Ausstoß von Treibhausgasen

Der Klimaschutzplan 2050 soll Industrie und Gesellschaft den Weg zum nahezu kompletten Verzicht auf den Ausstoß von Treibhausgasen weisen, der im Weltklimavertrag vorgesehen ist. [Der ehemalige] Bundeswirtschaftsminister Sigmar Gabriel (SPD) hat einen Rabatt für die Industrie durchgedrückt. Bis 2030 darf die Industrie nun 140 bis 143 Millionen Tonnen Kohlendioxid (CO_2) ausstoßen. Das sind etwa 10 Millionen Tonnen mehr als zuletzt von Umweltministerin Hendricks vorgesehen. Die Industrie soll ihre Emissionen damit bis 2030 um ein Fünftel reduzieren.
Bis zuletzt aber hatte Gabriels Wirtschaftsministerium sein Veto gegen den Klimaplan eingelegt, der längst hätte verabschiedet werden sollen. Ihm ging es vor allem um den Ausstieg aus der Braunkohle, deren Verbrennung besonders viel Treibhausgas erzeugt – und mithin begrenzt werden soll. Gabriel wollte verhindern, dass Arbeitsplätze verloren gehen.

Nach: Kohlekompromiss ebnet Einigung auf Klimaplan (boj/Reuters/dpa), in: www.spiegel.de/wissenschaft/natur/klimaschutzplan-2050-regierung-einigt-sich-nach-streit-a-1120863.html, 11.11.2016 (Zugriff: 10.4.2017) (verändert)

b) Hetze im Internet

„Die amerikanische Doktrin war immer: Je mehr Information, desto besser. Aber die unsichtbare Hand, die das regeln soll, funktioniert in der digitalen Welt nicht mehr", sagt Urs Gasser, Direktor des *Berkman Center for Internet and Society* an der juristischen Fakultät der Harvard Universität. Das Bild mit Adam Smiths Analogie zur freien Marktwirtschaft passt. Auf dem Marktplatz der Informationen gibt es derzeit ein ähnliches Marktversagen, wie es in der Ökonomie immer wieder auftritt, wenn sich irgendwo zu viel Macht ballt. Aber wer kann die oberste Instanz sein, die dem Hass bei Twitter, Facebook und Co. Grenzen setzt?
Regierungen nehmen sich des Problems an, der deutsche Justizminister ist dabei, Gerichte zeigen Profil. Und auch die Privatwirtschaft bewegt sich. Viel zu lange hatten sich die Großen der Datenwelt, vor allem Facebook und Google, geweigert, die Verantwortung für Inhalte zu übernehmen, die über ihre Plattformen verbreitet werden. Auch wenn sie sich bisher nur zögerlich um das Problem kümmern.

Aus: Alexandra Borchardt, Warum das Netz voller Hass ist – und was dagegen hilft, in: www.sueddeutsche.de/digital/2.220/internetdebatte-wenn-der-hass-postet-1.3201917, 13.10.2016 (Zugriff: 10.4.2017)

c) Steigende Mieten

Hamburg, die wachsende Stadt, alles wird größer, neuer, wichtiger – muss man das als Einheimischer nicht begrüßen? Was gibt es Tolleres, als da zu leben, wo es so viele andere hinzieht? Nun, mehr, als es auf den ersten Blick scheint. Wer sich für die nähere Zukunft interessiert, der blicke nach München, wo die Miet- und Wohnungspreise den hiesigen um ungefähr sechs Jahre vorauseilen. Studenten zu dritt in einem Zimmer, Ältere, die wegziehen, weil die Renten mit den Mieten nicht Schritt halten – darauf sollten wir uns einstellen.
Am Ende aber, glaubt [eine] Expertin, sei mit Politik auf diesem Feld ohnehin nur wenig zu erreichen. Wenn das stimmt, dann bleiben uns Hamburgern noch Jahre, uns auf Londoner Verhältnisse einzustellen: auf Enge und Wohnungsarmut, auf Kinder ohne Kinderzimmer und Erwachsene, die ihren Kinderzimmern nicht entwachsen. Und natürlich auf Wahlkämpfe im Zeichen der *housing crisis*, die wir demnächst mal ins Deutsche übersetzen sollten. Wohnungsnot, das klingt nach individuellem Unglück, als ginge es hier nicht um eine gesellschaftliche Krise.

Nach: Frank Drieschner, Lasst die Stadt im Regen stehen, in: www.zeit.de/2016/28/hamburg-wachstum-probleme-wohnungen/komplettansicht, 16.7.2016 (Zugriff: 10.4.2017) (verändert)

Aufgaben

1. „Sozial" und „Marktwirtschaft" – ein Widerspruch? Diskutiere diese Frage mit deinem Nebensitzer (M 1).
2. Vergleiche Erhards Konzept der Sozialen Marktwirtschaft (M 2) mit den Vorstellungen Smiths (S. 229, M 3).
3. Beurteile die Bedeutung, die das „Streben nach Leistungssteigerung" (M 2, Z. 32) für das menschliche Zusammenleben und für wirtschaftlichen Erfolg besitzt.
4. Ordne die Beispiele in M 5 den Prinzipien der Sozialen Marktwirtschaft (M 4) zu.
5. Ordne die Fälle von Marktversagen (M 6) den Begriffen aus M 3 zu.
6. Arbeite aus M 6 heraus, wie sich Marktversagen auf die Bürger und auf den Staat auswirkt.
7. Vergleiche die staatliche Reaktion auf Marktversagen (M 6) mit den Prinzipien der Sozialen Marktwirtschaft (M 4).
8. Erörtere, ob die Soziale Marktwirtschaft ein Erfolgsrezept ist.
9. Fächergrenzen überwinden (Geschichte): Erläutere die Ausgangsbedingungen, unter denen die Soziale Marktwirtschaft nach 1945 in Deutschland entstand.

Webcode WES-116435-501 Erklärvideo: Der Staat in der sozialen Marktwirtschaft

2.4 Wettbewerb – wie kann der Motor der Marktwirtschaft gesichert werden?

M 1 Wettbewerb

M 2 Die EU vs. das Lkw-Kartell

Die EU-Wettbewerbshüter sind es gewohnt, dass Unternehmen unverschämt vorgehen, wenn sie heimlich Preise besprechen. Doch die Verschwörung der europäischen Lastwagenindustrie war dann doch besonders dreist. Es waren nicht einfache Mitarbeiter, sondern hohe Führungskräfte, die sich 1997 ausgerechnet in Brüssel trafen.

Ein „gemütliches Hotel" soll es gewesen sein, in dem sich die Vertreter von mindestens fünf europäischen Lastwagenbauern trafen, heißt es in der Europäischen Kommission. Die Topmanager beschlossen in dieser Runde, die Listenpreise für mittlere und schwere Lkw abzusprechen und auch die Einführung neuer Technologien zu koordinieren. „Es war der Beginn von geheimen Absprachen, die 14 Jahre andauerten", sagt EU-Wettbewerbskommissarin Margrethe Vestager.

Nun bekommt die Branche die Rechnung. Und zwar in einem bislang ungekannten Ausmaß. Insgesamt müssen die fünf Lkw-Bauer wegen der Absprachen 2,9 Milliarden Euro an die Europäische Union überweisen. Es ist die höchste Strafe, die die EU jemals in einem Kartellverfahren verhängte. „Dieses Kartell betrifft einen großen Markt und bestand für eine lange Zeit", begründet das Vestager.

Mit Lastwagen wird die gesamte Wirtschaft am Leben erhalten. Lebensmittel, Elektronik, Maschinen und Rohstoffe werden in den Lkw transportiert. Je teurer die Transporte sind, desto höher sind die Preise, die die Kunden für Produkte zu bezahlen haben. Den Schaden durch das Kartell trägt Europas Wirtschaft – und jeder einzelne Verbraucher.

Aus: Andre Tauber, So erfolgreich verpetzte MAN die Lkw-Konkurrenten, in: www.welt.de/wirtschaft/article157164151/So-erfolgreich-verpetzte-MAN-die-Lkw-Konkurrenten.html, 19.7.2016 (Zugriff: 10.4.2017)

M 3 Vorzüge des Wettbewerbs

In einer freien Marktwirtschaft ist es das Zusammenspiel von Angebot und Nachfrage, das darüber entscheidet, welche Waren und Dienstleistungen zu welchen Preisen und Qualitäten ausgetauscht werden. Wettbewerb bedeutet, dass verschiedene Unternehmen um die Gunst ihrer Abnehmer konkurrieren. Kunden oder Lieferanten haben in einem wettbewerblichen Umfeld Ausweichmöglichkeiten und können zu einem anderen Unternehmen „abwandern". Die Unternehmen versuchen deshalb, ihre Waren oder Dienstleistungen zu möglichst günstigen Preisen anzubieten und die Qualität zu verbessern. Wettbewerb steigert damit auch die Innovationsfreude der Unternehmen. Funktionierender Wettbewerb beugt gleichzeitig der Entstehung oder Verfestigung zu starker gesellschaftlicher und politischer Machtstellungen vor.

Von einem wettbewerblich organisierten Markt profitieren insbesondere die Verbraucher, weil sie sich aus einer breiten Angebotspalette diejenigen Güter und Leistungen auswählen können, die am ehesten ihren Vorstellungen entsprechen (z. B. gute Qualität, angemessenes Preis-Leistungs-Verhältnis, guter Service etc.).

Unternehmen, die ihren Kunden im Vergleich zu anderen Unternehmen gute Leistungen zu angemessenen Preisen bieten, können in einem wettbewerblich organisierten Markt höhere Umsätze und höhere Gewinne erzielen. Schlechte Leistungen oder überhöhte Preise hingegen werden im Wettbewerb mit Verlusten oder gegebenenfalls sogar mit dem Ausscheiden aus dem Markt „bestraft".

Aus: Bundeskartellamt, Über uns, www.bundeskartellamt.de/DE/UeberUns/Bundeskartellamt/bundeskartellamt_node.html (Zugriff: 10.4.2017)

→ Marktformen, S. 50, M 7

M 4 Gesetz gegen Wettbewerbsbeschränkungen (GWB)

Anliegen des Kartellrechts ist es, wettbewerbsbeschränkende Verhaltensweisen zu verhindern. Dies geschieht auf drei Ebenen.

Verbot wettbewerbsbeschränkender Vereinbarungen (§ 1 GWB):
Verbot von Vereinbarungen zwischen Unternehmen und aufeinander abgestimmten Verhaltensweisen, die eine Verhinderung, Einschränkung oder Verfälschung des Wettbewerbs bezwecken oder bewirken. Beispiel hierfür ist eine Gemeinschaftswerbung mehrerer Händler, in der sie eine Ware zu einem einheitlichen Preis anbieten, oder auch der Fall, dass der Warenhersteller dem Einzelhändler vorschreibt, welche Preise er von den Endverbrauchern zu fordern habe.

Ausnutzen einer marktbeherrschenden Stellung (§§ 18 bis 21 GWB):
Marktbeherrschende Unternehmen handeln kartellrechtswidrig, wenn sie ihre Marktstellung missbräuchlich ausnutzen. Das kann auf vielfältige Weise geschehen. Besondere Formen des Ausnutzens einer marktbeherrschenden Stellung sind die unbillige Behinderung und die sachlich nicht gerechtfertigte Ungleichbehandlung von Unternehmen (Diskriminierung). Generell unzulässig ist der Boykottaufruf.

Zusammenschlusskontrolle (§§ 35 ff. GWB):
Der Zusammenschluss von Unternehmen bedarf, wenn die beteiligten Unternehmen eine bestimmte Größe übersteigen, der Anmeldung beim Bundeskartellamt.

Nach: Helma Quentmeier, Praxishandbuch Compliance: Grundlagen, Ziele und Praxistipps für Nicht-Juristen, Wiesbaden: Gabler, 2012, S. 56 (verändert)

M 5 Das Bundeskartellamt in Aktion

Jahr	Kartellverfahren	Summe der verhängten Bußgelder in Euro	davon höchstes verhängtes Einzelbußgeld gegen ein Unternehmen
2015	Automobilzulieferer	89 700 000	29 500 000
2014	Bier	338 000 000	160 000 000
2014	Wurst	338 500 000	128 050 000
2014	Zucker	281 700 000	195 500 000
2013	Schienen – DB	134 500 000	103 000 000
2010	Brillengläser	115 000 000	28 760 000
2009	Kaffee	159 000 000	83 000 000
2008	Dekorpapier	61 000 000	25 000 000
2008	Tondachziegel	188 081 000	66 280 000
2007	Flüssiggas	249 000 000	67 200 000
2005	Industrieversicherungen	151 400 000	33 850 000
2003	Zement	396 000 000**	175 900 000

* Gerundete Werte; wegen Rechtsanhängigkeit bei Gericht sind noch nicht alle Geldbußen rechtskräftig.
** Nach Urteil des BGH im Jahr 2013 insgesamt rechtskräftig gewordene Summe.

Aus: Bundeskartellamt, Kartellverbot, www.bundeskartellamt.de/DE/Kartellverbot/kartellverbot_node.html#doc3591504bodyText3 (Zugriff: 3.7.2017)

Aufgaben

1. Erkläre die Funktionen des Wettbewerbs in einer Marktwirtschaft (M 1). Berücksichtige dabei andere Lebensbereiche, in denen der Wettbewerb ebenfalls eine Rolle spielt.
2. „Den Schaden durch das Kartell trägt Europas Wirtschaft – und jeder einzelne Verbraucher" (M 2, Z. 27 f.). Erläutere mithilfe von M 3, welcher Schaden durch das Lkw-Kartell verursacht wurde.
3. Der Lastwagenbauer MAN, der am Lkw-Kartell (M 2) beteiligt war, zeigte dieses selbst an und ging deshalb straflos aus. Bewerte die Rolle sogenannter *Whistleblower*, die als *Insider* illegale Machenschaften öffentlich machen.
4. Gib den Inhalt von M 4 in eigenen Worten wieder. METHODE Rechtstexte verstehen, S. 64
5. Recherchiere ein aktuelles Verfahren des Bundeskartellamts (*www.bundekartellamt.de*). Beachte dabei die Akteure, die Höhe des Bußgelds sowie die vom Kartellamt verhängten Auflagen. Stelle dein Ergebnis der Klasse vor.

2.5 Konflikt um die Erbschaftssteuer – Gerechtigkeit durch Umverteilung?

M 1 Erben – verdienter Wohlstand?

Lars ist Anfang vierzig. Er führt mich, etwas beschämt, durch seine wunderschöne Wohnung. Dabei hat Lars das Orchideenfach Musikwissenschaft studiert, das üblicherweise wenig einbringt. Er arbeitet, genau wie seine Frau. Die beiden haben drei Kinder. Sie leben mitten in der Stadt. „Irgendwann", sagt Lars, „war auf dem Mietmarkt für uns das Ende der Fahnenstange erreicht. Wir wollten Strukturen schaffen, in denen wir uns sicher fühlen – mit drei Kindern in dieser irren Welt." Und so kauften sie auf dem momentan genauso irren großstädtischen Immobilienmarkt ebendiese Wohnung für eine knappe halbe Million Euro. Geld, das sie sich niemals hätten erarbeiten können, das ihnen Lars' Vater vermacht hat. Geld, das ihre Freunde nie haben werden.

Er sei dankbar für die Wohnung, sagt Lars. „Aber jetzt sitzen meine Freunde in meiner Küche und erzählen davon, dass ihre Wohnung zu klein wird, dass sie für ihren Ältesten kein eigenes Zimmer haben, dass sie anfangen, kleine Kajüten in die Wände zu bauen, um den Kindern wenigstens ein bisschen Privatsphäre zu schaffen. Und ich sitze dabei und fühle mich total bescheuert, weil ich weiß: Ich habe es nicht verdient. Im wahrsten Sinne des Wortes: nicht verdient."

Aus: Julia Friedrichs, Eine Klasse für sich, in: www.zeit.de/zeit-magazin/2015/11/erben-erbschaftssteuer-demokratie-gerechtigkeit, 18.3.2015 (Zugriff: 10.4.2017)

M 2a Was vererbt wird

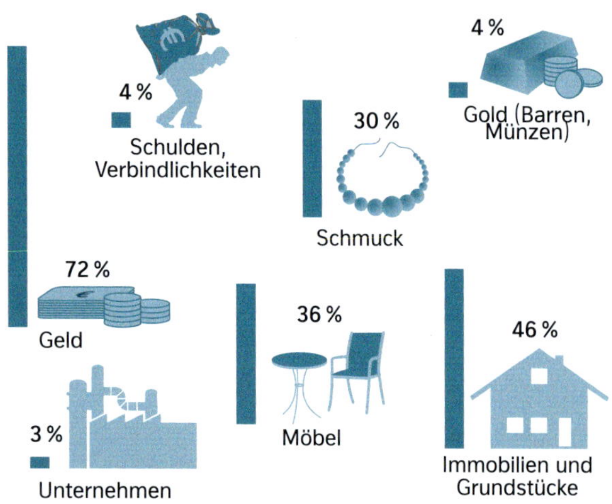

Basis: Bundesrepublik Deutschland, 554 Befragte, Mehrfachnennung möglich
Quelle: Institut für Demoskopie Allensbach, 2015 25602EX

M 2b Grundprinzipien der Erbschaftssteuer

Wird ein Vermögen an Familienangehörige vererbt, gibt es einen Freibetrag, unter dem die Erbschaftssteuer nicht anfällt. Dieser Freibetrag ist je nach Verwandtschaftsgrad unterschiedlich: 500 000 Euro für Ehegatten und Lebenspartner einer eingetragenen Lebensgemeinschaft, 400 000 Euro für Kinder und Enkelkinder, deren Eltern bzw. Großeltern die Erblasser sind. Firmenerben werden von der Erbschaftssteuer befreit, wenn sie ein Unternehmen im Wert von bis zu 26 Millionen Euro sieben Jahre lang fortführen und Arbeitsplätze erhalten.

Autorentext

M 3 Alte und neue Erben

		Habe bereits geerbt.	Erwarte ein Erbe.
Bevölkerung insgesamt		33 %	22 %
Altersgruppen	unter 35 Jahre	8 %	26 %
	35 bis 49 Jahre	24 %	35 %
	50 bis 64 Jahre	44 %	24 %
	65 Jahre und älter	55 %	5 %
Haushaltseinkommen (netto)	unter 2 000 Euro	36 %	16 %
	2 000 bis unter 3 000 Euro	34 %	18 %
	3 000 Euro und mehr	33 %	29 %
Berufskreise	Arbeiter	29 %	15 %
	Angestellte	33 %	23 %
	Beamte	40 %	31 %
	Selbstständige/freie Berufe	38 %	26 %
Ortsgröße	unter 20 000 Einwohner	34 %	23 %
	20 000 bis unter 100 000 Einwohner	33 %	19 %
	100 000 Einwohner und mehr	32 %	4 %
Region	Norddeutschland	35 %	20 %
	West/Südwestdeutschland	30 %	23 %
	Süddeutschland	35 %	26 %
	Ostdeutschland	30 %	17 %

Basis: Bundesrepublik Deutschland, Bevölkerung ab 16 Jahren
Quelle: Deutsche Bank AG/Institut für Demoskopie Allensbach, 2015 25603EX

M 4 Effizienz vs. Gerechtigkeit

Vermögen wird in großem Umfang über Erbschaften weitergegeben. Dadurch kann es akkumuliert und konzentriert werden. Durch die Erbschaft kann es je nach Familienverhältnissen aber auch wieder verteilt werden.

Vermögen ist zugleich Kapital, das Arbeitsplätze schafft. Durch die Akkumulation von Kapital, das in immer komplexere Maschinen investiert wird, steigen die Arbeitsproduktivität und der Lohn. Jedes Jahr orientieren sich die Lohnverhandlungen am Zuwachs der Arbeitsproduktivität, der größtenteils durch den vermehrten Kapitaleinsatz zustande kam.

Der Staat kann die Ungleichheit der Einkommen und Vermögen mildern, indem er den Reichen mehr Steuern abknöpft als den Armen, obwohl sie an der öffentlichen Infrastruktur in ähnlicher Weise partizipieren. Er kann den Armen außerdem durch Sozialleistungen helfen. Eine solche Umverteilung ist nicht nur gerecht, sondern auch effizient, weil sie einem Versicherungsschutz gleichkommt. [...] Man darf die Umverteilung durch den Staat aber nicht zu weit treiben, weil das die Leistungsanreize reduzieren kann. So erzeugen sozialstaatliche Lohnersatzeinkommen Mindestlohnansprüche, die die Zahl der rentablen Geschäftsmodelle und damit die Beschäftigungsmöglichkeiten reduzieren. Eine progressive Besteuerung der Einkommen ruft den Anreiz hervor, weniger zu arbeiten und weniger zu sparen, was den Zuwachs der Arbeitsproduktivität verringert. Eine hohe Erbschaftssteuer verleitet die Erblasser, ihr Vermögen selbst zu verbrauchen, es ins Ausland zu schaffen oder, was im Mittelstand sicherlich zu erwarten wäre, die jeweiligen Unternehmungen aufzugeben. Typischerweise setzen die Unternehmer ihre Lebenskraft ein und opfern ihre Freizeit, um ein Imperium aufzubauen und sich ein Denkmal zu setzen, nicht um einen hohen Konsumstandard zu realisieren. Eine übermäßige Besteuerung zerstört die Anreize und schadet damit den Arbeitnehmern.

In der Marktwirtschaft gibt es deshalb einen Zielkonflikt zwischen der Größe des Kuchens und der Gleichmäßigkeit seiner Verteilung. Wenn man es übertreibt und die private Vermögensbildung zu sehr diskriminiert, leidet das Wachstum. Möglicherweise leiden selbst diejenigen, denen man die eingenommenen Steuermittel zufließen lässt.

Aus: Hans-Werner Sinn, Effizient, aber nicht gerecht, in: www.zeit.de/wirtschaft/2016-02/kapitalismus-einkommen-gerechtigkeit, 16.2.2016 (Zugriff: 10.4.2017)

M 5 Für eine Reform der Erbschaftssteuer

Der Faktor, der in Deutschland am stärksten zur sozialen Ungleichheit beiträgt, sind Erbschaften. Zwei Drittel des Vermögens werden nicht etwa erarbeitet, sondern durch Erbschaften erworben. Nennenswerte Erwerbe finden dabei vor allem im reichsten Fünftel der Bevölkerung statt – für die anderen sind Erbschaften nahezu irrelevant. Damit ist die Vermögensvererbung eine qua Geburt stattfindende Form der Privilegierung. Oder, in den Worten des Soziologen Steffen Mau, eine „Refeudalisierung sozialer Ungleichheit“, die „eine stärkere Verhärtung oder Verholzung der Sozialstruktur vor allem am oberen und unteren Ende“ zur Folge hat. Erbschaften haben überdies eine starke dynastische Wirkung. Weder in einer kapitalistisch verfassten Wirtschaftsordnung noch in einer sozialstaatlich verfassten Gesellschaftsordnung ist es akzeptabel, dass die Gnade der Geburt über Lebenschancen entscheidet. Die Erben erhalten ein Einkommen, ohne selbst je dafür gearbeitet zu haben. Mit dem Leitbild der Leistungsgesellschaft, in der Wohlstand nicht durch feudale Familienbande erworben, sondern durch die eigenen Hände und Köpfe erarbeitet wird, sind Erbschaften nicht so recht kompatibel. Die Erbschaftssteuer belastet Einkommen, die nicht durch eigene Arbeit zustande gekommen sind, stärkt den Leistungsgedanken und sorgt zumindest für einen gewissen Ausgleich der Lebenschancen. [...] Dem Grundgesetzartikel 14 zufolge ist privates Eigentum dem Wohle der Allgemeinheit verpflichtet. Mit der Werteordnung des Grundgesetzes sind niedrige Erbschaftssteuersätze oder gar deren völlige Aufhebung also schwerlich in Einklang zu bringen.

Aus: Wolfgang Gründinger, Der „Generationen-Soli“, hrsg. v. d. Stiftung für die Rechte zukünftiger Generationen, www.boell.de/sites/default/files/ freiraeume_fuer_die_zukunft_plaedoyer_neuer_ generationen vertrag.pdf, Berlin/Stuttgart 2015, S. 3 f.

Aufgaben

1. Erörtere, ob Lars seinen Wohlstand zu Recht genießt (M 1).
2. Erläutere – ausgehend von M 2a und b – anhand von M 4 und M 5 den Zusammenhang zwischen
   a) Erbschaftssteuer und Generationengerechtigkeit,
   b) Erbschaftssteuer und sozialer Mobilität,
   c) Erbschaftssteuer und Leistungsanreizen.
3. Gestalte ein Streitgespräch zwischen einem Befürworter und einem Gegner der Erbschaftssteuer.
4. „Mit dem Leitbild der Leistungsgesellschaft [...] sind Erbschaften nicht so recht kompatibel.“ (M 5, Z. 17–21). Überprüfe diese These anhand von M 2b und M 3.
5. Hohe Vermögen werden vor allem entweder durch Erbschaft oder durch Unternehmertum aufgebaut. Vergleiche die jeweiligen Folgen für die Nutznießer und für die Gesellschaft.
6. „In der Marktwirtschaft gibt es [...] einen Zielkonflikt zwischen der Größe des Kuchens und der Gleichmäßigkeit seiner Verteilung.“ (M 4, Z. 37 ff.). Beurteile diese Position.

Webcode WES-116435-503 Erklärvideo: Steuern

2.6 Krankenversicherung – Gerechtigkeit durch Sozialpolitik?

M 1 Ein Leben ohne Krankenversicherung

Trotz Krankenversicherungspflicht leben etwa 137 000 Menschen in Deutschland ganz ohne Krankenversicherung, berichtet das Statistische Bundesamt.
Eine von ihnen ist Natalie, 42 Jahre alt. Bis vor einiger Zeit war sie über ihren Mann abgesichert. „Seit Anfang 2013 bin ich aber geschieden", berichtet die zweifache Mutter in einem Forum. Als Freiberuflerin verdiene sie höchstens 800 Euro im Monat – zu wenig, um die Krankenversicherung zu zahlen.
„Ich habe Angst. Was ist nur, wenn ich schwer krank werde?", fragt Natalie.

Aus: Sandra Voigt, So hart ist das Leben ohne Krankenversicherung, in: www.berliner-kurier.de/441798, 9.9.2014 (Zugriff: 10.4.2017)

M 2a Finanzierung der gesetzlichen Krankenversicherung (GKV)

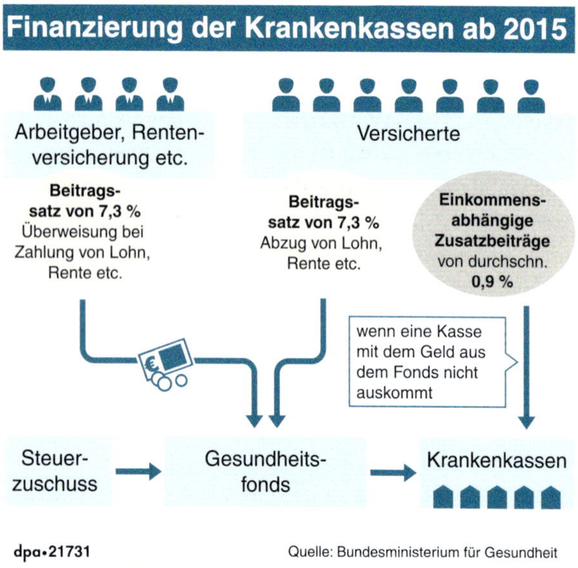

Die Krankenkassen erhalten vom Gesundheitsfonds eine einheitliche Grundpauschale pro Versichertem. Hinzu kommen Zu- und Abschläge, die sich am Alter und Geschlecht der Versicherten sowie an deren Gesundheitsrisiken bemessen. Krankenkassen mit älteren und kranken Versicherten erhalten also mehr Finanzmittel als Krankenkassen mit vielen jungen und gesunden Versicherten.

Autorentext

M 2b Leistungen der GKV

- Kontrolluntersuchungen zur frühzeitigen Erkennung und Verhütung von Krankheiten
- Therapie schwerer, langwieriger Krankheiten sowie Behandlung von Unfällen und anschließende Nachsorge
- Krankenhausbehandlung
- ärztlich verschriebene Medikamente (allerdings mit Zuzahlung durch Versicherte)
- Kinderkrankengeld (bei Pflege eines kranken Kindes für bis zu zehn Tage)
- Festzuschüsse für Zahnersatz

Nach: www.gesetzlichekrankenkassen.de/leistungen/leistungen.html (Zugriff: 10.4.2017) (verändert)

M 3 Prinzipien der gesetzlichen Krankenversicherung

Das Solidaritätskonzept in der gesetzlichen Krankenversicherung zeichnet sich durch zwei Aspekte aus, zum einen durch das Prinzip der solidarischen Umverteilung und zum anderen durch das Konzept der Schutzbedürftigkeit.
Mit dem **Solidarprinzip** ist ausgedrückt, dass die Versicherten einen nach Einkommen differenzierten Versicherungsbeitrag in die gesetzliche Krankenversicherung entrichten, dann aber prinzipiell den gleichen Anspruch auf Gesundheitsleistungen haben. Dies bedeutet, dass das Krankheitskostenrisiko durch eine größere Solidargemeinschaft getragen werden soll.
Der Gedanke der **Schutzbedürftigkeit** fast der gesamten Bevölkerung – 90 Prozent der Menschen sind in der GKV versichert – beruht auf dem Gedanken, dass Krankheit als soziales Risiko nicht von den Individuen alleine zu tragen ist, sondern dass hier die Gesamtheit der in der gesetzlichen Krankenversicherung versicherten Personen als Schutzgemeinschaft auftritt.
Damit zeigt sich aber auch bereits die problematische Seite des Solidaritätskonzepts in den gesetzlichen Krankenversicherungen, insofern Solidarität im Sinne einer allumfassenden Schutzgemeinschaft nicht freiwillig zu erreichen ist, sondern nur durch Zwang erzielt werden kann.

Nach: Marion Möhle, Vom Wert der Wohlfahrt. Normative Grundlagen des deutschen Sozialstaats, Wiesbaden: VS Verlag für Sozialwissenschaften, 2001, S. 204 f. (verändert)

M 4 Gesundheitsausgaben

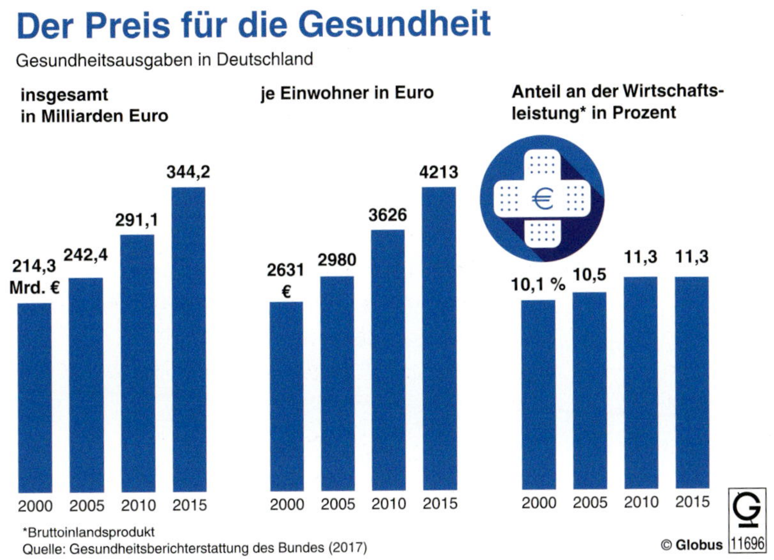

M 5 Bürgerversicherung – eine faire Alternative?

Die Bürgerversicherung wäre das Ende der bisherigen Sonderrolle für Beamte, Selbstständige und gut verdienende Angestellte. Denn während der Großteil der Bevölkerung sich bei einer der mehr als 110 gesetzlichen Krankenkassen wie AOK, Barmer GEK oder Techniker versichern muss, dürfen diese drei Gruppen auch zu einem der gut 40 Privatversicherungsunternehmen gehen, darunter Debeka, DKV oder Allianz. Bei Beamten und Selbstständigen spielt das Einkommen keine Rolle, sie dürfen sich immer privat versichern. Angestellte müssen mehr als die sogenannte Versicherungspflichtgrenze verdienen, das sind zurzeit [2016] 56 250 Euro im Jahr [2017: 57 600].

Es sei „gesellschaftspolitisch fragwürdig“, dass nur ein kleiner Teil der Bevölkerung überhaupt die Wahl zwischen privat oder gesetzlich hat, findet Klaus Jacobs, Geschäftsführer des Wissenschaftlichen Instituts der AOK. Denn auch manchen, bei denen die Voraussetzungen für die Privatversicherung eigentlich vorliegen, bleibt der Weg faktisch verschlossen: Sie sind krank oder behindert und würden deshalb gar keine oder keine bezahlbare Police bekommen.

Hier setzen die Befürworter der Bürgerversicherung an: Die Beiträge im neuen System sollen nur vom Einkommen abhängen, nicht vom Gesundheitszustand des Versicherten. Das entspricht dem Prinzip der gesetzlichen Krankenkassen, während die Privaten die Beiträge nach Alter und individuellem Risiko des Kunden ausrichten. In einer Bürgerversicherung würden alle in dasselbe System einzahlen und allen der gleiche Leistungskatalog zur Verfügung stehen. Zurzeit sind bei gesetzlich und privat Versicherten die medizinischen Behandlungen zwar gerade im Ernstfall weitgehend gleich. Aber es gibt spürbare Unterschiede. So haben privat Versicherte schneller Zugang zu neuen Arzneimitteln und Behandlungsmethoden. Für niedergelassene Ärzte sind Privatpatienten eine begehrte Klientel, da sie für die Behandlung deutlich höhere Honorare bekommen. Die Folge: Während gesetzlich Versicherte monatelang auf einen Termin bei manchen Fachärzten warten, kommen Privatpatienten binnen weniger Tage dran.

Gesundheitsökonom Heinz Rothgang von der Universität Bremen sieht das kritisch: „Die Ungleichheiten sind medizinisch nicht begründbar und sozialpolitisch nicht legitimierbar, da es sich um ein Zuweisungssystem und nicht um ein Wahlsystem handelt.“ Allerdings: Privatpatient zu sein, hat auch Nachteile. Dazu gehören die Überbehandlung, die sich für Ärzte und Krankenhäuser lohnt, aber auch steigende Beiträge, gerade im Alter. Der Wechsel zur gesetzlichen Kasse ist für die meisten privat Versicherten ausgeschlossen.

Nach: Ilse Schlingensiepen, Eine für alle, in: www.sueddeutsche.de/wirtschaft/buergerversicherung-eine-fuer-alle-1.2984363, 9.5.2016 (Zugriff: 10.4.2017) (verändert)

Aufgaben

1. „Ein Leben ohne Krankenversicherung“ (M 1). Erläutere mögliche Folgen für Betroffene und die Gesellschaft.
2. Erkläre die Finanzierung der gesetzlichen Krankenversicherung (M 2 a und b) mithilfe von M 3.
3. „Solidarität im Sinne einer allumfassenden Schutzgemeinschaft [ist] nicht freiwillig zu erreichen“ (M 3, Z. 21 ff.). Erörtere die Vor- und Nachteile freiwilliger Versicherungen.
4. Erkläre die in M 4 dargestellte Entwicklung.
5. Bewerte die Forderung nach Einführung einer Bürgerversicherung (M 5).

Webcode WES-116435-504 Erklärvideo: Sozialversicherungen

2.7 Mindestlohn – mehr oder weniger Stabilität des Arbeitsmarktes?

M 1 Gehälter in den Schlagzeilen

„Jeder dritte Deutsche verdient unter 2 400 Euro."
Aus: www.focus.de, 6.2.2017 (Zugriff: 3.7.2017)

„Das durchschnittliche Einstiegsgehalt von Hochschulabsolventen liegt 2017 in Deutschland bei rund 43 000 Euro."
Aus: www.absolventa.de/karriereguide/arbeitsentgelt/einstiegsgehalt, 1.6.2017 (Zugriff: 3.7.2017)

„Managergehälter: DAX-Chefs verdienen immer mehr Millionen."
Aus: www.sueddeutsche.de, 24.3.2017 (Zugriff: 3.7.2017)

M 3 Atypische Beschäftigung nach Branchen

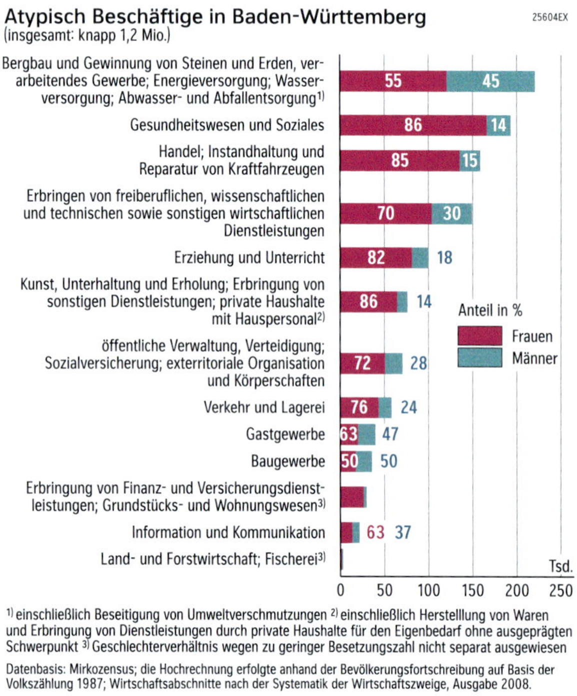

1) einschließlich Beseitigung von Umweltverschmutzungen 2) einschließlich Herstelllung von Waren und Erbringung von Dienstleistungen durch private Haushalte für den Eigenbedarf ohne ausgeprägten Schwerpunkt 3) Geschlechterverhältnis wegen zu geringer Besetzungszahl nicht separat ausgewiesen

Datenbasis: Mirkozensus; die Hochrechnung erfolgte anhand der Bevölkerungsfortschreibung auf Basis der Volkszählung 1987; Wirtschaftsabschnitte nach der Systematik der Wirtschaftszweige, Ausgabe 2008.

Quelle: Statistisches Landesamt Baden-Württemberg, Statistisches Monatsheft Baden-Württemberg 10/2014, S. 28

Zu den atypischen Beschäftigungsformen zählen – in Abgrenzung vom Normalarbeitsverhältnis – Teilzeitbeschäftigungen mit 20 oder weniger Arbeitsstunden pro Woche, geringfügige Beschäftigungen, befristete Beschäftigungen sowie Zeitarbeitsverhältnisse.

→ Minijobs, Leiharbeit, befristete Arbeitsverhältnisse – alles nur halb so schlimm?, Kap. III.1.3, S. 130–135

Autorentext

M 2 Die Gehaltsschere in Deutschland

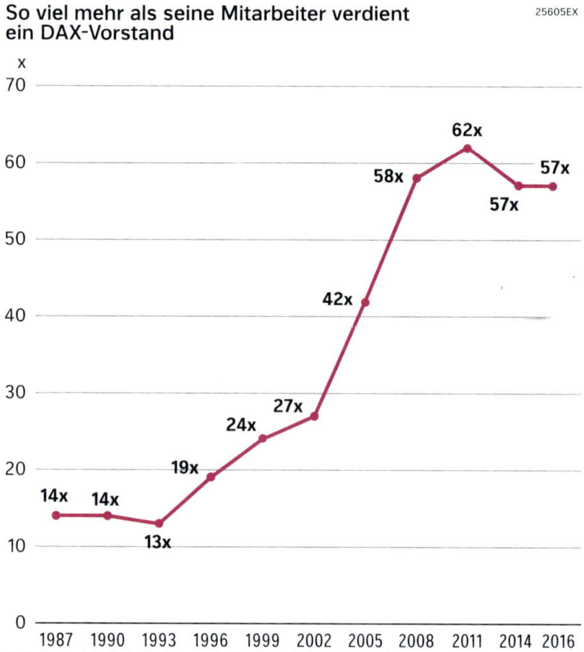

Quelle: Joachim Schwalbach, Vergütungsstudie 2011, HU Berlin; Hans Böckler Stiftung, Manager to Worker Pay Ratio, in: Mitbestimmungs-Report, Nr. 25, Okt. 2016

M 4 Arbeitsbedingungen von Werkvertragsbeschäftigten

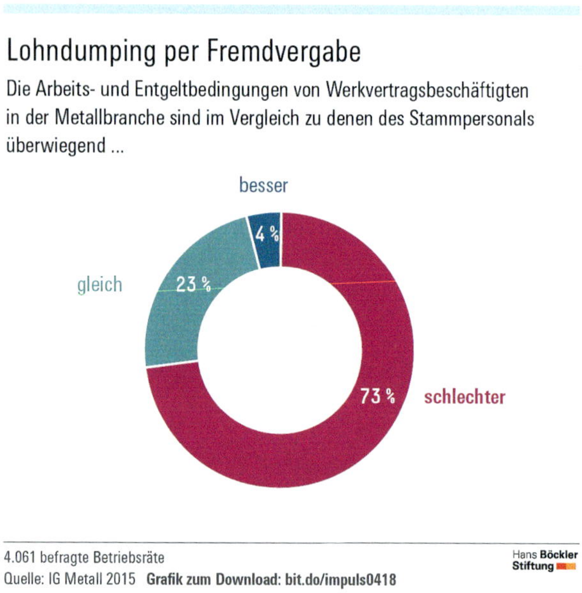

4.061 befragte Betriebsräte
Quelle: IG Metall 2015 **Grafik zum Download: bit.do/impuls0418**
Hans Böckler Stiftung

M 5 Entwicklung der Lohnstückkosten

Prozentuale Entwicklung der Lohnstückkosten 2000–2017

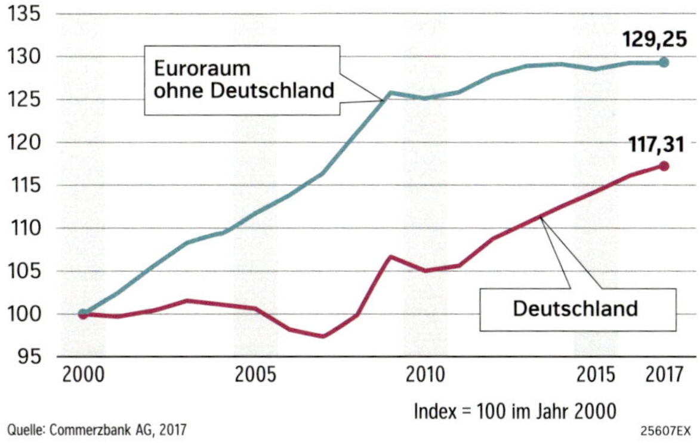

Lohnstückkosten setzen angefallene Lohnkosten ins Verhältnis zu einer bestimmten Leistungseinheit (beispielsweise Produkte oder Dienstleistungen). Dabei werden die gesamten Lohnkosten durch die Anzahl der erstellten Einheiten dividiert. Lohnstückkosten werden oft als Indikator für die Wettbewerbsfähigkeit eines Landes oder Unternehmens verwendet.

Autorentext

M 6 Es gibt keinen gerechten Lohn!

Gut drei Viertel der Deutschen finden, dass sie nicht gerecht bezahlt werden. Die Onlineumfrage der ARD wurde gestartet nach einer Talkrunde [...] über den „gerechten Lohn". Sie ist nicht repräsentativ, aber sie trifft die Stimmung im Lande: Die meisten Deutschen glauben, dass die Löhne normaler Leute zu niedrig sind, besonders wenn man sie mit den Bezügen von [...] Spitzenmanagern vergleicht. [...]

Tatsächlich gibt es einen „gerechten" Lohn nicht und kann ihn auch nicht geben. Löhne werden in einer arbeitsteiligen Wirtschaft von der Leistung des Einzelnen, aber eben immer auch von den Verhältnissen bestimmt, vor allem von der Produktivität des Betriebes, in dem er arbeitet, von der Qualität des Managements, von den Weltmärkten, der Wirtschaftspolitik der Regierung. Eine Näherin, die in Vietnam Hemden produziert, arbeitet vermutlich ungleich härter als ein Lokomotivführer in Bayern. Ist das ungerecht? Nein, natürlich nicht – die Vietnamesin lebt in einem Land mit ganz anderer Geschichte und einer viel geringeren Kapitalausstattung. Die beiden Löhne sind nicht vergleichbar. Auch die Arbeit eines Müllwerkers ist im Zweifel viel härter als die eines Webdesigners. Trotzdem dürfte Letzterer in der Regel mehr Geld verdienen, weil sein Können im Vergleich gefragter ist.

Oder die Erzieherinnen in den Kitas. Sind 2200 Euro im Monat gerecht oder ungerecht? Der Lohntrend einer Gesellschaft wird vom produzierenden Gewerbe und dessen Produktivitätsfortschritt bestimmt. Bei Berufen wie Erziehern, Lehrern, Polizisten oder Richtern gibt es keine steigende Produktivität wie in der Industrie. Wenn Erzieherinnen streiken, dann streiken sie für einen höheren Anteil am Geld der Steuerzahler – zu Lasten anderer Verwendungen, der Polizei etwa, der Infrastruktur, der Flüchtlingshilfe. Die Erzieherinnen haben alles Recht der Welt, dies zu tun. Es mag auch richtig sein, im Verhältnis mehr für Kitas und weniger für Radwege auszugeben. Nur mit Gerechtigkeit hat das nichts zu tun, sondern mit Interessenvertretung.

Beim Lohn geht es auch immer um die Leistungsfähigkeit dessen, der die Löhne zahlen soll – des Unternehmers oder des Staates. Bisher haben die Gewerkschaften in Deutschland meist Vernunft gezeigt und es vermieden, Arbeitgeber kaputt zu streiken. Mit der neuen Konkurrenz der kleinen Gewerkschaften, mit Lokführern und Piloten, könnte das anders werden. Da würde sich dann wirklich die Gerechtigkeitsfrage stellen.

Aus: Nikolaus Piper, Den gerechten Lohn kann es nicht geben, in: www.sueddeutsche.de/wirtschaft/studie-den-gerechten-lohn-kann-es-nicht-geben-1.2463725, 5.5.2015 (Zugriff: 10.4.2017)

Aufgaben

1. Methode Blitzlicht: Bewerte die in M 1 dargestellte Entwicklung.
2. Analysiere M 2 bis M 5. METHODE Analysieren von Statistiken, S. 132 f.
3. Nenne Kriterien für einen gerechten Lohn. Vergleiche anschließend deine Kriterien mit denen deines Nebensitzers. Einigt euch auf die drei wichtigsten Kriterien.
4. Erläutere, wie wichtig die Frage des Lohnes bei deiner Studien- und Berufswahl ist.
   BERUFENET: die Basis für meine Entscheidung, Kap. II.4.1, S. 106 ff.
5. Arbeite aus M 6 heraus, weshalb es dem Autor zufolge keinen gerechten Lohn geben kann.
6. Gestalte einen Leserbrief, in dem du den Autor von M 6 mit euren eigenen Kriterien (Aufg. 3) konfrontierst.
   METHODE Meinungen äußern: Kommentar und Leserbrief, S. 246 f.

M 7 Niedriglohnschwelle

Üblicherweise wird als Niedriglohn der Lohn bezeichnet, der unterhalb von zwei Dritteln des mittleren Bruttostundenlohns in Gesamtdeutschland liegt […]. Beim Niedriglohn handelt es sich demnach um ein relatives Maß. Die Niedriglohnschwelle steigt, wenn das Lohnniveau im Mittel steigt. Berechnungen auf der Grundlage des Sozio-oekonomischen Panels 2014 zeigen z. B., dass die Niedriglohnschwelle für Vollzeit- bzw. Teilzeitbeschäftigte bei 10,38 Euro/Stunde liegt.

Aus: Institut für Arbeitsmarkt- und Berufsforschung (IAB) der Bundesagentur für Arbeit (Hrsg.), IAB-Kurzbericht 12/2016, http://doku.iab.de/kurzber/2016/kb1216.pdf, S. 8 (Zugriff: 10.4.2017)

M 8a Arbeitslosenquote in Deutschland

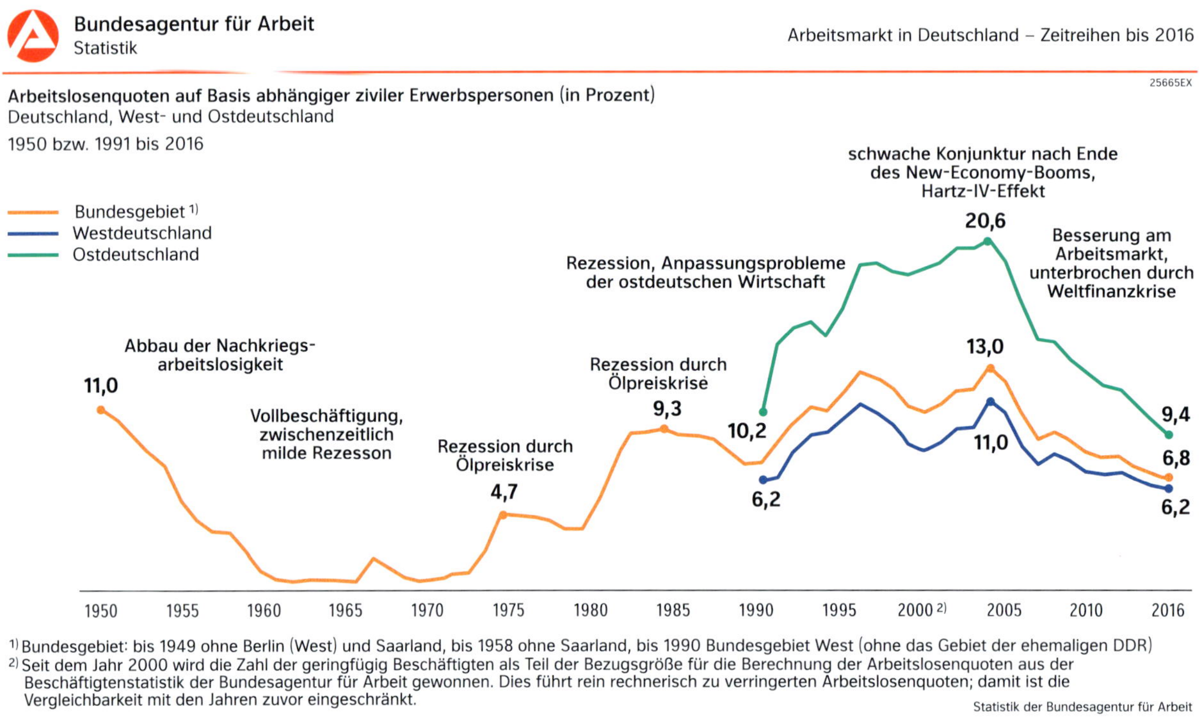

M 8b Erwerbstätigkeit in Deutschland

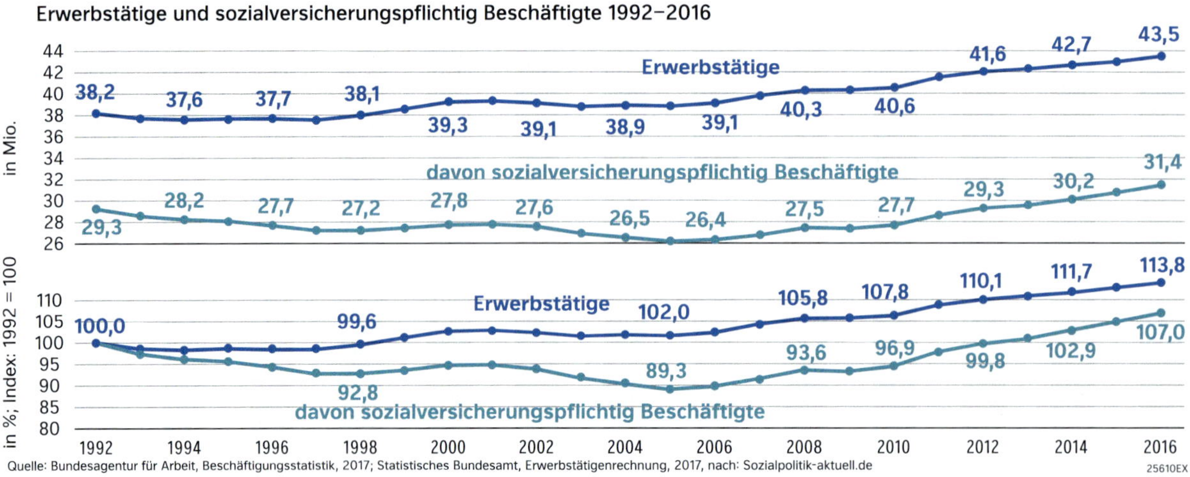

M 8c Niedriglohnrisiko nach Strukturmerkmalen

Niedriglohnrisiko in Prozent der jeweiligen Gruppe, 1995 und 2013 im Vergleich

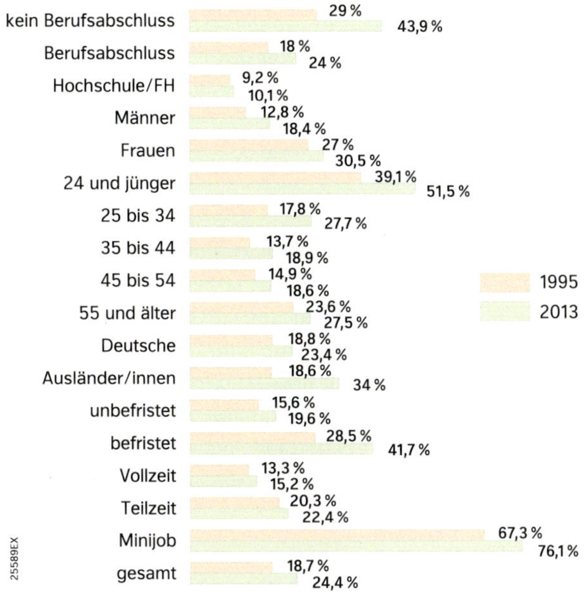

Quelle: DIW Berlin, Sozio-oekonomisches Panel (SOEP) v30, Berechnungen des Instituts Arbeit und Qualifikation (IAQ) an der Fakultät für Gesellschaftswissenschaften der Universität Duisburg-Essen

Lesehilfe: Im Jahr 2013 arbeiteten in Deutschland 24,4 % aller abhängig Beschäftigten für einen Stundenlohn unterhalb der Niedriglohnschwelle von 9,30 € pro Stunde.

M 9 Preis-Mengen-Diagramm

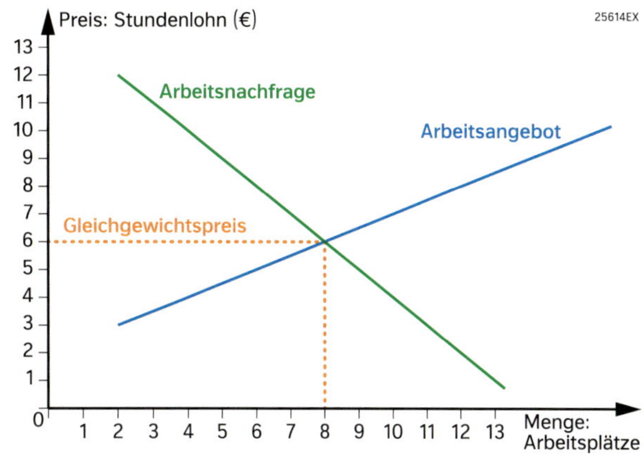

M 11 Mindestlohn – die gesetzliche Regelung

Der am 1.1.2015 eingeführte gesetzliche Mindestlohn definiert eine feste Grenze, die nicht mehr unterschritten werden darf (seit 1.1.2017: 8,84 Euro). Somit schützt er Beschäftigte im Niedriglohnsektor vor Dumpinglöhnen und verringert so die Zahl der Arbeitnehmerinnen und Arbeitnehmer, die trotz Vollzeitbeschäftigung auf Sozialleistungen angewiesen sind. Der gesetzliche Mindestlohn gilt für alle Arbeitnehmerinnen und Arbeitnehmer über 18 Jahren mit Ausnahme von Langzeitarbeitslosen und Pflichtpraktika.

Autorentext Mindestlohn konkret, S. 155, M 6

M 10 Mindestlohn – die Kontroverse

Pro

- Deutschlands Arbeitnehmer bekommen die Würde zurück, die ihnen die Agenda 2010 genommen hat, und werden am unternehmerischen Erfolg beteiligt.
- Das Ende des Lohndumpings macht den Arbeitsmarkt gerechter.
- Er beendet die staatlich subventionierte Billigarbeit, die zu einem Boom von Aufstockern geführt hat, die aufgrund ihres geringen Lohns staatliche Transferleistungen benötigen.
- Die deutsche Wirtschaft konnte sich auf den Mindestlohn einstellen.
- In exportstarken Branchen werden ohnehin höhere Löhne gezahlt.
- Höhere Löhne bedeuten mehr Konsum.

Kontra

- Menschen mit geringer individueller Produktivität verlieren ihre Arbeitsplätze.
- In der Zukunft werden weniger Arbeitsplätze geschaffen.
- Bisher ermöglichte der Niedriglohnsektor gerade Geringqualifizierten den Einstieg in den Arbeitsmarkt.
- Die Gefahr höherer Jugendarbeitslosigkeit steigt.
- Die Regierung sollte in Aus- und Weiterbildung investieren, um Menschen im Niedriglohnsektor einen Aufstieg zu ermöglichen.
- Der deutsche Arbeitsmarkt ist bereits stark reguliert, was die Wettbewerbsfähigkeit deutscher Unternehmen beeinträchtigt.

Zusammengestellt aus: (Pro) Yasmin El-Sharif, 8,50 Euro für die Würde, in: www.spiegel.de/wirtschaft/soziales/kommentar-mindestlohn-8-50-euro-fuer-die-wuerde-a-935953.html, 27.11.2013; (Kontra) Moritz Bellgardt, Der Mindestlohn – ein Fluch für Arbeitnehmer!, in: www.think-ordo.de/2014/04/der-mindestlohn-ein-fluch-fuer-arbeitnehmer/, 22.4.2014 (Zugriffe: 10.4.2017) (verändert) Wie lebt man als Aufstocker?, S. 130, M 2

M 12 Schadet der Mindestlohn?

Zeichnung: Thomas Plaßmann

M 13 Mindestlohn im Vergleich

Nationale Mindestlöhne in der EU
(2017, Angaben in Euro pro Stunde)

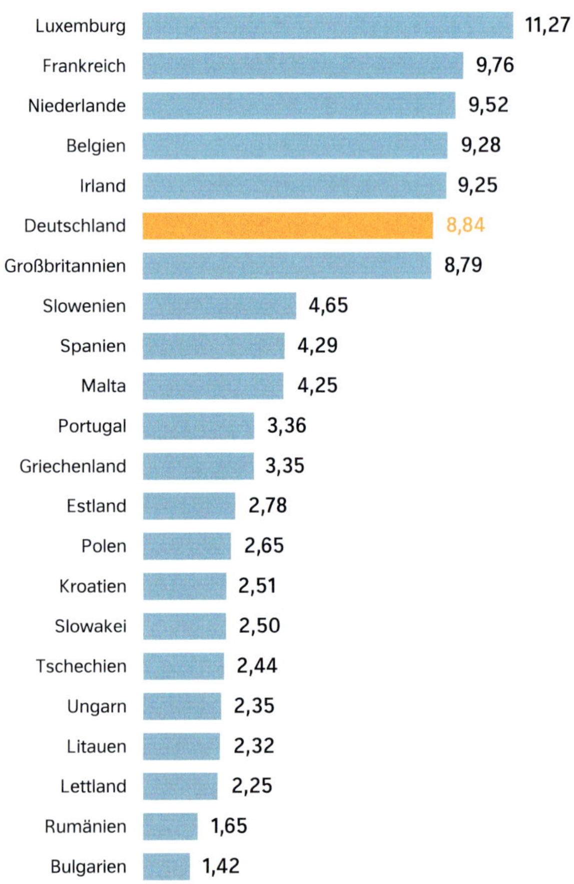

Quelle: WSI-Mindestlohndatenbank 2017 25615EX

M 14 Ein Jahr Mindestlohn – eine Zwischenbilanz

Die historische Reform wurde nach langer Kontroverse beschlossen. Jetzt ist klar: Das große Jobsterben ist nicht eingetreten. Trotzdem ist nicht alles gut.

Mit Prognosen kann man ganz schön danebenliegen – erst recht, wenn dabei eigene Vorurteile mitschwingen. Dies zeigt sich nun auch ein Jahr nach Einführung des Mindestlohns in Deutschland.

Bei denjenigen, die die gesetzliche Untergrenze von 8,50 Euro pro Stunde schon immer für Teufelszeug hielten, fielen die Schreckensszenarien besonders düster aus. Das Arbeitgeberlager etwa sah schon Hunderttausende Stellen verloren gehen, weil viele Arbeitskräfte dann nicht mehr rentabel wären. Zwölf Monate später ist klar: Das große Jobsterben ist nicht eingetreten. Wer deswegen glaubt, beim Mindestlohn stehe alles zum Besten, unterliegt allerdings einem Irrtum.

Man muss wohl sagen: Bis jetzt ist alles ziemlich gut gegangen. Die historische Reform hat dabei geholfen, dass Beschäftigte, die sich nicht selbst schützen und auf keine kampfstarke Gewerkschaft bauen können, mehr Geld bekommen. Wer zum Beispiel Pizzen ausfährt, im Café bedient oder im Callcenter Handytarife erklärt, kann sich jeden Monat über ein paar Euro mehr freuen. Die Bezahlung von an- und ungelernten Arbeitskräften ist dieses Jahr überdurchschnittlich stark gestiegen. Das hat das Statistische Bundesamt bestätigt, wenn auch noch unklar ist, wie viele Millionen Arbeitnehmer vom Mindestlohn wirklich profitiert haben.

Die Untergrenze hat auch nicht den Beschäftigungsboom abgewürgt. Die Zahl der Arbeitslosen ist so niedrig wie seit 1991 nicht mehr. Bis Ende September wuchs die Zahl der regulären sozialabgabenpflichtigen Stellen um fast 700 000. Nun ist zugleich die Zahl der Minijobs, bei denen die Stundenlöhne bislang besonders niedrig waren, deutlich zurückgegangen.

Doch dieser Abbau wurde durch andere neue Stellen mehr als ausgeglichen – selbst in den Branchen wie im Handel oder der Gastronomie, in denen die 450-Euro-Stellen weit verbreitet und die Löhne meist niedrig sind. Dies deutet darauf hin, dass Arbeitgeber Minijobs, die gerade für Frauen später Altersarmut bedeuten können, in reguläre Stellen umgewandelt haben. Das ist ein Riesenerfolg.

Allerdings war der Zeitpunkt für die Einführung der 8,50-Euro-Untergrenze auch besonders günstig: Die Wirtschaft floriert, zusätzlich stimuliert durch niedrige Zinsen, billiges Öl und einen günstigen Euro-Wechselkurs. Produkte *„Made in Germany"* sind nach wie vor gefragt. Viele Unternehmen suchen weiter Mitarbeiter. Die gute Konjunktur hat somit mögliche negative Effekte des Mindestlohns überdeckt. Trübt sich die Wirtschaftslage ein, kann dies schnell weniger gut aussehen, weil Arbeitgeber dann eher Jobs abbauen. Schon jetzt dürften unterhalb der Wahrnehmungsschwelle ein paar Zehntausend Arbeitsplätze durch den Mindestlohn verschwunden sein. Auch weiß keiner, wie viele Jobs wegen der 8,50 Euro nicht geschaffen wurden.

Für eine unbekannt große Gruppe der Arbeitnehmer gilt der Mindestlohn außerdem nur auf dem Papier. Viele Betriebe beuten Mitarbeiter aus. Köche schreiben ihre Überstunden in Luxushotels nicht auf, um ihre Stelle nicht zu verlieren. Zimmermädchen putzen für wenige Euro, weil sie ihr Soll nur durch unbezahlte Mehrarbeit schaffen. Rumänische Bauarbeiter, von organisierten Kriminellen ins Land gelockt, verdingen sich als Scheinselbstständige auf Baustellen zu Hungerlöhnen. In dieser Parallelwelt des deutschen Arbeitsalltags wird so getrickst, getäuscht und gelogen, dass der Zoll die Ausbeuter oft nur schwer überführen kann.

Bei den Kontrollen sollte die Bundesregierung deshalb hart bleiben. Nur wenn die Arbeitgeber bei Minijobbern und den für Schwarzarbeit besonders anfälligen Branchen die Arbeitszeit weiter dokumentieren müssen, besteht überhaupt die Chance, Betrüger zu entlarven.

Es darf auch keine Ausnahmen für Flüchtlinge geben, um Geschäftspraktiken auf der Schattenseite des Jobwunders keinen neuen Nährboden zu bieten. Außerdem verhindert die gesetzliche Lohnuntergrenze, dass anerkannte Asylbewerber auf eine Berufsausbildung verzichten. Die 8,50 Euro sind ein Anreiz, zu lernen und sich weiter zu qualifizieren, statt sich eine einfache Arbeit für fünf, sechs Euro die Stunde zu suchen. Ohnehin haben Arbeitgeber bereits die Möglichkeit, Flüchtlinge für den Einstieg in den Arbeitsmarkt fit zu machen, ohne ihnen in dieser Zeit die 8,50 Euro zahlen zu müssen.

Der Mindestlohn ist eine soziale Errungenschaft, die sich Deutschland leisten kann.

Nach: Thomas Öchsner, Ein Jahr Mindestlohn – geht doch!, in: www.sueddeutsche.de/wirtschaft/bilanz-ein-jahr-mindestlohn-geht-doch-1.2797019, 28.12.2015 (Zugriff: 10.4.2017) (verändert)

M 15 Branchenspezifische Mindestlöhne 2017

* In einigen Branchen sind die Mindestlöhne nicht bundesweit einheitlich, z. B. in der Pflegebranche (bis 31.12.2017 West mit Berlin: 10,20 €/Ost: 9,50 €).
** Ab 1.1.2018 müssen in allen Branchen mindestens 8,84 € gezahlt werden.

Quelle: Bundesministerium für Arbeit, Stand: Juni 2017 25616EX

Aufgaben

1. a) Berechne das monatliche Einkommen einer Person, deren Lohn sich an der Niedriglohnschwelle befindet (M 7). Gehe dabei von einer Vierzigstundenwoche aus.
   b) Erläutere auf der Basis deiner Berechnungen, was dies für den Alltag der betroffenen Person bedeutet.
2. Charakterisiere die Entwicklung am deutschen Arbeitsmarkt (M 8a bis M 8c).
3. Fächergrenzen überwinden (Geschichte): Erläutere mithilfe deiner Kenntnisse aus dem Fach Geschichte zwei der in M 8a genannten Ereignisse.
4. Erkläre mögliche Wirkungen eines Mindestlohns, indem du das Preis-Mengen-Diagramm vervollständigst (M 9).
5. Überprüfe, inwiefern die gesetzliche Regelung (M 11) die Argumente der Kontroverse über den Mindestlohn (M 10) berücksichtigt.
6. Vergleiche die gesetzliche Regelung zum Mindestlohn (M 11) mit den Prinzipien der Sozialen Marktwirtschaft (S. 232, M 4).
7. Arbeite aus M 14 heraus, wie Unternehmen auf den Mindestlohn reagieren.
8. „Das große Jobsterben ist nicht eingetreten." (M 14, Z. 13 f.). Vergleiche diese Feststellung mit den Ergebnissen aus Aufgabe 4.
9. Gestalte ausgehend von M 12 bis M 15 eine Pro-Kontra-Debatte zu der Frage: Ist der Mindestlohn ein Erfolg?
   METHODE Pro-Kontra-Debatte, S. 135

Meinungen äußern: Kommentar und Leserbrief

Artikel in seriösen Zeitungen und digitalen Medien liefern Informationen über Ereignisse oder Entwicklungen, deren Wahrheitsgehalt nachprüfbar sein und dem Gebot der Objektivität genügen sollte.

Davon zu unterscheiden sind Textsorten, die andere Nachrichten oder Meldungen bewerten. Hierzu zählen **Kommentare** und **Leserbriefe**. Diese Texte beziehen sich auf eine Nachricht oder einen Artikel und nehmen dazu Stellung. Das kann zum Beispiel in Form einer Kritik, einer Zustimmung oder auch eines Alternativvorschlags geschehen.

Durch die Digitalisierung der Medien sind neue Möglichkeiten entstanden, etwa im Rahmen von **Blogs** oder von **Tweets** Kommentare zu formulieren. Auch wenn es sich dabei um subjektive Äußerungen und Urteile handelt, sind diese auf eine mit Beispielen gestützte Argumentation und einen roten Faden angewiesen, wollen sie bei den jeweiligen Adressaten die beabsichtigte Wirkung entfalten.

Der Kommentar

1. Merkmale

- offene Stellungnahme unter Berücksichtigung der verfügbaren Informationen
- subjektive Meinungsäußerung zu einer Nachricht oder Meldung
- Aufzeigen von Folgen einer politischen, gesellschaftlichen oder ökonomischen Entwicklung oder eines Ereignisses
- Schlussfolgerung, z. B. in Form eines Appells oder einer Mahnung

2. Beispiel für einen Kommentar

Mindestlohn abschaffen!

Die düsteren Vorhersagen von Wirtschaftsforschern wie Hans-Werner Sinn, die vor dem Verlust von Hunderttausenden Jobs gewarnt haben, sind bislang nicht eingetreten. Doch aktuell boomen Wirtschaft und Arbeitsmarkt ja auch. In der nächsten Rezession wird das schon anders aussehen.

Und schon jetzt sind die 8,50 Euro pro Stunde für viele Flüchtlinge, die Arbeit suchen, eine zu hohe Hürde. Oft ist ihre Produktivität weit geringer. Mit der jüngsten Anhebung für 2017 hat die Mindestlohn-Kommission die Latte für die Integration noch höher gelegt. Der Mindestlohn kommt als soziales Projekt daher. Tatsächlich macht er es für Betriebe immer unattraktiver, Geringqualifizierte einzustellen. Der Mindestlohn schadet gerade den Schwächsten der Gesellschaft.

Dabei sticht übrigens der Hinweis nicht, dass andere Länder in Europa auch Mindestlöhne haben. Entweder sind die Mindestlöhne so niedrig, dass sie wirkungslos sind. Oder diese Länder haben keine weiteren Arbeitsmarktregulierungen wie Kündigungsschutz, die den Unternehmen das Leben schwer machen. Oder ihnen ergeht es wie Frankreich: Das Land kennt zahlreiche soziale Absicherungen – und kommt von seiner Rekordarbeitslosigkeit nicht herunter, unter der gerade junge Menschen leiden.

Es gibt gute Gründe, den Mindestlohn in Deutschland einzufrieren – und noch mehr Gründe, diesen unseligen Kompromiss der großen Koalition ganz abzuschaffen.

Aus: Antje Höning, Mindestlohn abschaffen!, in: www.rp-online.de/politik/deutschland/kommentar-mindestlohn-abschaffen-aid-1.6081371, 28.6.2016 (Zugriff: 3.7.2017)

Der Leserbrief

1. Merkmale

- schriftliche Meinungsäußerung bzw. kritische Anmerkungen zu einem Artikel oder zu einem Kommentar
- Argumentation entlang eines roten Fadens
- Appell zu einem bestimmten Handeln

2. Beispiel für einen Leserbrief

Zum Kommentar „Ohne Sinn und Verstand" von Bettina Bäumlisberger im politischen Teil:

Die Einführung des Mindestlohns endlich auch bei uns ist also – nach Meinung von Frau Bäumlisberger – „ohne Sinn und Verstand". Mir scheint das eher auf Ihren Kommentar zuzutreffen. Sicher werden Arbeitsplätze wegfallen, aber was sind das für Arbeitsplätze? Solche mit viel Arbeitsleistung, die skandalös bezahlt wird. So schlecht, dass die Löhne von der Gesellschaft subventioniert werden müssen, damit die Arbeitenden mit ihrem „Einkommen" halbwegs zurechtkommen – Ausbeutung nennt man das!

Firmen, deren Geschäftsmodell nur auf dieser Ausbeutung plus staatlicher Lohnsubventionierung beruht, haben am Markt nichts zu suchen. Sie verzerren den Wettbewerb total, sodass seriöse Firmen mit fairer Lohnstruktur oft Aufträge verlieren, vielleicht sogar vom Markt verdrängt werden – mit entsprechenden Arbeitsplatzverlusten. Zudem geben gerade die Geringverdiener jeden zusätzlichen Euro aus, was den wichtigen Binnenabsatz stärkt.

Im letzten Jahrzehnt wurden viele ordentliche Arbeitsverhältnisse ersetzt durch Zeitarbeit und Auslagerung in Firmen, die eigens zur Lohnstärkung neu gegründet wurden. Immer mehr Leute bekommen nur noch befristete Verträge, sogar viele ausgebildete Jungakademiker erhalten nur noch kaum entlohnte Praktika (Praktikantengeneration). Das alles hat sich nur wegen der guten Konjunktur derzeit etwas entschärft. Wir genießen heute die Erfolge der rot-grünen Reformen, müssen aber die Fehlentwicklungen unbedingt korrigieren!

Wie sollen junge Leute so eine Familie aufbauen und gar Kinder planen, wenn sie trotz ganztägiger harter Arbeit auf unabsehbare Zeit viel zu wenig verdienen und mangels unbefristeter Festanstellung jederzeit gefeuert werden können? Nichts ist planbar für sie. Fürwahr eine tolle Grundlage für Lebensplanung und Alterssicherung.

Aus: Leserbrief von Christl und Bernhard Schweiger, Bruckmühl, in: www.ovb-online.de/leserbriefe/mindestlohn-muss-kommen-3442739.html, 29.3.2014 (Zugriff: 3.7.2017)

Aufgaben

1. Beurteile anhand der aufgeführten Merkmale den Leserbrief und den Kommentar.
2. Gestalte einen Leserbrief oder Kommentar, in dem du begründet eine abweichende Meinung formulierst.

2.8 Gleichberechtigung am Arbeitsmarkt – ein weiterhin ungelöstes Problem?

M 1a Equal Pay Day

Der *Equal Pay Day* wird vom Business und Professional Women – Germany e. V. initiiert und durch das Bundesfamilienministerium gefördert. Der *Equal Pay Day* markiert symbolisch den Tag, bis zu dem Frauen seit Jahresanfang umsonst arbeiten müssen, während Männer in der gleichen Zeit bereits für ihre Arbeit bezahlt werden.
2017 war der *Equal Pay Day* am ...

a) 18. Februar
b) 18. März
c) 18. April

Nach: Bundesministerium für Familie, Senioren, Frauen und Jugend, Lohngerechtigkeit, www.bmfsfj.de/BMFSFJ/gleichstellung,did=88096.html, 16.3.2017 (Zugriff: 10.4.2017) (verändert)

M 1b Gleiche Arbeit, weniger Geld

So viel verdienten vollzeitbeschäftigte Arbeitnehmer im Jahr 2016 durchschnittlich pro Monat* in diesen Bereichen (Auswahl)

Männer		Frauen
5 491 Euro	Finanz- und Versicherungsdienstleister	4 029 Euro
5 115	Information und Kommunikation	3 944
4 969	Energieversorgung	4 095
4 606	Erziehung und Unterricht	4 041
4 355	Gesundheits- und Sozialwesen	3 255
4 276	Grundstücks- und Wohnungswesen	3 404
4 125	Verarbeitendes Gewerbe	3 222
4 105	Kunst, Unterhaltung und Erholung	2 814
3 995	Bergbau	3 844
3 776	Öff. Verwaltung, Verteidigung, Sozialvers.	3 466
3 642	Handel	2 910
3 301	Wasserversorgung	3 238
3 132	Baugewerbe	3 087
3 018	Verkehr und Lagerei	2 918
2 400	Gastgewerbe	2 071

*brutto, ohne Sonderzahlungen
Quelle: Statistisches Bundesamt
© Globus 11777 25923EX

M 1c Gender Pay Gap

Durchschnittlicher Bruttostundenverdienst* in Deutschland von Frauen und Männern in Euro

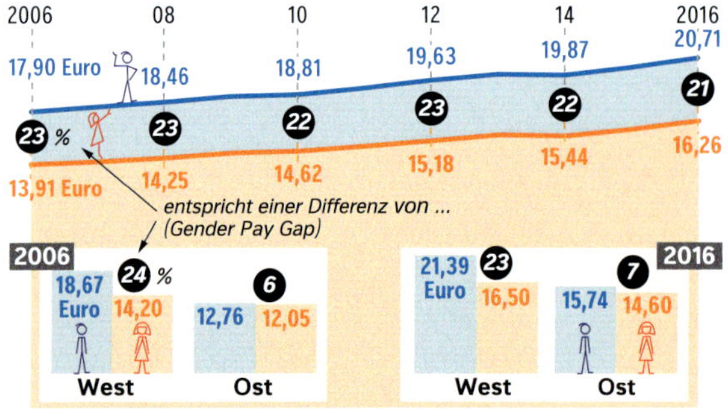

rundungsbedingte Differenzen
*unabhängig vom Beschäftigungsumfang (z.B. Vollzeit, Teilzeit) und der Stellung im Beruf (z.B. Hilfs-, Führungskraft)
Quelle: Statistisches Bundesamt
© Globus 11647 25924EX

M 2 Gesetz zur Lohngleichheit

Einführung eines individuellen Auskunftsanspruches:
Arbeitgeber mit mehr als 200 Beschäftigten müssen diesen zukünftig auf Anfrage erläutern, nach welchen Kriterien sie wie bezahlt werden.

Betriebliche Verfahren zur Überprüfung und Herstellung von Entgeltgleichheit:
Private Arbeitgeber mit mehr als 500 Beschäftigten werden aufgefordert, regelmäßig ihre Entgeltstrukturen auf die Einhaltung der Entgeltgleichheit zu überprüfen.

Bericht zur Gleichstellung und Entgeltgleichheit:
Arbeitgeber mit mehr als 500 Beschäftigten, die lageberichtspflichtig sind, müssen zudem künftig regelmäßig über Stand der Gleichstellung und der Entgeltgleichheit berichten. Diese Berichte sind für alle einsehbar.

Aus: Bundesministerium für Familie, Senioren, Frauen und Jugend, Bundestag beschließt Gesetz für mehr Lohngerechtigkeit, www.bmfsfj.de/bmfsfj/aktuelles/presse/pressemitteilungen/bundestag-beschliesst-gesetz-fuer-mehr-lohngerechtigkeit/115654, 30.3.2017 (Zugriff: 3.8.2017)

M 3a Frauen werden versteckt benachteiligt

Dass Frauen für gleiche und gleichwertige Arbeit auch gleich bezahlt werden müssen, ist geltendes Recht in Deutschland. „Der Staat fördert die tatsächliche Durchsetzung der Gleichberechtigung von Frauen und Männern und wirkt auf die Beseitigung bestehender Nachteile hin", heißt es im Grundgesetz, Artikel 3. Warum nun also der Aufstand gegen das Vorhaben? Zu bürokratisch, heißt es. Der Betriebsfriede werde gestört.
Außerdem sei die Lohnlücke auf häufige Teilzeitbeschäftigung von Frauen, auf Kindererziehungszeiten und auf die schlechtere Bezahlung von frauendominierten Tätigkeiten, etwa im Pflegebereich, zurückzuführen. Die Folge: Frauen arbeiten auch seltener in Führungspositionen – eine weitere Ursache für die Entgeltlücke. Doch selbst bei gleicher formaler Qualifikation und Erwerbsbiografie beträgt die Lücke noch immer sieben Prozent – ein klarer Hinweis dafür, dass Frauen auch auf betrieblicher Ebene versteckt benachteiligt sind und eben schlechter bezahlt werden. Deshalb brauchen wir das Lohngerechtigkeitsgesetz.
Aber der Reihe nach. Entdeckt eine Frau zufällig, dass sie weniger auf dem Lohnzettel hat als ihr Kollege, muss sie für

Equal Pay ihr gutes Recht gegen den Arbeitgeber durchsetzen – notfalls gerichtlich. Mal abgesehen davon, dass durch ein solches Verfahren meist das Arbeitsverhältnis belastet sein dürfte: Es leuchtet überhaupt nicht ein, warum mit einem Auskunftsrecht nicht schon vorher Transparenz hergestellt sein sollte. Das stört keinesfalls den Betriebsfrieden. Damit ist doch nicht gemeint, dass das Gehalt am schwarzen Brett aushängt! Es wäre schon ein wesentlicher Schritt, wenn das Entgeltsystem klare Regeln bekäme: Welche Tätigkeiten sind welcher Entgeltgruppe zugeordnet? Welche Qualifikation ist für welche Gruppe erforderlich? Welche Voraussetzungen müssen erfüllt sein, damit eine Zulage gezahlt wird? Auch die zusätzlichen Annehmlichkeiten wie Dienstwagen, Diensthandy, Aktienanteile oder auch Bahncards gehören geregelt, um ein heimliches Prämiensystem zu verhindern. Wer hat wann Anspruch darauf? [...]

Insbesondere für [...] nicht tarifgebundene Unternehmen brauchen wir ein wirksames Lohngerechtigkeitsgesetz. Und wirksam heißt, dass der Auskunftsanspruch für alle Firmen gilt [...]. Frauen können demnach vom Arbeitgeber darüber Auskunft verlangen, was mindestens fünf Männer mit vergleichbarer Tätigkeit im Unternehmen verdienen. Selbstverständlich werden diese Informationen anonymisiert und im Durchschnitt rausgegeben. [...] Mit einem einfachen Formular ist das zu erledigen, bei tarifgebundenen Unternehmen reicht ohnehin ein Verweis auf die entsprechende Bestimmung des Tarifvertrages.

Aus: Elke Hannack, Frauen werden versteckt benachteiligt, in: www.fr-online.de/gastbeitraege/lohngleichheitsgesetz-frauen-werden-versteckt-benachteiligt,29976308,34340330.html, 8.6.2016 (Zugriff: 10.4.2017)

M 3b An der staatlichen Schulter

Sind Frauen in Deutschland immer noch das schwache, benachteiligte Geschlecht? Wer die Politik der großen Koalition verfolgt, könnte auf diesen Gedanken kommen. Zwei sozialdemokratische Ministerinnen haben sich keinem geringeren Ziel verschrieben, als Frauen gleiche Teilhabe am deutschen Wirtschaftsleben zu verschaffen. Es geht nicht länger um Gleichberechtigung im Sinne gleicher Chancen. Die Bundesregierung möchte Ergebnisse sehen. „Männliche und weibliche Erwerbsbiografien" sollen sich endlich „annähern".

Als Ideal schwebt der Koalition fast unverhohlen eine Welt vor, in der Arbeitszeit, Familienzeit und Einkommen zwischen Frauen und Männern hälftig aufgeteilt sind und Frauen auf allen Hierarchiestufen in allen Unternehmen über alle Branchen zu gleichen Teilen wie Männer vertreten sind. [...]

Ärgerlich ist, dass diese Politik mit jedem neuen Gesetz den Gedanken fördert, gleichberechtigte wirtschaftliche Teilhabe von Frauen sei im Deutschland des 21. Jahrhunderts eine staatliche Aufgabe. Frauen haben längst alle Möglichkeiten, mit Männern beruflich und finanziell gleichzuziehen, wenn sie das anstreben. Das Bildungssystem legt ihnen keine Steine in den Weg, es mangelt nicht an subventionierten Betreuungsplätzen, und kaum ein Land zwingt Unternehmen so weitreichende Mutterschutz- und Teilzeitansprüche auf. [...]

Ihre Möglichkeiten müssen die Frauen aber selbst nutzen. Nicht Lohntransparenz macht aus einem schlecht bezahlten einen lukrativen Arbeitsplatz, sondern die rechtzeitige Abwägung, welche Ausbildung lohnt. Kein Kitaplatz beseitigt den jahrelangen Spagat zwischen Kind und Karriere, und bequem ist der Aufstieg auch mit immer neuen Quoten nicht. Frauen haben mühsam gelernt, sich nicht auf die starke Schulter der Männer zu verlassen, sie sollten sich nun nicht an der staatlichen ausruhen.

Aus: Heike Göbel, An der staatlichen Schulter, in: www.faz.net/aktuell/wirtschaft/wirtschaftspolitik/die-bundesregierung-und-das-ideal-der-gleichstellung-14631583.html, 13.1.2017 (Zugriff: 10.4.2017)

Aufgaben

1. Nenne das vermutlich richtige Datum (M 1a)
2. Analysiere M 1b und c.
3. Erläutere ausgehend von M 3a und b mögliche Ursachen für den *Gender Pay Gap* (geschlechtsspezifischen Lohnunterschied).
4. Bewerte die Einführung eines Lohngleichheitsgesetzes (M 2 sowie M 3a und b).
5. Stelle dar, welche Maßnahmen die Gleichstellung von Frauen und Männern im Berufsleben fördern können.

Webcode WES-116435-201 Erklärvideo: Gleichberechtigung

2.9 *Share Economy* – eine Revolution der Sozialen Marktwirtschaft?

M 1 Nachbarschaftshilfe online

„Handwerkliche Hilfe benötigt"
Freiburg-Vauban

„Popcornmaschine und Co zu leihen?"
Wertheim

Plattform
z. B. *www.nebenan.de*, *www.tauschbörsearbeit.de*

„Schöne rote Vase zu verschenken"
Mannheim

„Suche: Schreibarbeiten sowie schriftliches Ordnen. Biete: Kindersitting, Nachhilfe, Besorgungen"
Stuttgart

M 2 *Share Economy* auf dem Weg in die Kommerzialisierung?

Vor allem Internetseiten wie Airbnb, Wimdu und 9flats haben den Markt für die Vermietung von privaten Wohnungen an Touristen angekurbelt. Dort kann jeder ein Bett, eine Couch, ein Zimmer oder eine ganze Wohnung für eine Nacht oder gleich mehrere Wochen vermieten. Oft kann man dort billiger wohnen als in Hotels und Pensionen. Es gibt Übernachtungsmöglichkeiten auch dort, wo es keine Hotellerie gibt. Viele Nutzer schätzen auch, dass sie nicht in touristischen Gebieten untergebracht sind, sondern Tür an Tür mit Stadtbewohnern leben. [...]

Weil eine nächteweise Vermietung von Wohnungen mehr Geld einbringt als eine dauerhafte über Monate und Jahre hinweg, vermieten sie viele Vermieter nur noch an Touristen. Die Stadt Berlin hat das verboten, damit genug Wohnraum für Berliner übrig bleibt. „Wir müssen die Menschen vor steigenden Mieten, vor Verdrängung aus ihren Quartieren und vor Obdachlosigkeit schützen", sagte Stadtentwicklungssenator Andreas Geisel (SPD) der Deutschen Presse-Agentur. Der Senat hat deshalb die Zweckentfremdung von Wohnraum verboten.

Aus: Zweckentfremdung von Wohnungen in Berlin bleibt verboten, in: www.deutschlandfunk.de/airbnb-wimdu-co-zweckentfremdung-von-wohnungen-in-berlin.1818.de.html?dram:article_id=356575, 8.6.2016 (Zugriff: 10.4.2017)

M 3 Airbnb wehrt sich

Seit Kurzem wird gegen das Wohnungsvermittlungsportal Airbnb im Netz und in den sozialen Medien in Berlin protestiert. Es heißt, das Angebot treibe die Mieten der Einheimischen in die Höhe und befeuere die soziale Verdrängung.

Nun reagiert die US-amerikanische Firma. Das Unternehmen teilte [...] in einem schriftlichen Statement mit, dass die überwiegende Mehrheit der Airbnb-Gastgeber in Berlin ihr eigenes Zuhause vermietet, in dem sie selbst leben. Dieser Wohnraum werde dem Wohnungsmarkt daher nicht entzogen und könne folglich dem Wohnungsmarkt auch nicht wieder zugeführt werden.

Viele der Einflussfaktoren auf den Berliner Wohnungsmarkt existierten schon vor Airbnb, heißt es weiter. In Bezug auf das Berliner Zweckentfremdungsgesetz erinnert das Unternehmen daran, dass Politiker und Bürger deutlich gemacht hätten, dass sie klare und einfach zu verstehende Regeln wollen, wie zwischen gelegentlichen *Homesharern* und professionellen, kommerziellen Gastgewerben unterschieden werden kann. Derartige Regeln gebe es bereits in vielen anderen Europäischen Metropolen, etwa in London, Kopenhagen und Amsterdam.

Deshalb wolle Airbnb „an klaren und einfachen Regeln zugunsten der Berliner" arbeiten. Diese könnten dann ihr eigenes Zuhause teilen und somit auch den Wohnungsbestand der Stadt schützen, heißt es im Statement.

Aus: Airbnb fühlt sich zu Unrecht kritisiert, in: www.rbb-online.de/panorama/beitrag/2016/07/boycott-airbnb---boycottairbnb-berlin.html, 15.7.2016 (Zugriff: 10.4.2017)

M 4 Umfrage: Vorteile der Share Economy

Frage 1: Denken Sie bitte wieder ganz allgemein an das Thema Share Economy. Bitte geben Sie an, inwieweit Sie folgenden Aussagen zum Thema Share Economy zustimmen oder nicht zustimmen.
Basis: alle Befragten; N = 1 000 (skalierte Abfrage: stimme zu / stimme nicht zu)
Darstellung „stimme zu"
*also die Betreiber der Plattformen, über die die Share-Economy-Anbieter ihre Produkte und Dienstleistungen anbieten

Quelle: PricewaterhouseCoopers, Share Economy. Repräsentative Bevölkerungsbefragung, Juni 2015, S. 14 25617EX

M 5 Umsatzzahlen der Collaborative Economy

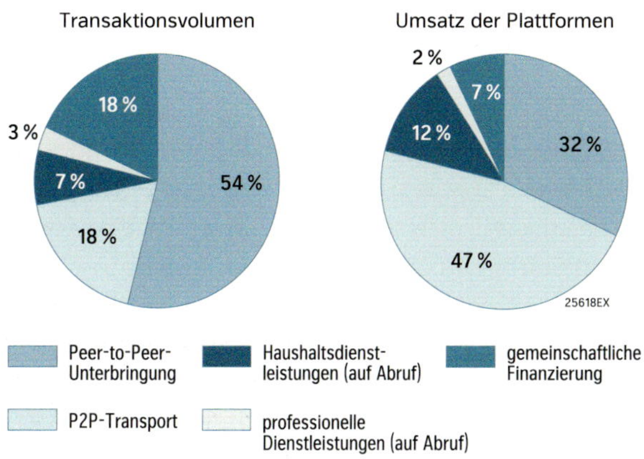

Quelle: PricewaterhouseCoopers, Assessing the size and presence of the collaborative economy in Europe (Autoren: Robert Vaughan/Raphael Daverio, PwC UK), Juni 2016, S. 7; eigene Übersetzung

Collaborative Economy bedeutet, Einzelpersonen und Unternehmen über Onlineplattformen zu vernetzen. Darunter fällt beispielsweise, die eigene Wohnung über Airbnb zu vermieten, eine Mitfahrgelegenheit bei BlaBlaCar anzubieten oder Kapital bei Kickstarter einzusammeln. Rund um diese oder ähnliche Geschäftsmodelle ist mittlerweile ein Milliardenmarkt gewachsen. *Collaborative-Economy*-Unternehmen haben im Jahr 2016 Transaktionen mit einem Gesamtvolumen von 28,1 Milliarden Euro abgewickelt und 3,6 Milliarden Euro Umsatz erwirtschaftet, davon 2,8 Milliarden mit den Segmenten Unterbringung (z. B. Airbnb) und Transport (z. B. Uber).

Autorentext

M 6 Digitale Disruption

Vor allem vor dem Hintergrund der Diskussion um begrenzte Ressourcen, die Grenzen des ökonomischen Wachstums und ein nachhaltiges Konsumverhalten sind Teilen und die gemeinsame Nutzung von Gütern fortschrittlich. Das ist das Disruptive [Innovation, die das Bestehende verdrängt] an der *Share Economy*: Solche Formen des Güter- und Ressourcenteilens erfahren mithilfe von digitalen Technologien eine radikale Vereinfachung und deshalb auch eine Professionalisierung, die es so bisher noch nicht gegeben hat.
Der hohe Vernetzungsgrad digitaler Gesellschaften ermöglicht Geschäftsmodelle für Tätigkeiten und Dienste, die bisher meist nur lokal privat oder in seit Jahrzehnten professionalisierten Branchen organisiert waren: die lokale Fahrgemeinschaft oder die gemeinsame Nutzung von Werkzeugen und Gerätschaften in der Nachbarschaft, die Buchung von Hotelzimmern oder professionellen Fahrdiensten. Heute braucht man meist nur eine App dafür.
Die Betreiber der großen Plattformen sowie die vielen Start-up-Gründer [...] sind überzeugt, mit ihren technologischen Errungenschaften die Welt maßgeblich zu verbessern. Ihr Glaube an die Sache hat schon fast messianische Züge. Airbnb-Mitgründer Joe Gebbia etwa spricht davon, an etwas Großem arbeiten zu wollen, „etwas, das Millionen Menschen berührt, so viele wie möglich."

Nach: Luca Caracciolo, Share-Economy: Heilsbringer oder Kapitalismusfalle?, in: http://t3n.de/magazin/share-economy-heilsbringer-kapitalismusfalle-239044/, 29.9.2015 (Zugriff: 10.4.2017) (verändert)

Aufgaben

1. Erläutere, ob du auf eine der Anzeigen (M 1) antworten würdest.
2. Erkläre, wie die *Share Economy* das Verhältnis zwischen Anbietern und Nachfragern verändert und wer von beiden stärker von der Entwicklung profitiert (M 1 und M 2).
3. Gestalte ein Gespräch zwischen einer Person, die ihre Wohnung über Airbnb vermietet, und einem Nachbarn, der das skeptisch sieht (M 2 und M 3).
4. Beschreibe mögliche Auswirkungen der *Share Economy* auf die Stadtentwicklung.
5. Erläutere die Entwicklungschancen der *Share Economy* (M 4 und M 5).
6. Bewerte die Selbsteinschätzung von Unternehmern, „mit ihren technologischen Errungenschaften die Welt maßgeblich zu verbessern." (M 6, Z. 19 ff.).

M 7 Auswirkungen der *Share Economy*

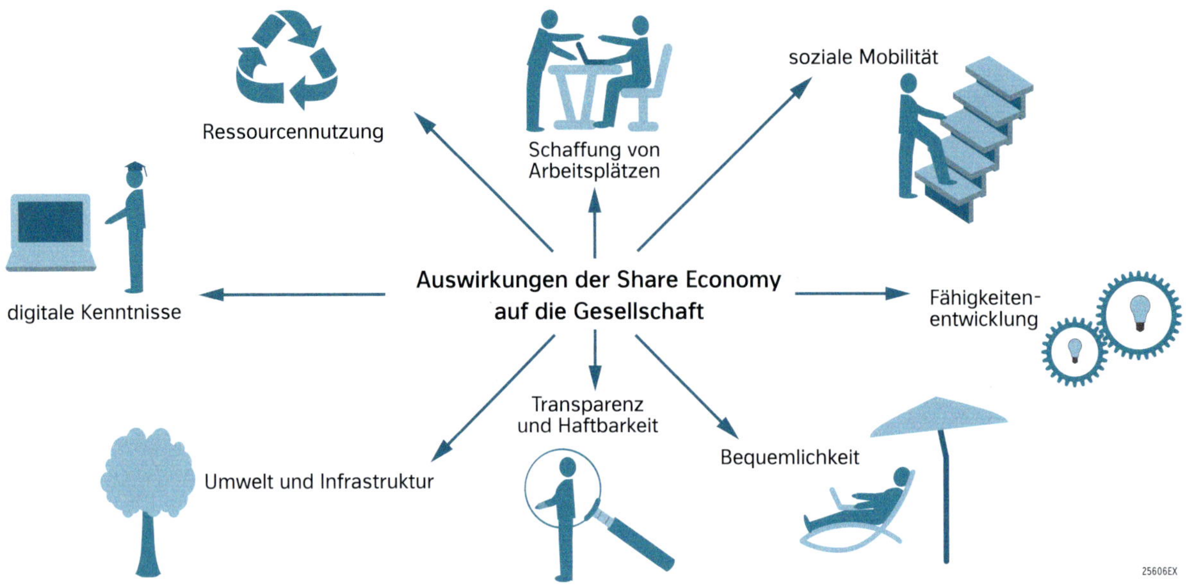

M 8 Folgen für die neuen Selbstständigen

Zunächst einmal klingen die Geschäftsmodelle verlockend: Die ausgeklügelten Apps von Shopwings, Uber und Co bringen gegen Provision Kunden und freie Dienstleister auf besonders effiziente und bequeme Weise zusammen. Dank Smartphones, Internet-Flatrates und Cloud-Computing sind die Transaktionskosten für Unternehmen, die auch komplexe Aufgaben an freie statt eigene Mitarbeiter vergeben, in den vergangenen Jahren rapide gesunken.

Wachstum und Fortschritt basieren seit je auf Effizienzgewinnen, sie haben uns erst aus der Abhängigkeit der Scholle und später aus dem Elend der frühen Industrialisierung befreit. Nun schreitet der Kapitalismus in die nächste Phase dieser Befreiung: Die neuen Fuß- und Kopfarbeiter können jederzeit frei entscheiden, wann, wie und für wen sie arbeiten wollen. [...]

[Doch] die Entwicklung hat längst auch qualifiziertere Berufe wie Anwälte (Upcounsel), Programmierer (Topcoder), Consultants (Eden McCallum) oder Vertriebler (Universal Avenue) erfasst. Die Plattform Upwork vermittelt bereits 9,3 Millionen Fachkräfte an rund 3,7 Millionen Firmen in der ganzen Welt.

In den USA wachse die Zahl der Selbstständigen, die einst gut dotierte und fest angestellte Jobs in Büros hatten, besonders schnell, sagt Richard Greenwald, Arbeitsmarktexperte und Dekan des Brooklyn Colleges. 53 Millionen Freiberufler gibt es in den USA bereits, das sind 33 Prozent der arbeitenden Bevölkerung. Hält der Trend in diesem Tempo an, rollt auf die Wirtschaft die vielleicht größte Umwälzung seit der industriellen Revolution zu. Arbeit wird völlig neu organisiert, Unternehmen werden von Menschen entkernt: die Digitalisierung als Neutronenbombe.

Die Regeln des Sozialpaktes werden stillschweigend neu definiert. Mit Apps ausgestattet, werden die Arbeitnehmer in digitale Leistungsbienen verwandelt, deren Arbeitsschritte sich live überwachen und für alle öffentlich sichtbar bewerten lassen: fünf Sterne für Pünktlichkeit, aber nur zwei für Qualität, leider kein Folgeauftrag für dich.

On-Demand-Beschäftigte [...] müssen sich zumeist selbst um Krankenversicherung oder Altersvorsorge kümmern, einen Urlaubsanspruch haben sie nicht. Ihr Lohn wird zum Vorteil der Start-ups (Provisionen) und Kunden (niedrigere Preise) dezimiert.

Was sich früher nur eine Elite leisten konnte, soll dank weltumspannender Plattformen so günstig werden, dass es auch für die Mittelschicht bezahlbar wird. In Amerika können besserverdienende Städter bereits auf ein ganzes Heer von Honorarfahrern (Uber und Lyft), -boten (Postmates), -butlern (Alfred) und -köchen (Spoonrocket) zugreifen, das sie via Smartphone fernsteuern. Das Kundenbedürfnis wird zur Maxime und per Wisch befriedigt.

Nach: Philipp Alvares de Souza Soares/Astrid Maier, Kapitalismus auf Koks – wie die On-Demand-Economy die soziale Marktwirtschaft zerstört, in: www.manager-magazin.de/magazin/artikel/on-demand-economy-vs-soziale-marktwirtschaft-a-1043623-druck.html, 6.8.2015 (Zugriff: 10.4.2017) (verändert)

M 9 Überlasst die *Share Economy* nicht den Internetriesen

Die Wirtschaft des Teilens gilt vielen Ökologiebewegten heute als Hoffnungsträgerin für eine nachhaltige Entwicklung. Werden Räume, Autos, Geräte, Maschinen, Nahrungsmittel oder Kleidungsstücke in der *Sharing Economy* gemeinschaftlich genutzt – also geteilt, getauscht, verliehen oder verschenkt –, braucht man in aller Regel deutlich weniger Material, Energie und Fläche. Weniger Neues muss nachproduziert werden.

Car oder *Food Sharing*, Mitfahr- oder Mitwohnmöglichkeiten, *Couchsurfing* oder Gemeinschaftsgärten, Tauschringe oder Verleihstationen für Werkzeuge können die gesamtwirtschaftliche Ressourcenproduktivität deutlich erhöhen und damit die Umweltbilanz verbessern.

Von ihren Ursprüngen her sind viele der Praktiken, die heute unter Überschriften wie „Nutzen statt besitzen" oder „Kollaborativer Konsum" zusammengefasst werden, vor allem sozial motiviert. Gelebt wird die Ökonomie des Teilens und Tauschens bis heute vor allem zwischen Personen, die sich kennen: in der Familie, im Freundeskreis oder in der Nachbarschaft. Diese Entwicklung wird getrieben durch einen Bedeutungsverlust von Eigentum als Statussymbol und die schier unendlichen Möglichkeiten des Internets, die das Zusammentreffen von Anbietern und Nachfragern so leicht wie nie zuvor machen. Aber wie sozial ist diese *Sharing Economy*? [...]

Car2go, Uber, Airbnb oder Kleiderkreisel sind nur die Speerspitze eines Trends, der auf neue Vielfalt in der digitalen Multimöglichkeitengesellschaft setzt. Was durch das Teilen von Produkten theoretisch an Ressourcen eingespart werden könnte, wird so durch die Schaffung von immer neuen und immer billiger angebotenen Optionen zum Teilen wieder aufgefressen. Ressourceneinsparung: null!

Langsam werden die Konturen der Konfliktlandschaft in Sachen *Sharing Economy* erkennbar. [...] Die Gewerkschaften betrachten voller Argwohn, dass Teile der *Sharing Economy* aus der Nische herauswachsen und zu relevanten Konkurrenten etablierter Unternehmen und ihrer Beschäftigten werden. Sie sehen großen Regulierungsbedarf. [...]

Da, wo getauscht und geteilt wird, haben die Finanzbehörden keinen Überblick und keinen Zugriff. Die Finanzminister werden vermeiden wollen, dass sich ein absehbar wachsender Teil der Wirtschaft, die *Sharing Economy* eben, der Mitfinanzierung der öffentlichen Aufgaben weitgehend entzieht. [...]

Wie kann diese Konfliktlandschaft politisch so bearbeitet werden, dass dabei ökologisch, sozial und ökonomisch etwas für die Gesellschaft Nützliches herauskommt? Gibt es gar keinen Regulierungsbedarf, wie uns Uber & Co. weismachen wollen? Das trifft wohl eher nicht zu. [...]

Im Grunde geht es darum, den sozialen Innovationen Raum zur Entfaltung zu geben, aber gleichzeitig zu verhindern, dass das Einkommen derjenigen, die ohnehin schon am unteren Ende der Skala stehen, immer weiter unter Druck gerät.

Einige Fragen an die Politik liegen auf der Hand: Wie kann durch Wettbewerbsrecht sichergestellt werden, dass die *Sharing Economy* nicht zu einer reinen Domäne der Internetgiganten wird? [...] Wie kann Arbeitspolitik so gestaltet werden, dass sie innovative Entwicklungen im Bereich der Sharing Economy nicht abwürgt, aber auch verschärften Prekarisierungstendenzen im Dienstleistungssektor entgegenwirkt?

Aus: Reinhard Loske, Aufwachen, bitte, in: www.zeit.de/2014/43/sharing-economy-kapitalismus-wettbewerb/komplettansicht, 16.10.2014 (Zugriff: 10.4.2017)

Aufgaben

1. Beschreibe aus der Perspektive von zwei Akteuren gesellschaftliche Auswirkungen der *Share Economy* (M 7). Begründe, inwiefern diese Auswirkungen als fortschrittlich zu bezeichnen sind.
2. Erläutere Chancen und Risiken der neuen Selbstständigkeit (M 8).
3. Arbeite aus M 9 heraus, welche gesellschaftlichen Konflikte die *Share Economy* verursachen könnte.
4. Erörtere ökonomische und gesellschaftliche Folgen eines „Bedeutungsverlust[s] von Eigentum als Statussymbol" (M 9, Z. 21 f.).
5. Airbnb beschäftigt sogenannte *Community-Organizer*, die weltweit Anbietern von Wohnungen dabei helfen, Nachbarschaftsgruppen zu gründen, die ihr Recht auf *Homesharing* durchsetzen wollen. Bewerte das Vorgehen von Airbnb.
6. Gestalte anhand eines konkreten Beispiels Wettbewerbsregeln (siehe S. 234 f.), die in der *Share Economy* gelten sollten.
7. Erörtere die Vereinbarkeit der Sozialen Marktwirtschaft mit der *Share Economy*.

M 1 Gerechtigkeit – ein Märchen?

DIE ZEIT
Mit 4 Seiten ZEIT für Österreich
WOCHENZEITUNG FÜR POLITIK WIRTSCHAFT WISSEN UND KULTUR
PREIS ÖSTERREICH 5,00 €
DIE ZEIT im Taschenformat. Jetzt für Ihr Smartphone!
www.zeit.de/apps
22. SEPTEMBER 2016 Nº 40

Das Märchen von der GERECHTIGKEIT
Die Wahrheit über Arm und Reich – und über Chancengleichheit in Deutschland WIRTSCHAFT

ZEIT Österreich
Hollywood in Wien
Wie ein Tonstudio aus der Nazizeit Filmkomponisten nach Wien lockt
Seite 11

Bühne frei!
Das Beste aus der neuen Theater- und Opernsaison
Sechs Seiten Kultur-Extra ab S. 51

M 2 Meritokratische Triade

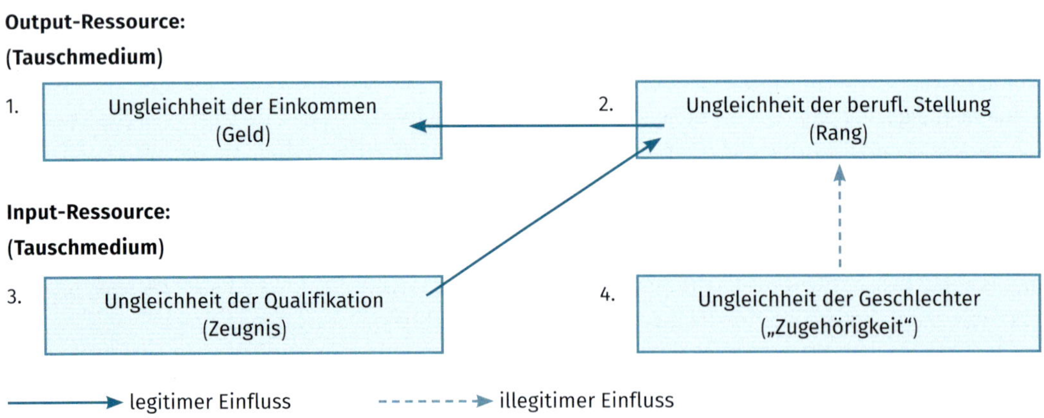

Aus: Reinhard Kreckel, Politische Soziologie sozialer Ungleichheit, Frankfurt a. M./New York: Campus, 1992

Erläuterung: Die Zuordnung einer Person zu einer sozialen Schicht erfolgt anhand von drei Statusmerkmalen (Bildungsabschluss, berufliche Stellung, Einkommen). Der Begriff Meritokratie beschreibt dabei die gesellschaftliche Vorherrschaft einer durch Leistung und Verdienst ausgezeichneten Bevölkerungsschicht.

M 3 Warum soll Ungleichheit ein Übel sein?

Karrt man all die viele Unzufriedenheit mit der Ungleichheit zusammen, nimmt es nicht Wunder, dass Ungleichheit inzwischen als eine fürchterliche Ungerechtigkeit gilt, die bekämpft werden muss. Die Instrumente sind immer die gleichen: Nehmt den Reicheren und gebt den Ärmeren. Umverteilung soll nach Auffassung der Egalitaristen das wirksamste Mittel zur Herstellung von Gerechtigkeit sein. Darin sind sich alle einig. Sie unterscheiden sich allenfalls in der Einschätzung, wie konfiskatorisch [Konfiskation: entschädigungslose staatliche Enteignung] der Zugriff auf das Eigentum der Reichen ausfallen darf. Aber sie treffen sich wieder in der Grundüberzeugung, dass der Zustand der Gleichheit nicht begründungspflichtig ist, jener der Ungleichheit indessen nicht begründungsfähig ist. Wo Ungleichheit war, muss Gleichheit werden, damit Gerechtigkeit herrscht.

Umso wohltuender ist es, dass sich da und dort subversiver Widerstand regt. [...] „Der fundamentale Irrtum des Egalitarismus liegt in der Annahme, es sei moralisch entscheidend, ob eine Person weniger als eine andere hat, unabhängig davon, wie viel jeder von beiden hat", schmettert der Philosoph Harry G. Frankfurt [...] entgegen.

[...] Zwei von Frankfurts Einwänden gegen den Vorrang der Gleichheit sind besonders schlagend. Erstens entkräftet er die Meinung vieler, dass auch beim Geld das Gesetz des abnehmenden Grenznutzens gelte. Und er zeigt zweitens, dass die gute moralische Absicht der Egalitaristen am Ende moralisch unakzeptable Folgen in Kauf nehmen muss.

Das Gesetz des abnehmenden Grenznutzens ist die jedermann bekannte Erfahrung, dass das vierte Bier lange nicht mehr so gut schmeckt wie das erste. Somit ist der Nutzen des ersten Glases höher als jener des vierten Glases, woraus die Freunde der Gleichheit die Berechtigung zur Umverteilung ableiten, denn dadurch würde sich der Gesamtnutzen aller Biertrinker erhöhen. Immer schon musste dieses vermeintliche Naturgesetz dafür herhalten, progressive Steuern zu legitimieren. Denn trifft es zu, freuen sich die Reichen über zusätzliches Geld weniger als die Armen und tut es den Reichen weniger weh, wenn man es ihnen wegnimmt, während die Armen umso mehr Lust empfinden, wenn sie etwas kriegen.

Doch was beim Biertrinken passiert, muss nicht für das Geld zutreffen. Geld ist schließlich unbegrenzt verwendbar zur Befriedigung vieler Wünsche der Menschen. [...] Es könnte sogar sein, dass man sich an mehr Geld immer mehr gewöhnt, sodass der Nutzen zusätzlichen Einkommens sogar noch steigt. Geld gehört [...] zu einer Gruppe von Dingen, von denen man nie genug kriegen kann, während das den Nutzen steigernde Erleben dabei sogar noch anwächst. Selbst wenn man diese Überlegungen nicht teilt, muss man zumindest anerkennen, dass die Selbstverständlichkeit der Formel „Gleichheit gleich Gerechtigkeit" morsch wird.

Nicht anders geht es der moralischen Grundüberzeugung, wonach man einen Kuchen am besten in so viele gleich große Stücke teilt, wie Esser am Kaffeetisch sitzen. Das Kuchenmodell ist nämlich irreführend. Dazu stelle man sich ein Medikament vor, von dem ein Schwerkranker mindestens fünf Einheiten einnehmen muss, um zu überleben. Angenommen es gibt nun aber aus Gründen der Knappheit nur vierzig Einheiten dieses Medikaments, aber zehn gleich schwer Kranke, die auf es angewiesen sind, führt die Gleichverteilung dazu, dass keiner überlebt, während acht von ihnen gerettet würden, lässt man Zweie leer ausgehen. Womöglich wollen die Egalitaristen sich nur vor dieser moralisch schwer erträglichen Wahl drücken, wenn sie stur das Gleichheitsziel verteidigen?

Nicht die Herstellung von Gleichheit, sondern die Bekämpfung der Armut auf der Welt wäre den Schweiß der Edlen wert. Dass beides gerne verwechselt wird, ist der eigentliche Skandal: Als ob die Armen etwas davon hätten, dass man die Reicheren ärmer macht. Offenkundig ist der Treiber der Ungleichheitsbekämpfung der Neid; der Treiber der Armutsbekämpfung hingegen ist das Mitleid. Lässt sich Mitleid in marktwirtschaftliches Wachstum übersetzen, weicht die Armut.

Nach: Rainer Hank, Warum soll Ungleichheit ein Übel sein?, in: http://blogs.faz.net/whatsleft/2015/08/29/warum-soll-ungleichheit-ein-uebel-sein-271/, 29.8.2015 (Zugriff: 10.4.2017) (verändert)

Aufgaben

1. Gerechtigkeit – ein Märchen? (M 1). Erörtere diese Fragestellung.
2. Erläutere staatliche Maßnahmen, die dir geeignet erscheinen, Ungleichheit zu verringern (M 2).
3. Gestalte eine Meinungsäußerung (z.B. einen Kommentar oder Leserbrief) zu den Thesen des Autors von M 3.
   METHODE Meinungen äußern: Kommentar und Leserbrief, S. 246 f.
4. In diesem Kapitel hast du die Merkmale und Ziele der Sozialen Marktwirtschaft kennengelernt. Überprüfe, ob sich die in M 3 vorgetragene Position mit ihr in Einklang bringen lässt.

3. Wirtschaftspolitik – Fallbeispiel Automobilindustrie

3.1 Autoindustrie in der Krise – war der Eingriff des Staates erfolgreich?

M 1a Umsatzentwicklung in der deutschen Automobilindustrie

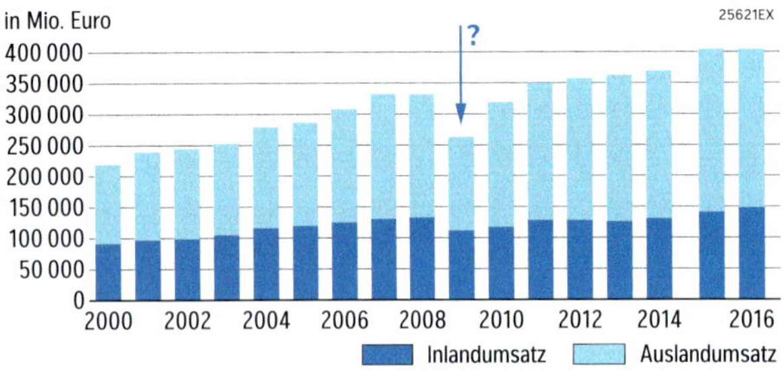

Quelle: Statistisches Bundesamt, Wiesbaden 2017

M 1b Wie auf die Krise reagieren?

Die Grafik M 1a zeigt die Umsatzentwicklung in der deutschen Automobilindustrie. Mit Blick auf das Jahr 2009 sind folgende Reaktionen denkbar:

Der Markt wird es richten.	Der Staat muss unbedingt eingreifen.
Die Verbraucher sollten mehr Autos kaufen.	Die Unternehmen müssen innovativer sein.

M 2 Deutschlands größte Industriebranchen während der Krise (2008)

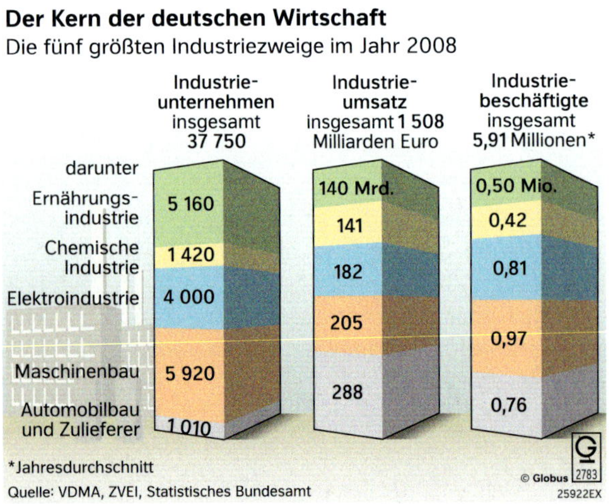

M 3 Maßnahmen der Bundesregierung

Die Bundesregierung hat mit mehreren Maßnahmenpaketen auf die Wirtschaftskrise seit 2007 reagiert, zuletzt mit dem als Konjunkturpaket II bezeichneten „Pakt für Beschäftigung und Stabilität in Deutschland zur Sicherung der Arbeitsplätze, Stärkung der Wachstumskräfte und Modernisierung des Landes". Dieses Paket hat ein Volumen von insgesamt fast 50 Mrd. €, von denen 27,3 Mrd. € 2009 und der Rest 2010 wirksam werden sollen.
Der größte Posten besteht in einer Aufstockung der staatlichen Investitionen, mit Bundesmitteln von 4 Mrd. € für zusätzliche Bundesinvestitionen und 10 Mrd. € für ein kommunales Investitionsprogramm, zu dem die Länder eigene Mittel in Höhe von 3,3 Mrd. € beisteuern.
Schwerpunkte sind Investitionen in Infrastruktur (Verkehrswege, Krankenhäuser, Städtebau, Informationstechnologie) sowie in Bildung (insbesondere Kindergärten, Schulen, Hochschulen). [...]
Hinzu kommt ein Bündel von weiteren Einzelmaßnahmen, von denen [...] einer unter bestimmten Bedingungen bis Ende 2009 gewährten „Umweltprämie" (Abwrackprämie) von 2 500 € zur Stärkung der Pkw-Nachfrage quantitativ die größte Bedeutung zukommt.

Aus: Ulrich Kluh/Wolfgang Wiegard, Konjunkturpaket II: Insgesamt richtig, in: ifo Schnelldienst, 62. Jg., 2/2009: Konjunkturpaket II: Was bringen Investitionen in Infrastruktur, S. 4, www.cesifo-group.de/portal/page/portal/lang-en/DocBase_Content/ZS/ZS-ifo_Schnelldienst/zs-sd-2009/ifosd_2009_2_1.pdf (Zugriff: 9.2.2017)

M 4 Wie die Abwrackprämie funktionierte

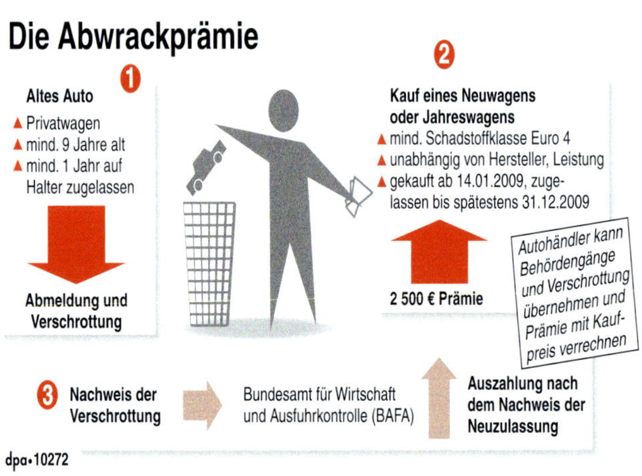

M 5 Wirkung der Abwrackprämie

a) Ökonomische Effekte

Der private Konsum war im Jahr 2009 durch die Umweltprämie künstlich überhöht und ist für 2010 noch merklich vorbelastet, da die Umweltprämie im vergangenen Jahr zu erheblichen Vorzieheffekten bei Pkw-Käufen führte. Zusammengenommen dürften die privaten Konsumausgaben nicht zuletzt aufgrund der Effekte der Abwrackprämie das gesamtwirtschaftliche Wachstum in diesem Jahr dämpfen. Da für die Anschaffung eines neuen Personenkraftwagens die Umweltprämie alleine nicht ausreicht, wäre zu erwarten gewesen, dass die privaten Haushalte den Verbrauch anderer Güter entsprechend reduzieren. Entgegen manchen Vorhersagen wurden im Jahr 2009 gesamtwirtschaftlich gesehen aber keine nennenswerten Ausgaben aus dem Bereich langlebiger Konsumgüter in den Bereich der Kraftfahrzeuge umgeschichtet. Die Ausgaben für Einrichtungsgegenstände (Möbel), Apparate, Geräte, Ausrüstungen für den Haushalt sowie deren Instandhaltung blieben auf dem gleichen Niveau wie im Vorjahr.
Mithilfe der Umweltprämie konnte ein gravierender Einbruch im Automobilbereich, der nicht zuletzt aufgrund eines dramatischen Rückgangs beim Export zu befürchten war, vermieden werden.

Aus: Deutscher Bundestag, 17. Wahlperiode, Antwort der Bundesregierung auf die Kleine Anfrage der Abgeordneten Kerstin Andreae, Alexander Bonde, Dr. Thomas Gambke, weiterer Abgeordneter und der Fraktion Bündnis 90/Die Grünen, Drucksache 17/1831, 10.6.2010, S. 3

b) Ökologische Effekte

Jetzt ist es amtlich: Die Abwrackprämie ist von 14. Januar 2009 bis zum offiziellen Stichtag am 31. Juli 2010 exakt 1932929 Mal in Anspruch genommen und ausgezahlt worden. Rein rechnerisch wären zwei Millionen Prämienauszahlungen möglich gewesen. Die Differenz erklärt sich laut dem Onlineportal „kfz-betrieb online" in erster Linie aus den angefallenen Verwaltungskosten in Höhe von rund 20 Millionen Euro, was 0,4 Prozent der gesamten Fördersumme von fünf Milliarden Euro entspricht. Im Schnitt haben Neuwagenkäufer, die die Voraussetzungen erfüllten, nach Antragstellung vier bis fünf Wochen auf ihr Geld warten müssen. Entgegen anders lautenden Meldungen hat sich die Maßnahme nach Berechnungen des Heidelberger IFEU-Instituts durchaus messbar auf die CO_2-Bilanz der bundesdeutschen Fahrzeugflotte ausgewirkt. Die aufgrund der Prämie gekauften Neufahrzeuge stoßen demnach nur einen durchschnittlichen CO_2-Ausstoß von 142 Gramm pro Kilometer aus. Der dadurch erzielte Einspareffekt betrüge somit rund eine Million Tonnen CO_2, was einem Verbrauch von 340 Millionen Litern Kraftstoff entspricht.
Betrachtet man den Anteil der einzelnen Hersteller an den verschrotteten und dafür neu erworbenen Autos, so steht VW als großer „Absatzkönig" da: Mit rund 466500 verkauften Neu- und Jahreswagen brachten die Wolfsburger im Laufe der gesamten Abwrackprämie so viele Fahrzeuge an den Kunden wie kein anderer Hersteller. Allerdings steht dem auch die Abmeldung von 476500 Altautos mit dem VW-Logo gegenüber.

Aus: Eine Million Tonnen weniger CO_2. Abwrackprämie hilft der Klimabilanz (mid), in: www.autogazette.de/abwrackpraemie/umwelt/co2/abwrack praemie-hilft-der-klimabilanz-297761.html, 9.12.2010 (Zugriff: 10.2.2017)

M 6 Pkw-Neuzulassungen in Deutschland

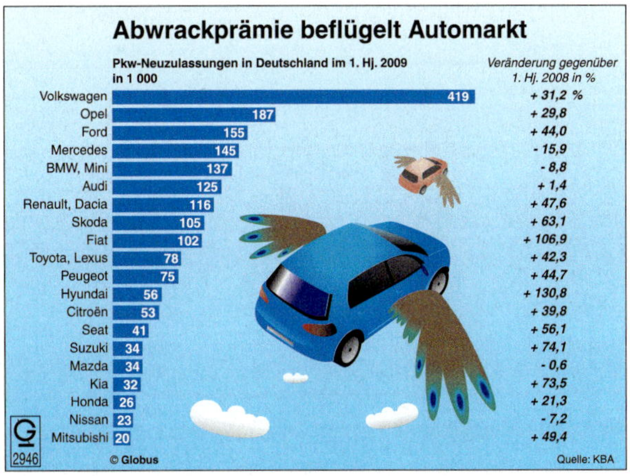

insgesamt	2008	2009	2010
	3090040	3807175	2916260

Aus: www.kba.de/DE/Statistik/Fahrzeuge/Neuzulassungen/Halter/2007_2010/2007_2010_halter_node.html (Zugriff: 4.7.2017)

Aufgaben

1. Vier-Ecken-Spiel: Ordne dich einer der vier Positionen in M 1b zu und begründe deine Entscheidung.
2. Erläutere die Maßnahmen der Bundesregierung (M 3) unter Berücksichtigung von M 2.
3. Erkläre die Funktionsweise der Abwrackprämie (M 4).
4. Erläutere, wer von der Abwrackprämie (M 4) profitieren und wem sie schaden könnte.
5. Beurteile die Wirkung der Abwrackprämie (M 5 und M 6).
6. Erörtere ausgehend von der Abwrackprämie, ob der Staat in wirtschaftlichen Krisen eingreifen sollte.

3.2 Konjunkturphasen – sind Schwankungen unvermeidlich?

M 1 Das Auf und Ab der Wirtschaft

Zeichnung: Nicola Maier-Reimer

M 2b Was kurbelt die (deutsche) Wirtschaft an?

Eine Deutsche betreibt in Marseille eine Boutique.

Ein alleinerziehender Vater kümmert sich daheim um seine Kinder.

Ein Mitschüler verursacht einen Unfall mit seinem Roller.

Die Enkelin mäht für ihre Großmutter den Rasen.

Ein Orkan fegt über den Schwarzwald hinweg und deckt zahlreiche Häuser ab.

Autorentext

M 2a Wirtschaftswachstum in Deutschland

Als Maß für das Wirtschaftswachstum gilt das Bruttoinlandsprodukt (BIP). Dieser Begriff beschreibt den Wert sämtlicher Güter und Dienstleistungen, die in einer Volkswirtschaft während eines Jahres produziert werden.

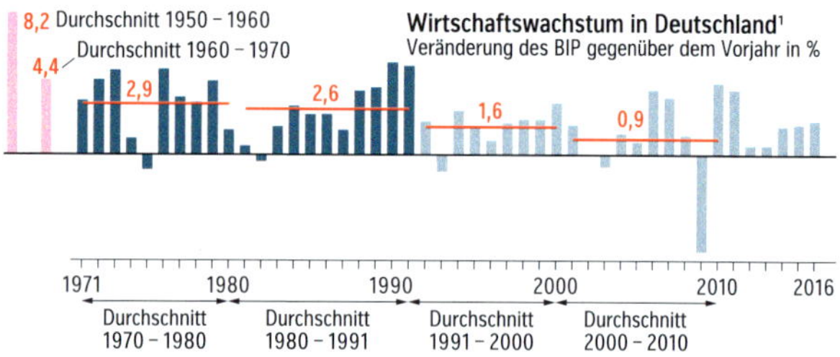

[1] Die Ergebnisse von 1950 bis 1970 (früheres Bundesgebiet) sind wegen konzeptioneller und definitorischer Unterschiede nicht voll mit den Ergebnissen von 1970 bis 1991 (früheres Bundesgebiet) und den Angaben ab 1991 (Deutschland) vergleichbar. Die preisbereinigten Ergebnisse von 1950 bis 1970 (früheres Bundesgebiet) sind in Preisen von 1991 berechnet.
Die Ergebnisse von 1970 bis 1991 (früheres Bundesgebiet) sowie die Angaben ab 1991 (Deutschland) werden in Preisen des jeweiligen Vorjahres als Kettenindex nachgewiesen. Bei der VGR-Revision 2014 wurden zudem nur die Ergebnisse für Deutschland bis 1991 zurückgerechnet; Angaben vor 1991 sind unverändert geblieben.
25623EX

Bei der Entstehungsrechnung wird die Frage beantwortet, welche Wirtschaftsbereiche in welchem Umfang zur Entstehung des Bruttoinlandsproduktes beigetragen haben. Die Bruttowertschöpfung gibt den Gesamtwert aller produzierten Waren und Dienstleistungen unter Abzug der sogenannten Vorleistungen (= alle Waren und Dienstleistungen, die während der Produktion verarbeitet oder verbraucht wurden) an.

Daten aus: Statistisches Bundesamt, Volkswirtschaftliche Gesamtrechnungen 2016, Stand: Mai 2017, S. 9, 11

M 3 Der Konjunkturzyklus

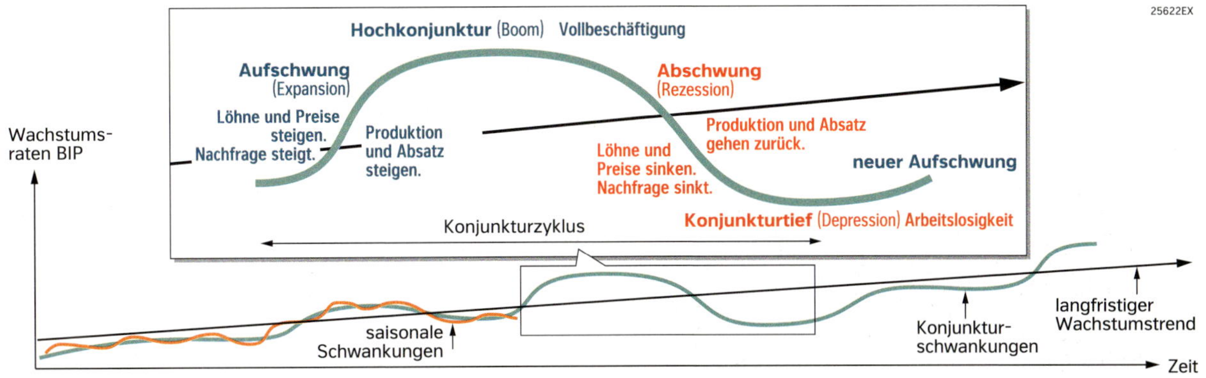

M 4 Ursachen von Konjunkturschwankungen

Unter **Konjunktur** versteht man die **Schwankungen des Wirtschaftswachstums**. Der wichtigste Indikator zur Messung dieser Schwankungen ist das BIP (M 2 a). **Konjunkturzyklen** werden oft in vier Phasen unterteilt (siehe M 3). Grund für die Konjunkturschwankungen ist generell eine **unterschiedliche Auslastung des gesamtwirtschaftlichen Produktionspotenzials**, also des mit den Produktionsfaktoren Arbeit, Boden und Kapital maximal realisierbaren **Produktionsvolumens**.

Zur näheren Erklärung der Konjunkturschwankungen wird zwischen endogenen (aus dem Wirtschaftssystem selbst kommenden) und exogenen (außerwirtschaftlichen) Faktoren unterschieden. Zu den **endogenen Faktoren** zählen z. B. eine zu geringe gesamtwirtschaftliche Nachfrage, weil ein Großteil der Einkommen gespart wird, oder Überinvestitionen von Unternehmen in Boomzeiten, infolge derer keine Absatzmöglichkeiten mehr gefunden werden können. **Exogene Faktoren** sind z. B. Kriege, technischer Fortschritt oder psychologische Faktoren (Optimismus, Pessimismus).

Autorentext

M 5 Konjunktur in den Schlagzeilen

Ölpreis: Billig-Öl schmiert die deutsche Konjunktur
Aus: www.spiegel.de, 4.2.2016

Kauflaune der Deutschen beflügelt die Wirtschaft
Aus: www.rp-online.de.de, 13.5.2016

Brennende Smartphones: Samsungs Galaxy-Fiasko drückt koreanisches Wachstum
Aus: www.spiegel.de, 2.12.2016

Konjunktur im Südwesten: Die Wirtschaft hofft auf mehr Aufträge aus den USA
Aus: www.stuttgarter-zeitung.de, 19.12.2016

Ökonomen: Flüchtlinge stimulieren deutsche Wirtschaft
Aus: www.spiegel.de, 30.12.2016

Nach der Wahl von Emanuel Macron [zum französischen Präsidenten 2017]: Eurokurs legt deutlich zu
Aus: Handelsblatt, 15.5.2017

Aufgaben

1. Ordne die aktuelle wirtschaftliche Situation Deutschlands in M 1 ein. Begründe deine Entscheidung.
2. Beschreibe die Entwicklung des Bruttoinlandsprodukts (BIP) in Deutschland (M 2 a).
3. Begründe, welche Ereignisse und Handlungen (M 2 b) das BIP steigern können.
4. Beschreibe den Konjunkturzyklus (M 3).
5. Ordne die Schlagzeilen (M 5) den in M 4 genannten Ursachen von Konjunkturschwankungen zu.
6. Erläutere mögliche Auswirkungen der Konjunkturschwankungen auf die verschiedenen Akteure Verbraucher, Arbeitnehmer, Unternehmer und Staat. III
7. Wähle eine der Schlagzeilen (M 5) und gestalte ausgehend von ihr eine Wirkungskette.
Beispiel: Flüchtlinge kommen nach Deutschland. → Sie erhalten staatliche Leistungen. → Dadurch steigt die Nachfrage bei Unternehmen. → Die Unternehmen können mehr Arbeitnehmer einstellen …

Webcode WES-116435-506 Erklärvideo: Der idealtypische Konjunkturverlauf

3.3 Wachstum ohne Ende – Ende des Wachstums?

M 1 Bis wohin soll das Wachstum reichen?

Zeichnung: Gerhard Mester

M 2 Wachstum weltweit

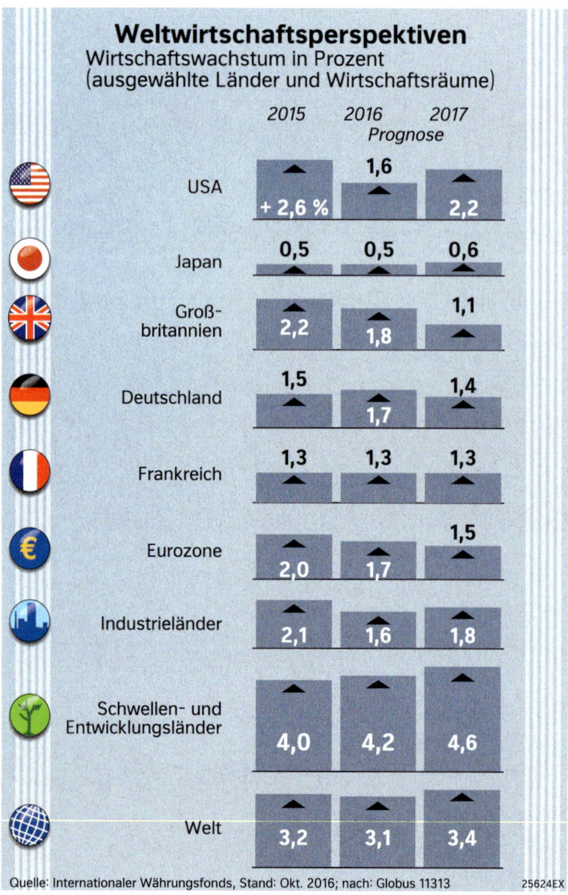

M 3 Wachstum, Wohlstand, Glück

Der kleine Staat Bhutan hat seit 2008 das Bruttonationalglück in der Verfassung verankert. Hauptziel des Königreichs in den Bergen Südasiens ist es, dass es den Einwohnern gut geht. Das klingt relativ einfach, dahinter steckt aber ein kompliziertes Konstrukt. Ha Vinh Tho ist der Direktor des Instituts für Bruttonationalglück in Bhutan. Im Interview erklärt er, was wir von dem Königreich im Himalaya lernen können.

Herr Ha Vinh Tho, was bedeutet Ihnen persönlich Glück?
Für mich gibt es zwei Ebenen des Glücks. Die eine ist eher vorübergehend und dennoch wichtig. Das sind etwa schöne Momente, die man mit Freunden oder draußen in der Natur haben kann. Dann gibt es etwas, das von dauerhafter Art ist. Dafür sollte man in Harmonie mit sich selbst sein. Und man sollte im Einklang mit seinen Mitmenschen leben. Die Qualität unserer Beziehungen im Leben spielt eine große Rolle in Sachen Glück. Dazu gehört auch das Gefühl, etwas für andere zu tun. Man sollte großzügig und tolerant sein. Dann kommt noch dazu, dass man in Harmonie mit der natürlichen Umwelt lebt. Das sind die drei Grundpfeiler von dauerhaftem Glück.

Warum sind die Menschen in Bhutan glücklicher als anderswo?
Ich weiß nicht, ob diese Aussage wirklich stimmt. In Bhutan haben die Menschen Probleme wie überall auf der Welt. Der Unterschied ist, dass das ganze soziale System, die Wirtschaft und die Politik darauf ausgerichtet sind, dass es den Menschen gut gehen soll. Bruttonationalglück ist ein Versuch, dass das, was in Bhutan schon da war, nicht durch die Modernisierung zerstört wird.

Das Bruttonationalglück ist in der Verfassung verankert und wird auch schon an Schulen unterrichtet. Was bedeutet das in der Praxis?
Das Bruttonationalglück hat als Gesamtvision, dass das Ziel von Politik und Wirtschaft das Wohlbefinden aller Menschen und Lebensformen ist. Das klingt einfach, ist aber kompliziert in der Umsetzung. Im Allgemeinen ist das Ziel der Wirtschaft schlichtweg Wachstum. Profit und Geld sind nur die Mittel, aber keine Ziele. Ziel muss es sein, die Bedürfnisse der Menschen zu befriedigen. Das Bruttoinlandsprodukt ist keine gute Messung. Das kann wachsen, auch wenn es der Bevölkerung schlecht geht. Das Brutto-

inlandsprodukt misst nichts, was nicht mit finanziellen Transaktionen zu tun hat. Sind Sie Mutter?

Ja.

Das heißt, Sie werden jetzt bezahlt, wenn Sie im Dienst sind. Aber nicht, wenn Sie sich um die Erziehung kümmern. Die Zeit mit Kindern zählt nicht für das Bruttoinlandsprodukt. Damit aber Kinder gesunde, glückliche Menschen werden, brauchen sie ihre Eltern. Doch Dinge, die wichtig für das Wohlergehen aller sind, gelten nicht, weil sie nicht bezahlt werden.

Wird das in Bhutan gemessen?

Ja, das ist das Bruttonationalglück, bei dem freiwillige Arbeit, Hausarbeit und Erziehungsarbeit mit hineinspielen. Es wird alles gemessen, was wichtig ist im menschlichen Leben. Und das bestimmt die politischen Entscheidungen. Dafür braucht man einen Bewusstseinswandel. Solange Kinder damit aufwachsen, dass es das höchste Ziel ist, viel Geld zu verdienen, kann man das nicht erreichen.

Wie bekommen Kinder das beigebracht?

Das Bruttonationalglück steht auf vier Pfeilern. Das ist der Schutz der Umwelt, eine gute Regierung, wirtschaftliche und soziale Entwicklung – aber nachhaltig und gerecht – und viertens die Wichtigkeit von Kultur, Kunst, Wissenschaft und Spiritualität. Das sind die äußeren Bedingungen. Die treffen wir auch im Schulunterricht wieder. Da gibt es Achtsamkeitsübungen und soziale und emotionale Kompetenzen werden geschult. Das wird als genauso wichtig angesehen wie Mathematik.

Unterscheiden sich die Kinder in Bhutan von jenen in Europa?

Ja und nein. Kinder sind Kinder. Was ich aber bemerke ist, dass die Kinder in Bhutan ruhiger sind, besser lernen und weniger Streit haben.

Wie werden die Deutschen zu glücklicheren Menschen?

Mich erstaunt, dass Deutschland, Österreich und die Schweiz, wo ich öfter bin, sehr reiche Länder sind. Die Leute besitzen im Schnitt unglaublich viel. Die materiellen Bedingungen sind ziemlich gut, aber die Menschen sehen viel mehr das, was sie nicht haben. Man muss lernen, dankbar dafür zu sein, was man hat. Wir haben warmes Wasser, Licht und so weiter. Wenn man das nicht lernt, ist man ewig unzufrieden. Das sollte man schon Kindern beibringen. Es gibt da eine kleine Übung. Man kann sich jeden Abend in ein Heft schreiben, was an diesem Tag schön war. Das können ganz kleine Sachen sein. So erkennt man, was einem viel Freude macht. Dann kann ich mir für 2017 vornehmen, das mehr zu machen, was mich wirklich erfüllt. Das ist die persönliche Seite, die sehr wichtig ist. Doch man muss sich auch selbst fragen, was man beitragen kann. Menschen, die sich etwa für Flüchtlinge engagieren, fühlen sich dann auch selbst besser. Nicht weil sie etwas bekommen haben, sondern weil sie gegeben haben. Man muss sich bewusst machen, dass wir die Systeme schaffen. Dabei muss man natürlich auch die Rahmenbedingungen mitdenken.

Welche sind das?

Die eine ist die ökologische. Wenn wir da nicht radikal etwas an unserem Konsum ändern, wird es nicht weitergehen. Das andere ist die Ungleichheit. Je ungleicher eine Gesellschaft ist, desto unglücklicher sind alle. Auch die Reichen. Ungleichheit ist eine soziale Krankheit.

Hat jeder Mensch ein Recht auf gleich viel Glück?

Jeder Mensch hat das Potenzial auf gleich viel Glück. Es ist die Verantwortung des Staates und der Gesellschaft, die Rahmenbedingungen dafür zu schaffen. Und es ist die Verantwortung des Individuums, seinen Teil dazu beizutragen.

Nach: Buthans Glücksexperte: Jeder kann glücklich sein, Interview von Anja Wasserbäch, in: www.stuttgarter-zeitung.de/inhalt.asiatische-weisheit-buthans-gluecksexperte-jeder-kann-gluecklich-sein.f6cf73f6-dd11-4d55-9f30-b83281f92e5f.html, 27.1.2017 (Zugriff. 29.5.2017) (verändert)

Schülerinnen in Bhutan

M 4 Ende der Wachstumsgesellschaft?

Studie des Club of Rome, einer nicht kommerziellen Organisation, die sich für nachhaltige Entwicklung einsetzt

Die Wende zu einer nachhaltigeren Gesellschaft funktioniert nicht ohne einen neuen Lebensstil. Wir müssen weniger konsumieren. Allerdings wird dann auch weniger verkauft werden; etwa deutlich weniger Urlaubsflüge und Autos. Ein Ende der Wachstumsgesellschaft liegt damit nahe, zunächst einmal in den Industriestaaten, die laut Paris-Abkommen beim Klimaschutz vorangehen sollen. Dem entkommt man auch nicht mit Visionen einer reinen Dienstleistungswelt ohne jeden ökologischen Fußabdruck. Auch Dienstleistungen wie Flüge oder IT-Technologien verbrauchen jede Menge Ressourcen.

Wenn wir hingegen den Umweltschutz aufs rein technisch Machbare beschränkten, müssten wir dafür erhebliche Umweltschäden in Kauf nehmen. Das hieße, den Klimawandel nur teilweise und Probleme wie degradierte Ökosysteme so gut wie gar nicht anzugehen. Langfristig würden wir damit die physischen Grundlagen unserer Existenz zerstören, schlimmstenfalls über vermehrte Kriege und Bürgerkriege um schwindende Nahrungs- und Wasserressourcen.

Das große Problem aber ist: Bislang hängen vom Wachstum zentrale gesellschaftliche Institutionen ab, etwa der Arbeitsmarkt, das Rentensystem, die Banken und das System der Staatsverschuldung. Alternativkonzepte für deren Befreiung vom Wachstumszwang sind über einzelne Ideen wie Arbeitszeitverkürzung bislang kaum hinausgekommen.

Aus: Felix Eckart, Die schwere Entwöhnung vom Wachstum, in: www.zeit.de/wirtschaft/2016-02/klimawandel-abkommen-paris-wachstum-umweltschutz-konsum/komplettansicht?print, 23.2.2016 (Zugriff: 10.2.2017)

M 5 Probleme der Wachstumskritik

Wachstumskritiker [...] sehen in der historischen Produktivitätssteigerung gleichzeitig den Untergang des Wirtschaftssystems, wenn die notwendigen Ressourcen, wie Erdöl oder Kupfer, ausgehen, oder die Nebenwirkungen auf die Umwelt so eklatant sind, dass die Lebensqualität drastisch sinkt. Diese Bedenken sind nicht unberechtigt, aber das gängige Wachstumsmodell ist der falsche Adressat für die Kritik.

Erstens erfasst das BIP jeden offiziell im Wirtschaftssystem produzierten Wert. Wer Geld investiert, um Ressourcen einzusparen, trägt genauso zum Wachstum bei wie jemand, der sich die Haare schneiden lässt. In den entwickelten Ländern wird ein immer größerer Teil der Wertschöpfung durch Dienstleistungen erbracht, deren Wert oftmals nur darin besteht, dass einfach Zeit investiert wurde, wie bei einem Beratungsgespräch oder einer Yogastunde. Wirtschaftswachstum ist nicht zwangsläufig auf zunehmende Ressourcenausbeutung angewiesen.

Zweitens: Je knapper eine Ressource ist, desto teurer wird sie – zumindest in einer freien Marktwirtschaft. Dadurch sinkt der Verbrauch automatisch, ohne dass der verbuchte Wert zurückgehen muss. Steigen beispielsweise die Energiepreise um 20 Prozent, könnte der Verbrauch um 10 Prozent schrumpfen, aber das BIP steigt trotzdem. Ein schonender Umgang kann sich daher positiv im Wachstum niederschlagen.

Drittens leben weltweit weiterhin fast eine Milliarde Menschen in existenzbedrohender Armut, die ohne Wirtschaftswachstum keine Chance auf ein besseres Leben haben. 2012 mussten rund 13 Prozent der Weltbevölkerung mit weniger als 1,90 Dollar am Tag auskommen. Allerdings ist der Anteil um 44 Prozent geringer als noch 1981. Die Halbierung der Armut auf der Welt, eines der Entwicklungsziele der UNO für 2015, wurde zum Großteil nur erreicht, weil die zwei bevölkerungsreichsten Länder, China und Indien, durch marktwirtschaftliche Reformen rekordhohe Wachstumszahlen erzielten.

Aus: Leopold Stefan, Was die Wachstumskritiker nicht verstanden haben, in: nzz.at/oesterreich/geld/was-die-wachstumskritiker-nicht-verstanden-haben?cookie-policy-accepted=1483284944, 21.2.2016 (Zugriff: 10.2.2017)

Aufgaben

1. Analysiere die Karikatur M 1 mithilfe der Methode Karikaturenanalyse (S. 263).
2. Vergleiche die Wachstumsperspektiven verschiedener Volkswirtschaften (M 2) und erläutere, wie Wirtschaftsakteure darauf reagieren könnten.
3. a) Arbeite aus M 3 heraus, wie in Bhutan das Bruttonationalglück definiert wird.
   b) Gibt es Aspekte, die du für Deutschland übernehmen würdest? Begründe deine Antwort.
4. Gestalte eine Pro-Kontra-Debatte zu der Frage, ob ein fortgesetztes Wirtschaftswachstum wünschenswert ist (M 4 und M 5). METHODE Pro-Kontra-Debatte, S. 135

Karikaturenanalyse

Karikaturen sind eine überspitzte Form der Auseinandersetzung mit einem politischen, gesellschaftlichen oder ökonomischen Sachverhalt. Dieser wird vom Zeichner mit einer betont subjektiven Stellungnahme versehen. Deshalb und weil Karikaturen oft mehrdeutig sind, bedarf es einer sorgfältigen Analyse, um die Aussageabsicht des Karikaturisten herauszuarbeiten. Dabei hat sich folgende Vorgehensweise bewährt:

Vier Arbeitsschritte

1. Nennung der Quellenangaben (Karikaturist, Ort und, sofern möglich, Datum der Publikation) und des Themas
2. Beschreibung der Bildelemente (Figuren, Gegenstände, Symbole, Bildaufbau, Gestaltungsmittel)
3. Interpretation der Bildelemente (Bezug zu aktuellen Entwicklungen, Verhältnis von Bild- und Sachebene)
4. Bewertung der Aussage (Eindeutigkeit der Aussage, überzeugende Auswahl der Bildelemente)

Zeichnung: Nel, 8.12.2010

Beispiel für eine schriftliche Analyse

Die vorliegende Karikatur wurde am 8. Dezember 2010 von Nel auf dessen eigener Homepage veröffentlicht und thematisiert die Folgen wirtschaftlichen Wachstums.

Dabei stehen sich zwei Ansichten gegenüber, was durch die Aufteilung der Bildelemente verdeutlicht wird. Von einem mannshohen Globus getrennt, haben sich zwei Lager gebildet, denen gegensätzliche Meinungen in den Mund gelegt werden. Links der Weltkugel steht ein korpulenter, einen braunen Anzug tragender Europäer oder Amerikaner mit einem Koffer. Die so als Geschäftsmann charakterisierte Figur hat die rechte Hand lässig-selbstsicher in die Hosentasche gesteckt, während sie den linken Daumen optimistisch in die Höhe reckt und sagt: „Ungebremstes Wachstum ist *die* Lösung aller Probleme!" Rechts des Globus schauen vier Personen, die aufgrund ihres Aussehens und ihrer Kleidung verschiedenen Kontinenten zugeordnet werden können, verdutzt zu dem Geschäftsmann und antworten: „Ungebremstes Wachstum ist *das* Problem!"

Der Karikaturist Nel kritisiert die Ansicht des naiv wirkenden Mannes, der behauptet, Wachstum sei die Lösung für sämtliche Probleme, und damit die von ungebremstem Wachstum verursachten Probleme ausblendet. Zu denken wäre in diesem Zusammenhang an den Konsum knapper Ressourcen gerade durch die Industrienationen, die lange Zeit die Chancen nachhaltigen Wirtschaftens vernachlässigt und so kommenden Generationen Umweltprobleme (z. B. die Zerstörung der Ozonschicht) aufgebürdet haben. Ein weiterer Aspekt wäre das Ungleichgewicht zwischen den Industrienationen und den Ländern der südlichen Hemisphäre, die – wie in der Karikatur durch die vier Personen ausgedrückt – zwar die Mehrheit der Weltbevölkerung stellen, aber lange nicht vom Wachstum der industrialisierten Volkswirtschaften profitiert haben. Mit einfachen gestalterischen Mitteln gelingt es dem Karikaturisten, die zwiespältigen Auswirkungen wirtschaftlichen Wachstums (Wohlstand vs. Ressourcenverbrauch) eindrücklich zu veranschaulichen.

3.4 Wirtschaftspolitische Kontroversen – wie soll der Staat eingreifen?

M 1 Wirtschaftspolitik im Schnelldurchlauf

Seit dem Sturz der sozial-liberalen Koalition im Herbst 1982 findet eine nachfrageorientierte Wirtschaftspolitik nur noch wenig Zustimmung. Während der Kohl-Ära, die mit der Ankündigung „Wir führen den Staat auf seine Kernaufgaben zurück" begann, wurde zwar keine lehrbuchmäßige Angebotspolitik betrieben. Beschäftigungsprogramme lehnte Kohl jedoch strikt ab, weil sie „Milliarden verschlungen haben, ohne die Lage am Arbeitsmarkt stabilisieren zu können".
Auch die rot-grüne Koalition fand nicht zu nachfrageorientierten Rezepten zurück. Im Gegenteil: Nach der Steuerreform 2000 sanken die Steuereinnahmen von 467 Mrd. Euro (2000) um 15 Mrd. auf 452 Mrd. Euro (2005), im gleichen Zeitraum wurden die Nettoanlageinvestitionen des Staates von 3,5 Mrd. Euro (2000) drastisch auf −6 Mrd. Euro (2005) gekürzt – das genaue Gegenteil einer expansiven nachfrageorientierten Wirtschaftspolitik.
Im ersten Kabinett Angela Merkel 2005 erlebte die nachfrageorientierte Wirtschaftspolitik mit den Konjunkturpaketen I und II zwar eine kurze Renaissance, machte aber nach Überwindung der Finanzmarktkrise 2009 sehr schnell der von Finanzminister Wolfgang Schäuble verfolgten Politik des Haushaltsausgleichs („schwarze Null") Platz. [...]
„Bei wirtschaftspolitischen Entscheidungen geht es immer auch um Verteilungsfragen." (Bert Rürup) Folglich gibt es bei jeder Wirtschaftspolitik Gewinner und Verlierer, weil einige im Vergleich zu anderen schlechter-, andere dafür bessergestellt werden. Jede Wirtschaftspolitik ist also stets interessengeleitet.

Aus: Hermann Adam, Von der Inflationsphobie bis zur „schwarzen Null", in: Wirtschaftsdienst, 96. Jg., 2016, Heft 7, S. 492–500, archiv.wirtschaftsdienst.eu/jahr/2016/7/von-der-inflationsphobie-bis-zur-schwarzen-null/search/nachfragepolitik/0/#footnote-30147-46 (Zugriff: 10.2.2017)

M 2 Angebots- und Nachfragepolitik im Vergleich

	Angebotspolitik	Nachfragepolitik
Hauptvertreter	Milton Friedman (1912 – 2006) 	John Maynard Keynes (1883 – 1946) 
Grundannahmen	■ Stabilität der Privatwirtschaft mit Tendenz zum Gleichgewicht („unsichtbare Hand", die keiner staatlichen Eingriffe bedarf) ■ Staatliche Eingriffe sind Ursache von Konjunkturschwankungen. ■ Staatliche Subventionen und Regulierung verhindern notwendige Anpassungen an geänderte wirtschaftliche Rahmenbedingungen. ■ Hohe Löhne und Steuern blockieren Investitionen seitens der Unternehmen.	■ Instabilität der Wirtschaft, keine Tendenz zum Gleichgewicht ■ Sinkende gesamtwirtschaftliche Nachfrage führt zu Arbeitslosigkeit. ■ Notwendigkeit antizyklischer Politik des Staates, die Schwankungen der Konjunktur ausgleicht, also z. B. dann Investitionen finanziert, wenn Privatunternehmen Investitionen zurückfahren.
Instrumente	■ Reduzierung der Staatsquote (Verhältnis der Ausgaben des Staates zum Bruttoinlandsprodukt) ■ Abbau der Staatsverschuldung ■ Deregulierung (Abbau staatlicher Vorschriften, z. B. für Unternehmen im Bereich Umweltschutz oder Sozialstandards)	■ Veränderung der staatlichen Einnahmen und Ausgaben ■ Finanzpolitik wirkt durch Multiplikatoreffekt auf die Nachfrage (z. B. Abwrackprämie, die zu einem höheren Absatz von Autos und so zu mehr Beschäftigung und privatem Konsum führen sollte). ■ staatliche Konjunktur- und Beschäftigungsprogramme in der Rezession (*„deficit spending"*): schuldenfinanzierte Investitionen

Nach: Bankenverband, Konjunktur und Wachstum, https://bankenverband.de/protected/files/Kapitel_2_Konjunktur_und_Wachstum.pdf, Juni 2014 (Zugriff: 4.7.2017)

M 3 Umverteilung verstellt Blick auf ungelöste Aufgaben

Deutschland verfügt über einen ausgebauten Sozialstaat, der in erheblichem Umfang Einkommen umverteilt. Nur in Belgien und Österreich wird durch das Steuer-Transfer-System mehr umverteilt als hierzulande. Die Debatte über weitere Umverteilung verstellt lediglich den Blick auf die wirklich ungelösten wirtschaftspolitischen Aufgaben.

Angesichts des demografischen Übergangs, der Probleme in der Eurozone und der zu erwartenden Belastungen, die dies für Deutschland mit sich bringt, muss die zukünftige Wirtschaftspolitik die kontinuierliche Verbesserung der Angebotsbedingungen im Auge haben. Es ist die Kostensituation der Unternehmen, die für deren Nachfrage auf dem Arbeitsmarkt, für die internationale Wettbewerbsfähigkeit ihrer Produkte und Dienstleistungen sowie für die Standortattraktivität Deutschlands von entscheidender Bedeutung ist. Ohne eine Stärkung der Angebotspolitik droht ein allmähliches Zurückgleiten der deutschen Wirtschaft in die frühere Sklerosis [Verhärtung].

Nach: Stiftung Marktwirtschaft, Renaissance der Angebotspolitik, Berlin 2013, S. 6, www.stiftung-marktwirt-schaft.de/uploads/tx_ttproducts/datasheet/KK_57_Angebotspolitik_2013_01.pdf (Zugriff: 10.2.2017) (verändert)

M 4 Großer Investitionsbedarf

Infolge der Unterlassungen in der Vergangenheit hat sich ein gewaltiger Bedarf an staatlichen Infrastrukturinvestitionen aufgebaut. Auch die staatlichen Dienstleistungen, insbesondere das Bildungswesen, müssen ausgebaut werden; Bedarf ist reichlich vorhanden. Dringend davon abzuraten ist, dass Steuerentlastungen in der Sorglosigkeit wie bisher beschlossen werden. Vielmehr gehören gezielte Steuererhöhungen auf die Agenda.

Ein besorgniserregend niedriges Niveau haben in Deutschland die öffentlichen Investitionen erreicht. Es werden nur noch 1,5 Prozent des BIP für öffentliche Investitionen ausgegeben. In den anderen wichtigen Volkswirtschaften liegt die Quote doppelt so hoch. Zum Teil zeigen sich eklatante Lücken im Ausbau und in der Modernisierung der staatlichen Infrastruktureinrichtungen. Dies betrifft nahezu alle Aufgabenbereiche. Rückläufig waren auch die Personalausgaben im Staatssektor, nimmt man den Anteil am BIP zum Maßstab. Die Zahl der Beschäftigten im öffentlichen Dienst ist von 4,3 Millionen auf 3,6 Millionen gesunken. In vielen Bereichen ist das Angebot an öffentlichen Dienstleistungen gekappt worden.

Aus: Dieter Vesper, Wirtschaftspolitische Ideen und finanzpolitische Praxis in Deutschland. Expertise im Auftrag der Abteilung Wirtschafts- und Sozialpolitik der Friedrich-Ebert-Stiftung, April 2013, library.fes.de/pdf-files/wiso/09874.pdf (Zugriff: 10.2.2017)

M 5 Wie die Forderungen erfüllen?

Zeichnung: Thomas Plaßmann

Aufgaben

1. Gestalte M 1 als Zeitstrahl.
2. Fächergrenzen überwinden (Geschichte): Ergänze in deinem Zeitstrahl mithilfe deiner Kenntnisse aus dem Fach Geschichte globale Entwicklungen, die die deutsche Wirtschaftspolitik beeinflusst haben.
3. Erläutere anhand von M 1 und M 2 die Begriffe Angebotspolitik und Nachfragepolitik.
4. „Jede Wirtschaftspolitik ist also stets interessengeleitet." (M 1, Z. 28 f.). Erläutere Zielkonflikte, die bei der Formulierung wirtschaftspolitischer Maßnahmen auftreten können.
5. Vergleiche die Auswirkungen der jeweiligen wirtschaftspolitischen Strategie (M 2) auf Verbraucher und Unternehmer anhand von Wirkungsketten. METHODE Ein Wirkungsgefüge erstellen, S. 283
6. Ordne die wirtschaftspolitischen Forderungen (M 3 und M 4) einer wirtschaftspolitischen Theorie (M 2) zu.
7. Beurteile die wirtschaftspolitischen Forderungen (M 3 und M 4).
8. Gestalte eine Rede des Politikers in M 5. METHODE Eine Rede halten, S. 187

3.5 Wer soll das bezahlen? – Kosten und Nutzen staatlicher Politik

M 1 Darf es ein bisschen mehr sein?

Der Staat gewährt durch umfangreiche Polizeieinsätze die Sicherheit bei Spielen der Fußballbundesliga.

Politiker fordern, die Bezugsdauer des Arbeitslosengeldes I zu verlängern.

Der Ausbau von Ganztagsschulen wird durch öffentliche Investitionen vorangetrieben.

Das Bundesverkehrsministerium möchte durch den Ausbau von Radschnellwegen Berufspendler dazu bewegen, ihr Auto häufiger stehenzulassen.

Die Bundesregierung will mehr Geld für die Bundeswehr ausgeben, um der veränderten sicherheitspolitischen Lage Rechnung zu tragen.

Autorentext

M 2 Wofür gibt der Bund Geld aus?

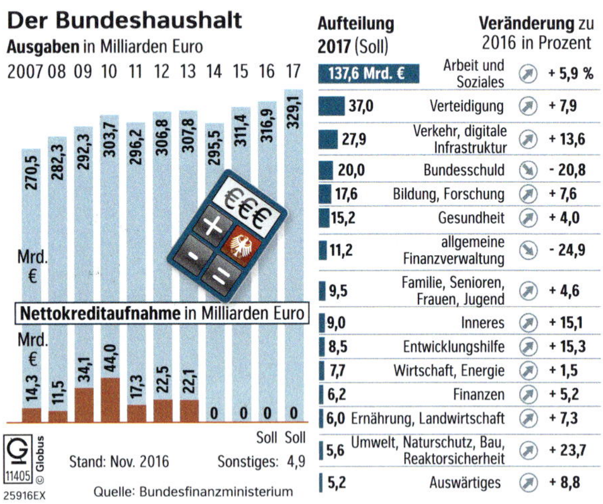

M 3 Deutschlands Schulden

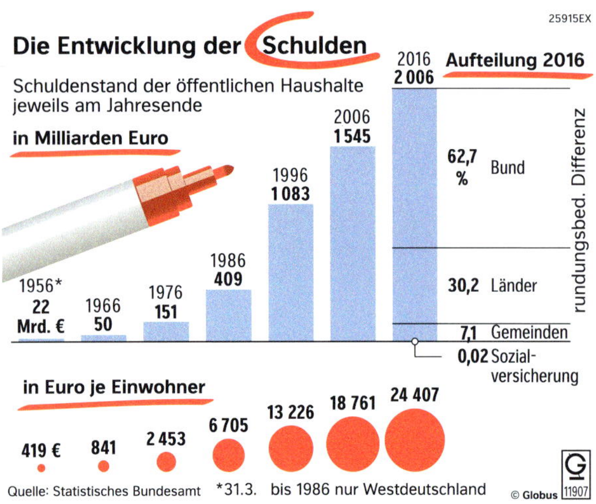

M 4 Schuldenbremse im Grundgesetz

Der Bund muss seinen Haushalt gemäß der in Artikel 109 Grundgesetz definierten Schuldenregel – der Schuldenbremse – grundsätzlich ohne Einnahme von Krediten ausgleichen. Diese Bedingung ist erfüllt, wenn die strukturelle Neuverschuldung des Bundes nicht mehr als 0,35 Prozent des Bruttoinlandsprodukts (BIP) beträgt. Für die Länder gilt ab dem Jahr 2020 die Vorgabe, dass die Haushalte ohne neue Schulden aufgestellt werden müssen. Im Fall von Naturkatastrophen oder außergewöhnlichen Notsituationen kann es Ausnahmen von der Schuldenbremse geben.

Nach: Bundesministerium der Finanzen, Fiskalregeln, in: www.bundesfinanzministerium.de/Content/DE/Standardartikel/Themen/Oeffentliche_Finanzen/Fiskalregeln/nationale-europaeische-fiskalregeln.html, 23.2.2017 (Zugriff: 22.8.2017) (verändert)

M 5 Die „schwarze Null“ – Fragen an den Ökonomen Michael Hüther

„Schwarze Null“ meint einen ausgeglichenen öffentlichen Haushalt, bei dem die Ausgaben die Einnahmen nicht übersteigen und somit keine neuen Schulden aufgenommen werden.

Ist die „schwarze Null“ eine gute Sache?
Sie ist gut, weil sie Versprechen wahr macht und Erwartungen einlöst. Sie zeigt, dass die Finanzpolitik nach der Krise wieder auf Tragfähigkeit setzt. Die Bundesregierung zeigt damit Verantwortung und Glaubwürdigkeit. Dies sind in der Politik wichtige Standort- und Investitionsbedingungen. Der Verzicht auf weitere unkontrollierte Kreditaufnahmen ist ein entscheidender Schritt, um künftig handlungsfähig zu sein.

Wird der Sparkurs irgendwann teuer, weil wichtige Investitionen nicht getätigt werden?

Es gibt einen Investitionsbedarf in der Infrastruktur von geschätzten 12 Milliarden Euro pro Jahr. Diesen Betrag kann man durch Umschichtungen im Haushalt und durch die Einbindung privater Investoren freisetzen. Die Konsolidierung schreddert nicht die Infrastruktur. Das zu behaupten, ist unlauter. Im internationalen Ranking liegen wir aufgrund unserer guten Infrastruktur und der Rechtssicherheit nach wie vor weit vorn. Wir müssen allerdings auf der Ausgabenseite umschichten. Mit der Mütterrente und dem Betreuungsgeld wurde Klientelpolitik betrieben, statt dieses Geld für Investitionen einzusetzen.

Wie wichtig ist ein ausgeglichener Haushalt für die Generationengerechtigkeit?

Wir dürfen künftigen Generationen nicht unsere Ausgaben aufbürden. Insofern ist dies ein wichtiger und richtiger Schritt. Noch besser wäre aber, man würde nicht zum Beispiel mit der jetzigen Rentenpolitik die Beiträge für künftige Generationen in die Höhe treiben.

Brauchen wir mehr Einnahmen?

Nachhaltig sorgt man für höhere Einnahmen nicht durch höhere Steuersätze oder neue Steuern, sondern durch wirtschaftliche Dynamik. In den letzten Jahren haben wir eine kräftige Volkswirtschaft und einen stabilen Arbeitsmarkt erlebt. Dadurch haben wir dynamisch sich entwickelnde Steuereinnahmen und Sozialbeiträge. Je besser die Wirtschaft läuft, desto mehr Einnahmen hat der Staat. Wir sind also auf gutem Wege.

Beschneidet die Politik durch die Schuldenbremse ihren Handlungsspielraum?

Eine Schuldenbremse im Grundgesetz ist natürlich immer nur die zweitbeste Lösung. Eine kluge, vorausschauende Politik bräuchte dies nicht. Dass wir die Schuldenbremse haben, ist eher ein Zeichen der Schwäche. Aber immerhin bindet sie die Politik.

Aus: „Die Politik zeigt Glaubwürdigkeit“, Interview mit Wirtschaftsprofessor Michael Hüther von Simone von Stosch, in: www.tagesschau.de/inland/haushalt-huether-102.html, 22.10.2015 (Zugriff: 30.5.2017)

M 6 Wem nützt die „schwarze Null“?

Keine neuen Schulden im Haushalt – klingt vernünftig. Und Wolfgang Schäuble verkauft seine Finanzplanung bis 2020 auch so. Doch solch eine „schwarze Null“ muss sich selbst ein zurzeit wirtschaftlich gut aufgestellter Staat wie Deutschland erst einmal leisten können. Daran aber kann man mit Blick auf die Probleme hierzulande denn doch zweifeln. Klar, der Finanzminister verspricht dank sprudelnder Steuereinnahmen mehr Geld für Soziales, Breitband und Flüchtlinge. Allerdings bedeutet „mehr“ in diesem Fall nicht auch „genügend“.

Das werden gerade die Kommunen der Bundesregierung noch einmal ziemlich deutlich machen. Denn das, was da jetzt an Ausgaben für die Integration auf sie zukommt, ist bei Weitem nicht gemeinsam geschultert, wie Schäuble verspricht. Und auch in puncto Bildung ist Deutschland im internationalen Vergleich bei den Ausgaben nicht gerade Vorreiter. Was nützt es der künftigen Generation, wenn ich ihr weniger Schulden hinterlasse, sie dafür aber nicht ausreichend auf die neue, digitalisierte Arbeitswelt vorbereitet habe?

Die „schwarze Null“ darf kein Dogma sein, das Ausgaben verhindert. Schulden machen ist per se ja nicht schlecht. Wenn der Staat investiert und dafür Geld aufnimmt, dann verhilft er Firmen zu Aufträgen und die wiederum stellen Mitarbeiter ein und die zahlen Steuern. Da holt sich der Finanzminister dann einen Teil des Geldes wieder zurück. Natürlich rechtfertigt das nicht jede Investition – unnötige Umgehungsstraßen und Krankenhäuser, mit denen sich Politiker einen Namen machen wollen, gibt es [...] genug – gut ausgestattete Schulen aber immer noch zu wenige. Eigentlich könnte der Staat sich das Geld dort holen, wo es noch reichlich vorhanden ist: bei Millionären zum Beispiel, die auf Kapitalerträge nur 25 Prozent Steuersatz zahlen. Das aber ist zurzeit nicht angesagt.

Also sollte Schäuble sich das mit der „schwarzen Null“ noch einmal überlegen. Von hemmungsloser Schuldenpolitik ist Deutschland eh weit entfernt.

Aus: Birgit Harprath, Warum die „schwarze Null“ fragwürdig ist, in: www.br.de/radio/bayern2/politik/radiowelt/kommentar-schwarze-null-contra-birgit-harprath-100.html, 6.7.2016 (Zugriff: 30.5.2017)

Aufgaben

1. Ordne die Vorschläge in M 1 nach deinen Prioritäten.
2. Vergleiche deine Prioritäten mit M 2.
3. Beschreibe die Entwicklung der Staatsverschuldung (M 3).
4. Erläutere die Folgen hoher Staatsverschuldung (M 3) für die Bürger und für die öffentlichen Haushalte (M 2).
5. Erörtere, ob der Staat Schulden aufnehmen sollte (M 3 und M 4).
6. Ordne die Standpunkte der Autoren von M 5 und M 6 den wirtschaftspolitischen Theorien (S. 264, M 2) zu.
7. Bewerte die Frage, ob die „schwarze Null“ generationengerecht ist (M 5 und M 6).

3.6 Umweltbonus für E-Mobilität – kann der Staat mit Anreizen steuern?

M 1 Ich würde mir ein Elektroauto kaufen, wenn ...

M 2 Bestand an Elektroautos

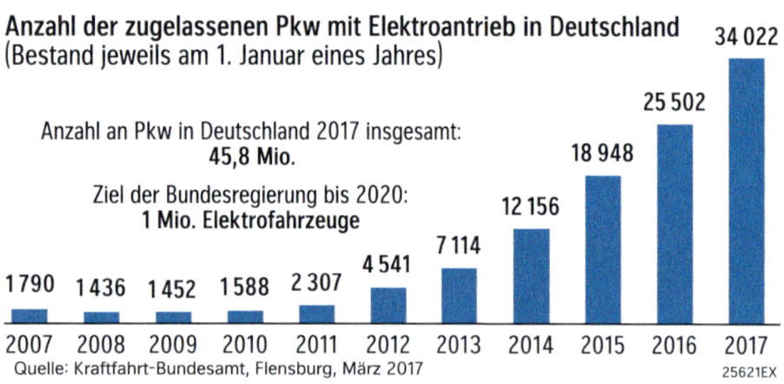

M 3 Wie funktioniert die Prämie?

Die Kaufprämie, die offiziell als „Umweltbonus" bezeichnet wird, soll für E-Auto-Käufe gelten, die nach dem 18. Mai 2016 getätigt werden. Für reine Elektroautos beträgt sie 4 000 Euro. Zum anderen werden sogenannte Plug-in-Hybride gefördert – sie kombinieren Verbrennungs- und Elektromotor und müssen zum Laden der Batterie ans Stromnetz angeschlossen werden. Für sie gibt es 3 000 Euro Zuschuss. Jeweils die Hälfte der Prämie kommt aus Bundesmitteln und vom jeweiligen Fahrzeughersteller. Es gilt das Windhundprinzip: Nach 400 000 geförderten Elektroautos ist Schluss – spätestens Mitte 2019. Hybridfahrzeuge ohne Stecker, bei denen die Batterie durch die Leistung des Verbrennungsmotors aufgeladen wird, werden nicht gefördert. Das gilt generell auch für Wagen, deren Listenpreis 60 000 Euro übersteigt.

Aus: Wie funktioniert die E-Auto-Prämie?, in: www.tagesschau.de/wirtschaft/e-autos-109.html, 18.5.2016 (Zugriff: 30.5.2017)

M 4 Pro Prämie

[E]ine Welt, die vor allem auf Fahrrad, Bus und Bahn ausgerichtet ist und darum weitgehend ohne Autos mit ihrem hohen Platzbedarf, ihrem Ressourcenhunger und ihrer Unfallträchtigkeit auskommt, wäre natürlich die bessere Lösung. Doch diese ist in Deutschland derzeit leider wenig realistisch – und weltweit erst recht. [...]
Elektromobilität ist [...] die derzeit beste Lösung für einen klimafreundlichen Verkehr. Doch wie die meisten neuen Technologien hat sie es schwer, sich am Markt durchzusetzen. Die E-Autos sind derzeit – trotz steuerlicher Vorteile und billiger Antriebsenergie – noch zu teuer, um für Privatleute attraktiv zu sein. Zudem ist die Infrastruktur zum Aufladen unzureichend und das Angebot an Fahrzeugen sehr begrenzt. All das wird sich nur ändern, wenn Elektroautos eine kritische Masse erreichen. Und dazu braucht es einen Anreiz von außen.
Eine zeitlich befristete Kaufprämie ist dafür ein effektives Instrument. Wie sehr die Deutschen sich von staatlichen Geldgeschenken beeinflussen lassen, hat der Run auf die – ökologisch höchst zweifelhafte – „Abwrackprämie" im Jahr 2009 bewiesen. Und dass Elektroautos gekauft werden, wenn es finanziell attraktiv ist, zeigt sich in Norwegen: Dort entfällt auf Elektrofahrzeuge die 25-prozentige Mehrwertsteuer – mit der Folge, dass inzwischen jeder vierte neu zugelassene Wagen elektrisch fährt. Eine feste Kaufprämie [...] ist eine noch bessere Lösung als die Mehrwertsteuerbefreiung. Denn sie verbilligt preiswerte Kleinwagen prozentual stärker als teure Luxuswagen [...]. Bezahlt werden sollte sie nur für Fahrzeuge, die überwiegend elektrisch angetrieben werden – und nicht für Hybridfahrzeuge, bei denen der Elektromotor nur gelegentlich zum Einsatz kommt. [...]
GegnerInnen von Elektroautos argumentieren oft, dass diese beim derzeitigen deutschen Strommix kaum klimafreundlicher sind als konventionelle Fahrzeuge und dass die Batterieproduktion sehr energie- und ressourcenintensiv ist. Beides stimmt – aber für beides sind Lösungen in Sicht. Der Anteil erneuerbarer Energien am deutschen Strommix wird weiter steigen – und damit auch der Klimavorteil von E-Autos. Und bei Batterien hat es in Sachen Effizienz und Recycling in den letzten Jahren schon große Fortschritte gegeben; je größer der Markt wird, desto mehr wird sich diese Entwicklung verstärken.

Nach: Malte Kreutzfeld, Sind Kaufprämien für E-Autos sinnvoll? Ja, in: www.taz.de/!5265420/, 12.1.2016 (Zugriff: 4.7.2017) (verändert)

M 5 Kontra Prämie

Was geht es den Staat an, wenn sich ein Bürger ein Auto kauft? Mit anderen Worten: Warum sollten gemeinschaftlich erwirtschaftete Steuergelder für den privaten Konsum Einzelner ausgegeben werden? [...] Denn selbst wenn die E-Autos nur mit Wind oder Sonne fahren, befördern sie nicht den ökologischen Umbau der Wirtschaft. Sie verschleppen vielmehr die notwendige Umstrukturierung der Automobilwirtschaft und verzögern den zukunftsfähigen Ausbau eines umweltverträglichen Verkehrssystems. [...] Die Nullemissionen der Elektroautos sind ein taktischer Zug der Autohersteller, um die Emissionsvorgaben der EU für den Verbrauch all ihrer Modelle zu erreichen, also ihrer Flotte. [...] Für jedes CO_2-frei fahrende E-Auto in der Produktpalette können VW, BMW und die anderen Autobauer dann mehr PS-starke Geländewagen, Limousinen und Sportwagen verkaufen. Und nur mit großen Autos und starken Motoren verdienen sie Geld. Abgasarme Kleinwagen stärken nicht die Rendite, müssten aber dringend entwickelt werden, um den Massenmarkt mit Zwei-Liter-Autos zu versorgen. Denn nur effiziente Kleinwagen, die niedrige CO_2-Grenzwerte einhalten, vereinen individuelle Mobilitätswünsche und die Ziele der Klimapolitik. Die Technik der abgasarmen Verbrennungsmotoren ist weiter entwickelt als die E-Technik.

[...] Die Batterien und Hightech-Gimmicks in den Elektroautos verschwenden Ressourcen, die wir für wichtigere Anwendungen brauchen, als damit in der Gegend herumzufahren [...].

Die amerikanische Chemieindustrie glaubt auch ohne deutsche Kaufprämie an die Elektromobilität. Für mehr als 6 Milliarden Dollar hat 2014 der US-Chemiekonzern Albemarle die Firma Rockwood übernommen, Weltmarktführer für die Lieferung von Lithium. Bislang gelangt das hauptsächlich in Laptops und Handys, doch bis 2025 rechnen die Unternehmen damit, dass Lithium hauptsächlich in Elektroautos verbaut wird. Um das in Deutschland voranzutreiben, hat der deutsche Arm von Rockwood in Berlin das Forum Elektromobilität gegründet. Der Lobbyverein veranstaltet regelmäßig alle möglichen Tagungen zur E-Mobilität in Berlin. Dem Unternehmen ist jede Unterstützung aus der Politik recht, auch eine Kaufprämie für E-Autos. Wirtschaftlich ist die eigentlich sogar überflüssig. Die Unternehmensberatung Bain & Company geht davon aus, dass die noch horrenden Preise der Batterien bis 2022 sinken und der Kostenvorteil von herkömmlichen Motoren dann verschwindet. Das ist in sechs Jahren.

Aus: Ulrike Fokken, Sind Kaufprämien für E-Autos sinnvoll? Nein, in: www.taz.de/!5265420/, 12.1.2016 (Zugriff: 4.7.2017)

M 6 Elektroprämie – eine Zwischenbilanz

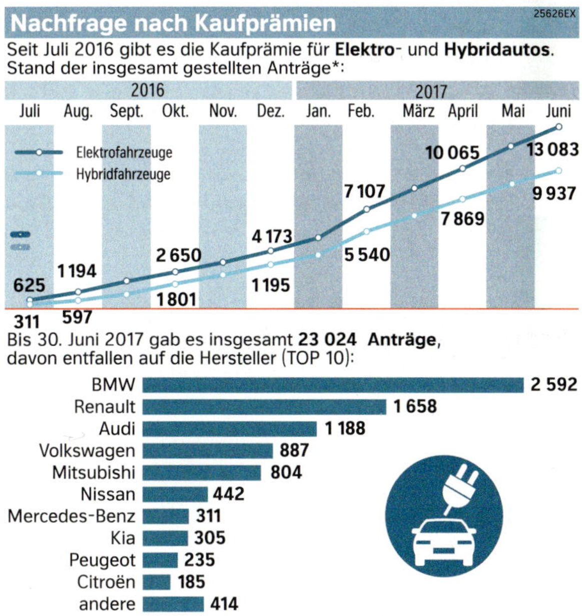

*Antragsstand jeweils zu Monatswechsel bzw. -mitte im Juli 2016
Quelle: Bundesamt für Wirtschaft und Ausfuhrkontrolle; nach: dpa 26 101; eigene Aktualisierung

Aufgaben

1. Nenne Voraussetzungen, die dich zum Kauf eines Elektroautos veranlassen könnten (M 1).
2. Beschreibe die in M 2 dargestellte Entwicklung.
3. Erörtere, inwiefern die Kaufprämie (M 3) die Bedürfnisse potenzieller Kunden (M 1) berücksichtigt.
4. Vergleiche die Kaufprämie mit der Abwrackprämie (S. 256 f.) und beachte dabei insbesondere die beabsichtigte Wirkung auf Anbieter und Nachfrager von Autos.
5. Arbeite aus M 4 und M 5 die ökonomischen, ökologischen und sozialen Argumente heraus und stelle diese tabellarisch dar.
6. Ordne die Argumente in M 4 und M 5 den beiden wirtschaftspolitischen Ansätzen (S. 264, M 2) zu.
7. Top oder Flop? – Beurteile die Kaufprämie (M 6).
8. Der Wirtschaftsbürger lässt sich durch staatliche Maßnahmen nicht steuern! Erörtere diese These.

3.7 Erweiterung: Strukturwandel digital – ein Problem für Baden-Württemberg?

M 1 Der Verbrennungsmotor – ein Auslaufmodell?

„Ab 2030: Grüne fordern Zulassungsstopp von Autos mit Verbrennungsmotor“
Aus: www.auto-service.de, 19.6.2017 (Zugriff: 3.7.2017)

M 2 Baden-Württemberg und die Mobilität der Zukunft

Der Besuch des *Silicon Valley* hat beim baden-württembergischen Ministerpräsidenten Winfried Kretschmann einen bleibenden Eindruck hinterlassen. Auf dem Karlsruher *Code_n new.New Festival* erwähnte er die Vokabel „Risikofreude“ jedenfalls öfter als vieles andere. Kretschmann trat auf der noch unerprobten Dialogplattform auf, weil ihn das Thema Innovationsfähigkeit sichtlich umtreibt. Ihm scheint klar zu sein, wie radikal der bisher erfolgreiche Wirtschaftsstandort Baden-Württemberg sich anpassen muss.

Die seltsamen Vokabeln von der Digitalisierung und der vernetzten Industrie 4.0 werden dem Publikum inzwischen regelmäßig präsentiert. Ob es sie im Detail immer versteht, ist eine andere Frage. Konzernchefs lockern die Krawatte, reden über Start-ups und „Disruption“, wie im Innovatoren-Slang der grundstürzende Wandel heißt. Dennoch ist die im Land so übermächtige Autoindustrie ein Paradebeispiel dafür, wie schwer es ist, die Dinge radikal zu Ende zu denken. Viel ist von Elektromobilität die Rede oder von vernetzten und autonomen Fahrzeugen. Aber was ist, wenn ein Kunde sich einfach nur Mobilität einkaufen will, egal in welcher Form: per Auto, aber auch per Rad, Bahn oder mit Beförderungsmitteln, die wir heute noch gar nicht kennen? Was ist, wenn er es absurd findet, eine Blechkiste auf dem Parkplatz stehen zu haben, die sich zu mehr als 95 Prozent ihrer Lebensdauer ungenutzt die Reifen platt steht? Ob das Auto nun elektrisch betrieben wird oder nicht, ist da Nebensache.

Mobilität als Service – das steht für die neue Welt, in der man auch in der Industrie nicht mehr mit Produkten Geld verdient, sondern mit der umfassenden Antwort auf Kundenbedürfnisse. Aber es ist schwer, sein bestehendes Geschäft zu kannibalisieren. Es sind eher Start-ups, die ohne den Ballast der Vergangenheit, ohne Fabrikhallen und traditionelle Strukturen so radikal nach vorne denken können. Der Umbruch wird revolutionärer sein, als viele wahrhaben wollen. Und diese Zukunft wird schneller kommen als gedacht. Die Möglichkeiten der modernen, allumfassenden Datenverarbeitung und Vernetzung entwickeln sich rasant – und sie stellen radikal infrage, wie wir gerade in Baden-Württemberg arbeiten und produzieren.

Aus: Andreas Geldner, Innovation ist mehr als Technik, in: www.stuttgarter-zeitung.de/inhalt.print.e1788ef9-9773-4334-8e53-495dba2db0fc.presentation.print.v2.html, 25.9.2016 (Zugriff: 3.8.2017)

Arbeit 4.0 – ändern sich die Anforderungen?, Kap. III.2.2, S. 98 f.

M 3 Strukturwandel – Chancen und Risiken

Struktureller Wandel ist eine normale und zugleich notwendige Begleiterscheinung des wirtschaftlichen Wachstums- und Entwicklungsprozesses. Bestimmte Branchen, Produkte, Regionen oder Berufe stagnieren, während andere Branchen, Produkte, Regionen oder Berufe überdurchschnittlich wachsen. Aus dem Strukturwandel gehen also immer **Verlierer** und **Gewinner** hervor.

Wenngleich die strukturellen Verschiebungen in einer Volkswirtschaft für die Verlierer schmerzhaft ausfallen, darf nicht übersehen werden, dass ohne Strukturwandel auf Dauer kein **Wachstum** möglich ist. Eine Wirtschaftspolitik, die versuchen würde, „alte“ Strukturen und damit „alte“ Arbeitsplätze zu konservieren, würde langfristig nicht nur den **Wohlstand** in einer Gesellschaft, sondern auch die **Beschäftigung** gefährden. Vollzieht sich der Strukturwandel nicht zu rasch, so sind auch die beschäftigungspolitischen **Anpassungsprobleme** lösbar – allerdings nicht zwingend für jeden einzelnen Arbeitnehmer; denn in der Praxis wird sich beispielsweise ein älterer Bleisetzer kaum noch beruflich umorientieren. In jedem Fall aber bringt der Strukturwandel einen geänderten Bedarf an Arbeitskräften mit sich. **Strukturkrisen** treten einerseits auf, weil die Nachfrage nach den Produkten einer Branche nur noch unterdurchschnittlich wächst oder gar absolut zurückgeht. Beispiele hierfür sind die Landwirtschaft oder der Bergbau. Zum anderen können Branchen aber auch deshalb in Strukturkrisen geraten, weil sie den Anschluss an neuere **technologische Veränderungen** [...] verpassen bzw. weil sie aufgrund veränderter internationaler Wettbewerbsbedingungen an **Konkurrenzfähigkeit** verlieren.

Aus: Gerhard Mussel/Jürgen Pätzold, Grundfragen der Wirtschaftspolitik, 8. Aufl., München: Verlag Vahlen, 2012, S. 65 ff. (Herv. ergänzt)

M 4 Anteil des verarbeitenden Gewerbes an der Bruttowertschöpfung (2013/14)

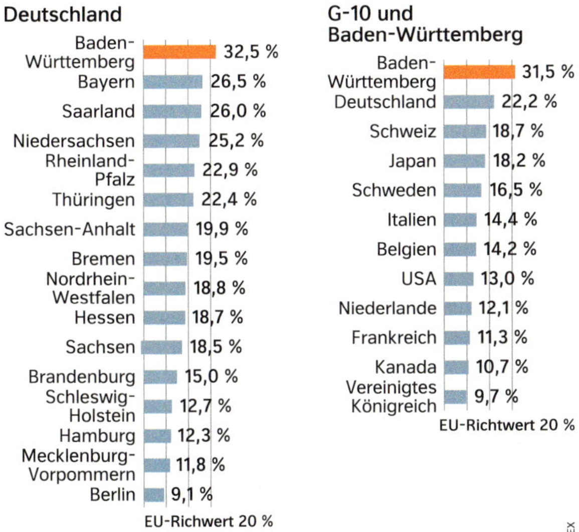

Quelle: Ministerium fur Finanzen und Wirtschaft Baden-Württemberg (Hrsg.), Gemeinsam in die Zukunft – Industrieland Baden-Württemberg!, Stuttgart, Stand: August 2015, S. 22

25631EX

M 5 Innovationskraft im Vergleich

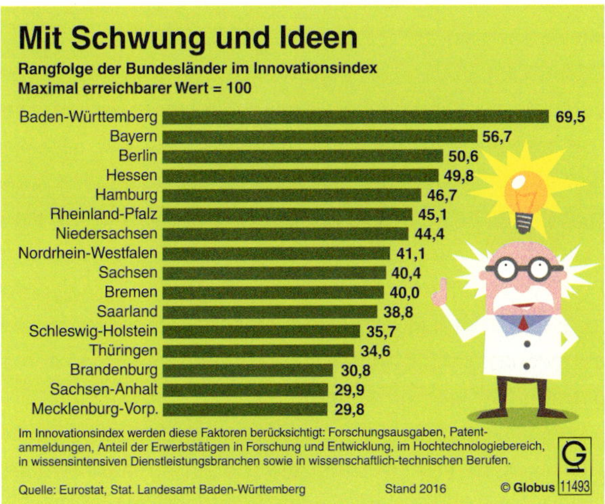

→ Unternehmen, Gesellschaft und Wirtschaft – wer profitiert von Innovationen?, Kap. IV.4.2, S. 206 f.

M 6 Welche Spielräume hat die Politik?

Was kann eine Landesregierung tun, um die Wirtschaft zu stärken? Steueranreize und Arbeitsmarktreformen, was auf Bundesebene gern empfohlen wird, fallen aus. Die Länder haben in der Steuerpolitik keine Kompetenzen, klammert man die Grunderwerbsteuer einmal aus. In der Finanzpolitik sind ihnen die Hände weitgehend gebunden. Steuerpolitik ist Bundespolitik. Eine Landesregierung kann versuchen, die Steuerpolitik über den Bundesrat mitzugestalten, die dann für ganz Deutschland gilt. Wettbewerbsvorteile gegenüber anderen Bundesländern kann sie sich damit nicht verschaffen. Ihre Ausgaben sind durch kostenintensive Blöcke (Lehrer, Polizisten, Justizbeamte) bestimmt, neue Schulden sind vom Jahr 2020 an untersagt.

Die Möglichkeiten der Landesregierungen, kurz- und mittelfristig Struktur und Entwicklung ihrer Wirtschaft zu beeinflussen, sind begrenzt. Die Wirtschaftsbedingungen basieren auf einer über Jahrzehnte gewachsenen Struktur, die sich nicht zuletzt an geografischen Bedingungen ausrichtet. Alte Handelszentren wie Frankfurt mit seinem Wachstumsmotor Flughafen, Hamburg, Bremen oder Rostock mit ihren Häfen, die Chemiestandorte Leverkusen und Ludwigshafen am Rhein, auch die Autobauregionen Stuttgart, Wolfsburg, München und der sprichwörtliche schwäbische Mittelstand sind dafür Beispiele.

Aus Sicht vieler Wirtschaftswissenschaftler sind wesentliche Merkmale für eine gute Strukturpolitik: Hochschulen als Ort kreativer Entfaltung, am besten im Paket mit Fördergeld zum Ausprobieren neuer Unternehmensideen. Und hier hat die Landespolitik einen durchaus großen Spielraum. Hinzu kommt die Infrastruktur von der Straße bis zur digitalen Autobahn. Hier können Länder eigene Schwerpunkte setzen, zur „Verbesserung der regionalen Wirtschaftsstruktur", wie die „Gemeinschaftsaufgabe" von Bund und Ländern heißt.

Nach: Andreas Mihm/Manfred Schäfers, Landespolitik ist ein weicher Wirtschaftsfaktor, in: www.faz.net/aktuell/wirtschaft/wirtschaftspolitik/vor-den-wichtigen-wahlen-landespolitik-ist-ein-weicher-wirtschaftsfaktor-14119570.html, 13.3.2016 (Zugriff: 5.7.2017) (verändert)

Aufgaben

1. Führt eine Abstimmung zu der Frage in M 1 durch. Begründet jeweils eure Meinung.
2. Erläutere die in M 2 beschriebenen Entwicklungen mithilfe der Schlüsselbegriffe aus M 3.
3. Beschreibe, wie sich Innovationen fördern lassen (M 4 und 5).
4. Beurteile die Möglichkeiten der Politik, den Strukturwandel zu gestalten (M 6).
5. Überprüfe mithilfe von M 4 bis M 6, inwieweit Baden-Württemberg für den Strukturwandel gerüstet ist.
6. Fächergrenzen überwinden (Geographie): Beurteile, inwiefern der digitale Strukturwandel der Automobilindustrie das Phänomen der Verstädterung beeinflusst.

3.8 Szenarien zur Mobilität der Zukunft

M 1 Smartphone statt Führerschein?

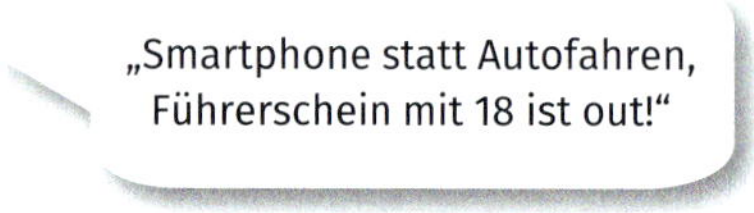

M 2 Wie soll Mobilität in Zukunft aussehen?

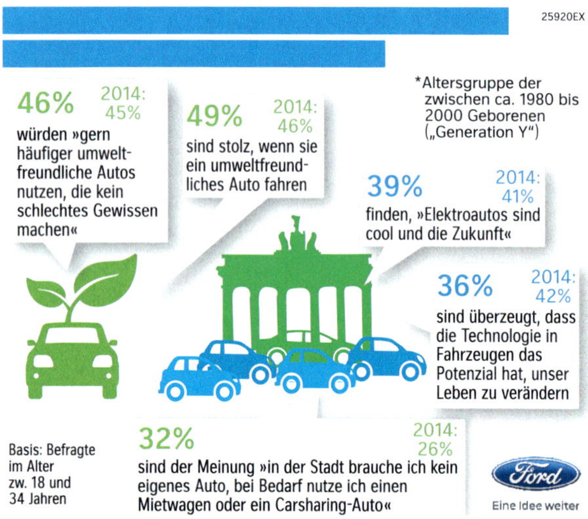

M 3 Mehr oder weniger Automobilität?

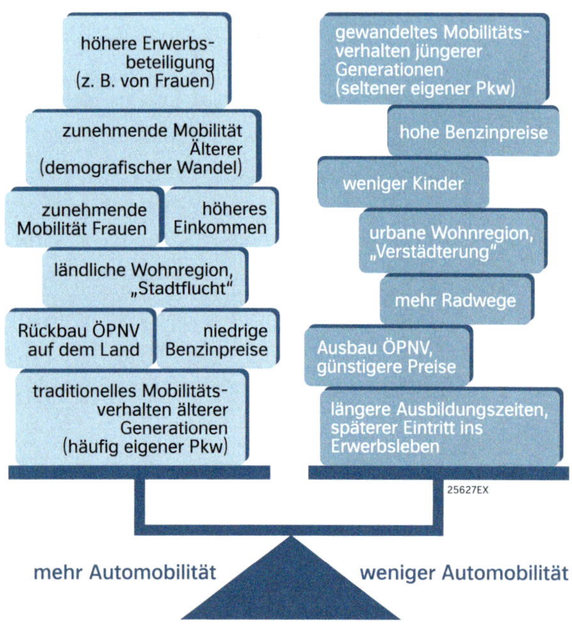

Nach: Shell PKW-Szenarien bis 2040. Fakten, Trends und Perspektiven für Auto-Mobilität, Hamburg 2014, S. 23; ergänzt und verändert

M 4 Alternativen zum Autobesitz

a) Carsharing

Carsharing-Varianten

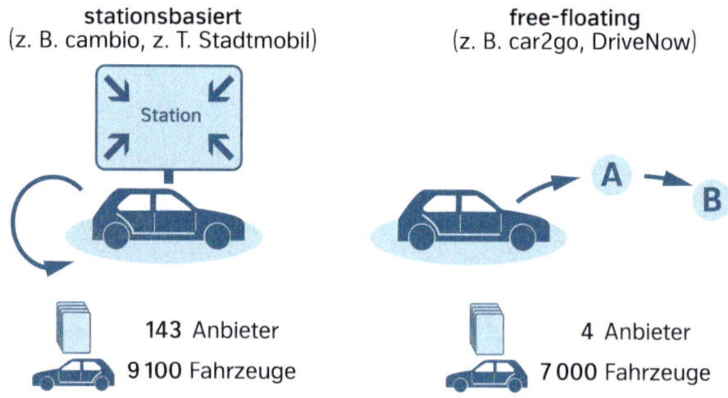

Stand: 1.1.2016; Quelle: Bundesverband CarSharing e. V., 2016 25628EX

Als Statussymbol hat das Auto ausgedient – besonders junge Leute zeigen sich heute lieber mit dem neuesten Smartphone. „Das Mobilitätsbedürfnis in der Gesellschaft wandelt sich. Und stellt nicht mehr den Besitz eines Fahrzeugs, sondern die tatsächliche, bedarfsgerechte Mobilitätsnutzung in den Vordergrund“, so der bayerische Autovermieter Sixt in seinem aktuellen Geschäftsbericht. Die Leute wollen also kein Auto für den Fall besitzen, dass sie eines brauchen, sondern sie wollen ein Auto haben, wenn sie es brauchen. Dank gut ausgebautem öffentlichem Verkehr gilt das vor allem für Einwohner von Großstädten.
Ein Trend, auf den die klassischen Anbieter reagieren mussten. In den Metropolen bieten sie daher *Carsharing* an. Im Gegensatz zur klassischen Vermietung werden Autos den Kunden hier kurzzeitig überlassen – sogar minutenweise. Statt den Wagen zu einer festen Mietstation zurückzubringen, parkt man auf ausgewiesenen Parkplätzen oder frei im Stadtgebiet, sofern man einen Parkplatz findet.

Aus: Claudia Wiggenbröker, Im Rennen um die mobile Zukunft, in: www.tagesschau.de/wirtschaft/autovermietung-101.html, 18.8.2016 (Zugriff: 30.5.2017)

b) Fernbusse

13.30 Abfahrt in Kempten im Allgäu. Simon reist für die erste Etappe der Deutschlandtour mit dem Flixbus nach Berlin. Der Bus fährt ohne Umsteigen und ist ziemlich voll. Die Fahrer sind angenehm und bringen den Bus mit wenigen Minuten Verspätung sicher zum ZOB Berlin. Kurz vor der großen Rast bekommt Simon die Gelegenheit, über das

Mikro die Fahrgäste nach Ihrer Meinung in Interviews zu bitten: „Warum fährst du Flixbus?"

Ich schaue schon gar nicht mehr nach Angeboten der Bahn. Das ist mir zu teuer. Ich musste relativ kurzfristig nach Berlin und der Flixbus fährt direkt und ist günstig.
Arin (24), Nürnberg

In Zeiten von Terror ist mir der Bus lieber als die Bahn. Da kann nicht einfach jeder einsteigen und ich fühle mich sicherer.
Dennis (22), Leutkirch

Flixbus war billiger als Bahn und BlaBlaCar.
Jan (29), Augsburg

Es ist komfortabler, ohne Umsteigen zu fahren und sich nicht darum kümmern zu müssen, ob man Verspätung hat und den Anschlusszug noch erreicht.
Moritz (17), Sulzberg

Aus: Mobilität der jungen Deutschen: BlaBlaCar, Flixbus oder Bahn?, in: http://jungedeutsche.de/2016/08/16/mobilitaet-der-jungen-deutschen/, 16.8.2016 (Zugriff: 30.5.2017)

c) E-Bikes

Bei Michael Ehry kostet ein elektrisches Mountainbike zwischen 2 000 und 9 000 Euro, das ist das Premiumsegment. Gut für ihn: Genau dieser Bereich wächst derzeit am schnellsten. Dass ausgerechnet E-Mountainbikes nur ein weiteres Statussymbol für Menschen seien, die ansonsten mit SUVs in den Innenstädten unterwegs sind, will er aber nicht gelten lassen. Seine Kunden seien oft Pendler, sagt er, die sich auf den Sattel schwingen, statt das Auto zu nehmen.
Zum Beleg der These führt Ehry in seine kleine Werkstatt, in der ein Helfer gerade das E-Mountainbike eines Stammkunden überprüft. Es ist voller Dreckspritzer, hat einige Schrammen und sieht stark benutzt aus. „3 800 Kilometer hat es auf den Speichen. Aber die erst seit März", sagt Ehry. „Der Besitzer ist Arzt und fährt damit jeden Tag zur Arbeit." Wofür steht dieser Kunde? Ist er bloß ein Extremsportler des Alltags? Oder gar Vorradler einer weitaus größeren Entwicklung? Politisch liegt er jedenfalls voll im Trend: Erst im Sommer hat die Bundesregierung beschlossen, den Ausbau von Radschnellwegen künftig stärker zu fördern, um mehr Verkehr von vier auf zwei Räder zu bringen.

Aus: Marcus Rohwetter, Läuft bei uns, in: Die Zeit, 15.12.2016

M 5 Problembereiche der Verkehrspolitik

M 6 Zwei Szenarien zur Zukunft der Mobilität

a) Trendszenario

Das Trendszenario geht von relativ stabilen Umweltbedingungen aus und lehnt sich daher an die langfristigen Trends der Vergangenheit an: gesellschaftlich-politische Rahmenbedingungen und auch Verbraucherpräferenzen verändern sich nur sehr allmählich. Bei Antriebstechnologien gibt es einen stetigen moderaten Technologiefortschritt, der heutige Kraftstoffmix steht weiter zur Verfügung und ändert sich ebenfalls nur langsam.
Politik: Im Trendszenario setzen staatliche Akteure grundsätzlich auf marktwirtschaftliche und technologieoffene Lösungen und verfolgen dabei moderate Energie-, Umwelt- und Verkehrspolitiken. Die Emissionen des motorisierten Individualverkehrs sind seit der Jahrtausendwende gesunken, sollen aber noch weiter zurückgeführt werden.
Allerdings ist Bezahlbarkeit von und Zugang zu Automobilität ein wichtiges Ziel der Politik. Die scharfen Vorgaben für CO_2-Emissionen von Neuwagen verteuern Automobilität und lassen sich aufgrund zunehmender Widerstände bei Wählern und Verbrauchern jenseits 2020 nicht linear fortschreiben. Zudem greift die (nationale) Politik auch nicht über Steuern oder Ordnungsrecht in die relativen Preise für Antriebe und Kraftstoffe ein. Lediglich Biokraftstoffe werden weiter gefördert, allerdings nur nachhaltige Biokraftstoffe.
Verbraucher: Die Menschen wollen mobil sein und dabei stellt der Pkw das wichtigste Transportmittel dar. Autofahrer setzen bei der Verwirklichung ihrer Mobilitätsbedürfnisse auf Leistung, Komfort und Sicherheit. Technologischer Fort-

schritt wird daher immer auch teilweise in die Steigerung von Leistung, Komfort und Sicherheit wandern – was sich letztendlich auch in der Pkw-Ausstattung bemerkbar macht. Eine Mehrpreisbereitschaft für neue Antriebstechniken ist nicht gegeben; im Gegenteil, Verbraucher bleiben skeptisch und vorsichtig, halten vielfach am Bewährten fest. Notwendige Einschränkungen bei elektrischen Antrieben, insbesondere bei der Reichweite, bei der Betankung sowie bei Ausstattung und Komfort werden von der Masse der Verbraucher nicht hingenommen.

Antriebe: Aufgrund anhaltender technologischer Innovationen bleiben Pkw mit Verbrennungsmotor gegenüber alternativen Antrieben ökonomisch und auch ökologisch noch lange wettbewerbsfähig. Dabei erfolgt bereits im Trendszenario eine zunehmende Elektrifizierung des Antriebsstrangs – vorzugsweise mit Ottomotor.

b) Positives Extremszenario

Das Alternativszenario setzt einen massiven Wandel der Umweltbedingungen und damit deutliche Brüche der Vergangenheitstrends voraus: gesellschaftlich-politische Rahmenbedingungen und auch Verbraucherpräferenzen verschieben sich merklich. Innovation und technischer Fortschritt schreiten generell schneller voran, insbesondere bei Antriebstechnologien gibt es einen starken technologischen Wandel in Richtung Elektrifizierung von Pkw-Antrieben.

Politik: Im Alternativszenario verfolgen staatliche Akteure überaus anspruchsvolle Energie-, Umwelt- und Verkehrspolitiken mit starken, zum Teil drastischen Eingriffen in den motorisierten Individualverkehr. So sollen die Emissionen des Pkw zügig weiter sinken. Kosten spielen angesichts einer weitgehend unelastischen Nachfrage nach Automobilität nur eine geringe Rolle und werden Energie- und Klimazielen eindeutig untergeordnet.

Die scharfen Vorgaben für CO_2-Emissionen von Neuwagen werden vonseiten der EU-Politik auch nach 2020 fortgeschrieben. Sie erreichen bereits 2040 nur noch 50 g CO_2/km für Neuwagen. Hierdurch wird der Markteintritt von Nullemissionsfahrzeugen forciert – Pkw, die keine (direkten) Emissionen verursachen, wie Elektro- oder Brennstoffzellenfahrzeuge. Darüber hinaus greift die (nationale) Politik über Steuern und Ordnungsrecht in die relativen Preise für Antriebe und Kraftstoffe zugunsten elektrischer Antriebe ein.

Verbraucher: Die Menschen wollen auch hier möglichst uneingeschränkt mobil sein. Sie können oder wollen dabei nicht auf das Automobil verzichten, möchten es aber möglichst nachhaltig nutzen bzw. bei der Pkw-Nutzung möglichst geringe externe Effekte auf Menschen und Umwelt ausüben. Autofahrer setzen daher auf sparsame, effiziente und saubere Pkw.

Pkw mit neuen Antrieben verleihen Prestige. Dafür sind immer mehr Menschen bereit, auch einen Mehrpreis in Kauf zu nehmen. Und sie sind bereit, zumindest Einbußen bei Pkw-Leistung und Komfort hinzunehmen, wenn auch nicht bei der Sicherheit – zumal elektrische Antriebe geringere Betriebskosten verheißen. Die rasch zunehmende Verfügbarkeit von bezahlbaren Elektromodellen durch Massenhersteller erhöht schließlich nochmals die Akzeptanz.

Antriebe: Technologischer Fortschritt kann unter Alternativbedingungen auf eine verbesserte Nachhaltigkeitsperformance des Pkw fokussiert werden. Der technologische Fortschritt schreitet auch bei den Verbrennungsmotoren schneller voran, aber die kommerzielle Umsetzung technologischer Innovationen wird beim Verbrennungsmotor immer teurer.

Aus: Shell Deutschland Oil GmbH (Hrsg.), Shell PKW-Szenarien bis 2040. Fakten, Trends und Perspektiven für Auto-Mobilität, in: www.prognos.com/uploads/tx_atwpubdb/140900_Prognos_Shell_Studie_Pkw-Szenarien2040.pdf, Hamburg 2014, S. 57ff.

Aufgaben

1. Begründe, ob du der These in M 1 zustimmst.
2. a) Führt nach dem Vorbild von M 2 in eurer Klasse eine Umfrage durch: Wie soll die Mobilität der Zukunft aussehen?
   b) Vergleicht die Ergebnisse eurer Umfrage mit M 2.
3. Beurteile die Bedeutung von Mobilität für Gesellschaft und Wirtschaft.
4. Gewichte die in M 3 aufgeführten Problembereiche danach, welche stärkeren und welche geringeren Einfluss auf die Entwicklung der Automobilität haben.
5. M 4 stellt verschiedene Alternativen zum Autobesitz vor. Bildet Dreiergruppen und erläutert die a) Funktionsweise, b) Nutzergruppen, c) Chancen und Risiken.
6. Entwickle ausgehend von M 5 Forderungen an eine Verkehrspolitik der Zukunft.
7. Gestalte mithilfe der Methode Szenariotechnik (S. 275) – z. B. in Form eines Posters – ein negatives Extremszenario zur Entwicklung der Mobilität bis 2040 (M 6). METHODE Ein Poster gestalten, S. 146 f.

Szenariotechnik

Die Szenariotechnik ist eine Methode, bei der die Teilnehmerinnen und Teilnehmer ausgehend von der Gegenwart mögliche Zukunftsbilder entwerfen. Sie ist eher zur Behandlung globaler und längerfristiger Fragestellungen geeignet (z. B.: Leben in unserer Stadt in zwanzig Jahren, Arbeitswelt der Zukunft).

Zu den Entwürfen werden gegenwärtige Fakten und Entwicklungsfaktoren als Basis herangezogen und Zusammenhänge und Wechselwirkungen analysiert. Mögliche Lücken werden mit Fantasie und Kreativität geschlossen. Dabei soll allerdings nicht „wild" spekuliert, sondern eine denkbare reale Entwicklung vorweggenommen werden.

Anhand der entstehenden Szenarien können schließlich konkrete Maßnahmen und Strategien geplant und festgelegt werden.

Meist werden drei mögliche Zukunftsbilder gestaltet:

a) *Positives Extremszenario:* Wie könnte die Zukunft im besten Falle aussehen?
b) *Negatives Extremszenario:* Wie könnte die Zukunft im schlimmsten Falle aussehen?
c) *Trendszenario:* Wie könnte die Zukunft aussehen, wenn sich die jetzige Situation fortschreibt?

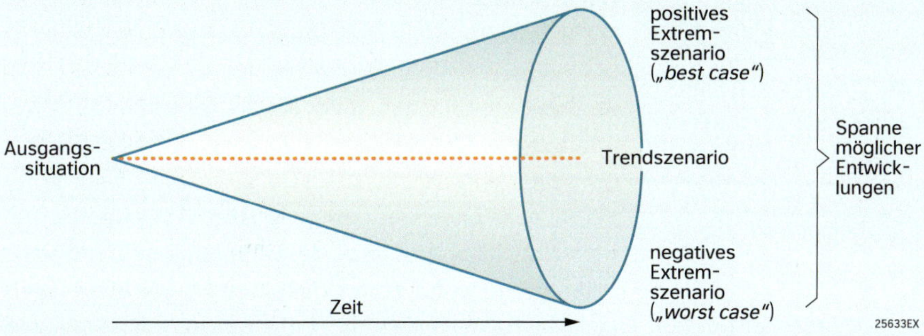

Vorgehensweise bei der Szenariotechnik:

a) Problemanalyse
- Benennung eines ökonomischen Problems
- Beschreibung des Ist-Zustands
- Sammlung von Informationen: Fakten, Meinungen und Einstellungen der unterschiedlichen Akteure

b) Einflussanalyse
- Benennung von Einflussfaktoren
- Bewertung der Faktoren (0 = kein Einfluss, 3 = starker Einfluss)

c) Deskriptorenanalyse
- genaue Beschreibung der Einflussfaktoren
- Unterscheidung zwischen eindeutigen und alternativen Entwicklungsverläufen

d) Entwicklung zweier Extremszenarien sowie eines Trendszenarios
- widerspruchsfreie Gestaltung der Szenarien
- extreme Zuspitzung der positiven oder negativen Entwicklung
- Formulierung des Szenarios, z. B. in Form eines Briefes, eines Posters oder eines Films

e) Entwicklung von Strategien und Maßnahmen zur Problemlösung
- Erörterung von Maßnahmen, die eine positive Entwicklung ermöglichen

M 1 Neulich im Stau ...

Zeichnung: Stan Eales

M 2 Interview mit dem Stuttgarter Oberbürgermeister Fritz Kuhn

Feinstaub entsteht z.B. durch Emissionen aus Kraftfahrzeugen sowie Öfen und Heizungen in Wohnhäusern und kann u.a. zu Schleimhautreizungen sowie Entzündungen in der Luftröhre führen. Die seit 2005 geltenden EU-Grenzwerte werden in Ballungsgebieten wie Stuttgart regelmäßig überschritten. Um ein Fahrverbot für Pkw zu vermeiden, ruft die Stadt Stuttgart seit Anfang 2016 Feinstaubalarm aus, wenn es nur wenig Luftaustauch gibt, und appelliert an die Bürger, freiwillig auf den öffentlichen Nahverkehr umzusteigen.

Herr Kuhn, der Feinstaubalarm wirkt nicht. Auch an Alarmtagen sind die Grenzwerte überschritten. Was läuft falsch?
Ich bestreite, dass der Alarm nicht wirkt. Er ist ein effektives Instrumentarium zur Vorhersage austauscharmer Wetterlagen. Es gibt Leute, die umsteigen, und welche, die weniger Auto fahren. Das verbilligte Feinstaubticket wird stark genutzt.
Aber liegen die ermittelten drei Prozent Rückgang des Autoverkehrs nicht im Bereich statistischer Ungenauigkeit?
Es sind laut Verkehrsleitzentrale zwischen drei und bis zu sechs Prozent. Wie viele ihr Auto in Stuttgart tatsächlich nicht nutzen, wird nicht erfasst. Der Alarm ist aber ein großes Thema. Das Bewusstsein, dass wir weniger Verkehr in der Stadt brauchen, wird geschärft. Porsche hat Job- und Feinstaubticket eingeführt, Bosch ein Feinstaubticket, Daimler ein Jobticket, um nur die Großen zu nennen.
Die Grenzwerte für Feinstaub und Stickoxide gelten seit vielen Jahren. Tun Sie genug für den Schutz der Menschen?
Ich bin der Erste, der richtig massiv etwas tut. Mir macht die Gesundheitsbelastung Sorge. Wir reagieren mit über 40 Maßnahmen, auch mit Kapazitätserhöhungen bei S- und Stadtbahn. Wenn freiwillige Maßnahmen nicht ausreichen, muss es verbindliche geben. Welche das sein werden, entscheidet das Land im Frühjahr 2017.
Selbst wenn der Feinstaubalarm greifen sollte, wäre das Jahreslimit für Stickstoffdioxid immer noch stadtweit überschritten.
Beim Stickstoffdioxid liegen wir anders als beim Feinstaub an vielen Stellen über dem Limit. Der Alarm hilft auch dagegen. Ansonsten wirkt nur der Abschied vom Verbrennungsmotor. Das Schadstoffproblem ist nur in den Griff zu bekommen, wenn die Elektromobilität rasch wächst und mehr Leute auf den Nahverkehr umsteigen.
Was passiert, wenn der freiwillige Feinstaubalarm nicht ausreicht?
Das Feld ist abgesteckt. Entweder werden die Grenzwerte 2017 eingehalten, oder das Land reagiert ordnungspolitisch bis hin zu Verboten. Wir können aber die City nicht zumachen. Ich muss ökologische und wirtschaftliche Fragen beachten.
Stört Sie das Verhalten der Autoindustrie?
Die Industrie hat die Verbraucher extrem verunsichert. Es wurden Motoren manipuliert, um Grenzwerte einzuhalten. Die Lobbypolitik der Hersteller im Pakt mit Frau Merkel hat der deutschen Autoindustrie sehr geschadet. Es wurde das Gefühl verbreitet, man könne Brüssel in die Tasche stecken. Manchmal schadet zu starker Lobbyismus für die alte Technologie dem Durchbruch der neuen. Die Oberbürgermeister in Deutschland haben alle wegen der Probleme, die ihnen die Automobilindustrie, der Bund und die EU beschert haben, einen Hals. Denn die Städte müssen die Probleme ausbaden, die andere verursacht haben.

Aus: „Es wirkt nur der Abschied vom Verbrennungsmotor", Interview mit Fritz Kuhn von Konstantin Schwarz, in: www.stuttgarter-nachrichten.de/inhalt.print.bac18640-be74-4ad5-ac3e-6e71e318098f.presentation.print.v2.html, 9.12.2016 (Zugriff: 10.2.2017)

M 3 *Nudging* – eine Alternative zu Verboten?

Die einen mogeln bei der Steuererklärung, andere trinken nach Feierabend Bier, essen täglich Schokoriegel, radeln ohne Helm, verschwenden Plastiktüten oder versäumen ihre Vorsorgeuntersuchung – die Menschen haben viele Schwächen. So viele, dass ihre Verfehlungen in Wirklichkeit der Normalfall sind.

Genau das macht die privaten Laster zur politischen Frage. Wenn nämlich mangelnde Selbstkontrolle und Gedankenlosigkeit zusammenkommen, hat das für die Menschen und ihre Gesellschaft nachteilige Folgen. Jeder weiß zum Beispiel, dass Energiesparen wichtig ist. Aber wie bringt man die Menschen dazu, es auch zu tun?

Die Bundesregierung sucht nun Hilfe bei drei Experten aus der Verhaltensforschung und Psychologie. Ihre Aufgabe: Sie sollen die Bürger dazu bringen, vernünftig zu handeln – ohne sie zu bevormunden. Ein freundschaftlicher Stups soll ausreichen, um eine Entscheidung in die richtige Richtung zu lenken. „*Nudging*" heißt das Instrument, das hier genutzt wird, englisch für „anstupsen".

Populär gemacht haben die Methode der Ökonom Richard Thaler von der Universität Chicago [Wirtschaftsnobelpreisträger 2017] und der Harvard-Jurist Cass Sunstein. Sie verdichten in ihrem 2008 veröffentlichten Buch „*Nudge*" (deutscher Untertitel: „Wie man kluge Entscheidungen anstößt") die Erkenntnisse der Verhaltensforschung auf 350 Seiten. Ihre wichtigste These: Im Alltag ist der Homo oeconomicus, dessen Verhalten stets vernunftgetrieben ist, selten anzutreffen. Die Menschen, so glauben die Wissenschaftler, können nicht richtig mit Risiken umgehen, es mangele ihnen an Rationalität. Zugespitzt formuliert: Thaler und Sunstein halten die Menschen für fehlbar – faul, dumm, gierig, schwach –, mithin für ökonomisch therapiebedürftig. Sie wollen ihnen helfen – indem sie ihre Schwächen ausnutzen. Die Industrie tut das schon lange, allerdings ohne den moralischen Anspruch. So gelingt es Apple, mit Voreinstellungen seiner iPhones dafür zu sorgen, dass Käufer vor allem hauseigene Software verwenden. Geändert werden diese Vorgaben (sie sind hier der *Nudge*) nur selten, das wissen Verhaltensforscher, und das wusste offenbar auch Apple-Gründer Steve Jobs, der von sich behauptete, viele Bedürfnisse der Nutzer früher zu erkennen als diese selbst: „Es ist nicht die Aufgabe des Konsumenten, zu wissen, was er will."

Ein Experiment der Cornell Universität zeigt: Hängt man Spiegel in Kantinen auf, greifen die Gäste seltener zu fetten Bagels und Doughnuts – sie sehen nämlich ihre überzähligen Pfunde. Der Spiegel gibt den *Nudge*.

Das *Nudging* ist die sanftere Methode: Niemand soll zu seinem Glück gezwungen werden, aber nachhelfen möchte man schon.

Nach: Catherine Hoffmann, Politik per Psychotrick, in: www.sueddeutsche.de/wirtschaft/verhaltensforschung-am-buerger-politik-per-psychotrick-1.2386755, 11.3.2015 (Zugriff: 10.2.2017) (verändert)

Der Homo oeconomicus geht einkaufen, S. 36 f.

Aufgaben

1. Analysiere die Karikatur (M 1), indem du die Verkehrsteilnehmer in ein Gespräch miteinander verwickelst.
2. „Ich muss ökologische und wirtschaftliche Fragen beachten." (M 2, Z. 39 f.) Arbeite aus dem Interview heraus, welche Interessen bei der Feinstaubproblematik miteinander in Konflikt stehen.
3. Gestalte aus angebots- oder nachfragetheoretischer Perspektive ein *Best-case*-Szenario zur Feinstaubproblematik. METHODE Szenariotechnik, S. 275
4. Bewerte das *Nudging* als Instrument der Wirtschaftspolitik.

4. Kooperation vs. Unabhängigkeit – (wann) lohnt sich internationale wirtschaftliche Zusammenarbeit?

4.1 Warum gibt es grenzüberschreitenden Handel?

M 1 **Dein Bild vom internationalen Handel – ein Bilderteppich**

7

8

9

10

11

12

13

14

M 2a Warum Staaten Handel treiben

Ein Land wie Deutschland profitiert vom Handel mit einem Land wie Frankreich aus zwei Gründen.
Erstens erlaubt es der Handel beiden Ländern, sich zu spezialisieren. Weil Deutschland Kleinwagen und Käse importiert, kann es sich auf die Herstellung von Sportwagen und Maschinen fokussieren. Dadurch entstehen Spezialisierungsgewinne in Form höherer Produktivität, die sich darin äußert, dass der deutsche Arbeitnehmer deutlich weniger arbeiten muss als noch vor 50 Jahren, um ein bestimmtes Güterbündel konsumieren zu können.
Zweitens gewinnt der deutsche Konsument durch abwechslungsreicheren Konsum. Wir konsumieren Filme aus Amerika, Wein aus Italien und Urlaube in Griechenland – alles Güter, bei denen wir nicht nur komparative Nachteile haben, sondern die wir schlicht nicht herstellen können.

Aus: Johannes Becker/Clemens Fuest, Profitiert Deutschland wirklich vom Euro?, in: www.faz.net/aktuell/wirtschaft/eurokrise/profitiert-deutschland-von-schwachen-euro-staaten-14873599.html, 13.2.2017 (Zugriff: 19.6.2017)

M 2b Theorie der komparativen Kosten – ein Beispiel

Ein Rechtsanwalt ist zugleich der beste Anwalt und der beste Schreibmaschinenschreiber seiner Stadt. Wird er sich nicht trotzdem auf seine Anwaltspraxis spezialisieren und das Maschinenschreiben seiner Sekretärin überlassen? Er kann es sich nicht leisten, wertvolle Zeit, in der er als Anwalt tätig sein könnte, zu verlieren, um seine Schreibmaschinenarbeiten zu erledigen. Denn aus der Ausführung seiner Anwaltstätigkeit erzielt er einen erheblichen komparativen Vorteil, wohingegen er aus seinem Schreibmaschineschreiben zwar einen absoluten, aber keinen komparativen Nutzen zieht. Oder betrachten wir es mit den Augen der Sekretärin. Sie ist ihrem Chef in beiden Tätigkeiten unterlegen. Doch ist ihr Nachteil im Schreibmaschineschreiben relativ am geringsten. Sie verfügt beim Maschineschreiben über einen komparativen Vorteil.

Aus: Paul Anthony Samuelson, Volkswirtschaftslehre, Wein/Frankfurt a.M.: Ueberreuter, 1998, S. 778

M 3 Die Rückkehr des Protektionismus

„Wir können China nicht erlauben unser Land weiter zu vergewaltigen. Das ist der größte Diebstahl in der Geschichte der Welt", wetterte der US-Präsidentschaftskandidat Donald Trump im Mai dieses Jahres [2016]. Und auch am Nordamerikanischen Freihandelsabkommen NAFTA, einem Vertrag zwischen den USA, Kanada und Mexiko, ließ er kein gutes Haar im Fernsehduell mit Hillary Clinton: „[...] NAFTA, signed by her husband, is perhaps the greatest disaster trade deal in the history of the world. It stripped us of manufacturing jobs. We lost our jobs. We lost our money. We lost our plants. It is a disaster." Nähme man Donald Trump beim Wort, würde er als Präsident hohe Schutzzölle gegen China und Mexiko verhängen und Freihandelsabkommen aufkündigen.
In der Tat, der Freihandel ist ins Gerede gekommen, und das weltweit. So gab es in Europa ein politisches Erdbeben: Das Brexit-Votum, es war ganz wesentlich motiviert von dem Wunsch, den heimischen Arbeitsmarkt zu schützen. In Deutschland wiederum wehren sich Bürger gegen die Einführung neuer Handelsabkommen, ob TTIP (zwischen der EU und den USA) oder CETA (zwischen der EU und Kanada). „Ich denke, wir sind jetzt tatsächlich an einer Wegmarke angelangt", sagt auch Mikko Huotari, beim Berliner Mercator-Institut für Chinastudien zuständig für internationale Beziehungen. „Derzeit scheint es eher so zu sein, dass wir in der Tat in eine Periode kommen, wo Protektionismus insbesondere der alten, der westlichen Staaten massiv zunehmen wird. Wir kommen in eine Phase von wachsenden Handelskonflikten [...]."
Über protektionistische Maßnahmen – also den Schutz heimischer Märkte gegenüber ausländischer Konkurrenz beispielsweise durch Zölle, Subventionen oder spezielle Produktnormen – führt die Welthandelsorganisation WTO Buch. Alle halbe Jahre veröffentlicht sie einen Bericht über die Entwicklung in den 20 größten Volkswirtschaften, den G20. Stormy-Annika Mildner, Leiterin Außenwirtschaft beim Bundesverband der Deutschen Industrie, sagt, die WTO habe [...] „festgestellt, dass seit dem Beginn der Wirtschafts- und Finanzkrise die Zahl der protektionistischen Maßnahmen immer wieder gestiegen ist. Und das ist bedauerlich, gerade auch wo sich die G20-Länder eigentlich darauf verständigt hatten, keine neuen protektionistischen Maßnahmen vorzunehmen." Binnen sechs Jahren hat sich die Zahl entsprechender importbeschränkender Maßnahmen bei den G20 fast vervierfacht. [...]
Doch welche Folgen hat es, wenn sich ein Land stärker wirtschaftlich abschottet? [...] Können auf diese Weise neue Jobs und neue Wohlfahrt in einem Land entstehen?

Nach: Caspar Dohmen, Die Rückkehr des Protektionismus, in: www.deutschlandfunk.de/globale-wirtschaft-die-rueckkehr-des-protektionismus.724.de.html?dram:article_id=370813, 8.11.2016 (Zugriff: 13.2.2017) (verändert)

M 4 Schlüsselbegriffe aus M 3

Freihandel: unbeschränkter grenzüberschreitender Handel

Protektionismus: Abschirmung der eigenen Volkswirtschaft vom internationalen Handel durch Maßnahmen wie Zölle (= Import-Steuern), spezielle Produktnormen, Einfuhr- bzw. Ausfuhrverbote oder auch Subventionen

Export: Ausfuhr von Gütern über Ländergrenzen in andere Volkswirtschaften

Handelskonflikte: Gegeneinander von bestimmten Volkswirtschaften mithilfe aggressiver wirtschaftspolitischer Maßnahmen, um die eigene Volkswirtschaft auf Kosten anderer Volkswirtschaften zu stärken

Freihandelsabkommen: Vereinbarung zwischen Staaten bzw. Regionen mit dem Ziel, den gegenseitigen freien Handel zu ermöglichen

heimischer Arbeitsmarkt: Angebot von und Nachfrage nach Arbeitskräften innerhalb einer Volkswirtschaft

Subventionen: staatliche Unterstützungsmaßnahmen für bestimmte Unternehmen bzw. Branchen zur Erhöhung ihrer Wettbewerbsfähigkeit

Wohlfahrt: reichliche Versorgung der Bürgerinnen und Bürger eines Landes mit allem, was zum Leben notwendig ist

Autorentext

M 5 Globale Handelsströme 2015

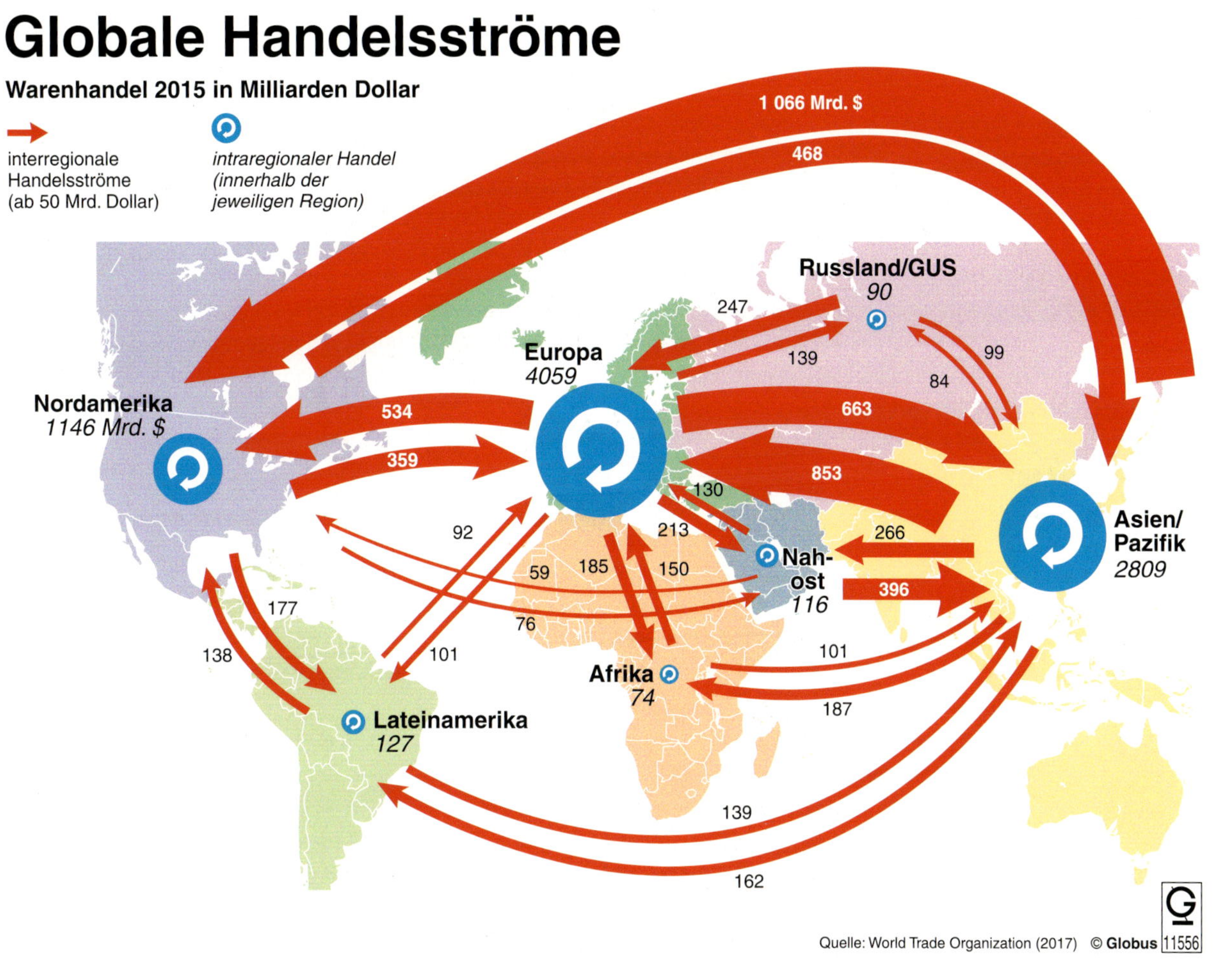

M 6 Beispiele für protektionistische Maßnahmen

a) 30. Mai 2012: Der Streit um staatliche Subventionen zwischen China und den USA spitzt sich weiter zu. Nach hohen Abgaben auf Solarmodule erhebt das US-Handelsministerium vorläufig Strafzölle von bis zu 26 Prozent auf chinesische Windkraftanlagen. Dies sei eine Reaktion auf entsprechende staatliche Subventionen, mit denen Peking seine heimische Industrie unterstütze, teilte das Ministerium mit. Erst kürzlich hatte Washington im Kampf gegen billige Solarimporte Strafzölle zwischen 31 und 250 Prozent auf chinesische Solareinfuhren angekündigt. Die nun angedrohten Strafen beziehen sich im Einzelnen auf die stählernen Windtürme.

b) Nach einer beispiellosen Pleitewelle in Europas Solarbranche und dem Verlust Tausender Jobs wirft die Europäische Kommission Herstellern der Volksrepublik vor, mit wettbewerbsverzerrenden Staatskrediten und künstlichen Niedrigpreisen – kurz: *Dumping* – die hiesige Konkurrenz aus dem Markt zu boxen. Die Folge: Europa führt Ende 2013 Mindestpreise und Strafzölle auf Solarzellen und -module aus China ein, um die verbliebenen Hersteller, etwa den Bonner Solarworld-Konzern, zu schützen.

c) 2014 unterlag China vor dem Schiedsgericht der Welthandelsorganisation im Streit um seine Exportbeschränkungen für Seltene Erden.

d) Die Amerikaner werfen im Juni 2016 China vor, regelwidrig weiterhin Ausfuhrzölle für Antimon, Kobalt, Kupfer, Graphit, Blei, Magnesium, Talk, Tantal und Zinn zu erheben.

e) Die USA haben im April 2017 angekündigt, auf kanadische Weichholz-Importe einen Strafzoll von 20 Prozent zu erheben. US-Handelsminister Wilbur Ross warf Kanada vor, Handelsvereinbarungen verletzt zu haben. Dabei geht es um den Vorwurf unzulässiger Subventionen für die kanadische Holzwirtschaft.

f) China errichtet neue Hürden für Nahrungsmittelimporte: Jede Nudel, jeder Keks und jedes Bonbon muss ab Oktober 2017 ein eigenes amtliches Unbedenklichkeitszertifikat für China vorweisen. Eine Bedingung, die praktisch nicht zu erfüllen ist. Denn die Behörden in Deutschland oder anderen Ländern müssten bescheinigen, dass die Waren „die Anforderungen chinesischer Gesetze und gesetzlicher Vorschriften sowie Standards erfüllen", wie die chinesische Qualitätsaufsicht (AQSIQ) vorgibt.

Autorentext nach Pressemeldungen

Aufgaben

1. Suche gemeinsam mit deiner Nebensitzerin/deinem Nebensitzer das Bild aus M 1 aus, das in euren Augen den internationalen Handel am besten veranschaulicht, und begründet eure Auswahl in einer „Blitzlicht-Runde".
   Beispiel: „Internationaler Handel ist für uns wie ein Tiger, weil er uns interessant und zugleich gefährlich erscheint..."
2. Arbeite Gründe dafür heraus, dass Volkswirtschaften wirtschaftlich zusammenarbeiten und miteinander handeln (M 2 a und b).
3. Beschreibe die in M 3 und M 5 dargestellte Situation des internationalen Handels in eigenen Worten.
4. Erstelle mithilfe von M 3 und M 4 ein Wirkungsgefüge (siehe Methode, S. 283).
5. Erkläre die Wirkungsweise der protektionistischen Maßnahmen aus M 6.
6. Erörtere folgendes Zitat aus M 3, Z. 46 ff.: „Welche Folgen hat es, wenn sich ein Land stärker wirtschaftlich abschottet? [...] Können auf diese Weise neue Jobs und neue Wohlfahrt in einem Land entstehen?"
7. Erstelle zum Beispiel-Wirkungsgefüge auf S. 283 mögliche zusätzliche Wechselwirkungen.
8. Fächergrenzen überwinden (Geschichte): Beschreibe frühere Wellen der Globalisierung in der Geschichte.

Ein Wirkungsgefüge erstellen

Ein Wirkungsgefüge ist ein grafisches Instrument zur anschaulichen Darstellung komplexer Zusammenhänge und Wechselwirkungen. Dadurch sollen einerseits Faktoren bzw. Bedingungen als Ursachen und andererseits Maßnahmen und ihre Ziele bzw. Folgen verdeutlicht und gleichzeitig unterschieden werden.

Wesentliche Kriterien für einen gelungenen Einsatz dieser Methode sind:
- Übersichtlichkeit
- Eindeutigkeit
- Strukturierung
- Einordnung von Ursachen, Folgen und Wechselwirkungen

Erarbeitung eines Wirkungsgefüges z. B. aus einem Text:
- Wähle zunächst je nach Aufgabenstellung einen Ausgangspunkt für dein Wirkungsgefüge aus.
- Filtere die Schlüsselbegriffe heraus (und halte sie z. B. auf Kärtchen fest).
- Unterscheide in einem nächsten Schritt dabei zwischen Ursachen und Wirkungen.
- Ordne nun die Schlüsselbegriffe grafisch strukturiert an und verbinde sie mit Wirkungspfeilen.

Die einfachste Möglichkeit der Darstellung ist die Angabe von Verstärkung und Schwächung durch „+“ bzw. „–“. (Achtung: Das bedeutet keinerlei Bewertung als positiv oder negativ!)

Beispiel:

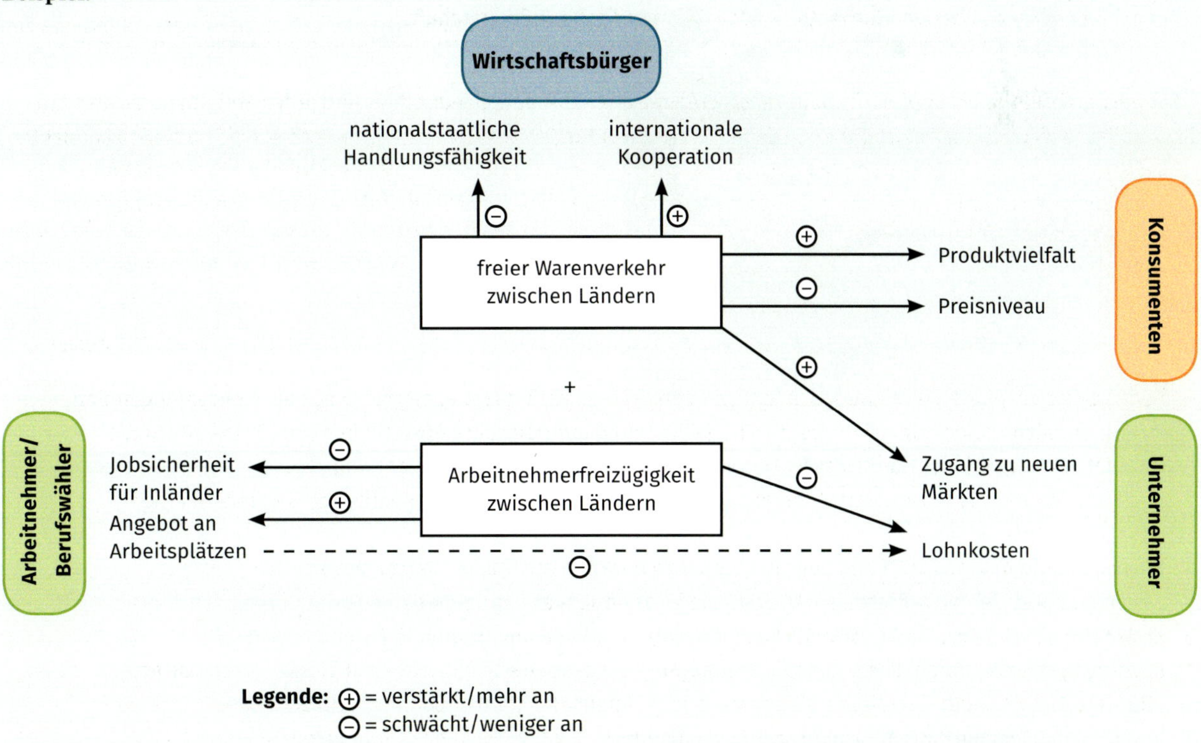

4.2 Erfolgsgeschichte EU? Europäische Erfahrungen mit wirtschaftlicher Kooperation

M 1 Klassenumfrage: Das ist die EU für mich

Die EU ...	stimme zu	stimme nicht zu
... ist ein Hauptgrund für den Frieden in Europa.		
... ist geprägt von wenig demokratischen Entscheidungen.		
... sorgt für Wohlstand in Deutschland.		
... hat mit mir wenig zu tun.		
... macht unser Leben mit der Reisefreiheit leichter.		
... schränkt Deutschlands Handlungsspielraum ein.		
... führt zu höherer Arbeitslosigkeit.		
... macht unser Leben komplizierter.		
... kostet Deutschland zu viel.		
... macht Europa mächtiger.		
... führt zu mehr Kriminalität in Deutschland.		
... ist Geldverschwendung.		

Autorentext

M 2 Karikatur „50 Jahre EU = ...“

Zeichnung: Chappatte

M 3 Ziele der wirtschaftlichen Kooperation

In der Präambel der Gründungsurkunde der Europäischen Wirtschaftsgemeinschaft (EWG) von 1957, die als „Geburtsstunde“ des europäischen Binnenmarktes gilt, legten Belgien, die Bundesrepublik Deutschland, Frankreich, Italien, Luxemburg und die Niederlande dar, sie hätten

IN DEM FESTEN WILLEN, die Grundlagen für einen immer engeren Zusammenschluss der europäischen Völker zu schaffen,
ENTSCHLOSSEN, durch gemeinsames Handeln den wirtschaftlichen und sozialen Fortschritt ihrer Länder zu sichern, indem sie die Europa trennenden Schranken beseitigen,
IN DEM VORSATZ, die stetige Besserung der Lebens- und Beschäftigungsbedingungen ihrer Völker als wesentliches Ziel anzustreben,
IN DER ERKENNTNIS, dass zur Beseitigung der bestehenden Hindernisse ein einverständliches Vorgehen erforderlich ist, um eine beständige Wirtschaftsausweitung, einen ausgewogenen Handelsverkehr und einen redlichen Wettbewerb zu gewährleisten,
IN DEM BESTREBEN, ihre Volkswirtschaften zu einigen und deren harmonische Entwicklung zu fördern, indem sie den Abstand zwischen einzelnen Gebieten und den Rückstand weniger begünstigter Gebiete verringern,
IN DEM WUNSCH, durch eine gemeinsame Handelspolitik zur fortschreitenden Beseitigung der Beschränkungen im zwischenstaatlichen Wirtschaftsverkehr beizutragen, [...]
ENTSCHLOSSEN, durch diesen Zusammenschluss ihrer Wirtschaftskräfte Frieden und Freiheit zu wahren und zu festigen, und mit der Aufforderung an die anderen Völker Europas, die sich zu dem gleichen hohen Ziel bekennen, sich diesen Bestrebungen anzuschließen,
[...] BESCHLOSSEN, eine Europäische Wirtschaftsgemeinschaft zu gründen.

Aufgaben

1. Beantworte die Fragen in M 1 und begründe deine Antwort im Austausch (Partnerarbeit).
2. Formuliere, was der junge Mensch in M 2 antworten könnte, und begründe deine Formulierung.
3. a) Arbeite aus M 3 sowohl die Ziele als auch die Mittel der Zusammenarbeit in Europa heraus.
   b) Bilde eine Reihenfolge dieser Ziele und begründe dein „Ranking“.
4. Erläutere Chancen und Risiken des Binnenmarktes (M 4) anhand selbst gewählter Alltagsbeispiele.
5. a) Ordne die Beispiele aus M 6 dem Schema von M 5 zu.
   b) Erstelle ein Ranking der EU-Bestimmungen, die dir am wenigsten bzw. meisten fehlen würden (M 5, M 6).

Webcode WES-116435-511 Erklärvideo: Die Geschichte der EU

M 4 Die vier Grundfreiheiten des europäischen Binnenmarktes

In Europa gibt es aktuell 48 Staaten mit insgesamt ca. 745 Mio. Einwohnern (= ca. 10 % der Weltbevölkerung). Davon leben ca. 450 Mio. in den 27 Staaten der Europäischen Union, bis zum „Brexit“, dem EU-Ausstieg Großbritanniens, waren es sogar über 500 Mio. Einwohner in 28 Staaten.

Ab 1957 entstanden über mehrere Etappen bis 1992 ein von den „vier Freiheiten“ geprägter einheitlicher Wirtschaftsraum und gemeinsamer Binnenmarkt:

1. Freier Warenverkehr verbietet Zölle aller Art ebenso wie Quoten, d. h. Mengenbeschränkungen. Für sämtliche Güter gilt die gegenseitige Anerkennung von Normen und Vorschriften, sodass die Erzeugnisse im gesamten EU-Gebiet problemlos ver- und gekauft werden können.

2. Freier Personenverkehr bedeutet, dass alle EU-Bürger in jedem Mitgliedstaat arbeiten können (Arbeitnehmerfreizügigkeit); dazu gehört auch, dass die Berufs- und Studienabschlüsse gegenseitig anerkannt werden (müssen).

3. Freier Dienstleistungsverkehr ermöglicht es Dienstleistern, sämtliche Dienste überall anbieten zu können (betrifft insbesondere Versicherungen, Banken, Transport-, Energie- sowie Telekommunikationsanbieter).

4. Freier Kapitalverkehr bringt einen ungehinderten Zahlungsverkehr mit sich.

Wirtschaftliche Leistungsfähigkeit, Stabilität und Wohlstand sind in diesen 27 Ländern der EU recht unterschiedlich verteilt, sodass z. B. auch die Arbeitslosenquoten oder die Staatsverschuldung stark auseinandergehen.

Autorentext

M 5 Wie betrifft mich die EU?

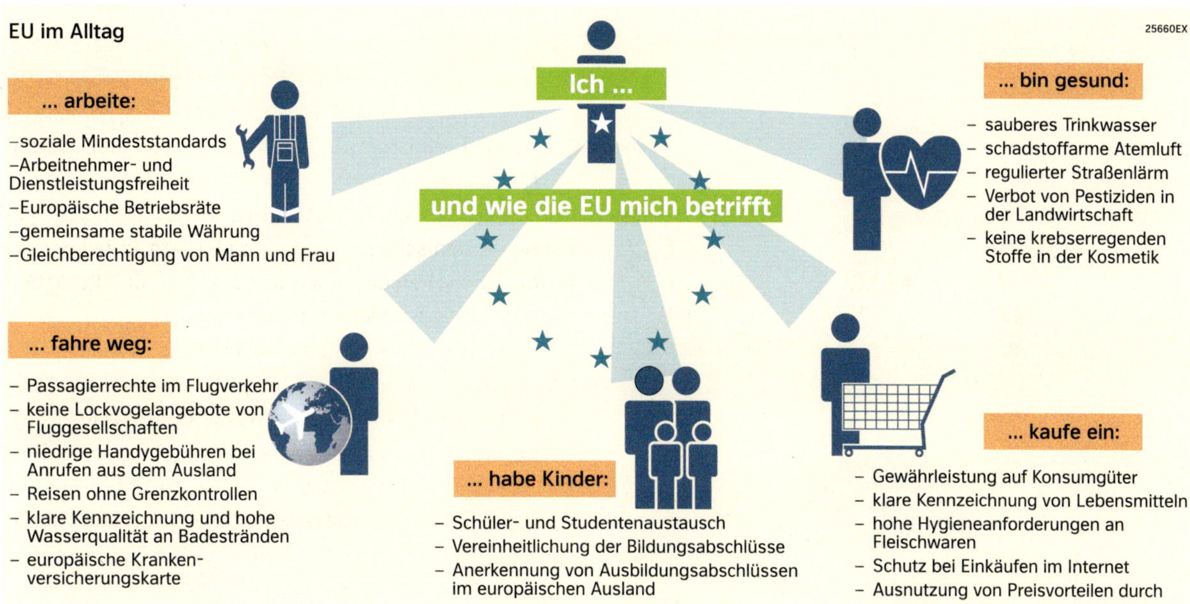

Quelle: Bundeszentrale für politische Bildung, 2009, www.bpb.de; Lizenz: Creative Commons by-nc-nd/3.0/de

M 6 Konkrete Beispiele von EU-Regelungen

Abschaffung der Roaming-Gebühren

Erasmus+

Programm zum Austausch von Studenten („Erasmus“) bzw. Auszubildenden („Leonardo“)

Vereinheitlichung der Biosiegel

Interrail

Reisemöglichkeiten (z. B. Interrail im Schengenraum)

M 7 Weltwirtschaftliche Bedeutung der EU

Kraftzentren der Weltwirtschaft

Anteile in Prozent an ...

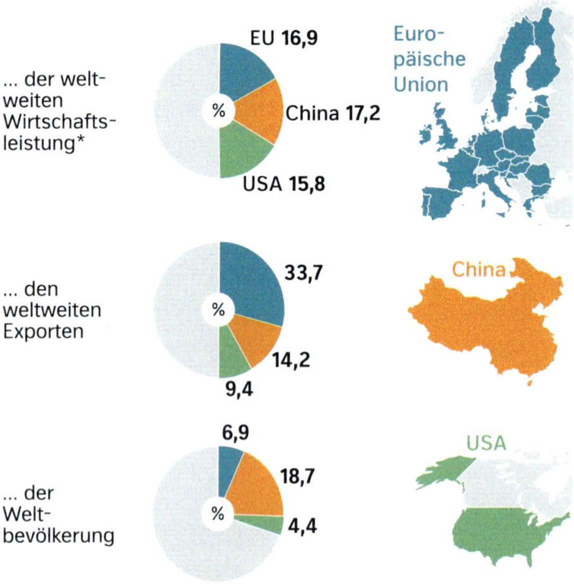

*Bruttoinlandsprodukt, kaufkraftbereinigt
Länder in unterschiedl. Maßstäben
Quelle: Weltbank, WTO, Eurostat; nach: Globus 11451 Stand: 2015 25644EX

M 8 Ökonomische Ungleichheit in der EU

Wirtschaftskraft in der EU

Bruttoinlandsprodukt (BIP) je Einwohner im Jahr 2016

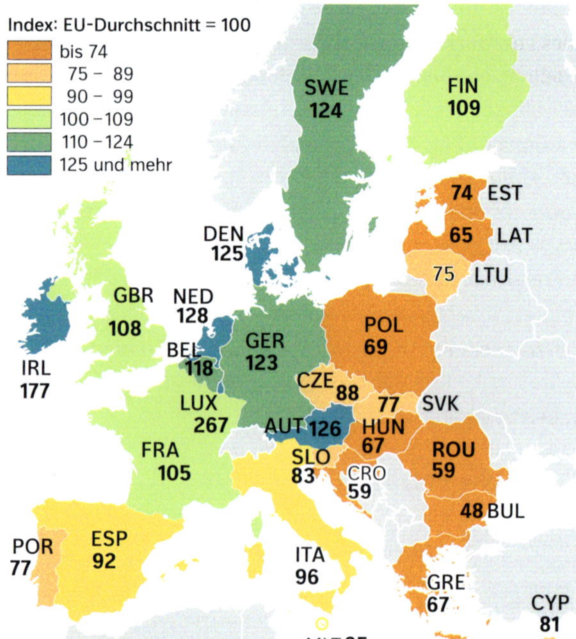

Quelle: Eurostat; nach: Globus 027N 25642EX

M 9 So wichtig sind die EU-Partner füreinander

Importwaren: So wichtig sind die EU-Partner

So viel Prozent der Importe der EU-Länder kamen im Jahr 2016 aus den übrigen EU-Ländern

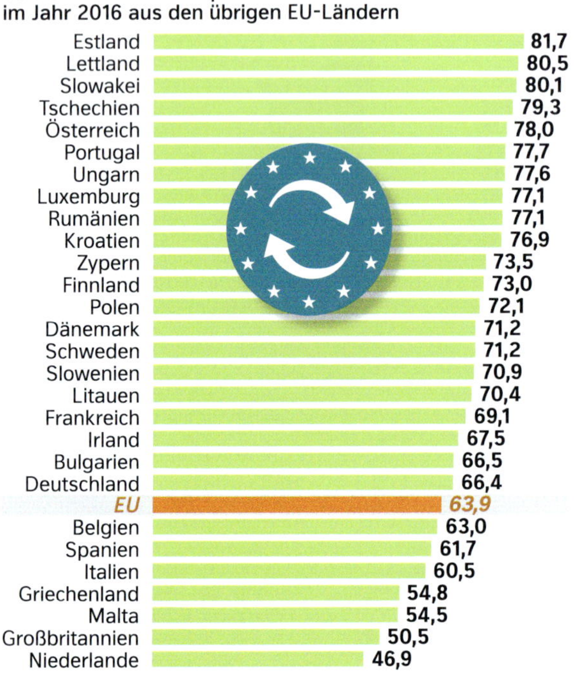

Quelle: Eurostat; nach: Globus 11843 25658EX

Exportmärkte: So wichtig sind die EU-Partner

So viel Prozent der Exporte der EU-Länder gingen 2016 in die EU-Partnerländer

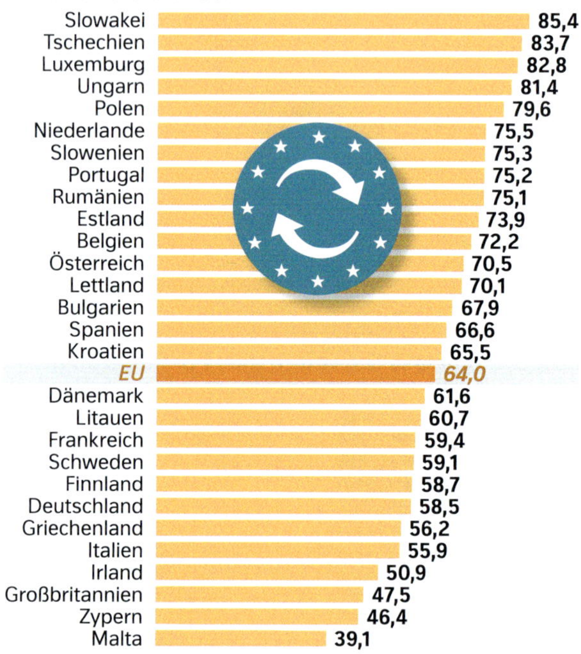

Quelle: Eurostat; nach: Globus 11851 25659EX

Materialgestütztes Schreiben

Wenn „Profis" Texte schreiben, nutzen sie in der Regel andere Texte und Materialien. Ein Reiseführer kommt nicht ohne fremde Quellen aus, ebenso wenig ein wissenschaftliches Lehrbuch oder ein Radio-Feature. Meist werden dabei mehrere, ganz verschiedene Quellen verarbeitet. Der entscheidende Unterschied zum „klassischen" textbezogenen Schreiben (Textinterpretation und -analyse) liegt im Umgang mit den Quellen: Für das materialgestützte Schreiben ist keine vollständige Textanalyse erforderlich, stattdessen treten die eigenen Schreibziele in den Vordergrund. Daher liest man die Texte von vornherein mit dem Ziel, das „herauszuholen", was man für das spezielle Ziel braucht. Dies setzt voraus, dass die Materialien gut verstanden werden, um die Themen, Inhalte und Ideen auswählen zu können, die für die eigene Textproduktion wichtig sind.

Leitfragen zum materialgestützten Schreiben

Schreibaufgabe klären
- Was ist das **Thema**, zu dem ich meinen Text verfassen soll? Was ist mein zentrales **Ziel** (informieren, erklären oder argumentieren)?
- Welche **Textsorte** (z. B. unten: *Blogeintrag*) wird durch die Aufgabe verlangt?
- Wer ist der **Adressat** (z. B. unten: *Leser des Blogs*) meines Textes?

Lesen = Materialsichtung und Materialerschließung
- Welche wichtigen **Infos, Argumente** und **Beispiele** usw. enthalten die Materialien?
- Was davon ist für meine **Adressaten** und mein **Kommunikationsziel** bedeutsam?

Planen = Materialaufbereitung
- **Kommunikativ:** Was ist mein Ziel? Wen will ich erreichen? Was fordert die Textsorte?
- **Inhalt:** Welche Materialteile will ich verwenden? Welche Inhaltspunkte kann ich bilden? Wie ordne ich diese? Wie ordne ich die Materialien den Inhaltspunkten zu?
- **Text:** Wie beginne ich? Wie geht es weiter? Wie ist der Schluss?

Formulieren = eigene Textproduktion
- In welcher **Form** möchte ich die ausgewählten Materialaspekte wiedergeben (z. B. zusammenfassen, zitieren, paraphrasieren)?
- Wie kann ich diese **in Beziehung setzen** (z. B. Vergleich, Kontrast, Verweis)?

Überarbeiten
- Spricht der Text die Leser an? Könnte es Verständnisschwierigkeiten geben?
- Ist der Textaufbau inhaltlich stimmig?
- Enthält der Text zentrale Informationen aus den Materialien?

Nach: Helmuth Feilke u. a., Materialgestütztes Schreiben lernen, Braunschweig: Schroedel, 2016, S. 6, 8 f., 79 (verändert)

Aufgabe

1. Gestalte anhand von M 4 bis M 9 einen Eintrag des Wirtschafts-Blogs „Macht.Geld.Sinn?" zum Thema „Ist die EU ein Erfolgsmodell?" mithilfe der Methode Materialgestütztes Schreiben. Berücksichtige dabei die Perspektiven verschiedener Akteure.

4.3 Der Euroraum – gleiche Währung trotz ungleicher Wirtschaftskraft?

M 1 Schwacher Euro = Schwächung der deutschen Wirtschaft?

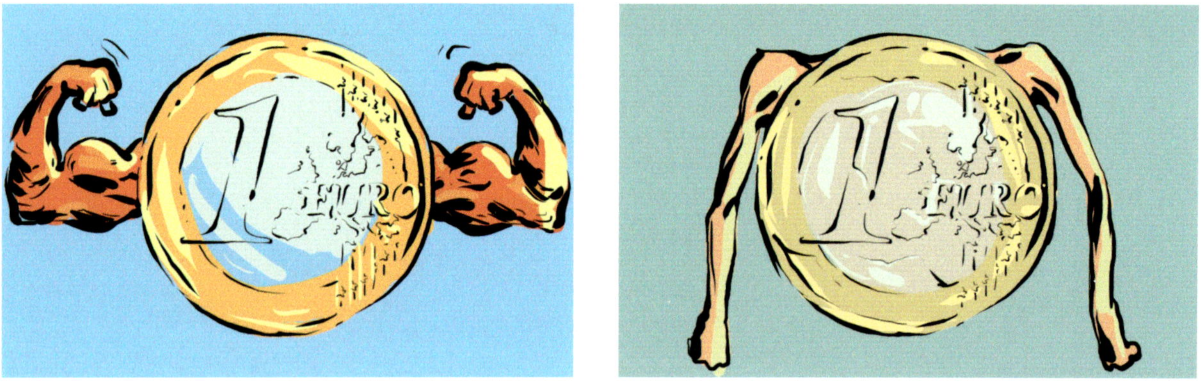

M 2 Der Euroraum

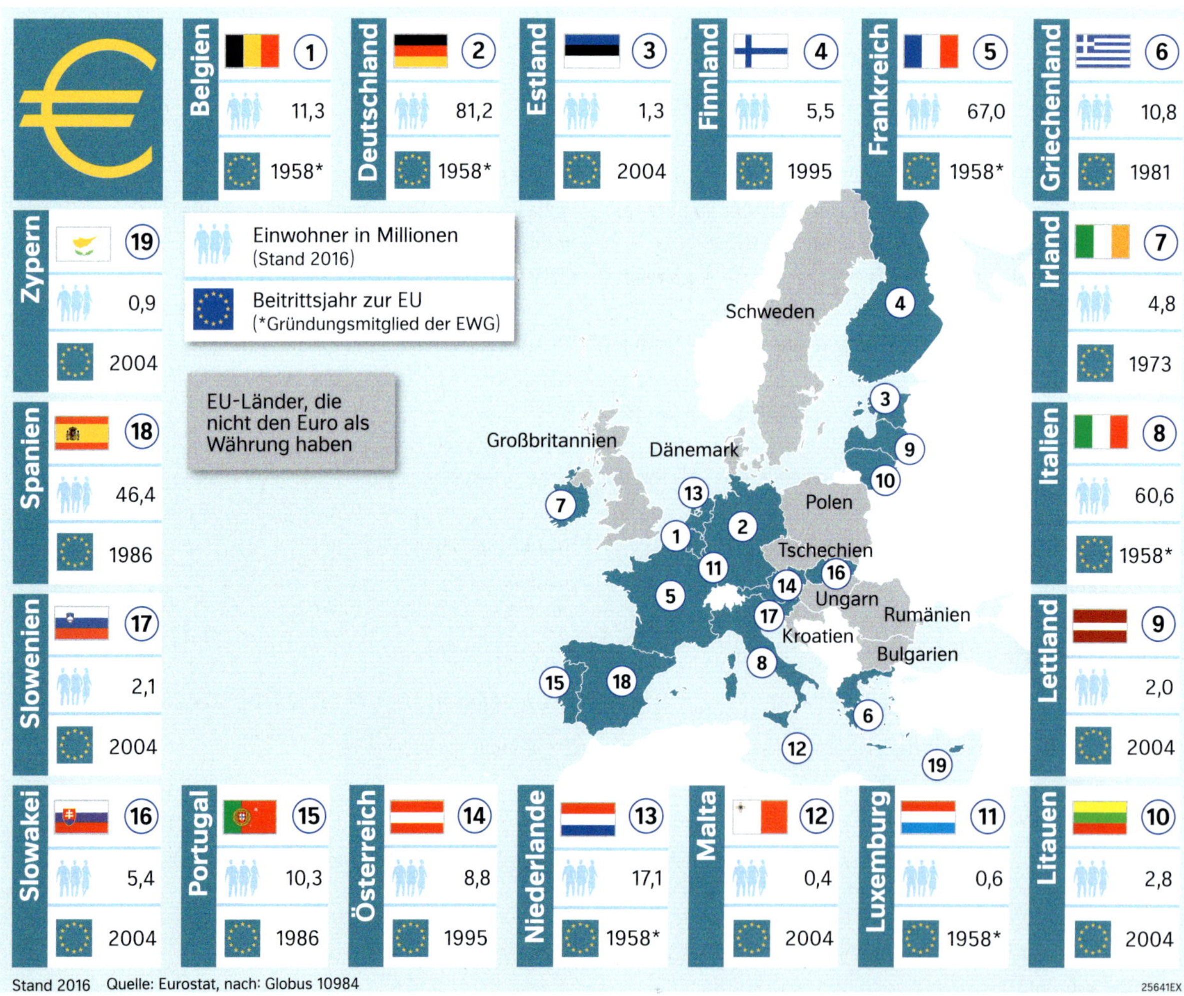

M 3 Auswirkungen einer schwachen/starken Währung auf unterschiedliche Akteure

Folgen von Wechselkursveränderungen
(schematische und stark vereinfachte Darstellung)

	↑ Aufwertung	↓ Abwertung
Importe:	↓ günstiger	↑ teurer
Exporte:	↑ teurer	↓ günstiger
Güternachfrage im Inland:	↓ sinkt	↑ steigt
Preise (Preisniveau): (Annahme: gleichbleibendes Angebot)	↓ sinken	↑ steigen

Lesehilfe: Aufwertung des Euro bedeutet, dass z. B. der Preis für 1 Euro von 1 Dollar auf 1,50 Dollar steigt; Abwertung die gegenteilige Entwicklung.

Nach: www.bundesbank.de/Redaktion/DE/Dossier/Service/schule_und_bildung_kapitel_6.html?docId=145112&notFirst=true (Zugriff: 25.7.2017) (verändert)

M 4 Währungsstreit zwischen den USA und Deutschland

Trumps Chef-Wirtschaftsberater Navarro wirft den Deutschen vor, den niedrigen Eurokurs für Handelsvorteile auf Kosten der USA und seiner europäischen Partner zu nutzen. Kanzlerin Merkel weist die Anschuldigungen zurück. […]

Die Trump-Administration greift die deutsche Wirtschaft zum ersten Mal frontal an. Europas größte Volkswirtschaft nutze einen „bei Weitem unterbewerteten" Euro, um sich auf Kosten der USA und seiner EU-Partner zu bereichern, kritisierte Trumps Chefberater Peter Navarro jetzt in einem Interview mit der *„Financial Times"*.

Navarro, der Trumps neu geschaffenen Nationalen Handelsrat leitet, sagte, der Euro sei wie eine „implizite Deutsche Mark", deren niedrige Bewertung Deutschland einen Vorteil gegenüber seinen Partnern verschaffe. […]

Ökonomen haben wenig Zweifel daran, dass der Euro an den Devisenmärkten unterbewertet ist. […] Je nach Bewertungsmaßstab ist die europäische Währung zwischen 9 und 25 Prozent zu billig. Der *Greenback* [US-Dollar] wird hingegen als weithin überbewertet angesehen. In einem Interview hatte Donald Trump vor zwei Wochen den „starken Dollar" als etwas gebrandmarkt, das die US-Wirtschaft „tötet". Allerdings fielen die Äußerungen im Zusammenhang mit China. Auch mehrere Minister der neuen Administration beklagten, das jetzige Kursniveau sei schädlich. […] Mit Navarros Äußerungen hat der Streit eine neue Dimension erreicht. Der Trump-Berater gilt als ökonomischer *Hardliner*, der in Handelsfragen den Konflikt sucht. Die Kritik geht über den Wechselkurs hinaus und zielte direkt auf die Europäische Union: „Das strukturelle Ungleichgewicht Deutschlands mit dem Rest der EU und mit den USA unterstreicht die wirtschaftliche Heterogenität innerhalb der EU", sagte Navarro der *„Financial Times"*.

Nach: Daniel Eckert, Die Trump-Administration knöpft sich Deutschland vor, in: www.welt.de/finanzen/article161687776/Die-Trump-Administration-knoepft-sich-Deutschland-vor.html, 31.1.2017 (Zugriff: 20.6.2017) (verändert)

Aufgaben

1. Möchtest du lieber eine starke oder eine schwache Währung (Euro) haben (M 1)? Begründe deine Antwort.
2. Beschreibe, was eine starke Währung ausmacht (M 3 und M 4).
3. Beschreibe den Euroraum (M 2) und nenne mögliche Motive, warum Volkswirtschaften diesem beitreten.
4. Erkläre anhand von M 3 und M 4, welche Auswirkungen eine Aufwertung des Euro auf welche europäischen Akteure hat.
5. Erkläre, warum die US-Regierung den Dollar für zu stark hält (M 3 und M 4).
6. Gestalte einen Tweet (max. 140 Zeichen) zu der Äußerung Donald Trumps in M 4, Z. 19–22: „Ein starker Dollar tötet die US-Wirtschaft".

Webcode WES-116435-513 Erklärvideo: Der Euro und die EZB

4.4 Handlungs(un)fähigkeit der Nationalstaaten in der EU? Das Beispiel Arbeitsmärkte

M 1 Jugendarbeitslosigkeit in der EU

Arbeitslose Jugend in der EU
Arbeitslosenquote der 15- bis 24-Jährigen im Jahr 2016 in Prozent

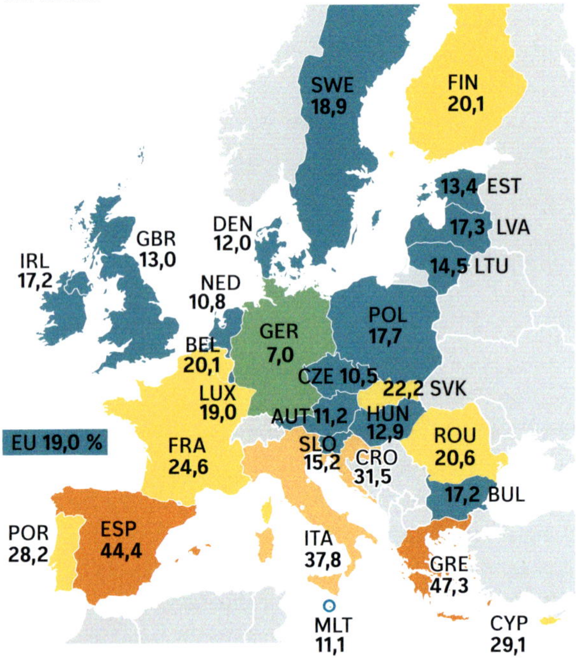

Quelle: Eurostat, Stand: Juli 2017; nach: Globus 11864 25654EX

M 2 Beispiel Spanien

Besuch in Albacete, einer Stadt im Süden der Region Castilla La Mancha. Eine 170 000-Einwohner-Stadt, die ein spanischer Dichter vor hundert Jahren mal das „New York von La Mancha" genannt hat. Weil Albacete für ihn der Inbegriff der Moderne, der Industriegesellschaft war. Auch heute gibt es hier Industrie, werden etwa Hubschrauber und Messer hergestellt. Aber von der immerwährenden Aufbruchsstimmung einer Stadt wie New York ist Albacete weit entfernt.

„Im Sommer kann man hier manchmal einen Job finden. Im Tourismus und in der Gastronomie geht was, das sind aber auch die einzigen Bereiche. Und ab September wird's schwierig", sagt Carlos, 27 Jahre alt. Carlos ist einer der vielen jungen Arbeitslosen der Stadt. Die Wirtschaftskrise hat auch in Albacete Spuren hinterlassen: 2007 waren noch rund zehn Prozent der erwerbsfähigen Bevölkerung als arbeitslos registriert – in den Hochzeiten der Krise waren es knapp 28, heute immerhin noch etwa 21 Prozent. Carlos hat in Spanien Gastgewerbe studiert. Aber keinen Job gefunden.

„Ich mache jetzt noch einen zusätzlichen Abschluss und hoffe darauf, dass mir jemand Arbeit anbietet, in der Hotellerie vor allem. Ab und zu bekomme ich einen Anruf, wenn jemand bei einer Feier eine Hilfe braucht. Aber einen festen Job mit einer 40-Stunden-Woche habe ich nicht."

So wie Carlos geht es vielen jungen Spaniern. Die Jugendarbeitslosigkeit ist hierzulande so hoch wie kaum irgendwo sonst in Europa. Und wer heute einen Job bekommt, für den sind 800 Euro oft das höchste der Gefühle. Über 90 Prozent der neu abgeschlossenen Verträge sind befristet – teilweise sogar nur für einige Tage, Wochen oder Monate. Manche entscheiden sich daher dafür, lieber noch an der Uni zu bleiben und sich weiterzuqualifizieren. Aber auch ausgebildete Akademiker arbeiten später als Stadtführer, Kellner oder sitzen an der Supermarktkasse. Viele leben von Schwarzarbeit oder von der Hilfe der Familie.

Kein Wunder, dass sich viele junge Spanier dafür entscheiden, ins Ausland zu gehen. Auch nach Deutschland. In der Hoffnung, später mal einen Job in der Heimat zu bekommen. Diese Hoffnung hatte auch Belén. Sie hat in Deutschland gearbeitet und ist wieder nach Spanien zurückgekehrt. Es war eine harte Landung: „Ich habe so viele Lebensläufe verschickt, so viele Bewerbungsgespräche geführt. Die meisten Jobs waren furchtbar: schlechte Bezahlung, lange Arbeitszeiten, eine Woche Probezeit, und zwar unbezahlt!" Sie hat mittlerweile einen Job gefunden, bei einem Versicherungsunternehmen. Befristet natürlich – und schlecht bezahlt. Aber sie hat einen Job. Das hat sie vielen in ihrem Alter voraus. Dabei gilt auch in Spanien die sogenannte „Jugendgarantie". Wie andere EU-Staaten hatte sich auch Spanien dazu verpflichtet, jungen Menschen unter 25 bei der Jobsuche zu helfen. Innerhalb von vier Monaten nachdem sie die Schule verlassen haben oder arbeitslos geworden sind, soll ihnen eine hochwertige Arbeitsstelle angeboten werden. Oder aber sie sollen sich weiterbilden können, um sich für einen Posten zu qualifizieren.

Aus: Marc Dugge, Viele werden schwer vermittelbar bleiben, in: www.deutschlandfunk.de/jugendarbeitslosigkeit-in-spanien-viele-werden-schwer.680.de.html?dram:article_id=362471, 8.8.2016 (Zugriff: 14.6.2017)

M 3 Darum Brexit – kann der Nationalstaat das Arbeitslosenproblem lösen?

Zeichnung: Harm Bengen, 19.2.2016

Als zentraler Grund für das britische „Exit"-Votum aus der EU beim Referendum im Juni 2016 gilt die Unzufriedenheit mit der Arbeitnehmerfreizügigkeit und damit verbunden die Angst vor unkontrollierter Zuwanderung. Gegenüber der zunehmenden Integration einer „supranationalen" EU wurde der Ruf nach mehr Nationalstaatlichkeit laut.

Die britische Premierministerin Theresa May will nach dem Ausscheiden ihres Landes aus der Europäischen Union die Freizügigkeit für andere EU-Bürger beenden. Die Wähler hätten sich bei dem Brexit-Referendum im Juni klar dafür ausgesprochen, „den Zuzug von Leuten aus der EU zu kontrollieren", sagte May auf dem Flug zum G20-Gipfel in China. „Und genau dies will ich – nicht die Freizügigkeit, wie wir sie in der Vergangenheit hatten." [...]
Die Freizügigkeitsregeln ermöglichen es EU-Bürgern, in anderen Ländern der Union zu wohnen und zu arbeiten. Das Thema dürfte eines der schwersten in den Verhandlungen über den Brexit sein. Großbritannien würde gerne den Zugang zum EU-Binnenmarkt behalten; Voraussetzung dafür ist aus EU-Sicht jedoch die Beibehaltung der Freizügigkeit.

Aus: Britische Premierministerin will EU-Freizügigkeit beenden (rad./AFP), in: www.faz.net/aktuell/wirtschaft/brexit/britische-premierministerin-will-eu-freizuegigkeit-nach-brexit-beenden-14420947.html, 5.9.2016 (Zugriff: 2.5.2017); kursiver Vorspann: Autorentext

M 4 ... Oder ist Europa die Lösung? Die EU-Jugendgarantie auf dem Prüfstand

Die EU-Jugendgarantie, mit der junge Menschen ohne Arbeitsplatz und ohne schulische oder berufliche Ausbildung unterstützt werden sollen, hat zu begrenzten Fortschritten geführt, wobei die Ergebnisse hinter den ursprünglichen Erwartungen zurückbleiben. Zu dieser Einschätzung gelangt der Europäische Rechnungshof (EuRH) in einem neuen Bericht. Im Rahmen der Jugendgarantie sollten die Mitgliedstaaten dafür sorgen, dass allen jungen Menschen innerhalb eines Zeitraums von vier Monaten, nachdem sie die Schule verlassen oder arbeitslos werden, eine hochwertige Arbeitsstelle, eine Weiterbildungsmaßnahme, ein Ausbildungs- oder ein Praktikumsplatz angeboten wird. Zusätzlich schuf der Europäische Rat die Beschäftigungsinitiative für junge Menschen mit einem Haushalt von 6,4 Milliarden Euro, um die Unterstützung für diejenigen Regionen und Personen aufzustocken, deren Lage am schwierigsten ist.
Die Prüfer besuchten Irland, Spanien, Frankreich, Kroatien, Italien, Portugal und die Slowakei. Diese Mitgliedstaaten erzielten bei der Umsetzung der Jugendgarantie einige Fortschritte [...]. Keiner dieser Mitgliedstaaten hatte jedoch dafür gesorgt, dass alle jungen Menschen, die weder einen Arbeitsplatz haben noch eine schulische oder berufliche Ausbildung absolvieren, innerhalb von vier Monaten die Möglichkeit zur Wahrnehmung eines Angebots erhalten. [...]
Ein wichtiger Einflussfaktor ist nach Einschätzung der Prüfer der Umstand, dass es allein mit den verfügbaren Ressourcen aus dem EU-Haushalt nicht möglich ist, alle betroffenen jungen Menschen zu erreichen. Hinsichtlich der Jugendgarantie stellten die Prüfer fest, dass Strategien mit klaren Etappenzielen und Zielsetzungen fehlten, um alle zu erreichen, die ein Angebot für einen Arbeitsplatz, eine Bildungsmaßnahme oder einen Ausbildungsplatz benötigten.

Aus: EU-Jugendgarantie „wird ursprünglichen Erwartungen nicht gerecht", in: www.bildungsspiegel.de/news/berufswelt-arbeitsmarkt-europa/1424-eu-jugendgarantie-wird-urspruenglichen-erwartungen-nicht-gerecht, 5.4.2017 (Zugriff: 19.6.2017)

Aufgaben

1. Analysiere die Grafik M 1.
2. Beschreibe anhand von M 2, wie Jugendliche auf diese Situation reagieren.
3. Vergleiche mithilfe von M 3 und M 4 die Handlungsoptionen der Staaten, auf dieses Problem zu reagieren.
4. Arbeitnehmer – Nationalstaat – EU: Wer ist verantwortlich für die Lösung des Problems der Jugendarbeitslosigkeit? Begründe deine Entscheidung.
5. a) Beschreibe, wie du die Arbeitnehmerfreizügigkeit (S. 285, M 4) für dich bewertest.
   b) Stelle die Auswirkungen der Arbeitnehmerfreizügigkeit auf die unterschiedlichen Akteure dar.
6. Stelle das Verhältnis von Nationalstaat und EU in einem Bild/einer Metapher dar und bewerte es.

4.5 Freihandel oder Protektionismus – kann ich die Entscheidung beeinflussen?

M 1 Proteste gegen TTIP – analog und digital

Anti-TTIP-Demonstration in Berlin am 10. Oktober 2015 mit ca. 100 000 Teilnehmern (links) und Onlinepetition gegen TTIP der Organisation Campact bei der Übergabe an den damaligen EU-Parlamentspräsidenten Marten Schulz (rechts)

M 2 Was soll mit TTIP geregelt werden?

TTIP steht für *Transatlantic Trade and Investment Partnership* – die Transatlantische Handels- und Investitionspartnerschaft. Über diesen Vertrag verhandeln die Vereinigten Staaten und die Europäische Union im Auftrag ihrer 28 Mitgliedsländer seit 2013. Mit jeweils mehr als 20 Prozent der Wirtschaftsleistung der Welt sind sie die beiden größten ökonomischen Mächte der Erde. Das Abkommen würde mehr als 800 Millionen Bürger direkt betreffen. [...]

Das Abkommen soll das Wirtschaftswachstum auf beiden Seiten stärken und Millionen Jobs schaffen. [...] Amerikanische Unternehmen sollen einfacher Dienstleistungen in der EU anbieten können und umgekehrt, Investitionen im Gebiet des jeweils anderen Partners geschützt werden. Den Europäern ist wichtig, dass US-Behörden öffentliche Aufträge nicht mehr bevorzugt an amerikanische Unternehmen vergeben.

Zu modernen Freihandelsabkommen muss man wissen, dass sie nicht nur Zölle und Einfuhrquoten senken oder abschaffen sollen – die sogenannten „tarifären Handelshemmnisse“. [...] Teil von TTIP sollen auch „nicht tarifäre Handelshemmnisse“ sein: Vorgaben eines Staates, die den Handel zwischen USA und EU blockieren oder verlangsamen könnten. [...] Kritiker fürchten allerdings, dass in Europa möglicherweise laxe US-Sicherheitsstandards übernommen werden müssen, etwa für Essen oder Chemikalien.

Aus: Jannis Brühl, Was soll mit TTIP geregelt werden?, in: www.sueddeutsche.de/wirtschaft/ttip-papiere-was-ist-ttip-die-wichtigsten-fragen-und-antworten-1.2975779, 1.5.2016 (Zugriff: 6.7.2017)

M 3 „One-Klick-Aktivismus“ als „Empörungsmaschine?“

Vor zwei Jahren waren die Verhandlungen über eine Transatlantische Handels- und Investitionspartnerschaft noch ein Insiderthema. Campact hat den TTIP-Protest in Deutschland populär gemacht. Dank Campact sind Chlorhuhn und Investor-Staat-Schiedsverfahren in der Diskussion. Vor einem Jahrzehnt holten Christoph Bautz, Günter Metzges und Felix Kolb den digitalen One-Klick-Aktivismus aus den USA nach Deutschland. Inzwischen erreicht jede Aktionsmail fast 1,7 Millionen Protestwillige.

„Wir begeistern Menschen niedrigschwellig für Politik und wir wollen effektiv politisch Einfluss nehmen“, sagt Christoph Bautz, der neben Kolb und Metzges inzwischen einer von drei geschäftsführenden Vorständen ist. Campact sei eine Bürgerbewegung, „eine politische Bewegung von Citoyens“ [d. h. engagierten Staatsbürgern]. Zugleich versteht man sich als „Gegenmacht zu einflussreichen Wirtschaftslobbys“.

Von Aufklärung ist allerdings nicht viel zu sehen, stattdessen setzt Campact auf den schnellen Protest. An die Stelle von Argumenten treten Emotionen und Angstkampagnen. Es wird zugespitzt – und kassiert. Denn Campact ist mittlerweile ein hochprofessionelles Protestunternehmen, das auf dem Markt der politischen Bewegungen seine digitalen Dienstleistungen anbietet.

Der erfolgreiche TTIP-Protest hat auch Campact populär gemacht. Im Dezember 2013 erklärte Campact erstmals in einer Onlinepetition, das TTIP-Handelsabkommen solle „Konzernen Profite durch Fracking, Chlorhühner, Gen-Essen und laxen Datenschutz erleichtern" und „es bedroht Europas Demokratie".

Seitdem hat sich nicht nur die Zahl der Campact-Unterstützer, sondern auch das Spendenaufkommen mehr als verdoppelt. Der Etat der Organisation umfasst für das Jahr 2015 rund 6,2 Millionen Euro. Tendenz steigend.

Sogar eine Regierungspartei kann Campact mittlerweile in Bedrängnis bringen. Es regnet vor der Berliner SPD-Zentrale. Trotzdem sind rund 300 Demonstranten dem Aufruf von Campact gefolgt und skandieren: „Stoppt TTIP".

„Wir brauchen solche Abkommen", sagt Sigmar Gabriel im Foyer des Willy-Brandt-Hauses. „TTIP ist Diktatur" steht draußen auf einem der Protestplakate, „TTIP ist böse" auf einem anderen. „Wir brauchen Regeln für die Globalisierung", wirbt der [ehemalige] SPD-Vorsitzende und Bundeswirtschaftsminister vor 800 geladenen Gästen, „wer nur Emotionen mobilisieren will, vertraut den Menschen nicht." Er will zupackend klingen, doch der Zweifel schwingt in seiner Rede mit: „Es gibt Kampagnen, gegen die haben Argumente keine Chance."

[...] Vor allem aber muss das Thema TTIP weiterkochen, denn TTIP hat Campact stark gemacht. Überall werden deshalb die Gegner des Freihandelsabkommens mobilisiert. Jede Verhandlung über ein Freihandelsabkommen, jede Verständigung über eine akzeptable Lösung für die umstrittenen Schiedsgerichte lehnt Campact ab. „TTIP ist unverhandelbar", sagt Christoph Bautz, „da gibt es keinen Raum für Kompromisse." Man könnte auch sagen: Ein Kompromiss würde dem Geschäft schaden.

Nach: Christoph Seils, Protest-Organisation Campact. Die Empörungsmaschine, in: cicero.de/kapital/protest-organisation-campact-die-empoerungsmaschine/59918, 30.9.2015 (Zugriff: 3.8.2017) (verändert)

Video von Campact: „Wie wir TTIP gestoppt haben!", unter: https://blog.campact.de/2017/01/wie-wir-ttip-gestoppt-haben-und-warum-donald-trump-nichts-damit-zu-tun-hat/ (Zugriff: 2.5.2017)

M 4 Ergebnisse einer Studie des European Centre for International Political Economy (ECIPE)

Die Studie kommt zu dem Ergebnis, dass die große Aversion gegen das Handelsabkommen TTIP in Deutschland Ergebnis einer „gut geplanten Protestkampagne ist, die bereits vor der Eröffnung der TTIP-Verhandlungen von langjährig supervernetzten Politikern und erfahrenen Kampagnenmanagern verschiedener zivilgesellschaftlicher, umweltpolitischer und kirchlicher Organisationen professionell in Gang gesetzt wurde und seither von diesen maßgeblich orchestriert wird". Nie zuvor sei ein wirtschaftspolitisches Thema in Deutschland von nur so wenigen, wenngleich gut vernetzten Individuen und Gruppen ideologisch motiviert besetzt worden, so Studienleiter Matthias Bauer. [...] In der EU-Kommission räumt man ein, dass die „TTIP-Kritiker äußert professionell vorgehen". Und dass man den Grad des Widerstands unterschätzt habe. [...]

An Geld mangelt es den Kritikern in Deutschland ganz offensichtlich nicht. Auch nicht, um damit den Widerstand in anderen Ländern zu finanzieren. Laut ECIPE unterstützt die deutsche Kampagnenorganisation Campact, die 2004 von Attac-Mitgliedern gegründet wurde, Protestbewegungen in Nachbarländern. [...] Aber es ist nicht die Dominanz in der öffentlichen Wahrnehmung oder gar das Geld, das die TTIP-Gegner so erfolgreich macht. Es ist die Strategie. Während die Befürworter hölzern – wenn überhaupt – mit der Aussicht auf mehr Wohlstand werben und versuchen, sachlich zu argumentieren, führen die Kritiker ihre Kampagne mit Emotionen. „TTIP tötet" ist einfach einprägsamer als umständliche Erklärungen über mögliche Verbesserungen in einigen Jahren.

Aus: Nikolaus Doll, So erfolgreich arbeitet das Netz der TTIP-Gegner, in: www.welt.de/wirtschaft/article157954935/So-erfolgreich-arbeitet-das-Netzwerk-der-TTIP-Gegner.html, 5.9.2016 (Zugriff: 2.5.2017)

Aufgaben

1. a) Erläutere, ob du dich für bzw. gegen ein Freihandelsabkommen engagieren würdest (M 1).
   b) Begründe, warum du eher an einer Demonstration oder an einer Onlinepetition teilnehmen würdest.
2. a) Recherchiere in deinem persönlichen Umfeld oder erstelle eine Umfrage in deiner Gemeinde zu der Frage, welche Vorstellungen und Meinungen zum Freihandel vorherrschen, und versuche, herauszufinden, wieso diese Fragen ein solches „Erregungspotenzial" haben (M 3 und M 4). METHODE Umfrage, S. 26
   b) Arbeite aus M 3 und M 4 heraus, wie „Campact" seine Kampagnen führt.
   c) Gestaltet in Gruppen eine eigene Kampagnenstrategie zu einem handelspolitischen Thema eurer Wahl.
3. Beurteile, inwieweit die Bürger wirtschaftspolitische Entscheidungen beeinflussen können.
4. Fächergrenzen überwinden (Gemeinschaftskunde): Vergleiche die Einflussmöglichkeiten der Bürger auf wirtschaftspolitische Entscheidungen in Deutschland und der EU.

Webcode WES-116435-515 Erklärvideo: Institutionen der EU

Handelshemmnisse im Modell: ökonomische Wirkung eines Einfuhrzolls im Preis-Mengen-Diagramm

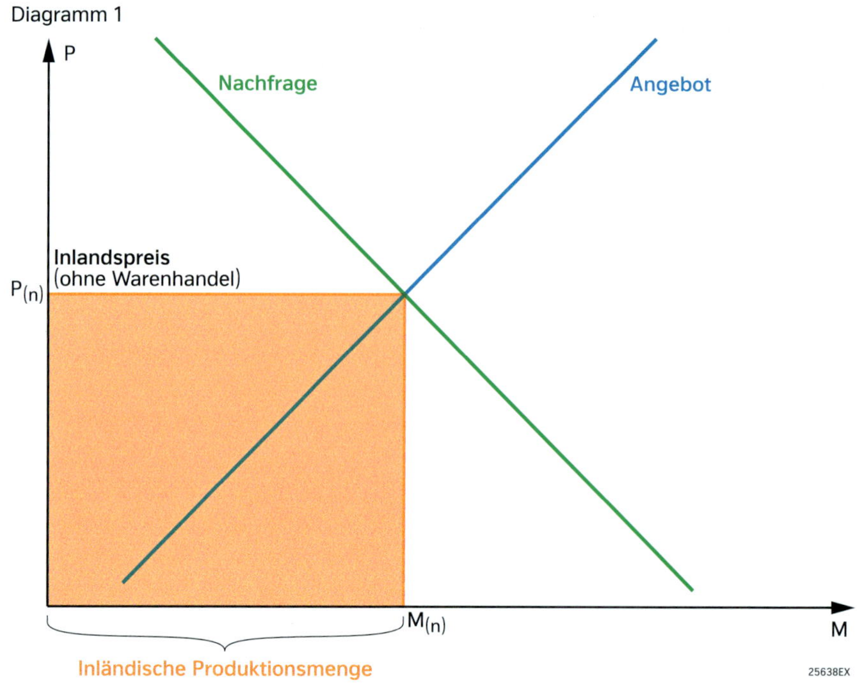

Das **erste Diagramm** zeigt den Markt eines Gutes X in einer Volkswirtschaft ohne internationalen Handel.

Nationales Angebot und die Nachfrage ergeben P (n) bzw. M (n).

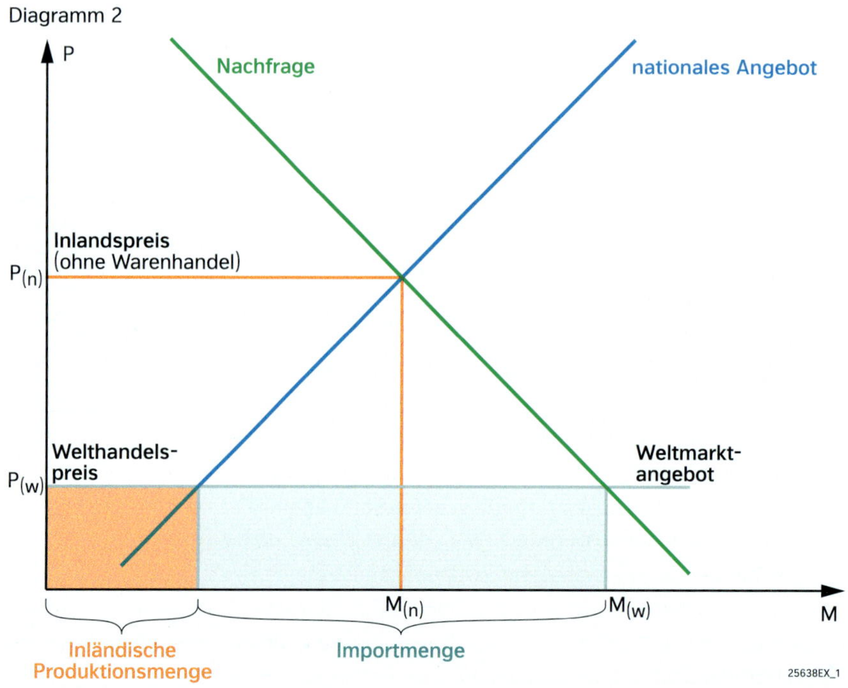

Das **zweite Diagramm** zeigt den Markt eines Gutes X in einer Volkswirtschaft *mit* internationalem Handel, d. h. nach der Öffnung des Inlandsmarktes für internationalen Handel.

Das Angebot setzt sich nun aus den nationalen Anbietern, die mit der internationalen Konkurrenz mithalten können, sowie den ausländischen Unternehmern, die ihre Ware in diese Volkswirtschaft einführen, zusammen. Der neue Preis P (w) entspricht dem Weltmarktpreis und ist damit niedriger als P (n); dadurch können sich mehr Konsumenten das Gut X leisten, weshalb M (w) größer ist als M (n).

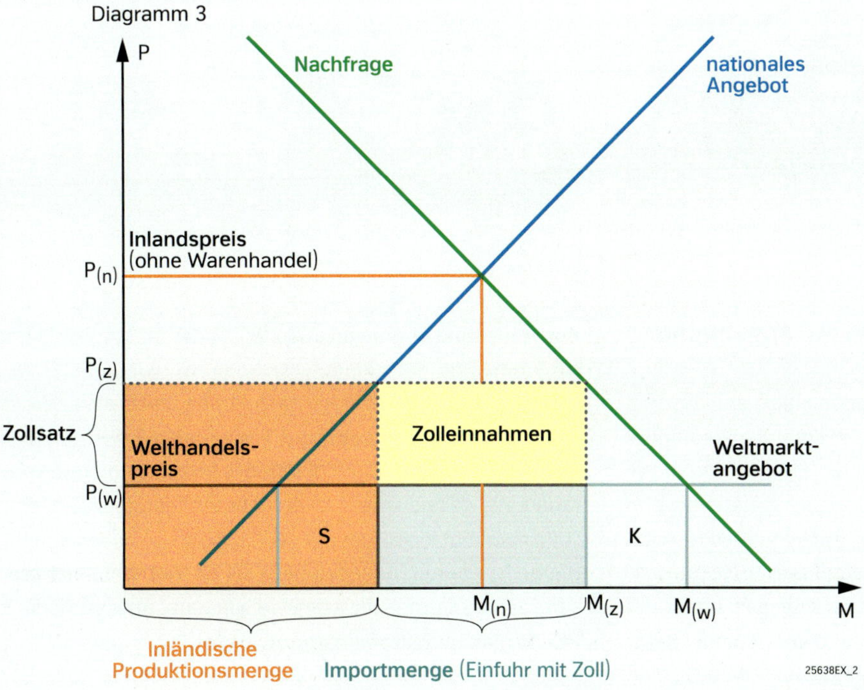

Das **dritte Diagramm** zeigt den Markt eines Gutes X in einer Volkswirtschaft nach Erhebung eines Zollsatzes.

Die internationalen Anbieter verlieren dadurch an Umsatz auf diesem Markt (= S und K). Der Staat gewinnt zusätzliche Einnahmen (gelb: Zollsatz · blau: importierte Menge). Der Preis erhöht sich von P (w) auf P (z) → dadurch können sich manche Konsumenten das Gut X nicht mehr leisten → auch die Menge geht gegenüber M (w) auf M (z) zurück. Doch durch den Zollsatz können mehr nationale Anbieter mit der internationalen Konkurrenz mithalten, sodass sie für sich die Umsatzmenge S dazugewinnen.

Nach: Christian Meyer-Heidemann, in: IZBP, Heft 299/2008, www.bpb.de/izpb/8204/institutionen-und-instrumente-der-internationalen-handelspolitik?p=all, 27.8.2008 (Zugriff: 23.8.2017) (Texte/Grafiken verändert)

Preisbildung, S. 49, M 2

Aufgaben

1. Beschreibe die Auswirkungen eines Binnenmarktes anhand der drei Preis-Mengen-Diagramme sowie eigener Überlegungen.
2. Stelle folgende handelspolitische Maßnahmen im Preis-Mengen-Diagramm dar:
   - Ein Staat erhöht bzw. senkt die Zölle.
   - Ein Staat subventioniert die einheimischen Produzenten.
3. Beurteile die Auswirkungen der Maßnahmen aus Aufgabe 2 auf den grenzüberschreitenden Handel und die grenzüberschreitende Produktion.

4.6 Internationaler Handel: Win-win-Situation oder Null-Summen-Spiel?

M 1a Ist Protektionismus die Rettung?

Zeichnung: kittihawk

M 1b Fairer Handel ohne Schranken?

Zeichnung: Klaus Stuttmann

M 2 Internationaler Handel auf Augenhöhe

Volkswirtschaften wie Südkorea oder Japan spielen nun auf Augenhöhe mit Deutschland oder den USA. Freihandel zwischen solchen Ländern ist dann für alle Beteiligten gewöhnlich von Vorteil. Gleiches gilt übrigens meistens, wenn Länder auf einer ähnlichen wirtschaftlichen Entwicklungsstufe stehen, also auch für den Handel zwischen Entwicklungsländern. Kontraproduktiv ist es dagegen oft, wenn Ökonomien sehr unterschiedlich entwickelt sind. Peter Wahl von der Nichtregierungsorganisation Weed: „Man muss sich ja vorstellen, das sind gleiche Wettbewerbsbedingungen für einen Maserati und für einen Eselskarren, die haben jetzt plötzlich die gleichen Bedingungen, keine Zölle, die die Unterschiede ausgleichen, keine administrativen Auflagen, um den Eselskarren sozusagen in Schutz zu nehmen vor dem Maserati."

„Den perfekten Freihandel für alle Länder hat es nie gegeben und gerade am Anfang eines Entwicklungsprozesses ist perfekter Freihandel auch eher schädlich. Das heißt, wir werden gerade Entwicklungsländern immer die Möglichkeit geben müssen, sich auch zu schützen und sich erst aufzubauen, es gibt ja dieses klassische Beispiel mit Afrika, wo wir unsere Hähnchenschenkel, die wir nicht wollen, hintransportieren und damit die heimischen Industrien kaputt machen bzw. gar nicht erst entstehen lassen. Hier wäre ein Zoll absolut gerechtfertigt vonseiten der Entwicklungsländer, damit sie eine Chance haben, im globalen Wettbewerb überhaupt teilzunehmen."

Diverse Studien belegen: Länder mit viel Handel wachsen schneller. Offen ist jedoch die Frage, ob durch Freihandel der Wohlstand in einem Land steigt oder ob ein Land sich für Freihandel entscheidet, nachdem es wohlhabend geworden war. Die ewige Frage nach Henne und Ei also. Selbst der anerkannte Ökonom und Freihandelsverfechter Jagdish Bhagwati von der *Columbia University* in New York räumt ein, dass die Kausalität nicht eindeutig geklärt sei. „Übrigens gibt es Länder mit vergleichsweise hohen Zöllen, die prosperieren. Jüngstes Beispiel ist Vietnam. Andererseits gibt es Länder, die arm sind wie Haiti, obwohl sie ihre Handelsschranken weitgehend beseitigt haben. Offensichtlich spielen andere Faktoren eine wichtige Rolle bei der wirtschaftlichen Entwicklung. Ganz entscheidend scheinen institutionelle Stabilität und Rechtssicherheit in einem Land zu sein."

Zweifelsohne ist der globale Wohlstand in den letzten Jahrzehnten gestiegen. Zu den Gewinnern zählen hunderte Millionen Menschen aus Asien, die den Aufstieg in die Mittelschicht schafften.

Zu den Gewinnern zählen die Konzerne aus den Industrieländern. Laut der Unternehmensberatung McKinsey hat sich der Profit der größten 30 000 Konzerne seit 1989 verfünffacht, nach Abzug von Steuern und Zinsen für Kredite. Unter den Verlierern hingegen sind Beschäftigte in Europa und den USA. Viele Amerikaner verloren gut bezahlte Jobs in der Industrie und fanden oft, wenn überhaupt, nur schlecht bezahlte im Dienstleistungsgewerbe. Zwei von fünf Amerikanern verdienen heute weniger als 15 Dollar die Stunde. Viele müssen mehrere Jobs machen, um über die Runden zu kommen. [...]

[Der Welthandel wirke] sich auf Beschäftigte in den Industrieländern aus, sagt Ökonom Gustav Horn. „Wenn wir beispielsweise internationalen Handel nur so verstehen, dass wir Arbeit auslagern, dass wir damit heimische Arbeitnehmer unter Druck setzen, ihre Löhne, ihre Lohnforderungen einschränken und immer damit drohen, dass dann eben in Ländern wie Bangladesch, China etc. produziert wird, dann ist dies ein Welthandel, der von vielen als Bedrohung empfunden wird, und das ist die Debatte gerade, dass wir von dieser Bedrohung wegkommen. Dass wir sagen, alle Seiten sollen etwas davon haben. Das ist gut so. Aber dann müssen wir auch Regelungen treffen, dass solche Bedrohungen wegfallen."

Nach: Caspar Dohmen, Die Rückkehr des Protektionismus, in: www.deutschlandfunk.de/globale-wirtschaft-die-rueckkehr-des-protektionismus.724.de.html?dram:article_id=370813, 8.11.2016 (Zugriff: 2.5.2017) (verändert)

M 3 Bitte nicht mehr Chicken!

Edwin Sam ist einer der Letzten seiner Art. Er führt die Geschäfte einer Geflügelfarm in Ghana mit Tausenden Tieren und 15 Mitarbeitern. Doch sosehr sie sich auch anstrengen auf der Farm, mit dem tiefgefrorenen Billiggeflügel aus der EU können sie kaum konkurrieren. Säuberlich in Plastik verpackt liegt es auf dem Markt, oft zum halben Preis von dem, was ghanaisches Geflügel kostet.
Die Importhühner sind zum Symbol einer Übermacht geworden. In großen Mengen werden Überschüsse aus subventionierter US- und EU-Produktion billig in afrikanischen Ländern verkauft. 2014 landeten allein aus Deutschland 48 000 Tonnen Hähnchenfleisch in Afrika. Geflügelbauern wie Sam haben mittlerweile nur noch einen Marktanteil von geschätzten 20 bis 40 Prozent, die Versuche der Regierung, den Import zu begrenzen, scheiterten bisher. Dabei steht das Huhn nur stellvertretend für weiteres Fleisch, Obst und Gemüse aus Europa und damit für die Risiken, die sich mit den Freihandelsabkommen noch verschärfen könnten. Die sogenannten *Economic Partnership Agreements* (EPAs) – die derzeit zwischen den Afrika-Karibik-Pazifik-Staaten (AKP) und der EU ausgehandelt werden: Die Länder müssen ihre Märkte dabei bis zu 83 Prozent für europäische Importe öffnen sowie Zölle und Gebühren abschaffen. Behalten dürfen sie im Gegenzug das, was sie schon hatten: den zollfreien Zugang zur EU.
47 afrikanische Staaten verhandeln in fünf Gruppen mit der EU, drei Gruppenabkommen stehen bereits, zudem gibt es mit fünf Ländern Übergangsabkommen, und bis Ende nächsten Jahres sollen alle EPAs ratifiziert werden. Erst vor wenigen Wochen hat Deutschland dem EPA mit der Südafrikanischen Entwicklungsgemeinschaft zugestimmt.
Viele afrikanische Staaten hätten allerdings aufgrund fehlender Infrastruktur und ineffizienter Industrie kaum Chancen, den EU-Waren standzuhalten oder selbst verarbeitete Produkte nach Europa zu exportieren – und könnten sich, sobald sie einmal in dieser ungünstigen Lage sind, auch nicht weiterentwickeln. Das sagen EPA-Kritiker wie Günter Nooke, der Afrika-Beauftragte der Bundeskanzlerin, Attac oder die Grünen. Das Entwicklungsministerium hält dagegen: Die Länder könnten die Zölle anheben, wenn die lokale Industrie in Gefahr schwebt. Jann Lay vom GIGA Institut für Afrika-Studien betont zudem, dass auch die Verbraucher vor überhöhten Preisen infolge von Zöllen geschützt werden müssten.

Aus: Sabrina Gaisbauer, Bitte nicht mehr Chicken!, in: fluter 59/15.6.2016

M 4 Wo Gewinner, da Verlierer?

Win-win-Situation: Alle beteiligten Partner einer (Trans-) Aktion haben einen Vorteil davon (z. B. Kauf eines Gutes = Nachfrager bekommt gewünschtes Gut → Anbieter erhält Geld).
Null-Summen-Spiel: Jeder Gewinn eines Akteurs aus einer (Trans-)Aktion hat einen entsprechenden Verlust für einen anderen Akteur zur Folge, sodass die Summe aller Gewinne und Verluste gleich Null ist (z. B Fußball-Ergebnisse oder Kartenspiele).

Autorentext

Aufgaben

1. Angenommen, du bist Herausgeber eines Themenheftes zum internationalen Handel: Begründe, welche der beiden Karikaturen (M 1a oder M 1b) du dafür auswählen würdest.
2. Stelle die Auswirkungen von Freihandelsabkommen auf inländische und ausländische Konsumenten, Unternehmer, Arbeitnehmer und Wirtschaftsbürger (M 2 und M 3) in einem Wirkungsgefüge dar.
   METHODE Ein Wirkungsgefüge erstellen, S. 283
3. „[A]lle Seiten sollen etwas davon haben. [...] Aber dann müssen wir auch Regelungen treffen, dass solche Bedrohungen wegfallen." (M 2, Z. 68–71) Gestaltet Regelungen für gelungenen Handel zwischen Ländern (M 1–M 3).
4. Bewerte abschließend, ob internationale wirtschaftliche Zusammenarbeit für die Handelspartner eine „Win-win-Situation" oder ein „Null-Summen-Spiel" (M 4) ist.

Dilemmadiskussion

Unter einem Dilemma versteht man grundsätzlich einen **moralischen Konflikt**, bei dem **ein Mensch sich zwischen zwei unvereinbaren Werten bzw. Prinzipien** entscheiden muss. Eine Entscheidung zugunsten des einen Wertes hat die Verletzung des anderen zur Folge und führt somit in jedem Fall zu einer unbefriedigenden Lösung.

Auch in **wirtschaftspolitischen Fragen** sind Entscheidungsträger immer wieder mit Dilemmata konfrontiert, also mit Entscheidungssituationen, in denen sich gegenseitig ausschließende Werte bzw. moralische Prinzipien aufeinanderprallen. Bei diesen **wirtschaftspolitischen Dilemmata** geht es um Fragen, die größere Gruppen von Menschen betreffen, nicht um individuelle Handlungen mit einem eher geringen Einflussradius.

Die Auseinandersetzung mit einem moralischen Dilemma ist immer eine besondere Herausforderung – denn jede Entscheidung, die man trifft, hat unweigerlich auch negative Konsequenzen. Insofern ist es wichtig, den Umgang mit Dilemmata zu erproben und damit die **eigene Konfliktlösungsfähigkeit** zu schulen. Dies kann mithilfe der Methode Dilemmadiskussion geschehen.

Bei dieser Art von Diskussion gibt es **keine Gewinner und Verlierer**, vielmehr geht es darum, die eigene Entscheidung gut zu begründen und dabei auch anzuerkennen, dass eine andere Person aus ebenfalls guten Gründen für die gegenteilige Entscheidung eintritt.

Vorschlag zur Durchführung einer Dilemmadiskussion

1. Schritt: Worin besteht das Dilemma?

- *Ziel:* das Dilemma erkennen und sich in die Beteiligten hineinversetzen
- *Ablauf:* Macht euch mit dem Dilemma vertraut und klärt die Problemstellung: Worin genau besteht der Konflikt? Welche Werte kollidieren?

2. Schritt: Wie stehe ich zu dem Dilemma?

- *Ziel:* eine erste Positionsbestimmung vornehmen
- *Ablauf:*
  - Führt eine Probeabstimmung in der Klasse durch.
  - Begründet kurz eure jeweiligen Positionen mit einem „Blitzlicht“, bei dem reihum jede/r ihre/seine Position in ein, zwei Sätzen erläutert, ohne dass dies von den anderen kommentiert wird.
  - Teilt euch euren jeweiligen Positionen entsprechend in eine Pro- und eine Kontra-Gruppe auf.
  - Bildet anschließend in jedem Meinungslager Kleingruppen von jeweils 3 bis 4 Schülerinnen und Schülern, die sich über die Gründe für ihre Position sowie die Gründe gegen die Gegenposition austauschen und weitere Argumente sammeln. Ordnet die Argumente dabei in Form von Sprechblasen den Personen des Dilemmas zu.

3. Schritt: Welche Argumente sind am überzeugendsten?

- *Ziel:* die Qualität von Argumenten beurteilen und unterscheiden
- *Ablauf:*
  - Diskutiert eure Positionen in der Klasse in Form einer Pro-Kontra-Debatte (S. 135).
  - Bildet erneut Kleingruppen, die die Argumente der Gegenseite einschätzen: Welche Argumente der anderen Gruppe sind akzeptabel?

4. Schritt: Hat sich meine Position verändert?

- *Ziel:* sich über die Entwicklung bewusst werden, die man selbst und andere durch die Dilemmadiskussion erfahren haben
- *Ablauf:*
  - Die Sprecher jeder Gruppe berichten, welches in den Augen der Gruppe das beste Argument der Gegenseite ist.
  - Wiederholt in der Klasse die Abstimmung über die Dilemmafrage.
  - Reflektiert gemeinsam über die Dilemmadiskussion, indem ihr Möglichkeiten alternativer Konfliktlösungen diskutiert.

Vorschlag zur Durchführung nach: Sächsisches Staatsinstitut für Bildung und Schulentwicklung/Comenius-Institut, BLK-Modellversuch „Schulleben und Unterricht demokratisch gestalten“ (SUD), Thema 1 – Dilemma-Diskussion, www.sn.schule.de/~sud/methodenkompendium/module/2/6_1_1.htm (Zugriff: 11.7.2017) (verändert)

Fallbeispiel:

Kooperation vs. Unabhängigkeit: Freihandelsabkommen mit Afrika ODER eigenständige Entwicklung?

Im Material „Bitte nicht mehr Chicken“ (S. 297, M 3) wird deutlich, dass die neuen Handelsabkommen mit den afrikanischen Staaten für diese nicht unbedingt von Vorteil sind – zu ungleich sind die Voraussetzungen der Handelspartner, zu nachteilig ist aufgrund der übermächtigen Konkurrenz ein freier Güteraustausch für die afrikanischen Staaten. Diese Freihandelsabkommen erscheinen so quasi als eine moderne Form der Ausbeutung seitens der westlichen Industrieländer.

Allerdings könnte auch der Verzicht auf Handelsabkommen und stattdessen die Unterstützung einer autonomen Entwicklung unter dem Schutz protektionistischer Maßnahmen Schaden für Afrika bringen. Bei den oftmals schwierigen Ausgangsbedingungen könnte dies zumindest zunächst zur Verschärfung wirtschaftlicher Krisen in einigen Staaten führen. Zudem entginge den afrikanischen Volkswirtschaften die Möglichkeit, aus internationalem Handel Vorteile zu ziehen (wie zusätzliche Märkte, zusätzliche Investitionen und Zufluss von Know-how).

Anscheinend schaden die westlichen Industrieländer, also auch wir, den afrikanischen Staaten ohnehin. Doch welcher Weg könnte langfristig der bessere sein – Freihandelsabkommen oder die Unterstützung einer autonomen Entwicklung?

Aufgabe

1. Führt zu der Frage „Freihandelsabkommen mit Afrika ODER Unterstützung einer eigenständigen wirtschaftlichen Entwicklung der afrikanischen Volkswirtschaften?“ eine Dilemmadiskussion durch. Bezieht dabei die Materialien von S. 296 f. mit ein.

M 1 Exit-Szenario

So könnte sich Deutschland nach einem EU-Austritt verändern – ein fiktives Szenario:

27. November 2021: Nach den Wahlerfolgen der Europagegner beschließt der Bundestag mit Zweidrittelmehrheit eine Grundgesetzänderung. Künftig sind bundesweite Volksentscheide möglich, wenn zwei Prozent der Wahlberechtigten dafür unterschreiben. Medien sprechen von einer historischen Stunde, Kanzlerin Angela Merkel feiert den Beschluss als einen „Sieg der Demokraten" – und die Europagegner geben den Druck von Unterschriftenlisten für ein „Referendum über den Austritt Deutschlands aus der Europäischen Union" in Auftrag.

12. Februar 2022: Überraschend schnell sind die nötigen 1,3 Millionen Unterschriften für ein Referendum zusammen. Mitte August soll über den EU-Austritt abgestimmt werden. Viele politische Kommentatoren sind sich sicher: „So dumm wie die Briten werden die Deutschen schon nicht sein." Die Gegenseite operiert derweil mit falschen Zahlen und wiegelt damit die Massen auf: Angeblich überweise Deutschland wöchentlich 200 Millionen Euro, um Pleiteländer im Süden des Kontinents zu stabilisieren.

26. August 2022: Deutschland stimmt mit deutlicher Mehrheit für den Austritt aus der EU – und damit auch aus der Eurozone. Es sind vor allem sozial schwächer Gestellte, die an diesem Tag zur Wahl gehen – in diesem historischen Referendum sehen sie eine einmalige Chance, den Berliner Eliten einen Denkzettel zu verpassen. Kanzlerin Angela Merkel räumt die Niederlage noch am gleichen Abend ein und kündigt an, im Jahr 2023 nach 18 Jahren als deutsche Regierungschefin zurückzutreten. Es ist ein großer Tag für Deutschlands Elitenkritiker.

22. November 2022: Eine streng geheim gehaltene Operation läuft an diesem Morgen in der gesamten Bundesrepublik an. Geldtransporter bringen etwa 100 Milliarden frischgedruckter D-Mark-Noten zu den Banken. Hinzu kommen 20 Milliarden Mark in Münzen. In einer Pressemitteilung der Bundesregierung heißt es wenige Stunden später, dass dieser Schritt notwendig gewesen sei, um Panikreaktionen zu vermeiden. Da die neue DM augenblicklich 30 Prozent an Wert gegenüber dem Euro gewinnt, werden Reisen künftig billiger. Die BILD-Zeitung titelt: „Malle für umme! Danke, D-Mark!" Gleichzeitig werden jedoch auch deutsche Exporte ins Ausland teurer. Die Folgen dieses Schritts werden freilich erst Monate später deutlich.

9. Januar 2023: Deutschland wird künftig keine Europawahlen mehr abhalten. Die Dexit-Befürworter kommentieren hämisch: „Das wird schon keiner merken!"

4. März 2023: Die Bundesagentur für Arbeit vermeldet einen so starken Anstieg der Arbeitslosenzahlen wie seit fast 20 Jahren nicht mehr. Vor allem exportorientierte Unternehmen haben Kurzarbeit angemeldet. Daimler und BMW kündigen die betriebsbedingte Entlassung von 15 000 Mitarbeitern an, Siemens und Miele ziehen Stunden später nach. Der EU-Raum war bisher der mit Abstand wichtigste Markt für deutsche Güter – nichts hat den Wohlstand in Deutschland stärker anwachsen lassen als der grenzenlose Güterverkehr mit den Nachbarn. Insgesamt hat der Euroaustritt innerhalb von dreieinhalb Monaten gut 350 000 Jobs gekostet.

3. September 2023: Deutschland einigt sich mit der Rest-EU auf eine Aufkündigung des Binnenmarktes sowie der gemeinsamen Außengrenzen. Ab dem 1. Januar 2024 muss Deutschland seine Grenzen wieder allein sichern. Hierfür wird der Bundesgrenzschutz mit insgesamt 80 000 Bediensteten wiedergegründet. […]

1. Dezember 2023: Frankreich erhebt ab sofort auf deutsche Einfuhren Strafzölle in Höhe von zehn Prozent des Warenwerts. Die neue Regierung glaubt, damit die heimischen Automobilhersteller gegenüber der deutschen Konkurrenz fördern zu können. Die Rechnung geht auf. Volkswagen meldet einen weiteren dramatischen Umsatzeinbruch, in Wolfsburg werden nochmals Tausende Menschen entlassen.

23. Januar 2024: Die Schließung der deutschen Außengrenzen hat nicht nur politische, sondern auch ganz praktische Folgen. Österreichische und bayerische Firmen, die seit Jahrzehnten grenzübergreifend zusammengearbeitet haben, müssen künftig bei jeder Grenzüberquerung am Schlagbaum warten. Vor den Grenzübergängen nach Tirol bildet sich ein drei Kilometer langer Stau mit Skitouristen. Wartezeiten von zwei Stunden sind auch für Pkw keine Seltenheit. Am schlimmsten trifft es aber die Fernfahrer und im Grunde die gesamte Logistikbranche in Deutschland: Durch die langen Wartezeiten sind die eng getakteten Produktionsketten hinfällig. Deutschen Maschinenherstellern gehen die Metallteile aus, in der Lebensmittelbranche verrotten Vorräte, weil sie nicht weiterverarbeitet werden können.

10. April 2024: Die Bundesregierung gibt pünktlich zum Semesterstart bekannt, dass es kein Nachfolgeabkommen für „Erasmus“ geben wird. Für viele deutsche Studenten wird das Auslandssemester plötzlich zum Luxus. Das Interrail-Ticket besteht dagegen vorerst fort – bisher konnte man damit auch schon im Nicht-EU-Ausland Züge benutzen. Auch beim *Eurovision Song Contest* wird Deutschland weiter starten.

27. April 2024: Einstmals galt der deutsche Reisepass als das „mächtigste“ Reisedokument der Welt. Man konnte mit ihm in so viele Länder einreisen wie mit keinem anderen Pass. Die Zeiten haben sich geändert: Weil die diplomatischen Verhandlungen stocken, müssen Deutsche vor ihrem Urlaub nicht mehr nur Geld tauschen, sondern auch immer öfter ein Visum beantragen.

26. August 2024: Anlässlich des zweiten Jahrestags des Austrittsreferendums fragt ein Reporter den Vorsitzenden der Organisation „Dexit“: „1,5 Millionen zusätzliche Arbeitslose, Chaos in deutschen Unternehmen, Konjunktur eingebrochen: War es das alles am Ende wirklich wert?“ Er lächelt verkniffen und antwortet: „Ja, sicher doch!“ Aus der Sicht seiner Bewegung mag das stimmen: Sie bestimmt seit zwei Jahren die politische Agenda in Deutschland, treibt Parteien und Regierung vor sich her – während die Wähler jeden Missstand sofort den regierenden Parteien ankreiden. Es gibt sie noch, die Austrittsgewinner.

Frei nach: Sebastian Christ, Spiel mit dem Feuer: So würde sich Deutschland nach einem EU-Austritt verändern, in: www.huffingtonpost.de/2016/06/24/nach-dem-brexit-beben-so-saehe-unser-leben-ohne-die-eu-aus_n_10658164.html, 24.6.2016 (Zugriff: 13.2.2017) (verändert)

M 2 Ende einer (Liebes)Beziehung?

Zeichnung: Gerhard Mester

Aufgaben

1. Gestaltet in Partnerarbeit ein Wirkungsgefüge zu dem in M 1 dargestellten Szenario.
2. „Europa-Müdigkeit vs. Europa-Mündigkeit?“ Erörtere unter Berücksichtigung von M 1 und M 2 sowie deiner Erkenntnisse aus diesem Kapitel, inwieweit die EU bzw. internationale wirtschaftliche Zusammenarbeit ein Gewinn ist.

Webcode WES-116435-516 Lösungen zum Kompetenzcheck

Was die (Wirtschafts-)Welt zusammenhält

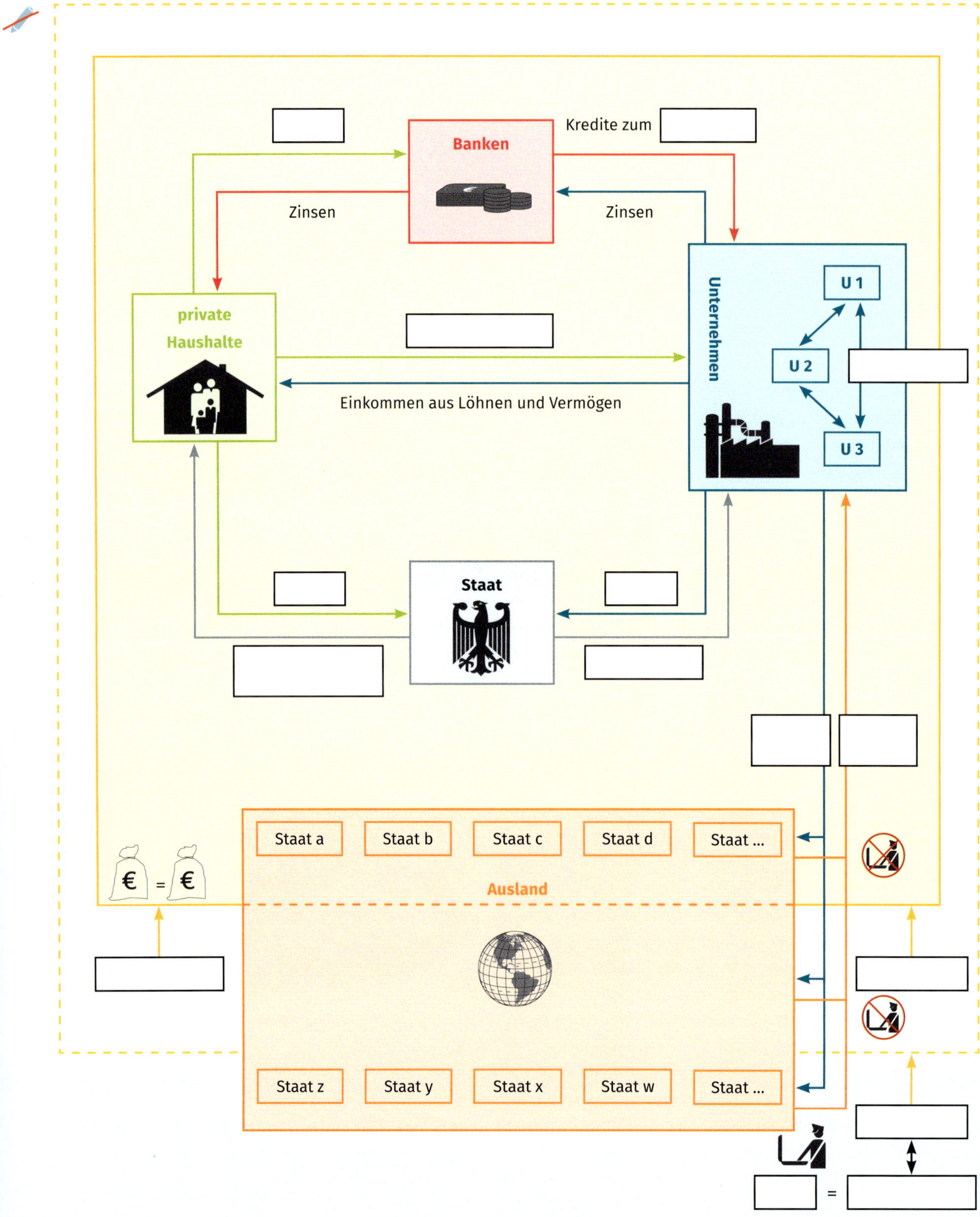

Erklärungen

❶ **Angebotspolitik:** wirtschaftspolitische Strategie, bei welcher der Staat das ökonomische Geschehen weitgehend privaten Akteuren überlässt, die z. B. durch Steuerentlastungen Anreize für Investitionen erhalten
❷ **Binnenmarkt:** gemeinsamer Wirtschaftsraum, in dem freier Waren-, Personen-, Kapital- und Dienstleistungsverkehr garantiert wird (z. B. innerhalb der EU) und der eine gemeinsame Außenhandelspolitik betreibt (z. B. einheitlicher Außenzoll gegenüber Drittstaaten)
❸ **Bruttoinlandsprodukt:** Wert sämtlicher Güter und Dienstleistungen, die in einer Volkswirtschaft während eines Jahres produziert werden
❹ **Freihandel:** unbeschränkter grenzüberschreitender Handel mit Gütern
❺ (Geld für) **Exporte:** Ausfuhr von Gütern über Ländergrenzen in andere Volkswirtschaften
❻ (Geld für) **Importe:** Einfuhr von Gütern über die Ländergrenze in die eigene Volkswirtschaft
❼ **Investieren:** Geld längerfristig in materielle Vermögenswerte einsetzen mit der Erwartung, dass daraus ein höherer Wert entsteht
❽ **Konjunktur:** schwankende Auslastung der Produktionsfaktoren in einer Volkswirtschaft
❾ **Konsumausgaben:** Ausgaben für Güter des täglichen Verbrauchs
❿ **Protektionismus:** die wirtschaftspolitischen Maßnahmen, mit denen ein Staat versucht, die Produzenten der eigenen Volkswirtschaft vor internationaler Konkurrenz zu schützen, indem Importe ausländischer Waren erschwert werden
⓫ **Solidarität:** gegenseitige Rücksichtnahme und das Eintreten füreinander, somit eine Absage an die Gleichgültigkeit gegenüber anderen
⓬ **Soziale Marktwirtschaft:** ökonomische Ordnung der Bundesrepublik Deutschland, die das Prinzip der Freiheit mit dem des sozialen Ausgleichs verbindet
⓭ **Sparen:** Geld nicht ausgeben, sondern anlegen für späteren Gebrauch
⓮ **Steuern:** Geldleistungen, die der Staat von seinen Bürgern und Unternehmen erhebt, um öffentliche Ausgaben des Gemeinwesens zu finanzieren
⓯ **Subventionen:** Begünstigungen, z. B. direkte Geldleistungen oder Steuererleichterungen, die der Staat Unternehmen gewährt, um deren mangelnde Konkurrenzfähigkeit auszugleichen
⓰ **Transferzahlungen an die Haushalte:** Zahlungen des Staates an private Haushalte, wie z. B. Kindergeld
⓱ **Währungsunion:** Zusammenschluss von Staaten zu einer Gemeinschaft mit einheitlicher Währung und einer gemeinsamen Geld- und Währungspolitik
⓲ **Wettbewerb:** mehrere Anbieter konkurrieren gleichzeitig um bestimmte Kunden
⓳ **Zölle:** Beispiel für eine protektionistische Maßnahme, mit der durch Abgaben auf Importe ausländischer Produzenten die eigenen Unternehmen vor internationaler Konkurrenz geschützt werden sollen

Aufgaben

1. Ordne die passenden Begriffe den entsprechenden Transaktionen im erweiterten Wirtschaftskreislauf zu. Abgebildet sind hier der Übersicht halber nur die Geldströme.
2. Fünf Begriffe bleiben übrig. Erkläre mithilfe dieser Begriffe die Auswirkungen der folgenden Maßnahmen auf die Akteure des Wirtschaftskreislaufs:
   a) Ein Ausschuss des Bundestages schlägt einen um soziale und ökologische Dimensionen erweiterten Wohlstandsbegriff vor.
   b) Der deutsche Bundestag führt den Mindestlohn ein.
   c) Um ein Überhitzen der Wirtschaft zu verhindern, werden die Konsumsteuern erhöht.
   d) Die Unternehmen begrüßen die Ankündigung der Regierung, bei der Energiewende in Zukunft stärker auf die Initiative privater Anbieter zu vertrauen.
   e) Deutschland erklärt sich bereit, Flüchtlinge aus Griechenland und Italien aufzunehmen.
3. Erörtere Anreize, welche die Akteure des Wirtschaftskreislaufs zur Kooperation bewegen könnten.

Webcode WES-116435-517 Lösungen zu den Fachbegriffen

Operatorentrainer

Operatoren sind Verben, die in Aufgabenstellungen verwendet werden. Hinter allen Operatoren steckt ein konkreter Arbeitsauftrag, den es zu bearbeiten gilt, d.h., der Operator sagt euch, was ihr bei einer bestimmten Aufgabe tun sollt.

Die Operatoren gliedern sich in drei Anforderungsbereiche (AFB), die sich vom Schwierigkeitsgrad her unterscheiden:
AFB I: verlangt das Wiedergeben und Beschreiben von Inhalten und Materialien **(Reproduktion)**. Das kann eine ökonomische Theorie oder Modell sein oder ein anderer konkreter Sachverhalt aus der Wirtschaft.
AFB II: Hier sollt ihr selbstständig bekannte Sachverhalte erklären, bearbeiten oder ordnen sowie Inhalte und Methoden auf andere Sachverhalte übertragen **(Reorganisation und Transfer)**.
AFB III: Hier ist eure Sichtweise zu ökonomischen Problemstellungen gefragt. Ihr nutzt eure Kompetenzen und kommt zu eigenen Begründungen und Urteilen. Dies kann auch in kreativen Formen geschehen **(Reflexion und Problemlösungen)**.

Die Tabelle enthält alle Operatoren, die für das Fach Wirtschaft/Berufs- und Studienorientierung vorgesehen sind.

Gemeinsamer Operatorenkatalog für die gesellschaftswissenschaflichen Fächer

Operatoren	Beschreibung
Anforderungsbereich I	
beschreiben	Sachverhalte schlüssig wiedergeben
bezeichnen	Sachverhalte (insbesondere bei nichtlinearen Texten wie zum Beispiel Tabellen, Schaubildern, Diagrammen oder Karten) begrifflich präzise formulieren
nennen	Sachverhalte in knapper Form anführen
Anforderungsbereich II	
analysieren	Materialien oder Sachverhalte systematisch untersuchen und auswerten
begründen	Aussagen (zum Beispiel eine Behauptung, eine Position) durch Argumente stützen, die durch Beispiele oder andere Belege untermauert werden
charakterisieren	Sachverhalte mit ihren typischen Merkmalen und in ihren Grundzügen bestimmen
darstellen	Sachverhalte strukturiert und zusammenhängend verdeutlichen
ein-, zuordnen	Sachverhalte schlüssig in einen vorgegebenen Zusammenhang stellen
erklären	Sachverhalte schlüssig aus Kenntnissen in einen Zusammenhang stellen (zum Beispiel Theorie, Modell, Gesetz, Regel, Funktions-, Entwicklungs- und/oder Kausalzusammenhang)
erläutern	Sachverhalte mit Beispielen oder Belegen veranschaulichen
erstellen	Sachverhalte (insbesondere in grafischer Form) unter Verwendung fachsprachlicher Begriffe strukturiert aufzeigen
herausarbeiten	Sachverhalte unter bestimmten Gesichtspunkten aus vorgegebenem Material entnehmen, wiedergeben und/oder gegebenenfalls berechnen
vergleichen	Vergleichskriterien festlegen, Gemeinsamkeiten und Unterschiede gewichtend einander gegenüberstellen sowie ein Ergebnis formulieren
Anforderungsbereich III	
beurteilen	Aussagen, Vorschläge oder Maßnahmen untersuchen, die dabei zugrunde gelegten Kriterien benennen und ein begründetes Sachurteil formulieren
bewerten	Aussagen, Vorschläge oder Maßnahmen beurteilen, ein begründetes Werturteil formulieren und die dabei zugrunde gelegten Wertmaßstäbe offenlegen
entwickeln	zu einer vorgegebenen oder selbst entworfenen Problemstellung einen begründeten Lösungsvorschlag entwerfen
erörtern	zu einer vorgegebenen These oder Problemstellung durch Abwägen von Pro- und Kontra-Argumenten ein begründetes Ergebnis formulieren
gestalten	zu einer vorgegebenen oder selbst entworfenen Problemstellung ein Produkt rollen- beziehungsweise adressatenorientiert herstellen
überprüfen	Aussagen, Vorschläge oder Maßnahmen an Sachverhalten auf ihre sachliche Richtigkeit hin untersuchen und ein begründetes Ergebnis formulieren

Und nun zur Vorstellung einiger Operatoren im Einzelnen …

Informationen aus einem Text herausarbeiten

Herausarbeiten verlangt, dass die Argumente zu einer vorgegebenen Aussage im Text nachgewiesen werden. Wichtig ist dabei insbesondere das richtige Zitieren.

Schritte beim Herausarbeiten:

1. Einleitung: Informationen zum Text (Autor, Erscheinungsort/-datum); These
2. Argumente, die die These stützen, direkt zitieren oder umformulieren.

Beispielaufgabe:

Berufsorientierung als familiäre und geselischaftliche Herausforderung

Die Berufsorientierung während der Schulzeit [...] [steht] vor der anspruchsvollen [...] Aufgabe, die Passung zwischen Angebot und Nachfrage am Arbeitsmarkt vorzubereiten. Das Ziel ist es, die Schülerinnen und Schüler nicht nur formal auf die Anforderungen im Berufsbereich einzustellen, sondern in ihnen auch die Neugier auf die Auseinandersetzung mit den vielfältigen Tätigkeiten im Beruf und ihre Leidenschaft zur Lösung von Problemen und Aufgaben zu wecken.

Argumente, die die These stützen

Gelingt dieser Prozess, dann kann die Berufsorientierung einen großen Schub für die Persönlichkeitsentwicklung eines jungen Mannes oder einer jungen Frau mit sich bringen und Vorfreude auf die Zeit nach der Schule auslösen. Die lebendige Auseinandersetzung mit dem erwarteten Geschehen am späteren Arbeitsplatz, mit den gesellschaftlich unmittelbar wichtigen Produktions- und Dienstleistungsaufgaben, kann Impulse für die schulische Arbeit geben und auch den schulmüden Jugendlichen helfen, die Leistungsanforderungen im Unterricht in neuem Licht zu sehen. Gelingt dieser Prozess allerdings nicht, kann die gesamte weitere Persönlichkeitsentwicklung darunter leiden, die weitere Schulkarriere kann gestört werden. Dann wird die schulische Berufsorientierung entgegen aller Absichten zu einem Hemmnis für die Persönlichkeits- und Leistungsentwicklung der Schülerinnen und Schüler.

Nach: Klaus Hurrelmann, Berufsorientierung als familiäre und gesellschaftliche Herausforderung. Kommentar zur Studie: Schule, und dann?, Düsseldorf 2014, S. 16, news.bagkjs.de/media/raw/VSD ALLENSBACH2014WEB_02.pdf (Zugriff: 24.7.2017) (verändert u. Herv. ergänzt)

Informationen zum Text

Aufgabenstellung: Der Kommentar von Klaus Hurrelmann sieht einen Zusammenhang zwischen der Berufsorientierung in der Schule und der Motivation von Jugendlichen im Unterricht. Arbeite seine Argumentation aus dem Text heraus.

These/Bezug auf Aufgabenstellung

Lösungsbeispiel:

Der Autor Klaus Hurrelmann stellt in seinem Kommentar zur Studie „Schule, und dann?“, erschienen 2014 in Düsseldorf, die These auf, dass gelungene Berufsorientierung positive Auswirkungen auf die Motivation im Unterricht hat.

Er begründet seine These damit, dass gelungene Berufsorientierung nicht nur formale Fragen kläre (vgl. Z. 4 f.), sondern „Neugier auf [...] Tätigkeiten im Beruf“ (Z. 6) und „Leidenschaft zur Lösung von Problemen“ (Z. 7) wecken solle. Wenn es gelänge, dies durch „lebendige Auseinandersetzung“ (Z. 11) zu bewirken, würden auch unmotivierte Jugendliche ihr schulisches Arbeiten ändern, da sie dann wüssten, warum Schule Leistung einfordere (vgl. Z. 14 f.). Bedingung sei aber, dass die Jugendlichen diesen Zusammenhang erkennen, sonst würde die Berufsorientierung sogar zu einem „Hemmnis für die [...] Schülerinnen und Schüler“ (Z. 18 f.).

indirektes Zitat (vgl.)

direktes Zitat

Auslassung [...]

Positionen aus zwei Materialien vergleichen

Wenn du zwei Materialien (in der Regel Texte) vergleichen sollst, ist es wichtig, dass du aus ihnen nicht nur einzelne Informationen herausarbeitest, sondern zeigst, wo die Gemeinsamkeiten und/oder Unterschiede der beiden Positionen liegen. Daher musst du zunächst nach vergleichbaren Äußerungen in den Materialien suchen; manchmal steckt in der Aufgabe auch schon eine erste Hilfe.

Im Lösungstext wird zuerst ein Basissatz mit den Informationen zu den Autoren, dem Erscheinungsort und -jahr sowie dem zu vergleichenden Thema formuliert (siehe Lösungsbeispiel für „herausarbeiten" auf S. 305). Danach folgt der Vergleich. Ob du zuerst die Gemeinsamkeiten oder die Unterschiede nennst, ist unerheblich. Wichtig ist auch hier das richtige Zitieren. Am Schluss wird ein Fazit gezogen, ob die Autoren eher ähnlicher oder gegensätzlicher Meinung sind.

Beispielaufgabe:

Am besten die Gemeinsamkeiten und Unterschiede mit unterschiedlichen Farben in den Quellentexten markieren:

Text 1:

....
.. xxxxx ....
....
.... xxxx ...
....
.... xxxx .
....

Text 2:

....
.... xxxxx ...
....
. xxxx ....
....
.... xxxxx .
....

Es brummt, aber wie lange noch?

Erstmals seit einem Vierteljahrhundert sind hierzulande weniger als 2,5 Millionen Menschen arbeitslos. Die Deutschen werden um ihren Beschäftigungsboom zu Recht beneidet. Vor allem die extrem niedrige Jugendarbeitslosigkeit ist ein Grund zur Freude […]. Verständlich, dass Bundesarbeitsministerin Nahles das Jobwunder als Erfolg ihrer Arbeits- und Sozialpolitik darstellt – zumal in einem Wahljahr. Doch die Sozialdemokratin irrt. Mindestlohn, Verschärfungen bei Zeitarbeit und Werkverträgen und andere Regulierungen haben den Beschäftigungsboom nicht gefördert. […] Dass es Gründe gibt, sich um die Zukunft der deutschen Wirtschaftsstärke Sorgen zu machen, belegt das internationale Wettbewerbsranking, das vom schweizerischen IMD *World Competitiveness Center* erstellt wird […]. Die Forscher sehen vor allem bei den staatlichen Rahmenbedingungen erhebliche Mängel. Überdies besteht in Deutschland erheblicher Nachholbedarf bei der Digitalisierung. Und auch bei der Performance im Bildungssystem – wichtig für künftige Wettbewerbsfähigkeit – ist die Bundesrepublik abgeschlagen.

Aus: Dorothea Siems, Es brummt, aber wie lange noch?, in: www.welt.de/print/welt_kompakt/debatte/article 165136102/Es-brummt-aber-wie-lange-noch.html, 1.6.2017 (Zugriff: 4.7.2017) (Herv. ergänzt)

Das deutsche Jobwunder ist schlechter als sein Ruf

Das deutsche „Jobwunder" schreitet offenbar weiter voran: „Die gute Entwicklung am Arbeitsmarkt setzt sich fort", diagnostizierte die Bundesagentur für Arbeit (BA) in der letzten Woche anlässlich der neuesten Arbeitsmarktzahlen. […]

Natürlich wurden in Deutschland in den letzten Jahren jede Menge Arbeitsplätze geschaffen, was definitiv besser als ein Verlust von Arbeitsplätzen ist. Unabhängig davon sollte man an die Zahlen zur Beschäftigungsentwicklung mit großer Demut, wenn nicht sogar mit größter Skepsis, herangehen. […]

[D]ie Qualität dieser Arbeitsplätze ist bei Weitem nicht so hoch, als dass sich die Sozialpolitik zufrieden zurücklehnen könnte – im Gegenteil: Gerade die Entwicklung der Teilzeitarbeit zeigt, dass die Folgen des deutschen Jobwunders noch jede Menge sozial- und verteilungspolitische Brisanz hervorbringen können […].

Man sollte sich also mit Blick auf den Arbeitsmarkt nie mit der rein deskriptiven Vermeldung von Zahlenreihen zufriedengeben, deren interpretative Aussagekraft schlicht und ergreifend begrenzt ist.

Nach: Stefan Sell, Das deutsche Jobwunder ist schlechter als sein Ruf, in: makronom.de/das-deutsche-jobwunder-ist-schlechter-als-sein-ruf-21001, 10.5.2017 (Zugriff: 4.7.2017) (verändert u. Herv. ergänzt)

Aufgabenstellung: Vergleiche die Positionen der beiden Autoren zur Beschäftigungsentwicklung in Deutschland.

Eine Behauptung überprüfen

Bei einer Überprüfung wird untersucht, ob eine Aussage sachlich richtig ist. Dazu benötigt man Informationen von seriösen Quellen. Meistens handelt es sich um Daten, die in Statistiken abgebildet werden.

Schritte der Überprüfung:

1. Was wird behauptet? Analyse der These
2. Welche Daten liegen vor? Analyse der vorliegenden Daten
3. Kann ich die Aussage bestätigen? Zusammenfassung

Beispielaufgabe:

Studie zur Gesundheit von Kindern und Jugendlichen in Deutschland – Robert-Koch-Institut 2015

Informationen zur Quelle

Pro Tag konsumierte Portionen an Obst, Gemüse und Säften bei Jungen nach Sozialstatus				
Portionen	< 1	1 bis < 3	3 bis < 5	≥ 5
Jungen	17,0	49,6	*24,1*	9,4
Sozialstatus				
niedrig	23,7	53,8	15,9	6,5
mittel	17,4	50,8	23,8	8,0
hoch	7,7	42,4	33,8	16,1
gesamt (Mädchen und Jungen)	15,5	48,8	25,2	10,7

Aus: Robert-Koch-Institut (Hrsg.), Obst- und Gemüsekonsum. Faktenblatt zu KiGGS Welle 1: Studie zur Gesundheit von Kindern und Jugendlichen in Deutschland – Erste Folgebefragung 2009–2012, RKI, Berlin 2015, S. 3, www.kiggs-studie.de, Stand: 9.11.2015 (Zugriff: 19.6.2017) (Herv. ergänzt)

Datenanalyse

Aufgabenstellung: Überprüfe die These, dass Jugendliche mit einem niedrigen sozialen Status weniger Obst und Gemüse konsumieren als Jugendliche mit einem höheren Status.

These/Bezug auf Aufgabenstellung

Lösungsbeispiel:

1. Die These behauptet, dass der soziale Status Einfluss auf den Konsum von Obst und Gemüse habe. Jugendliche mit einem niedrigen sozialen Status würden weniger Obst und Gemüse konsumieren als welche mit höherem Status.

2. Die Statistik des Robert-Koch-Instituts aus dem Jahr 2015 stellt in einer Tabelle den täglichen Konsum von Obst und Gemüse (einschließlich Säfte) von Jungen dar.

Es werden vier verschiedene Portionen unterschieden. Fast die Hälfte aller Jungen konsumiert täglich 1–3 Portionen, knapp ein Viertel 3–5 Portionen. Die Tabelle unterscheidet des Weiteren zwischen dem sozialen Status: 15,9 % aller Jungen mit niedrigem Status essen täglich 3–5 Portionen, bei den Jungen mit hohem Status sind es 17,9 Prozentpunkte mehr. Auch beim täglichen Konsum unter einer Portion gibt es eine deutliche Abweichung: Jungen mit hohem Sozialstatus sind hier mit 16 Prozentpunkten weniger vertreten. Die Jungen mit mittlerem Status liegen dazwischen. Die Tabelle bezieht sich in den Detailangaben nur auf Jungen. Da die Unterschiede zur Gesamtzahl aber nicht auffallend sind, ist auch bei Mädchen von einer ähnlichen Verteilung auszugehen.

direkter Beleg

eigene Berechnung

3. Insgesamt lässt sich die These bestätigen: Ein höherer Obst- und Gemüsekonsum ab 3 Portionen täglich findet sich v. a. bei Jugendlichen mit höherem Status.

Urteile bilden (beurteilen/bewerten)

Wann sind Urteile wichtig?

In jeder Lebenssituation gibt es vielfältige Entscheidungen, die die einzelnen Akteure treffen müssen. Der Verbraucher überlegt, ob er T-Shirt A oder B kaufen soll. Der Unternehmer fragt sich, ob er in Deutschland oder in Vietnam investieren soll. Der Wirtschaftsbürger ist sich nicht sicher, ob er für oder gegen ein Freihandelsabkommen demonstrieren soll usw.

Wie werden Urteile gebildet?

Jede Entscheidung hat in der Regel *kurz- und langfristige Auswirkungen* auf verschiedene *Akteure*: auf den Einzelnen, der die Entscheidung getroffen hat, sowie auf andere Akteure, die von ihr betroffen sind. Das Ergebnis wird zudem vom wirtschaftlichen und staatlichen System beeinflusst.

Eine gute Beurteilung verwendet eine möglichst präzise Fachsprache. Kriterien helfen, ein Urteil genau zu machen.

Mögliche Kriterien für Urteile

Effizienz

Die Entscheidung ist *effizient* (wirtschaftlich), wenn ihr *Nutzen höher ist als die entstehenden Kosten*. Unter Kosten versteht man dabei nicht nur die finanziellen Kosten, sondern jeden Nutzen, auf den man aufgrund einer Entscheidung verzichtet.

Beispiel: Regina Strobel hat ein Arbeitsplatzangebot in Freiburg bekommen. Sie wohnt mit ihrem berufstätigen Mann und ihrem zweijährigen Sohn in Heidelberg. In Freiburg würde sie deutlich mehr verdienen.

Nutzen: höheres Einkommen; Kosten: Jobwechsel des Mannes, neue Umgebung für den Sohn

Der Wechsel nach Freiburg ist dann *effizient*, wenn der Nutzen höher ist als die Kosten, wobei es schwierig ist, die Kosten zu ermitteln.

Legalität

Die Entscheidung ist *legal*, wenn die *Gesetze beachtet* werden.

Beispiel: Ein Restaurant beschäftigt Spülkräfte für einen Stundenlohn, der unter dem gesetzlichen Mindestlohn liegt. Die Entscheidung, dies zu tun, wäre *illegal*.

Nachhaltigkeit

Die Entscheidung ist *nachhaltig*, wenn sie *keine negativen Folgen für zukünftige Generationen* hat. Dies meint nicht nur die Umwelt.

Beispiel: Hannes, ein handwerklich begabter Junge, schafft knapp die mittlere Reife. Gern würde er eine Ausbildung in einer Schreinerei beginnen, doch auf Wunsch seiner Eltern macht er mit Mühe und Not das Abitur. Entscheiden sich viele junge Menschen wie Hannes, ist dies für das gesamte System *nicht nachhaltig*, denn auf Dauer würde es an Arbeitskräften im Handwerk fehlen.

Gerechtigkeit

Das Kriterium Gerechtigkeit hat bei der **Bewertung** einen besonderen Stellenwert, denn hier spielen deine Wertvorstellungen eine besondere Rolle.

Die Entscheidung ist *gerecht* – was darunter zu verstehen ist, hängt stark vom Wertesystem des einzelnen Menschen ab. Auch gibt es viele verschiedene Vorstellungen von Gerechtigkeit. Zwei davon sind *Leistungsgerechtigkeit* und *Verteilungsgerechtigkeit*. Unter Leistungsgerechtigkeit versteht man, dass der Einzelne seinem Einsatz entsprechend belohnt wird. Die Verteilungsgerechtigkeit versucht, Güter und Belastungen möglichst gleichmäßig zu verteilen.

- *Beispiel für Verteilungsgerechtigkeit:* Staat A führt eine Steuer auf das Einkommen ein. Diejenigen, die mehr verdienen, zahlen einen höheren Steuersatz als diejenigen, die weniger verdienen.
- *Beispiel für Leistungsgerechtigkeit:* Staat B besteuert alle Einkommen gleich. Damit bleibt denen, die durch ihre Leistung mehr verdienen, nach Abzug der Einkommenssteuer auch mehr übrig.

Aber keine Sorge – du musst nicht von Anbeginn die perfekte Lösung beherrschen. Deine Urteilskompetenz wird im Laufe der drei Jahre nach und nach aufgebaut.

Unser Vorschlag für die Entwicklung eines guten Urteils

Klasse 8	z. B. kurz- und langfristige Auswirkungen auf 2 Akteure
Klasse 9	z. B. kurz- und langfristige Auswirkungen auf 2 Akteure, mindestens 1 Kriterium
Klasse 10	z. B. kurz- und langfristige Auswirkungen auf 3 Akteure, mindestens 2 Kriterien

Beispielaufgabe:

Fallbeschreibung: Verschiedene europäische und amerikanische Firmen produzieren in Bangladesch unter schlechten Arbeitsbedingungen Kleidung. In einem Fall wurde auch das Gebäude, in dem produziert wird, mit minderwertigen Baumaterialien erstellt. 2013 kommt es dort zur Katastrophe. Das Dach der Fabrikhalle stürzt ein. Es sterben über 1 000 Menschen, mehr als 2 000 werden verletzt. Die Bekleidungsfirma steht vor einem Problem, denn die Kunden in Europa und Amerika warten auf die Sommerkleidung. So entscheidet sich die Firma, Bangladesch zu verlassen und die Fertigung in China fortzuführen, wo schnell ein Ersatzort für die Produktion gefunden wurde.

Autorentext

Aufgabenstellung: Bewerte die Entscheidung der Firma, in China zu produzieren und den Standort Bangladesch zu verlassen.

Beispiel für eine gelungene Lösung:

Einleitung: zur Argumentation hinführen

Eine Firma trifft nach einem Unfall in Bangladesch die Entscheidung, das Land zu verlassen und in China zu produzieren, um den Kunden auch im Sommer des Unfalls kostengünstige Kleidung anzubieten.

ökonomische Fachbegriffe

Hauptteil: Argumentation mit Kriterien

Aus Sicht des Unternehmens ist die Entscheidung effizient. Würde es warten, bis in der Stadt der Katastrophe wieder eine Fabrikhalle steht, dann könnte es im folgenden Sommer weniger Güter verkaufen, sein Umsatz und damit der Nutzen würden sinken. Diese Entscheidung wäre also kurzfristig betrachtet nicht effizient.

verschiedene Akteure

Gegenüber den Arbeitnehmern in Bangladesch ist die Abwanderung allerdings nicht gerecht. Nach der Katastrophe sind viele Familien ohne Einkommen. Wenn das Unternehmen den Standort verlässt, wird es auch langfristig schwierig, die Familie zu ernähren. Andererseits haben die Arbeitnehmer in China einen Nutzen davon, denn sie bekommen einen Arbeitsplatz. Auch die Kunden profitieren, denn sie müssen nicht auf das übliche Angebot an Sommerkleidung verzichten. Würde das Angebot knapper, wäre unter bestimmten Bedingungen der Preis höher.

Kriterien

Reichweite der Folgen

Ob die Entscheidung des Unternehmens, Bangladesch zu verlassen, legal ist, kann man nur beurteilen, wenn man weiß, welche Verträge es zwischen den Beteiligten gab.

Schluss: Resümee mit eigenem Urteil

Ein Unternehmen sollte eine Entscheidung treffen, bei der es seiner Verantwortung gerecht wird. Die Arbeitnehmer in Bangladesch haben bisher einen Beitrag zum Erfolg der Firma geleistet und sollten nach dem Unfall nicht im Stich gelassen werden. Langfristig könnte sich dieses Verhalten auch für das Unternehmen lohnen, denn es könnte seinem Image schaden, wenn ihm die Situation der Arbeitnehmer in Bangladesch gleichgültig wäre. Ein Imageschaden beeinflusst das Kaufverhalten negativ. Langfristig führt Gerechtigkeit also zu Effizienz.

Das Resümee sollte alle drei Dimensionen berücksichtigen.

akg-images GmbH, Berlin: Album/Oronoz 74 2.re. | **Aktion Plagiarius e.V.,** Elchingen: 180 u.li. | **Axel Springer Syndication GmbH,** Berlin: WELT.N24 11.08.2015 24 | **Baaske Cartoons,** Müllheim: G. Mester 260 o., 301; J. Tomaschoff 94 u.; T. Plaßmann 227, 244 o., 265 | **Bengen, Harm,** Norden: 64, 291 | **Bloomon Deutschland GmbH,** Berlin: 204, 205 o., 205 u. | **bpk-Bildagentur,** Berlin: SMB/Kunstbibliothek/Photothek W. Römer 206 1.v.o. | **Bremer HACHEZ Chocolade,** Bremen: 200 | **Bundesagentur für Arbeit,** Nürnberg: 93 re., 106 li., 106 re.o., 106 re.u., 107 Mi., 107 u.re., 107 u.re., 130 u., 242 o. | **Bundeskoordinierungsstelle Boys'Day – Jungen-Zukunftstag,** Bielefeld: 95 re.o. | **Bundesministerium der Finanzen,** Berlin: 75 | **Bundesministerium für Arbeit und Soziales,** Berlin: © 2015, Grünbuch Arbeiten 4.0 – Illustration Julia Depis 99 re. | **Bundesministerium für Wirtschaft und Energie,** Berlin: 172 o., 172 u. | **Bundesverband CarSharing e.V.,** Berlin: 272 o.re. | **Bundesverband deutscher Banken e.V.,** Berlin: 93 li. | **Bundeszentrale für politische Bildung,** Bonn: 285 o., 294 o., 294 u., 295 | **Bürkert Fluid Control Systems,** Ingelfingen: 196, 197 | **Bye Bye Plastic Bags,** North Kuta, Bali: 57 | **cartoonsbyroth,** Wien: 201 | **CartoonStock.com,** Bath: 276 o.li. | **Colourbox.com,** Odense: Concept Photo 285 2.li. | **Condé Nast,** New York: P. C. Vey 77 | **dankegrafik & 123comics GbR,** Berlin: 157 li., 157 re. | **ddp images GmbH,** Hamburg: Christian Langbehn 180 o.li. | **Deutsche Bahn AG – Marketingkommunikation,** Berlin: 33 | **Deutscher Sparkassen Verlag GmbH,** Stuttgart: 76 1.re. | **Deutsches Institut für Wirtschaftsforschung e.V.** (DIW Berlin), Berlin: 243 | **DIE ZEIT,** Hamburg: Foto rechts: plainpicture, Hamburg/Astrakan/Adam Haglund; Foto links Mitte: plainpicture, Hamburg/Anja Lubitz 254 | **DIZ München GmbH,** München: Süddeutsche Zeitung – Nachdruck, SZ-Grafik Einkaufsfalle Supermarkt 44 | **Dorling Kindersley Verlag GmbH,** München: 207 o. | **dreamstime.com,** Brentwood: Nikol275 100 | **Druck- und Verlagsgesellschaft Bietigheim mbH,** Bietigheim-Bissingen: Bietigheimer Zeitung/M. Kalb 211 | **Druwe & Polastri,** Cremlingen/Weddel: 159 u.li. | **Eisenbahn- und Verkehrsgewerkschaft (EVG),** Berlin: 142 2.v.o.li. | **Ellmenreich Werbemittel GmbH,** Berlin: © ver.di Berlin-Brandenburg, Fachbereich 4, Karikatur Bastian Klamke 142 o.re. | **Emanuel Bloedt Fotodesign,** Dortmund: 156 2.v.o. | **Eurail Group G.I.E.,** Utrecht: 285 2.re. | **EURO Kartensysteme GmbH,** Frankfurt am Main: 76 li.u. | **Europäische Kommission,** Bonn: 285 Mi.re. | **Europäische Union,** Berlin: 285 3.li. | **F.A.Z.-Grafik,** Frankfurt/M.: Niebel, Andreas 208 | **Ford-Werke GmbH,** Köln: 272 M2 | **fotolia.com,** New York: _wiethoeller 279 1.v.o.li.; A. Maslennikov 83 3.v.o.; A. Rohde 28 o.li.; A. Tokarski 156 1.v.o.; afishman64 206 2.v.o.; Alexmar 279 2.v.o.re.; Antonioguillem 279 4.v.o.re.; Bastos 279 2.v.o.li.; benjaminnolte 37; BillionPhotos.com 279 3.v.o.lre.; blende11.photo 79 2.v.o.; bluedesign 78 o.re., 83 4.v.o.; diego1012 83 2.v.o.; EcoView 234; Ernst, Daniel 114; eyetronic 279 4.v.o.li.; fototheobald 226; frankie's 278 o.re.; G. Sanders 82 o.li.; gnagel 279 2.v.o.li.; kamasigns 147 li.; kebox 4 o., 90; nmann77 79 3.v.o.; P. Meider 83 1.v.o.; Petair 273 li.; pupx 278 Mi.li.; robert 7, 278 u.li.; S. Dannhauer 140 5.v.o.li.; Schlierner 79 4.v.o. | **Fraunhofer-Institut für System- und Innovationsforschung ISI,** Karlsruhe: Zanker, C, Kinkel, S., Meloca, S. Globale Produktion von einer starken Heimatbasis aus. Verlagerungsaktivitäten deutscher Unternehmer auf dem Tiefstand, Mitteilungen aus der Erhebung „Modernisierung der Produktion" des Fraunhofer ISI, Nr. 63, Karlsruhe 2013 198 | **Getty Images,** München: BNP 264 li.; Hulton Archive/G. Marks 104 o.li.; Stringer/A. Schmidt 292 | **GEW – Gewerkschaft Erziehung und Wissenschaft,** Frankfurt: 142 2.v.o.re. | **Gewerkschaft der Polizei,** Berlin: 142 4.v.o.li. | **Gewerkschaft Nahrung-Genuss-Gaststätten (NGG),** Hamburg: 142 3.v.o.re. | **Globe Cartoon/www.globecartoon.com,** Geneva: © Chappatte in Le Temps (Switzerland) Mar 22, 2007 284 | **GLS Gemeinschaftsbank eG,** Bochum: Martin Steffen 162 o.re. | **Göser, U.,** Stuttgart: 104, 110, 113, 114 u.Mi.; Idee und Gestaltung: Dina Murati 166 li.; Jenny Fritz 166 re.; Regina Mauscher 168, 170.1–170.5 | **Green Flame,** Baden-Baden: 176 o. | **Greenpeace Deutschland e.V.,** Hamburg: 30 | **Hans Sauer Stiftung,** München: 180 o.re. | **Hans-Böckler-Stiftung/www.boeckler.de,** Düsseldorf: 137 u., 141, 148 re.u., 240 u.re. | **HTV Halbleiter-Test & Vertriebs-GmbH,** Bensheim: 47 | **Hüter, Michael,** Bochum: Stiftung Jugend und Bildung 109 | **Hüttenpalast,** Berlin: www.huettenpalast.de 177 | **ifb Institut zur Fortbildung von Betriebsräten KG,** Seehausen am Staffelsee: 147 Mi. | **IG Bergbau, Chemie, Energie,** Hannover: 142 1.v.o.li. | **IG Metall, Frankfurt/M.:** 142 3.v.o.li. | **Imago,** Berlin: 155.1; 7aktuell 17 li.; A. Hettrich 17 re.; Metodi Popow 292 re. | **Industriegewerkschaft Bauen-Agrar-Umwelt (IG BAU),** Frankfurt/M.: 142 1.v.o.re. | **Institut Arbeit und Qualifikation – Universität Duisburg-Essen,** Duisburg: http://www.sozialpolitik-aktuell.de/tl_files/sozialpolitik-aktuell/_Politikfelder/Arbeitsmarkt/Datensammlung/PDF-Dateien/abblV2.pdf Einsicht am 27.07.2017 242 u. | **Institut der deutschen Wirtschaft Köln JUNIOR gGmbH,** Köln: 171 1.v.o. | **iStockphoto.com,** Calgary: 3alexd Titel Bildschirm und Hintergrund; A. Roorda 115; DragonImages 112 Mi.; E.-K. Kondoros 202 o.li.; g-stockstudio 214 u.re.; Halfpoint Titel Junge Frau; JFsPic 215 o.li.; johavel 114; Morfi Tuugii 5, 206; O. Price 46 li.; stockcam 92 | **kittihawk, Christiane Lokar,** Berlin: 296 li. | **Kompetenzzentrum Technik-Diversity-Chancengleichheit e.V.,** Bielefeld: 95 re.u. | **KomSem GmbH,** Wenzenbach: www.schwbv.de 147 re.o., 147 re.u. | **Krückeberg, Helge,** Hannover: 141 u. | **Langner & Partner Werbeagentur GmbH,** Hemmingen: 135 | **Local Motors,** Tempe, AZ 85284: Photograph strati-001.jpg used with the permission of Local Motors. All rights reserved 98 | **Mähl, Philipp,** Berlin: Julius Demant 126 o. | **Maier-Reimer, Nicola,** Hamburg: 258 o.li. | **manomama gmbH,** Augusburg: 186 | **Meintker, Axel,** Berlin: 300 | **Mester, Gerhard,** Wiesbaden: 231 li. | **Ministerium für Inneres, Digitalisierung und Migration Baden-Württemberg,** Stuttgart: Polizei Baden-Württemberg 118 | **Ministerium für Verkehr Baden-Württemberg,** Stuttgart: 215 u.re. | **Ministerium für Wirtschaft, Arbeit und Wohnungsbau Baden-Württemberg,** Stuttgart: ifex Initiative für Existenzgründungen und Unternehmensnachfolge 171 5.v.o. | **nelcartoons.de,** Erfurt: 263 | **oekom verlag GmbH,** München: 262 | **Ottobock SE & Co. KGaA,** Duderstadt: © by Ottobock 206 5.v.o. | **Oxfam Deutschland e.V.,** Berlin: Kampage „Make Fruit Fair" 60 | **PantherMedia GmbH (panthermedia.net),** München: Erwin Wodicka 79 6.v.o. | **Picture-Alliance GmbH,** Frankfurt/M.: AA/M. Kaman 229 re.; akg-images 6, 231 re.; allOver/MEV 103; AP Photo/Anonymous 278 Mi.re.; AP Photo/Drew, Richard 79; Baumgarten, Ulrich 92 u.li., 210 li.; Chromorange/SPA 140 4.v.o.li.; Claus Bergmann 278 u.re.; dieKLEINERT.de/Böhm, Cheryll 160; dieKLEINERT.de/Grolik, Markus 96; dieKLEINERT.de/Guhl, Martin 158 o.li.; dieKLEINERT.de/Lutz, Willi 140 3.v.o.li.; dieKLEINERT.de/Osing, Rainer M. 97; dpa-infografik 54 u., 72, 101, 129 u.li., 133, 148 re.o., 151, 154 M3, 207 u., 238, 239, 248 M1b, 248 M1c, 256 M2, 256 u.re., 257, 260 u., 266 M2, 266 M3, 269 u., 271 u., 281, 286 o.li., 286 o.re., 286 u.li., 286 u.re., 288 u., 290; dpa-Zentralbild/Kalaene, Jens 32; dpa/DailyCeleb/MAXPPP/Edwards, David 3, 36; dpa/Darko, Bernard 159 o.re.; dpa/Gabbert, Franziska 80; dpa/Gabbert, Klaus-Dietmar 140 1.v.o.li.; dpa/Hollemann, Holger 144; dpa/Hurek, Markus C. 159 o.li.; dpa/Lehtikuva/Saukkomaa, Heikki 159 u.re.; dpa/Lux, Patrick 102 Mi.; dpa/Maurer, Daniel 210 re.; dpa/Puchner, Stefan 40; dpa/Roessler, Boris 95 li., 138; dpa/Stache, Soeren 28 o.Mi.; dpa/Steinberg, Wolfram 130 o.; dpa/Vennenbernd, Rolf 23 u.; dpa/Warnecke, Andrea 156 4.v.o.; dpa/Weißbrod, Boris 276 u.re.; Effner, Jürgen 28 u.li.; empics/Toscano, Philip 28 u.Mi.; EPA/Nelson, Mike 54 o.; Foodcollection/Rapado Castro, Miriam 92 1.v.li.o.; fStop/Posselt, Norman 92 u.Mi.; Geisler-Fotopress/Golejewski, Marcus 35; Ikon Images/McHugh, Jonathan 156 3.v.o.; JOKER/Allgöwer, Walter G. 158 re.Mi.; PantherMedia/Cervo, Diego 158 u.re.; PhotoAlto/Olsson, Sigrid 111; Photoshot 28 o.re., 92 2.v.li.o.; robertharding/C. Kober 261; SVEN SIMON/F. Hoermann 268 o.; Westend61/Fritz, Guntmar 92 u.re.; Westend61/HalfPoint 4, 127; Westend61/HuberStarke 158 o.re.; Westend61/JLPfeifer 92 3.v.li.o.; Westend61/Veronesi, Larissa 152 4 u., 152; Westend61/zerocreatives 94 o.re., 279 1.v.o.re.; ZB/Büttner, Jens 68; ZB/Pleul, Patrick 94 o.li.; ZB/Steinach, Sacha 102 u.; ZB/Weckbrodt, Heiko 102 o. | **Pricewaterhouse-Coopers GmbH Wirtschaftsprüfungsgesellschaft (PwC),** Düsseldorf: 251 o., 251 u. | **Rheinisch-Westfälischer Genossenschaftsverband e.V.,** Düsseldorf: Schülergenossenschaften: nachhaltig wirtschaften – solidarisch handeln 171 3.v.o. | **Rürup, Stephan,** Münster: 39 | **Samurai-Games, Schülerfirma – Spieleautoren,** Mannheim: Samurai-Games/SV Waldhof 176 Mi. | **Schieb, Armin,** Hamburg: Sepia 73 o. | **SCHUFA Holding AG,** Wiesbaden: © W²Wirtschaftswerkstatt 25, 27 | **Senatsverwaltung für Stadtentwicklung und Umwelt/ Abteilung X – Tiefbau,** Berlin: Stefanie Schmid Rincon 162 u.li. | **Shell Deutschland Oil GmbH,** Hamburg: 272 u.li. | **Shutterstock.com,** New York: A. Menzhiliy 278 o.li.; Andrey_Popov 194; Jacob Lund 140 li. 2.v.o.; lenetstan 134; Minerva Studio 76.1; SpeedKingz 112 li.; StockLite 112 re.; wavebreakmedia 28 u.re. | **Singer, Muriel,** München: 126 u. | **Spreadshirt,** Leipzig: Olga Hopfauf 128 | **Staatliche Münzsammlung,** München: 74 1.re. | **Statistisches Bundesamt (Destatis),** Wiesbaden: 137 | **Statistisches Landesamt Baden-Württemberg,** Stuttgart: 240 | **Steinbeis – Innovationszentrum Unternehmensentwicklung an der Hochschule Pforzheim,** Pforzheim: 171 2.v.o. | **Stiftung Ökologie & Landbau (SÖL),** Bad Dürkheim: 146 | **Stiftung Warentest,** Berlin: 43 | **stock.adobe.com,** Dublin: Andrey_Arkusha 76.2; T. Michel 76 re. | **Stuttgarter Zeitung/Stuttgarter Nachrichten,** Stuttgart: K. Wesely 202 u.re. | **Stuttmann, Klaus,** Berlin: 148 o.li., 149, 296 re. | **Süddeutsche Zeitung – Photo,** München: Scherl 264 re. | **SÜDWIND Institut für Ökonomie und Ökumene:** Verein Südwind Österreich auf Basis des Kakaobarometer 2015 190 | **SWR Media Services GmbH,** Stuttgart: Nowak 73 u. | **Thinkstock,** Sandyford/Dublin: Antonio_Diaz 78 o.li. | **Thull, B.,** Ludwigsburg: 136 | **toonpool.com,** Berlin, Castrop-Rauxel: bob 116; Ingmar Decker 84 | **TransFair e.V.,** Köln: 58; Fairtrade Deutschland 171 4.v.o. | **ullstein bild,** Berlin: Interfoto Rauch 229 li.; Schöning 74 u.li.; vario images 129 li.u. | **Ullstein Buchverlage GmbH,** Berlin: Umschlaggestaltung: Hilden Design, München 277 | **Universität Duisburg-Essen, Institut Arbeit und Qualifikation, FB Gesellschaftswissenschaften,** Duisburg: Sozialpolitik-aktuell.de, IAQ Darstellung in Anlehnung an: Bundesagentur für Arbeit (2016): Arbeitsmarktbericht 2015 153 | **vario images,** Bonn: Christoph Papsch 79 5.v.o. | **ver.di – Vereinte Dienstleistungsgewerkschaft,** Berlin: 142 4.v.o.re. | **Visum Foto GmbH,** München: S. Kiefer 206 4.v.o. | **Wetzel, Jessica,** Utzenfeld: www.aus-dem-haeuschen.tk/Foto: Theresa Laile/Karina Jersch 176 u. | **Woessner, Freimut,** Berlin: 140 re.o. | **Würth Group,** Künzelsau-Gaisbach: 162 o.li. | **YouGov,** London: 55 | **ZIM FLUGSITZ Gmbh,** Markdorf: Thomas Möller 162 u.re.

Wir arbeiten sehr sorgfältig daran, für alle verwendeten Abbildungen die Rechteinhaberinnen und Rechteinhaber zu ermitteln. Sollte uns dies im Einzelfall nicht vollständig gelungen sein, werden berechtigte Ansprüche selbstverständlich im Rahmen der üblichen Vereinbarungen abgegolten.